Sportpraxis

Die Buchreihe Sportpraxis informiert in praxisorientierten und wissenschaftlich fundierten Einzelbänden über die Ausführung gängiger Sportarten. Jeder Reihentitel greift eine spezifische Sportart auf und beantwortet die übergeordnete Frage: „Wie wird diese Sportart in der Praxis ausgeführt?".

Die Bücher sind didaktisch-methodisch ausgelegt, enthalten viele Beispiele und überzeugen durch eine kompakte und übersichtliche Aufmachung. Zahlreiche Fotos und Abbildungen erleichtern den Transfer in die praktische Anwendung. Die Mehrzahl der Einzelbände enthält zudem Videoausschnitte – beispielsweise von Technik- oder Taktikelementen – die mithilfe der kostenlosen SN More Media App gestreamt werden können.

Die Reihe richtet sich insbesondere an Sport-Studierende mit Praxismodulen, Trainer*innen im Vereinssport und Freizeitsportler*innen. Die Autorinnen und Autoren der Reihentitel lehren und forschen an Universitäten, sind selbst als Trainer*in aktiv oder engagieren sich in den Dachverbänden der jeweiligen Sportarten.

Timo Klein-Soetebier · Axel Binnenbruck

Tischtennis – Das Praxisbuch für Studium, Training und Freizeitsport

Timo Klein-Soetebier
Institut für Trainingswissenschaft
und Sportinformatik
Deutsche Sporthochschule Köln
Köln, Deutschland

Axel Binnenbruck
Arbeitsbereich Bildung und
Unterricht im Sport, Universität Münster
Münster, Deutschland

Die Online-Version des Buches enthält digitales Zusatzmaterial, das durch ein Play-Symbol gekennzeichnet ist. Die Dateien können von Lesern des gedruckten Buches mittels der kostenlosen Springer Nature „More Media" App angesehen werden. Die App ist in den relevanten App-Stores erhältlich und ermöglicht es, das entsprechend gekennzeichnete Zusatzmaterial mit einem mobilen Endgerät zu öffnen.

ISSN 2662-9542   ISSN 2662-9550   (electronic)
Sportpraxis
ISBN 978-3-662-68018-6   ISBN 978-3-662-68019-3   (eBook)
https://doi.org/10.1007/978-3-662-68019-3

Die Deutsche Nationalbibliothek verzeichnet diese Publikation in der Deutschen Nationalbibliografie; detaillierte bibliografische Daten sind im Internet über http://dnb.d-nb.de abrufbar.

© Der/die Herausgeber bzw. der/die Autor(en), exklusiv lizenziert an Springer-Verlag GmbH, DE, ein Teil von Springer Nature 2024

Das Werk einschließlich aller seiner Teile ist urheberrechtlich geschützt. Jede Verwertung, die nicht ausdrücklich vom Urheberrechtsgesetz zugelassen ist, bedarf der vorherigen Zustimmung des Verlags. Das gilt insbesondere für Vervielfältigungen, Bearbeitungen, Übersetzungen, Mikroverfilmungen und die Einspeicherung und Verarbeitung in elektronischen Systemen.
Die Wiedergabe von allgemein beschreibenden Bezeichnungen, Marken, Unternehmensnamen etc. in diesem Werk bedeutet nicht, dass diese frei durch jede Person benutzt werden dürfen. Die Berechtigung zur Benutzung unterliegt, auch ohne gesonderten Hinweis hierzu, den Regeln des Markenrechts. Die Rechte des/der jeweiligen Zeicheninhaber*in sind zu beachten.
Der Verlag, die Autor*innen und die Herausgeber*innen gehen davon aus, dass die Angaben und Informationen in diesem Werk zum Zeitpunkt der Veröffentlichung vollständig und korrekt sind. Weder der Verlag noch die Autor*innen oder die Herausgeber*innen übernehmen, ausdrücklich oder implizit, Gewähr für den Inhalt des Werkes, etwaige Fehler oder Äußerungen. Der Verlag bleibt im Hinblick auf geografische Zuordnungen und Gebietsbezeichnungen in veröffentlichten Karten und Institutionsadressen neutral.

Planung/Lektorat: Ken Kissinger
Springer Spektrum ist ein Imprint der eingetragenen Gesellschaft Springer-Verlag GmbH, DE und ist ein Teil von Springer Nature.
Die Anschrift der Gesellschaft ist: Heidelberger Platz 3, 14197 Berlin, Germany

Das Papier dieses Produkts ist recyclebar.

Springer Nature More Media App

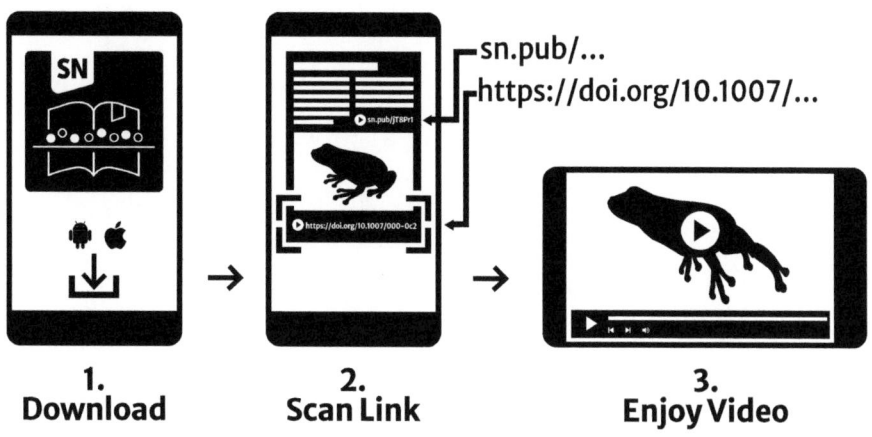

Support: customerservice@springernature.com

Hinweis zur gendergerechten Sprache

Den Autoren liegt eine gleichberechtigte Ansprache aller geschlechtlichen Identitäten am Herzen. In diesem Buch werden je nach konkretem Anwendungsfall sowohl Doppelnennungen (für den Duden die höflichste Variante der sprachlichen Gleichstellung), Neutralisierung (sofern diese nicht missverständlich ist) und die männliche oder weibliche Schreibweise zugelassen. An Stellen, an denen es möglich ist, wurde der Gender-Doppelpunkt als typographisches Zeichen/Wortzusatz verwendet. In Fällen, in denen der Lesefluss durch komplizierte Genderschreibweisen massiv gestört werden würde, wurden auch einzelne geschlechtliche Identitäten zugelassen. Hier wurde darauf geachtet, dass gleichermaßen männliche und weibliche Beispiele Verwendung fanden. Der jeweilige Kontext sollte zudem verdeutlichen, dass in der Regel immer alle Geschlechtsidentitäten angesprochen werden.

Vorwort

Vor Ihnen liegen 350 Seiten, die die Tischtennis-Fachliteratur um ein wichtiges Kapitel bereichern. Genauer gesagt, um ein fehlendes: Das Werk von Dr. Timo Klein-Soetebier und Axel Binnenbruck schließt mit dem ersten umfassenden Lehrbuch Tischtennis speziell für Sportstudierende eine Lücke und gibt den Studierenden ein seit langem benötigtes und nun akribisch ausgearbeitetes Instrument zum Umgang mit der komplexen Sportart Tischtennis an die Hand.

Für den Tischtennissport – und damit auch für den Deutschen Tischtennis-Bund – ist das Ergebnis der Arbeit von Dr. Klein-Soetebier und Axel Binnenbruck eine immense Bereicherung. Das Lehrbuch Tischtennis ist die erste umfassende Fachliteratur, die den Tischtennissport in all seinen Facetten aus wissenschaftlicher Sicht beleuchtet.

Als Präsidentin des Deutschen Tischtennis-Bundes möchte ich mich an dieser Stelle bei Herrn Dr. Klein-Soetebier für seine Offenheit bedanken, für Teile seines Buches, wie beispielsweise das Technikleitbild oder den Gesundheitssport, den Austausch mit den Fachexperten des DTTB gesucht zu haben. Dies ist nicht selbstverständlich.

Dr. Klein-Soetebier und Axel Binnenbruck gelingt in ihrem Lehrbuch ein wichtiger Transfer. Neben der Darstellung ihrer wissenschaftlichen Erkenntnisse übertragen sie diese auch in die tägliche Tischtennispraxis. Damit machen sie das Werk zu einer Lektüre, die nicht nur Sportstudierende, sondern auch jedem trainingswissenschaftlich und pädagogisch interessierten Übungsleiter und Trainer wärmstens empfohlen werden kann.

Präsidentin des Deutschen Tischtennis-Bundes (Stand 2023)

Claudia Herweg

Vorwort der Autoren

Dieses Lehrbuch gibt Ihnen einen übergreifenden Einblick in die Sportart Tischtennis. Dabei ist es irrelevant, welche Vorerfahrungen Sie im Tischtennis mitbringen, auf welchem Spielniveau Sie selbst Tischtennis spielen oder anderen beibringen. Vielmehr dient Ihnen dieses Buch als Handwerkszeug, um sich durch die vielfältigen Facetten der Sportart Tischtennis zu navigieren. Sie erlangen bei der Lektüre dieses Lehrbuchs vor allem transferfähiges Wissen, welches sich auf verschiedene Kontexte und auch Sportarten übertragen lässt.

Sie können dieses Buch grundsätzlich von Anfang bis Ende lesen, in der von uns festgelegten Reihenfolge. Wenn Sie dieses Buch lesen, um sich selbst als Spieler oder Spielerin weiterzubilden und Ihre Technik und Taktik verbessern wollen, empfehlen wir die Kap. 4 zur Technik, Kap. 6 zur Taktik, Kap. 7 zur Trainingsplanung/-organisation und Abschn. 8.2 zur Technikverbesserung. Wenn Sie Trainingsgruppen leiten und Ihre Trainingsmethoden reflektieren und ergänzen wollen, bieten sich für Sie die Abschn. 3.1, 3.2.3 und 3.3.2 an, in denen Sie konkrete Übungen zur Verbesserung der Koordination, der konditionellen Fähigkeiten (Kraft, Ausdauer, Schnelligkeit und Beweglichkeit) sowie der mentalen Stärke im Tischtennis kennenlernen. Darüber hinaus sollten Sie insbesondere einen Blick in das Kap. 5 zur Technik-Vermittlung und Abschn. 7.2 zum Aufbau einer Trainingseinheit werfen. Je nachdem, wie ambitioniert Ihre Trainingsgruppe ausgerichtet ist, könnten Aspekte des leistungsorientierten Trainings in Abschn. 8.2 und zu biomechanischen Grundlagen der Technikoptimierung in Abschn. 8.3 für Sie interessant sein. Falls Sie zu diesem Buch gegriffen haben, weil Sie Tischtennisspiele analysieren und/oder darüber berichten möchten, lohnen sich für Sie die Abschnitte zur historischen Entwicklung (Abschn. 2.1), zu die wichtigsten Regeln (Abschn. 2.2) und Zahlen und Fakten (Abschn. 2.4) zur Sportart Tischtennis. Darüber hinaus können Sie verschiedene Spieltaktiken (Kap. 6) mithilfe grundlagenbezogener oder anwendungsorientierter Ansätze der Spielbeobachtung (Abschn. 8.4) untereinander vergleichen. Betreiben oder untersuchen Sie Tischtennis unter einem gesundheitsorientierten Gesichtspunkt, werden Ihnen in Abschn. 9.1 positive Aspekte des Tischtennisspielens und in Abschn. 9.2 Möglichkeiten zum Einsatz im Rehabilitations- und Präventionsbereich aufgezeigt. Als Übungsleiter:in oder Trainer:in im Gesundheitssport Tischtennis finden Sie im Kap. 3 das Anforderungsprofil der Sportart Tischtennis und Informationen zum selbstständigen (Weiter-)Lernen (Abschn. 5.4).

Um die enge Verzahnung der unterschiedlichen Bereiche des Tischtennissports darzustellen, haben wir in den einzelnen Kapiteln Verweise genutzt, die es Ihnen ermöglichen, zwischen den Themen, Definitionen und praktischen Übungen hin-und herzuspringen. Beispielsweise wird die Technik des Vorhand-Topspins in Abschn. 4.2.3.1 mithilfe von Bewegungsbeschreibungen und einem Video demonstriert. Eine exemplarische methodische Reihe zum Erlernen dieser Vorhand-Topspintechnik finden Sie dann in Abschn. 5.3.1 zur Technikvermittlung. Diese methodische Reihe ist umso wirkungsvoller, wenn sie mit Kenntnissen der PTRF-Effekte (Platzierung, Tempo, Rotation und Flughöhe) aus Abschn. 6.1 und den biomechanischen Grundlagen aus Abschn. 8.3 ergänzt wird.

Das Alleinstellungsmerkmal dieses Buches ist die wissenschaftliche Basis der dargestellten Inhalte. Zwar wird die Vielzahl an empirischen und theoretischen Studien manchmal mühselig auf Sie wirken, jedoch hat dies den Vorteil, dass Sie durch die Literaturhinweise respektive -verweise auf die Primärliteratur noch tiefer in die Materie eintauchen können. Für dieses Lehrbuch wurden sowohl internationale (sportartübergreifende) Fachzeitschriften, nationale und internationale Lehrbücher als auch nationale Tischtennisartikel (z. B. Zeitschrift Tischtennis, Trainerbrief Tischtennis, Tischtennis-Lehre) zu Rate gezogen. Ein großer Teil einzelner Kapitel (bspw. zur Technik, Trainingsplanung und zum Gesundheitssport Tischtennis) geht auf den Deutschen Tischtennis-Bund (DTTB) zurück. Die Videos zum Technikleitbild der einzelnen Schlagtechniken wurden vom DTTB erstellt und für dieses Lehrbuch zur Verfügung gestellt. Dafür sind wir sehr dankbar.

Wir wünschen Ihnen viel Spaß beim Lesen,

Köln & Münster 2024

Axel Binnenbruck   Timo Klein-Soetebier

Inhaltsverzeichnis

1	**Einleitung**...	1
2	**Grundlagen des Tischtennissports**..........................	3
	2.1 Meilensteine der Sportart Tischtennis	4
	2.1.1 Die Entwicklung des Tischtennissports von 1893 bis heute...	5
	2.1.2 Tischtennis bei den Olympischen und Paralympischen Sommerspielen......................................	8
	2.1.3 Tischtennis bei Welt- und Europameisterschaften........	11
	2.2 Die wichtigsten Grundregeln.................................	13
	2.2.1 Regeln für das Einzelspiel	16
	2.2.2 Regeln für das Doppelspiel (und Mixed)...............	19
	2.2.3 Regeln im Paratischtennis	20
	2.2.4 Mögliche Adaptionen für Anfänger:innen	21
	2.3 Das Spielmaterial...	24
	2.3.1 Tische & Netze......................................	24
	2.3.2 Bälle..	25
	2.3.3 Schlägerholz..	27
	2.3.4 Beläge...	28
	2.4 Zahlen und Fakten/Wissenswertes im Tischtennis	34
	Literatur..	39
3	**Anforderungsprofil im Tischtennis**	41
	3.1 Konditionelle Leistungskomponenten im Tischtennis............	44
	3.1.1 Training der Schnelligkeit im Tischtennis	44
	3.1.2 Training der Beweglichkeit im Tischtennis	48
	3.1.3 Training der Kraft im Tischtennis	50
	3.1.4 Training der Ausdauer im Tischtennis...................	54
	3.2 Koordinative Leistungskomponenten im Tischtennis	56
	3.2.1 Informationsverarbeitungsprozesse im Tischtennis........	58
	3.2.2 Druckbedingungen im Tischtennis	61
	3.2.3 Tischtennisspezifische Übungen zur Koordination	63
	3.3 Psychologische Leistungskomponenten im Tischtennis	70
	3.3.1 Wahrnehmungsprozesse im Tischtennis	72
	3.3.2 Psychologische Trainingsformen im Tischtennis..........	75

	3.3.3	Exekutivfunktionen im Tischtennis....................	90
	Literatur..		95
4	**Technik im Tischtennis**..		**99**
	4.1	Griffhaltung, Grundposition & Beinarbeitstechnik..............	100
		4.1.1 Griffhaltungen......................................	100
		4.1.2 Grundstellung.......................................	104
		4.1.3 Beinarbeitstechniken...............................	105
	4.2	Die Grundtechniken..	112
		4.2.1 Konter...	115
		4.2.2 Schupf	120
		4.2.3 Topspin..	126
	4.3	Aufschlag und Rückschlag	134
		4.3.1 Aufschlag..	134
		4.3.2 Rückschlag...	142
	4.4	Spezialtechniken im Tischtennis	146
		4.4.1 Block	146
		4.4.2 Schnitt- und Ballonabwehr	149
		4.4.3 Fliptechnik..	152
		4.4.4 Schuss	153
	Literatur..		155
5	**Technik-Vermittlung im Tischtennis**...........................		**159**
	5.1	Modelle/Anfängermodelle etc.	159
		5.1.1 Das Schupfmodell	160
		5.1.2 Das Kontermodell	162
		5.1.3 Das Topspinmodell...................................	164
		5.1.4 Integrative Methodikmodell..........................	165
	5.2	Spielen versus Üben..	168
		5.2.1 Der Einsatz von Bewegungsanalogien und Metaphern	168
		5.2.2 Das Ballkistenzuspiel...............................	172
		5.2.3 Dauer und Wechsel von Übungsformen..................	178
		5.2.4 Der Tischtennis-Garten	181
		5.2.5 Spiel- und Wettkampfformen..........................	187
	5.3	Methodische Prinzipien für die Technik-Vermittlung	192
		5.3.1 Vom weiträumigen zum kurzen Spiel	193
		5.3.2 Vom diagonalen zum parallelen Spiel	195
		5.3.3 Vom langsamen zum schnellen Spiel...................	198
		5.3.4 Vom indirekten zum direkten Spiel	200
		5.3.5 Vom einfach-regelmäßigen zum kombiniert-unregelmäßigen Spiel..	201
		5.3.6 Vom rotationsarmen zum rotationsreichen Spiel..........	203
		5.3.7 Spiel mit zunehmender motorischer Belastung..........	205
	5.4	Selbstständiges Lernen......................................	207
		5.4.1 Grundverständnis zum Lehren und Lernen – eine Gegenüberstellung...................................	208

		5.4.2	Was versteht man unter selbstständigem Lernen?	208
		5.4.3	Dem selbstständigen Lernen zunehmend Raum schenken?	210
		5.4.4	Erweitertes Rollenverständnis ausbilden	211
	Literatur.			213
6	**Taktik im Tischtennis**			**217**
	6.1	PTRF-Effekte		219
		6.1.1	Platzierung	220
		6.1.2	Tempo	224
		6.1.3	Rotation	225
		6.1.4	Flughöhe	228
	6.2	Spielsysteme & Spielertypen		230
		6.2.1	Vorhandorientiertes Spielsystem	232
		6.2.2	Beidseitiges Spin-Spielsystem	234
		6.2.3	Modernes Abwehrspiel	236
	6.3	Doppeltaktiken		238
		6.3.1	Taktische Platzierungen im Doppel	241
		6.3.2	Taktik des Nachspielens	242
		6.3.3	Der Aufschlag im Doppel	243
		6.3.4	Der Rückschlag im Doppel	245
	Literatur.			247
7	**Trainingsplanung und -organisation im Tischtennis**			**249**
	7.1	Trainingsperiodisierung und -zyklisierung		250
	7.2	Trainingsorganisation – Wie baue ich ein Training auf?		255
		7.2.1	Einleitung	256
		7.2.2	Hauptteil	258
		7.2.3	Schlussteil	260
	7.3	Hallenmanagement		262
		7.3.1	Allgegenwärtigkeit & Überlappung	262
		7.3.2	Disziplinierung	263
		7.3.3	Reibungslosigkeit & Schwung	266
		7.3.4	Gruppenmobilisierung	268
		7.3.5	Abwechslung & Herausforderung	269
	7.4	Traineraus- und -fortbildungen im Tischtennis (Deutschland)		270
		7.4.1	STARTTER-Vorstufenqualifikation	272
		7.4.2	C-Trainer-Ausbildung	272
		7.4.3	B-Trainer-Ausbildung	274
		7.4.4	A-Trainer-Ausbildung	278
		7.4.5	Diplomtrainer-Ausbildung des DOSB	278
	Literatur.			280
8	**Tischtennis im Leistungssport**			**283**
	8.1	Talentsichtung und -förderung		284
		8.1.1	Identifikation von Talent mittels Leistungsindikatoren	285

		8.1.2	Kadersysteme in Deutschland	287
	8.2	Leistungsorientiertes Training		290
		8.2.1	Wettkampfvor- und -nachbereitung	290
		8.2.2	Technikoptimierung	292
	8.3	Biomechanische Grundlagen		299
		8.3.1	Der Technikkanal	300
		8.3.2	Biomechanische Prinzipien im Tischtennis	301
	8.4	Spielbeobachtung/Spielanalyse im Tischtennis		305
		8.4.1	Grundlagenbezogene Spielbeobachtung	306
		8.4.2	Anwendungsbezogene Spielbeobachtung	308
		8.4.3	Praktische Hinweise für das Tischtennistraining und den Wettkampf	309
	Literatur			311

9 Gesundheitssport Tischtennis ... 317

	9.1	Positive Effekte des Tischtennisspielens auf die Gesundheit		319
	9.2	Tischtennis im Reha- und Präventionssport		324
		9.2.1	Kursprogramm „FiTTer in Herz- und Hirn"	324
		9.2.2	Konzept „Dauerangebot FiTTer 50+"	326
		9.2.3	Konzept „FiTTer Kids"	326
		9.2.4	Rehabilitationssport	328
	9.3	Tischtennis bei neurodegenerativen Erkrankungen		328
		9.3.1	Tischtennis und Morbus Parkinson	329
		9.3.2	Tischtennis und Demenz	332
	Literatur			336

Schlussworte ... 341

Stichwortverzeichnis ... 343

Abkürzungsverzeichnis

AS	Aufschlag
AT	Autogenes Training
BET	Balleimertraining oder Ballkistenzuspiel
BTP	Balltreffpunkt
DGN	Deutsche Gesellschaft für Neurologie
DTTA	Deutsche Tischtennis-Akademie
DTTB	Deutscher Tischtennis-Bund e. V.
ETTU	European Table Tennis Union
ft	feet (englisches Längenmaß)
INAS-FID	International Sports Federation for Persons with Intellectual Disability
IOC	International Olympic Committee
ITTF	International Table Tennis Federation
KAS	Kurzer Aufschlag
LAS	Langer Aufschlag
LE	Lerneinheit (in der Trainer-Aus- und Fortbildung)
OK	Olympiakader
OS	Oberschnitt (auch Überschnitt oder Vorwärtsrotation genannt)
PK	Perspektivkader
PMR	Progressive Muskelrelaxation
PPP	PingPongParkinson e. V.
RH	Rückhand
RHB	Rückhand-Block
RHF	Rückhand-Flip
RHK	Rückhand-Konter
RHS	Rückhand-Schupf
RHT	Rückhand-Topspin
RS	Rückschlag
SBS	Schlägerblattstellung
TT	Tischtennis
TTBL	Tischtennisbundesliga
TTR-Wert	Tischtennis-Ranglistenwert
US	Unterschnitt (auch Unterschnitt oder Rückwärtsrotation genannt)
VH	Vorhand

VHB	Vorhand-Block
VHF	Vorhand-Flip
VHK	Vorhand-Konter
VHS	Vorhand-Schupf
VHT	Vorhand-Topspin
WK	Wettkampfklasse (im paralympischen Sport)
WO	Wettspielordnung
ZNS	Zentrales Nervensystem

Abbildungsverzeichnis

Abb. 2.1 Das älteste erhaltene Tennisspiel auf einem Tisch ist ein von David Foster hergestelltes Set, das 1890 in England patentiert wurde. (Foto: von https://www.ittf.com/history/documents/historyoftabletennis/) 5

Abb. 2.2 Demonstration der Aufschlagregeln im Tischtennis. Hermann Mühlbach präsentiert zudem zwei regelkonforme Beispielaufschläge. Es ist frei wählbar, ob ein Aufschlag mit der Vorhand oder Rückhand ausgeführt wird. Im Einzelspiel ist auch die Platzierung beliebig. Im Doppel muss diagonal von der Vorhandseite in die gegenüberliegende Vorhandseite (diagonal) aufgeschlagen werden (▶ https://doi.org/10.1007/000-b8c) 17

Abb. 2.3 Skizze eines Tischtennistisches mit Netzgarnitur. Jeder wettkampftaugliche Tisch (DIN EN 14.468) hat eine exakte Länge von 2,74 m, eine Breite von 1,525 m und eine Höhe von 76 cm. Das Netz muss 15,25 cm hoch und straff gespannt sein. (Gemeinfreies Bild von https://de.m.wikipedia.org/wiki/Datei:Tischtennis-Tisch.svg) 25

Abb. 2.4 Vereinfachte Darstellung eines Schlägerblattes mit Schwammunterlage und einem griffigen Noppeninnenbelag (rot). Ein vorwärtsrotierender Ball, der auf den Noppeninnenbelag trifft, taucht kurzzeitig in das elastische Obergummi ein. Dadurch entsteht eine kleine Dehnungsfalte, die bewirkt, dass der Ball abbremst und katapultartig aus dem Belag herausgeschleudert wird. Die Drehrichtung des Balles wird dadurch umgekehrt 29

Abb. 2.5 Vereinfachte Darstellung eines Schlägerblattes mit einem kurzen Noppenaußenbelag mit Schwammunterlage. Es bildet sich aufgrund der breiten, harten Noppen keine Dehnungsfalte, was ihn weniger empfindlich für Rotation macht. Die Rotation des Balles wird geringfügig reduziert (gestrichelter Pfeil), wodurch ein leichter Störeffekt entsteht. Für tempoorientiertes Spiel ist dieser Belag besonders geeignet. Aufgrund der geringeren

	Kontaktfläche des Balles auf dem Belag im Vergleich zum Noppeninnenbelag lässt sich ca. 15 % weniger Rotation erzeugen	31
Abb. 2.6	Vereinfachte Darstellung eines Schlägerblattes mit einem langen Noppenaußenbelag mit Schwammunterlage. Wird das Schlägerblatt relativ schräg gehalten und von schräg oben nach unten in Richtung der Ballrotation bewegt, knicken die langen Noppen (links) und verstärken die Rotation des Balles durch ein Nachfedern der zuvor geknickten Noppen. Die Drehrichtung des Balles bleibt erhalten. Trifft ein vorwärtsrotierender Ball relativ gerade auf die langen Noppen, werden diese gestaucht (rechts). Dies bewirkt, dass das Tempo des Balles reduziert und die Drehrichtung des Balles größtenteils aufgehoben wird	31
Abb. 2.7	Vereinfachte Darstellung eines Schlägerblattes mit einem Antitop-Belag mit Schwammunterlage. Das Schlägerblatt wird möglichst gerade zur Flugrichtung des ankommenden Balles gehalten. Durch die fehlende Elastizität des harten Obergummis bildet sich bei rotierenden Bälle keine Dehnungsfalte. Ein vorwärtsrotierender Ball behält somit seine Drehrichtung bei und kommt für den Gegner bzw. die Gegnerin mit Unterschnitt zurück. Zudem schwächt er das Tempo des Balles stark ab	33
Abb. 3.1	Modellansatz zur Beschreibung der allgemeinen sportlichen Leistungsfähigkeit. Die einzelnen Komponenten stehen in wechselseitiger Beziehung zueinander (aus Weineck, 2019, S. 25). Zum einen werden die verschiedenen Einflussfaktoren (z. B. konditionelle, koordinative, psychische Fähigkeiten) aufgezeigt und zum anderen Interaktionsmöglichkeiten zwischen ihnen dargestellt	43
Abb. 3.2	„Wandspiel" als exemplarische Übung zur Schnelligkeit. Der Ball wird von einem Partner oder einer Partnerin gegen die Wand geworfen. Der oder die Übende versucht den Ball nach dem Wandkontakt zu fangen. Die Richtung des Wurfes kann dabei in horizontaler (links/rechts) oder vertikaler (vor/zurück) Richtung variiert werden.	46
Abb. 3.3	(Home-)Workout #1 zum Training der Schnelligkeit, Beweglichkeit und der tischtennisspezifischen Kräftigung. Die Übungen sind für jedes Spielniveau hilfreich. Für die Durchführung der Übungen benötigt man Sportkleidung, einen eigenen Tischtennisschläger und einen Ball. Optional kann eine Gymnastikmatte und etwas zu trinken bereitgestellt werden (https://www.tischtennis.de/onlinekongress.html). (▶ https://doi.org/10.1007/000-b8f) (Video: © Deutscher Tischtennis-Bund)	48

Abb. 3.4	(Home-)Workout #2 zum Training der Beweglichkeit, mit Schnelligkeits- und tischtennisspezifischen Kräftigungsübungen. Die Übungen sind für jedes Spielniveau hilfreich. Für die Durchführung der Übungen benötigt man Sportkleidung, einen eigenen Tischtennisschläger und einen Ball. Optional kann eine Gymnastikmatte und etwas zu trinken bereitgestellt werden (https://www.tischtennis.de/onlinekongress.html). (▶ https://doi.org/10.1007/000-b8e) (Video: © Deutscher Tischtennis-Bund)	50
Abb. 3.5	(Home-)Workout #3 mit einem speziellen Fokus auf Kräftigungsübungen. Zudem werden wiederum Beweglichkeits- und Schnelligkeitsübungen kombiniert. Die Übungen sind für jedes Spielniveau hilfreich. Für die Durchführung der Übungen benötigt man Sportkleidung, einen eigenen Tischtennisschläger und einen Ball. Optional kann eine Gymnastikmatte und etwas zu trinken bereitgestellt werden (https://www.tischtennis.de/onlinekongress.html). (▶ https://doi.org/10.1007/000-b8d) (Video: © Deutscher Tischtennis-Bund)	52
Abb. 3.6	Graphische Darstellung eines intervallartigen Ausdauertrainings mit vierminütiger Belastung und dreiminütigen Pausen zwischen den Belastungsintervallen (in Anlehnung an Sperlich, 2010). Die Herzfrequenz bei den vier Läufen sollte maximal 95 % der maximalen Herzfrequenz betragen....	55
Abb. 3.7	Ein Workout kann, wenn es ausreichend lang ist (mindestens 20 min) und regelmäßig durchgeführt wird, als Ausdauertrainingsmethode eingesetzt werden. Das (Home-)Workout #4 dauert circa 25 min und beinhaltet eine Kombination aus Schnelligkeits-, Beweglichkeits- und Kräftigungsübungen (https://www.tischtennis.de/onlinekongress.html). (▶ https://doi.org/10.1007/000-b8g) (Video: © Deutscher Tischtennis-Bund)	56
Abb. 3.8	Bausteine koordinativer Leistungsanforderungen von motorischen Bewegungsaufgaben im Tischtennis. (Modifiziert nach Neumaier & Mechling, 1995, S. 211; Neumaier, 2003; S. 97; Roth, 2005, S. 329)	58
Abb. 3.9	Übungen zur Schulung der koordinativen Fähigkeiten. Die Übenden sollen exakte Platzierungen differenzieren (oben links). Bei Laufübungen zur Schulung der Kopplungsfähigkeit (oben rechts) absolvieren die Übenden nach Schlägen am Tisch verschiedene Laufwege. Als Wahrnehmungsübung zur Schulung der Reaktions- bzw. Antizipationsfähigkeit (unten links) zeigt ein/e dritte/r Spieler/in kurz vor jedem Schlag durch farbige Markierungen an, welcher Schlag, welche Platzierung oder welcher Ball-	

	wechsel gespielt werden soll. Der Einsatz von zusätzlichem Spielmaterial wie farbigen Bällen (unten rechts), aber auch unterschiedlichen Schlägern oder Musik können dabei helfen die Rhythmisierungsfähigkeit zu schulen. (Aus Klein-Soetebier, 2022, S. 36).	64
Abb. 3.10	Struktureller Aufbau einer Aufschlagroutine im Tischtennis als Beispiel für eine Pre-Performance Routine. Bei den Leistungskomponenten steht „kog." für kognitive, „emo." für emotionale und „mot." für motivationale Prozesse. (Aus Klein-Soetebier & Weigelt, 2014, S. 12).	88
Abb. 3.11	Vorbereitung für eine Übung für das Arbeitsgedächtnis. Mit handelsüblichem Kreppband (oder Tape) wird eine Hälfte des Tisches in 16 Felder (je nach Schwierigkeitsgrad kann die Anzahl erhöht oder gesenkt werden) unterteilt und nummeriert (z. B. mit Kreide oder ebenfalls mit beschriftetem Kreppband). Spieler:innen können nun üben einzelne Platzierungen gezielt anzuspielen. (In Anlehnung an Heisler & Klein-Soetebier, 2020, S. 37)	92
Abb. 4.1	Graphische Darstellung der Shakehand-Griffhaltung (oben) und der Penholder-Haltung (unten) jeweils aus Sicht von vorne (rot) und von hinten (schwarz). Bei der Penholder-Haltung strecken die Spieler:innen teilweise die Finger (unten, rechts) oder bilden eine Faust aus Mittel-, Ring- und kleinem Finger (unten, mittig).	102
Abb. 4.2	Exemplarische Darstellung der Grundstellung im Tischtennis (seitlich und schräg von vorne). Der/Die Spieler:in steht ungefähr eine Armlänge vom Tisch entfernt. Durch eine Beugung im Hüftgelenk wird eine leichte Vorbeugung des Körpers erzeugt, sodass der Körperschwerpunkt etwas vor dem Körper liegt. Die meisten Spieler:innen erwarten den Ball mit einer leicht geöffneten Beinstellung und etwas in die Rückhandseite versetzt. Der Schläger befindet sich über Tischniveau. Ober- und Unterarm bilden in etwa einen rechten Winkel.	104
Abb. 4.3	Technikleitbild der Deutschen Tischtennis-Akademie zum Sidejump. Die Füße stehen beim Sidejump parallel bis leicht schräg zur Grundlinie. Das in Bewegungsrichtung entfernte Bein gibt den initialen Impuls und drückt sich ab. Nahezu gleichzeitig erfolgt der Abdruck des in Bewegungsrichtung zeigenden Beines. Das Abfangen des Gewichtes erfolgt über das Bein der Schlaghandseite bis das Gewicht wieder auf beiden Beinen liegt. (▶ https://doi.org/10.1007/000-b8p) (Video: © Deutscher Tischtennis-Bund)	108

Abb. 4.4	Technikleitbild der Deutschen Tischtennis-Akademie zum Umspringen. Aus einer annähernd parallelen Position springt der Spieler bzw. die Spielerin in eine seitlich geöffnete Vorhand-Position. Die Fußspitze der Schlagarmseite zeigt nach dem Sprung in etwa parallel zur Grundlinie des Tisches. Ähnlich zum Stepjump erfolgt gleichzeitig eine Drehung der Hüfte. Das Bein der Schlaghand wird nach hinten gestellt, sodass sich der Körper insgesamt aufdreht. Am Ende des Schlages wird das Gewicht mit dem vorderen Bein abgefangen. (▶ https://doi.org/10.1007/000-b8j) (Video: © Deutscher Tischtennis-Bund)	110
Abb. 4.5	Exemplarische Übung zum Training der Beinarbeit an der Ballkiste. Die Übenden erhalten einen Ball aus der Ballkiste kurz in die Mitte des Tisches, dieses soll möglichst kurz zurückgelegt werden (z. B. mit einem Vorhand-Schupf). Nach dem Ablegen absolvieren die Übenden eine Beinarbeitsfolge um drei Pylonen (schräg vorwärts, schräg rückwärts und seitwärts zurück) herum bis sie wieder an der Reihe sind. (In Anlehnung an Luthardt, 2015, S. 81).	113
Abb. 4.6	Schematische Darstellung der Berührungspunkte des Schlägers an dem Tischtennisball abhängig von der Schlagtechnik. Die Bewegungsrichtung des Schlägers wird durch die Pfeile dargestellt. Bei Schupfschlägen wird der Ball in der Nähe des ‚Südpols' tangiert. Konterschläge treffen den Ball relativ nah am ‚Balläquator', sodass wenig Rotation entsteht. Die Topspinschläge streifen den Ball relativ weit oben nahe des ‚Nordpols' des Balles. (Aus DTTB, 2020)	114
Abb. 4.7	Technikdemonstration des Vorhand-Konterschlages aus drei Perspektiven in realer und verlangsamter Geschwindigkeit. Das Schlägerblatt ist leicht geschlossen, die Beine stehen deutlich über schulterbreit auseinander. Die Fußspitzen zeigen nach vorne. Der Bewegungsimpuls entsteht in den Beinen, wird über die Rotation des Rumpfes und des Schlagarmes verstärkt. Der Nicht-Schlagarm begleitet die Bewegung des Rumpfes. Der Balltreffpunkt ist seitlich vor dem Körper. Das Handgelenk kann im Moment des Balltreffpunktes die Schlagausführung durch eine schnelle Bewegung nach vorne oben unterstützen. (▶ https://doi.org/10.1007/000-b8k) (Video: © Deutscher Tischtennis-Bund).	116
Abb. 4.8	Technikdemonstration des Rückhand-Konterschlages aus drei Perspektiven in realer und verlangsamter Geschwindigkeit. Das Schlägerblatt ist geschlossen, die	

	Beine stehen deutlich über schulterbreit auseinander. Die Fußspitzen zeigen nach vorne. Der Bewegungsimpuls entsteht im Unterarm, welcher, mit dem Ellbogen als Drehpunkt, sich nach vorne Richtung Netz bewegt. Die Schlägerspitze beschreibt dabei vom Beginn bis zum Ende der Bewegung etwa einen Viertelkreis. Kurz vor dem Balltreffpunkt unterstützt das Handgelenk die Bewegungsrichtung nach vorne. Der Ball wird vor dem Körper in der aufsteigenden Flugphase (noch vor dem höchsten Punkt seines Absprunges) getroffen. (▶ https://doi.org/10.1007/000-b8m) (Video: © Deutscher Tischtennis-Bund)	119
Abb. 4.9	Technikdemonstration des Vorhand-Schupfschlages auf kurze Bälle aus drei Perspektiven in realer und verlangsamter Geschwindigkeit. Das Schlägerblatt ist leicht geöffnet. Auf kurze Bälle wird der Fuß der Schlagarmseite unter den Tisch gesetzt. Die Fußspitzen zeigen nach vorne. Der Bewegungsimpuls kommt vorrangig aus dem Handgelenk und zum Ende der Schlagbewegung auch aus dem Unterarm. Wird der Ball kurz zurückgespielt, ist ein früher Balltreffpunkt anzustreben, kurz bevor der Ball in seiner Flugphase den höchsten Punkt nach dem Auftreffen auf dem Tisch erreicht. (▶ https://doi.org/10.1007/000-b8n) (Video: © Deutscher Tischtennis-Bund)	122
Abb. 4.10	Technikdemonstration des Rückhand-Schupfschlages auf lange Bälle aus drei Perspektiven in realer und verlangsamter Geschwindigkeit. Das Schlägerblatt ist geöffnet. Auf kurze Bälle wird der Fuß der Schlagarmseite unter den Tisch gesetzt, bei langen Bällen stehen die Füße nahezu parallel zur Grundlinie des Tisches. Die Fußspitzen zeigen nach vorne. Der Bewegungsimpuls kommt vorrangig aus dem Handgelenk und teilweise auch aus dem Unterarm. Wird der Ball kurz zurückgespielt, ist ein früher Balltreffpunkt anzustreben, kurz bevor der Ball in seiner Flugphase den höchsten Punkt nach dem Auftreffen auf dem Tisch erreicht. Eine leichte Drehung in Richtung des Nicht-Schlagarmes bringt die Schulter des Schlagarmes nach vorne. Der Rumpf steht kurz vor dem Ballkontakt leicht schräg. Zeitgleich dazu wird der Schläger durch ein Beugen des Unterarms im Ellbogengelenk vor die Brust geführt. (▶ https://doi.org/10.1007/000-b8h) (Video: © Deutscher Tischtennis-Bund)	124
Abb. 4.11	Technikdemonstration des Vorhand-Topspinschlages auf lange Bälle mit Überschnitt aus drei Perspektiven in realer	

	und verlangsamter Geschwindigkeit. Das Schlägerblatt ist stark geschlossen. Der Bewegungsimpuls entsteht durch eine Gewichtsverlagerung auf das Bein der Schlagarmseite (hier: rechtes Bein). Durch eine Körperverwringung wird Energie gespeichert, die im Balltreffpunkt entladen wird. Der Unterarm wird zu Beginn der Bewegung durch ein Anwinkeln im Ellenbogengelenk stark beschleunigt. Kurz vor dem Balltreffpunkt erfolgt eine Beschleunigung durch das Handgelenk. Gleichzeitig wird das Gewicht auf das vordere Bein verlagert. Der Arm schwingt nach oben bis auf Stirnhöhe aus. (▶ https://doi.org/10.1007/000-b8q) (Video: © Deutscher Tischtennis-Bund)..................	129
Abb. 4.12	Technikdemonstration des Rückhand-Topspinschlages auf lange Bälle aus drei Perspektiven in realer und verlangsamter Geschwindigkeit. Das Schlägerblatt ist geschlossen. Die Füße stehen meist parallel. Bei diagonalen Bällen ist die Fußstellung teilweise etwas zur Vorhand geöffnet. Der Ellenbogen ist deutlich vor dem Körper und dient als Drehachse für die Bewegung des Unterarmes. Viel Energie wird aus dem Handgelenk auf den Ball übertragen. Der Balltreffpunkt liegt dabei vor dem Körper. Der Schläger schwingt schräg nach vorne oben in Kopfhöhe aus. (▶ https://doi.org/10.1007/000-b8r) (Video: © Deutscher Tischtennis-Bund).........................	132
Abb. 4.13	Beispielvideo zur Qualität und Variation des Aufschlages von Hermann Mühlbach. (▶ https://doi.org/10.1007/000-b8s).....................	136
Abb. 4.14	Graphische Darstellung unterschiedlicher Balltreffpunkte beim Aufschlag und daraus resultierenden Rotationsrichtungen des Balles. Abwärtsbewegungen des Schlägers schräg nach unten erzeugen einen Ball mit Seitunterschnitt (links). Reiner Seitschnitt wird bei Schlägen von links nach rechts oder rechts nach links parallel zur Grundlinie des Tisches erzeugt (mittig). Aufwärtsbewegungen des Schlägers nach schräg oben ermöglichen es, dem Ball einen leichten Topspin (Vorwärtsrotation) zu geben (rechts)....	140
Abb. 4.15	Rückschlagvarianten bei Aufschlägen mit Seitschnitt. Das Schlägerblatt muss bei Aufschlägen, die einen Ball produzieren, der sich von oben gesehen im Uhrzeigersinn dreht (links), schräg in Richtung der gegnerischen Vorhandseite gehalten werden (bei einer Uhr wäre das ungefähr auf 10 Uhr). Dreht sich der Ball gegen den Uhrzeigersinn (rechts), muss das Schlägerblatt eher in Richtung der Rückhand (auf circa 2 Uhr) angewinkelt werden (in Anlehnung an Geske & Müller, 2014, 54 f.).......	144

Abb. 4.16	Technikdemonstration des (aktiven) Vorhand-Blockschlages gegen Topspin aus drei Perspektiven in realer und verlangsamter Geschwindigkeit. Das Schlägerblatt ist stark geschlossen. Der Bewegungsimpuls entsteht durch eine leichte Gewichtsverlagerung von hinten nach vorne. Der Schläger wird durch eine Unterarm- und leichte Handgelenkbewegung nach vorne oben geführt. Der Ball trifft seitlich vor dem Körper kurz nach dem Absprung auf dem Tisch in der aufsteigenden Phase seiner Flugbahn auf den Schläger. (▶ https://doi.org/10.1007/000-b8t) (Video: © Deutscher Tischtennis-Bund)	147
Abb. 5.1	Exemplarische Übung an der Ballkiste, bei der der/die Zuspieler:in regelmäßig kurze Bälle in die Tischmitte des Übenden „einspielt". Der/Die Übende hat die Aufgabe, verschiedene Platzierungen anzuspielen, z. B. kurz in die Mitte (Nummerierung 1), lang in die Vorhandseite (Nummerierung 2) oder in den Rückhandbereich (Nummerierung 3). Dabei kann auch die Technik vorgegeben werden (z. B. 1 = kurzer Schupf, 2 = VH-Flip, 3 = Rückhand-Topspin o.Ä.). Der Ball des Übenden wird dabei nicht zurückgespielt, sondern es wird immer ein neuer Ball aus der Ballkiste genommen. Dadurch lassen sich Einspielfrequenz und -intensität erhöhen. (Aus Luthardt, 2015, S. 68)	174
Abb. 5.2	Mögliche Einspielpositionen beim Ballkistenzuspiel. A) Hauptposition, geeignet für Rechtshänder:innen, um den Ball aus der Rückhand-Seite in verschiedene Positionen auf der gegenüberliegenden Seite zu spielen. Der/die Lernende trifft mit seinen/ihren Schlägen bei dieser Einspielposition selten den/die Zuspieler:in. B) Einspielposition für Linkshänder:innen oder wenn Bälle vermehrt auch in die tiefe Vorhand platziert werden sollen. Teilweise auch für das Einspielen mit der Rückhand genutzt. C) Spezielles Einspielen (eher für Fortgeschrittene), bei dem der Ball zunächst auf einen Kasten o.Ä. aufgetippt wird, um dann aus einer tischfernen Position auf die gegenüberliegende Seite gespielt wird (z. B. als Simulation der Schnittabwehr, der Ballonabwehr oder des Gegentopspins)	175
Abb. 5.3	Exemplarische Übung für Fortgeschrittene zur Übung der Beinarbeit sowie zu der Verbindung bzw. dem (fließenden) Übergang von Rückhand- und Vorhand-Topspin gegen Rückhand-Block. Der/Die aktive Spieler:in spielt RH-Topspin aus der Rückhand in die Rückhand, VHT aus der Mitte in die Rückhand, RHT aus der Rückhand in die	

	Rückhand und VHT aus der Vorhand in die Rückhand. Der/die passive Zuspieler:in verteilt die Bälle mit dem RH-Block in die Rückhand, Mitte, Rückhand und Vorhand und dann wieder von vorne.	180
Abb. 5.4	Exemplarische Tischaufbauten des sogenannten Tischtennis-Gartens. Von oben links nach unten rechts sind sie wie folgt benannt: der Sichtschutz, der Bandtisch, der versetzte Tisch, der Squash-Tisch, der schräge Tisch, der Tal-Tisch, der Graben-Tisch, der Reaktions-Tisch, der Zick-Zack-Tisch, der Dreiecks-Tisch, der Quidditch-Tisch, der stürmische Tisch.	183
Abb. 5.5	Alternative Spiel- und Wettkampfformen mit und ohne Tischaufbau. Von links: Spielform „Tischtennis ohne Tisch" im Einzel- und Doppelwettkampf, Spielform „Überzahl", Spielform „Bunte Bälle", Spielform „Hütchen-Treffen", „Verdopplung". (Aus Haas et al., 2022, S. 48).	189
Abb. 5.6	Aufbau der Spielform „Bankräuber und Bankdirektor". An den beiden äußeren Tischen wird ein normales Einzel nach den normalen Tischtennisregeln gespielt. Der/Die Bankräuber:in (Spieler:in A) bleibt fest an Tisch 1. An Tisch 3 positioniert sich dauerhaft der/die Bankdirektor:in. Die übrigen Spieler:innen stellen sich in der Mitte an Tisch 2 zum Rundlaufspiel auf. (DTTB, 2000)	192
Abb. 5.7	Exemplarische Übungsreihe nach dem Prinzip „vom diagonalen zum parallelen Spiel" (Klingen, 1984; Klein-Soetebier & Klingen, 2019). In der linken Darstellung wird der Ball nach dem Aufschlag nur einmal zurückgespielt und dann gefangen. In Schritt 2 spielt auch der Aufschläger bzw. die Aufschlägerin den Ball einmal zurück (Darstellung Mitte). Im 3. Schritt spielen die Spielpartner:innen kontinuierlich hin und her (rechte Darstellung)	196
Abb. 5.8	Weiterführung der exemplarischen Übungsreihe nach dem Prinzip „vom diagonalen zum parallelen Spiel" (Klingen, 1984; Klein-Soetebier & Klingen, 2019). In der linken Darstellung wird der Ball nach dem Aufschlag parallel zurückgespielt und dann gefangen. In Schritt 2 spielen A+B den Ball zweimal hin und her, bevor der parallele Ball erfolgt (Darstellung Mitte). Im 3. Schritt entscheidet der Rückspieler bzw. die Rückspielerin, wann er/sie den Ball parallel spielt. Dies kann nach 2, 3 oder beliebig vielen diagonalen Bällen geschehen (rechte Darstellung)	197
Abb. 5.9	Variation der Laufwege beim Ballkistenzuspiel. Nach	

	einem Schlag muss der Lernende (hier Spieler D) einen Laufweg um ein Hindernis (z. B. eine Pylone) realisieren, bevor er sich wieder hinten an der Schlange anstellen darf. Es lassen sich auch mehrere Hindernisse aufbauen, die je nach erfolgreichem oder nicht-erfolgreichem Schlag gelaufen werden müssen. (Klingen, 1984, S. 36).	207
Abb. 5.10	Exemplarische Vorlage für ein Trainingstagebuch, in dem die Spieler:innen ihre Erfahrungen mit vorangegangenen Gegner:innen festhalten. Diese Erfahrungen können für ein erneutes Aufeinandertreffen genutzt werden, um die Leistung zu steigern und/oder aus früheren Fehlern zu lernen. (Aus Klingen & Klein-Soetebier, 2022, S. 7).	211
Abb. 5.11	Umformulierungen konkreter Probleme/Herausforderungen im Tischtennisspiel. Anstelle von direkten Anweisungen stellen Trainer:innen (passive) Fragen, die die Spieler:innen zum eigenständigen Denken anregen sollen. (Klingen & Klein-Soetebier, 2022, S. 8).	212
Abb. 6.1	Zoneneinteilung des Tischtennistisches. (Aus Geske & Müller, 2014, S. 13). Links werden die drei horizontalen Bereiche „Netzzone", „Mittelzone" und „Grundlinienzone" definiert. Rechts wird in die vertikalen Platzierungszonen „weite" (oder „tiefe") Vorhand, „Vorhandbereich", „Rückhandbereich" und „weite" (oder „tiefe") Rückhand unterschieden. In der vertikalen Einteilung wird im RH-Bereich häufig die besondere Platzierung des „Ellenbogens" benannt.	220
Abb. 6.2	Exemplarische Darstellung der möglichen Streuwinkel bei Platzierungen in die weite/tiefe Vorhand (rechts) und analog umgekehrt in die weite/tiefe Rückhand des Gegners (links). Die optimale Position am Tisch für den nächsten Ball wird durch die Winkelhalbierende (gestrichelte Linie) angedeutet. (Aus Geske & Müller, 2014, S. 20).	222
Abb. 6.3	Exemplarische Darstellung der möglichen Streuwinkel bei kurzen (links) und langen (rechts) Platzierungen jeweils in die Tischmitte. Bei kurzen Platzierungen ist der Streuwinkel deutlich breiter als bei langen Platzierungen, weshalb man als Spieler:in gerade bei kurzen Platzierungen mit weiteren Platzierungen in die tiefe Vorhand oder tiefe Rückhand rechnen muss. (Aus Geske & Müller, 2014, S. 19). . .	223
Abb. 6.4	Stark vereinfachte Darstellung unterschiedlicher Flugkurven des Tischtennisballes in Abhängigkeit davon, ob er mit Vorwärtsrotation, ohne Rotation oder mit Unterschnitt gespielt wurde. Der sog. Magnuseffekt bewirkt die kürzere/längere Flugbahn des Balles. Aufgrund	

	einer höheren (Unterschnitt) oder niedrigeren (Topspin) Reibung auf dem Tisch springen die Bälle unterschiedlich hoch ab.	229
Abb. 6.5	Unterschiedliche Laufwege/Laufsysteme im Doppelspiel. Das „Rein-Raus"-System (links oben), das „T"-Lauf-System (rechts oben), das „kreiseln" (links unten) und „die Acht". (Rechts unten; aus Teichert, 2008, S. 6 f.)	240
Abb. 7.1	Beispiel für einen Diagnosebogen bzw. eine „Kann-Liste". Hier am Beispiel des Rückhand-Rollaufschlages. (Aus Klein-Soetebier & Klingen, 2019, S. 34)	264
Abb. 8.1	Beobachtungsbogen zur Identifikation von Talenten im Tischtennis. Fünf zentrale Technikelemente im Schüler- und Jugendtischtennis (die Schlägerhaltung, die Ballerwartungshaltung, die Beinarbeit/Positionierung des Körpers, das Aufschlagspiel und die Schlagtechniken/Schläge) werden von Trainer:innen auf einer Skala von 1 bis 10, wobei 10 die höchstmögliche Punktzahl (Qualität der Technik) darstellt, bewertet. (Aus Koopmann et al., 2022, S. 18).	286
Abb. 8.2	Vereinfachte Darstellung eines Technikkanals. Zu Beginn der Schlagbewegung sind größere Abweichungen von der Idealbewegung tolerierbar. Im Moment des Balltreffpunktes muss die Bewegung sehr exakt sein. In der Ausschwungphase nach dem BTP sind die Grenzen des Technikkanals wiederum weiter gefasst.	300
Abb. 9.1	Spielform „Nonnenhockey" (Geske, 2017, u. a.). Ziel des Spiels ist es als letzte/r der Spieler:innen am Tisch zu stehen. Der Ball muss immer einmal auf dem Boden und dann mindestens 2-mal auf der Tischfläche auftippen. Der Ball darf überall hin gespielt werden. Dadurch wird sich rund um den Tisch bewegt. (▶ https://doi.org/10.1007/000-b8v).	321
Abb. 9.2	Bei der Spielform Vario-Rundlauf können die Teilnehmer:innen selbstständig den Radius ihres Laufweges wählen. Im Rundlaufprinzip wird, nachdem ein Ball geschlagen wurde, gegen den Uhrzeigersinn zu der anderen Tischseite gelaufen. Pylonen, Hütchen, Markierungen (z. B. 1 m, 2 m, 3 m neben dem Tisch) bieten verschiedene Laufwege an, sodass jede:r Übende die Laufintensität individuell steuern kann (https://www.tischtennis.de/mein-sport/aktionen/gesundheitssport.htm)	325
Abb. 9.3	Die drei Spielformen „Rundlauf an zwei Tischen" (oben), „5:5 an zwei Tischen" (Mitte) und „Trippel" (unten) haben gemeinsam, dass sie im Rundlaufprinzip gespielt werden	

	und variable Laufwege ermöglichen. Beim Rundlauf an zwei Tischen kann die Distanz zwischen den Tischen größer oder kleiner gestaltet werden. Die Belastung beim 5:5 an zwei Tischen wird durch mehr Spieler:innen (z. B. 6:6, 7:7) geringer. Beim Trippel lassen sich ebenfalls die Anzahl der Spieler:innen sowie der Abstand der Pylone, die umlaufen werden müssen, an die Zielgruppe bzw. Intensität anpassen. (https://www.tischtennis.de/meinsport/spielen/spiele-turniere.html)	327
Abb. 9.4	Graphische Darstellung der Spielformen „Kreuzrundlauf". Die vier Stirnseiten der Tischhälften werden nacheinander mit flexiblen Laufwegen angelaufen, um den Ball über den Graben auf die gegenüberliegende Tischhälfte zu spielen. (www.tischtennis.de)	336

Tabellenverzeichnis

Tab. 2.1	Medaillenspiegel aller Tischtennisweltmeisterschaften von 1928 bis heute (Stand 2023). Am erfolgreichsten ist hier die Volksrepublik China. Deutschland liegt mit fünf Goldmedaillen auf Platz 10 dieser Rangliste.	12
Tab. 2.2	Meilensteine des Tischtennissports von seinen ersten schriftlichen Erwähnungen 1880 bis heute	14
Tab. 2.3	Spieleigenschaften unterschiedlicher Tischtennisbeläge und deren Vor- und Nachteile. (In Anlehnung an Michaelis & Sklorz, 2004; Friedrich & Fürste, 2012)	35
Tab. 3.1	Die fünf Schritte des mentalen Trainings (Eberspächer (1995) am Beispiel des Vorhand-Topspin-Schlages eine/r/s Rechtshänder/s/in im Tischtennis (vgl. DTTB, 2004).	78
Tab. 4.1	Vor- und Nachteile der jeweiligen Griffhaltungen (Shakehand- versus Penholder-Griffhaltung)	103
Tab. 4.2	Einordnung der Technikfamilien im Tischtennis zum Zeitpunkt des Balltreffpunkts (Techniken mit wenig/ohne Rotation, mit Rückwärtsrotation und mit Vorwärtsrotation (Friedrich & Fürste, 2012).	113
Tab. 4.3	Typische Fehlerbilder und deren Ursachen bei der Vorhand-Kontertechnik sowie jeweils methodische Hinweise/Maßnahmen.	118
Tab. 4.4	Typische Fehlerbilder und deren Ursachen bei der Rückhand-Kontertechnik sowie jeweils methodische Hinweise/Maßnahmen.	121
Tab. 4.5	Typische Fehlerbilder und deren Ursachen bei der Rückhand-Schupftechnik sowie jeweils methodische Hinweise/Maßnahmen.	125
Tab. 4.6	Typische Fehlerbilder und deren Ursachen bei der Vorhand-Topspintechnik sowie jeweils methodische Hinweise/Maßnahmen	130
Tab. 4.7	Typische Fehlerbilder und deren Ursachen bei der Rückhand-Topspintechnik sowie jeweils methodische Hinweise/Maßnahmen.	133
Tab. 4.8	Typische Fehlerbilder und deren Ursachen beim Aufschlag sowie jeweils methodische Hinweise/Maßnahmen	141

Tab. 5.1	Bildhafte Metaphern und (Bewegungs-)Analogien für das Erlernen ausgewählter Grund- und Spezialtechniken im Tischtennis. In der linken Spalte ist die jeweilige Technik aufgeführt, in der mittleren Spalte ein Kurzbegriff für die Metapher/Analogie. In der rechten Spalte findet sich die detaillierte Instruktion zu der Analogie/Metapher	170
Tab. 5.2	Vor- und Nachteile des Balleimertrainings. (In Anlehnung an Friedrich & Fürste, 2012, S. 19).	177
Tab. 5.3	Darstellung verschiedener Möglichkeiten der Spielverlangsamung im Tischtennis sowie die damit verbundenen Absichten (Klingen & Klein-Soetebier, 2019).	199
Tab. 5.4	Vier-Felder-Matrix zur Regulierung des Schwierigkeitsgrades beim Techniklernen (Klein-Soetebier & Klingen, 2019)	203
Tab. 5.5	Lehr-Lernformen in der Trainingspraxis aus Klingen und Klein-Soetebier (2022). Es werden die jeweiligen Vor- und Nachteile der Lehr-Lernform zusammengefasst	209
Tab. 7.1	Tabellarische Übersicht verschiedener „Challenges". Es werden zwei Würfel geworfen und die Augenzahl summiert. Die Summe entscheidet dann über die Aufgabe/Challenge	265
Tab. 7.2	Struktur des Ausbildungswesens in der Tischtennistrainerausbildung von der niedrigsten Ausbildungsstufe (STARTTER) bis zur höchsten Stufe (Diplomtrainer des DOSB) (Rahmenrichtlinien für Qualifizierung, DTTB, 2018)	271
Tab. 9.1	Exemplarische Modellstunde einer typischen Trainingseinheit im Demenzprojekt (90 min)	334

Einleitung 1

Im Rahmen eines Sportstudiums ist die Auseinandersetzung mit technischen und taktischen Anforderungen eines jeweiligen Sportspiels, die mithilfe verschiedener Übungs-, Spiel- und Wettkampfformen eingeübt und trainiert werden, zentral. Darüber hinaus beinhaltet das Studium auch die Thematisierung interdisziplinärer natur-, sozial- und geisteswissenschaftlicher Fragestellungen, die für die jeweilige Sportart relevant sind. Dazu gehören exemplarisch historische, soziale, psychologische, bewegungs- oder trainingswissenschaftliche Zusammenhänge, die in diesem Buch am Beispiel der Sportart Tischtennis diskutiert werden.

Dieses Lehrbuch richtet sich insbesondere an Sport-Studierende mit Praxismodulen sowie an Trainer:innen respektive Übungsleiter:innen im Breiten- und Freizeitsport. Es dient somit zur eigenen persönlichen Entwicklung in der Sportart Tischtennis und der Wissensvermittlung für zukünftige Instrukteure dieser Sportart. Die Schnittstelle zum Leistungssport wird in konkreten Übungen zum Technik- und Taktiktraining sowie durch Adaptationen der Komplexität und Schwierigkeiten geschaffen. Exkurse zum Paralympischen Tischtennissport, zur Wirksamkeit von Tischtennis gegen Parkinson-Symptome sowie zum Gesundheitssport Tischtennis gehören ebenfalls zu den Inhalten dieses Lehrbuches. Im Mittelpunkt dieses Buches steht die Frage „Wie lerne (und vermittle) ich die Sportart Tischtennis?". Das Buch soll unter anderem dazu dienen,

- einen vertiefenden Einblick in die Sportart Tischtennis zu gewinnen, um die Besonderheiten, Alleinstellungsmerkmale, Entwicklungen dieses Sportspiels und das sich daraus ergebene Anforderungsprofil eines Spielers oder einer Spielerin einordnen zu können (z. B. Regeländerungen, Materialbedingungen, Ligen- und Turniersysteme etc.) (Kap. 2 und 3),
- technische und taktische Elemente der Sportart Tischtennis zu erlernen, die die Spielfähigkeit unter verschiedenen Wettkampfbedingungen (z. B. Doppel und Einzel) fördern (Kap. 4 und 6),

- praxisnahe didaktisch-methodische Ansätze kennenzulernen, die in der Sportart Tischtennis eingesetzt werden können, um durch Übungs-, Aufgaben- und Regeländerungen unterschiedliche Schwerpunkte setzen und ein angepasstes Training für nahezu jede Zielgruppe planen und durchführen zu können (z. B. Trainingsplanung, effizientes Hallenmanagement, methodische Prinzipien, selbstständiges Lernen fördern, etc.) (Kap. 5 und 7),
- die Sportart Tischtennis in verschiedenen Kontexten einsetzen zu können. Tischtennis eignet sich beispielsweise neben dem Leistungssport (Kap. 8) sehr gut als Präventions- oder Rehamaßnahme in Gesundheitssportgruppen (Kap. 9).

Es gilt zu beachten, dass die einzelnen Themenbereiche dieses Lehrbuches zwar in abgeschlossenen Kapitel dargestellt werden, jedoch zahlreiche Überschneidungen zwischen ihnen existieren. Beispielsweise findet auch im gesundheitssportlichen Kontext ein leistungsorientiertes Techniktraining statt, oder Spielformen, die für den Breitensport geeignet sind, können teilweise ebenso gut im Leistungssport eingesetzt werden. Diese Überschneidungen sind entsprechend gekennzeichnet und ermöglichen es Ihnen als Leser:in, zwischen den Kapiteln zu springen, falls Sie eine thematische Akzentuierung vornehmen wollen. Taktische und technische Elemente werden in diesem Lehrbuch so beschrieben, wie sie – abgeleitet aus dem Spitzensport – erfolgversprechend eingesetzt werden können. Auch hier gilt es zu berücksichtigen, dass Sie als Leser:in den jeweiligen Kontext, in dem Sie lernen oder vermitteln, beachten und gegebenenfalls Anpassungen und Reduzierungen für die Zielgruppe vornehmen. Beispielsweise könnte es im breitensportlichen Anfängertraining als taktisches Mittel ausreichen, dass die Spieler:innen eine Lücke erkennen und versuchen, dorthin zu spielen, wohingegen im leistungsorientierten Vereinssport auch Tempo- und Rotationswechsel eingesetzt werden könnten.

Nutzen Sie dieses Lehrbuch als Anregung, die Sportart Tischtennis weiterzudenken und aktuelle Entwicklungen (bspw. technische Neuerungen, Veränderungen des Anforderungsprofils, alternative Spielformen etc.) für Ihren eigenen Werdegang im Sport zu erkennen. Dabei sind viele der Übungs-, Spiel- und Wettkampfform nicht explizit und ausschließlich für die Sportart Tischtennis gedacht, sondern können im Idealfall auf andere, strukturähnliche (Spiel-)Sportarten (z. B. für Badminton, Squash, Tennis usw.) transferiert werden.

Grundlagen des Tischtennissports

Tischtennis hat sich seit seinen Ursprüngen Ende des 19. Jahrhunderts bis heute stark gewandelt. Wo früher die Schläger noch mit Fellen oder Stoff bespannt und die Bälle aus Kork oder Holz geschnitzt wurden, finden nun hochmoderne Schläger in allen möglichen Formen, Härtegraden, teils mit Carbon-Schichten, mehrfach furniert und mit einer Vielzahl unterschiedlicher Gummibeläge beklebt, Verwendung. In diesem Kapitel werden ausgewählte Meilensteine in der historischen Entwicklung der Sportart Tischtennis dargestellt (Abschn. 2.1). Sie finden in diesem Kapitel zudem die wichtigsten, aktuell gültigen Grundregeln im Tischtenniseinzel und -doppel, im Paratischtennis sowie wesentliche Aspekte der Tischtennis-Wettspielordnung, um damit ein reguläres Wettkampfspiel bestreiten zu können (Abschn. 2.2). Sie lernen unterschiedliche Arten des Spielmaterials kennen und verstehen die Grundeigenschaften unterschiedlicher Materialien (z. B. Schläger, Beläge, Hölzer) im Tischtennis (Abschn. 2.3). Das Kapitel schließt mit spannenden, teils faszinierenden Zahlen und Fakten rund um die Sportart Tischtennis (z. B. Dauer eines Spiels, Tempo des Balles, Rotationsgeschwindigkeiten etc.), die Ihr Interesse an diesem Sport wecken und Ihr Bild von einem Freibad-/Hobbysport ändern werden (Abschn. 2.4).

Ergänzende Information Die elektronische Version dieses Kapitels enthält Zusatzmaterial, auf das über folgenden Link zugegriffen werden kann https://doi.org/10.1007/978-3-662-68019-3_2. Die Videos lassen sich durch Anklicken des DOI Links in der Legende einer entsprechenden Abbildung abspielen, oder indem Sie diesen Link mit der SN More Media App scannen.

Heute zählt Tischtennis mit geschätzten 850 Mio. Fans weltweit zu einer der zehn beliebtesten Sportarten der Welt[1]. Mehr Fans haben nur die Sportarten Fußball (ca. 3,5 Mrd. Fans), Cricket und Feldhockey (mit jeweils ca. 2 Mrd. Fans; vor allem in Indien und Asien), Tennis (ca. 1 Mrd. Fans) und Volleyball (ca. 900 Mio. Fans). Damit steht Tischtennis noch vor Baseball (ca. 500 Mio.), Golf (450 Mio.), Basketball und American Football (jeweils ca. 400 Mio.).

Aber wo liegen die Ursprünge dieser weit verbreiteten Sportart? Wer hat sie erfunden? Wie bei vielen historischen Recherchen, die weit in die Vergangenheit zurückgehen, ist die Faktenlage relativ dünn, da es kaum schriftliche Aufzeichnungen gibt. Die wenigen historischen Kennzahlen, die schriftlich belegt sind, sollten aufgrund der lückenhaften Literaturlage immer mit der nötigen Vorsicht betrachtet werden.

2.1 Meilensteine der Sportart Tischtennis

Tischtennis hat seinen Ursprung nicht – wie oft angenommen – in einem traditionellen chinesischen Ballspiel, sondern stammt höchstwahrscheinlich aus England als Ableger bzw. Abwandlung der Sportart Tennis (vgl. Brucker, 1980; Friedrich, 1989). Überlieferungen zu Folge erfanden Tennisspieler aus England im Jahr 1880 eine Indoor-Variante des Tennisspiels, damit sie auch bei schlechterem Wetter trainieren konnten. Da in den Adelshäusern die Säle nicht groß genug für ein richtiges Tennisfeld waren, einigte man sich auf eine verkleinerte Spielfläche auf einem Tisch (daher: *Tisch-Tennis*). In den Anfängen wurde Material genutzt, das sich in den Adelshäusern fand. Beispielsweise wurden Bücher und Tabakdosen als Netz in der Mitte des Tisches aufgebaut. Die kleinen Bälle schnitzte man aus alten Korken oder aus Holz (Schmicker, 2000). Als Schlaginstrument dienten kleine Federballschläger. Falls diese nicht zur Verfügung standen, mussten „Bücher, leere Zigarrenschachteln, Spiegel oder sogar Bratpfannen" herhalten (Friedrich, 1989, S. 9).

Zugang zu der Sportart hatten in den ersten Jahren ausschließlich adelige Personen. Die damalige Mittelschicht und ärmere Bevölkerungsgruppen hatten schlichtweg keine Zeit, einem Hobby nachzugehen. Erste schriftliche Erwähnungen finden sich um das Jahr 1880. Früher nannte man es noch nicht „Tischtennis", sondern „Jeu de Paume" oder „Lawn-Tennis". Das älteste erhaltene Tennisspiel auf einem Tisch ist ein von David Foster hergestelltes Set, das 1890 in England patentiert wurde. Diese Tischversion, die er „Lawn-Tennis" nannte, bestand aus mit Stoff bespannten Schlägern, einem 30mm dicken Gummiball mit Stoffüberzug, einem Holzzaun, der um den Tisch herum aufgestellt wurde, und großen Seitennetzen, die sich über beide Seiten erstreckten (Abb. 2.1). Gerade in der Anfangszeit entstanden viele unterschiedliche Namen und divergente Regeln für die aus dem Tennis adaptierte Variante dieses Rückschlagspiels. In den

---

[1] Quelle: www.topendsports.com (Stand 2023).

Abb. 2.1 Das älteste erhaltene Tennisspiel auf einem Tisch ist ein von David Foster hergestelltes Set, das 1890 in England patentiert wurde. (Foto: von https://www.ittf.com/history/documents/historyoftabletennis/)

Anfängen waren auf dem Tisch noch das T-Feld (für den Aufschlag im Tennis) und die Doppellinien (an den Seiten) eingezeichnet. Auch die Zählweise wurde an das Tennisspiel mit „15", „30", „40" und „Spiel" angelehnt. Nach und nach entwickelten sich eigene Regeln, die für die kleinen Spielfeldmaße angemessen waren (bspw. die Zählweise bis 21 Punkte). Laut Schaper (1975, S. 29) ist „in einem Katalog einer englischen Firma aus dem Jahre 1884 […] erstmals in gedruckter Form vom Tischtennisspiel die Rede".

Die anfänglichen Namen für diese Sportart lassen sich kaum zählen und wurden vor allem im europäischen Raum gesammelt. Eine Auswahl findet sich auf der Homepage der Internationalen Table Tennis Federation (ITTF): *Whiff Whaff, Tennis de Salon, Gossima, Parlour Tennis, Indoor Tennis, Pom-Pom, Pim-Pam, Netto, Clip-Clap, Royal Game, Ping Pong* und schließlich *Tischtennis (tabletennis)* (http://ittf.com). Der Begriff „Ping-Pong", welcher aufgrund des charakteristischen, immer wiederkehrenden Aufprallgeräuschs des Balles auf Tisch und Schläger auftauchte, schaffte es 1878 sogar auf eine englische Briefmarke. Um das Jahr 1900 gab es in nahezu jeder europäischen Metropole wie Wien, Berlin oder Prag sogenannte Caféhäuser, in denen man sich zum Ping-Pong-Spielen traf (Heissig, 1976). Heute ist der Begriff „Ping-Pong" unter den Tischtennisspieler:innen eher unüblich und negativ konnotiert. Die heute richtige Bezeichnung ist Tischtennis. Diese Sportart hat sich seit ihrer Entstehung enorm weiterentwickelt und verändert. Sie gilt für die meisten als die schnellste Sportart der Welt. Im folgenden Kapitel werden die wichtigsten Meilensteine in der Entwicklung der Sportart Tischtennis aufgezeigt.

2.1.1 Die Entwicklung des Tischtennissports von 1893 bis heute

In Amerika spielte man ab 1893 einen Vorgänger des Tischtennissports: das amerikanische „Indoor Tennis" mit sogenannten „Banjo-Rackets". Die Form des Schlägers erinnerte dabei eher an einen Tennis- bzw. Badmintonschläger durch seine schmale, lange Form. Das Schlägerblatt hatte eine permanent überspannte Schlägerfläche, wodurch ein „Ping-pong"-artiger Ton entstand, wenn der Korkball auf den Schläger traf. Daraus entstand die Bezeichnung PingPong, was auch heute noch ein gängiger Begriff ist.

„Ping-Pong" wurde in sehr vielen Ländern von der obersten Gesellschaft in Cafés oder Hotels gespielt. Da es keine einheitlichen Regeln gab, verlor die Öffentlichkeit rasch das Interesse an dieser Sportart (Brucker, 1980). Ein zweiter Aufschwung der Sportart gelang James Gibb, der um 1890 selbstproduzierte Zelluloidbälle herausbrachte und das Spiel durch die Möglichkeit, den Ball in Rotation (Abschn. 6.1.3) zu versetzen, deutlich verbessern konnte. James Gibb entwickelte auch die ersten offiziellen „Ping-Pong"-Regeln, von denen Teile heutzutage immer noch seine Gültigkeit haben (z. B. die Maße des Tisches mit 2,74 m Länge und 1,52 m Breite).

▶ **Maßeinheiten im Tischtennis** Woher stammen die ‚komischen' Abmessungen im Tischtennis? Warum ist ein Tisch genau 152,5 cm breit und 274 cm lang? Die für uns eher ‚krummen' Tischmaße, wie beispielsweise auch die Netzhöhe von 15,25 cm und die Mindesthöhe beim Ballanwurf, resultieren aus den Ursprüngen der Sportart Tischtennis. Da die ersten offiziellen Tischtennisregeln von dem Engländer John Goode formuliert wurden, nutzte dieser selbstverständlich die in Großbritannien gängigen Maßeinheiten (,inch' und ,feet'). So entspricht bspw. die Länge des Tisches mit 274 cm genau 9 feet und die Breite von 152,5 cm exakt 5 feet. Das Netz ist 6 inch hoch (15,25 cm) und die Netzpfosten ragen jeweils 6 inch seitlich über den Tisch hinaus. Diese 6 inch spiegeln in etwa auch die Mindesthöhe beim Ballanwurf (16 cm) wider. Rechnet man die Tischhöhe von 76 cm in Fuß um, sind dies ziemlich genau 2,5 feet.

Die Sportart erlebte damit einen regelrechten Boom und verbreitete sich in den darauffolgenden Jahren weltweit (Matzke, 2008). Im Jahr 1900 eröffnete in Berlin ein erstes Ping-Pong-Café mit sechs Tischen. Wie oben bereits angedeutet, erinnerte die Einteilung der Tischfläche anfangs an die Tennisspielflächen. Auch die Zählweise sowie die Regeln für einen Ballwechsel wurden aus dem Tennis übernommen. So wurde der Ball beispielsweise beim Aufschlag sofort auf die gegnerische Tischhälfte gespielt. 1899 wurde in Berlin der „1. Berliner Ping-Pong-Club" gegründet. Gespielt wurde in festlicher Kleidung – die Damen in Abendkleidern, die Herren im Smoking (Brucker, 1980; Matzke, 2008). Nach diesem Aufschwung folgte ein weiterer Abschwung, in dem die Aufmerksamkeit für die Sportart abermals sank. Vereinzelnd wurde „Ping-Pong" zwar in verschiedenen Ländern mit unterschiedlichen Materialien und Spielregeln weitergespielt, jedoch war es nicht mehr die Sportart der höheren Bildungsschichten (Brucker, 1980).

Eine wichtige Weiterentwicklung des Tischtennissports erfolgte Anfang des 20. Jahrhunderts als im Jahr 1902 ein Engländer namens John Goode die

2.1 Meilensteine der Sportart Tischtennis

verschiedenen Schläger aus Holz[2] mit Noppengummi ausstattete. Er prägte auch den neuen Namen der Sportart „Table Tennis". In diesem Zuge wurde die Einteilung der Tischfläche geändert und die Zählweise bis 21 Punkte eingeführt. Der Tischtennissport erlebte Anfang der 1920er-Jahre in ganz Europa einen regelrechten Boom. Im Jahr 1925 fand in Berlin die erste offizielle Deutsche Meisterschaft statt, bei der allerdings vorwiegend Tennisspieler:innen teilnahmen, die im Winter mit Tischtennis einen Ausgleich suchten. Reine Tischtennisspieler:innen gab es zu diesem Zeitpunkt kaum. Im selben Jahr wurde in Berlin der Deutsche Tischtennis-Bund (DTTB) gegründet. Ein Jahr später 1926 schlossen sich die Tischtennisverbände weltweit zur „Fédération Internationale de Tennis de Table" (Internationaler Tischtennisverband; kurz: ITTF) zusammen. Gründungsmitglieder waren England, Schweden, Ungarn, Indien, Dänemark, Deutschland, die Tschechoslowakei, Österreich und Wales. Der Tischtennissport erhielt damit ein weiteres Mal einen großen Aufschwung durch die übergreifende Organisation der Sportvereinigungen (Friederich, 1989).

Die erste Weltmeisterschaft im Tischtennis fand im Dezember 1926 in London statt, bei denen noch vorwiegend Tennis- und nicht Tischtennisspieler:innen teilnahmen. Anlässlich dazu wurden die Spielregeln überarbeitet und die Zählweise aus dem Tennis endgültig abgeschafft. Zusätzlich änderten sich die Schlagtechniken. Der „Schupf-Schlag" (Abschn. 4.2.2), bei dem der Ball nicht frontal, sondern eher unterhalb angeschnitten wird, wurde als verteidigender Schlag beliebter. Die Begeisterung der Zuschauer:innen am Tischtennissport sank jedoch aufgrund der kontrollierten, fehlervermeidenden Ballwechsel, der zahlreichen Sicherheitsspiele, bei denen beide Gegner:innen versuchten, bloß keinen Fehler zu machen, und der mangelnden Offensive im Wettkampf (Brucker, 1980; Matzke, 2008). Spiele konnten zudem bis zu 11 Stunden dauern (Abschn. 2.4). Dieses Sicherheitsspiel langweilte die Zuschauer:innen mehr und mehr. Für die Spieler:innen waren die Defensivtechniken mit dem damaligen Material (Abschn. 2.3) leichter umzusetzen als punktbringende Angriffsbälle. Eine Reihe von Regeländerungen wurden von der ITTF besprochen und umgesetzt, bspw. wurde mit Zeitbegrenzung gespielt, um die Zeitdauer eines Satzes zu reduzieren (Abschn. 2.2.1). Auch dies brachte jedoch nicht den gewünschten Erfolg in Bezug auf die Attraktivität der Sportart.

Während des Zweiten Weltkrieges 1939–1945 stand der Tischtennissport nicht mehr im Fokus und wurde sogar teilweise gar nicht mehr ausgeübt (Brucker, 1980). Kurz nach Ende des Zweiten Weltkrieges erhielt der Tischtennissport wieder eine bedeutende Welle der Aufmerksamkeit. In dieser Zeit wurden sehr viele Tischtennisvereine gegründet, was sich im Wachstum der Mitgliederzahlen widerspiegelte (Zeppenfeld, 2020). Der Sport erfuhr auch bei den Zuschauer:innen

---

[2] In seinen Anfängen spielte man Tischtennis mit Schlägern aus Holz ohne Beläge (Hudetz, 1984). Eine beeindruckte Zahl an alten, historischen Holzschlägern findet man im Deutschen Sport & Olympia Museum in Köln oder in den historischen Zeitschriften der ITTF (https://www.ittf.com/history/documents/journals/).

steigende Beliebtheit, sodass es nicht verwunderlich war, wenn bei den Endspielen einer Weltmeisterschaft im Jahr 1980 ca. 15.000 Sportbegeisterte gezählt wurden (Brucker, 1980).

Die Sportart Tischtennis wird heute in der Regel den sogenannten Rückschlagspielen zugeordnet, zu denen auch Tennis, Paddle, Badminton, Squash und teilweise Volleyball gezählt werden. Zwar treten die Spieler:innen im regulären Wettkampfbetrieb in Mannschaften (je nach Ligazugehörigkeit in 6er-, 4er- oder 3er-Mannschaften) gegeneinander an, jedoch wird Tischtennis in der Regel eher als Individualsport definiert, da die Leistung am Tisch relativ unabhängig von der Teamleistung erfolgt. Im Ligabetrieb werden diese (Einzel-)Leistungen dann zu einem Mannschaftsergebnis zusammengeführt. Ausnahmen bilden Turnierformen, bei denen die Athlet:innen als Individuum antreten (z. B. Deutsche Meisterschaften, Europa- oder Weltmeisterschaften, aber auch Kreis- bzw. Bezirksranglisten oder regionale Turniere sowie die olympischen und paralympischen Sommerspiele).

2.1.2 Tischtennis bei den Olympischen und Paralympischen Sommerspielen

Die Sportart Tischtennis wurde (erst) im Jahre 1988 olympisch und gehört seitdem zu dem Programm der Olympischen Sommerspiele. Von 1988 bis 2004 konnten die Männer und Frauen sowohl jeweils in der Einzelkonkurrenz als auch in der Doppelkonkurrenz antreten. Für die Olympischen Spiele in Peking 2008 entschied das IOC, die Doppelwettbewerbe durch den sogenannten Mannschaftswettbewerb zu ersetzen. Die Tischtennisspieler:innen treten seitdem sowohl für sich alleine im Einzel als auch in einer Mannschaft gegen die anderen Nationen an. In dem Mannschaftswettbewerb werden zunächst zwei Einzel, dann ein Doppel und dann zwei weitere Einzel ausgetragen. Es wird so lange gespielt, bis eine Mannschaft drei der fünf möglichen Spiele für sich entschieden hat. Dabei legt der/die Trainer:in nach den ersten beiden Einzeln fest, ob Spieler:in 1 oder Spieler:in 2 mit Spieler:in 3 ein Doppel bildet. Ist der Mannschaftskampf nach dem Doppel nicht entschieden, bestreitet der/die Spieler:in, der/die nicht im Doppel eingesetzt wurde, ein weiteres Einzel. Gespielt wird im Teamwettbewerb auf drei Gewinnsätze („best of five"); im Einzelwettbewerb bei den Männern auf vier Gewinnsätze, bei den Frauen auf drei, wie im Mannschaftswettkampf. Als zusätzlicher Wettbewerb ist seit den Olympischen Spielen 2020 in Tokio die Mixed-Klasse hinzugekommen. Hier treten eine Frau und ein Mann gemeinsam als Doppel an (Abschn. 2.2.2).

Bei den Olympischen Spielen wurden seit 1988 insgesamt 37 Goldmedaillen (Stand 2023) im Tischtennis vergeben (9 × Dameneinzel, 9 × Herreneinzel, 5 × Damendoppel, 5 × Herrendoppel, 4 × Damenmannschaft, 4 × Herrenmannschaft und 1 × Mixed). Von diesen 37 Goldmedaillen gingen unglaubliche 32 Goldmedaillen an die Volksrepublik China. Weit dahinter folgen Südkorea mit drei, Japan und Schweden mit einer Goldmedaille. Deutschland konnte bislang insgesamt vier Silbermedaillen (1992 mit Steffen Fetzner & Jörg Roßkopf im Doppel, 2008 und 2020 mit der Mannschaft der Herren, 2016 mit der Mannschaft der Frauen) und fünf Bronzemedaillen (1996: Jörg Roßkopf, 2012 und 2020: Dimitrij Ovtcharov im Herreneinzel, 2012 und 2016: mit der Mannschaft der Herren) nach Hause bringen. Während seit 1988 bei den Frauen keine andere Nation als China die Olympiasiegerin stellte, konnten bei den Herren immerhin drei Spieler (1988: der Südkoreaner Yoo Nam-kyu, 1992: der Schwede Jan-Ove Waldner und 2004: der Südkoreaner Ryu Seung-min) die Dominanz der Chinesen einschränken. Der erfolgreichste Tischtennisathlet (Stand 2023) ist Ma Long aus China mit insgesamt fünf Goldmedaillen von 2012 bis 2020. Bei den Frauen ist dies Wang Nan aus der Volksrepublik China mit insgesamt vier goldenen und einer silbernen Medaille, die sie bei den Olympischen Spielen von 2000 bis 2008 sammeln konnte.

Tischtennis ist seit 1960 paralympisch und gehört damit zu den ältesten Disziplinen bei den Paralympischen Spielen. Bis auf wenige Ausnahmen (z. B. bei der Schlagreihenfolge im Doppel und beim Aufschlag; Abschn. 2.2 und 2.2.3) ist das Regelwerk identisch mit der olympischen Variante. Es gibt verschiedene Klassifizierungen für alle Athlet:innen mit körperlicher Behinderung (ausgenommen blinde Menschen) (vgl. www.teamdeutschland-paralympics.de). Analog zu dem olympischen Sport finden im Para-Tischtennis Wettkämpfe im Einzel und im Team statt und sind nach Geschlechtern getrennt. Seit den Paralympics 2012 in London gibt es auch Wettkämpfe für Athlet:innen mit geistiger Behinderung (https://www.dbs-tischtennis.de). Bei den paralympischen Spielen 2020 in Tokio war (Para-)Tischtennis mit 280 teilnehmenden Athlet:innen die drittgrößte Sportart hinter Leichtathletik und Schwimmen. Insgesamt werden 31 der 540 paralympischen Medaillen im Tischtennis vergeben.

Ein komplexes Klassifizierungs- und Wettkampfklassensystem bestimmt, in welcher Wettkampfklasse (WK) ein/e Athlet:in antreten darf. Sowohl in der sitzenden als auch in der stehenden Klasse gibt es jeweils fünf Wettkampfklassen, welche die Sportler:innen auf Grundlage ihrer funktionellen Möglichkeit stehend oder sitzend im Rollstuhl spielen. In der Wettkampfklasse 11 treten Athlet:innen mit geistiger Behinderung an.

Bei den Wettkampfklassen 1–5 handelt es sich um die sitzenden Klassen im Rollstuhl, wobei in Klasse 1 die Athlet:innen mit der größten körperlichen Einschränkung gegeneinander antreten. Die Spieler:innen dieser WK 1 haben keine Rumpfkontrolle mehr und keinen funktionellen Griff des Schlägers. Die Armbewegung durch Streckung des Ellbogens und der Hand werden durch eine schwingende Bewegung, die von der Schulter ausgeht, erreicht. Die Koordination der Armbewegungen ist bedeutend anders als die nicht beeinträchtigter Arme. Alle Rumpfbewegungen werden durch das Halten des Rollstuhls oder des Oberschenkels mit Hand oder durch das Halten der Stuhlrückseite mit gekrümmtem Ellbogen gesichert. In WK 2 verfügen die Spieler:innen ebenfalls über keine Rumpfkontrolle, keinen funktionellen Griff des Schlägers, die Ellbogenstreckung ist ausreichend und die Handbewegungen sind gut koordiniert, aber ohne normale Kraft. Die Rumpfposition wird ähnlich gesichert wie bei den Spieler:innen der Klasse 1. Auch in WK 3 existiert keine stabile Rumpfkontrolle, allerdings können je nach Höhe der Verletzung an der Wirbelsäule leichte Veränderungen der Rumpfposition gesichert werden, indem die freie Hand den Rollstuhl oder den Oberschenkel hält, drückt oder stützt. Es treten motorische Einschränkungen bei der Schlaghand auf, aber diese Schäden sind nicht schwerwiegend genug, um Einfluss auf eine der im Tischtennis bekannten Schlagtechniken zu haben. Der untere Teil des Rumpfes bleibt in Kontakt mit der Stuhlrückseite. Rückwärtige Armbewegungen sind aufgrund der fehlenden Rumpfrotation eingeschränkt. Bewusste Bewegungen des Rollstuhls sind in dieser WK 3 in den meisten Fällen nicht möglich. Spieler:innen der WK 4 haben ein gewisses Maß an Rumpfkontrolle, sitzen aufrecht und es sind relativ normale Arm- und Rumpfbewegungen möglich. Rumpfbewegungen, die der Vergrößerung der Reichweite dienen, sind nur möglich, indem sich der freie Arm am Rollstuhl oder Oberschenkel hält, drückt oder stützt. Bewusste Bewegungen des Rollstuhls sind grundsätzlich möglich. Mit einer Hand nach vorne ist der Rumpf nicht in der Lage, sich optimal nach vorne zu lehnen. Seitliche Bewegungen sind nicht ohne die Hilfe des freien Arms möglich. In WK 5 kann der Rumpf in sagittaler Ebene bewusst und ohne die Hilfe des freien Armes nach vorne geneigt und aufgerichtet werden. Gezielte Stoßbewegungen mit den Oberschenkeln oder den Füßen sind möglich. Die Handhabung des Rollstuhls ist durch die gute Rumpfpositionierung nach vorne und nach hinten, teils auch seitlich, möglich.

Bei den stehenden Klassen 6–10 liegen die Unterschiede zwischen den Athlet:innen in der Funktionalität der Gliedmaßen. Auch hier werden die körperlichen Einschränkungen mit steigender WK geringer klassifiziert. In WK 6 treten stehende Spieler:innen gegeneinander an, die eine Kombination von schweren Behinderungen im Schlagarm und den unteren Gliedmaßen aufweisen. Dementsprechend schwerwiegend sind die dynamischen Gleichgewichtsprobleme. Unterstützungen zum Stehen (z. B. Unterarmgehstützen) sind erlaubt. Sehr starke Defekte der Beine haben Spieler:innen der Klasse 7. Damit verbunden ist ihre unzureichende statische und dynamische Balance. Es existieren starke bis mäßige Defekte des Spielarms in dieser WK 7. Einige Spieler:innen haben eine geringe Form der Zerebralparese, die Symptome mit Bewegungsstörungen und Muskelsteife (Spastiken) hervorruft. Für WK 8 werden Spieler:innen klassifiziert, die einseitig oberhalb des Knies oder beidseitig unterhalb des Knies amputiert sind oder schwere Behinderungen in einer oder beiden unteren Extremitäten haben. Das dynamische Gleichgewicht wird in dieser WK als gering eingestuft. Mittlere Behinderungen in den Beinen und leichte Behinderungen im Spielarm treten auf. Spieler:innen der WK 9 sind einseitig unterhalb des Knies amputiert. Die Spieler:innen haben in der Regel milde Beeinträchtigungen der Beine oder leichte Behinderungen in den Beinen und leichte Behinderung im Spielarm, jedoch zwingend starke Beeinträchtigungen des Nicht-Spielarms. In WK 10 werden die Beeinträchtigungen in den Beinen oder des Spielarms als milde eingestuft oder es liegen schwere bis gemäßigte Beeinträchtigung des Nicht-Spielarms vor.

In Wettkampfklasse 11 treten Spieler:innen mit einer intellektuellen Beeinträchtigung an. Hier werden die Sportler:innen entsprechend der internationalen Kriterien der *International Sports Federation for athletes with intellectual impairment* (‚Virtus'; früher: INAS-FID) untersucht. Die Spieler:innen mit einer intellektuellen Beeinträchtigung haben in der Regel Probleme bei der Erkennung von Strukturen und der logischen Einsicht in Abläufe bzw. deren Steuerung. Gleichsam typisch für das Erscheinungsbild einschlägiger Beeinträchtigungen sind Gedächtnisstörungen und längere Reaktionszeiten, die sich ebenfalls negativ auf das technische, taktische und sportliche Leistungsvermögen im Tischtennis auswirken (vgl. Ziegler, 2017; www.ipttc.org/classification/). Bei den jüngsten Paralympics 2020 holte Valentin Baus die Goldmedaille für Deutschland im Herreneinzel (WK 5). Thomas Schmidberger gewann im Einzel (WK 3) sowie in der Mannschaft mit Thomas Brüchle (WK 3) die Silbermedaille. Stefanie Grebe sicherte sich Bronze in der Fraueneinzelkonkurrenz (WK 6), wie auch Thomas Rau und Björn Schnake in der Mannschaftskonkurrenz (WK 6–7).

Da die Beeinträchtigungen und deren Auswirkungen auf die Leistung im Tischtennis sehr unterschiedlich ausfallen können, stellt die Festlegung der Spielklassen im Para-Tischtennis noch immer ein zentrales Problem dar. Nur wenn die Frage der Klassifizierung zufriedenstellend gelöst ist, werden die Wettbewerbe fair und attraktiv sein (Fuchs et al., 2019). Neben dem Wissen um die körperlichen Folgen bestimmter Beeinträchtigungen kann die Leistungsanalyse (Abschn. 8.4) Aufschluss über die Struktur der Spiele von Männern und Frauen in Abhängigkeit von der Klasse geben und damit einen Hintergrund für künftige Anpassungen der Klassifikationen liefern.

2.1.3 Tischtennis bei Welt- und Europameisterschaften

Die Weltmeisterschaften im Tischtennis finden im Gegensatz zu anderen Spielsportarten seit 1928 jährlich statt. Ausrichter ist die International Table Tennis Federation (ITTF). Aufgrund des Zweiten Weltkrieges wurde die WM von 1940 bis 1946 ausgesetzt. Seit 2003 werden die Einzel- und Mannschaftsweltmeisterschaften getrennt voneinander ausgetragen. Eine gemeinsame Veranstaltung war wegen steigender Teilnehmerzahlen nur noch schwer zu bewältigen. Man einigte sich darauf, in geraden Jahren eine Mannschafts-WM zu veranstalten. Im Gegensatz zu dem Olympischen System wird bei den Weltmeisterschaften kein Doppel gespielt. Stattdessen tragen die 3 Spieler:innen maximal fünf Einzel aus, die zu einem Mannschaftsergebnis addiert werden. Dabei spielt der/die an Position 3 gesetzte Spieler:in nur ein Einzel. In ungeraden Jahren wird der Weltmeistertitel im Einzel ausgespielt. Seit 1982 existieren die Senioren-Weltmeisterschaften („World Veterans Table Tennis Championships"), die alle zwei Jahre ausgetragen werden. Dort sind alle Spieler:innen spielberechtigt, die im Jahr der Veranstaltung mindestens 40 Jahre alt sind. Die Damen und Herren spielen dann in jeweils acht Altersklassen (40, 50, 60, 65, 70, 75, 80 und 85 Jahre) sowohl im Einzel als auch im Doppel. Wiederum jährlich werden die Junioren-Weltmeisterschaften unter allen Jungen und Mädchen unter 18 Jahren ausgetragen.

Stand 2023 ist die Volksrepublik China mit insgesamt 151 Gold-, 103 Silber- und 164,5 Bronzemedaillen die mit Abstand erfolgreichste Nation bei den

Tab. 2.1 Medaillenspiegel aller Tischtennisweltmeisterschaften von 1928 bis heute (Stand 2023). Am erfolgreichsten ist hier die Volksrepublik China. Deutschland liegt mit fünf Goldmedaillen auf Platz 10 dieser Rangliste

Rang	Nation	Gold	Silber	Bronze	Gesamt
1	Volksrepublik China	151	103	164,5	418,5
2	Ungarn	68	59,5	75,5	203
3	Japan	48	40	74	162
4	Tschechoslowakei	28	33,5	59	120,5
5	Rumänien	17	10,5	19	46,5
6	Schweden	15	13	16,5	44,5
7	England	14	26,5	56,5	96
8	Vereinigte Staaten	10	2	20,5	32,5
9	Österreich	7	14,5	35,5	57
10	Deutschland (BRD/DDR)	5	17,5	23,5	46

Weltmeisterschaften. Danach folgt Ungarn mit 68-mal Gold, 59,5-mal Silber und 75,5-mal Bronze, welches vor allem in der Anfangszeit mit ihrem Spitzenspieler Victor Barna (insgesamt 22-mal Gold) und ihrer Spitzenspielerin Mária Mednyánszky (insgesamt 18-mal Gold) erfolgreich war. Deutschland liegt mit 5 Goldmedaillen, 17,5-mal Silber und 23,5-mal Bronze auf Platz 10 der erfolgreichsten Nationen bei Weltmeisterschaften (Tab. 2.1).

Die Tischtennis-Europameisterschaft wurde erstmalig 1958 ausgetragen. Verantwortlicher Ausrichter ist seitdem die European Table Tennis Union (ETTU). Die Europameisterschaften im Tischtennis werden seit 2007 nicht mehr – wie im Fußball oder Handball – alle zwei Jahre, sondern jedes Jahr veranstaltet. Laut dem aktuellen deutschen Bundestrainer Jörg Rosskopf (Stand 2023) „ist dies ein Irrweg, da eine EM und damit der Titel klar an Wertigkeit verliert" (Krämer, 2012, S. 156). 2003 beschloss der ETTU-Kongress, bei zukünftigen Europameisterschaften die Zahl der Mannschaften auf 16 zu begrenzen und vorab Qualifikationen auszutragen. Seit 2013 erfolgt die Europameisterschaftsqualifikation in einem Wettbewerb. Innerhalb einer Woche treten an einem Ort die Nationalmannschaften gegeneinander an. Zunächst wird in zwei Sechsergruppen im Modus Jeder-gegen-Jeden gespielt. Die Erst- und Zweitplatzierten steigen bei der Europameisterschaft im Viertelfinale ein, die Plätze drei bis fünf starten im Achtelfinale.

Analog zu den Weltmeisterschaften gibt es seit 1995 eine Senioren-Europameisterschaft, die alle zwei Jahre im Wechsel mit der Weltmeisterschaft der Senioren stattfindet. Es gibt auch hier für die Senioren und Seniorinnen jeweils acht Altersklassen (40, 50, 60, 65, 70, 75, 80 und 85 Jahre) sowohl im Einzel als auch im Doppel. Die Tischtenniseuropameisterschaften der Junioren wurden bereits 1955 – also vor der EM der Erwachsenen – ins Leben gerufen. Im Vordergrund stand die Idee, dass sich Jugendliche aus Europa kennenlernen sollten. Man nannte die Veranstaltung *Europa-Treffen der Jugend*. Wegen der europaweiten Akzeptanz wurde das Turnier jährlich in verschiedenen Ländern wiederholt. Zunächst wurden die Turniere unter der Verantwortung des Weltverbandes ITTF durchgeführt, bis 1964 der europäische Verband ETTU die Durchführung übernahm.

Zusammenfassend werden in Tab. 2.2 ausgewählte Meilensteine des Tischtennissports von seinen ersten schriftlichen Erwähnungen 1880 bis heute (Stand 2023) dargestellt.

2.2 Die wichtigsten Grundregeln

Verantwortlich für die internationalen Tischtennisregeln ist der Weltverband ITTF, welcher jährlich auf dem „Annual General Meeting" über neue Regeländerungen/-anpassungen diskutiert und diese gegebenenfalls verabschiedet. In der Regel findet dieses Treffen im Rahmen der jährlichen Tischtennisweltmeisterschaften statt. Die Vorarbeit für entsprechende Regeländerungen werden durch einen Beirat (den „ITTF-Council") geleistet, der aus Mitgliedern des ITTF-Präsidiums, des ITTF-Vorstandes und den Vertretern aus verschiedenen Verbänden der Welt besteht. Die vollständigen aktuellen Regeln werden als Teil des sogenannten ITTF Handbook (https://www.ittf.com/) veröffentlicht. Diese internationalen Tischtennisregeln gelten für Welt- und Europameisterschaften, olympische Wettbewerbe, offene Turniere und, sofern von den einzelnen Nationen nicht anders vereinbart, für den nationalen Spielbetrieb. Zudem veröffentlicht die ITTF auf ihrer Homepage (https://equipments.ittf.com) eine Liste der zugelassenen Schlägerbeläge (Abschn. 2.3.4). Mittlerweile umfasst diese Liste 18 Seiten, auf denen alle erlaubten Belagarten aufgeführt sind (Stand: 2023). Darüber hinaus sind dort spezielle Hinweise (z. B. Handzeichen und Ansagen) für Schiedsrichter:innen und Assistent:innen zu finden, die in dem sogenannten *Handbook for Match Officials* (aktuell: Sixteenth Edition, July 2019) ausführlich beschrieben sind.

Der DTTB macht diese Internationalen Tischtennisregeln in zwei Teilen (Teil A und B) bekannt. Teil A entspricht dabei dem 2. Kapitel des ITTF-Handbuches („The Laws of Table Tennis") und enthält die grundlegenden Definitionen von Tisch, Netz, Schläger, Punkten, Spielablauf, Schlagreihenfolge usw. Teil B ergänzt diese Regeln hinsichtlich der für den DTTB relevanten Abschnitte zur Anwendung der Regeln bei internationalen Veranstaltungen (z. B. zur Spielkleidung, Spielbedingungen und Zuständigkeiten von Offiziellen). Dieser Teil orientiert sich an des ITTF-Handbuches („Regulations for International Competitions"). Aufgrund der Vielzahl an Regeln und Regelungen werden nachfolgend die wichtigsten Spielregeln für den Einzel- und Doppelwettkampf (ohne Anspruch auf Vollständigkeit) beschrieben. Sie wurden dahingehend ausgewählt, ein grundsätzliches Spielverständnis zu schaffen und die grundsätzliche Teilnahme an einem regulären Spielbetrieb zu ermöglichen. Einen detaillierten Einblick in die Wettspielordnungen der ITTF und des DTTB findet sich unter https://www.tischtennis.de/mein-sport/schiedsrichterin/regeln-erlaeuterungen.html.

Tab. 2.2 Meilensteine des Tischtennissports von seinen ersten schriftlichen Erwähnungen 1880 bis heute

Jahr	Meilenstein	Besonderheiten
1880	Erste Erwähnung einer tischtennisähnlichen Variante des Tennisspiels („Jeu de Paume" oder „Lawn Tennis")	Damals spielten vor allem adelige Personen in England, um auch bei schlechterem Wetter eine Variante des Tennisspiels in den Innenräumen größerer Adelshäuser durchführen zu können
1893	Als Vorgänger des Tischtennissports wird das amerikanische „Indoor Tennis" mit sog. „Banjo-Rackets" gespielt	Banjo-Rackets werden langgriffige Schläger mit einem relativ kleinen Kopf (im Vergleich zum Tennisschläger) bezeichnet
1900	Einführung von Zelluloidbällen als Ersatz für Gummi- und Korkbälle. Der Zelluloidball hatte die perfekte Sprungkraft und einen gleichmäßigen Absprung	Durch die gesteigerte Qualität dieser Bälle bekam die neue Sportart einen Schub und wurde ein weltweiter Erfolg
1902	Erfindung des noch heute verwendeten Gummibelages mit Noppen durch den Engländer E.C. Goode	Angeblich hatte er sich vor einem Tischtennis-Turnier Kopfschmerztabletten in der Apotheke holen wollen und sah, wie das Wechselgeld auf der Gummimatte auf dem Tresen sprang
1925	In Berlin findet die erste offizielle Deutsche Meisterschaft statt. Im selben Jahr wird in Berlin der Deutsche Tischtennis-Bund (DTTB) gegründet	Die ersten Teilnehmer:innen an den Deutschen Meisterschaften waren vorwiegend Tennisspieler:innen, die im Winter mit Tischtennis einen Ausgleich zum Tennis suchten
1926	Die Fédération Internationale de Tennis de Table (ITTF) wird gegründet	Gründungsmitglieder waren England, Schweden, Ungarn, Indien, Dänemark, Deutschland, die Tschechoslowakei, Österreich und Wales
1926	Die offiziellen Tischtennisregeln, die größtenteils heute noch gültig sind, werden verfasst	Unter anderem wurde die Zählweise aus dem Tennis (15, 30, 40, Spiel) und das Volleyspiel endgültig abgeschafft
1926 1928	Die ersten Weltmeisterschaften finden in London statt. Veranstalter ist der Weltverband ITTF Seit 1928 findet die WM jährlich statt, in den Jahren mit ungerader Jahreszahl die Einzel- und in den geraden Jahren die Mannschafts-Weltmeisterschaften	Von 1939–1947 wurden die Weltmeisterschaften aufgrund des 2. Weltkrieges ausgesetzt Seit 2003 werden die Einzel- und Mannschaftsweltmeisterschaften getrennt ausgetragen, weil die gemeinsame Veranstaltung wegen steigender Teilnehmerzahlen nur noch schwer zu bewältigen war
1937	Eine Reihe von Regeländerungen durch die ITTF sollen das Defensiv-/Sicherheitsspiel erschweren und den Sport attraktiver gestalten	Beispielsweise durch die Einführung eines Zeitlimits für Spiele, die Verringerung der Netzhöhe, ein Verbot von „Finger-Spin-Aufschlägen", bei denen der Ball bereits in der Hand Rotation erhält
1953	Die Volksrepublik China nimmt das erste Mal an den Weltmeisterschaften teil und ist seitdem nicht mehr von den Spitzenplätzen wegzudenken	Zwischen 1959 bis 2021 gewannen von den 32 Weltmeisterschaften 21-mal ein chinesischer Spieler. Bei den Frauen war es sogar 24-mal eine Chinesin

(Fortsetzung)

2.2 Die wichtigsten Grundregeln

Tab. 2.2 (Fortsetzung)

Jahr	Meilenstein	Besonderheiten
1958	In Budapest (Ungarn) finden vom 02. bis 19. März die ersten Europameisterschaften im Tischtennis statt	Verantwortlicher Ausrichter ist die European Table Tennis Union (ETTU). Die Europameisterschaften im Tischtennis werden seit 2007 nicht mehr – wie im Fußball oder Handball – alle zwei Jahre, sondern jedes Jahr veranstaltet
1960	Para-Tischtennis zählt als eine der ältesten Sportarten im Programm der Paralympischen Sommerspiele	Mittlerweile treten Athlet:innen in insgesamt 11 Wettkampfklassen (5 stehend, 5 sitzend, 1 geistige Behinderung) gegeneinander an
1984	Der Weltverband ITTF beschließt die sogenannte Zwei-Farben-Regelung, nach der beide Seiten eines Schlägers von ihrer Farbgebung her deutlich unterscheidbar sein	Durch die Zwei-Farben-Regel verlor das Drehen des Schlägers in der Hand während des Ballwechsels oder kurz vor dem Aufschlag, das ursprünglich einmal dazu gedacht war, den Gegner bzw. die Gegnerin durch unterschiedliche, jedoch gleichfarbige Beläge, zu verwirren, an Effektivität
1988	Tischtennis wird in das Programm der Olympischen Sommerspiele aufgenommen	Es dürfen seit 2012 nur zwei Teilnehmer:innen desselben Landes im selben Wettbewerb spielen. Damit können nicht mehr alle drei Medaillen an das gleiche Land gehen
2000	Die Ballgröße wird von 38 mm auf 40 mm Durchmesser vergrößert, um den Ball für die Übertragung im Fernsehen besser nachverfolgbar zu machen	Der Aufschrei unter den Tischtennisspieler:innen war enorm, da die größeren Bälle langsamer rotierten und es besonders für Abwehrspieler:innen schwer wurde, ihr Spielsystem erfolgreich zu gestalten
2001	Das Zählsystem wird von 21 Spielpunkten auf 11 Spielpunkte für einen Satzgewinn reduziert, um die Spiele spannender zu gestalten	Als Gegenzug zu der Verkürzung der Satzlänge werden mehr Gewinnsätze gespielt. In den meisten Spielklassen und Wettbewerben sind dies drei Gewinnsätze (d. h. best-of-five). Mit der Änderung der Satzlänge wurde gleichzeitig entschieden, dass statt bisher fünf jede/r Spieler:in nur noch jeweils zwei Aufschläge hintereinander hat
2008	Der Schlägerbelag muss ohne jegliche physikalische, chemische oder sonstige Behandlung verwendet werden, die seine Eigenschaften verändern würde. Dies wird im Zweifel mit einem speziellen Gerät überprüft	Auf jedem im Wettkampf verwendeten Belag muss der Name des Herstellers, die genaue Bezeichnung des Belages/Markenname, das ITTF-Logo und die ITTF-Nummer deutlich sichtbar in der Nähe des Randes der Schlagfläche angebracht sein
2014	Die Einführung des Plastikballs anstatt der (giftigen, leicht entflammbaren) Zelluloid-Bälle (siehe 1900)	Zelluloid wird heutzutage als giftig und leicht entflammbar eingeordnet und wird deshalb seit 2014 nicht mehr für Tischtennisbälle verwendet. Bei den Plastikbällen unterscheidet man Bälle mit und ohne Naht.
2021	Zusätzliche Farben zu rot und schwarz (siehe 1984) werden von der ITTF für die Gummibeläge zugelassen: anstelle der roten Seite des Schlägers sind auch blaue, grüne, pinke und violette Beläge erlaubt	Dabei muss eine Seite weiterhin „matt schwarz" sein und die andere Farbe sich von dieser deutlich unterscheiden. Die Erweiterung der Farbpalette soll den Tischtennissport moderner präsentieren

(Fortsetzung)

2.2.1 Regeln für das Einzelspiel

Seit dem 01. September 2001 wird ein Satz im Tischtennis bis elf Punkte gespielt. Die Vollversammlung der ITTF beschloss diese Änderung der Zählweise (zuvor endete ein Satz beim Erreichen von 21 Punkten), um das Spiel spannender zu gestalten und eine größere Medienpräsenz der Sportart Tischtennis zu erreichen. Die Sätze bis 21 Punkte kamen vielen Beobachter:innen langweilig vor, da die ersten Punkte weniger wichtig für den Ausgang des Spieles waren. Durch die verkürzte Zählweise gilt es nun, ab dem ersten Punkt aufmerksam zu sein, da ein Spiel sonst schnell verloren ist. Ein Spiel geht im regulären Punktspielbetrieb über drei Gewinnsätze („best-of-five") oder bei großen Turnieren, wie der WM oder der EM (Abschn. 2.1.3), über vier Gewinnsätze („best-of-seven"). Kommt es vor, dass die Spieler:innen in einem Satz einem Punktestand von 10:10 erreichen, ist der Satz erst beendet, wenn ein/e Spieler:in zwei Punkte Vorsprung erreicht hat. Dabei gibt es keine Obergrenze, sondern Sätze können beispielsweise 12:10, 17:15, 21:19 oder auch 28:26 ausgehen.

Mit der Verkürzung der Satzlänge im Jahr 2001 wurde gleichzeitig entschieden, dass jede/r Spieler:in statt den bisherigen fünf Aufschlägen nur noch jeweils zwei Aufschläge hintereinander hat. Vor Spielbeginn wird das Aufschlagrecht ausgelost. Meistens geschieht dies durch die Schiedsrichterin oder den Schiedsrichter per Münze. In Tischtennisligen, in denen noch keine offiziellen Schiedsrichter:innen anwesend sind, schiedsrichten sich die Mannschaften untereinander. Bei der Wahl des Aufschlagrechts ist eine weitverbreitete Methode, dass ein/e Spieler:in den Ball unter den Tisch in einer den beiden Händen hält. Wenn die/der andere Spieler:in die Hand mit dem Ball richtig errät, darf sie/er entweder das erste Aufschlagrecht oder die bevorzugte Seite wählen. Sowohl die Seite als auch das erste Aufschlagrecht werden nach jedem Satz gewechselt.

Der Aufschlag muss zunächst auf der eigenen Tischhälfte und anschließend über das Netz bzw. um die Netzgarnitur herum auf die gegnerische Tischhälfte aufspringen. Nach jedem Tischkontakt muss ein Schlag erfolgen. Der Ball wird, ausgenommen beim Aufschlag, direkt auf die gegnerische Seite gespielt. Landet der Ball beim Aufschlag im Netz oder springt nicht auf der gegenüberliegenden Tischhälfte auf, bekommt die/der Gegenspieler:in einen Punkt. Man hat dafür keinen zweiten Versuch wie bspw. im Tennis. Wenn der Ball das Netz nur berührt, aber trotzdem noch auf die gegnerische Tischhälfte landet, wird der Aufschlag jedes Mal wiederholt. Ist der Ball nach dem Aufschlag im Spiel, wird bei einem Netzroller der Ballwechsel normal fortgesetzt. Die Tischkante zählt zum Tisch dazu. Allerdings nur, wenn der Ball von oben und nicht seitlich auf die Tischkante fällt. Dies kann teilweise zu Diskussionen führen.

Besonders wichtig ist die Einhaltung von bestimmten Aufschlagregeln, da ansonsten der Punkt an die/den Gegner:in vergeben werden kann. Eine Zusammenfassung der wichtigsten Aufschlagregeln gibt Hermann Mühlbach, ein Experte für Aufschläge, im nachfolgenden Video (Abb. 2.2).

2.2 Die wichtigsten Grundregeln

Abb. 2.2 Demonstration der Aufschlagregeln im Tischtennis. Hermann Mühlbach präsentiert zudem zwei regelkonforme Beispielaufschläge. Es ist frei wählbar, ob ein Aufschlag mit der Vorhand oder Rückhand ausgeführt wird. Im Einzelspiel ist auch die Platzierung beliebig. Im Doppel muss diagonal von der Vorhandseite in die gegenüberliegende Vorhandseite (diagonal) aufgeschlagen werden (▶ https://doi.org/10.1007/000-b8c)

Man wirft den Ball möglichst senkrecht aus dem geöffneten Handteller der freien Hand hoch. Dabei muss er mindestens 16 cm hoch fliegen und in der fallenden Phase getroffen werden. Wichtig ist, dass der Balltreffpunkt hinter der Grundlinie (also nicht über dem Tisch) stattfindet. Beim Anwurf aus der flachen Hand darf der Ball nicht angedreht oder durch ein Körperteil verdeckt werden. Die Schiedsrichter:innen achten darauf, dass der Ball während der gesamten Flugphase von der gegenüberliegenden Seite aus gesehen werden kann. Sollte der Ball beim Aufschlag nach der Berührung auf der eigenen Tischhälfte und vor dem Berühren auf der gegnerischen Tischhälfte das Netz berühren, wird der Aufschlag wie oben beschrieben wiederholt. Der Ball muss aber zwingend auf der gegnerischen Tischhälfte nach der Netzberührung landen und darf beispielsweise nicht direkt danach auf dem Boden aufspringen. In diesem Fall wird der Aufschlag nicht wiederholt, sondern als Fehlaufschlag gewertet. Nach zwei gespielten Punkten wechselt das Aufschlagrecht und der/die andere darf zweimal aufschlagen. Es gibt in der Satzverlängerung eine Besonderheit, da ab einem Punktestand von 10:10 der Aufschlag nach jedem Punkt gewechselt wird. Es ist frei wählbar, ob ein Aufschlag mit der Vorhand oder Rückhand ausgeführt wird. Im Einzelspiel ist auch die Platzierung (Abschn. 6.1.1) beliebig. Im Doppel muss diagonal von der Vorhandseite in die gegenüberliegende Vorhandseite (diagonal) aufgeschlagen werden.

Der Ball darf nur mit dem Schläger gespielt werden und vor dem Schlägerkontakt kein anderes Körperteil oder Kleidungsstück berühren. Die schlägerhaltende Hand darf während des Ballwechsels getauscht werden (z. B. von der rechten in die linke Hand). Dann wird diese Hand zur Schlägerhand. Dies wird aber eher selten gemacht. Zum Schläger wird ebenfalls die Hand bis zum Handgelenk gezählt. Wird (meist versehentlich) ein Ball mit dem Handrücken oder den Fingern der Schlaghand gespielt, ist dies ebenfalls erlaubt. Alle anderen Körperteile dürfen nicht zum Schlagen verwendet werden, z. B. nicht mit der freien Hand, die nicht den Schläger hält. Ein Aufstützen oder Berühren des Tisches ist während des Ballwechsels untersagt.

Tischtennisspieler:innen wechseln im Spiel mehrfach die Tischseiten. Zu Beginn darf sich die/der Spieler:in die Seite aussuchen, die/der nicht das Aufschlagrecht gewonnen hat. Nach jedem Satz werden die Seiten gewechselt, sodass ein/e Spieler:in immer in den geraden bzw. ungeraden Sätzen auf der gleichen Seite steht. Dies gilt nicht im letzten Entscheidungssatz (z. B. im fünften Satz bei drei Gewinnsätzen). Hier werden zusätzlich ein letztes Mal die Seiten getauscht, wenn eine/r der Spieler:innen fünf Punkte erreicht hat (z. B. Seitenwechsel bei 5:0 oder 4:5).

Beispiel

Im Laufe der letzten Jahrzehnte wurden von der ITTF weitere, bei den Spieler:innen mehr oder weniger beliebte Regeländerungen vorgenommen, deren primäres Ziel es war, das Spiel für Zuschauer:innen attraktiver zu gestalten. Um die Zahl der für die meisten Zuschauer:innen „unerklärlichen" Fehler zu reduzieren bzw. das Spiel für Athlet:innen und Zuschauer:innen transparenter zu machen, beschloss der Weltverband ITTF die sogenannte Zwei-Farben-Regelung, die international zum 1. April 1984 in Kraft trat (Giesecke, 1983). Die beiden Seiten eines Schlägers mussten ab diesem Zeitpunkt von ihrer Farbgebung her deutlich unterscheidbar sein. Aufgrund unterschiedlicher Materialeigenschaften der Beläge (Abschn. 2.3.4) auf der Vorhand- und Rückhandseite war es bei zwei gleichfarbigen Belägen schwierig, das Flug- und Absprungverhalten des Balles zu kalkulieren. Durch die Zwei-Farben-Regel verlor das Drehen des Schlägers in der Hand während des Ballwechsels oder kurz vor dem Aufschlag, das ursprünglich einmal dazu gedacht war, den Gegner bzw. die Gegnerin zu verwirren, an Effektivität (Straub, 2012). ◄

Eine Sonderregel, die im Gegensatz zu früher, als viele Spieler:innen ihre Wettkämpfe mit einem sehr passiven, abwartenden Stil bestritten (Abschn. 2.4), an Bedeutung verloren hat, ist die sogenannte Wechselmethode – auch „Zeitspiel" genannt. Als 2001 die Sätze auf 11 Punkte verkürzt wurden, begrenzte die ITTF die maximale Dauer eines Satzes auf 10 min. Demnach setzt die Wechselmethode ein, wenn nach Ablauf dieser Zeit beide Spieler:innen zusammen weniger als 18 Punkte erzielt haben (z. B. beim Stand von 10:7). Ist die Wechselmethode einmal aktiv, gilt sie auch für die nachfolgenden Sätze, also für den Rest des Spiels. Das Aufschlagrecht wechselt nach jedem Punkt und der Gewinnpunkt wird wie beim normalen Spiel vergeben. Die wichtige Ausnahme im Zeitspiel ist, dass der Rückschläger bzw. die Rückschlägerin den Punkt erhält, wenn er oder sie es schafft, den Ball 13-mal erfolgreich zurück zu spielen. Der/Die Aufschläger:in wird demnach gezwungen, den Ballwechsel vor dem 13. Schlag zu beenden. Während des Ballwechsels zählt ein/e Schiedsrichter-Assistent:in hörbar für beide Spieler:innen und den/die Schiedsrichter:in die Anzahl der erfolgreichen Rückschläge. Diese Regel wurde eingeführt, um die Dauer eines Spieles zu begrenzen und es aktiver zu gestalten, falls beide Spieler:innen sehr abwartend agieren.

2.2.2 Regeln für das Doppelspiel (und Mixed)

Im **Doppel bzw. Mixed** gelten grundsätzlich die gleichen Regeln wie im Einzel. Daher werden nachfolgend nur die Unterschiede aufgeführt. Ein Doppel-/Mixed-Spiel wird von vier Spieler:innen ausgetragen, wobei jeweils zwei Spieler:innen zusammen an einer Tischhälfte spielen. Diese müssen im Gegensatz zu anderen Rückschlagsporten wie Tennis oder Badminton immer abwechselnd schlagen. Wird die abwechselnde Schlagreihenfolge nicht eingehalten, also spielt ein:e Spieler:in eines Teams den Ball zweimal hintereinander, wird der Ballwechsel abgebrochen und das gegnerische Team erhält einen Punkt.

Es erfolgt wie im Einzel eine Wahl um das Aufschlagrecht. Die Gewinner:innen der Wahl dürfen entscheiden, ob sie zuerst aufschlagen oder erst retournieren wollen. Das rückschlagende Team hat den Vorteil, aussuchen zu dürfen, wer von ihnen beiden die ersten beiden Aufschläge des Gegners annehmen möchte. Die Schlagreihenfolge bleibt innerhalb des ersten Satzes gleich. Benennt man beispielsweise die beiden Teams mit Spieler:in A und B, die gegen Spieler:in X und Y antreten, beginnt das Spiel mit zwei Aufschlägen von Spieler:in A auf Spieler:in X. Nach den ersten zwei Punkten erhält Spieler:in X das Aufschlagrecht. Spieler:in A und B tauschen die Positionen auf ihrer Tischseite, sodass Spieler:in B die Aufschläge von Spieler:in X annehmen kann. Danach schlägt Spieler:in B auf Spieler:in Y auf, diese dann auf Spieler:in A usw. Zur Kontrolle: Jeweils nach acht Punkten sollten die Spieler:innen wieder so stehen wie vor Beginn des Satzes. Bei einem Seitenwechsel nach einem Satz oder beim Erreichen von fünf Punkten im Entscheidungssatz (Abschn. 2.2.1) ändert sich auch die Schlagreihenfolge, sodass Team XY mit dem Aufschlag beginnt und die Spieler:innen von Team AB die Aufschläge der anderen Person annehmen bzw. auf die andere Person zurückschlagen (bspw. Spieler:in A nimmt die Aufschläge von Spieler:in X an, da er/sie im Satz zuvor auf Spieler:in X aufgeschlagen hat).

Wichtig zu beachten ist: Der Aufschlag erfolgt unabhängig der Händigkeit der Spieler:innen immer von der rechten Tischhälfte zur gegenüberliegenden diagonalen Tischhälfte, das heißt immer von der Vorhandseite in die diagonal gegenüberliegende Vorhandseite. Während des Ballwechsels ist die Platzierung nicht vorgegeben. Hier liegt ein großer Unterschied zum Einzelspiel vor, da der Aufschlag im Eins-gegen-eins auch parallel oder von links nach rechts gespielt werden darf.

2.2.3 Regeln im Paratischtennis

Die zunehmende Bedeutung des Sports für Menschen mit Behinderung im Rehabilitations-, Freizeit- oder Leistungssport lässt sich unter anderem an den wachsenden Teilnehmerzahlen der Paralympics ablesen (Abschn. 2.1.2). Bei den Paralympischen Spielen werden die Regeln in Abhängigkeit zu der jeweiligen funktionellen Klassifikationen (Klassen 1–11) der Para-Spieler:innen verändert. Dies soll gewährleisten, dass möglichst faire Wettkämpfe im Tischtennis ausgetragen werden (Internationales Paralympische Komitee, 2015). Es wird zwischen insgesamt 11 Klassen unterschieden. Für die stehenden Spielklassen (Klassen 6–10) und die Spieler:innen mit intellektuellen Beeinträchtigungen (Klasse 11) gelten grundsätzlich die normalen Tischtennisregeln. In Sonderfällen liegt es im Ermessen der Schiedsrichter:innen, bestimmte Regeln (z. B. den Ballanwurf beim Aufschlag aus der freien Hand) zu lockern, wenn sie davon überzeugt sind, dass eine körperliche Beeinträchtigung dem entgegensteht (z. B. das Fehlen einer Hand oder eines Armes, das Halten einer Gehhilfe/-stütze). Der Klassifizierungsausweis (Abschn. 2.1.2) enthält einen Abschnitt, der jede körperliche Einschränkung aufzeigt und aus dem ersichtlich wird, ob dem/der Spieler:in ein regelgerechter Aufschlag möglich ist. Die Schiedsrichter:innen können dementsprechend die Anforderungen an einen regelgerechten Aufschlag anpassen, wenn sie davon überzeugt sind, dass eine körperliche Beeinträchtigung dem entgegensteht.

Für Spieler:innen, die im Rollstuhl gegeneinander antreten (Klassen 1–5), ist insbesondere eine Ergänzung der Aufschlagregel relevant: Hier wird ein Ballwechsel seitens der Schiedsrichter:innen unterbrochen, wenn der Ball beim Aufschlag eine der beiden Seitenlinien auf der Seite des Rückschlägers verlässt (nach einem oder mehreren Aufsprüngen auf dem Tisch). Zudem darf der Ball, nur beim Aufschlag, nach dem Aufsprung auf der Seite des Rückschlägers nicht in Richtung Netz zurückspringen (z. B. durch starken Unterschnitt, siehe Abschn. 6.1.3). Im Ballwechsel nach dem Aufschlag ist dies erlaubt. Wenn der Rückschläger bzw. die Rückschlägerin den Ball schlägt, bevor diese/r eine der Seitenlinien passiert hat oder ein zweites Mal auf seiner/ihrer Seite aufgesprungen ist, wird der Aufschlag gut gegeben. Zudem unterliegen die Rollstühle im Rollstuhl-Tischtennis einer Vielzahl von Richtlinien und Regeln (www.ipttc.org), bspw. müssen die Rollstühle mindestens zwei große und ein kleines Rad haben. Fußstützen können, falls benötigt, angebracht sein. Weder die Fußstützen noch die Füße dürfen jedoch während des Spielens den Boden berühren. Der Rollstuhl darf mit keinem Teil des Körpers über den Knien mit dem Rollstuhl befestigt sein, um das Gleichgewicht zu verbessern. Hier gelten Ausnahmen für Spieler:innen, die aus medizinischen Gründen Gurte oder Bänder benötigen. Sollte Zubehör unterstützender Art fest oder unbefestigt am Rollstuhl angebracht sein, muss der Spieler bzw. die Spielerin diese Veränderung bei der Klassifizierung oder Nachklassifizierung angeben. Jegliches Zubehör am Rollstuhl, welches ohne Nachklassifizierung und Erlaubnis nicht im Klassifizierungsausweis eingetragen ist, wird als unzulässig angesehen, woraufhin der Spieler bzw. die Spielerin disqualifiziert wird.

2.2 Die wichtigsten Grundregeln

Im Doppel gelten die gleichen Aufschlagregeln wie im Einzel (z. B., dass der Aufschlag diagonal von der rechten Seite in die gegnerische rechte Seite gespielt wird), allerdings muss nach dem Rückschlag, im Gegensatz zu den stehenden Wettkampfklassen, nicht abwechselnd geschlagen werden. Dies gilt auch, wenn ein:e Spieler:in im Rollstuhl sitzt und der/die andere im Stehen spielt. Die Rollstühle dürfen zwar bewegt werden, jedoch darf während des Spiels kein Teil des Rollstuhls eines Spielers bzw. einer Spielerin über die gedachte Verlängerung der Mittellinie des Tisches hinausragen. Wenn dies geschieht, geben die Schiedsrichter:innen den Punkt an die gegnerische Paarung.

Die Spieler:innen dürfen sowohl im Einzel als auch im Doppel während des Ballwechsels die Oberfläche des Tisches nicht mit der freien Hand berühren oder den Kontakt zu ihrem Sitzkissen des Rollstuhls verlieren. Das heißt, dass sie permanent mit der Unterseite der Oberschenkel auf dem Rollstuhl sitzen bleiben. In Sonderfällen, bspw. um nach einem Schlag das Gleichgewicht wieder herzustellen, dürfen die Spieler:innen den Tisch mit der Schlägerhand berühren, solange der Tisch dabei nicht bewegt wird. Die Spieler:innen dürfen den Tisch vor dem Schlag nicht zu ihrem Vorteil benutzen (z. B. um sich in die optimale Position zu schieben oder sich daran hoch zu stützen). Bei allen Regelauslegungen liegt es wiederum im Ermessen der Schiedsrichter:innen, zu entscheiden, inwieweit sich ein (regelwidriger) Vorteil verschafft wurde.

Für die Organisator:innen von Wettkämpfen im Rollstuhltischtennis gilt zu beachten, dass die Tische problemlos unterfahrbar sind. Das Mindestmaß zwischen Grundlinie und den ersten beiden Tischbeinen, damit die Beine der Spieler:innen nicht behindert werden, beträgt 40 cm.

2.2.4 Mögliche Adaptionen für Anfänger:innen

Nicht alle Tischtennisregeln sind für den Anfängerunterricht (z. B. im Schul- oder Breitensport) gleichermaßen wichtig. Gerade für jüngere Jahrgänge sollte der Fokus im Training bzw. Sportunterricht darauf liegen, dass überhaupt ein Ballwechsel zustande kommt. Erst durch längere Ballwechsel kommen die Übenden in Bewegung und können Bewegungserfahrungen im Sinne von verschiedenen Schlagtechniken (Abschn. 4.2) sammeln. Daher gilt es, anstatt auf einen 100 %ig korrekten (regelkonformen) Spielbetrieb zu bestehen, Regeln so zu vereinfachen, dass ein sinnvolles und faires Spiel funktionieren kann. Beispiele hierfür sind der Aufschlag, die Anzahl der Ballkontakte auf dem Tisch, das Aufstützen der freien Hand auf dem Tisch (welches normalerweise verboten ist) usw. Es sind Adaptationen für verschiedene Gruppen und Kontexte denkbar. Da selbst Profis darüber streiten, welcher Aufschlag regelkonform war und welcher nicht (z. B. ob der Ball exakt senkrecht hochgeworfen wurde, ob der Ball wirklich zu keinem Zeitpunkt verdeckt war, ob die Anwurfhöhe auch hoch genug [16 cm] war oder ob der Ball nicht doch ganz leicht das Netz touchiert hat), müssen Lernende im Anfangsstadium des Lernprozesses nicht zu viel Zeit darauf verwenden.

Aufschlagregeln für Anfänger:innen: Grundlegend sollten Lernende wissen, dass man einen Ball beim Aufschlag aus der flachen Hand hochwerfen und diesen hinter der Grundlinie in der fallenden Phase treffen muss. Für Anfänger:innen ist das entscheidende Merkmal eines Aufschlags, dass der Ball zuerst einmal die eigene Hälfte und dann die gegnerische Hälfte berührt. Bei einem Netzroller wird der Aufschlag wiederholt (auch mehrmals wiederholt). Ob der Ball parallel oder diagonal, von links oder rechts, kurz oder lang gespielt wird, ist im Einzelspiel egal. Nur im Doppelspiel muss der Aufschlag immer von der rechten Tischhälfte diagonal nach links zur gegenüberliegenden Tischhälfte erfolgen. Normalerweise hat man immer nur einen Versuch für einen Aufschlag. Also nicht, wie im Tennis, einem zweiten Aufschlag, sollte der erste Aufschlag misslingen. Sobald der Ball die Hand verlässt, ist dieser im Spiel und muss dann auch gespielt werden, sonst bekommt die/der Gegner:in einen Punkt. Das heißt, dass der Ball nicht wieder gefangen werden darf und es auch ein Punkt für das Gegenüber ist, wenn der Ball nach dem Anwurf gar nicht berührt/getroffen wird.

Der Hilfsaufschlag: Da die Qualitäten der Aufschläge gerade bei Anfänger:innen stark differieren, sollten hier Unterstützungen in Form von Regelanpassungen zum Tragen kommen. Eine Möglichkeit ist es, einen sogenannten Hilfsaufschlag (Klein-Soetebier & Klingen, 2019) einzuführen. Dabei wird der Ball einmal auf dem Tisch fallen gelassen und dann mit einer Schlägerbewegung von unten nach oben über das Netz befördert. Dies verschafft den Lernenden etwas mehr Zeit, da der Ball nicht direkt aus der Luft geschlagen werden muss, was vielen Kindern bereits schwerfällt. Später kann dann ein regelkonformer Aufschlag eingeführt werden. Eine weitere Ergänzung ist es, die Regel festzulegen, dass – in manchen Phasen des Trainings (siehe auch Abschn. 7.2 zur Trainingsplanung) – kein direkter Punkt mit dem Aufschlag erzielt werden darf, ansonsten wird der Aufschlag wiederholt. Dies entschärft die Aufschläge der besseren Anfänger:innen. Für einen gelungenen Lernprozess ist auch einer/einem guten Aufschläger:in nicht geholfen, wenn sie/er ihre/seine Punkte bereits mit dem Aufschlag macht und gar keine Techniken oder Ballwege erprobt. Die/Der Spieler:in, die/der Probleme mit dem Rückschlag des Aufschlags hat, kann leicht die Lust und Motivation an der Sportart verlieren.

Anzahl der Tischberührungen: Anders als beim Aufschlag muss der Ball, wenn er im Spiel ist, immer direkt auf die gegnerische Tischhälfte gespielt werden. Ein „Volley" wie im Tennis ist nicht erlaubt. Auch ein mehrfaches Auftippen auf der eigenen Hälfte resultiert beim Spiel nach offiziellen Regeln in einem Punkt für die/den Gegner:in. Im Anfängerbereich lassen sich auch hier Spielvereinfachungen integrieren, um den Spielfluss zu fördern und kurze Ballwechsel zu vermeiden. Beispielsweise könnte man darüber nachdenken, mehrere Tischberührungen zuzulassen oder das Netz ganz abzubauen. Zwar geht dadurch ein großer Teil der Spielidee verloren, allerdings fördert es unter Umständen auch das Miteinander-Spielen. Es gilt daher immer wieder zu reflektieren, ob die Regeländerungen für die Anfänger:innen angemessen und hilfreich sind oder ob sie die Motivation und den Spielgedanken vermindern.

Variation der Satzlänge: Normalerweise ist ein Satz gewonnen, wenn ein/e Spieler:in 11 Punkte erreicht und dabei zwei Punkte Vorsprung hat (siehe Abschn. 2.2.1). Steht es 10:10, geht es in die Verlängerung, bis eine/ein Spieler:in mit zwei Punkten Vorsprung führt. Für den Anfängersport ist es nicht zwingend, an der Satzlänge bis 11 Punkte festzuhalten. Je nachdem, welche Intention in der jeweiligen Trainings- oder Unterrichtsstunde verfolgt wird, können auch längere Sätze (z. B. bis 21 Punkte, um die Konzentration und Ausdauer zu trainieren) oder kürzere Sätze (z. B. bis sieben Punkte, damit die Spielpaarungen häufiger wechseln).

> **Beispiel**
>
> Beim **7-Punkte-Ablöse-Spiel** bestreiten die Teilnehmer:innen ein normales Wettkampfspiel, allerdings nur bis sieben Punkte. Gibt es weniger Tische als Spieler:innen nehmen die übrigen Spieler:innen auf einer ‚Wartebank' Platz. Sobald ein/e Spieler:in an einem Tisch sieben Punkte erreicht hat, ruft er/sie „Tisch frei!" und reiht sich am Ende der Wartebank ein. Für den Sieg erhält er/sie einen Strich an der Tafel oder auf einem Blatt Papier. Der/Die Verlierer:in bleibt an dem Tisch stehen und darf die Punkte aus dem vorherigen Satz behalten. Hat er/sie beispielsweise 7:4 verloren, beginnt er/sie das nächste Spiel mit 4:0 Punkten. Es wird ohne Verlängerung gespielt, d. h., bei 6:6 entscheidet der nächste Punkt über Sieg oder Niederlage. Das Spiel endet nach einer festgelegten Anzahl an Siegen (Strichen an der Tafel/auf dem Papier). Diese Spielform gewährleistet, dass alle Spieler:innen irgendwann Erfolgserlebnisse sammeln und sich die erfahreneren Spieler:innen spielnah messen können. Für sie kann es herausfordernd sein, wenn sie mit einem großen Punkterückstand konfrontiert werden. Durch die transparente Reihenfolge auf der ‚Wartebank' organisiert sich diese Spielform nahezu von selbst. Dies schafft freie Ressourcen für die Trainer:innen (z. B. für individuelle Feedbackprozesse, Regelfragen, taktische Hinweise etc.). Steht genügend Platz in der Halle zur Verfügung, lassen sich in diese Spielform koordinative oder konditionelle Aspekte (Kap. 3) integrieren, wenn zunächst ein Hindernisparcours durchlaufen oder bestimmte Kräftigungsübungen absolviert werden müssen, bevor sich auf der Wartebank eingereiht werden darf. Spieler:innen, die vielleicht im Tischtennis nicht so gut, aber dafür schnell im Hindernisparcours sind, können sich gegebenenfalls Vorteile verschaffen, da sie durch schnelles Laufen früher an der Reihe sind. ◄

Auch besondere Regeländerungen, die Leistungsunterschiede ein wenig relativieren, können die Motivation der Lernenden fördern (z. B.: „Solange du führst, zählt jeder Punkt deiner/deines Gegner:in doppelt. Wenn du zurückliegst, ist jeder deiner Punkte das Doppelte wert").

Eine Zusammenfassung der wichtigsten Regeln für den Tischtennissport lassen sich auf der Internetseite des Deutschen Tischtennis-Bundes auf https://www.tischtennis.de/mein-sport/spielen/wichtigste-spielregeln.html nachlesen. Dort findet sich auch eine Übersicht dazu, welche Grundausstattung für ein richtiges Tischtennisspielen hilfreich ist und welches Spielmaterial (Abschn. 2.3) benötigt wird.

2.3 Das Spielmaterial

Alle, die schon einmal den Unterschied des Tischtennisspielens im Park bei Wind und Wetter auf einer Steinplatte im Kontrast zum Tischtennistraining an Wettkampftischen in der Turnhalle erlebt haben, können bestätigen, dass es sich hier quasi um zwei verschiedene Sportarten handelt. Grundsätzlich ist es auch im Anfängerbereich sinnvoll, Tischtennis direkt mit einem einigermaßen ordentlichen Spielmaterial zu üben. Man benötigt für das Tischtennisspiel einen Tisch, ein Netz, Bälle und jeweils einen Schläger. Ausreichend Platz für die Bewegungen neben und hinter dem Tisch werden als Spielraum bezeichnet. Für jeden Tisch müssen laut Regelwerk des Weltverbandes ITTF bei internationalen Wettkämpfen 14 m Länge, sieben Meter Breite und fünf Meter Höhe zur Verfügung stehen. Bei Bundesveranstaltungen (z. B. Deutsche Meisterschaften, Bundesliga usw.) reichen zwölf Meter Länge, sechs Meter Breite und vier Meter Höhe für den Spielbetrieb aus. Die einzelnen Spielboxen, in denen ein Tisch steht, werden durch Umrandungen voneinander getrennt. In tieferen Spielklassen kann der jeweilige Landesverband abweichende Maße für die Spielbox festlegen.

2.3.1 Tische & Netze

Alle Tischtennistische müssen für eine Wettkampfzulassung normiert sein. Diese Norm (DIN EN 14.468) bestimmt, dass ein wettkampftauglicher Tisch eine exakte Länge von 2,74 m (9 ft) und eine Breite von 1,525 m (5 ft) haben muss. Die Oberfläche des Tisches muss genau 76 cm über dem Boden liegen. Der Tisch wird mit einem Netz in zwei gleich große Hälften von 1,37 m × 1,525 m (4,5 ft × 5 ft). Eine 3 mm breite Mittellinie trennt die Tischhälfte in eine Vorhand- und eine Rückhandseite, die jedoch nur für die Aufschläge im Doppel (Abschn. 2.2.2) spielrelevant ist. Die Außenlinien der Spielfläche sind überall durch 20 mm breite weiße Linien (die sogenannte Grundlinie und die Seitenlinien) markiert (Abb. 2.3).

Das Material der Spielfläche kann beliebig gewählt werden. Die Voraussetzung ist, dass ein Tischtennisball, der aus 30 cm Höhe fallen gelassen wird, an jeder Stelle des Tisches gleichmäßig zwischen 22 und 25 cm hochspringt. Die Oberfläche des Tisches muss dunkel sein, sodass sie nicht reflektiert und einen Kontrast zu den weißen bzw. orangen Bällen bildet. Gebräuchliche Tischfarben sind dunkelgrün oder dunkelblau, aber auch schwarze oder andersfarbige Tische werden zunehmend entwickelt. In den meisten Hallen finden sich Tische aus Holz mit einer Melaminharzbeschichtung. Es gibt auch reine Melaminharzplatten ohne Holzkern. Im Outdoorbereich wird meist gänzlich auf Holz verzichtet, dort werden stattdessen Kunststoffe oder Aluminiumverbundstoffe eingesetzt, da diese wetterbeständiger sind. Die Netzgarnitur besteht aus dem Netz mit seiner

2.3 Das Spielmaterial

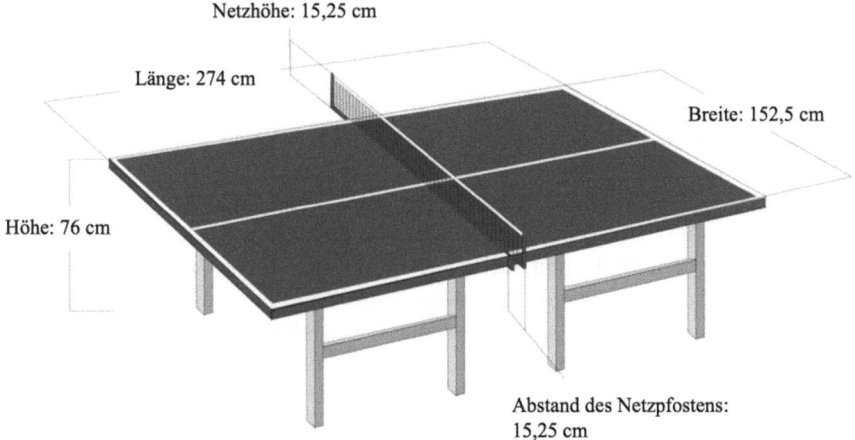

Abb. 2.3 Skizze eines Tischtennistisches mit Netzgarnitur. Jeder wettkampftaugliche Tisch (DIN EN 14.468) hat eine exakte Länge von 2,74 m, eine Breite von 1,525 m und eine Höhe von 76 cm. Das Netz muss 15,25 cm hoch und straff gespannt sein. (Gemeinfreies Bild von https://de.m.wikipedia.org/wiki/Datei:Tischtennis-Tisch.svg)

Aufhängung, den sogenannten Netzpfosten einschließlich der Befestigung (meist Zwingen oder Schrauben zur Fixierung). Das Netz muss eine Höhe von 15,25 cm (6 Inch) und eine normierte Netzspannung aufweisen, sodass das Netz maximal 10 mm absinken darf, wenn es in der Mitte mit 100 g belastet wird. Alle offiziellen Netze verfügen dazu über eine Schnur oder eine Kette, mit der das Netz gespannt werden kann. Der Netzpfosten reicht 15,25 cm über die Seitenlinien des Tisches hinaus. Für die Regeln ist interessant, dass auch ein Ball, der den Netzpfosten oder die Halterung berührt und danach auf die gegnerische Tischhälfte springt, als regulärer Punkt (bzw. beim Aufschlag als Wiederholung) und nicht als Fehler zählt.

2.3.2 Bälle

Der Tischtennisball hat, seit er Überlieferungen nach 1890/91 von dem englischen Ingenieur James Gibb von einer Amerikareise mitgebracht wurde, zwei wesentliche Neuerungen erfahren: Bei der Weltmeisterschaft im Jahr 2000 (Abschn. 2.1.3) beschloss der ITTF-Kongress den Durchmesser des Balles von 38 auf 40 mm zu vergrößern. Die Intention hinter dieser Vergrößerung war es, den Ball für Zuschauer:innen besser sichtbar zu machen, das Tempo und die Rotation des Balles durch den erhöhten Luftwiderstand zu reduzieren und somit längere Ballwechsel zu erzeugen. Die Sportart soll damit insbesondere attraktiver für Übertragungen im Fernsehen werden, da der Ball besser verfolgt werden kann. In den ersten Jahren der Regelanpassung hatten viele Spieler:innen Probleme, ihr Spiel an die veränderten Flugeigenschaften des größeren Balles anzupassen.

Insbesondere Abwehrspieler:innen beklagten, dass der Ball weniger Rotation annehme und es Angriffsspieler:innen erleichtere, punktbringende Angriffsschläge durchzuführen. Dies belegen die Ergebnisse der Weltmeisterschaft 2000, bei der viele Abwehrspieler:innen im Verhältnis zu ihrer Weltranglistenposition frühzeitig ausschieden. Bei den Damen erreichte damals keine einzige Abwehrspielerin das Achtelfinale (Nelson, 1999).

Die zweite gravierende Veränderung betraf das Material aus dem der Ball besteht. Die ITTF entschied, dass nach den Olympischen Spielen 2012 (Abschn. 2.1.2) ein Ball nicht mehr aus Zelluloid, welches als hochentflammbar gilt, bestehen darf. Stattdessen werden die Bälle nun aus Kunststoff (Plastik) hergestellt. Die Größe des Balles muss weiterhin im Toleranzbereich von 40,0 bis 40,6 mm Durchmesser liegen. Das wichtigste Qualitätskriterium des Balles neben der Größe und dem Gewicht ist der gleichmäßige Absprung auf dem Tisch. International wird seit Juli 2014 nur noch mit dem Plastikball gespielt. Der DTTB empfahl den Vereinen von da an, ebenfalls den Plastikball zu verwenden, schrieb dies jedoch erst in der Bundesliga zur Saison 2016/17 verbindlich vor. Für alle darunterliegenden Klassen ist der Plastikball seit der Saison 2019/20 in Deutschland verpflichtend. Genau wie bei der Vergrößerung des Balldurchmessers gab es zu Beginn der Einführung des Plastikballs viel Widerstand seitens der Spieler:innen (v. a. wegen des ungewohnten Geräusches beim Auftippen; Heuing, 2013). Noch Anfang 2020 kritisierten Spitzenspieler:innen, dass die Spieleigenschaften von Plastikbällen unterschiedlicher Hersteller stark variieren (Walther, 2020).

Man unterscheidet grundsätzlich bei allen Bällen, ob es sich um qualitativ hochwertige Bälle handelt, die für den Wettkampfbetrieb vorbehalten sind, oder ob es Bälle sind, die eher für das Training (z. B. an der Ballkiste (Abschn. 5.2.2) oder im Anfängerbereich (Abschn. 5.1) gedacht sind. Die hochwertigeren Bälle werden häufig als „3-Sterne-Bälle" bezeichnet, da sie hinsichtlich Gewicht, Härte und Rundung über den höchsten Standard verfügen. Frühere Klassifizierungen in „1-Stern-Ball" und „2-Sterne-Ball" sind mangels Nachfrage weitgehend aus dem Angebot der Hersteller verschwunden und werden heute in der Regel als Trainingsbälle verkauft. Man unterscheidet daher in der Regel nur noch zwischen Wettkampf- und Trainingsbällen.

Tischtennisbälle gehen abhängig von Qualität und Spielweise regelmäßig kaputt. In den meisten Fällen reißen die Bälle an der Naht. Geübte Spieler:innen erkennen dies schnell am Klang oder am Sprungverhalten des Balles, da bei hohen Flug- und Rotationsgeschwindigkeiten (Abschn. 6.1) schon minimale Abweichungen des Balles deutliche Auswirkungen haben (Petrasch & Tiefenbacher, 2010). Da inzwischen auch die Tischtennisschläger und -beläge weiterentwickelt wurden, sind das Spieltempo und die Rotationsgeschwindigkeit trotz des größeren Balles annähernd gleich geblieben (Nelson, 2004).

2.3.3 Schlägerholz

Größe, Form und Gewicht eines Tischtennisschlägers sind beliebig, allerdings muss das Schlägerblatt eben und unbiegsam sein (Friedrich & Fürste, 2012). Die meisten Tischtennisschläger haben ein Gewicht zwischen 80 und 120 g (Hudetz, 1984) und eine ovale Form. Es gibt jedoch auch Schläger, die eine eckige Form des Schlägerblatts aufweisen. In der Tischtennisfachsprache werden bei einem Schläger der Griff, das Schlägerblatt und die beiden unterschiedlich farbigen Beläge unterschieden. Der Griff dient dem Spieler oder der Spielerin dazu, den Schläger festzuhalten (Abschn. 4.1). Historisch existieren zahlreiche unterschiedliche Griffformen, die teils mehr, teils weniger funktional für das Tischtennisspiel sind und waren. Die gängigsten Varianten des Griffes sind

- die gerade Form,
- die konkave Form, bei der der Griffansatz zum Schlägerblatt schmal und zum Griffende bogenförmig breiter wird,
- die anatomische Form, die in der Mitte des Griffes bauchiger und am Griffanfang und -ende schmaler wird, und
- die konische Griffform, die wie beim konkaven Griff gegen Ende breiter wird, allerdings nicht kurvenartig, sondern in einer geraden Linie.

Spezielle Griffformen für Penholder-Spieler:innen (Abschn. 4.1.1) sind meist mit einem rechteckigen Holzstück zur Vorhandseite hin ausgestattet. Es gibt auch moderne Penholder-Griffe, die sehr kurze Griffe anderer Griffform verwenden.

Viele Profis nutzen einen geraden Griff, da dieser Schlägergriff locker in der Hand liegt und er sich, in Abhängigkeit, ob sie einen Ball mit der Vorhand oder mit der Rückhand spielen, sehr einfach und schnell umgreifen lässt. Für Abwehrspieler:innen, die den Schläger je nach Schlagart drehen (Abschn. 6.2.3), ist diese Griffform optimal, aber auch für Angriffsspieler:innen, die viel aus dem Handgelenk spielen (z. B. bei Schupfbewegungen; Abschn. 4.2.2). Der schmale Griffansatz bei der konkaven Griffform ermöglicht es, den Schläger sehr weit vorne und damit stabil zu greifen. Die breiten Griffenden bieten einen festen Halt bei der Schlagausführung (z. B. beim Aufschlag). Ähnlich wie bei der geraden Griffform lässt sich der konkave Griff leicht drehen und die Schlägerhaltung aus der Neutralposition heraus (z. B. Vorhand- oder Rückhandgriff; Abschn. 4.1.1) anpassen. Anatomische Griffe haben den Vorteil, dass sie gut in der Hand liegen. Gerade bei Kindern und Anfänger:innen führt dies in der Regel zu einem angenehmen Spielgefühl. Durch die bauchige Form in der Mitte – passend zur Anatomie der Hand – entsteht eine große Stabilität in der Schlägerhaltung. Das Umgreifen und Schlägerdrehen sind jedoch nur bedingt möglich. Die konische Griffform versucht die Vorteile aus konkavem (weit vorne Greifen) und geradem Griff (flexible Schlägerhaltungen) zu kombinieren. Diese Griffform ist jedoch relativ selten im Tischtennissport zu finden (Perger, 1986).

Das Schlägerblatt muss zusammen mit dem Griff mindestens zu 85 % aus Holz bestehen. Es wird heutzutage häufig noch per Hand, allerdings mit maschineller Unterstützung gefertigt. Bei diesem Fertigungsprozess werden mehrere verschiedene Holzschichten zusammengeklebt. Diese Holzschichten (sogenannte Furniere), aber auch die Art des Klebers zwischen den Furnieren bestimmen die Spieleigenschaften eines Schlägers. Harte Holzsorten (z. B. Nussbaum, Mahagoni, Buche) machen den Schläger in der Regel schneller und eignen sich eher für Angriffsspieler:innen. Weiche Hölzer (z. B. Birke, Pappel, Weide) sind tendenziell langsamer und geben dafür aber eine bessere Rückmeldung beim Ballkontakt. Sie werden daher häufiger von defensiveren Spieler:innen bevorzugt. Die meisten Schlägerblätter bestehen aus einer Mischung harter und weicher Holzfurniere, um sowohl das Tempo des Schlägers als auch die Ballkontrolle zu maximieren. Manche Schläger enthalten geringe Schichten aus Kohlenstofffasern, Kevlarfasern oder Glasfasern (z. B. Carbon), um die Ballkontaktzeit zu verkürzen und die Größe der optimalen Trefferzone (den sogenannten Sweet-Spot oder Sweet-Point) zu verbessern. Dieser Bereich des Schlägerblattes, in dem der Ball bestmöglich beschleunigt und kontrolliert werden kann, liegt meistens zwischen dem Schlägerschwerpunkt und dem geometrischen Blattmittelpunkt (Kawazoe & Suzuki, 2003; Sklorz, 1972). Das Schlägerholz unterliegt deutlich weniger Regularien als die Schlägerbeläge. Laut Perger (1986) bestimmen zu 35–40 % das Schlägerblatt und zu 60–65 % die Beläge die Spieleigenschaften des Schlägers. Die Beläge machen also den größten Anteil der Spieleigenschaften eines Schlägers aus.

2.3.4 Beläge

Die Kontaktzeit des Balles auf dem Schläger ist im Tischtennis extrem kurz. Sie liegt im Profibereich etwa bei 1/1000 Sekunde (im Vergleich: beim Tennis 4/1000 Sek., Fußball etwa 10/1000 Sek.; Tiefenbacher, 1994). Es existieren aktuell 1613 unterschiedliche Beläge von 121 verschiedenen Herstellern, die von der International Table Tennis Fédération zugelassen sind (Stand 2023). Die meisten von ihnen lassen sich in verschiedenen Schwammstärken, meistens zwischen 1,0 mm und 2,5 mm, beziehen, wobei Schwamm und Obergummi laut den internationalen Tischtennisregeln zusammen nicht mehr als 4,0 mm dick sein dürfen. In manchen Fällen (z. B. bei Noppenaußenbelägen) besteht der Belag nur aus einem Obergummi ohne Schwammunterlage. Seit 1983 muss ein Schläger zwei unterschiedlich farbige Beläge haben, um es dem Gegner oder der Gegnerin zu erleichtern, die Beläge, die meist unterschiedliche Spieleigenschaften aufweisen, differenzieren zu können. Zwei Jahre später 1985 wurden die Belagfarben auf Rot und Schwarz festgelegt. Seit Oktober 2021 sind anstelle der roten Seite des Schlägers auch blaue, grüne, pinke und violette Beläge zugelassen (Herweg, 2020). Die andere Seite bleibt obligatorisch schwarz. Die Farben der Beläge wurden gemeinsam mit Profispielern und Profispielerinnen bestimmt, um zu gewährleisten, dass sie sich stark genug vom schwarzen Belag und dem gelben bzw. weißen Spielball abgrenzen.

Durch die Vielzahl an Belägen und Hölzern ist nahezu jeder Schläger ein Unikat. Eine gängige Kategorisierung der mehr als 1500 Tischtennisbeläge ist eine vierstufige Einteilung in 1) griffige Noppeninnenbeläge, 2) kurze Noppenaußenbeläge (mit und ohne Schwammunterlage), 3) lange Noppenaußenbeläge (mit und ohne Schwammunterlage) und 4) Antitopbeläge (Hudetz, 1984; Perger, 1986; Michaelis & Sklorz, 2004):

1. **Griffige Noppeninnenbeläge**: Von den 1613 zugelassenen Belägen (Stand 2023) ist der griffige Noppeninnenbelag die häufigste Variante (1135 zugelassene Beläge). Dieser Belag ist gekennzeichnet durch eine elastische und klebrige (griffige) Oberfläche (Friedrich & Fürste, 2012). Das Obergummi ist mit den Noppen nach unten aufgeklebt. Zwischen Obergummi und Schlägerblatt befindet sich ein elastischer Schwamm in verschiedener Stärke. Durch die hohe Elastizität und Griffigkeit dieser Belagart kann ein rotierender Ball in den Belag eintauchen, die Rotationsenergie in den Schläger geben und durch die Bildung einer Dehnungsfalte diese katapultartig an den Ball zurückgeben (Abb. 2.4).

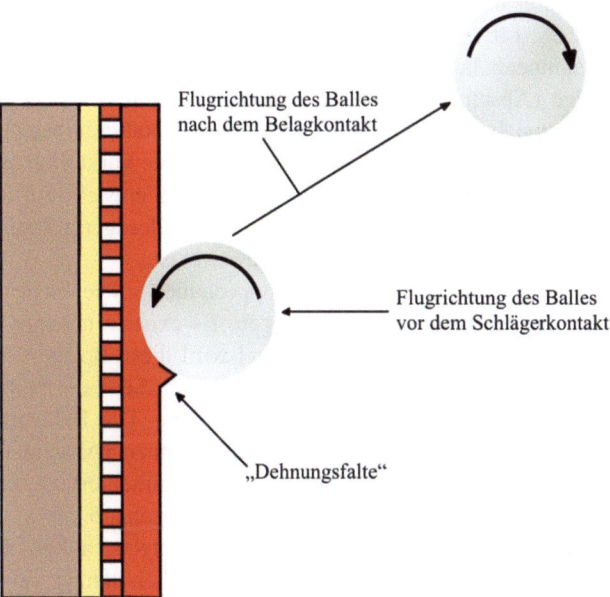

Abb. 2.4 Vereinfachte Darstellung eines Schlägerblattes mit Schwammunterlage und einem griffigen Noppeninnenbelag (rot). Ein vorwärtsrotierender Ball, der auf den Noppeninnenbelag trifft, taucht kurzzeitig in das elastische Obergummi ein. Dadurch entsteht eine kleine Dehnungsfalte, die bewirkt, dass der Ball abbremst und katapultartig aus dem Belag herausgeschleudert wird. Die Drehrichtung des Balles wird dadurch umgekehrt

Ein vorwärtsrotierender Ball, der auf den Belag trifft, ändert nach dem Schlägerkontakt die Rotationsrichtung und fliegt wiederum mit Vorwärtsrotation zu dem Gegenspieler bzw. der Gegenspielerin zurück. Seine Vorteile sind, dass sich mit dem Belag viel Rotation erzeugen lässt und durch den Katapulteffekt ein hohes Tempo ermöglicht wird. Der Ball muss dafür tangential getroffen werden, damit die Schlagenergie in Rotationsenergie umgewandelt wird (Abschn. 4.2). Der Belag eignet sich vor allem für vorhandorientierte Topspinspieler:innen (Abschn. 6.2.1) oder für beidseitige Allround-Spieler:innen (Abschn. 6.2.2). Nachteilig an diesem Belag ist, dass er relativ empfindlich auf gegnerische Rotation reagiert und die Kontrolle unter dem hohen Tempo leidet. Für Anfänger:innen sollten daher keine maximal dicken Beläge, sondern eher normale Beläge mit beispielsweise 1,8–1,9 mm Stärke mit hoher Kontrolle und einer direkten Rückmeldung gewählt werden. Dies fördert den Lernprozess und das Ballgefühl.

2. **Kurze Noppenaußenbeläge:** Deutlich seltener als die griffigen Noppeninnenbeläge werden die kurzen Noppenaußenbeläge gespielt. Dies spiegelt sich auch in der Anzahl zugelassener Beläge (247 Zulassungen, Stand 2023) wider. Man spricht von kurzen Noppen, wenn die Noppenlänge kürzer als 1 mm ist. Die Noppen haben „ähnliche Eigenschaften wie die griffigen Noppeninnenbeläge, können aber aufgrund der geringeren Kontaktfläche beim Ballkontakt ca. 15 % weniger Rotation bei gleichem Impuls bzw. Topspin erzeugen" (Friedrich & Fürste, 2012, S. 146). Die Schwammunterlage ist etwas dicker und härter als beim Noppeninnenbelag, wodurch das Tempo des Belages erhöht und vor allem Konterschläge (Abschn. 4.2.1) oder Schüsse (Abschn. 4.4.4) begünstigt werden. Zwar lässt sich mit dieser Belagart weniger Rotation erzeugen, allerdings ist sie dafür weniger empfindlich für Rotation. Dies wirkt sich vor allem bei dem Rückschlag eines Aufschlages positiv aus. Es entsteht ein leichter Störeffekt, da die Noppenaußen die Rotation des Balles geringfügig reduzieren (Abb. 2.5), was für viele Spieler:innen ungewohnt ist.
Die meisten Spieler:innen mit kurzen Noppenaußen spielen sehr tischnah und müssen sich entsprechend schnell bewegen. Es existieren kurze Noppen mit und ohne Schwammunterlage. In der Regel wird diese Belagart nur auf einer Seite des Schlägers verwendet und auf der anderen Seite ein Noppeninnenbelag eingesetzt, um das Spiel variabler zu gestalten. Die Belagart eignet sich vor allem für vorhandorientierte Angriffsspieler:innen (Abschn. 6.2.1) und – mit Einschränkungen, bei dünner, weicher Schwammunterlage und variablem Blockspiel – für tischnahe Abwehrspieler:innen (Abschn. 6.2.3).

3. **Lange Noppenaußenbeläge:** Ganz andere Spieleigenschaften weisen lange Noppenaußenbeläge auf. Ihre Noppen sind deutlich länger (zwischen 1,6–1,8 mm) und dünner als die der kurzen Noppenaußenbeläge. Stand 2023 sind 175 verschiedene Langnoppenbeläge zugelassen. Ihre Besonderheit liegt darin, dass sie durch ein Umknicken der Noppen keine Dehnungsfalte erzeugen und die Rotationsrichtung des Balles beibehalten wird (Abb. 2.6, links).
Bei einer zur Rotationsrichtung des Balles korrespondierenden Schlagbewegung (z. B. bei der Schnittabwehr auf vorwärtsrotierenden Ball), wenn

2.3 Das Spielmaterial

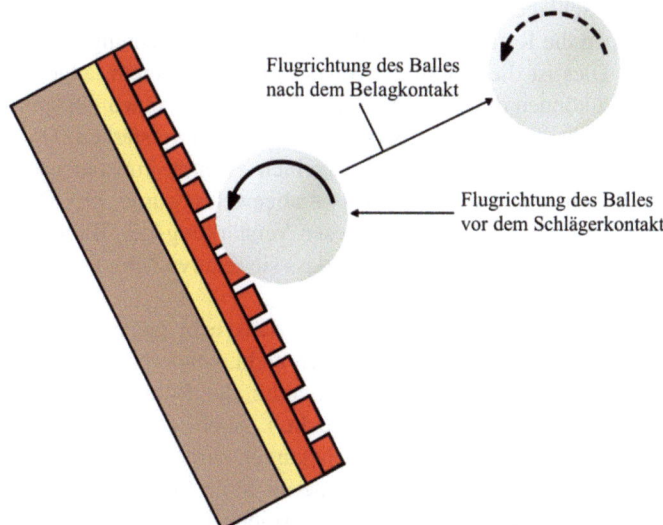

Abb. 2.5 Vereinfachte Darstellung eines Schlägerblattes mit einem kurzen Noppenaußenbelag mit Schwammunterlage. Es bildet sich aufgrund der breiten, harten Noppen keine Dehnungsfalte, was ihn weniger empfindlich für Rotation macht. Die Rotation des Balles wird geringfügig reduziert (gestrichelter Pfeil), wodurch ein leichter Störeffekt entsteht. Für tempoorientiertes Spiel ist dieser Belag besonders geeignet. Aufgrund der geringeren Kontaktfläche des Balles auf dem Belag im Vergleich zum Noppeninnenbelag lässt sich ca. 15 % weniger Rotation erzeugen

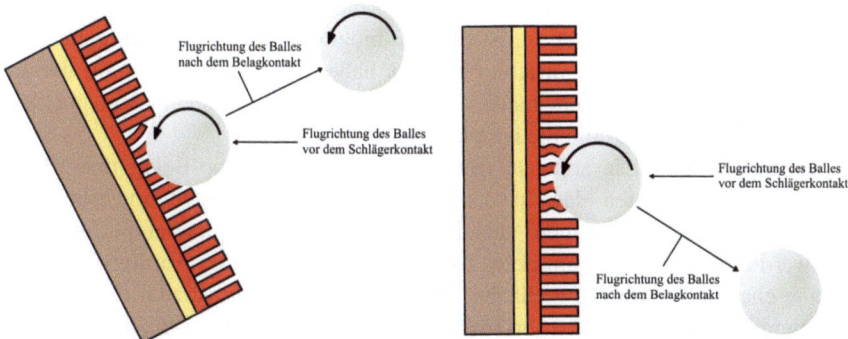

Abb. 2.6 Vereinfachte Darstellung eines Schlägerblattes mit einem langen Noppenaußenbelag mit Schwammunterlage. Wird das Schlägerblatt relativ schräg gehalten und von schräg oben nach unten in Richtung der Ballrotation bewegt, knicken die langen Noppen (links) und verstärken die Rotation des Balles durch ein Nachfedern der zuvor geknickten Noppen. Die Drehrichtung des Balles bleibt erhalten. Trifft ein vorwärtsrotierender Ball relativ gerade auf die langen Noppen, werden diese gestaucht (rechts). Dies bewirkt, dass das Tempo des Balles reduziert und die Drehrichtung des Balles größtenteils aufgehoben wird

sich also der Schläger mit der Drehrichtung des Balles bewegt, verstärken die langen Noppen die Rotation des Balles. Die Rotationsrichtung des Balles bleibt also gleich. Dies ist die Stärke der Spieler:innen mit einem langen Außennoppenbelag. Sie können die Rotation eines Balles, bspw. einen Topspinschlag mit Vorwärtsrotation, ihres Gegenübers aufnehmen und verstärken. Dies macht es für ihre Gegner:innen fast unmöglich, einen zweiten Topspin nachzuspielen, wenn der Schlag mit der langen Noppe abgewehrt wurde. Der Ball hat dann sehr starken Unterschnitt. Neben dieser Verstärkung der Ballrotation haben lange Noppenaußenbeläge den Vorteil, dass sie relativ unempfindlich für gegnerische Rotation sind.

Wird das Schlägerblatt hingegen nahezu senkrecht gegen den anfliegenden Ball gehalten, knicken die langen Noppen nicht, sondern werden komprimiert. Diese Stauchung der Noppen bewirkt, dass die Rotation des Balles weitgehend neutralisiert wird (Abb. 2.6, rechts). Auch ein Teil des Tempos geht verloren, d. h., der Ball fliegt deutlich kürzer zurück als erwartet. Die Aufhebung der Rotation bewirkt häufig eine instabile Flugkurve des Balles nach dem Belagkontakt, was es für die Gegenspieler:innen erschwert, den nächsten Ball sauber zu spielen. Dieser Belag wird von Spieler:innen, wie auch die kurzen Noppen außen, in der Regel nur auf einer Schlägerseite gespielt. Dies bietet ihnen die Möglichkeit, ihren Schläger situationsabhängig drehen zu können und den Gegner bzw. die Gegnerin damit zu irritieren. Auch bei dieser Belagart existieren Varianten mit und ohne Schwammunterlage. Die langen Noppen außen ohne Schwammunterlage sind deutlich seltener als mit Schwammunterlage, da sie schwieriger zu kontrollieren sind. Angriffsschläge sind mit dieser Belagart quasi gar nicht möglich. Sie werden daher nur von Spieler:innen verwendet, die ein modernes, tischfernes Abwehrspiel (Abschn. 6.2.3) präferieren. Nachteilig an diesem Belag ist, dass er vollkommen abhängig von der gegnerischen Rotation ist. Spielt der Gegner oder die Gegnerin wenig Rotation, ist es nicht möglich, mit diesem Belag eine Rotation zu erzeugen. Um variabler zu sein, haben die Spieler:innen auf der anderen Seite des Schlägers meist einen griffigen Noppeninnenbelag, mit dem sie auch selbst Rotation erzeugen können.

4. **Antitop-Beläge:** Die seltenste Belagart stellt der Antitop-Belag mit 56 zugelassenen Varianten dar. In der internationalen Weltspitze und auch den höchsten nationalen Ligen verschwand der Anti-Topspin-Belag durch die Zwei-Farben-Regel (Schmicker, 2000; Hudetz, 2004). Der Antitop-Belag hat eine eher glatte, harte Oberfläche. Durch die fehlende Elastizität bildet er bei rotierenden Bällen, die auf ihn treffen, keine Dehnungsfalte. Ein ankommender vorwärtsrotierender Ball behält seine Drehrichtung somit bei und kommt für den Gegner bzw. die Gegnerin mit Unterschnitt (Rückwärtsrotation) zurück (Abb. 2.7).

Dieser Belag wird meistens tischnah gespielt, um die Gegner:innen unter Zeitdruck zu setzen. Der Belag ist sehr kontrolliert und unempfindlich für

2.3 Das Spielmaterial

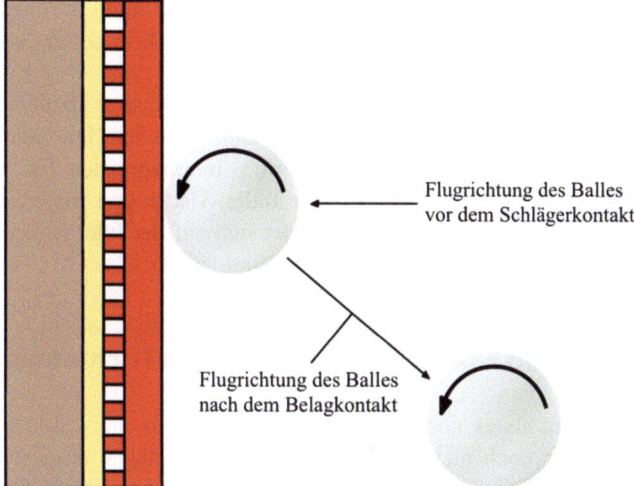

Abb. 2.7 Vereinfachte Darstellung eines Schlägerblattes mit einem Antitop-Belag mit Schwammunterlage. Das Schlägerblatt wird möglichst gerade zur Flugrichtung des ankommenden Balles gehalten. Durch die fehlende Elastizität des harten Obergummis bildet sich bei rotierenden Bälle keine Dehnungsfalte. Ein vorwärtsrotierender Ball behält somit seine Drehrichtung bei und kommt für den Gegner bzw. die Gegnerin mit Unterschnitt zurück. Zudem schwächt er das Tempo des Balles stark ab

gegnerische Rotation. Dadurch ermöglicht er ein kontrolliertes, sicheres Blockspiel und hat klare Vorteile im Rückschlag. Es empfiehlt sich beispielsweise nicht, Aufschläge mit viel Rotation (Abschn. 4.3.1) gegen diesen Belag zu spielen, da vieles von der Rotation zurückkommt. Zudem wird ein Großteil des Tempos des ankommenden Balles durch den Antitop-Belag aufgenommen. Nach dem Belagkontakt ist der Ball somit deutlich langsamer, was für Gegenspieler:innen überraschend wirken kann, wenn sie selten gegen diese Belagart spielen. Nachteilig ist die gute Berechenbarkeit für die Gegner:innen, wenn sie häufig gegen Spieler:innen mit einem Antitop-Belag trainieren. Da kaum eigene Rotation möglich ist und der Ball im Vergleich zu langen Noppenaußenbelägen relativ gleichmäßig zurückkommt, können Gegenspieler:innen genau planen, wie sie den Ballwechsel gestalten möchten. Auch schnelle Angriffsschläge sind mit dieser Belagart nur selten möglich.

Man unterscheidet als Tischtennisspieler:in grundsätzlich zwischen Gegner:innen, die auf beiden Seiten einen griffigen Noppeninnenbelag verwenden, und denjenigen, die auf einer Seite den griffigen Noppeninnenbelag spielen und auf der anderen Seite einen der anderen drei Kategorien, die deutlich seltener vertreten sind. Die Letztgenannten werden häufig als „Materialspieler:innen" bezeichnet.

In Tab. 2.3 sind die vier Belagarten als Übersicht mit ihren jeweiligen Stärken und Schwächen sowie den Spielsystemen (Abschn. 6.2), in denen sie (häufiger) Verwendung finden, zusammengefasst[3].

Zusammenfassend gilt für alle Tischtennisschläger, dass sie beliebig groß und schwer sein dürfen, solange sie zu 85 % aus Holz bestehen. Die unterschiedlich farbigen Beläge müssen über eine Zulassung des Internationalen Tischtennis-Verbandes (ITTF) verfügen. Dies gilt auch für Bälle, Tische und Bodenbeläge. Eine Übersicht der zugelassenen Materialien findet sich auf der Internetseite des Weltverbandes ITTF (https://equipment.ittf.com/#/equipment).

2.4 Zahlen und Fakten/Wissenswertes im Tischtennis

In den 30er-Jahren, als es noch keine Zeitspielregel (Abschn. 2.2.1) gab und die Tischtennisschläger noch nicht mit so guten Angriffsbelägen ausgestattet waren, entwickelte sich bei vielen Spieler:innen eine Art „Sicherheitsspiel". Das bedeutet, dass es kaum noch Angriffsaktionen im Spiel gab, sondern sich der Ball nur noch wie eine Art „Löffelspiel" (Rauterberg, 1992, S. 8) hin- und hergespielt wurde, bis jemand einen Fehler machte. Dadurch verlor das Tischtennisspiel erheblich an Attraktivität. Gleich der erste Ballwechsel bei den Weltmeisterschaften 1936 in Prag zwischen Alexander Ehrlich (Polen) und Lupu Paneth (Rumänien) im ersten Satz dauerte zwei Stunden und zehn Minuten. Dies war für viele Zuschauer und Zuschauerinnen zu viel und sie verließen reihenweise die Sporthalle. Ein anderes Spiel der gleichen Weltmeisterschaft wurde beim Stand von 5:3 im fünften Satz nach 7 h Spieldauer abgebrochen (Schaper, 1975, S. 30). Die ITTF zog daraus Konsequenzen und führte eine Zeitregel ein, sodass nach 20 min Spielzeit der oder die Führende den Sieg zugesprochen bekommt. Zudem wurde die Netzhöhe von damals 17,5 cm auf das noch heute aktuelle Maß von 15,25 cm reduziert, mit dem Ziel, das Spiel schneller, offensiver und damit attraktiver für Zuschauer:innen zu gestalten (Schaper, 1975). Da die Ballwechseldauer im Durchschnitt (nur) bei 3,4 s (Zagatto et al., 2010) bzw. 3,5 s (Zagatto et al., 2016) pro Ballwechsel liegt und mehr als die Hälfte der Ballwechsel bereits bis zum vierten Ballkontakt beendet ist (Schimmelpfennig, 1997), gibt es Überlegungen das Netz wieder um ein Stück zu erhöhen. Die kurze Ballwechseldauer kommt wahrscheinlich dadurch zustande, dass die Materialentwicklung der Schläger und Beläge sowie die bessere Physis der Athlet:innen (siehe dazu auch Kap. 3 zum Anforderungsprofil) das Tischtennisspiel sehr schnell gemacht haben. Dies gilt auch für den Effekt der Vergrößerung der Bälle im Tischtennis um 2 mm von 38 auf 40 mm Durchmesser in den Jahren 2000/2001, die nur zeitweise eine Reduktion des Spieltempos brachte.

---

[3] Hier handelt es sich nur um eine grobe Darstellung der einzelnen Beläge und ihrer Eigenschaften. Zahlreiche Fachartikel haben sich mit diesem Thema beschäftigt und können die einzelnen Vorzüge verschiedener Schläger- und Belagkombinationen detaillierter darstellen (z. B. Adomeit, 2001, 2016; Grumbach, 2000; Michaelis & Sklorz, 2004; Voigt, 2011; Ziegler, 2000).

2.4 Zahlen und Fakten/Wissenswertes im Tischtennis

Tab. 2.3 Spieleigenschaften unterschiedlicher Tischtennisbeläge und deren Vor- und Nachteile. (In Anlehnung an Michaelis & Sklorz, 2004; Friedrich & Fürste, 2012)

	Noppeninnenbelag (griffig)	Noppenaußen (kurz)	Noppenaußen (lang)	Antitop/Antispin
Eigenschaften	• Klebrige (griffige) Oberfläche • Elastische Schwammunterlage zwischen Obergummi und Schlägerblatt • Dehnungsfalte erzeugt Katapulteffekt	• Noppen (< 1 mm) zeigen nach außen • Geringere Kontaktfläche von Ball und Belag • Ca. 15 % weniger Rotation als Noppeninnenbeläge	• Noppen sind deutlich länger (zwischen 1,6–1,8 mm) • Behalten die Rotationsrichtung des Balles bei und verstärken diese teilweise • Können je nach Schlägerblattwinkel stauchen oder knicken	• Eher glatte, harte Oberfläche • Es wird keine Dehnungsfalte gebildet • Drehrichtung des Balles wird beibehalten
Vorteile	• Rotationserzeugung durch tangentiales Treffen möglich • Hohes Tempo und viel Spin • Alle Schlagarten umsetzbar	• Weniger empfindlich für Rotation • Hohes Tempo möglich • Konter- und Topspinschläge begünstigt	• Können Topspinschläge in starke Unterschnittbälle umwandeln • Unempfindlich für Rotation (v. a. beim Aufschlag) • Stören das Spiel des Gegenübers	• Ermöglicht kontrolliertes, sicheres Blockspiel • Unempfindlich für Rotation • Eher Störfaktor durch tischnahe Rotationswechsel
Nachteile	• Reagiert empfindlich auf gegnerische Rotation • Kontrolle kann unter hohem Spieltempo leiden	• Weniger Rotationserzeugung möglich • Gute Beinarbeit erforderlich • Nur tischnahes Spiel begünstigt	• Keine eigene Rotationserzeugung möglich • Angriffsschläge nahezu unmöglich • Abhängigkeit von der gespielten Rotation des Gegenübers	• Keine eigene Rotationserzeugung möglich • Leicht berechenbar für erfahrene Gegner:innen, da relativ planbar • Angriffsschläge nur selten möglich
Spielsystem	• Vorhandorientierte Topspinspieler:innen • Beidseitige Allround-Spin-Spieler:innen	• Vorhandorientierte Angriffsspieler:innen • Tischnahe Abwehrsysteme mit variablem Blockspiel	• Moderne Abwehrsysteme (mit Schnittabwehr)	• Tischnahes Blockspiel • Ggf. vorhandorientierte Topspinspieler:innen

Durch moderne Kamerasysteme, Nahaufnahmen und Slow-Motions kann der Ball heutzutage bei Fernsehübertragungen gut erkannt werden.

Wie in Abschn. 2.1.3 bereits anhand der vielen Medaillen verdeutlicht wurde, ist die chinesische Dominanz in den 1960er- bis 1980er-Jahren und seit den 2000ern bis heute ist unbestritten. Was viele nicht wissen: „In den Siebzigern verschenken sie [die Chinesen] jedoch einige WM-Titel in sogenannten *friendship-plays*, kleinen Freundschaftsgeschenken an politisch konforme Gegner" (Fellke, 1997, S. 63). Die Sportart Tischtennis wurde somit auch als politisches Instrument genutzt. „Als die Nachwirkungen der Kulturrevolution verebben, gibt man die Unsitte der friendship-plays auf" (ebd., S. 64). Bei der nächsten Weltmeisterschaft 1981 spielten die chinesischen Spieler:innen wieder ‚normal' und sicherten China sämtliche Titel, sowohl bei den Herren als auch bei den Damen jeweils in den Doppel- und Einzelkonkurrenzen. Ebenfalls einen politischen, allerdings positiven Beigeschmack erhielt der Tischtennissport bei der Tischtennis-WM im japanischen Nagoya. Die Beziehungen zwischen den USA und China waren aufgrund des Korea-Krieges und den verfeindeten politischen und gesellschaftlichen Ideologien stark belastet. Den Chinesen wurde damals jeglicher Kontakt mit US-Bürgern verboten (Xu, 2008, S. 129). Eines Morgens stieg ein Spieler der USA (Glenn Cowan) vor seinem Hotel versehentlich in einen Shuttlebus, der die chinesische Mannschaft vom Hotel zur Halle fuhr, ein. Während der circa 15-minütigen Busfahrt begannen Cowan und der dreimalige chinesische Weltmeister Zhuang Zedong miteinander zu reden. Als die vielen Fotografen, die vor der Halle in Nagoya auf die chinesischen Spieler:innen warteten, erkannten, dass ein amerikanischer Spieler aus dem Bus der Chinesen stieg, wurde dies ungewollt als Auftakt einer Annäherung wahrgenommen. Die Amerikaner schlugen den Chinesen ein paar Freundschaftsspiele vor und diese luden das US-Team noch während der WM nach China ein. In den folgenden Monaten besuchte erst Außenminister Henry Kissinger und 1972 auch der damalige US-Präsident Richard Nixon zum ersten Mal die Volksrepublik China. Infolgedessen reduzierten sich die politischen Spannungen ein wenig und die Beziehungen beider Länder verbesserten sich. Diese Ereignisse sind heute unter dem Begriff der „Ping-Pong-Diplomatie" bekannt und wurden auch im Kinofilm „Forrest Gump" verewigt (Kobierecki, 2016).

Im Jahr 2008 widmete sich das renommierte New Yorker „Time Magazine" dem Tischtennissport, und zwar auf höchst ungewöhnliche Art. Sie erklärte den Rückhandaufschlag von Dimitrij Ovtcharov zu einer der 50 Errungenschaften des Jahres. Dies ist insoweit nachvollziehbar, dass jahrelang der von der Rückhandseite aus gespielte Vorhandseitschnitt-Aufschlag die Tischtennisszene dominierte. Dimitrij Ovtcharov hingegen positioniert sich häufig in der Mitte des Tisches und taucht beinahe unter die Tischkante hinab, um dann zu seinem eher unorthodoxen Rückhandaufschlag anzusetzen. Auf die ungewöhnliche Ehrung angesprochen, erklärte er, er habe diese Bewegung bereits als 7-Jähriger ausgeführt. Danach sei er zwar gewachsen, habe den Aufschlag aber genauso beibehalten, weil er damit stets erfolgreich geblieben sei (www.tischtennis.de).

2.4 Zahlen und Fakten/Wissenswertes im Tischtennis

Weitere spannende Fakten sind im Folgenden stichpunktartig zusammengefasst:

- Die Herren Roland Merklein, Volker Fernath, Hilmar Küttner und Helmut Hanus aus Stuttgart standen sich zwischen dem 23. und 25. Mai 1980 für 102 h gegenüber, um einen Weltrekord im Dauer-Doppel aufzustellen. Dieser ist seither ungebrochen.
- Das längste Einzel wurde zwischen dem 14. und 21. April 1985 von Uwe Geiger und Thomas Opiol von der TG Schömberg ausgetragen. Sie spielten insgesamt 168 h.
- Jan-Ove Waldner (Schweden) holte 1997 zur Überraschung der Chinesen den WM-Titel. Das Besondere daran: Er gewann sämtliche sieben Spiele, inklusive dem Finale, ohne einen einzigen Satzverlust.
- Für einen Rundlaufrekord agierten im Jahr 2006 insgesamt 359 Hobbyspieler:innen an 47 Tischen, um 62 min und 5 s lang am Stück Rundlauf zu spielen.
- 500 Personen an nur einem einzigen Tisch war die Idee im schweizerischen Luzern am 28. August 2010. Wie oft jeder der 500 Teilnehmer in den 2 h an den Ball kam, ist unbekannt.
- Die beiden französischen Tischtennisspieler Jaques Secrétin und Vincent Purkart führten 1990 einen Showkampf im Tischtennis vor circa 14.000 Zuschauer:innen durch, in dem sie versuchten, die Sportart Tischtennis dem Nicht-Fachpublikum näherzubringen.
- Zu Irritationen kam es bereits im Vorfeld der WM 1934 in Paris, als der Pole Aloizy Ehrlich drei seiner Kommilitonen aussuchte und mit ihnen einige Monate intensiv Tischtennis trainierte. Er meldete seine Trainingsgruppe eigenständig als die polnische Nationalmannschaft bei der WM an. Obwohl der polnische Verband kurz vor der WM mitteilte, dass er keine Mannschaft gemeldet habe, durfte die Gruppe um Ehrlich an den Start gehen und erreichte den vierten Platz. Der polnische Verband gratulierte daraufhin zu diesem hervorragenden Abschneiden. Aloizy Ehrlich ist zudem gemeinsam mit dem Rumänen Paneth Weltrekordhalter, da ihr erster Ballwechsel im Mannschaftshalbfinale der Herren bei der WM 1936 in Prag zwei Stunden und 12 min andauerte. Der Ball ging dabei rund 10.000-mal über das Netz. Farkas Paneth gab dann im zweiten Ballwechsel nach knapp 20 min erschöpft auf.
- Das längste Duell zweier Teams konnte ebenfalls bei dieser WM 1936 in Prag beobachtet werden. Das Finale des Swaythling-Cups zwischen Rumänien und Österreich begann an einem Sonntag um 11 Uhr und endete erst am darauffolgenden Mittwoch (https://www.tischtennis.de/mein-sport/spielen/rekordverdaechtiges.html).
- Dass es sich beim Tischtennisspiel um eine schnelle Ballsportart handelt, konnten Jackie Bellinger und Lisa Lomas zeigen, indem sie den Ball innerhalb einer Minute 173-mal hin- und herspielten. Dies ist der aktuelle Weltrekord (Stand 2023) für den schnellsten Ballwechsel aller Zeiten.

- Der längste Ballwechsel ohne offiziellen Wettkampfcharakter dauerte 8 h, 34 min und 29 s und wurde 2009 von Koji Matsushida und Hiroshi Kamura-Kittenberger gespielt.
- Jüngster Weltmeister aller Zeiten wurde der Österreicher Richard Bergmann. Er gewann bereits mit 17 Jahren die WM von 1937 in Österreich. 1938, als die Nationalsozialisten Österreich in das Deutsche Reich eingliederten, wanderte er nach England aus. Er gewann 1939 die Weltmeisterschaft im Einzel und im Doppel und wurde nach dem Krieg 1948 und 1950 nochmals Weltmeister. Für Aufsehen erregte Bergmann bei der WM 1956 in Tokio, als er in der Runde der letzten 64 Spieler früh auszuscheiden drohte. Sein Gegner Tsui Cheung Ling aus Hongkong hatte bereits den ersten Satz von zwei Gewinnsätzen gewonnen und führte auch im zweiten Satz deutlich. Bevor Cheung Ling das Spiel für sich entscheiden konnte, beanstandete Bergmann mitten im Satz die Rundheit des Balles. Ihm wurde stattgegeben, woraufhin der Spieler Bergmann in der Unterbrechung insgesamt 250 Bälle testete, bis er vom Präsidenten der ITTF (Ivor Montagu) aufgefordert wurde, sich nun endlich zu entscheiden. Sein Gegner Cheung Ling wurde durch dieses Manöver anscheinend so aus dem Rhythmus gebracht, dass er den Satz trotz hoher Führung und auch den Entscheidungssatz verlor.

Kaum jemand hat den Tischtennissport dermaßen geprägt wie eben dieser Ivor Goldsmid Samuel Montagu, der als jüngster Sohn des millionenschweren Barons Montagu und Lady Swaythling, der Stifterin des sogenannten Swaythling Cups, in England geboren wurde. Er entwickelte die Sportart von einem Freizeitvergnügen (nach dem „Dinner") zu einem globalen Wettkampfsport. Mit 17 Jahren gründete er die English Table Tennis Association und war 1926 Mitbegründer der ITTF, deren Präsident er von 1926 bis 1967 war. Bei kritischen Regelfragen und Entscheidungen trat er aktiv in Erscheinung. Beispielsweise legte er sich bei der Weltmeisterschaft 1959 unter den Tisch, um die Position der Tischbeine zu markieren, nachdem die Koreanerin Choe Kyong Jao ihrer Gegnerin Eguchi aus Japan vorwarf, sie habe den Tisch während des Ballwechsels verschoben (Angenendt, 2020).

Zusammenfassend hat sich Tischtennis seit seiner Entstehung (ca. 1880) von einer Randsportart, die nur von einer privilegierten, adeligen Gesellschaft in Kaffeehäusern gespielt wurde, zu einer weltweit bekannten Sportart mit mehr als 850 Mio. Fans entwickelt. In verschiedenen Turnierformen (z. B. Welt- und Europameisterschaften, Olympia, Paralympics) und im Ligabetrieb treten Spieler und Spielerinnen unterschiedlicher Altersklassen und Geschlechter gegeneinander an. Die ursprünglichen Regeln für das Einzel- und Doppelspiel sind grundlegend erhalten geblieben. Manche Regeln wurden aufgrund der Verbesserungen des Materials, dem (körperlichen) Niveau der Spieler:innen und aufgrund gesellschaftlicher Entwicklungen (z. B. Fernsehen) angepasst. Für das Tischtennisspielen bedarf es in seinen Grundzügen nur eines Tisches, der feste Tischmaße besitzt, eines Balls (40 mm) und eines Schlägers. Schlägerform und -größe sind dabei beliebig. Er muss lediglich zu 85 % aus Holz bestehen. Die Gummibeläge, meist rot und schwarz, unterliegen strengen Regularien der ITTF. In der Sportart Tischtennis sind zahlreiche Anekdoten und Weltrekorde entstanden, die andeuten, wie viele Menschen weltweit Tischtennis spielen.

> **Fragen zu Kapitel 2**
>
> 1. Wo werden die Ursprünge der Sportart Tischtennis vermutet und welche wichtigen Meilensteine in seiner Entwicklung fallen auf?
> 2. Worin unterscheiden sich die Einzelregeln im Tischtennis von den Regeln im Doppel?
> 3. Welche Regeländerungen lassen sich für Anfänger:innen im Tischtennis einführen, um die Spielfähigkeit der Übenden zu erleichtern?
> 4. Wie ist ein typischer Tischtennisschläger aufgebaut? Aus welchen Elementen er?
> 5. Welche Kategorien von Belägen lassen sich unterscheiden und welche Vor- und Nachteile kennzeichnen die jeweilige Belagart?

Literatur

Adomeit, M. (2001). Ist Abwehr = Abwehr? *VDTT-Trainerbrief, 1*, 28–31.
Adomeit, M. (2016). Noppen und Anti verstehen. *Tischtennis, 7*, 48–49.
Angenendt, G. (2020). Historische Regelecke – Gottvater unterm Tisch. *Tischtennis, 10*, 53.
Brucker, O. (1980). *Tischtennis. Geschichte, Technik, Taktik, Spielregeln*. Albrecht Philler.
Deutscher Behindertensportverband [DBS]. Para Tischtennis des Deutschen Behindertensportverbandes e. V. (2023). https://www.dbs-tischtennis.de; https://www.teamdeutschland-paralympics.de; https://www.youtube.com/watch?v=d0M6OjD4bMI.
Deutscher Tischtennis-Bund [DTTB] (2023). Regeln und Erläuterungen für das Tischtennisspiel. https://www.tischtennis.de/mein-sport/schiedsrichterin/regeln-erlaeuterungen.html; https://www.tischtennis.de/mein-sport/spielen/wichtigste-spielregeln.html.
Fellke, J. (1997). *J-O Waldner – Geheimnisse eines TT-Genies*. Sportförlaget.
Friederich, H. (1989). *Ping-Pong. Das Tischtennisspiel um die Jahrhundertwende*. Flying-Kiwi.
Friedrich, W., & Fürste, F. (2012). *Tischtennis – verstehen, lernen, spielen*. Philippka-Sportverlag.
Fuchs, M., Faber, I. R., & Lames, M. (2019). Game characteristics in elite para table tennis. *German Journal of Exercise and Sport Research, 49*, 251–258.
Giesecke, H. (1983). Materialfrage entschieden: Zweifarbig wird Pflicht [The questionof equipment is decided: Bicolored becomes compulsory]. *Deutscher Tischtennis-Sport, 37*(6), 18–19.
Grumbach, M. (2000). Die Macht der Noppen. *VDTT-Trainerbrief, 3*, 23–33.
Heissig, W. (1976). *Tischtennis 1 – Faszination des kleinen Balles. Reihe Urlaub und Freizeit*. Bussesche Verlagshandlung.
Herweg, C. (2020). Emotionale Farbenlehre – Vier neue Belagfarben sind ab Oktober erlaubt. *Tischtennis-Magazin, 12*, 39–40.
Heuing, S. (2013). Wirbel um den neuen Ball. *Tischtennis, 7*, 12–13.
Hudetz, R. (1984). *Alles über Tischtennis Technik*. Tibhar.
Hudetz, R. (2004). *Taktik im Tischtennis. Mit dem Kopf gewinnen*. Tibhar.
International Paralympic Committee (2015). *Explanatory guide to Paralympic classification. Paralympic summer sports*. International Paralympic Committee.
International Table Tennis Federation [ITTF]. The latest rules & regulations of the ITTF 2022. ITTF Handbook. Zugriff unter https://www.ittf.com/handbook/; https://equipments.ittf.com;

https://www.ipttc.org/classification/#documents; http://www.ipttc.org/rules/ITTF-PTT-Rules-and-Regulations.8th-edition.feb.2010-update.pdf.

Kawazoe, Y., & Suzuki, D. (2003). Prediction of table tennis racket restitution performance based on the impact analysis. *Theoretical and Applied Mechanics, 52*, 163–174.

Klein-Soetebier, T., & Klingen, P. (2019). *Lehr-Lernvorstellungen im Tischtennis-Anfängerunterricht – Eine didaktisch-methodische Handreichung für Lehrkräfte und Übungsleiter in Schule und Verein*. Schneider.

Kobierecki, M. (2016). Ping-Pong Diplomacy and its Legacy in the American Foreign Policy. 1. *Polish Political Science Yearbook. 45*, 304–316. https://doi.org/10.15804/ppsy2016023.

Krämer, U. (2012). *Rossi. Jörg Rosskopf – Die Biografie*. Die Werkstatt Verlag

Matzke, T. (2008). *Auswirkungen der Reglemänderungen im Tischtennis unter besonderer Berücksichtigung der medialen Wirksamkeit des Sports*. Ernst-Moritz-Arndt-Universität Greifswald, Institut für Physik.

Michaelis, R. & Sklorz, M. (2004). *Richtig Tischtennis*. BLV Verlagsgesellschaft.

Nelson, R. (1999). Größerer Ball – Die Macht der Millimeter. *Deutscher Tischtennis-Sport, 1*, 30–31.

Nelson, R. (2004). Artikelreihe über den Tischtennisball. *Tischtennis, 6*, 18–23.

Perger, M. (1986). *Tischtennis Technik. Der individuelle Weg zum erfolgreichen Spiel*. Falken.

Petrasch, J., & Tiefenbacher, K. (2010). Physik – Allerhand Widerstand. *Tischtennis, 5*, 50.

Rauterberg, S. (1992). Vom „Ball über die Schnur" zum Hochleistungssport. *VDTT-Trainerbrief, 4*, 5–9.

Schaper, K. (1975): Geschichte der Ballspiele und des Tischtennissports von der Antike bis zur Neuzeit. In Deutscher Tischtennis-Bund (Hrsg.), *50 Jahre Deutscher Tischtennis-Bund. Eine Chronik rund um den weißen Ball* (S. 28–30). Springer.

Schimmelpfennig, D. (1997). Taktische Aspekte des Aufschlag-Rückschlagspiels. *VDTT-Trainerbrief, 3*, 4–8.

Schmicker, J. (2000). *Das große Buch vom Tischtennis*. WB-Druck.

Sklorz, M. (1972). *Tischtennis – vom Anfänger zum Könner*. BLV.

Straub, G. (2012). In the beginning was the half-volley: The history of defence in table tennis. *Proceedings book of the 16th ITTF Sports Science Congress, Budapest (HUN)*, April 19th – 20th, 2019. Publisher: Kondric, M., Paar, D., & Kamijima, K. (Hrsg.).

Tiefenbacher, K. (1994). The impact of the table tennis ball on the racket (backside coverings). *International Journal of Table Tennis Sciences, 2*, 1–14.

Voigt, J. (2011). Techniken mit langen Noppen. *VDTT-Tischtennislehre, 4*, 14–15.

Walther, R. (2020). Plastik ist nicht gleich Plastik. *Tischtennis, 3*, 11.

Xu, G. (2008). Olympic Dreams. *China and Sports 1895 – 2008*. Harvard University Press.

Zagatto, A. M., Morel, E. A., & Gobatto, C. A. (2010). Physiological responses and characteristics of table tennis matches determined in official tournaments. *Journal of Strength and Condition Research, 24*, 942–949.

Zagatto, A. M., Papoti, M., Leite, J. V. M., & Beneke, R. (2016). Energetics of table tennis and table tennis specific exercise testing. *International Journal of Sports Physiology Performance, 11*(8), 1012–1017.

Zeppenfeld, B. (2020). Mitgliederentwicklung der Sportverbände in Deutschland 2009–2019. https://de.statista.com/statistik/daten/studie/1069134/umfrage/mitgliederentwicklung-sportverbaende-in-deutschland/. Zugegriffen: 14. Aug. 2020

Ziegler, V. (2000). Ausbildung von Abwehrspielern. *VDTT-Trainerbrief, 3*, 18–22.

Ziegler, V. (2017). Handicap Open: Verborgene Talente in Vereinen finden. https://www.mytischtennis.de/public/buntes/10367/zweite-karriere-im-para-tt--das-sind-die-wettkampfklassen.

Anforderungsprofil im Tischtennis 3

Der Deutsche Tischtennis-Bund (DTTB) identifiziert insgesamt zwölf Faktoren, die ein:e Tischtennisspieler:in mitbringen muss, um erfolgreich im Tischtennis zu sein: Kraft, Schnelligkeit, Koordination, Ausdauer, Ballgefühl, Beweglichkeit, Technik, Kampfbereitschaft, Taktik, Antizipation, Entscheidungsfreude, Kreativität (DTTB, 2019). Diese Vielzahl an Anforderungen lassen sich unserer Ansicht nach drei Kategorien zuordnen: den konditionellen Fähigkeiten (Abschn. 3.1), als die energetischen Prozesse und biomechanischen Strukturen, welche die Spieler:innen bei der Ausübung der Sportart unterstützen. Die koordinativen Fähigkeiten (Abschn. 3.2), die für die willentliche Ansteuerung und Hemmung vereinzelter Muskelpartien (bspw. bei der Schlagausführung im Tischtennis) verantwortlich sind. Und die psychologischen/mentalen Leistungskomponenten (Abschn. 3.3), die auf jedem Spielniveau im Tischtennis den Ausschlag über Sieg und Niederlage geben können. Mithilfe dieses Kapitels erhalten Sie einen Einblick in das komplexe Anforderungsprofil dieser Sportart, welches im Lern- und Vermittlungsprozess nicht abschreckend wirken soll, sondern als Chance zu sehen ist, mit vielen Stellschrauben und tischtennisspezifischen Übungen zu eine/m/r besseren Tischtennisspieler:in zu werden oder diese auszubilden.

Ergänzende Information Die elektronische Version dieses Kapitels enthält Zusatzmaterial, auf das über folgenden Link zugegriffen werden kann https://doi.org/10.1007/978-3-662-68019-3_3. Die Videos lassen sich durch Anklicken des DOI Links in der Legende einer entsprechenden Abbildung abspielen, oder indem Sie diesen Link mit der SN More Media App scannen.

Was macht eine gute Tischtennisspielerin oder einen guten Tischtennisspieler aus? Sind es ihre/seine schnellen Reaktionen? Ist es ihr/sein gutes Auge für die Drehung (sog. Rotation) des Balles? Bewegt sie/er sich besonders schnell aufgrund ihrer/seiner muskulösen Beine? Kann sie/er sich besser als andere konzentrieren und macht deswegen weniger Fehler?

Gerade im Hochleistungsbereich müssen Spieler:innen und Trainer:innen eine Vielzahl von physischen und psychischen Faktoren berücksichtigen, um im Wettkampf die optimale Leistung zu erzielen. Betrachtet man Tischtennisspiele abseits des Profisports, d. h. auf einem mittleren Niveau in der Kreis-, Bezirks- oder Landesliga, sieht man aus anthropometrischer Perspektive alle Arten von Spieler:innen: Manche sind überaus schlank, manche eher stämmig, manche ziemlich klein, andere relativ groß. An dem einen Tisch spielt ein/e Jugendliche:r gegen eine/n Senior:in, an dem anderen spielen ein Junge und ein Mädchen miteinander. Auf mancher Tischseite sieht man viel Bewegung, die/der Abwehrspieler:in läuft die ganze Zeit vor und zurück, links und rechts während ihr/sein Gegenüber gemütlich in der Mitte des Tisches steht und mit ihrem/seinem „guten Händchen" die Bälle platziert. Die/Der Eine hält den Schläger in der Shake-Hand-Griffhaltung, die/der Andere nur mit zwei Fingern in der Penholder-Griffhaltung (Abschn. 4.1.1). An einem anderen Tisch spielt die/der Eine sehr aggressiv nach vorne und versucht jeden Punkt mit einem Angriffsschlag zu erzielen. Die/Der Andere agiert eher ruhig, kontrolliert und wartet auf die Fehler des Gegenübers.

So unterschiedlich diese Spielertypen sind, so komplex ist auch das Anforderungsprofil an die Sportart. Die Rahmentrainingskonzeption des Deutschen Tischtennis-Bundes (2019) zeigt insgesamt zwölf Faktoren auf, die ein:e Tischtennisspieler:in mitbringen muss, um erfolgreich im Tischtennis zu sein: Kraft, Schnelligkeit, Koordination, Ausdauer, Ballgefühl, Beweglichkeit, Technik, Kampfbereitschaft, Taktik, Antizipation, Entscheidungsfreude, Kreativität. Einige dieser Faktoren lassen sich relativ leicht auf unterschiedliche Weise erlernen oder trainieren (z. B. Ausdauer, Kraft, Taktik, Technik). Manche sind eher vorbestimmt oder nur durch sehr viel Training zu verbessern (z. B. Kreativität, Entscheidungsfreude, Ballgefühl). Um diese Vielzahl von Faktoren systematisieren zu können, nutzen wir einen sportartübergreifenden Modellansatz zur Benennung unterschiedlicher (Leistungs-)Komponenten im Tischtennis (Abb. 3.1; Weineck, 2019, S. 25).

In diesem „Komponenten-Interaktionsmodell" (Ehlenz et al., 2003, S. 12) werden zwar technische, taktisch-kognitive, soziale und anthropometrisch-gesundheitliche Faktoren abgegrenzt, jedoch auch deren Wechselwirkungen untereinander thematisiert (z. B. bedarf es für schnelle Bewegungen eine gute Koordination, oder eine starke Psyche kann die Ausdauerfähigkeit beeinflussen usw.). Dieses Modell ist nur eines von vielen. Andere Darstellungen definieren beispielsweise die Beweglichkeit nicht als Bestandteil der motorischen Fähigkeiten, da sie sie als konstitutionell vorgegeben einordnen (z. B. Bös & Mechling, 1983). Von den meisten Autor:innen wird sie jedoch als solche anerkannt (z. B. Weineck, 2019; Martin

3 Anforderungsprofil im Tischtennis

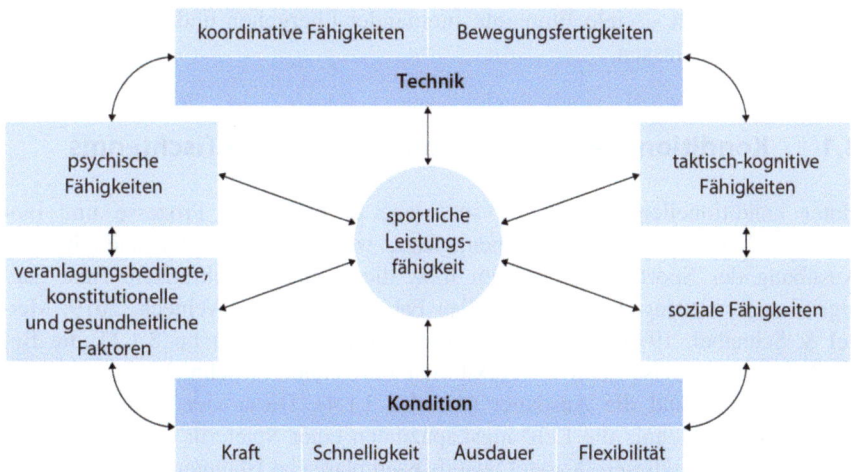

Abb. 3.1 Modellansatz zur Beschreibung der allgemeinen sportlichen Leistungsfähigkeit. Die einzelnen Komponenten stehen in wechselseitiger Beziehung zueinander (aus Weineck, 2019, S. 25). Zum einen werden die verschiedenen Einflussfaktoren (z. B. konditionelle, koordinative, psychische Fähigkeiten) aufgezeigt und zum anderen Interaktionsmöglichkeiten zwischen ihnen dargestellt

et al., 1991; Martin et al., 1999; Schnabel et al., 1997). Hohmann et al. (2003) umgehen die klare Zuordnung zu koordinativen, konditionellen und psychologischen Faktoren damit, dass sie bei den motorischen Parametern Kraft, Schnelligkeit und Beweglichkeit Wechselbezüge zwischen koordinativen und konditionellen Fähigkeiten sehen, wohingegen die Ausdauer klar den konditionellen Eigenschaften zugeschrieben wird (Hohmann et al., 2003).

Die einzelnen Komponenten lassen sich dabei zwar separat trainieren, bedingen sich jedoch immer gegenseitig, d. h., Verbesserungen in einem bestimmten Fähigkeits-/Fertigkeitsbereich gehen oft mit einer Leistungssteigerung einer anderen Fähigkeit/Fertigkeit einher (Martin et al., 1999). Beispielsweise bewirken Verbesserungen in den Kraftfähigkeiten und/oder in der Koordination unmittelbar einen Schnelligkeitsgewinn (Pahlke, 1999). Zwischen der Ausdauerfähigkeit und den weiteren motorischen Fähigkeiten zeigen sich ebenfalls enge Verbindungen, sodass vor allem der Ermüdungswiderstandsfähigkeit eine hohe fähigkeitsübergreifende Bedeutung zugeschrieben werden kann (Martin et al., 1999). Um eine möglichst enge Passung an die Rahmentrainingskonzeption des Deutschen Tischtennis-Bundes e. V. herzustellen (DTTB, 2019), wird in den folgenden drei Unterkapiteln versucht, die Anforderungen im Tischtennis in konditionelle Leistungskomponenten (Abschn. 3.1), koordinative Leistungskomponenten (Kap. 3.2) und psychologische Leistungskomponenten (Abschn. 3.3) zu kategorisieren. Zu trennscharf darf diese Kategorisierung allerdings nicht gesehen werden, da – wie oben beschrieben – viele Elemente ineinander übergehen und sich nur in der Theorie trennen lassen.

3.1 Konditionelle Leistungskomponenten im Tischtennis

Unter konditionellen Fähigkeiten sind jene energetischen Prozesse und biomechanischen Strukturen zusammengefasst, welche die Sportler:innen bei der Ausübung der Sportart unterstützen bzw. diese auch einschränken. Eine gängige Kategorisierung der konditionellen Fähigkeiten (z. B. Weineck, 2019; Meinel & Schnabel, 1998) unterscheidet die Schnelligkeit (Abschn. 3.1.1), die Beweglichkeit (teilweise auch als Flexibilität bezeichnet; Abschn. 3.1.2), die Kraft (Abschn. 3.1.3) und die Ausdauer (Abschn. 3.1.4). Diese vier Faktoren beeinflussen im Tischtennis die Leistungskapazitäten einer Spielerin oder eines Spielers. Es werden in diesem Kapitel jeweils exemplarische Übungen und/oder Spielformen zum Training der einzelnen Komponenten des Konditionstrainings gegeben, die jedoch nur einen Eindruck vermitteln sollen. Für einen tiefergehenden Einblick ist die jeweils angegebene Literatur heranzuziehen.

3.1.1 Training der Schnelligkeit im Tischtennis

Für Tischtennisspieler:innen ist die Schnelligkeit wahrscheinlich die relevanteste konditionelle Fähigkeit. Das Konstrukt der Schnelligkeit im Sport zu definieren ist hingegen gar nicht so leicht, wie man denkt. In der Literatur existieren mehr als 40 unterschiedliche Termini zur Bezeichnung der Schnelligkeit (bspw. Beschleunigung, Agilität, Spritzigkeit, Schnellkraft, Aktionsschnelligkeit) und entsprechend viele historisch gewachsene Definitionen (vgl. Thienes, 1998).

Wir orientieren uns in diesem Lehrbuch an einer dreiteiligen Definition der Schnelligkeit von Letzelter (1978, S. 190), da sie für die Anforderungen in der Sportart Tischtennis am besten widerspiegelt. Für einen weiterführenden Einblick in unterschiedliche Dimensionen der Schnelligkeit empfehlen wir die Arbeiten von Harre (1986) oder Schnabel et al. (2008).

▶ **Schnelligkeit im Tischtennis** (Motorische) Schnelligkeit wird bestimmt durch das Niveau der Kraft, der Koordinationsfähigkeit und der Fähigkeit des zentralen Nervensystems (ZNS) schnelle Erregungs- und Hemmungswechsel durch hochfrequente Impulse zu ermöglichen. Es ist eine konditionelle Eigenschaft, die Sportler:innen befähigt auf einen Reiz hin schnell zu reagieren und Bewegungen bei unterschiedlichen Widerständen mit höchster Bewegungsgeschwindigkeit auszuführen. Im Kontext Tischtennis hilft eine Dreiteilung der Schnelligkeit in 1. Reaktionsschnelligkeit – welche in diesem Kontext eher den koordinativen Fähigkeiten (Abschn. 3.2) zugeordnet wird, 2. der Schnelligkeit bei zyklischen Bewegungen, die bspw. beim Sprint, Rudern, Fahrradfahren oder anderen gleichförmigen Bewegungen zum Tragen kommt – und 3. der

Schnelligkeit bei azyklischen Bewegungen, wie sie im Tischtennis durch viele Richtungswechsel und unterschiedliche Bewegungshandlungen benötigt wird (Letzelter, 1978, S. 189).

Dass sportliche (Höchst-)Leistungen durch das Zusammenspiel aller leistungsbestimmenden Determinanten zustande kommen, wird am Beispiel der Schnelligkeit besonders deutlich: „Die Differenzierung nach grundlegender und komplexer Schnelligkeit ist auch im Hinblick auf eine Unterscheidung des Schnelligkeits- vom Koordinationsaspekt von Bedeutung" (Schnabel, et al., 2008, S. 145). Maximale Schnelligkeitsleistungen zeigen sich nur bei gekonnten Bewegungsabläufen. „Die Geschwindigkeit der Bewegungsausführung ist ein Kriterium für die koordinative Leistungsfähigkeit" (Roth, 1982, S. 52) und mit „zunehmender Komplexität einer Bewegung und steigenden Anforderungen an die Präzision der bewegungssteuernden Prozesse, sinkt der Anteil entwickelbarer Schnelligkeit" (Neumaier & Mechling, 1995, S. 17). Das Tischtennisspiel verlangt beispielsweise eine schnelle Beinarbeit am Tisch über einen längeren Zeitraum hinweg sowie ein schnelles (motorisches) Ausführen der Schlagbewegung. Auch der DTTB (2011) weist in seinen Lehrplänen daraufhin, dass ein:e Tischtennisspieler:in „um erfolgreich spielen zu können, […] eine überdurchschnittliche Schnelligkeit aufweisen muss, d. h., [sie/]er muss seine [/ihre] motorischen Aktionen in einem Minimum an Zeitaufwand ausführen". Diese Definitionen der Schnelligkeit haben gemein, dass sie sich auf die reine motorische Schnelligkeit, also, grob gesagt, das neuromuskuläre Zusammenspiel von Körperteilbewegungen beziehen.

Dass in komplexen Spielsportarten auch die kognitive Schnelligkeit eine große Rolle spielt, ist selbstverständlich. Diese kognitiven Aspekte der Schnelligkeit werden im Tischtennis häufig als Wahrnehmungs-, Entscheidungs-, Antizipations- und/oder Reaktionsschnelligkeit bezeichnet (vgl. u. a. Schiefler, 2003). Die in diesem Unterkapitel beschriebenen Übungsformen versuchen immer beide Aspekte der Schnelligkeit anzusprechen. Es wird zum einen die reine Bewegungsschnelligkeit (z. B. der Beine, Arme, des Rumpfes), zum anderen aber auch die Handlungsschnelligkeit, also das schnelle situationsadäquate Handeln im Spiel, trainiert. Die kognitive Schnelligkeit wird stark von kognitiven Prozessen beeinflusst, wie zum Beispiel von der Aufmerksamkeit, dem Arbeitsgedächtnis und den exekutiven Funktionen (Abschn. 3.3.1). Spezielle Übungen, um diese Prozesse zu schulen, finden sich im späteren Verlauf dieses Lehrbuches (Abschn. 3.3, 5.2). Es lassen sich laut Thienes (1998, S. 21) drei Charakteristika festlegen, die, wenn sie eingehalten werden, die grundlegenden Schnelligkeitsleistungen trainieren. Die Übungen sollten zwingend:

- weniger als 30 % der individuellen isometrischen Maximalkraft beanspruchen (z. B. beim Training an der Ballkiste (Abschn. 5.2.2) die Aktionsschnelligkeit eines Schlages optimieren),
- eine kurze Bewegungsdauer (bis 10 s bei grundlegenden und bis 35 s bei komplexen Schnelligkeitsleistungen) haben. Im Tischtennis könnten dies kurze Antritte über maximal 10 m sein (Bewegungsschnelligkeit),

- geringe Komplexität und Präzisionsanforderungen der Übungen (z. B. Beinarbeitstraining mit isoliertem Training von Sidesteps oder Stepjumps; Abschn. 4.1.3) verlangen.

Vor jedem Schnelligkeitstraining muss die Muskulatur optimal erwärmt sein, um hohe Bewegungsfrequenzen umzusetzen (DTTB, 2011). Das Schnelligkeitstraining sollte am Anfang einer Einheit eingebaut werden, wenn sich der Körper noch in einem ausgeruhten Zustand befindet. Nur dann ist man offen für neue Reize (vgl. Fürste, 2012).

Eine exemplarische Spielform zur Verbesserung der (Aktions-)Schnelligkeit, bei der kein zusätzliches Material benötigt wird, ist das sogenannte **Wandspiel**. Hier positioniert sich ein:e Partner:in hinter dem oder der Übenden. Aus der Grundstellung heraus soll der Ball von den Übenden, nachdem dieser an die Wand geprallt ist, noch in der Luft gefangen werden (Abb. 3.2). Die Richtung des Wurfes kann dabei in horizontaler (links/rechts) oder vertikaler (vor/zurück) Richtung variiert werden, um Beinarbeitstechniken wie in einem richtigen Wettkampfspiel zu simulieren. Es soll trainiert werden, handlungsschnell auf den Reiz (hier: den Tischtennisball) zu reagieren und die Handlung entsprechend schnellkräftig auszuführen. Tischtennisspezifisch wird immer aus einer tiefen Grundstellung (Abschn. 4.1.2) heraus agiert, um nebenbei den tiefen Körperschwerpunkt zu schulen.

Die Schwierigkeit dieser Übung lässt sich durch kleine Variationen steuern, indem beispielsweise der Abstand zur Wand vergrößert oder verkleinert wird, mehrere Bälle (bspw. zwei Bälle schnell hintereinander, große Bälle für Anfänger:innen und kleine Bälle für Profis) genutzt werden, oder der Schläger hinzugenommen wird (bspw. sodass der Ball nicht gefangen, sondern mit dem Schläger geschlagen werden muss).

Eine andere Spielform ist das sogenannte **Pfostenlaufen**. Ähnlich zu einem normalen Wettrennen ist das Ziel dieser Übung, sich möglichst schnell um den Tisch herum zu bewegen. Die Spieler:innen starten dazu gegenüberstehend

Abb. 3.2 „Wandspiel" als exemplarische Übung zur Schnelligkeit. Der Ball wird von einem Partner oder einer Partnerin gegen die Wand geworfen. Der oder die Übende versucht den Ball nach dem Wandkontakt zu fangen. Die Richtung des Wurfes kann dabei in horizontaler (links/rechts) oder vertikaler (vor/zurück) Richtung variiert werden.

gemeinsam an einem Netzpfosten. Auf ein Startsignal laufen beide Spieler:innen um ihre eigene Tischhälfte herum, berühren den Netzpfosten auf der anderen Seite und laufen so schnell es geht zurück zum Startpunkt. Der/Die Spieler:in, der/die zuerst den Startpunkt erreicht, gewinnt die Runde des Spiels. Richtungs-, Seiten- oder Partnerwechsel können je nach Gruppe und Dauer der Übung eingeführt werden. Um die Übung tischtennisspezifischer oder abwechslungsreicher zu gestalten, lässt sich die Beinarbeitstechnik vorgeben (z. B. nur Side-Steps sind erlaubt, auf einem Bein etc.; Abschn. 4.1.3). Als Ergänzung kann man einen Balleimer auf beiden Seiten platzieren, sodass der oder die Spieler:in, der oder die zuerst alle Bälle einzeln in den anderen Eimer transportiert hat, gewinnt. Um die Komplexität der Bewegung zu erhöhen, lassen sich die Laufwege auch mit Schläger und Ball ausführen (z. B. Ball prellen, Ball auf den Schläger legen usw.). Als tischtennisspezifische Spielform zur Schulung der Reaktionsschnelligkeit bietet sich der sogenannte Reaktionstisch an. Hierzu wird eine Tischhälfte des Tisches hochgeklappt. Die Spieler:innen positionieren sich genauso wie beim **Wandspiel**. Ein:e Spieler:in wartet auf den Ballanwurf von hinten gegen die aufgestellte Tischhälfte. Etwas spielnäher als bei dem Spiel von der Wand kommt nun der Ball von der anderen Tischseite auf den oder die Spieler:in zu. Nachdem der Ball aufgetippt ist, soll er geschlagen werden. Auch hier können die Platzierung und die Wurfhärte variiert werden.

Die kognitive Schnelligkeit in Form einer antizipativen Wahrnehmung (Abschn. 3.3.1) ist besonders dann gegeben, wenn der Spielerin oder dem Spieler bewusst ist, wie die Signale des Gegners mit den Folgebewegungen verbunden sind. So können schnellere Entscheidungen getroffen und damit früher reagiert werden. Es ist daher notwendig, die Bewegungen des Gegenspielers „lesen zu lernen". Dabei helfen die Bewegungsmerkmale, die als Signale fungieren und der Spielerin oder dem Spieler Hinweise darüber geben können, welche Bewegung erfolgen muss. Vor Spielbeginn ist es daher sinnvoll, sich über die Materialeigenschaften des gegnerischen Schlägers (Abschn. 2.3.4) zu informieren. Wichtig ist dabei auch die Zuordnung der Beläge zu ihren Farben, da dies im Spiel ein schnelleres Wahrnehmen ermöglicht. Da es dem Gegner bzw. der Gegnerin erlaubt ist den Schläger innerhalb eines Ballwechsels zu drehen, müssen in dieser schnellen Rückschlagsportart wahrgenommene Hinweisreize (z. B. Farbe = Material = Spieleigenschaft) direkt den PTRF-Effekten (Abschn. 6.1) zugeordnet und angemessen darauf reagiert werden.

Schnelligkeit lässt sich genauso gut ohne Ball und Schläger trainieren. Ein exemplarisches „Workout" in dem unter anderem tischtennisspezifische Schnelligkeit trainiert werden kann, bietet die Deutsche Tischtennis-Akademie (DTTA) auf ihrer Internetseite (https://www.tischtennis.de/onlinekongress.html) an. Dieses richtet sich an alle Leistungsniveaus im Tischtennis. Für manche Übungen benötigt man neben der Sportkleidung einen Tischtennisschläger und einen Ball, optional können eine Gymnastikmatte und etwas zu trinken bereitgestellt werden (Abb. 3.3).

Weitere (Lauf-)Übungen zum Training der Schnelligkeit finden sich in der Rahmenkonzeption für Kinder und Jugendliche im Leistungssport des Deutschen Tischtennis-Bundes (Huber et al., 2009).

Abb. 3.3 (Home-)Workout #1 zum Training der Schnelligkeit, Beweglichkeit und der tischtennisspezifischen Kräftigung. Die Übungen sind für jedes Spielniveau hilfreich. Für die Durchführung der Übungen benötigt man Sportkleidung, einen eigenen Tischtennisschläger und einen Ball. Optional kann eine Gymnastikmatte und etwas zu trinken bereitgestellt werden (https://www.tischtennis.de/onlinekongress.html). (▶ https://doi.org/10.1007/000-b8f) (Video: © Deutscher Tischtennis-Bund)

3.1.2 Training der Beweglichkeit im Tischtennis

Im Vergleich zu anderen – meist kompositorischen – Sportarten (z. B. Ballett, Turnen, Sportakrobatik usw.) hat die Beweglichkeit im Tischtennis nicht den gleichen, hohen Stellenwert. Eine gute Beweglichkeit (auch Gelenkigkeit, Dehnfähigkeit oder Mobilität genannt) hilft Tischtennisspieler:innen in Spielsituationen in denen sie es nicht geschafft haben sich optimal zum Ball zu positionieren. Beweglichkeit benötigen Tischtennisspieler:innen vor allem im Arm-/Schulterbereich, im Unterarm und Handgelenk, aber auch in der Muskulatur der Oberschenkelinnenseite und -rückseite und in der Wadenmuskulatur. Bei komplexen Schlagtechniken bei denen mehrere Muskelgruppen eine dynamische Ganzkörperbewegung erzeugen (z. B. beim Vorhand-Topspin oder dem Vorhand-Schuss; Abschn. 4.2), kommt es auf die Torsionsmöglichkeit[1] der Wirbelsäule an (Friedrich, 2017). Es bedarf somit auch einer gewissen Beweglichkeit im seitlichen Rumpfbereich.

---

[1] Torsion im Sinne einer (Ver-)Drehung bzw. Verwringung der Wirbelsäule, die einen größeren physiologischen Bewegungsspielraum des Körpers in der Körperlängsachse ermöglicht.

Laut Friedrich (2017, S. 10) kann ebenso wie eine zu geringe Beweglichkeit auch eine zu große Beweglichkeit negative Auswirkungen haben: „Wenn die Freiheitsgrade des betreffenden Gelenks koordinativ und/oder wegen mangelnder Kraftfähigkeit der das Gelenk umgebende Muskeln nicht oder nur ungenügend kontrolliert werden können, besteht ein erhöhtes Verletzungsrisiko". „Aus funktionell-anatomischer Sicht liegen der Beweglichkeit die Gelenkigkeit und die Dehnfähigkeit zu Grunde" (Hohmann, 2022, S. 98). Beweglichkeit impliziert also einerseits die Gelenkigkeit, die sich auf die individuelle Variabilität der Gelenke bezieht, und andererseits auf die (physische) Dehnfähigkeit des Muskelgewebes und des Bandapparates. Die Wirksamkeit des Dehnens wird in der Wissenschaft sehr kontrovers diskutiert. Die positiven Auswirkungen von Muskeldehnungen auf die Beweglichkeit sind jedoch unstrittig (für einen Überblick siehe Wottschel et al., 2012; Freiwald, 2013). Je nach Zielsetzung eines Trainings können verschiedene Dehnmethoden (z. B. statistisches Dehnen, dynamisches Dehnen, Anspannen-Entspannen-Dehnen, agonistische Kontraktion und Dehnen; vgl. Freiwald, 2013) angewendet oder miteinander kombiniert werden. Etwas oberflächlich zusammengefasst, lässt sich zu dem Thema Dehnen ableiten, dass ein intensives Dehnen als Aufwärmen bei Sportarten, welche eine maximale Beweglichkeit erfordern, unabdingbar ist. Hingegen in Sportarten, in denen es zu schnellkräftigen Bewegungen oder zu großen Gelenkausschlägen kommt, wie im Tischtennis, „ist wegen der Leistungssteigerung (z. B. durch Vergrößerung des Beschleunigungsweges) und wegen der Verletzungsvorbeugung (Muskelzerrungen) ein submaximales, kurzes Dehnen zu empfehlen" (Friedrich, 2017, S. 14). Friedrich (2017) schlägt dazu vor, sich beim Dehnen vor allem auf die Muskelgruppen zu fokussieren, die im Tischtennis am häufigsten zu Zerrungen neigen, die „hintere und vordere Oberschenkelmuskulatur, Adduktoren, Waden, Hüftbeuger und Brustmuskel" (ebd., S. 15).

Auch bei verschiedenen Beinarbeitstechniken (bspw. beim Kreuzjump oder dem Umspringen der Rückhandseite; Abschn. 4.1.3) ist eine gewisse Beweglichkeit oder Gelenkigkeit unabdingbar. Schlechte Positionierungen zum Ball können hier gegebenenfalls durch eine gute Beweglichkeit wettgemacht werden, wenn man sich besonders weit strecken oder tief beugen kann. Da die Beinarbeit u. a. Ausfallschritte, Stopps und Richtungsänderungen umfasst, erfordert sie immer Gelenkigkeit im Fuß-, Knie- und Hüftgelenk sowie die Dehnfähigkeit der Beinmuskulatur (DTTB, 2005). Auch zum Training der Beweglichkeit bietet die Deutsche Tischtennis-Akademie (DTTA) ein tischtennisspezifisches (Home-) Workout an, die im Rahmen eines Online-Kongresses entwickelt wurden (https://www.tischtennis.de/onlinekongress.html). Spieler:innen jedes Leistungsniveaus können mitmachen. Man benötigt dafür nur Sportkleidung, einen Tischtennisschläger und einen Ball, optional noch eine Gymnastikmatte und etwas zu trinken (Abb. 3.4).

Weitere Übungen zur Beweglichkeit (dort: Gymnastik/Stretching) finden sich in Michaelis und Sklorz (2004).

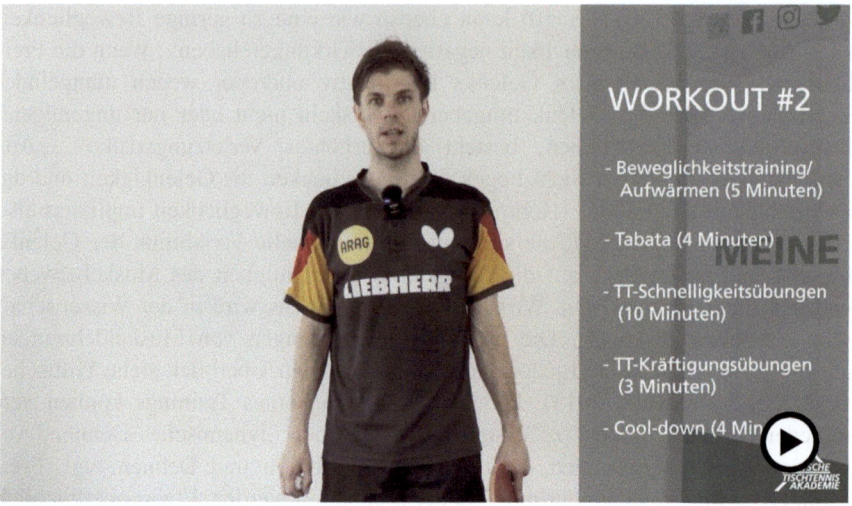

Abb. 3.4 (Home-)Workout #2 zum Training der Beweglichkeit, mit Schnelligkeits- und tischtennisspezifischen Kräftigungsübungen. Die Übungen sind für jedes Spielniveau hilfreich. Für die Durchführung der Übungen benötigt man Sportkleidung, einen eigenen Tischtennisschläger und einen Ball. Optional kann eine Gymnastikmatte und etwas zu trinken bereitgestellt werden (https://www.tischtennis.de/onlinekongress.html). (▶ https://doi.org/10.1007/000-b8e) (Video: © Deutscher Tischtennis-Bund)

3.1.3 Training der Kraft im Tischtennis

Der Tischtennissport lebt eher vom Ballgefühl. Daher wirkt eine übermäßige, durch Krafttraining forcierte Muskulatur eher hinderlich. Die Kraft ist jedoch in einem gewissen Maße notwendig, und zwar in Form der Schnellkraft und der (Schnell-)Kraftausdauer. Schnellkraft meint dabei die Fähigkeit, „einen möglichst hohen Impuls in möglichst kurzer Zeit zu entfalten" (Hohmann, 2022, S. 78). Dieser Impuls bezieht sich auf einzelne Körperteile, wie die Arme und Beine, sowie auf Gegenstände, die bewegt werden, wie der Tischtennisschläger. Bei der Schnellkraft werden häufig zwei Teilfähigkeiten, die Explosivkraft und die Startkraft, unterschieden (vgl. Bührle, 1985). Dabei ist die Startkraft für die Fähigkeit des Nervensystems verantwortlich, zu Beginn einer Kraftbewegung einen möglichst hohen Kraftwert zu erzielen. Die Explosivkraft führt diesen begonnenen Kraftanstieg anschließend maximal weiter (Ehlenz et al., 2003).

Im Tischtennis spielt die Startkraft bei der Schlagausführung eine wesentliche Rolle, wenn Spieler:innen den Schläger teilweise auf das maximale Tempo beschleunigen. Die Explosivkraft zeichnet sich eher bei der Beinarbeit aus, wenn eine initiierte Startbewegung für die Dauer eines Ballwechsels aufrechterhalten werden muss. Für die Beinmuskulatur sollte tendenziell auch ein gewisses Maß an Kraftausdauer trainiert werden, genauso wie für die Rumpfmuskulatur. Für die

Armmuskulatur sollte hingegen stärker auf Start- und Explosivkraft hingearbeitet werden.

▶ **Kraft oder Kraftfähigkeit** Auch für die konditionelle Fähigkeit Kraft existieren verschiedene Kategorisierungen. So betonen Martin, Carl und Lehnertz (1991, S. 106) die grundlegenden Subkategorien der Maximalkraft, Schnellkraft und Kraftausdauer. Bei der Maximalkraft handelt es sich um die höchstmögliche Kraft, die das neuromuskuläre System bei maximaler willkürlicher Kontraktion gegen einen Widerstand entfalten kann (Steinhöfer, 2015). Sie hat einen direkten Einfluss auf die Schnellkraft und die Kraftausdauer. Die Schnellkraft bezeichnet hingegen die Fähigkeit des neuromuskulären Systems, einen möglichst großen Impuls (bzw. Kraftstoß) in der zur Verfügung stehenden Zeit produzieren zu können (Pampus, 2001). Mit der Kraftausdauer ist die von der Maximalkraft abhängige Ermüdungswiderstandsfähigkeit gegen lang andauernde und sich wiederholende Belastungen bei statischer oder dynamischer Muskelarbeit gemeint (Thienes, 2003). Ehlenz et al. (2003) ergänzen die Reaktivkraft, welche die Fähigkeit beschreiben soll, mithilfe eines schnell ablaufenden Dehnungs-Verkürzungs-Zyklus einen hohen Kraftstoß realisieren zu können.

Um im Tischtennissport sowohl im Hochleistungssport als auch im Anfänger- und Kindertraining Leistungen erbringen zu können, werden eine gute körperliche Ausbildung und insbesondere die Ausbildung konditioneller Grundlagen vorausgesetzt (Lehrplanreihe des DTTB, 2011). Im modernen Leistungssport bestehen die Tischtennistechniken aus Ganzkörperbewegungen und somit aus einem Zusammenwirken von Körperteilbewegungen (kinetische Kette; Abschn. 8.3.2 Füße, Beine, Rumpf und Arme). Dies setzt eine gute Ausprägung der Kraft in den unterschiedlichen Körperregionen voraus. Neben den technischen Fertigkeiten, die der Tischtennissport mit sich bringt, sind eine gut ausgebildete Rumpfkraft sowie ein gutes Kraftniveau im Beinbereich Grundvoraussetzungen einer Leistungssteigerung. Darüber hinaus gewinnen zunehmend reaktive Kraftleistungen an Bedeutung, da Kreuzjumps, Sidesteps und Laufschritte im modernen Leistungstischtennis vermehrt durch kleine Sprünge (z. B. Sidejumps; Abschn. 4.1.3) ersetzt werden, was eine ausgeprägte Wadenmuskulatur der Sportler:innen erfordert (Schimmelpfennig, 2008). Zusätzlich bietet ein ausgeprägtes Muskelkorsett in den häufig unter Zeitnot und aus dem Lauf gespielten Schlägen Stabilität und Balance in der Bewegung (Wagner, 2005a, b).

Neben der Steigerung der sportartspezifischen Leistungsfähigkeit stellt die Verletzungsprophylaxe einen zentralen Aspekt des Krafttrainings dar. Durch ein präventives Krafttraining im Tischtennis kann man laut Zschau (1999) Sportverletzungen vorbeugen, die durch einseitiges und intensives Training mit unzureichender Vorbereitung, wie beispielsweise fehlender oder unzureichender Erwärmung oder ungünstige biomechanische Bedingungen, induziert sind. Überlastungsproblemen, die aufgrund hoher Beschleunigungskräfte infolge der Beschleunigungs- und Abbremsphase von Schlagbewegungen zustanden kommen, sollte durch spezifische Kräftigungsübungen entgegengewirkt werden (Abb. 3.5).

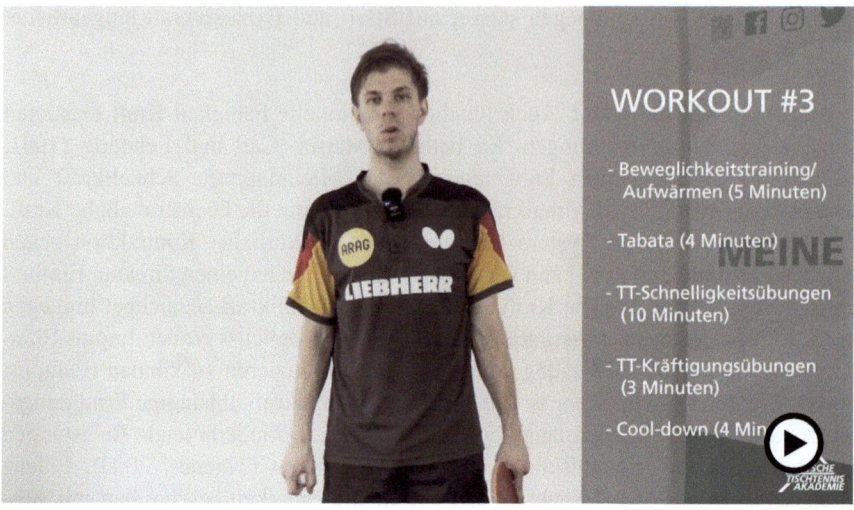

Abb. 3.5 (Home-)Workout #3 mit einem speziellen Fokus auf Kräftigungsübungen. Zudem werden wiederum Beweglichkeits- und Schnelligkeitsübungen kombiniert. Die Übungen sind für jedes Spielniveau hilfreich. Für die Durchführung der Übungen benötigt man Sportkleidung, einen eigenen Tischtennisschläger und einen Ball. Optional kann eine Gymnastikmatte und etwas zu trinken bereitgestellt werden (https://www.tischtennis.de/onlinekongress.html). (▶ https://doi.org/10.1007/000-b8d) (Video: © Deutscher Tischtennis-Bund)

Zudem kann die unphysiologische (tiefe und gebeugte) Tischtennisgrundstellung (Abschn. 4.1.2) zu muskulären Dysbalancen und einer Verkürzung der Muskulatur (Einschränkung der Muskeln in ihrer Dehnfähigkeit) führen, was wiederum eine Ursache für Überlastungsprobleme darstellen kann. Zusätzlich müssen von der Wirbelsäule einseitige Belastungen der Schlagarmseite, Kräfte aus der Oberkörperrotation und zusätzliche Stöße der Beinarbeit abgefangen werden (DTTB, 2005). Beim Krafttraining von Tischtennisspieler:innen ist daher insbesondere auf Dysbalancen zwischen der linken und rechten Körperhälfte zu achten. Im Tischtennis-Nachwuchsbereich wirkt das Krafttraining vorrangig als Prophylaxe vor Verletzungen und stellt einen weniger ausgeprägten leistungsbestimmenden Faktor dar.

Zusätzlich kann es dazu beitragen, Selbstvertrauen aufzubauen und das Selbstbild der Sportler:innen zu verbessern. Krafttraining beeinflusst also mehrere Kraftdimensionen, die durch die Trainingsmethoden und den Trainingskontext angesteuert werden können. Beispiele für konkrete Trainingsmethoden zur Verbesserung der Maximalkraft im Tischtennis sind das Q-Training (Querschnittsverbesserung des Muskels) und das IK-Training (intramuskuläre Koordinationsverbesserung; Hohmann, 2022).

> **Beispiel**
>
> Beim Q-Training kommen maximale Gewichtsbelastungen zum Einsatz und es findet eine Belastung bis zur muskulären Erschöpfung statt. Durch die Trainingsbelastung soll neben neuronalen Adaptationen insbesondere das Muskelwachstum angeregt werden. Beim IK-Training werden maximale Gewichtsbelastungen explosiv überwunden, wodurch die intramuskuläre Koordination erhöht werden soll. Das IK-Training sollte jedoch dem Leistungs- und Hochleistungssport aufgrund der erhöhten Verletzungsgefahr vorbehalten werden (Friedrich, 2022). In Form eines Pyramidentrainings kann das Q-Training mit dem IK-Training kombiniert werden. Dieses lässt sich durch eine pyramidenförmige Zu- und Abnahme der Belastungsintensität beschreiben, wobei die Wiederholungszahl mit zunehmender Intensität verringert wird. ◄

Um schnellstmöglich auf Aktionen reagieren zu können, sind im Tischtennis insbesondere die Schnellkraft und die Reaktivkraft (v. a. bei der Beinarbeit) entscheidend. Die Schnellkraft wird häufig in Verbindung mit dem Maximalkrafttraining trainiert. Die Intensität der Übungen sollte dabei schrittweise so reduziert werden, dass sie auch am Ende der Übungsreihe immer noch schnell und explosiv durchgeführt werden kann.

Darüber hinaus ist für die tiefe Körperposition (z. B. bei der Grundstellung) und die schnelle Beinarbeit im Tischtennis (Abschn. 4.1) eine hohe Ermüdungswiderstandsfähigkeit (Kraftausdauer) erforderlich. Zur Fokussierung dieser Kraftausdauer im Tischtennis sind traditionelle Kräftigungsübungen vor allem der Bein- und Rumpfmuskulatur (z. B. Seilspringen, Stabilisationsübungen etc.) hilfreich. Dabei bieten sich sowohl Kräftigungsübungen mit dem eigenen Körpergewicht, in Partnerübungen, aber auch spezifisches Krafttraining an Geräten oder im Zirkel- bzw. Stationstraining an[2]. Ein exemplarisches Training (Workout #3) für zu Hause bietet die Deutsche Tischtennis-Akademie (DTTA) auf ihrer Internetseite an (https://www.tischtennis.de/onlinekongress.html). Neben tischtennisspezifischen Kräftigungsübungen werden darin wiederum Beweglichkeits- und Schnelligkeitsübungen aufgezeigt. Zusammenfassend gilt für die Kraft: Je leistungsorientierter das Training ist, desto wichtiger wird es, das Krafttraining als einen regelmäßigen Bestandteil im Trainingsprozess zu etablieren (Fröhlich, 2003). Auch im Bereich des Freizeit- und Gesundheitssports wird durch das Krafttraining – als Ergänzung zum Ausdauertraining – eine ganze Bandbreite von tischtennisspezifischen Adaptationen (z. B. langsamere Ermüdung, weniger Verletzungen usw.) erreicht.

---

[2] Wir empfehlen für einen tieferen Einblick in das Thema Kraft und tischtennisspezifische Kräftigungsübungen die Artikelreihe von Klaus Wirth (2010/2011) in der Fachzeitschrift Tischtennislehre.

3.1.4 Training der Ausdauer im Tischtennis

Wie wichtig ist die aerobe Ausdauer für die Leistung im Tischtennis? Im Tischtennis werden relativ große Muskelgruppen überwiegend dynamisch und intervallartig bewegt (Heinz et al., 2004). Im Wettkampf und auch im Training wechseln sich mittlere Belastungen, Pausen und auch Belastungsspitzen regelmäßig und situativ ab. Teils zeigen Studien, dass während eines Tischtenniswettkampfes die Energiebereitstellung der Muskulatur größtenteils anerob-alaktazid abläuft (Kondrič et al., 2013), wonach ein Ausdauertraining für Tischtennisspieler:innen nicht zwingend erforderlich wäre. Allerdings stellen viele Autor:innen heraus, dass es im Tischtennis trotzdem sinnvoll ist, über eine gute Grundlagenausdauer zu verfügen, um in einer Trainingseinheit oder bei mehreren Spielen hintereinander die körperliche Leistungsfähigkeit aufrechtzuerhalten (z. B. Iino & Kojima, 2011).

Unter dem Begriff der Ausdauer versteht man im Sport auch die Widerstandsfähigkeit gegen (muskuläre) Ermüdungserscheinungen, die während und nach einer Belastung auftreten. Die Fähigkeit, sich nach einer Belastung schnell zu erholen, bezeichnet man als Regenerationsfähigkeit. Ein regelmäßiges Ausdauertraining ist laut Sperlich (2010, S. 27), nicht nur für den Wettkampf entscheidend, „sondern auch mit dem Ziel, dass sich [der Tischtennisspieler bzw. die Tischtennisspielerin] zwischen Trainingseinheiten schneller erholt und dadurch mental fitter ist für die vermehrten Trainingseinheiten. Tischtennisspieler sollten daher ihr Herz-Kreislauf-System trainieren, auch wenn ihnen der einzelne Ballwechsel beziehungsweise ein einzelnes Match metabolisch und hämodynamisch nicht das Allerletzte abverlangt". Dadurch ergeben sich Möglichkeiten, das Trainingsvolumen – im Spitzensport – zu steigern. Sperlich (2010) empfiehlt als Trainingsprogramm für Tischtennisspieler:innen vier Läufe à 4 min, bei denen der Puls der Spieler:innen in etwa 95 % der maximalen Herzfrequenz betragen sollte. Zwischen den Läufen sollten Pausen mit einer Pausenlänge von jeweils 3 min eingehalten werden. Dieses intervallartige Trainingsprogramm dauere insgesamt circa 25–30 min und habe sehr gute Effekte auf die Ausdauerleistungsfähigkeit (Abb. 3.6).

In einer kleinen Studie mit einem Probanden konnte Friedrich (2015) andeuten, dass sich ein hochintensives Intervalltraining im Tischtennis, ein sogenanntes „HIT-Training", gegebenenfalls besser für das Training der sportartspezifischen Ausdauer eignen könnte, als das eher klassische, niedrigintensive Training mit größeren Umfängen.

Beispiel

HIT-Training: An der Ballkiste (Abschn. 5.2.2) bekam ein Spieler 20 Bälle in 15 s eingespielt und sollte diese mit einem Vorhand-Topspin (mit kleiner Beinarbeit) zurückspielen. Nach 15 s Pause folgte der nächste Durchgang mit 20 Bällen. Nach acht Durchgängen wurde eine längere Serienpause von drei Minuten eingelegt und das Ganze viermal wiederholt. Friedrich (2015) sieht den Vorteil dieser Übung darin, dass die Spieler:innen ihre Tischtennisschläge

Abb. 3.6 Graphische Darstellung eines intervallartigen Ausdauertrainings mit vierminütiger Belastung und dreiminütigen Pausen zwischen den Belastungsintervallen (in Anlehnung an Sperlich, 2010). Die Herzfrequenz bei den vier Läufen sollte maximal 95 % der maximalen Herzfrequenz betragen

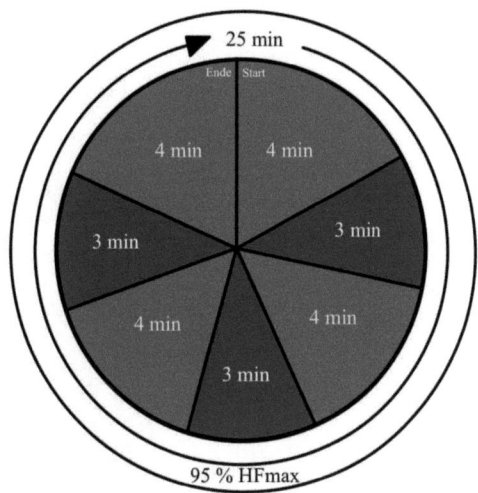

immer unter 100 %-iger Intensität ausführen. Übungen immer nur im erholten Zustand zu spielen sei laut Friedrich nicht sehr spielnah. Diese Form des HIT-Trainings müsse jedoch am Ende einer Trainingseinheit umgesetzt werden, da der Spieler nach den vier Serien nicht mehr normal trainieren konnte. ◀

Tischtennisspieler:innen müssen also über eine gute Grundlagenausdauer verfügen, um die „intervallartige Belastung" (DTTB-Lehrplanreihe/Friedrich, 2005, S. 72) so durchzuhalten, dass die gewählte Intensität des Spiels ohne größere Verluste aufrechterhalten werden kann und Schlagtechniken, Beinarbeit sowie taktisches Verhalten stabil ausgeführt werden können (vgl. Hohmann, 2022). Für Anfängergruppen bieten sich auch einfachere **Lauf-Treffspiele** (Abschn. 5.3) zur Verbesserung der tischtennisspezifischen Ausdauer an.

Ähnlich dem HIT-Training lässt sich ein Workout, wenn es ausreichend lang ist (mindestens 20 min) und regelmäßig durchgeführt wird, als Ausdauertrainingsmethode einsetzen. Das Workout #4 der DTTA dauert circa 25 min und kann durch die Kombination aus Schnelligkeits-, Beweglichkeits- und Kräftigungsübungen die tischtennisspezifische Ausdauer fördern (Abb. 3.7).

Eine abwechslungsreiche Sammlung an verschiedenen Ausdauerübungen, die sich gut für Tischtennisspieler:innen eignen, finden sich in Aderhold und Weigelt (2011).

Zusammenfassend bestimmen die konditionellen Fähigkeiten (Schnelligkeit, Beweglichkeit, Kraft und Ausdauer) die Leistung von Tischtennisspieler:innen im Training und im Wettkampf. Die Schnelligkeit spielt dabei vor allem bei explosiven Schlagbewegungen und bei schnellkräftigen Richtungswechseln eine Rolle. Die Beweglichkeit hilft in Spielsituationen, eine möglichst große Bewegungsamplitude (z. B. bei Ausfallschritten oder Körperverwringungen) umzusetzen. Die Kraftfähigkeit ist zur Umsetzung der Schnelligkeit und Ausdauer

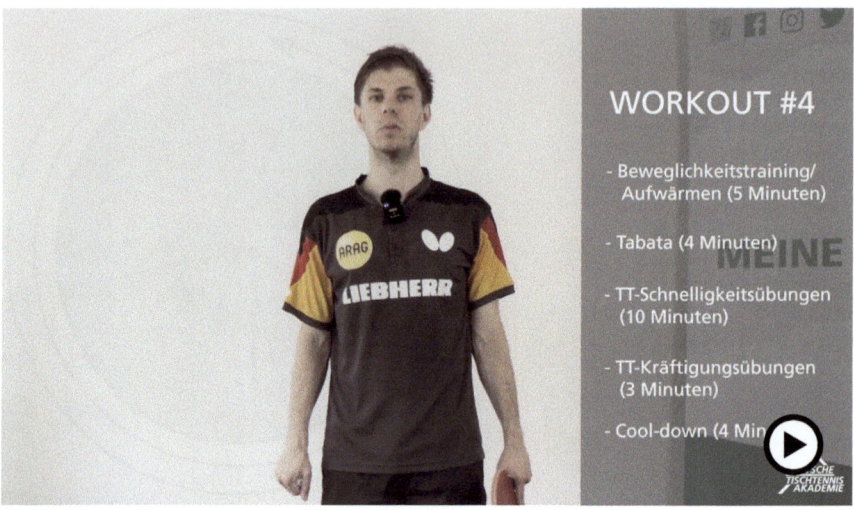

Abb. 3.7 Ein Workout kann, wenn es ausreichend lang ist (mindestens 20 min) und regelmäßig durchgeführt wird, als Ausdauertrainingsmethode eingesetzt werden. Das (Home-) Workout #4 dauert circa 25 min und beinhaltet eine Kombination aus Schnelligkeits-, Beweglichkeits- und Kräftigungsübungen (https://www.tischtennis.de/onlinekongress.html). (▶ https://doi.org/10.1007/000-b8g) (Video: © Deutscher Tischtennis-Bund)

(bspw. durch kräftige Beine) erforderlich und hilft bei der Schlagausführung mit einem effektiven Rumpfeinsatz (z. B. durch ausgeprägte Rumpfmuskulatur) sowie der Verletzungs- und/oder Haltungsprophylaxe. Die Ausdauerleistungsfähigkeit erweitert die Fähigkeit der Tischtennisspieler:innen, mehrere Wettkämpfe hintereinander ohne Qualitätsverlust zu absolvieren und sich zwischen den Wettkämpfen (oder Trainingseinheiten) schneller zu erholen. Die konditionellen Fähigkeiten stehen dabei in Wechselwirkung zu den anderen Leistungsdeterminanten, wie der Koordination (Abschn. 3.2) und der Psyche (Abschn. 3.3), beispielsweise erfordert ein diszipliniertes Ausdauertraining eine gute mentale Stärke und koordinierte Bewegungsabläufe.

3.2 Koordinative Leistungskomponenten im Tischtennis

Die koordinativen Fähigkeiten sind ein unverzichtbarer Teil im Tischtennissport, ob es sich um die Orientierung am Tisch, die Umstellung auf unvorhersehbare Bälle oder die Dosierung und Platzierung eines Schlages handelt (Wohlgefahrt & Voelzke, 2002). Wissenschaftler:innen sind sich einig, dass gut ausgeprägte koordinative Fähigkeiten dazu führen, dass Athlet:innen benötigte Muskeln gezielter ansteuern und Bewegungen (z. B. komplexe Schläge) effizienter und harmonischer ausgeführt werden können. Oft wird vernachlässigt, dass sämtliche Studien zeigen, dass auch Verletzungen (z. B. Umknicken, Bänderdehnungen- oder -risse o.Ä.) und chronischen Fehlbelastungen

(z. B. verkrampfte Griffhaltung, ungünstige Körperhaltung, krummer Rücken etc.) durch ein gezieltes Koordinationstraining entgegengesteuert werden kann (z. B. Schnabel et al., 1997).

Allgemein betrachtet handelt es sich bei dem Konstrukt der Koordination vor allem um zentralnervöse Steuer- und Regelmechanismen, das heißt um die willentliche Ansteuerung und Hemmung vereinzelter Muskelpartien. Bei einem Koordinationstraining finden demnach neuronale Verknüpfungen statt, welche insbesondere bei komplexen Informationsverarbeitungsmechanismen (z. B. Erkennen von Rotation, Platzierung oder Ballweg; Abschn. 3.2.1) und in Spielsituationen unter Druckbedingungen (z. B. knappe Spielstände, ermüdete Beine etc.; Abschn. 3.2.2) gefordert werden (Dorissen & Klein-Soetebier, 2019; Klein-Soetebier, 2022).

Im sportlichen Kontext geht es um koordinative Leistungsanforderungen von motorischen Bewegungsaufgaben. Neumaier und Mechling (1995, S. 211) und Neumaier (2003, S. 97) veranschaulichen in diesem Zusammenhang zwei dichotome Prozesse, die bei jeglichen Bewegungsaufgaben (z. B. einem Schlag im Tischtennis) koordinative Anforderungen stellen: die Informationsverarbeitung bzw. -anforderung (Perzeption) und die motorischen Druckbedingungen (Abb. 3.8). Die Informationsanforderungen sind abhängig von der sensorischen Informationsaufnahme (sog. Afferenz), die optisch, akustisch, taktil, kinästhetisch oder vestibulär erfolgen kann. Je nach Bewegungsaufgabe kann die Größe der muskulären Ansteuerung (sog. Efferenz) für die motorische Bewegung fein- oder großmotorisch ablaufen.

▶ **Efferenz versus Afferenz** Unter (sensorischen) Afferenzen werden alle Informationen bzw. Signalreize verstanden, die über die Sinnesorgane aufgenommen und an das Zentrale Nervensystem (ZNS) weitergeleitet werden. Dabei nehmen die optischen, akustischen, taktilen, kinästhetischen und vestibulären Analysatoren die jeweilige Ausgangssituation, Zwischen- und Endergebnisse der Bewegung wahr (Ferrauti et al., 2020). Die verschiedenen afferenten Informationen liefern ein „Bild" (Afferenzsynthese) über den augenblicklichen Zustand der Umwelt, des Körpers bzw. der eigenen Bewegung. Im Gegensatz dazu sind Efferenzen für die Informationsverarbeitung und -weitergabe vom ZNS (Gehirn, Rückenmark) zur Peripherie (Muskeln, Bewegungsorganen) verantwortlich. Permanent liefern Reafferenzen aktuelle Rückmeldungen über den Verlauf und Ergebnis der Bewegung (Schnabel, 1998).

Im Bereich der motorischen Druckbedingungen sind sechs verschiedene Drucksituationen (siehe Abschn. 3.2.2) zu unterscheiden, unter denen Koordinationsleistungen im Sportspiel Tischtennis zu erbringen sind (Roth, 1999).

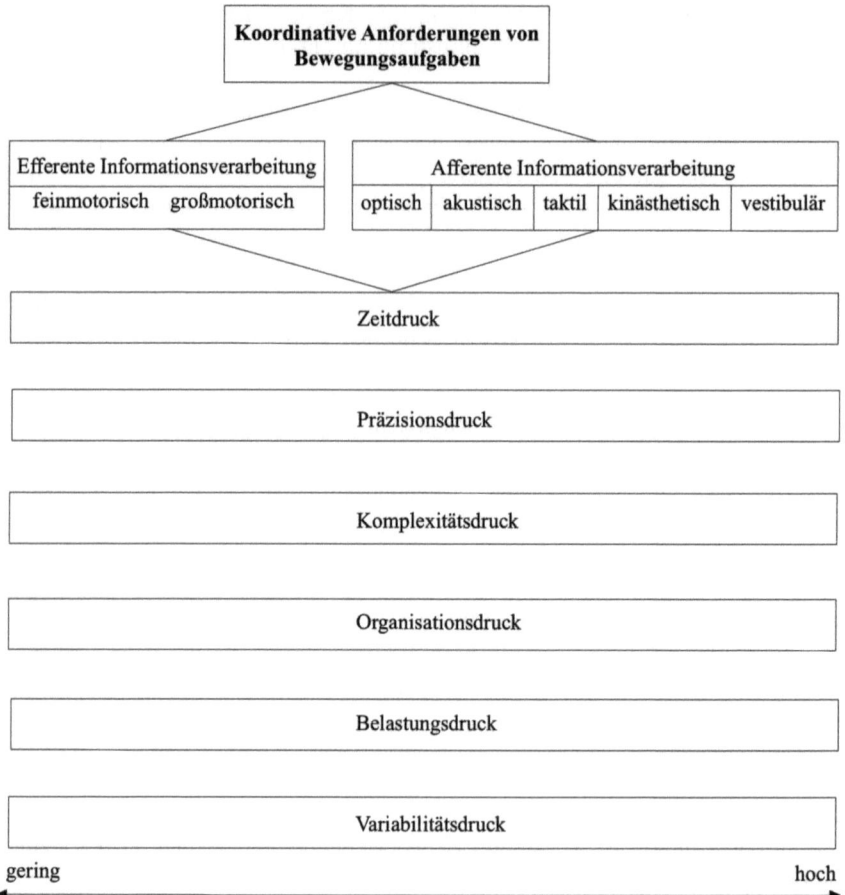

Abb. 3.8 Bausteine koordinativer Leistungsanforderungen von motorischen Bewegungsaufgaben im Tischtennis. (Modifiziert nach Neumaier & Mechling, 1995, S. 211; Neumaier, 2003; S. 97; Roth, 2005, S. 329)

3.2.1 Informationsverarbeitungsprozesse im Tischtennis

Die tischtennisspezifischen Anforderungen an die Verarbeitungsprozesse richten sich nach der Art der Informationen, die die Sportler:innen zum Lösen der Bewegungsaufgabe aufnehmen. Als Informationsquellen werden dafür insbesondere der optische, akustische, taktile, vestibuläre und kinästhetische Analysator genutzt (Meinel & Schnabel, 2007, S. 48 f.; Abb. 3.8).

Der *optische Analysator* (oder auch die visuelle Wahrnehmung) dient „zur Orientierung, zur Kontrolle der Eigenbewegung und zur Erfassung von Fremdbewegungen" (DTTB, 2008, S. 26). Meist müssen mehrere visuelle Reize gleichzeitig oder zumindest in kurzer Folge hintereinander aufgenommen und verarbeitet werden. Dazu zählen beispielsweise die Bewegung des eigenen Körpers oder des Schlagarms, aber auch – ganz essenziell – die Position und die Flugkurve des Balls. Zu den Fremdbewegungen gehört neben der Bewegung des Balles auch die des Gegners. Je nachdem, in welcher Position sich diese:r befindet, sollte der Ball platziert bzw. mit einer gewissen Rotation gespielt werden. Steht eine Spielerin oder ein Spieler zum Beispiel sehr tischnah, empfehlen sich auch lange Aufschläge oder lange Topspins mit viel Rotation (Abschn. 4.3.1). Auch die Schlagbewegung der/des Gegner:in muss mit den Augen wahrgenommen werden, um aus dieser frühzeitig den geplanten Schlag, die mögliche Platzierung sowie die Rotation abzulesen. Die Qualität der Auge-Hand-Schläger-Koordination ist hier von der Präzision der visuellen Wahrnehmung und der Koordination dieser Wahrnehmung abhängig. Das bedeutet, dass die Rückschlagbewegung unter Zeitdruck mit der Wahrnehmung in Einklang gebracht werden muss. Die visuelle Wahrnehmung stellt den Ausgangspunkt für das reaktive und antizipative Handeln dar, was den Tischtennissport maßgeblich kennzeichnet (Abschn. 3.3.1).

Beispiel

In einer Studie von Streuber und Kollegen (2011) sollten Tischtennisspieler:innen in einem dunklen Raum, in dem nur der Tischtennistisch, das Netz und der Ball zu sehen waren, Tischtennis spielen. Die für die Versuchsperson zur Verfügung stehenden visuellen Informationen (mithilfe von Lichtpunkten auf Körper und Schläger) wurden systematisch variiert (eigener vs. gegnerischer Schläger; eigener Körper vs. gegnerischer Körper; kooperative Situation vs. Wettkampfsituation). Es zeigte sich, dass die Qualität der Rückschläge (Proband:innen sollten hier die Balltrajektorie antizipieren, also erahnen, wohin der Ball gespielt wird) in kooperativen Situationen am meisten gesteigert werden konnte, wenn Informationen über den Schläger der/des Partner:in zur Verfügung standen. Im Gegensatz dazu wurde die Körperposition der/des Gegner:in in der (kompetitiven) Wettkampfsituation „wichtiger" für die Rückschlägerin bzw. den Rückschläger. Die Studie zeigte, dass wir abhängig von der Situation (gemeinsam kooperativ vs. kompetitiv gegeneinander) auf andere Elemente der Bewegung achten – also die jeweils für uns relevanten Schlüsselmerkmale der Bewegung herausfiltern. ◄

Mithilfe des *akustischen Analysators* sind wir in der Lage, Informationen über den Hörsinn aufzunehmen und kurzfristig zu verarbeiten. Solche Informationen könnten zum Beispiel das Geräusch sein, welches wir hören, wenn der Ball den eigenen Schläger oder den der/des Gegner:in berührt. Oder aber, wenn dieser auf der eigenen sowie der gegnerischen Tischhälfte auftrifft. Auch Geräusche aus dem Zuschauerbereich werden bewusst oder unbewusst wahrgenommen.

Dass das akustische Signal des auftreffenden Balles für Tischtennisspieler:innen bedeutsam ist, zeigt bereits eine frühe Studie, in der die Spieler:innen mit Ohrstöpseln versehen wurden. Die Trefferleistungen, welche durch Platzierungen auf dem Tisch gemessen wurden, verschlechterten sich signifikant beim Ausbleiben der akustischen Rückmeldung (Csinady & Arnoti, 1955). Dieser Effekt der multisensorischen Wahrnehmung konnte in weiteren Experimenten bestätigt werden (z. B. beim Tischtennisspielen mit Kopfhörern; Klein-Soetebier et al., 2020).

Die Differenzierung zwischen dem *vestibulären* und dem *taktilen Analysator* fällt nicht immer leicht. Auf das Tischtennisspiel übertragen, beziehen die Tischtennisspieler:innen den taktilen Sinn auf die Rückmeldungen des Ballkontakts über den Tischtennisschläger, da dieser quasi als Verlängerung der Hand fungiert. Auch aus diesem Grund empfiehlt es sich zum Beispiel, Anfänger:innen zu Beginn ihrer Tischtenniskarriere einen eher langsameren Schläger mit dünneren Gummibelägen (Abschn. 2.3.4) an die Hand zu geben. Mit solchen Schlägern ist das Gefühl für den Ball stärker und die Rückmeldung des Balles deutlicher. Darüber hinaus sollte jede/r Tischtennistrainer:in wissen, dass dickere Gummibeläge „fehlertoleranter" sind als dünne und sie somit automatisch dazu führen können, dass sich eine schlechtere (Schlag-)Technik ausbildet.

Der *vestibuläre Analysator* hingegen bezieht sich im Tischtennis auf die sensorischen Rückmeldungen, die vom Gleichgewichtsorgan ausgehen. Gerade im Hinblick auf die koordinative Fähigkeit das Gleichgewicht zu halten spielt die Verarbeitung dieser Informationen eine große Rolle im Tischtennissport. In vielen Spielsituationen ist es für die Sportler:innen essenziell, ein gutes Gefühl für die aktuelle Position zum Tisch, aber auch über die Bewegungsrichtung und -geschwindigkeit des eigenen Körpers zu haben. Verschiedene Beinarbeitstechniken (Abschn. 4.1.3) können nur dann effizient umgesetzt werden, wenn der richtige Körperschwerpunkt gewählt wird. Gute Trainer:innen achten auch immer auf den Körperschwerpunkt des Übenden. Häufig liegt dieser zu weit hinten. Die Schläge werden dann teilweise in Rückenlage ausgeführt oder der Körper bewegt sich nach dem Schlag weg vom Tisch.

Der *kinästhetische Analysator* gibt – ähnlich dem vestibulären Analysator – der Tischtennisspielerin oder dem Tischtennisspieler eine Rückmeldung über den Spannungszustand der angesprochenen Muskulatur sowie über die Stellung der Gelenke zueinander. Dies ermöglicht es ihr oder ihm, die Art und Weise, wie der Ball geschlagen werden muss, zu dosieren sowie die Schlagausführung zu regulieren (Abschn. 6.1), da sie/er ein differenziertes Feedback zur Bewegungsausführung erhält. Dies könnten zum Beispiel die genaue Neigung des Schlägerblatts bei einem Topspin oder Block oder auch die Position des Schlagarmes zum Ende der Bewegungsausführung sein. Gerade beim Neulernen von Bewegungstechniken sollte diesem Analysator besondere Aufmerksamkeit geschenkt werden.

Bewegungsaufgaben werden nach Neumaier (2003) neben ihren Informationsanforderungen auch hinsichtlich der vorherrschenden Druckbedingungen, in denen sich die Person befindet, kalibriert. Auf eben diese situationsbedingten Einflüsse wird im Folgenden Kapitel eingegangen.

3.2.2 Druckbedingungen im Tischtennis

Nach Neumaier (2003) lassen sich die Druckbedingungen im Sport allgemein in sechs Kategorien[3] unterscheiden. Den (1) Zeitdruck, (2) Präzisionsdruck, (3) Komplexitätsdruck, (4) Organisationsdruck, (5) Belastungsdruck und (6) Variabilitätsdruck (Abb. 3.8). Diese Druckbedingungen lassen sich trainingswissenschaftlich dazu nutzen, „ungewohnte Bewegungsaufgaben" zu generieren (Neumaier, 2003, S. 303). Durch diese Variabilität des Trainings sollen wettkampfähnliche Situationen geschaffen werden, die der Spielerin oder dem Spieler die Möglichkeit gibt, auch in Drucksituationen ihre optimale Leistung abzurufen. Exemplarische Drucksituationen im Tischtennis werden im Folgenden einzeln vorgestellt.

Der *Zeitdruck* tritt im Tischtennis permanent auf. Spricht oder diskutiert man mit jemandem über Tischtennis, kommt man zwangsläufig zu der Frage, wie die Spieler:innen es schaffen, den kleinen Tischtennisball mit einem 40-mm-Durchmesser so schnell und präzise zu treffen und mit hohem Tempo zurückzuspielen. Die Geschwindigkeit des Tischtennisballes liegt zwischen 100–120 km/h (Xie et al., 2002; Tang et al., 2002). Obwohl der Tischtennisball damit nicht schneller ist als beispielsweise beim Badminton (Weltrekord: 421 km/h) oder Tennis (Weltrekord beim Aufschlag: 263 km/h), entsteht durch die geringe Distanz zwischen den Spieler:innen von ungefähr drei Metern (je nach Spielstil) ein enormer Zeitdruck.

> „In keiner anderen Spielsportart scheint die Notwendigkeit, mit der zur Verfügung stehenden Zeit sehr ökonomisch umgehen und häufig sogar noch Zeit gewinnen zu müssen, größer zu sein als im Tischtennis. Erschwert wird die Situation noch zusätzlich dadurch, dass neben dem Zeitdruck auch noch ein hoher Präzisionsdruck bei der Ausführung der eigenen Schlaghandlungen besteht. Es genügt im Regelfall eben nicht, einen Ball noch zu erreichen (wie z. B. für einen Handballtorwart), sondern er muss auch noch präzise getroffen und möglichst platziert zurückgespielt werden." (Schiefler, 2003, S. 27)

Auf professionellem Spielniveau haben die Spieler:innen (fast) bei keinem Ball ausreichend Zeit, die Bewegungshandlung zu planen. Dazu gehört die optimale Auswahl einer auf den gegnerischen Schlag angepassten, adäquaten Bewegung. Dabei sollten sich die Spieler:innen für eine Schlagtechnik entscheiden, die ihnen am angemessensten erscheint und auch liegt, d. h. in ihr eigenes Bewegungsrepertoire passt. Studien zeigen, dass Tischtennisspieler:innen über kürzere, schnellere Reaktionszeiten verfügen als beispielsweise Tennisspieler:innen (Ak & Kocak, 2010). Um den Zeitdruck im Training zu simulieren, bieten sich Übungen an der Ballkiste an (Abschn. 5.2.2). Dort kann der/die Einspieler:in die Bälle hochfrequent einspielen. Wählt man zudem unregelmäßige oder halb unregelmäßige Übungen (Abschn. 5.3), wird zusätzlich Zeitdruck dadurch erzeugt,

---

[3] In anderen Lehrbüchern werden nur fünf Druckbedingungen differenziert (z. B. Neumaier & Mechling, 1995): Präzisionsdruck, Zeitdruck, Komplexitätsdruck, die Umweltanforderungen und die Belastung/Beanspruchung.

dass sich der/die Spieler:in zwischen verschiedenen Handlungsalternativen (z. B. Vorhand oder Rückhand) entscheiden muss. Der Zeitdruck steht in enger Wechselwirkung mit dem Präzisionsdruck. Mit steigendem Tempo reduziert sich nämlich die Genauigkeit einer Bewegung und umgekehrt (sog. speed-accuracy trade-off; Fitts, 1954).

Der *Präzisionsdruck* ergibt sich aus den Genauigkeitsanforderungen an die Sportler:innen, denen sie beim Bewältigen der Bewegungsaufgabe gerecht werden müssen. Unterschieden werden dabei die Verlaufsgenauigkeit (Präzision der Ausführung) und die Ergebnisgenauigkeit (Zielpräzision), wobei letztere beim Tischtennis eine übergeordnete Rolle spielt. Das ist damit zu begründen, dass es weniger darauf ankommt, dass die/der Spieler:in eine Schlagbewegung exakt nach der Beschreibung aus einer Fachliteratur ausführt (Verlaufsgenauigkeit), sondern vielmehr, dass sie/er in der Lage ist, den Ball mit dem Schläger im Sinne einer räumlich-zeitlichen Genauigkeit der Bewegung zu treffen und so den Ball möglichst präzise auf der gegnerischen Tischhälfte zu platzieren (Ergebnisgenauigkeit). Im taktischen Bereich ist der Präzisionsdruck von großer Bedeutung, da die/der Spieler:in verschiedene Tischzonen präzise anspielen sollte (z. B. beim Auf- und Rückschlag; Abschn. 4.3).

Unter *Komplexitätsdruck* wird die Schwierigkeit der Verarbeitung aufeinanderfolgender Bewegungselemente einer Gesamtbewegung verstanden. Es geht um die genaue und schnelle Bewältigung vieler hintereinander geschalteter (sukzessiver) Anforderungen. Im Tischtennis spielt dies vor allem bei der Wahrnehmung der Bewegungen des Gegners eine Rolle. Beim Aufschlag beispielsweise müssen zahlreiche Indikatoren berücksichtig werden (z. B. Ellenbogen, Schlägerblattstellung, Position zum Tisch, Absprung des Balles etc.), um die exakte Rotation des Balles abzuschätzen und schnell darauf reagieren zu können (Abschn. 6.1.3).

Sehr ähnlich wirkt sich der *Organisationsdruck* im Tischtennis aus. Dieser bezeichnet die Schwierigkeit bei koordinativen Aufgabenstellungen mehrere, simultane Anforderungen gleichzeitig zu bewältigen. Im Tischtennissport tritt diese Drucksituation bei jedem Schlag auf, da sowohl die Wahrnehmung des gegnerischen Schlages, die Planung des eigenen Schlages und die entsprechend erforderliche Beinarbeit parallel ausgeführt werden müssen. Da keine Zeit bleibt, zuerst den Fokus auf die Beine zu setzen und dann mit der Schlagvorbereitung zu beginnen, sollten diese Elemente des Tischtennissports im Training immer in Kombination trainiert werden, um im Wettkampf (teilweise) automatisierte Bewegungsabläufe umsetzen zu können.

Der *Belastungsdruck* umfasst die Anforderungen, die durch äußere Belastungen verursacht werden und bei Sportler:innen zu einer inneren Beanspruchung führen. Je nach Belastungsdauer und -intensität nimmt der Ermüdungszustand der Spieler:innen zu, wodurch ihre/seine Bewegungskoordination negativ beeinflusst wird. So geht eine Zunahme der konditionellen Belastung mit einer zunehmenden Anforderung an die Koordination einher. Deshalb ist eine gute Ausdauer (Abschn. 3.1.4) ein wesentliches Kriterium für das Aufrechterhalten der Bewegungskoordination sowie der Konzentration. Folglich hat die Belastung, die auf die Spieler:innen einwirkt, sowohl physische als auch psychische Beanspruchungen zur Folge.

Der *Variabilitätsdruck* beinhaltet koordinative Aufgabenstellungen, bei denen es auf die Bewältigung von Anforderungen unter wechselnden Umgebungs- und Situationsbedingungen ankommt. Dabei kann die Variabilität in der jeweiligen Situation oder der Situationskomplexität liegen. Die Situationsvariabilität ist beim Tischtennissport eminent, da kein Spielzug wiederholbar ist. So ändern sich ständig Platzierung, Tempo, Rotation und Flughöhe des Balls (Abschn. 6.1.1). Die Situationskomplexität bezieht sich auf die zu verarbeitenden Umweltmerkmale. So müssen sich Tischtennisspieler:innen im Einzelspiel auf die Gegenspieler:innen und im Doppelspiel bzw. Mixedspiel (Abschn. 2.2.2) auf die/den Mitspieler:in und Gegenspieler:innen einstellen. Dazu kommt das eingegrenzte Spielfeld des Tischtennistisches, dessen Maße normiert sind und der trotzdem leicht unterschiedliche Spieleigenschaften haben kann, welche die Spielweise beeinflussen können.

3.2.3 Tischtennisspezifische Übungen zur Koordination

Im typischen Tischtennistraining findet ein gezieltes koordinatives Training eher selten statt. Erfahrungsgemäß nutzen Trainer:innen – wenn überhaupt, dann im Kinder- und Jugendbereich – kurze Aufwärmübungen zur Schulung der Motorik. Es ist nachvollziehbar, da ein reines Koordinationstraining abseits des Tischtennistisches sowohl für Kinder und Jugendliche als auch für Erwachsene meist als langweilig und wenig zielführend empfunden wird. Ein zugrunde liegendes Problem ist, dass Trainer:innen und Spieler:innen als klassisches Koordinationstraining häufig Übungen ohne Tisch, Schläger und Ball verstehen. Viele verbinden mit Koordinationstraining zwangsläufig Übungen mit Koordinationsleitern, Reifen, Kästen, Sprungübungen, die als relativ weit weg von dem eigentlichen Zielspiel wahrgenommen werden. Dabei lässt sich ein tischtennisspezifisches (also immer mit Ball und Schläger) Koordinationstraining in den normalen Trainingsalltag integrieren. Im Folgenden werden konkrete spieltaktische Übungen aufgezeigt. Zur Einordnung dieser Übungen wurde sich an gängigen Definitionen von Meinel und Schnabel (1998), die sieben koordinativen Fähigkeiten unterscheiden, orientiert. Andere Autoren definieren teilweise weniger (z. B. Hirtz, 1981) oder mehr (z. B. Roth, 1982) Fähigkeiten. Unserer Einschätzung nach ist diese Anzahl eher zweitrangig, da auch die Relevanz der einzelnen koordinativen Fähigkeiten und deren Schulung für die Sportart Tischtennis individuell unterschiedlich ausfällt. In der Regel werden mit den Übungen auch immer mehrere koordinative Fähigkeiten gleichzeitig angesprochen. Sie bedingen sich damit wechselseitig.

3.2.3.1 Differenzierungsfähigkeit
Sowohl Anfänger:innen als auch Fortgeschrittene im Tischtennis kennen die Problematik, dass, egal wie gut man sich konzentriert und den anfliegenden Ball beobachtet, teilweise die Bälle (besonders im Wettkampf, wenn die Bälle sehr

unregelmäßig zurückkommen) knapp über den Tisch gehen oder im Netz landen. Aus Sicht des Koordinationstrainings stellt dies im Tischtennis ein Problem der richtigen Differenzierung dar. Diese Fähigkeit ermöglicht eine bewusste, flexible Feinabstimmung des eigenen Schlages auf Rotation, Geschwindigkeit, Flughöhe und Platzierung des Balles (Abschn. 6.1), aber auch des exakt abgestimmten Krafteinsatzes und der Stellung des Schlägerblatts. Um dies im Training zu üben, sollte anstatt des regelmäßigen Vorhand-Topspin gegen VH-Block zum Einspielen, mehr Wert auf unterschiedliche Rotationseinsätze gelegt werden, damit die Blockspieler:innen – wie auch im Wettkampf – ganz genau auf die Ballrotation und die eigene Schlägerblattstellung achten müssen. Ebenso sind verschiedene Platzierungen in der Vertikalen (VH, Mitte, weite VH etc.) und der Horizontalen (kurze vs. lange Topspins) wichtig, um auch die eigene Position zum Ball beim Blockspiel zu differenzieren. Damit dies bewusster und motivierter durchgeführt wird, kann es helfen, farbige Markierungen auf dem Tisch zu platzieren, die gezielt angespielt werden müssen (Abb. 3.9, links oben). Genutzt werden können zum Beispiel

Abb. 3.9 Übungen zur Schulung der koordinativen Fähigkeiten. Die Übenden sollen exakte Platzierungen differenzieren (oben links). Bei Laufübungen zur Schulung der Kopplungsfähigkeit (oben rechts) absolvieren die Übenden nach Schlägen am Tisch verschiedene Laufwege. Als Wahrnehmungsübung zur Schulung der Reaktions- bzw. Antizipationsfähigkeit (unten links) zeigt ein/e dritte/r Spieler/in kurz vor jedem Schlag durch farbige Markierungen an, welcher Schlag, welche Platzierung oder welcher Ballwechsel gespielt werden soll. Der Einsatz von zusätzlichem Spielmaterial wie farbigen Bällen (unten rechts), aber auch unterschiedlichen Schlägern oder Musik können dabei helfen die Rhythmisierungsfähigkeit zu schulen. (Aus Klein-Soetebier, 2022, S. 36)

kleine Hütchen, Bauklötze, alte Schläger oder anderes Material aus der Halle. Die Übung lässt sich ebenfalls für Wechselmethoden (z. B. „ihr tauscht die Rollen, wenn alle Steine umgefallen sind"; Abschn. 5.2.3) und für Wettkämpfe (z. B. „der Tisch an dem die Steine zuerst umgefallen sind, gewinnt"; Abschn. 5.2.5) einsetzen.

Weitere Möglichkeiten, die Differenzierung zu trainieren, können sein:

- verschiedene Schlagpositionen einnehmen (z. B. weit weg vom Tisch, sehr nah am Tisch, links o. rechts versetzt etc.),
- unterschiedliche Schlägerhaltungen ausprobieren (z. B. extremer Vorhand-/Rückhand-Griff, Penholder etc.),
- variable Längen und Platzierungen anspielen (z. B. weite Vorhand/Rückhand, Grundlinie, Netzzone etc.),
- verschiedene Fußstellungen oder Körperschwerpunkte vergleichen (z. B. sehr tief, etwas aufrechter etc.),
- verschiedene Blocktechniken trainieren (z. B. Prellblock, aktiver, passiver Block).

3.2.3.2 Kopplungsfähigkeit

Die Kopplungsfähigkeit dient der harmonischen Ansteuerung einzelner Muskelgruppen. Im Tischtennis wird diese benötigt, um die Bewegungen der Beine, des Rumpfes sowie des Schlagarms und des Handgelenks zu einem zielgerichteten Tischtennisschlag zusammenzusetzen. Gerade das Timing, also die zeitlich exakte Aktivität der Muskeln, ist hierbei entscheidend, um sog. „Synergieeffekte" der Muskeln zu erzielen, d. h., dass alle Muskeln gemeinsam wirken und sich gegenseitig verstärken/unterstützen (siehe auch kinematische Kette; Abschn. 8.3 zur Biomechanik). Allgemein lässt sich sagen, dass dynamische (Bewegungs-)Situationen geschaffen werden müssen, um die Kopplungsfähigkeit zu schulen. Im Training lassen sich beispielsweise Pylonen mit etwas Abstand im Dreieck (Kreis, Viereck etc.) neben einer Tischhälfte aufbauen. Dem/Der Übenden werden zwei bis drei kurze Bälle eingespielt, die zurückgeschupft werden sollen. Danach muss der/die Übende eine kurze Laufstrecke zu den Pylonen zurücklegen (Abb. 3.9, *rechts oben*). Abwechslungsreiche Aufgabenstellungen (z. B. der Lauf zur ersten Pylone erfolgt vorwärts, von dort zur zweiten Pylone rückwärts und von dieser zur dritten Pylone seitwärts mit Sidesteps etc.) helfen dabei, die Motivation hochzuhalten. Bei dieser Übung endet der zunächst einfache Ablauf mit einer sehr schnellen Bewegungskopplung mit einem hohen differenziellen Anspruch, bspw. dem Schupfschlag (Abschn. 4.2.2). Ob die Zuspielerin bzw. der Zuspieler die Bälle aus der Ballkiste (Abschn. 5.2.2) einspielt oder die Übung aus dem direkten Spiel erfolgt, ist zweitrangig. Auch die Position und Distanz der Pylonen zueinander kann je nach Leistungsniveau angepasst werden.

Luthardt (2015, ab S. 83) empfiehlt, auch einzelne Schlagabfolgen aneinander zu koppeln, da dies enorm wichtig für den späteren sportlichen Wettkampf sei. Passend dazu wäre eine Übung am Tisch, bei der der/die Übende nacheinander drei Bälle von der/dem Zuspieler:in zugespielt bekommt: Einen Unterschnittball auf den ganzen Tisch, den sie/er schupfen oder ziehen (Topspin) soll, dann einen hohen Ballonabwehrball, den er/sie schießen muss, und zuletzt einen Topspin, der geblockt werden muss. Diese Übung stellt laut Luthardt hohe Ansprüche an die Kopplungsfähigkeit (z. B. auch die Beinarbeit) und gleichzeitig an eine saubere Bewegungsausführung. Die Variationen dieser Übung sind hier zahlreich (z. B. Platzierung, Rotation, Schlagart etc.).

3.2.3.3 Gleichgewichtsfähigkeit

Wohlgefahrt und Voelzke (2002) erklären, dass die Spielerin oder der Spieler nach schnellen Sprüngen und Laufaktionen zum Ball nicht aus dem Gleichgewicht kommen darf, um nicht ausgespielt werden zu können. Wichtig ist, dass nicht nur das statische Gleichgewicht trainiert wird, sondern auch das dynamische Gleichgewicht in realen Spielsituationen. Eine mögliche Übung ist, den Untergrund des/der Übenden zu verändern, indem man Weichböden, Balanceboards/-bälle oder ähnliches Material als Untergrund nutzt. Die Übenden spielen dann auf dieser eher ungewohnten, instabilen Unterstützungsfläche eine vorgegebene Übung (z. B. Vorhand- und Rückhand-Topspin aus Rückhand und Mitte gegen Rückhand-Block). Das Ziel ist es, das Gleichgewicht zu bewahren und gleichzeitig einen Spielfluss aufrecht zu halten. Alternative Spielformen wären hier:

- auf einem Bein stehend/hüpfend spielen (hier wird gleichzeitig die Beinmuskulatur trainiert),
- nach einer Drehung das Gleichgewicht halten und den Ball zurückspielen (schult auch gleichzeitig die Orientierungsfähigkeit; Abschn. 3.2.3.4),
- aus dem Sitzen oder Knien aufstehen und einen stabilen Stand finden,
- mit Bändern oder Seilzügen, die die Lernenden in eine Richtung ziehen (schult gleichermaßen auch die Rumpfkraft-/stabilität; Abschn. 3.1.3).

3.2.3.4 Orientierungsfähigkeit

Eine gute Orientierungsfähigkeit bietet der Spielerin bzw. dem Spieler bessere Möglichkeiten, die räumliche Variation im Spiel zu nutzen. Es geht sowohl im Einzel, aber vor allem im Doppel darum, sich selbst in eine günstige Position für den Schlag zu bringen und die/den Gegner:in durch gute Platzierungen auszuspielen.

Eine Möglichkeit – ähnlich wie die Übungen zur Gleichgewichtsfähigkeit – ist, die Lernenden vor der Schlagausführung räumlich zu stören. Zum Beispiel stellt sich der/die Übende Übende mit dem Rücken zum Tisch auf. Die räumliche Position zum Tisch ist dabei variabel (z. B. in der Rückhand-Seite, Mitte, weit weg vom Tisch etc.). Auf ein Kommando springt sie/er um und muss einen Ball annehmen, den ihr/ihm die/der Partner:in zuspielt. Hier lassen sich gleichzeitig verschiedene Techniken, Rotationen und Platzierungen schulen und Drucksituationen (Abschn. 3.2.2), wie sie im Spiel regelmäßig auftreten, schaffen.

Eine spielerische Alternative für Kinder und Jugendliche zur Schulung der Orientierungsfähigkeit bieten verschiedene **Rundlaufvarianten**, da sie sich dort vor und nach jedem Schlag ihrer Position im Raum bewusst werden und sich dem-

3.2 Koordinative Leistungskomponenten im Tischtennis

entsprechend positionieren müssen. Je variantenreicher dieser Rundlauf ausgeführt wird, desto mehr Erfahrungen sammeln die Übenden im Training. Die Aufgabe ist daher zunächst:

1. Spielt Rundlauf ohne Ausscheiden.
2. Jeder zählt seine eigenen Fehler.
3. Sieger:in ist nach Ablauf der Zeit, der Spieler/die Spielerin mit den geringsten Fehlern.

Tipp: Vereinbart in der Gruppe, ob ihr den Ball nur im Spiel halten dürft, also auf die Fehler warten müsst, oder ob ihr euch auch nach einigen Ballwechseln trickreich ausspielen dürft. Weitere Aufgaben, die die Auseinandersetzung mit der Position zum Ball und zum Tisch provozieren, sind:

4. Spielt den Rundlauf „verkehrt herum": die Laufrichtung wird gedreht.
5. Nehmt den Schläger in eure nicht-dominante (schwächere) Hand.
6. Nehmt den Schläger in die Penholder-Haltung (Abschn. 4.1.1).
7. Diese Runde müsst ihr den Schläger mit beiden Händen am Schläger halten.
8. Schläger-auf-den-Tisch: Es wird ohne „Extraleben" gespielt. Stattdessen der/die ausscheidende Spieler/in seinen/ihren Schläger an einer beliebigen Position auf dem Tisch platzieren. Wird ein Schläger getroffen, darf dessen Besitzer/in sich dem Rundlauf direkt wieder anschließen. Im Finale entfällt diese Regel (damit zügig eine neue Runde beginnen kann).
9. Schläger-Übergabe: Es wird auf jeder Seite des Tisches nur mit einem Schläger gespielt. Das heißt, der Schläger muss nach dem Schlagen an den/die Nächste:n übergeben werden. Sollte man dies vergessen, wird es als Fehler gewertet. Alternativ kann der Schläger auch auf dem Tisch abgelegt werden (z. B. wenn nur noch drei Spieler:innen im Spiel sind).
10. Zombie-Rundlauf: Jede/r Spieler:in hat nur ein Leben. Man muss nach einem Fehler so lange aussetzen, bis der/die Spieler:in, der einen herausgeschmissen hat, einen Fehler macht. Dann ersteht man von den „Toten" auf und steigt direkt in den Rundlauf ein.
11. Doppel-Tisch: Es wird ein zweiter Tisch neben den Spieltisch gestellt und nach den normalen Rundlaufregeln gespielt. Dadurch, dass die Spielfläche viel breiter ist, müssen die Übenden noch größere Laufwege durchführen.
12. Langer Tisch: Es wird ein zweiter Tisch hinter den Spieltisch gestellt und nach den normalen Rundlaufregeln gespielt. Genau wie beim Doppel-Tisch müssen die Übenden hier eine lange Strecke laufen, um den nächsten Ball zu erreichen. Bei jüngeren Lerner:innen kann als Zusatzregel ein zweites Auftippen auf der eigenen Tischhälfte erlaubt werden, da viele Kinder sonst den Ball aufgrund ihrer Größe nicht erreichen können.
13. Graben-Rundlauf: Bei einem Tisch, der sich in zwei Spielhälften trennen lässt, werden zwei Netze angebracht und die Tischhälften ca. einen Meter auseinandergezogen. Nach dem Schlagen muss der/die Spieler:in durch diesen „Graben" laufen und sich auf der anderen Seite anstellen. Wird er/sie beim Durchqueren des Grabens getroffen, scheidet er/sie aus.

Durch Variationen lässt sich dem entgegenwirken, dass beim Rundlaufspiel erfahrungsgemäß die spielstärkeren Übenden mehr Spielzeit haben und die spielschwächeren früh „rausfliegen".

3.2.3.5 Reaktionsfähigkeit

Bei der Reaktionsfähigkeit gehen die Meinungen von Trainer:innen auseinander. In der Regel handelt es sich bei den meisten Schlägen – zumindest auf höherem Niveau – weniger um Reaktionen als um Antizipationen, also eine Art Vorwegnahme der Flugkurve des Balles. Spieler:innen können aufgrund der kurzen Zeit, die ihnen für einen Schlag zur Verfügung steht, nicht nur reagieren, sondern müssen ihre Bewegung (zumindest grob) vorprogrammieren. Antizipation lässt sich schwer kurzfristig trainieren, sondern resultiert eher aus langjähriger Erfahrung (z. B. über wahrscheinlichere Platzierung, Wissen über Auf- und Rückschläge etc.). Möchte man trotzdem bei der Reaktionsfähigkeit ansetzen, sind Übungen denkbar, bei denen der Übende kurzfristig auf verschiedene Signale (visuell oder akustisch) reagieren muss. Akustisch kann die Zuspielerin oder der Zuspieler dem Übenden einfache Platzierungen oder Techniken vorgeben, die dann (an-)gespielt werden müssen. Visuell kann bspw. hinter der/dem Zuspieler:in eine weitere Person stehen, die farbige Karten oder Ähnliches hochhält, die jeweils eine Bedeutung für die angespielte Platzierung haben (z. B. könnte im Topspintraining blau = weit in Vorhand-Seite bedeuten, rot = in die Mitte, grün = weit in Rückhand-Seite; Abb. 3.9, *links unten*). Bei dieser Übung werden den Lernenden verschiedene Signale auf visuelle oder akustische Weise gegeben. Es können auch verschiedenfarbige Bälle an der Ballkiste (Abschn. 5.2.2) Verwendung finden, zu denen verschiedene Platzierungen oder Techniken vorgegeben werden (z. B. bei Übungen mit kurzen Bällen z. B. weiß = Flip, orange = kurzer Schupf, weiß/orange = langer Schupf oder bei zweifarbigen Bällen werden zwei Handlungsalternativen vorgeben, bei denen der Übende mitentscheiden kann, welche Schlagart oder Platzierung angewendet wird). Variable Aufbauten der Tische (Abschn. 5.2.4) können so gestaltet werden, dass sie von den Übenden schnelle Reaktionen auf wechselnde Bedingungen verlangen.

3.2.3.6 Anpassungs- bzw. Umstellungsfähigkeit

Diese Fähigkeit zielt auf die zielgerichtete Programmierung einer bevorstehenden Bewegung sowie auf die Neuprogrammierung eines Bewegungsablaufes ab. Man findet diese in fast jeder Spielsituation des Tischtennissports. Bei Fehleinschätzungen der Situation oder in sich ständig wechselnden Spielsituationen kommt sie zum Einsatz (z. B. wenn ein Ball doch kürzer kommt als gedacht oder der Ball die Netzkante streift). Eine Möglichkeit, um die Anpassungsfähigkeit zu schulen, ist, dass die Lernenden mit verschiedenen, ihnen unbekannten Schlägern und/oder Bällen spielen, an die sie sich neu gewöhnen und anpassen müssen. Dies birgt auch den Vorteil, dass man bei Auswärtsspielen weniger sensibel für Änderungen (z. B. andere Bälle, Tische oder Ähnliches) ist. Dazu sollten erst einmal leichte Schläge und Übungen gespielt werden, bei denen aber ein deutlicher Unterschied zu den ihnen bekannten Materialien auftritt. Eine weitere Möglichkeit, besonders die kurzfristige Umstellung von Bewegungshandlungen zu trainieren, ist es, Materialen auf dem Tisch zu platzieren, die das Absprungverhalten des Balles verändern. Dies können alte Beläge, Papier oder Pappe, Hütchen oder Ähnliches sein. Diese Übungen trainieren dabei gleichzeitig die oben genannte Reaktionsfähigkeit. Die Lernenden müssen sich dann schnell auf die veränderte Flugkurve umstellen und ihren Bewegungsablauf neu programmieren. Weitere Übungen bietet auch die Spiel- und Wettkampfform des „Tischtennis-Gartens" (Klein-Soetebier & Keller, 2018; Abschn. 5.2.4).

3.2.3.7 Rhythmisierungsfähigkeit

Bei der Rhythmisierungsfähigkeit handelt es sich um die Fähigkeit, den eigenen Schlagrhythmus gegenüber dem der/s Gegner:in zu behaupten, einen bewussten Rhythmus- oder Tempowechsel vorzunehmen, rhythmische Abfolgen optimal aufeinander abzustimmen und zwischen Spannung und Entspannung ökonomisch zu wechseln. Auch wenn Tischtennis eine sehr arhythmische Sportart ist, kann ein gutes Gefühl für den Rhythmus Vorteile bringen. Man benötigt beispielsweise einen guten Rhythmus, wenn man die Teilbewegungen beim Aufschlag (z. B. Ballanwurf, Ausholbewegung, Handgelenkseinsatz, Balltreffpunkt etc.) zeitlich richtig aufeinander abstimmen möchte. Auch im Wettkampf lassen sich (Spiel-)Rhythmen erkennen, die Spieler:innen dabei helfen, ihr Spiel anzupassen. So verraten sich Spieler:innen teilweise, indem sie einen härteren Schupfball spielen, bevor sie umspringen (Abschn. 4.1.3) oder unbewusst wiederkehrende Ballwege spielen (z. B. zweimal in die Rückhand, einmal in die VH usw.). Eine mögliche Übung zur Schulung des Rhythmusgefühls wäre, zwei Tische mit etwas Abstand parallel nebeneinander aufzubauen. Die vier Spieler:innen an den beiden Tischen müssen sich nun eine „Schlagchoreografie" ausdenken, bei der Schlagtechniken, Platzierung und Laufwege variiert werden. Diese Choreografie soll dann möglichst synchron präsentiert werden. Unterstützt werden kann das Ganze durch den Einsatz von Musik, verschiedenen Materialien (z. B. bunte Bälle, verschiedene Schläger etc.) oder Zusatzaufgaben (z. B. Drehungen, Sprünge, Laufwege, Mimik und Gestik etc.; Abb. 3.9, *rechts unten*). Weitere Übungen zur Koordination mit Ball und Schläger finden sich in Huber et al. (2009, S. 40 ff.).

Schließlich kann festgehalten werden, dass die Zielsetzung einer Verbesserung der allgemeinen Ballkoordination darin besteht, motorische Fertigkeiten „schnell und gut zu erlernen, zielgerichtet und präzise kontrollieren sowie vielfältig und situationsangemessen zu variieren" (Kröger & Roth, 1999, S. 11). Ein systematisches, teilweise spielerisches Koordinationstraining lässt sich mit geringem Aufwand in den Trainingsalltag integrieren. Dazu sind nur wenige Anpassungen und Materialen notwendig, insofern die Motivation und die Akzeptanz der Spieler:innen und Trainer:innen vorhanden sind. Dabei ist der Nutzen für den sportlichen Wettkampf gerade im Hinblick auf die effiziente Ansteuerung von Muskeln und der Prävention von Verletzungen bei einer Sportart wie Tischtennis, die häufig über Jahrzehnte ausgeführt wird, enorm wichtig, um langfristig erfolgreich zu sein (Wohlgefahrt, 2004).

3.3 Psychologische Leistungskomponenten im Tischtennis

In kaum einer anderen Sportart scheint die mentale Stärke so entscheidend über Sieg und Niederlage zu sein wie im Tischtennis. Ob dies durch die enormen Ansprüche an die Feinmotorik, welche bei Nervosität, Angst oder Stress gestört wird (McAfee, 2009), durch die kurze Distanz zum Gegner bzw. zur Gegnerin, wodurch jede Geste, Lautäußerung, Gestik, Mimik und Körpersprache, ständig wahrgenommen wird (Mayr & Förster, 2012, S. 12), oder die hohe kognitive Beanspruchung, die bei der schnellen Auswahl vielfältiger Platzierungs- und Rotationsmöglichkeiten entsteht, ist bislang nicht ausreichend geklärt. Timo Boll, einer der bekanntesten Tischtennisspieler Deutschlands, sagte dazu:

> „Mit zwanzig dachte ich noch, über Gewinnen und Verlieren entscheiden im Tischtennis das Talent und das Ballgefühl. Aber mit der Zeit bin ich immer mehr zu dem Ergebnis gekommen, dass man die Psychologie beherrschen muss, um den letzten Sprung zu machen. Und was mich persönlich betrifft, habe ich gemerkt, dass ich durch Tischtennis wesentlich ausgeglichener geworden bin, ich reagiere weniger gereizt, bin abgeklärter in Stresssituationen. So viele Drucksituationen im Tischtennis zu bestehen hat mich im Leben gelassener gemacht." (Timo Boll; in Teuffel, 2011, S. 222 f.)

Das Zitat von Timo Boll suggeriert, dass ein kognitives, motivationales oder emotionales Ungleichgewicht – trotz einer besseren Technik und Taktik – zu einer Niederlage führen kann. Somit lassen sich zumindest in Teilen Diskrepanzen zwischen der Leistung im Wettkampf und der Erwartungshaltung an die favorisierten Spieler:innen erklären. Dazu gehört auch das Phänomen des sogenannten Trainingsweltmeisters: Spieler:innen, die im Training häufig Bestleistungen erbringen, können diese Leistung dann in den entscheidenden Drucksituationen im Wettkampf nicht abrufen. Wie sich trainingsspezifische Übungen dazu nutzen lassen, die Trainingsleistungen für den Wettkampf zu konservieren, wird im späteren Verlauf dieses Kapitels erläutert. Durch den Einsatz verschiedener Trainingsverfahren sollen die psychologischen Leistungskomponenten, d. h. die kognitiven, emotionalen und motivationalen Aspekte des Spiels, verbessert und somit die sportliche Leistungsfähigkeit gesteigert werden.

Leistungsorientierte Tischtennisvereine oder Verbände legen neben der Ausbildung der konditionellen (Abschn. 3.1) und koordinativen (Abschn. 3.2) Fähigkeiten immer mehr Wert auf die Schulung der psychologischen Leistungskomponenten im Training. Diese psychologischen Faktoren haben Studien zufolge einen großen Einfluss auf die spezifische sportliche Leistung. Eine Befragung von 218 Tischtennisspieler:innen auf Turnieren und Lehrgängen zeigte, dass Spieler:innen Niederlagen im Wettkampf zu 61,6 % auf die jeweilige Tagesform, zu 46,4 % auf die Psyche, zu 37,4 % auf die Taktik und nur zu 27,0 % auf die mangelnde Technik zurückführen[4] (Kamphues, 2005). Zwar handelt es sich hierbei

---

[4] Es waren Mehrfachnennungen erlaubt.

um individuelle Einschätzungen der Befragten, allerdings wird auch vonseiten des Deutschen Tischtennis-Bundes den psychologischen Komponenten während des Trainings und des Wettkampfes eine hohe Bedeutung beigemessen. Im Lehrplan heißt es: „Im Wesentlichen beeinflussen die Komponenten der Koordination, Kondition und Psyche die Leistungsfähigkeit einer Tischtennisspielerin bzw. eines Tischtennisspielers, wobei sich die einzelnen Komponenten wechselseitig beeinflussen" (DTTB, 2005, S. 15).

▶ **Psychologische Leistungskomponenten** Nitsch und Kollegen (2000; Gabler, Nitsch & Singer, 2000, 2001) differenzieren drei psychologische Komponenten, die wechselseitig die Leistung einer Sportlerin oder eines Sportlers bestimmen und somit zu psychologischen Determinanten sportlicher Leistungsfähigkeit werden: die Kognition (bzw. kognitive Prozesse), die Emotion (bzw. emotionale Prozesse) und die Motivation (bzw. motivationale Prozesse). Ein/e Sportler:in sollte positiv denken und sich gut auf die Aufgabe konzentrieren können (kognitive Determinante), eine hohe Selbstwirksamkeitserwartung entwickeln und sich ihre/seine Ziele realistisch setzen (motivationale Determinante). Dazu sollte sie/er in einem ausgeglichenen Gefühlszustand handeln bzw. positive Emotionen verspüren (emotionale Determinante).

Nach Eberspächer soll ein mentales Training dazu dienen, dass sich Sportler:innen „so regulieren, dass optimale Leistungen abgerufen werden können, und zwar zu einem definierten, festgelegten Zeitpunkt" (Eberspächer, 2011, S. 74). Die sportliche Leistung muss demnach stimmen, wenn es darauf ankommt. Und diese Fähigkeit „zu leisten, wenn es darauf ankommt", können Sportlerinnen und Sportler trainieren.

Timo Boll betont beispielsweise, dass er ein gewisses Maß an Druck brauche, um optimale Leistungen zu erzielen. Er mache sich bewusst selbst Druck und setze sich hohe Ziele, da er diesen Druck als Motivation brauche, um die Anspannung am Tisch umzusetzen. Ein zu geringer Aktivierungsgrad geht oft mit einer gewissen „Lustlosigkeit" einher. Dies kann im Tischtennis vor allem dann auftreten, wenn die Gegnerin oder der Gegner als eher schwach eingeschätzt wird, bspw. aufgrund eines niedrigen TTR-Wertes).

▶ **TTR- und QTTR-Wert** Der Tischtennis-Ranglistenwert (kurz: TTR) dient seit dem 2. November 2010 der Spielstärkenbestimmung einzelner Spielerinnen und Spieler. Die Berechnungsmethode orientiert sich stark an dem Elo-System aus dem Schachsport, das dort seit mehreren Jahrzehnten eine anerkannte Bewertung der Spieler:innen liefert. Berücksichtigt werden die Einzel aus allen offiziellen Mannschafts- und Individualwettbewerben aller Ebenen. Es wird jedes Einzel gleich bewertet, unabhängig davon, bei welcher Veranstaltung und in welcher Runde es erzielt worden ist. In die Berechnung des TTR-Werts geht zum einen die Spielstärke der/s Gegner:in (dessen TTR-Wert) ein und hängt zum anderen vom Alter und der Anzahl bislang gespielter Einzel ab. Je jünger bzw. je unerfahrener ein/e Spieler:in ist, desto größere Veränderungen des TTR-Wertes sind möglich.

Vierteljährlich, d. h. einmal in jedem Quartal, wird der sogenannte QTTR-Wert eingefroren, um zu vier Zeitpunkten im Jahr einen festen Wert zu bestimmen, der als bundesweite Grundlage für Mannschaftsaufstellungen und Turnierklasseneinteilungen gilt.

Spieler:innen neigen bei Überlegenheit regelmäßig dazu, das Niveau des Gegenübers zu adaptieren, sich also anzupassen: „Wer gegen schwächere Gegner[:innen] in seiner Leistung deutlich nachlässt, der erlebt vermutlich jeden Punkt des Gegners als Blamage und jeden eigenen Punkt als völlig normal. Diese asymmetrische Einschätzung zerstört die Spielfreude und untergräbt die eigene Motivation. Die Furcht, gegen eine schwächere Person zu versagen, dominiert das eigene Handeln und wirkt wie eine Prophezeiung, die sich am Ende selbst erfüllt" (Wahl, 2004, S. 9).

Auf der anderen Seite kann ein zu großer Siegeswille Spieler:innen auch am Erreichen der optimalen Leistungsstärke hindern, da Angst oder Stress im Wettkampf oftmals dazu führen, eine bestimmte Situation nicht richtig zu analysieren. Die Erhöhung des Drucks führt somit nicht zwangsläufig zu einer Erhöhung der Leistung. Ab einem gewissen Optimum fällt die Leistungsfähigkeit rapide ab. Die Spieler:innen wirken übermotiviert, versuchen den Sieg mit allen Mitteln zu erreichen und spielen nicht mit der nötigen Übersicht und Variabilität. Dies geht schließlich mit Verkrampfung, Stress und der Furcht vor Misserfolg einher. Man beobachtet häufig auch, dass Spieler:innen verkrampfen, wenn sie kurz vor einem großen Erfolg stehen, z. B. wenn eine hohe Führung gegen eine/n weit bessere/n Gegner:in besteht. Dabei nimmt die aktuelle Leistung sprunghaft ab, sobald sich die Spielerin oder der Spieler der aussichtsreichen Lage bewusst wird. In diesem Fall kann die hohe Führung nicht bis zum Ende des Spiels aufrechterhalten werden und die aussichtsreiche Chance wird umgangssprachlich „verspielt".

Obwohl es eine Reihe von Theorien über den Einfluss des Erregungs- oder Aktivierungsgrades auf den optimalen Leistungsabruf gibt, konzentriert sich das Jugend- und Erwachsenentraining erfahrungsgemäß fast ausschließlich auf tischtennisspezifische Techniken sowie koordinative und konditionelle Fähigkeiten. In vielen Fällen besteht das Training im Kern aus der Einübung verschiedener Schlagtechniken, aus Trainingsspielen und teilweise einem Fitness- und Krafttraining. Wenige Konzepte (z. B. Luthardt et al., 2016, S. 186) hingegen befassen sich mit psychologischen (z. B. motivationalen und selbstwirksamkeitsfördernden) Verfahren im Anfängertraining (Abschn. 3.3.2) oder wahrnehmungstechnischen Verfahren (Abschn. 3.3.1) zur Optimierung der sportlichen Leistung.

3.3.1 Wahrnehmungsprozesse im Tischtennis

Wie im vorangegangenen Kapitel beschrieben, müssen Tischtennisspieler:innen über eine enorm schnelle Reaktionsfähigkeit bzw. Antizipationsfähigkeit verfügen. Dies meint „zum zweckmäßigsten Zeitpunkt mit einer aufgabenbezogenen

Geschwindigkeit auf Signale optischer, akustischer, kinästhetischer oder taktiler Art reagieren zu können" (DTTB, 2004, S. 7). Im Tischtennis sind dies in den meisten Fällen Signale von sich bewegenden Objekten (z. B. das Auftreffen des Balles auf dem Tisch oder den Kontakt des Balles auf dem Schläger). Dies fällt insbesondere dann schwer, wenn es sich nicht um ein spezifisches Signal (z. B. das Hochwerfen des Balles beim Aufschlag) handelt, sondern aus einer Fülle von Informationen die relevanteste ausgewählt werden muss (z. B. eine gegenläufige (Finten-)Bewegung beim Aufschlag; Abschn. 4.3.1). (Labor-)Studien zeigten, dass Mehrfachreaktionen, also Reaktionen auf Reize bei denen wir – reizabhängig – eine Entscheidung treffen müssen (z. B. den richtigen Schlag auswählen) im Durchschnitt etwa 300 Millisekunden für diese Entscheidung benötigen. Mit zunehmendem Komplexitätsgrad (z. B. zusätzlich die Platzierung wählen) steigt die benötigte Zeit bis zum Auslösen einer Bewegung. Für die jeweilige Bewegungsausführung werden zusätzlich circa 50 Millisekunden (z. B. bei einem VH-Block aus der Neutralstellung) oder circa 500 Millisekunden (z. B. bei einer Schnittabwehr mit Laufweg) benötigt (Schiefler, 2003).

Insgesamt sind für eine (geplante) Schlagbewegung im Tischtennis also knapp 350–800 Millisekunden erforderlich, die zwischen zwei Schlägen liegen müssen. Der Ball benötigt für die Distanz zwischen den beiden Spieler:innen im Durchschnitt jedoch nur 150–800 Millisekunden (Ak & Kocak, 2010), d. h., dass manche Reaktionen rein rechnerisch gar nicht möglich sind. Im Mittel verwenden Tischtennisspieler:innen 660 Millisekunden zur Schlagvorbereitung und 360 Millisekunden zur Schlagausführung (Ripoll, 1989). Ginge man nur von einer Reaktionsfähigkeit der Tischtennisspieler:innen aus, ließe sich der Tischtennissport in der jetzigen Form überhaupt nicht praktizieren. Man kam zu dem Schluss, dass (Spitzen-)Spieler:innen diese Bälle präzise und wiederholt realisieren können, da die Schlüsselelemente der Bewegung vorwegnehmen, das heißt antizipieren können.

▶ **Antizipation** Unter der Antizipationsfähigkeit versteht man die Vorwegnahme eigener und fremder Bewegungshandlungen. Dabei berücksichtigt die Antizipation immer auch das intendierte Ergebnis, welches durch eine zielgerichtete Handlung erreicht werden soll. Führt eine ausgeführte Handlung regelmäßig zu dem beabsichtigten (intendierten) Ziel, dann wird auch die Verknüpfung zwischen eben dieser Handlung und ihrem (Handlungs-)Effekt gestärkt (Hoffmann, 1993; Hommel et al., 2001; Elsner & Prinz, 2012). Im Tischtennis könnte eine exemplarische Handlung ein langer Aufschlag in die tiefe Vorhandseite eines Linkshänders oder einer Linkshänderin sein. Das intendierte Ziel ist, dass der/die Linkshänder:in den Aufschlag mit einem diagonalen Topspin in die eigene Rückhandseite beantwortet. Tritt diese antizipierte Antwort ein, ist der Spieler oder die Spielerin darauf vorbereitet und kann ggf. den Ballwechsel mit einem parallelen Block punktbringend beenden. Umgekehrt verliert die Verknüpfung an Bedeutung, wenn die Handlung nicht zum gewünschten Resultat führt, in dem Beispiel der/die Linkshänder:in variabel retourniert.

Im Sport wird zwischen der Wahrnehmungs- und der Erfahrungsantizipation unterschieden. Bei der Wahrnehmungsantizipation nutzen wir bewegungsbezogene Schlüsselinformationen dazu, auf das (wahrscheinlichste) Resultat der Bewegung zu schließen (z. B. erkennen Tischtennisspieler:innen bereits sehr früh am Schlagansatz welchen Schlag die/der Gegner:in ausführen wird). Bei der Erfahrungsantizipation werden vorangegangene Ereignisse dazu genutzt, wiederkehrende Muster zu erkennen und mit der bestmöglichen Antwort darauf zu reagieren (z. B. weiß ein/e Abwehrspieler:in aus Erfahrung sehr gut, welche Bälle ihr/sein Gegenüber nur kurz ablegt anstatt weiter anzugreifen). „Im Tischtennis ist die Erfahrungsantizipation besonders wichtig" (Michaelis & Sklorz, 2004, S. 114), da die Ballparameter Platzierung, Tempo, Rotation und Flughöhe (Abschn. 6.1) auf Basis von Körpersignalen der/des Gegner:in in der Aushol- oder Schlagphase teilweise vorweggenommen werden können (Luthardt et al., 2016). Knollenberg (1997) zeigte in diesem Zusammenhang auf, dass fortgeschrittene Tischtennisspieler:innen bereits früh die Schlagrichtung der/des Gegner:in erkennen. So nutzen professionelle Spieler:innen vor allem Hinweisreize aus der Armbewegung und des Handgelenks der/des Gegner:in, aber auch aus dessen Schlägerblattstellung, d. h. in welchem Winkel der Schläger (z. B. stark geschlossen, weit geöffnet, etc.) auf den Ball trifft. Eine gute Antizipation zeichnet sich demnach auch dadurch aus, neben bewegungsbezogenen Informationen, taktische Elemente (z. B. Platzierung in die tiefe Vorhand) sowie Kenntnisse über individuelle Spieleigenschaften der/des Gegner:in (z. B. Spielmaterial der/des Gegner:in) in die eigenen Entscheidungsprozesse mit einfließen zu lassen.

Laut Luthardt, Muster und Straub (2016, S. 46) ist „eine gute tischtennisspezifische Wahrnehmung [...] eine wichtige Voraussetzung, um am Tisch die richtigen Entscheidungen treffen zu können". In der Regel bleiben den Tischtennisspieler:innen dafür nur Sekundenbruchteile.

> „Tischtennis ist so schnell geworden, dass man schon wissen muss, wohin der Gegner spielt, bevor er geschlagen hat. Deshalb vergleiche ich Tischtennis gerne mit Schach, mit Highspeedschach. Bei mir funktioniert das ungefähr so: Wenn ich Aufschlag habe, überlege ich mir, welcher Aufschlag gerade am besten passt. Dann erwäge ich drei bis vier Möglichkeiten, wohin der Gegner meinen Aufschlag zurückspielen könnte und mit welcher Rotation. Darauf stelle ich dann in Gedanken meinen Schlägerwinkel ein und suche nach einer Lösung, wo ich den Ball als Nächstes hin spiele. Im Laufe des Spiels merke ich dann, wie mein Gegner auf meine Bälle reagiert, wo er sie meistens hin platziert. Im Kopf versuche ich die bisherigen Spielzüge abzuspeichern wie eine Statistik. Ich überlege mir Wahrscheinlichkeiten, wo der Ball hinkommen wird." (Timo Boll; in Teuffel, 2011, S. 218 f.)

Dieses „Lesen des Spiels" (Groß, 2007, S. 13) wird umso anspruchsvoller, je ähnlicher die verschiedenen Schlagtechniken des Gegenspielers erscheinen. So unterscheiden sich gute Aufschläge bei Spielerinnen und Spielern erst im letzten Bewegungsabschnitt, was ein vorzeitiges Erkennen und einen guten Rückschlag erschwert. Auf der anderen Seite können Schlagbewegungen angetäuscht werden, bspw. einen Ball augenscheinlich in die Vorhand zu platzieren und die Bewegung im letzten Moment in Richtung der Rückhand umzuwenden. Außerdem beeinflusst das Schlägermaterial (z. B. ein besonders griffiger Belag) die Wahrnehmung der PTRF-Effekte, da diese durch die spezifischen Materialeigenschaften verändert werden. Schiefler (2003) konstatiert, dass Tischtennisspieler:innen viele Entscheidungen im Kopf vorplanen müssen, um sich dann besser auf handlungsrelevante Informationen (z. B. Stellung von Schulter, Hüfte, Handgelenk in Relation zum Ball, Bewegungsansatz, Blickrichtung etc.) fokussieren und die Vielzahl an Handlungsalternativen (z. B. Schlagauswahl, Platzierung, Tempo etc.) einschränken zu können. Dies lässt sich zumindest teilweise mittels psychologischer Trainingsformen schulen.

3.3.2 Psychologische Trainingsformen im Tischtennis

In diesem Kapitel werden ausgewählte psychologische Trainingsformen vorgestellt, die sich besonders gut für die Anwendung im Kontext Tischtennis eignen und die sich leicht in den Trainingsalltag integrieren lassen. Es handelt sich jedoch nur um eine kleine Auswahl ohne Anspruch auf Vollständigkeit. Weitere (psychologische) Trainingsformen wie das Autogene Training, die Progressive Muskelrelaxation, Prognosetraining oder Selbstinstruktionen werden hier nicht näher erläutert, da es sich um eigenständige (teils klinische) Verfahren handelt, die sich separat mit entsprechender Hilfe üben lassen.

3.3.2.1 Mentales Training

Das mentale Training soll dazu dienen, spezifische Handlungsvorstellungen herauszubilden, die für eine (komplexe) Technik benötigt werden. Es wird davon ausgegangen, dass komplexe Fertigkeiten nicht ohne eine entsprechende mentale Repräsentation im Gedächtnis ablaufen können. Eberspächer beschreibt das mentale Training als „das planmäßig wiederholte, bewusste Sich-Vorstellen einer sportlichen Handlung ohne deren gleichzeitige praktische Ausführung" (Eberspächer, 1995, S. 74). Die ausgeprägte „Handlungsvorstellung als mentale Repräsentation der Bewegung soll das Erlernen, Stabilisieren und Optimieren einer Handlungs- bzw. Bewegungsausführung" unterstützen (Eberspächer et al., 2002). Ziele des Mentalen Trainings können sowohl die Beeinflussung des eigenen Zustands, indem das Erregungsniveau aktiv (herauf oder herunter) reguliert wird, die Entwicklung von Handlungsmustern (mentalen Repräsentationen), die eine optimale Bewegungsausführung mit möglichst vielen sensorischen Rückmeldungen beinhaltet, oder die Verinnerlichung bzw. Einprägung von Handlungsstrategien, zum Beispiel die Repräsentation verschiedener Spielzüge und Laufwege (z. B. im Doppel; Abschn. 6.3) sein (Eberspächer et al., 2002).

Eberspächer (2011, S. 104) bezeichnet mentales Training als „eine systematische Arbeit in fünf Schritten", die sukzessiv zu absolvieren ist. Es besteht für die Tischtennisspieler:innen jedoch immer die Möglichkeit, bei Bedarf eine oder mehrere Stufen zurückzugehen, um z. B. Fehlerkorrekturen vorzunehmen und Anweisungen des Trainers bzw. der Trainerin aufzunehmen:

- In einem ersten Schritt *(Instruktion)* versucht der/die Spieler:in möglichst detailliert zu erläutern, was er/sie durch das mentale Training verbessern möchte und wie er/sie gedenkt dieses umzusetzen (Benennung der Technik, Zeithorizont etc.). Dabei ist die eigene Formulierung dieser Instruktion durch den Lernenden essenziell, da dadurch diese am besten an den Leistungsstand des Lernenden und dessen Verständnis der Bewegung angepasst ist. Bei den Handlungsanweisungen können sowohl qualifizierte Personen, wie Trainer:innen, Betreuer:innen sowie Lehrer:innen, als auch die Fachliteratur zu Rate gezogen werden. Es gilt zu beachten, dass die Lernenden jede Formulierung selbst verstanden haben sollten, bevor das mentale Training mit dem zweiten Schritt fortgeführt wird.
- Im zweiten Schritt ist es Aufgabe der Spieler:in, die in der Instruktion formulierte Technik und die Handlungsanweisung zu *beschreiben*. Dabei sollen möglichst alle Aspekte der Bewegung in Worte gefasst werden. Je detaillierter die Bewegungsbeschreibung ist, desto leichter fallen die späteren Schritte. Ähnlich zum Visualisierungstraining enthält diese Bewegungsbeschreibung individuell unterschiedliche Elemente. Je mehr (Wahrnehmungs-)Sinne involviert sind, desto besser funktioniert das mentale Training, da nur so die Situation ganzheitlich erfasst wird. An dieser Stelle bietet sich für Trainer:innen die Möglichkeit, Korrekturen vorzunehmen, wenn die Instruktion von den Spieler:innen fehlerhaft aufgefasst worden ist.
- Das *Internalisieren* stellt den dritten Schritt der Anwendung des mentalen Trainings dar. Der/Die Spieler:in liest sich die zuvor formulierte Beschreibung immer wieder selbst vor und verinnerlicht diese vollständig durch Auswendiglernen. Dieser Schritt ist dann beendet, wenn die Lernenden in der Lage sind, sich „den Handlungs- und Bewegungsablauf immer und immer wieder subvokal, also per Selbstgespräch oder im Bild, zu vergegenwärtigen" (Eberspächer, 2011).
- Im vierten Schritt, *Knotenpunkte beschreiben,* isolieren die Lernenden aus der vollständigen Bewegungsbeschreibung einzelne für sie relevante Bewegungsmerkmale (sog. Knotenpunkte). Es handelt sich in der Regel um markante, invariante Elemente der Bewegung. Die Auswahl der Knotenpunkte ist individuell unterschiedlich, da jede/r Spieler:in andere Schwerpunkte setzt (z. B. mehr Wert auf Rotation anstatt auf Tempo legt). Mit steigendem Expertiseniveau können sich Knotenpunkte verändern bzw. weiterentwickeln. Stellt eine Spielerin zu Beginn des mentalen Trainings zum Beispiel noch die Hüftdrehung beim Vorhand-Topspin Schlag (Abschn. 4.2.3) als besonders wichtig für sie heraus, kann diese im Laufe des langfristigen Trainings so automatisiert werden, dass der Knotenpunkt durch einen anderen ersetzt werden kann (z. B. der Fokus auf einen dynamischen Armzug). Die Herausbildung

zu vieler Knotenpunkte verhindert eine effektive Technik und demotiviert die Lernenden.
- Die *symbolische Markierung der Knotenpunkte* im abschließenden <u>fünften Schritt</u> ermöglicht es der Spielerin oder dem Spieler, die Knotenpunkte im Wettkampf schnell und unter Beachtung der Gesamtsituation abzurufen. Häufig werden „rhythmisierte Symbole" (Eberspächer, 2011) verwendet, die die wesentlichen Handlungsschritte in Kurzformeln kennzeichnen und den Spieler:innen bei der Bewegungsausführung direkt in Kurzform zur Verfügung stehen. Ein Anwendungsbeispiel für den Einsatz des mentalen Trainings zum Erlernen, Stabilisieren oder Verbessern einer Schlagtechnik wird in Tab. 3.1 an der Vorhand-Topspin-Technik dargestellt.

In verschiedenen Studien konnte die Wirksamkeit des mentalen Trainings bestätigt werden (Feltz et al., 1988). Vor allem bei komplexen Bewegungsaufgaben scheint das mentale Training eine erhöhte Trainingswirksamkeit aufzuweisen. In der Kombination mit dem physischen Training ist es besonders effektiv. Demnach ist mentales Training eine sinnvolle Ergänzung, jedoch kein Ersatz für das körperliche Tischtennistraining. Wenn das körperliche Training nicht möglich ist (z. B. im Falle von Verletzungen, schlechtem Zugang zur Sportstätte oder Ermüdung), dann ist mentales Training besser als kein Training. Darüber hinaus profitieren erfahrene Spieler:innen mehr vom mentalen Training als Anfänger:innen, da sie über eine differenzierte Bewegungsrepräsentation mit mehr Sinnesempfindungen (Abschn. 3.2.1) verfügen.

Zusammengefasst bietet das mentale Training die Möglichkeit, eine komplexe spezifische (Bewegungs-)Technik auf wenige, rhythmisch unterlegte Kurzformeln zu reduzieren. Je ganzheitlicher die Bewegungsbeschreibung zu Beginn dabei ausfällt, desto effektiver kann der/die Spieler:in die relevanten Bewegungsmerkmale isolieren. Durch die Veränderbarkeit der Knotenpunkte kann das mentale Training auf jedem Expertisniveau (Grad des Könnensstands) angewendet werden.

3.3.2.2 Zielsetzungstraining

Das Zielsetzungstraining soll zu einer Steigerung der sportlichen Leistungsfähigkeit führen, indem es die Motivation der Sportler:innen durch konkrete Zielsetzungen verbessert. Die psychologische Leistungskomponente der Motivation steht im Mittelpunkt dieses Verfahrens. Der enge Zusammenhang zwischen Motivation und Ziel ist so zu interpretieren, dass Sportler:innen zunächst ein konkretes Ziel benötigen, um sich für ihr sportliches Handeln bestmöglich zu motivieren. Nur so gelingt es, das gewünschte Handlungsergebnis auch zu realisieren. Dies können sowohl langfristige Ziele (z. B. möglichst erfolgreich mit einer Mannschaft spielen, großer Zuwachs des Tischtennisranglistenwerts; siehe oben TTR-Wert) usw.) als auch kurz- (z. B. im nächsten Einzel mutig zu agieren) oder mittelfristige (z. B. das Turnier gewinnen) Ziele im Tischtennis sein. Das Setzen von Zielen ist eine der „wesentlichen motivationalen Techniken" (Beckmann & Elbe, 2008). Die Spieler:innen müssen dabei auch jederzeit in der Lage sein,

Tab. 3.1 Die fünf Schritte des mentalen Trainings (Eberspächer (1995) am Beispiel des Vorhand-Topspin-Schlages eine/r/s Rechtshänder/s/in im Tischtennis (vgl. DTTB, 2004)

5 Schritte des mentalen Trainings für den Vorhand-Topspin		
Schritt	Beschreibung	Kurzform
(1) Instruktion	Die Füße stehen schräg zur Grundlinie, wobei der rechte Fuß deutlich nach hinten gesetzt ist. Der Schlagarm ist leicht angewinkelt und nach hinten unten gerichtet. Rechte Schulter und rechte Hüfte werden stark nach hinten gedreht, wobei die rechte Schulter mit der Drehung abgesenkt wird. Arm und Schläger werden abwärts bewegt bis sich der Schläger auf einer Ebene zwischen Hüfte und Knie befindet. Das Körpergewicht wird auf das rechte Bein verlagert, wobei das rechte Knie leicht angewinkelt ist. In der Endphase der Ausholbewegung ist der Schlagarm gestreckt. Bei der Schlagbewegung drehen die rechte Schulter und rechte Hüfte dynamisch nach vorne zum Tisch zurück und das Gewicht des Körpers wird auf das linke Bein verlagert. Währenddessen wird der Schlagarm im Ellenbogen angewinkelt und bis zum Kopf gezogen. In der Endphase der Schlagbewegung ist das linke Bein gestreckt. Je nach Rotation des gegnerischen Balls ist der Schläger senkrecht bis geschlossen. Bei einem frühen Topspin findet der Ballkontakt seitlich vor dem Körper statt, spätestens, wenn der Ball den höchsten Punkt erreicht hat. Bei einem späten Topspin findet der Ballkontakt seitlich neben dem Körper statt, in der fallenden Phase des Balls. Der Schläger wird bis zum Kopf gezogen und das Körpergewicht wird mit dem li. Bein abgefangen	Ausgangsstellung Ausholbewegung Schlagbewegung Schlägerwinkel Balltreffpunkt Ausschwungbewegung
(2) Beschreiben	Detailgetreue Wiedergabe der Instruktion. Diese kann in Form einer sprachlichen Bewegungsbeschreibung erfolgen und gegebenenfalls durch die Demonstration einzelner Phasen der Schlagausführung verdeutlicht werden	Sprachliche Bewegungsbeschreibung, Ggf. Demonstration

(Fortsetzung)

Tab. 3.1 (Fortsetzung)

5 Schritte des mentalen Trainings für den Vorhand-Topspin		
Schritt	Beschreibung	Kurzform
(3) Internalisieren	Verinnerlichung der Bewegungsausführung des VH-Topspins. Dies kann subvokal, durch eine verdeckte Wahrnehmung oder auch durch eine ideomotorische Wahrnehmung geleistet werden. Bei der komplexen letzteren Form des Internalisierens wird beispielsweise das Körpergefühl mit in die Vorstellungsgenerierung einbezogen, welches während der Gewichtsverlagerung in den Phasen der Aushol- und Schlagbewegung aufkommt	Subvokal Verdecktes Wahrnehmungstraining Ideomotorische Wahrnehmung
(4) Knotenpunkte beschreiben	Individuell-wichtige Schlüsselstellen des Vorhand-Topspins benennen (z. B. „Schlagarm nach hinten-unten" → „Schulter-Hüfte-Arm hinten-unten" → „explosive Beschleunigung des Arms nach vorne-oben" → „Rotation-Schlägerblatt" → Treffpunkt seitlich-vor dem Körper" → „nach oben Ausschwingen")	Individuelle Schlüsselstellen herausarbeiten
(5) Knotenpunkte symbolisch markieren	Die auf symbolische Kurzformeln reduzierten Knotenpunkte werden an den Rhythmus des VH-Topspins angepasst. Es können komplexe Spielsituationen visualisiert werden, wobei dann neben der reinen Technikbeschreibung auch die bedeutsamen Informationsanforderungen und Druckbedingungen sowie die psychologischen Leistungskomponenten einzubeziehen sind	Z. B. „tieeef-hoch"

Rückschläge auf dem Weg zum Erreichen der jeweiligen Ziele zu bewältigen: Dafür müssen sie sich das Ziel ständig vor Augen führen, um sich so immer wieder zu motivieren (vgl. Engbert et al., 2011, S. 92).

Ein klar definiertes Ziel soll der Orientierung dienen und nach Möglichkeit realistisch sein. Im Zweifel sollte der Anspruch eher etwas höher sein als zu niedrig. Grundsätzlich lässt sich der Schwierigkeitsgrad einer Übung im Tischtennis leicht variieren. Mittels methodischer Prinzipien (Abschn. 5.3) lassen sich die Anzahl der vorgegebenen Ballwege und Handlungen vorgeben (je länger die Ballwege, desto schwerer), die Größe der Anspielzonen (je kleiner, desto schwerer) oder den Anteil des unregelmäßigen Spiels (je variabler, unregelmäßiger, desto schwerer; vgl. Luthardt et al., 2016). Beckmann und Elbe (2008) differenzieren drei Zielformen, welche unterschiedliche (psychologische) Funktionen erfüllen:

1. Ergebnisziele beschreiben eine Platzierung am Ende eines Wettkampfes oder einer Saison (z. B. eine bestimmte Bilanz) und erfüllen den Zweck, die Motivation über einen langen Zeitraum aufrechtzuerhalten.
2. Leistungsziele beschreiben hingegen den Vergleich mit eigenen vorhergegangenen Leistungen (z. B. der Bilanz in der vergangenen Saison). Sie weisen auf Fortschritte hin und können so das Selbstvertrauen steigern.
3. Prozessziele beschreiben, wie Fertigkeiten oder Bewegungen im Wettkampf ausgeführt werden sollen (z. B. der regelmäßige Einsatz des Rückhand-Topspins zur Spieleröffnung), dabei wird die Aufmerksamkeit auf das Wesentliche gerichtet und störende Gedanken in den Hintergrund gestellt.

Es gilt zu beachten, dass ein sinnvolles Ziel immer vorab beschrieben werden sollte. Wie oben bereits erwähnt, könnte dies der Gewinn eines Ranglistenturniers, aber auch der Aufstieg einer Mannschaft am Ende der Saison umfassen. Engbert und Kollegen (2011) führen für den sportpsychologischen Kontext das „*S.M.A.R.T.-Prinzip*" an, welches aus dem Bereich des Managements stammt. Auch Ziele im Sport sollten *s.m.a.r.t.* formuliert werden, das heißt sie sollen:

- spezifisch (Wo? Was? Welche? Warum? Wie?),
- messbar (Häufigkeit, Dauer),
- attraktiv und ambitioniert (Welche Anreize hat das Ziel? Wie wird es nicht langweilig?),
- realistisch (Wie sind die Erfolgsaussichten?) und
- terminiert (Für welchen Zeitraum?) sein (Engbert et al., 2011, S. 98 ff.).

Stoll et al. (2010) empfiehlt zudem, folgende Ratschläge zu beachten: (1) Entscheide genau, was du erreichen willst, (2) Erkenne die Hindernisse, die dich an deiner Weiterentwicklung behindern, (3) Entscheide ganz bewusst, was nötig ist, diese Hindernisse aus dem Weg zu räumen, und (4) Errichte spezifische Ziele bzw. Zwischenziele, die dir dabei helfen, ein Hindernis nach dem anderen aus dem Weg zu räumen.

Ziele lenken die Aufmerksamkeit auf wichtige Elemente der Leistung und erhöhen in der Regel die Anstrengungsbereitschaft. Sie dienen außerdem dazu, (langfristig) eine Entwicklung zu vollführen, auch falls diese Entwicklung kurzzeitig zu schlechteren Leistungen führen kann. Betrachtet man den idealtypischen Lernverlauf motorischer Handlungen, ist der motorische Lernfortschritt grundsätzlich positiv beschleunigt, d. h., am Anfang verbessert sich der/die Lernende oft sehr schnell und erfährt große Steigerungen im Leistungsniveau. Mit zunehmender Übungszeit fallen die Steigerungen jedoch geringer aus. Spieler:innen stagnieren dann zwischenzeitlich in ihrem Lernverlauf, was direkt motivationale Probleme aufwerfen kann. Weitere Lernfortschritte sind häufig an sogenannte „Aha-Erlebnisse" gebunden, nach denen es zu einem sprunghaften Anstieg auf ein höheres Koordinationsniveau kommt. Dies kann im Tischtennis zum Beispiel das Wissen über ein bestimmtes (taktisches/technisches) Prinzip sein, wie die Rotationsumkehr und der Rotationserhalt bei langen Noppen oder dem Antitop-Belag

(Abschn. 2.3.3), oder aber auch eine gezielte Umstellung der Technik (z. B. Verlagerung des Druckpunkts auf dem Schläger beim Vorhand- oder Rückhand-Griffs; Abschn. 4.1.1). Eben diese Umstellungen können zu zeitweisen Leistungseinbußen, Leistungsrückschritten und kurzweiligen Qualitätsverlusten führen, da sie noch nicht automatisiert sind und somit ungewohnt erscheinen.

Da Zielsetzungen eben auch leistungshemmend sein können, wenn sie die Spielerin oder den Spieler mehr unter Druck setzen als sie sie oder ihn motivieren, sollten sie eher ergebnisunabhängig verstanden werden. Timo Boll formuliert dies in seiner Biographie wie folgt:

> „… aber über die Jahre habe ich versucht, mir ein bestimmtes Denken anzueignen: dass es reicht, mit sich selbst zufrieden zu sein, ganz gleich, wie das Ergebnis am Ende lautet. Denn können zwei Punkte mehr oder weniger tatsächlich darüber entscheiden, ob ich gut oder schlecht gespielt habe? Ich denke also relativ ergebnisunabhängig. Das ist psychologisch viel einfacher als dieser unbedingte Siegeswille. Es macht mich nur nervös, wenn ich spüre, dass ich unbedingt gewinnen will." (Timo Boll; in Teuffel, 2011, S. 211)

Der Vorteil dieser Betrachtungsweise liegt darin, dass sie gegnerunabhängig nur die eigene Leistung bewertet. Gegebenenfalls war eine Niederlage gegen einen sehr guten Gegner in manchen Fällen eine bessere Leistung als ein Sieg gegen einen deutlich schwächeren Gegner. Es geht also darum, die abgerufene Leistung objektiv zu bewerten und deren Umstände bzw. ihr Zustandekommen richtig wahrzunehmen.

Eine exemplarische Spielform, in welcher der Umgang mit Sieg und Niederlage häufig vorkommt, ist der sogenannte **Kaisertisch**). Ziel des sog. Kaiserspiels (oder auch Königsspiel oder Kreisliga vs. Championsleague) ist es, als Spieler:in an den „Kaisertisch" zu gelangen. Man bestimmt vor dem Spiel einen der beiden außenstehenden Tische als Kaisertisch, der andere ist folglich der „Looser-Tisch" oder „Verlierer-Tisch" (pädagogisch wertvollere Bezeichnungen sind hier möglich). Es wird bis zu einer bestimmten Zeit (z. B. zwei Minuten) gespielt, oder bis ein bestimmter Tisch (z. B. der Kaisertisch) eine festgelegte Punktzahl erreicht hat. Die jeweiligen Gewinner:innen an den Tischen rutschen einen Tisch nach oben in Richtung des Kaisertisches (mit Ausnahme des Gewinners/der Gewinnerin am Kaisertisch). Die Verlierer:innen wandert umgekehrt in Richtung des „Looser-Tisches" (mit Ausnahme des Verlierers/der Verliererin am Looser-Tisch). Bei unentschiedenem Spielstand kann ein Entscheidungspunkt ausgespielt werden. Andere Regelungen („Wer hat den letzten Punkt gemacht?" oder „Der/Die Jüngere gewinnt bei Gleichstand") sind ebenfalls denkbar. Zur Förderung der Motivation lassen sich Sonderregeln einbauen, die das Spiel variabler machen (z. B. sehr kurze Spieldauern, mit der schwachen Hand spielen, auf einem Bein stehen während des Ballwechsels usw.).

3.3.2.3 Aktivationsregulationstraining

Der Zusammenhang von Aktivierungsniveau und sportlicher Leistung wurde in zahlreichen wissenschaftlichen Studien untersucht und in theoretischen Modellen dargestellt (für einen Überblick siehe z. B. Hanin, 2000). Dabei ging man früher davon aus, dass mit zunehmendem Druck – ob mental oder physisch – eine bessere oder höhere Leistung einhergeht. Von diesem eher linearen „Viel-hilft-viel"-Prinzip abweichend, kamen Ideen auf, die den Zusammenhang von Angst/Druck und Leistung eher als Parabel sehen, sodass die Leistung mit steigendem Druck ab einem bestimmten „optimalen" Angstniveau wieder absinkt, sobald der Druck für die Spieler:innen zu hoch wird (vgl. Weinberg, 1989). Im Tischtennis geht es dabei nicht um die somatische Angst (als eher körperliche Gefährdung), sondern die kognitive Angst (als eher mental konstruierte Gefahr, wie die Angst, zu verlieren, oder die Angst vor einer Blamage).

Das Aktivationsregulationstraining steigert die sportliche Leistungsfähigkeit, indem es das Anspannungsniveau beeinflusst: Die Sportlerin bzw. der Sportler muss dazu in der Lage sein, Anspannungs- und Entspannungszustände an die jeweilige Anforderung angepasst regulieren zu können (vgl. Mayer & Hermann, 2009, S. 13). Im Tischtennis kann dieses Trainingsverfahren zum Beispiel beim von vielen Spieler:innen beschriebenen „Eisenarm" zum Einsatz kommen. Dieser tritt besonders in jenen Situationen auf, in denen sich Spieler:innen stark unter Druck gesetzt fühlen. Dies könnte ein knapper Punktestand in einem entscheidenden Spiel während des Einzels oder Doppels in einem Turnier sein. Das Phänomen ruft eine Verkrampfung der Extremitäten hervor und führt in der Regel dazu, dass das Ballgefühl, welches im Tischtennis von enormer Wichtigkeit ist (Abschn. 3.2), verloren geht. Um das Ballgefühl zurückzuerlangen, kann die erhöhte Muskelspannung bis zu einem optimalen Aktivierungsniveau durch ein Entspannungsverfahren reduziert werden, damit die Schläge danach wieder besser dosiert werden können. Wie durch dieses Beispiel bereits deutlich wird, lässt sich das Aktivationsregulationstraining in ein Anspannungs- und ein Entspannungstraining unterteilen, wobei das Anspannungstraining vor allem Kraftbilder, Musik und verschiedene motorische Techniken verwendet, während das Entspannungstraining vor allem die Progressive Muskelrelaxation (PMR), das Autogene Training (AT), unterschiedliche Atemspannungstechniken und ebenfalls Musik nutzt.

Beim Anspannungstraining geht es darum, den Grad der körperlichen und psychischen Aktivierung zu optimieren (Hanin, 2000), indem die Anspannung erhöht wird. Auf einem Turnier oder in einem Meisterschaftsspiel könnten beispielsweise lange Wartezeiten zwischen den Einzeln dazu führen, dass die Anspannung für den anstehenden Tischtenniswettkampf zu gering ist. Auch ein zu frühes Eintreffen am Wettkampfort kann bewirken, dass der/die Spieler:in den optimalen Aktivierungsgrad verfehlt. Dieses äußert sich beispielsweise darin, dass sich die Spieler:innen zu früh oder zu lange „einspielen" (erwärmen) und wichtige kognitive Ressourcen verbrauchen, die dann im späteren Wettkampf fehlen. Turniere können mit einer gewissen zeitlichen Verzögerung starten, wodurch die verfrühte Ankunft noch zusätzlich verschärft wird. Auf größeren Turnieren können je nach Ausrichtungsformat (Abschn. 2.1) durch hohe Teilnehmerzahlen, zu wenige Tische oder mangelnder Organisation lange Pausen zwischen den Spielen ausgelöst werden. Eine erneute effektive Erwärmung ist dann aufgrund des relativ kurzen

Zeitintervalls zwischen Aufruf einer Spielpaarung und dem Beginn der Paarung oft nicht möglich. Eine Möglichkeit zum (kurzfristigen) Erreichen der optimalen Aktivierung ist es dann, ein Kraftbild zu nutzen. Ein Kraftbild dient vor allem zur eignen Motivation, die bevorstehende Aufgabe mit einer großen Erfolgszuversicht anzugehen. Es entsteht in der Vorstellung der Spielerin oder des Spielers und enthält individuell unterschiedliche Imaginationen. Beispielsweise können eigene Vorbilder (z. B. Dimitrij Ovtcharov oder Kristin Silbereisen), Erfolgsimaginationen (z. B. ganz oben auf dem „Treppchen" stehen, den Pokal in die Höhe halten), Stimmungsbilder (z. B. hohe Berge, ein Sonnenaufgang) oder Bilder von persönlichen Momenten, in denen man sich sehr erfolgreich respektive stark gefühlt hat (z. B. der letzte große Sieg, beim Fitnesstraining im Kraftraum, nach einem 10-km-Lauf oder Ähnliches), in ein Kraftbild eingebunden werden. Entscheidend für ein erfolgreiches Kraftbild ist die persönliche Identifikation mit diesem. Das Kraftbild sollte darüber hinaus nach Möglichkeit auf verschiedene Situationen übertragbar sein und wesentlich zur Steigerung der Anspannung beitragen. Engbert und Kollegen (2011, S. 59) entwickelten mögliche Leitfragen, die (vor allem jüngeren) Spieler:innen helfen können, ihr persönliches Kraftbild zu entwickeln:

- „Wenn du dich in einem erfolgreichen Wettkampf als Tier gesehen hättest, was für ein Tier wärst du dann gewesen? Und warum?"
- „Welche Eigenschaften zeichnen dich aus, wenn du im Tischtennis erfolgreich bist?"
- „Welches Gefühl löst es in dir aus, wenn du im Tischtennis erfolgreich bist?"
- „Wie kannst du dich daran erinnern, wenn du mal müde und schlapp bist?"

Viele Spieler:innen setzen ausgewählte Musik ein, um sich auf sportliche Wettkämpfe vorzubereiten (Abschn. 8.2.1). Musik kann dabei sowohl aktivierend, beruhigend oder auch ablenkend wirken. Daher ist es sinnvoll, dass sich die Tischtennisspieler:innen individuelle Musikfolgen (Playlists) erstellen, die diesen drei Kategorien zugeordnet werden können. Die Spieler:innen müssen regelmäßig evaluieren, ob die Lieder, die den jeweiligen Playlists zugeordnet werden, bei ihnen tatsächlich den avisierten Aktivierungszustand in die gewünschte Richtung beeinflussen. Dabei wird eine aktivierende Wirkung nicht zwangsläufig durch eine schnelle, euphorische und laute Liedauswahl erreicht, sondern kann individuell unterschiedlich durch entsprechend eigene Musik hervorgerufen werden. Auch im Training kann Musik förderlich sein, das Aktivierungsniveau zu steigern und den Trainingseffekt zu erhöhen.

Neben der Aktivierung durch Kraftbilder und Musik bieten sich auch motorische Techniken und verschiedene Atemtechniken an. Zu den motorischen Techniken zählen zum Beispiel den Körper von oben nach unten abzuklopfen, das kurze Anspannen einzelner Muskelgruppen, Liegestütze oder kurze Sprünge. Ein Beispiel für eine Atemtechnik in diesem Zusammenhang wäre das wiederholte, kurze und schnelle Ein- und Ausatmen („Hecheln"). Diese Techniken können auch miteinander kombiniert werden, etwa durch schnelle Musik und kurze Sprünge (z. B. Tappings) oder den Körper abklopfen und Hechel-Atmung.

Im Gegensatz zum Anspannungstraining geht es beim Entspannungstraining darum, die körperliche und psychische Aktivierung zu reduzieren. Ein zu hohes Aktivierungsniveau im Wettkampf, welches aufgrund von großem Ehrgeiz, Angst, einem hohen Erwartungsdruck oder auch Nervosität entstehen kann, kann bei Spieler:innen dazu führen, dass sie ihre optimale Leistung nicht abrufen können. Als mögliche Trainingsverfahren zur Entspannung bieten sich die Progressive Muskelrelaxation (PMR; Jacobson, 1996), das Autogene Training (AT; Schultz, 1932) und verschiedene Atementspannungstechniken an. Im Tischtennis können diese Verfahren eingesetzt werden, wenn zum Beispiel Emotionen wie Ärger, Stress und Angst auftreten. Diese negativen Emotionen verhindern, dass sich der/ die Spieler:in nach einem verlorenem Punkt sammelt und konzentriert in den nächsten Ballwechsel bei eigenem Auf- oder Rückschlag geht. Häufig ist in diesen Situationen zu beobachten, dass beim Aufschlag eine schlechte Platzierung gewählt oder beim Rückschlag die Rotation des Balles falsch eingeschätzt wird, da man sich mental noch in dem vorangegangenen Ballwechsel befindet. Anzeichen für solch einen leistungsmindernden emotionalen Zustand sind beispielsweise übermäßiges Schwitzen, Zittern oder schnellerer Herzschlag. Der Angstschweiß kann dann zusätzlich dazu führen, dass die Handinnenfläche nass ist und der Schläger nicht mehr optimal gegriffen werden kann, was wiederum die Schlagausführung beeinträchtigt.

Besonders förderlich für die körperliche und psychische Entspannung ist die Durchführung der Entspannungsverfahren in einer ruhigen Umgebung. Dies könnte beispielsweise die Umkleidekabine oder ein ruhiger Korridor in der Turnhalle sein, in die man sich vor einem Wettkampf zurückziehen kann. Dies gilt insbesondere, wenn ein verlorenes Spiel verarbeitet werden muss.

Weiterhin besteht die Möglichkeit des Einsatzes von Atemtechniken, um eine Entspannungsreaktion herbeizuführen. Hier erfolgt die Regulation des Aktivierungsniveaus durch spezielle Atemübungen. Um die Art und Weise des Atmens zu beeinflussen, wird empfohlen, die Aufmerksamkeit der Spielerin oder des Spielers schrittweise weg von Umweltreizen hin zu ihrem/seinem Inneren zu lenken. Beispielsweise sind Geräusche der Umwelt (z. B. die Zuschauer:innen, das Geschehen an den Nebentischen) auszublenden und die eigenen Gedanken und die Körperwahrnehmung in den Mittelpunkt zu rücken. Ziel ist es, die Aufmerksamkeit vollständig auf die Atmung zu fokussieren und diese aktiv und aufmerksam wahrzunehmen, um dann Änderungen im Atemrhythmus bewirken zu können, was wiederum zu einer Entspannungsreaktion führen sollte (Engbert et al., 2011). Neben dem Einsatz dieser Verfahren im Wettkampf lassen sie sich auch als feste Bestandteile in das Training (z. B. zum Ende einer Einheit; siehe auch Abschn. 7.2 zur Trainingsplanung/-organisation) integrieren, damit die Spieler:innen durch das Erleben tiefer Entspannung besser regenerieren können (Engbert et al., 2011).

3.3.2.4 Routinen und Rituale

Bei nahezu jeder Tischtennisspielerin und jedem Tischtennisspieler lassen sich gewisse Verhaltensweisen und Abläufe vor, während und nach dem Spiel beobachten, die als häufig wiederkehrende Verhaltensmuster mehr oder weniger nachvollziehbar erscheinen. So werfen zum Beispiel manche Spieler:innen beim Aufschlag den Ball extrem hoch, andere tippen den Ball vor dem Schlag mehrmals auf den Boden oder gehen vor dem Rückschlag besonders weit in die Knie. Dabei atmen sie tief durch, um sich zu konzentrieren, oder feuern sich durch Selbstgespräche zusätzlich an. Werner Schlager berichtet aus seiner eigenen Tischtenniskarriere, dass er vor jedem Aufschlag bzw. Rückschlag kein bewusstes „Ritual" ausübe, sondern sich nur auf seine Atmung konzentriere: „So verlangsame ich meinen Puls" (Groß & Schlager, 2011, S. 34). Ob solche und andere typische Verhaltensmuster tatsächlich der Leistungssteigerung dienen, darüber gehen bei Spieler:innen und Trainer:innen die Meinungen auseinander. Aus Sicht der sportwissenschaftlichen Forschung ist die Antwort jedoch eindeutig: Wenn bestimmte Handlungen in sogenannte Routinen integriert sind, dann tragen diese dazu bei, bestimmte im Training erworbene Verhaltensmuster (z. B. eine Auf- oder Rückschlagtechnik) stabil und erfolgreich unter Wettkampfbedingungen abzurufen (Weigelt & Steggemann, 2014). Das führt wiederum zur Steigerung der sportlichen Leistung. Dabei werden Routinen zu ganz unterschiedlichen Zwecken eingesetzt, etwa um sich auf einen Wettkampf vorzubereiten, seine Nervosität zu senken, oder auch zur Verarbeitung von Misserfolg.

Während eines Tischtennisspiels können Routinen insbesondere in sechs Bereichen helfen:

1. die eigenen Emotionen zu kontrollieren,
2. die eigenen Gedanken zu ordnen und das Ziel der Aufgabe in den Blick zu nehmen,
3. die Aufmerksamkeit auf das (aktuelle) Spielgeschehen zu fokussieren,
4. auf handlungsrelevante Informationen bei sich selbst und in der Umwelt zu achten,
5. die eigene Handlung und den Spielverlauf zu planen und
6. sich für die nächsten Ballwechsel zu motivieren.

Es existiert eine schmale Grenze zwischen den funktionalen Wettkampf- und Leistungsroutinen zu sogenannten „Ritualen". Rituale sind in der Regel an Aberglauben geknüpft und weisen einen eher zeremoniellen Charakter auf.

▶ **Routinen versus Rituale** Häufig werden Routinen und Rituale in der Praxis synonym verwendet. Dies kommt daher, dass Rituale, wie zum Beispiel das Tragen eines bestimmten Kleidungsstückes, die Farbe des Kantenbandes am Schläger oder der Gewinn des Aufschlagsrechts vor einem Spiel, unter gewissen Umständen eine positive Wirkung auf die Spieler:innen haben können, indem sie sie gegebenenfalls beruhigen oder ihnen Selbstbewusstsein verschaffen. Dieser positive Einfluss bricht jedoch schnell zusammen, wenn das jeweilige Ritual aus irgendwelchen Gründen nicht durchgeführt werden kann (z. B. weil das Kleidungsstück in der Wäsche ist, das Kantenband ausgegangen ist oder das Aufschlagrecht verloren wurde). Grundsätzlich unterscheidet sich eine Routine darin, dass sie einen direkten Einfluss auf die anschließende Leistung hat. Ein Beispiel soll dies verdeutlichen: Wenn sich eine Spielerin oder ein Spieler vor dem Wettkampf gut erwärmt und sich ausreichend einspielt (physische Vorbereitung), sich fünf Minuten vor dem Beginn kurz zurückzieht, um eine Atementspannung gegen die Aufregung durchzuführen (Aktivationsregulation) und besondere Schlagfolgen und Taktikvarianten noch einmal vor dem geistigen Auge durchzugehen, dann sollte sich dies im besten Fall positiv auf die Leistung auswirken. Ob die Spielerin oder der Spieler dabei ein rotes oder blaues Kantenband an den Schläger klebt, sollte dagegen irrelevant für die anschließende sportliche Leistung sein.

Entscheidend bei (funktionalen) Routinen ist, dass sie neben festen Elementen auch flexible Anteile enthalten, die in einem direkten Bezug zu der zu erbringenden Leistung stehen. Wenn eine bestimmte Routine erst einmal erworben ist, dann kann sie den Spieler:innen helfen, sich optimal auf den Leistungsabruf vorzubereiten und sich mithilfe der flexiblen Anteile an unvorhersehbare und wechselnde Umstände (z. B. verspätete Ankunft an der Wettkampfstätte, ungewohnte Lichtverhältnisse, ein/e andere:r Gegner:in als erwartet aufgrund von Verletzungen etc.) anzupassen. Eine solche Anpassung wird dabei nicht nur durch die flexiblen Anteile der Routine ermöglicht, sondern auch durch die festen Elemente, die oftmals als hochautomatisierte Handlungsmuster vorliegen und die von Anfang an einen stabilen Handlungsrahmen für die erfolgreiche Ausführung der Fertigkeit geben. Beim Entwickeln von Routinen ist daher zu beachten, dass sie sich aus stabilen und flexiblen Elementen zusammensetzt, die individuell an das sportartspezifische Anforderungsprofil angepasst sowie an die Erfahrung der betreffenden Spieler:innen geknüpft werden müssen. Des Weiteren sind bei der Entwicklung der Start, der Ablauf und das Ende der jeweiligen Routine voneinander zu unterscheiden. Außerdem treten bei der Gewichtung der psychologischen Leistungskomponenten Kognition, Emotion und Motivation individuelle Unterschiede auf. Das heißt, dass ein und dieselbe Routine bei einer Tischtennisspielerin oder einem Tischtennisspieler unterschiedlich wirken kann. Beispielsweise spricht sie bei dem einen eher motivationale Aspekte, bei dem anderen eher emotionsregulierende Aspekte an. Zusätzlich ist zu beachten, dass Routinen immer inhaltliche Schwerpunkte setzen. So kann eine Routine ihren Schwerpunkt beispielsweise auf Bewältigungsstrategien legen, die den Umgang mit negativen Emotionen erleichtern sollen.

> „Ich habe mit einem Psychologen so eine Art Ritual ausgearbeitet, das ich vor jedem Spiel durchführe und das mich beruhigt: ich wärme mich auf, gehe zur Toilette und höre abschließend noch etwas Musik." (Interview mit Thomas Schmidberger, Vizeweltmeister im Rollstuhltischtennis, vom 31. August 2012)

Weigelt und Steggemann (2014) unterscheiden zwei Klassen von Routinen: zum einen allgemeine Wettkampfroutinen und zum anderen spezifische Leistungsroutinen. Allgemeine Wettkampfroutinen werden vor, während und nach dem Wettkampf eingesetzt. Beispiele sind allgemeine Routinen zur Wettkampfvorbereitung, besondere Routinen zum Stressabbau zwischen zwei Spielen oder bestimmte Routinen zur körperlichen und geistigen Erholung. Dagegen dient der Einsatz von spezifischen Leistungsroutinen zur positiven Beeinflussung des aktuellen Spielverlaufs. Dies kann beispielsweise durch spezifische Aufschlag- oder Rückschlagroutinen, die Handtuchpause nach sechs Ballwechseln oder eine bestimmte Routine zur Misserfolgsbewältigung nach einem verlorenen Punkt geschehen. Routinen unterscheiden sich also hinsichtlich ihrer Zielspezifität (allgemeine Wettkampfroutinen vs. spezifische Leistungsroutinen) und des Zeitpunktes ihres Einsatzes (vor, während oder nach einem Ereignis). Die Länge einer Routine kann zwischen einigen wenigen Sekunden und mehreren Stunden variieren. Eine gute Routine muss sich an den sportartspezifischen Randbedingungen orientieren. Zum Beispiel darf eine spezifische Leistungsroutine beim Aufschlag nur wenige Sekunden in Anspruch nehmen, da die Zeit zwischen den Ballwechseln begrenzt ist (Abb. 3.10).

Zunächst beginnt die Routine, indem sich der/die Spieler:in entscheiden muss, ob er/sie sich mit der Rückhand oder Vorhand zum Tisch orientiert (Element „Grundorientierung"). Diese Entscheidung trifft er/sie unter Berücksichtigung der eigenen Stärken (dominanter Spielertyp bzgl. der Vorhand oder Rückhand; Abschn. 6.2) sowie der Schwächen des Gegners (z. B. Platzierung für sensible Tischpositionen). Die Struktur dieses Elements ist stabil, da dies immer die kognitive Verarbeitung von Informationen über die eigene Position und die des Gegners in Relation zum Tischtennistisch beinhaltet. Das Element „PTRF-Effekte") ist dagegen variabel strukturiert, denn es beinhaltet die verschiedenen Platzierungsmöglichkeiten des Aufschlages, dessen Tempo, Rotation und Flughöhe, aber auch die eigenen und fremden Materialeigenschaften. Die Entscheidung, wie der Aufschlag ausgeführt werden soll, wird durch eine Reihe kognitiver Prozesse unterstützt. Gleichzeitig müssen die eigenen Emotionen kontrolliert werden, wenn man sich bspw. für eine sehr riskante Aufschlagvariante entscheidet (Abschn. 4.3.1). Dies setzt den flexiblen Einsatz unterschiedlicher Techniken zur Emotionskontrolle voraus.

Das Element „Erfolgsimagination" beeinflusst die kognitive und die motivationale Leistungskomponente, indem es flexibel an die aktuelle Leistungssituation angepasst wird. Aus kognitiver Sicht erfordert dies ein hohes Maß an Aufmerksamkeit und Konzentration, um sich die Aufschlagtechnik detailliert mental vorzustellen. Die Zielsetzung wird durch die Auswahl eines psychoregulatorischen Fokus hin zum „Risiko" oder „Sicherheit" sowie durch den Einsatz unterschiedlicher Selbstinstruktionen unterstützt. Unmittelbar danach folgt das Element „Schlagvorbereitung", zum Beispiel durch rhythmisches Prellen des Balles, gekoppelt mit der Kontrolle der Atmung zur optimalen Ansteuerung der nachfolgenden Bewegung. Dieses Verhalten soll zur Stabilisierung der eigenen Emotionen vor der Bewegungsausführung beitragen. Ebenfalls stabil ist das

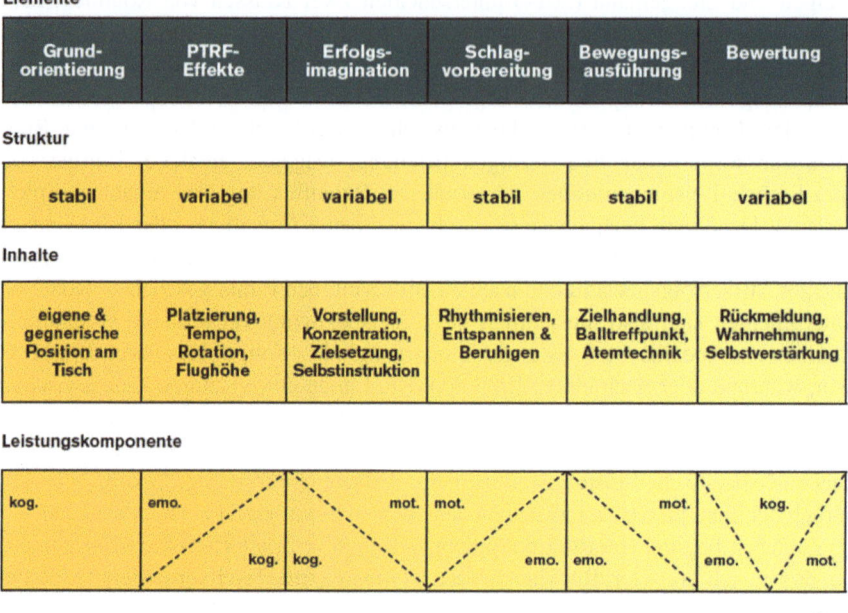

Abb. 3.10 Struktureller Aufbau einer Aufschlagroutine im Tischtennis als Beispiel für eine Pre-Performance Routine. Bei den Leistungskomponenten steht „kog." für kognitive, „emo." für emotionale und „mot." für motivationale Prozesse. (Aus Klein-Soetebier & Weigelt, 2014, S. 12)

Element „Bewegungsausführung", in welchem die Zielhandlung vollzogen wird. Dafür wird der Treffpunkt auf der anderen Seite des Tisches vorab fixiert und der Handlungsvollzug (d. h. der Aufschlag) durch eine Atemtechnik (z. B. bewusstes Ausatmen) stabilisiert. Dadurch werden motivationale und emotionale Leistungskomponenten integriert. Die Routine endet mit dem Element „Bewertung". Die rückblickende Bewertung (nach dem Ballwechsel) orientiert sich am Ergebnis, welches der/die Spieler:in durch den Rückschlag des Gegenspielers als direkte Rückmeldung über die Qualität des Aufschlages erhält. Es werden alle drei Leistungskomponenten angesprochen, indem der Rückschlag bewusst (kognitiv) wahrgenommen wird, sich der/die Spieler:in (motivational) positiv selbst verstärkt und die eigenen Gefühle bzgl. des Ergebnisses (emotional) kontrolliert werden.

Beispiel

Der Chinese Ma Long ist ein prominentes Beispiel, der eine Aufschlagroutine nutzt. Vor jedem Aufschlag tippt er mit dem Ball auf den Tisch, wirft ihn anschließend sehr hoch und krümmt den Körper beim Schlag extrem.

Der Weißrusse Vladimir Samsonov, mehrmaliger Europameister und Vize-Weltmeister im Einzel (1997), wirft den Ball ebenfalls extrem hoch, steht dabei aber wesentlich seitlicher und aufrechter zum Tisch. Dimitrij Ovtcharov (Europameister von 2013 & 2015; Bronze bei Olympia 2012 & 2021) geht extrem tief in die Hocke und ist für seine Rückhandaufschläge bekannt, bei denen er vor der Ausführung seinen kompletten Unterarm auf die Oberfläche des Tisches auflegt und den Ball mit schräg gelegtem Kopf fokussiert. Bei den Damen fällt besonders Deutschlands Han Ying (Europameisterin von 2013–2015 im Team) auf. Die Abwehrspielerin ist für ihr variantenreiches Aufschlagspiel bekannt, bei dem sie häufig den Schläger dreht, um mal mit dem Noppen-Außen- und mal mit dem Noppen-Innen-Belag (Abschn. 2.3.3) zu servieren. Ein hoher Ballanwurf und gute Platzierungen helfen ihr dabei, viele Punkte bereits direkt mit dem Aufschlag oder spätestens durch einen schlechten Rückschlag zu erzielen. Diese oder ähnliche Beobachtungen lassen sich bei allen Spieler:innen finden, wobei jede/r einen eigenen, individuellen, immer wiederkehrenden Bewegungsablauf hat. ◄

Aus psychologischer Sicht interessant sind die Bewegungen, die nicht direkt mit dem Aufschlag im Zusammenhang stehen, sondern lediglich als Vorbereitung dienen, beispielsweise das Tippen oder Streichen über den Tisch und den Schläger, das tiefe Durchatmen, welches der Konzentration und der Vorspannung für die anschließende Bewegungsausführung, den eigentlichen Leistungsabruf, dient (Klein-Soetebier & Weigelt, 2014).

Allgemeine Wettkampfroutinen sind in der Regel deutlich länger und komplexer. Dies kann zum Beispiel bereits eine Routine beim Packen der Sporttasche, bei der Gestaltung der Anreise, bestimmte Erwärmungsübungen oder das Einspielen am Tisch betreffen. Das Führen eines „Gegnertagebuchs" (Klein-Soetebier & Weigelt, 2014) kann dabei helfen, bei einem erneuten Aufeinandertreffen auf Erfahrungen und Erkenntnisse aus einem früheren Spiel zurückgreifen zu können. Dabei dokumentiert der/die Spieler:in unmittelbar nach jedem Spiel die Stärken und Schwächen der Gegnerin oder des Gegners sowie die eigenen gelungenen und misslungenen Aktionen und Reaktionen. Diese können dann zur Vorbereitung auf das aktuelle Spiel genutzt werden.

Zusammengefasst können Routinen im Sport eingesetzt werden, um die Leistungen der Spieler:innen im Wettkampf zu stabilisieren und an die aktuelle Situation anzupassen. Dabei bieten sie einen Handlungsrahmen, in welchem die kognitive, motivationale und emotionale Leistungskomponente optimal auf die sportliche Leistungssituation abgestimmt wird. Grundsätzlich lassen sich zwei Klassen von Routinen unterscheiden. Dies sind allgemeine Wettkampfroutinen und spezifische Leistungsroutinen, die jeweils vor, während oder nach einem bestimmten Ereignis eingesetzt werden können. Leider stellt die gezielte und systematische Verwendung von Routinen bis heute in vielen Sportarten eine wichtige Leistungsreserve dar, die bislang nur unzureichend trainiert und genutzt wird.

3.3.3 Exekutivfunktionen im Tischtennis

Wenn Tischtennisspieler:innen in der Halle am Tisch stehen, dann laufen automatisch viele (kognitive) Prozesse ab: Die Spieler:innen nehmen ihr Umfeld war, Gedanken an das anstehende Spiel rasen durch den Kopf, sie erkennen vielleicht ihre Gegner:innen und erinnern sich an das letzte Aufeinandertreffen. Dies fällt unter den Begriff der Kognition: Es sind jene Prozesse, die das Wahrnehmen (Abschn. 3.3.1), Denken, Erkennen, Erinnern und Verarbeiten betreffen. Kognitives Training verfolgt das Ziel, diese Prozesse zu verbessern. Doch warum ist das so wichtig? Wie zu Beginn dieses Kapitels verdeutlicht, gehen die Anforderungen an die Sportler:innen über die reine Technik (Kap. 4) hinaus. Es geht darum, einen gegnerischen Schlag zu antizipieren, auf diesen reaktionsschnell zu reagieren und dann ein gutes Timing in seinem eigenen Schlag zu haben. An allen diesen Teilschritten des Spiels sind kognitive Prozesse beteiligt.

Prozesse, die vor allem in der Forschung immer wieder in den Mittelpunkt des Interesses rücken, sind die Exekutivfunktionen (Heisler & Klein-Soetebier, 2020). Sie können als Sammelbegriff für jene Prozesse verstanden werden, die an der Steuerung und Planung von Handlungen beteiligt sind. Sie gelten demnach als übergeordnete Kontrollprozesse, die während eines Tischtennisspiels permanent aktiv sind und somit auch einen Einfluss auf die Leistung der Tischtennisspieler:innen haben. Zu den Exekutivfunktionen gehören laut klassischer Dreiteilung (Miyake et al., 2000):

1. das Arbeitsgedächtnis – kurzfristige Bereithaltung von Informationen,
2. die Inhibition – Unterdrückung (unangemessener) Reaktionen/Impulse,
3. die kognitive Flexibilität – Perspektivwechsel/Anpassungsfähigkeit an verschiedene Kontexte.

Diese drei Formen der Kognition werden im Folgenden beschrieben und konkrete Übungen für das praktische Tischtennistraining gegeben.

3.3.3.1 Arbeitsgedächtnis
Die Rolle des Arbeitsgedächtnisses ist es, wichtige Informationen im Gedächtnis zu behalten, um im nächsten Moment mit diesen weiterzuarbeiten. Das Arbeitsgedächtnis hat dabei einen begrenzten Speicher und muss somit immer wieder Platz für neue Informationen schaffen. Als Tischtennisspieler:in achtet man darauf, wie das Gegenüber positioniert ist und zum Schlag ansetzt. Diese Informationen werden zwischengespeichert und fließen direkt in die eigene Schlagreaktion mit ein. So nehmen Spieler:innen beispielsweise wahr, dass sich die/der Gegner:in leicht in die Rückhandecke bewegt, und sie schließen daraus, dass sie oder er vermutlich umspringen will, um mit der Vorhand zu agieren. Je nach Erfahrung gegen diese/n Spieler:in und Spielverlauf (ebenfalls im Arbeitsgedächtnis hinterlegt) können die Spieler:innen versuchen, daraus zu antizipieren, ob der Gegner den

3.3 Psychologische Leistungskomponenten im Tischtennis

Ball diagonal in die Rückhand oder parallel in ihre Vorhand spielt. Das Arbeitsgedächtnis scheint demnach eine wichtige Rolle im Entscheidungsverhalten zu spielen (Vaeyens, et al., 2007). Neben dem Entscheidungsverhalten ist das Arbeitsgedächtnis auch maßgeblich an der Kontrolle und Regulierung der Aufmerksamkeit beteiligt (Furley & Memmert, 2010). Es ermöglicht uns, den Aufmerksamkeitsfokus gezielt auszurichten, beispielsweise auf den Rumpf oder das Schlägerblatt der/s Gegenspieler:in. Das Arbeitsgedächtnis kann als eine Art Grundlage für weitere kognitive Prozesse verstanden werden, da hier erst einmal die wichtigen Informationen gesammelt und für die weitere Prozessierung bereitgehalten werden.

Um das Arbeitsgedächtnis zu trainieren, sollten Übungen gewählt werden, bei denen der eigene „mentale Zwischenspeicher" immer wieder mit Informationen gefüllt wird. Dabei ist es wichtig, die Menge an Informationen schrittweise zu steigern, bis ein Limit erreicht ist. Spieler:innen berichten immer wieder davon, dass es ihnen zunächst schwerfällt, komplexe (v. a. unregelmäßige) Übungen mit einer hohen Qualität zu spielen, wenn sie dies nicht gewohnt sind. Nach wenigen Wochen stellt sich der Kopf jedoch auf diese Komplexität ein. Dieses oben genannte „Limit" gilt es im Zuge des Trainings auszuweiten, sodass am Ende mehr Informationen im Gedächtnis zwischengespeichert werden können. Für eine mögliche Übung für das Training könnte eine Hälfte des Tisches in 16 Felder (je nach Schwierigkeitsgrad kann die Anzahl erhöht oder gesenkt werden) unterteilt werden (z. B. mit Kreppband, Kreide o.Ä.). Die Felder werden durchnummeriert (Abb. 3.11). Zusätzlich benötigt man eine Ballkiste (Abschn. 5.2.2) mit 20–40 Bällen. Der/Die Trainer:in oder der/die Trainingspartner:in sagt drei Zahlen auf, die der/die Spieler:in auf Zuspiel aus der Ballkiste anspielen muss. Hat er/sie dies geschafft, nennt der/die Trainer:in 4 Zahlen und der/die Spieler:in spielt wiederum diese Folge ab. Macht der/die Spieler:in einen Fehler, bleibt er/sie bei der vorherigen Stufe. Als Variante können die Übenden auch in der Grundübung akustische Reize (durch die Ansage des Trainers/der Trainerin) erhalten, allerdings ist es wichtig, die Reizquellen zu verändern. Beispielsweise lassen sich alternativ die Zahlen auf einem Zettel zeigen und der/die Spieler:in muss sich diese kurz einprägen (max. 10 s).

Darüber hinaus lässt sich die Übung je nach Trainingsschwerpunkt auch mit bestimmten Techniken (z. B. Aufschlag/Rückschlag) oder taktischen Elementen (z. B. indem die Zahlen sinnvolle Platzierungen darstellen) kombinieren. Es stellt quasi eine Ergänzung des normalen Trainingsbetriebs dar. Je nach Trainingsniveau lassen sich auch gröbere oder feinere Zielfelder auf dem Tisch markieren.

3.3.3.2 Inhibition

Unter Inhibition versteht man im Tischtenniskontext die Impulsunterdrückung. Genauer also: dass ein aufkommender Gedanke oder eine initiierte Handlung plötzlich abgebrochen und gestoppt wird. Auch diese Funktion spielt im Sport eine wichtige Rolle.

Abb. 3.11 Vorbereitung für eine Übung für das Arbeitsgedächtnis. Mit handelsüblichem Kreppband (oder Tape) wird eine Hälfte des Tisches in 16 Felder (je nach Schwierigkeitsgrad kann die Anzahl erhöht oder gesenkt werden) unterteilt und nummeriert (z. B. mit Kreide oder ebenfalls mit beschriftetem Kreppband). Spieler:innen können nun üben einzelne Platzierungen gezielt anzuspielen. (In Anlehnung an Heisler & Klein-Soetebier, 2020, S. 37)

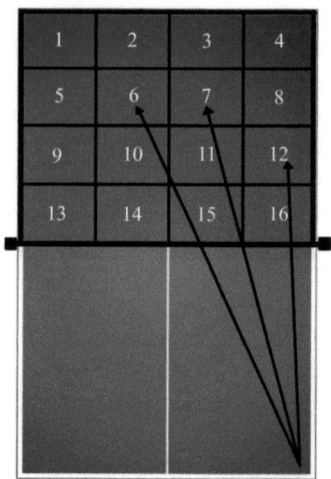

> **Beispiel**
>
> Beispielsweise kann im Laufe eines Satzes oder zum Satzende vorkommen, dass Tischtennisspieler:innen von ihrem Gegenüber immer mehr unter Druck gesetzt werden. Sie weichen aufgrund des hohen Zeitdrucks (unbewusst) immer weiter zurück. Diese Tendenz, sich weiter hinter den Tisch zurückfallen zu lassen, erleichtert es dem Gegenüber, das Spiel zu dominieren. Um die Kontrolle über das Spiel zurückzuerlangen, sollte der Spieler oder die Spielerin tischnäher spielen, damit der Gegner bzw. die Gegnerin selbst weniger Zeit zur Verfügung hat. Hier gilt es, das (meist unbewusste) Fluchtverhalten nach hinten zu inhibieren. Hinweise von außen können den Spieler:innen dies bewusst machen. Andere Beispiele für eine gelungene Inhibition sind das Abwarten, bis der Ball in der optimalen Position ist (z. B. beim Schuss nicht zu früh zu schlagen), oder bei dem Rückschlag eines Aufschlages eine Täuschungshandlung der/des Gegner:in (z. B. zweite Phase) zu ignorieren. In den beschriebenen Beispielen sind immer kurz vor dem Schlag Inhibitionsprozesse aktiviert. ◄

Um die Inhibitionsfähigkeit zu trainieren, gilt es, im Training bewusst seine geplante Handlung zu unterbrechen bzw. gar nicht erst zu starten. Dafür eignen sich Übungen, bei denen unter bestimmten Bedingungen etwas explizit nicht getan werden darf. Eine mögliche Übung könnte so aussehen, dass während einer regelmäßigen Übung (z. B. Topspin gegen Block oder Spin gegen Spin) ein Signal des Trainers bzw. der Trainer:in (oder des/der Spielpartner:in) erfolgt, woraufhin der Ball nicht gespielt werden darf, sondern quasi „durchläuft". Auch wenn es zunächst nicht zielführend klingt, einen Ball einfach durchlaufen zu lassen, da dies im richtigen Wettkampf nicht sinnvoll ist, kann diese gezielte Ablenkung die volle Konzentration auf den Moment fördern und unterbricht zudem den gewohnten, automatisierten Schlagrhythmus, sodass man im Wettkampf auch flexibler bei ungewohnten Aktionen des Gegners ist (Luthardt, 2015). Als Variante, wenn nicht mit einem Trainer/einer Trainerin, sondern Trainingspartner:in gespielt wird, wechseln nach circa 20 Durchgängen die Rollen. Außerdem kann auch hierbei statt eines akustischen Signals ein visuelles gezeigt werden. So kann die Regel gelten, dass, sofort unterbrochen werden muss, wenn ein Arm gehoben wird. Um die Schwierigkeit zu erhöhen, könnte statt des sehr auffälligen Arms eine weniger prägnante Bewegung als Reiz dienen, wie beispielsweise das Anlegen der Hand an den Oberschenkel. Diese Übung schult dadurch nicht nur die Inhibition, sondern auch die Wahrnehmung (Abschn. 3.3.1).

Unter Inhibition versteht man ebenfalls die Unterdrückung unerwünschter Verhaltensweisen. So können auch negative Selbstgespräche, die sich mit dem vorherigen Ballwechsel befassen, die Konzentration auf den nächsten – eigentlich wichtigen – Ballwechsel stören. Im Training kann daher im Sinne der Inhibition die Regel aufgestellt werden, dass während eines (Trainings-)Wettkampfes phasenweise nicht gesprochen werden darf. Dies fällt vielen schwer und fordert ein hohes Maß an Impulsunterdrückung.

3.3.3.3 Kognitive Flexibilität

Unter der kognitiven Flexibilität versteht man die Fähigkeit, zwischen Regeln, Kontexten oder Perspektiven wechseln zu können. Dies ist eng verbunden mit der Anpassungsfähigkeit (Abschn. 3.2.3.6). Es ermöglicht, gelerntes Verhalten oder Strategien flexibel an die gegebenen Umstände anzupassen: Wenn Tischtennisspieler:innen beispielsweise bei einem Auswärtsspiel Probleme mit dem Ball oder dem Tisch haben oder der Boden ihnen zu stumpf/zu rutschig ist. Eine gut ausgeprägte kognitive Flexibilität ermöglicht es dann, das Spielverhalten (z. B. Balltreffpunkt, Schlägerblatt, aber auch die Spieltaktik, z. B. mehr mit der Rückhand zu agieren anstatt umzuspringen, Bälle etwas höher anzusetzen, wenn der Absprung flach ist) an die Situation anzupassen. Kognitiv flexibel zu sein heißt auch sich von bestimmten, unerwarteten Ereignissen (z. B. die/der Gegner:in spielt komplett anders als erwartet) oder Spieländerungen (z. B. ein Teammitglied fällt kurzfristig aus und man spielt im Mannschaftsbetrieb plötzlich eine Position höher und/oder gegen andere Gegner:innen) nicht aus dem Konzept bringen zu lassen.

Es geht bei kognitiver Flexibilität demnach um die Fähigkeit, zwischen Regeln, Kontexten oder Perspektiven wechseln zu können. Übungen, die dies trainieren, sind darauf ausgerichtet, immer wieder das Verhalten zu wechseln. Eine mögliche Übung ist, dieses Umschalten wiederum über ein akustisches oder visuelles Signal zu steuern. Eine beliebige regelmäßige Übung (z. B. VH-Topspin aus Mitte und VH-Topspin aus der Rückhand gegen RH-Block; Abschn. 5.3.5) wird so lange gespielt, bis der/die aktive Spieler:in einen sicheren Ball in die Vorhand (statt RH) spielt. Der/Die zuvor passive Spieler:in versucht dadurch, in die aktive Rolle zu gelangen und die Übung fortzusetzen (also erst VH-Topspin aus VH in RH, dann aus RH und Mitte in RH). Dadurch dass der/die Blockspieler:in permanent bereit sein muss, die aktive Rolle einzunehmen, wird die kognitive Flexibilität gestärkt.

Auch in Aufschlag-/Rückschlag-Übungen lassen sich vorab flexible Regeln definieren (z. B.: Bei halblangem Aufschlag in die Rückhand erfolgt ein langer Schupf auf den Ellenbogen, dann ein VH-Topspin des Aufschlägers in eine Ecke. Hingegen muss bei einem kurzen Aufschlag in die VH ein VH-Flip in die Vorhand resultieren, dann ein VH-Topspin des Aufschlägers parallel in die Rückhand). Je nach Trainingsniveau lassen sich diese flexiblen Elemente schrittweise einbauen (z. B. zunächst nur halblange Aufschläge in die Rückhand, bis die Übung funktioniert). Als Variante lassen sich visuelle oder akustische Reizen ergänzen (z. B. ruft der/die Trainer:in auf einen kurzen Aufschlag „Flip" [Abschn. 4.4.3], wird dieser kurzfristig geflippt, ansonsten kurz abgelegt). Um die kognitive Flexibilität zu fördern, können auch kompliziertere akustische Signale, die ein Umdenken erfordern (z. B. bei Tiergeräuschen wird mit Vorhand, bei menschlichen Geräuschen mit Rückhand eröffnet), genutzt werden. Eine Spielform, die die kognitive Flexibilität anspricht, ist das Spiel **„Hopp-oder-Topp"**, welches in Abschn. 4.3.2 beschrieben wird.

Zusammenfassend lohnt es sich, Übungen explizit darauf auszurichten exekutive Funktionen gezielt anzusprechen und Trainingseffekte in diesem Bereich zu erlangen. Neben den aufgeführten Übungen sind in der Trainingsgestaltung zur Verbesserung der kognitiven Prozesse, genauer: der Exekutivfunktionen, der Kreativität der Trainer:innen und Übungsleiter:innen keine Grenzen gesetzt. Die beschriebenen Übungen können dabei als Ausgangspunkt für die Weiterentwicklung von Übungen dienen und auch eine Kombination mehrerer Elemente enthalten. Eine Kombination eignet sich in einem fortgeschrittenen Stadium. Zu Beginn des (kognitiven) Trainings ist eine separate Durchführung der Schwerpunkte zu empfehlen, um Fortschritte und Potenziale besser identifizieren zu können.

Fragen zu Kapitel 3

1. Warum sind die konditionellen Fähigkeiten Kraft, Ausdauer, Schnelligkeit und Beweglichkeit auch im Tischtennis von großer Bedeutung?
2. Worin liegt der Unterschied zwischen der Handlungs- und der Reaktionsschnelligkeit?
3. Um erfolgreich Tischtennis zu spielen, benötigt man alle sieben koordinativen Fähigkeiten. In welchen Trainings- oder Wettkampfsituationen benötigt man speziell welche Fähigkeit?
4. Was versteht man unter der (Erfahrungs-)Antizipation im Tischtennis? Geben Sie ein konkretes Beispiel dafür, wie sich eine ‚gute Antizipationsfähigkeit' bemerkbar macht.
5. Welche drei psychologischen Determinanten spielen im Tischtennis eine Rolle und stehen in ständiger Wechselwirkung zueinander?

Literatur

Aderhold, L. & Weigelt, S. (2011). Laufen... durchstarten und dabeibleiben – vom Einsteiger bis zum Ultraläufer (plus Trainingspläne). Schattauer.

Ak, E., & Kocak, S. (2010). Coincidence-anticpation timing and reaction time in youth tennis and table tennis players. *Perceptual and Motor Skills, 11*, 879–887.

Beckmann, J., & Elbe, A.-M. (2008). *Praxis der Sportpsychologie im Wettkampf- und Leistungssport.* Spitta Verlag.

Bös, K. & Mechling, H. (1983). Dimensionen sportmotorischer Leistungen. Hofmann.

Bührle, M. (1985). Dimensionen des Kraftverhaltens und ihre spezifischen Trainingsmethoden. In Bührle, M. (Hrsg.), Grundlagen des Maximal und Schnellkrafttrainings (S. 83–111). Hofmann.

Csinady, E., & Arnoti, T. (1955). Studium des Grundreflexvorganges bei Leistungssportlern nach neuen Gesichtspunkten. *Theorie und Praxis der Körperkultur, 4*, 450–458.

Deutsche Tischtennis-Akademie [DTTA] (2021). 2. Online-Kongress Sportentwicklung vom 14.–18. Juni 2021; Frankfurt. https://www.tischtennis.de/onlinekongress.html#c57406.

Deutscher Tischtennis-Bund [DTTB] (Hrsg.). (2004). Tischtennis Lehrplanreihe. Psychologie im Tischtennis. Erfolgreich spielen – Erfolgreich coachen. Schimmel.

Deutscher Tischtennis-Bund [DTTB] (2005/2011). Tischtennis Lehrplanreihe. Konditionstraining im Tischtennis. Fit für das schnellste Rückschlagspiel der Welt. Schimmel.

Deutscher Tischtennis-Bund [DTTB] (2019). Rahmentrainingskonzeption des DTTB (Hrsg.). Frankfurt, 03.07.2019 https://www.tischtennis.de/fileadmin/images/10_Topsport/Konzepte___Kriterien/5.3.1_Rahmentrainingskonzeption_2019_mit_IAT_Olympiaanalyse.pdf.

Dorissen, P., & Klein-Soetebier, T. (2019). Spielerisches Koordinationstraining – Praktische Tipps und Übungen zum Training der koordinativen Fähigkeiten im Tischtennis. *Tischtennis, 3*, 48–49.

Eberspächer, H. (1995). *Mentales Training. Ein Handbuch für Trainer und Sportler* (6., aktualisierte und überarbeitete). Copress Stiebner.

Eberspächer, H. (2011). *Gut sein, wenn's drauf ankommt. Von Top-Leistern lernen* (3. überarbeitete). Hanser.

Eberspächer, H., Immenroth, M., & Mayer, J. (2002). Sportpsychologie – ein zentraler Baustein im modernen Leistungssport. *Leistungssport, 5*, 5–10.

Ehlenz, H., Grosser, M., & Zimmermann, E. (2003). *Krafttraining-Grundlagen, Methoden, Übungen, Leistungssteuerung, Trainingsprogramme.* BLV.

Elsner, B., & Prinz, W. (2012). Psychologische Modelle der Handlungssteuerung. In H.-O. Karnath & P. Thier (Hrsg.), *Kognitive Neurowissenschaften (Springer-Lehrbuch)* (S. 367–375). Springer.

Engbert, K., Droste, A., Werts, T., & Zier, E. (2011). *Mentales Training im Leistungssport. Ein Übungsbuch für den Schüler- und Jugendbereich.* Neuer Sportverlag.

Feltz, D. L., Landers, D. M., & Becker, B. J. (1988). *A revised metaanalysis of the mental practice literature on motor skill learning.* National Academy Press.

Ferrauti A. & Springer-Verlag GmbH. (2020). Trainingswissenschaft für die sportpraxis: Lehrbuch für studium ausbildung und unterricht im sport (1. Auflage 2020). Springer Berlin Springer Spektrum.

Fitts, P. M. (1954). The information capacity of the human motor system in controlling the amplitude of movement. *Journal of Experimental Psychology, 47*, 381–391.

Freiwald, J. (2013). Optimales Dehnen. Sport – Prävention – Rehabilitation. Spitta.

Friedrich, W. (2005). Konditionstraining im Tischtennis: Fit für das schnellste Rückschlagspiel der Welt. In: DTTB (Hrsg.) Tischtennis Lehrplanreihe. Schimmel Satz & Grafik GmbH & Co KG.

Friedrich, W. (2015). Hochintensives Intervalltraining im Tischtennis. *VDTT-Trainerbrief, 1*, 6–11.

Friedrich, W. (2017). *Beweglichkeitstraining und Dehnung. VDTT-Trainerbrief, 4,* 8–15.
Friedrich, W. (2022). *Optimales Sportwissen: Grundlagen der Sporttheorie und Sportpraxis (German Edition).* Spitta GmbH.
Furley, P., & Memmert, D. (2010). The role of working memory in sport. *International Review of Sport and Exercise Psychology, 3*(2), 171–194.
Fürste, F. (2012). Trainingsorganisation – Teil 1: Aufbau einer Trainingseinheit. *VDTT-Trainerbrief, 2,* 16–20.
Fröhlich, M. (2003). *Kraftausdauertraining – Eine empirische Studie zur Methodik.* Cuvillier.
Gabler, H., Nitsch, J. R., & Singer, R. (2000). *Einführung in die Sportpsychologie. Teil 1: Grundthemen* (4. unveränderte). Hofmann.
Gabler, H., Nitsch, J. R., & Singer, R. (2001). *Einführung in die Sportpsychologie. Teil 2: Anwendungsfelder* (2. Aufl.). Hofmann.
Groß, B.-U. (1992, 2007). *Tipps für Tischtennis.* Meyer & Meyer
Groß, B.-U. & Schlager, W. (2011). *Tischtennis perfekt!* Meyer & Meyer.
Hanin, Y. L. (2000). Individual Zones of Optimal Functioning (IZOF) Model: Emotion-Performance Relationship in Sport. In Y. L. Hanin (Hrsg.), *Emotions in Sport* (S. 65–89). Champaign.
Harre, D. (1986). *Trainingslehre. Einführung in die Theorie und Methodik des sportlichen Trainings.* Sportverlag.
Heinz, B., Pfeifer, K., & Söhngen, M. (2004). Effekte eines gesundheitsorientierten Ausdauertrainings mit Tischtennis. *Bewegungstherapie und Gesundheitssport, 20,* 170–177.
Heisler, S., & Klein-Soetebier, T. (2020). Train your Brain: Hintergründe und Trainingsempfehlungen des kognitiven Trainings. *Tischtennis, 6,* 36–37.
Hirtz, P. (1981). Koordinative Fähigkeiten – Kennzeichnung, Altersgang und Beeinflussungsmöglichkeiten. *Medizin und Sport, 21*(11), 348–351.
Hoffmann, J. (1993). *Vorhersage und Erkenntnis. Die Funktion von Antizipationen in der menschlichen Verhaltenssteuerung und Wahrnehmung.* Hogrefe Verlag.
Hohmann, A., Lames, M. & Letzelter, M. (2003). *Einführung in die Trainingswissenschaft.* Limpert.
Hohmann, A. M. L. (2022). *Einführung in die Trainingswissenschaft.* Limpert.
Hommel, B., Müsseler, J., Aschersleben, G., & Prinz, W. (2001). The theory of event coding (TEC): A framework for perception and action planning. *Behavioral and brain sciences, 24,* 849–937.
Huber, D., Kohl, M., Münzl, S., Schimmelpfennig, D., Schulte-Kellinghaus, S., Lüsebrink, I. & Weyers, N. (2009). *RKT Tischtennis (Rahmentrainingskonzeption für Kinder und Jugendliche im Leistungssport).* Limpert.
Iino, Y., & Kojima, T. (2011). Kinetics of the upper limb during table tennis topspin forehands in advanced and intermediate players. *Sports Biomechanics, 10*(4), 361–377.
Jacobson, E. (1996). *Entspannung als Therapie. Progressive Relaxation in Theorie und Praxis* (3. Aufl.). Pfeiffer.
Kamphues, N. (2005). Schriftliche Befragung zur Untersuchung und Bewältigung belastender Situationen im Wettkampf. *VDTT-Trainerbrief, 1,* 12–21.
Klein-Soetebier, T., & Keller, M. (2018). Der Tischtennis-Garten – Eine Spielform zur variablen Gestaltung des Tischtennisspiels. *Tischtennis, 10,* 48–49.
Klein-Soetebier, T., Noel, B., & Klatt, S. (2020). Multimodal perception in table tennis: The effect of auditory and visual information on anticipation and planning of action. *International Journal of Sport and Exercise Psychology, 19*(3), 1–14.
Klein-Soetebier, T. (2022). Spielerisches Koordinationstraining im Tischtennis. *SportPraxis, 3,* 34–37.
Klein-Soetebier, T., & Weigelt, M. (2014). Der Einsatz von Routinen im Tischtennis. *VDTT-Trainerbrief, 2/4,* 4–11/7–14.
Knollenberg, A. (1997). *Wahrnehmen und Lernen im Sportspiel: Theoretische Grundlegung und exemplarische Untersuchungen in natürlichen Spielsituationen der Sportart Tischtennis.* Unveröffentlichte Dissertation, Universität Jena.

Kondrič, M., Zagatto, A. M., & Sekulić, D. (2013). The physiological demands of table tennis: A review. *Journal of Sports Science and Medicine, 12*(3), 362–370.

Kröger, C. & Roth, K. (1999). *Ballschule – Ein ABC für Spielanfänger*. Hofmann.

Letzelter, M. (1978). *Trainingsgrundlagen*. Rowohlt Taschenbuch.

Luthardt, P. (2015). *Kreatives Tischtennistraining: Mal anders trainieren – 50 Übungen, die Spieler begeistern*. Philippka Sportverlag.

Luthardt, P., Muster, M. & Straub, G. (2016). *Tischtennis – Das Trainerbuch (Praxisideen – Schriftenreihe für Bewegung, Spiel und Sport)*. Hofmann.

Martin, D., Carl, K. & Lehnertz, K. (1991). *Handbuch Trainingslehre*. Hofmann.

Martin, D., Nicolaus, J., Ostrowski, C. & Rost, K. (1999). *Handbuch Kinder- und Jugendtraining*. Hofmann.

Mayer, J., & Hermann, H.-D. (2009). *Mentales Training. Grundlagen und Anwendung in Sport, Rehabilitation, Arbeit und Wirtschaft*. Springer.

Mayr, C., & Förster, M. (2012). *Spielend Tischtennis lernen: In Schule und Verein*. Limpert.

McAfee, R. (2009). *Table tennis. Steps to success*. Human Kinetics.

Meinel, K. & Schnabel, G. (1998, 2007). *Bewegungslehre – Sportmotorik: Abriss einer Theorie der sportlichen Motorik unter pädagogischem Aspekt*. Südwest.

Michaelis, R. & Sklorz, M. (2004). *Richtig Tischtennis*. BLV Verlagsgesellschaft.

Miyake, A., Friedman, N. P., Emerson, M. J., Witzki, A. H., Howerter, A., & Wager, T. D. (2000). The unity and diversity of executive functions and their contributions to complex "Frontal Lobe" tasks: A latent variable analysis. *Cognitive psychology, 41*(1), 49–100.

Neumaier, A. (2003). *Koordinatives Anforderungsprofil und Koordinationstraining. Grundlagen, Analyse, Methodik. Training der Bewegungskoordination*. (Bd. 1, 3., überarbeitete Aufl.). Strauß.

Neumaier, A., & Mechling, H. (1995). Allgemeines oder sportartspezifisches Koordinationstraining? *Leistungssport, 25*(5), 14–18.

Nitsch, J. R., Gabler, H. & Singer, R. (2000). Sportpsychologie – ein Überblick. In H. Gabler, J. R. Nitsch & R. Singer (Hrsg.), *Einführung in die Sportpsychologie. Teil 1: Grundthemen* (3. Aufl., S. 11–42). Hofmann.

Pahlke, U. (1999). Der Trainingsprozess aus sport-medizinischer Sicht. In G. Badtke (Hrsg.), *Lehrbuch der Sportmedizin* (S. 370–436). UTB für Wissenschaft.

Pampus, B. (2001). *Schnellkrafttraining* (2 überarb). Meyer & Meyer.

Ripoll, H. (1989). Uncertainty and visual strategies in table tennis. *Perceptual and Motor Skills, 68*(2), 507–512.

Roth, K. (1982). *Strukturanalyse koordinativer Fähigkeiten. Beiträge zur Bewegungsforschung im Sport* (Bd. 6). Limpert.

Roth, K. (1999). Das ABC des Spielens: Technik- und Taktiktraining im Anfängerbereich. *Techniktraining im Sport: 13. Darmstädter Sport-Forum* (S. 11–30).

Roth, K. (2005b). Koordinationstraining. In A. Hohmann, M. Kolb & K. Roth (Hrsg.), *Handbuch Sportspiel* (S. 327–334). Hofmann.

Schiefler, B. (2003). Wahrnehmung, Reaktion und Antizipation (Teil 1 & 2). *VDTT-Trainerbrief, 3*, 26–33.

Schimmelpfennig, D. (2008). *Beinarbeit. Unveröffentlichtes Skript zur A-Trainerausbildung im DTTB*.

Schnabel, G. (1998). Trainingslehre – Trainingswissenschaft: Entwicklung – Stand – Perspektiven. *Spectrum der Sportwissenschaften, 10*(1), 7–23.

Schnabel, G., Harre, D., & Borde, A. (1997). *Trainingswissenschaft*. Sport.

Schnabel, G., Harre, D., Krug, J. & Borde, A. (Hrsg.) (2008). *Trainingslehre – Trainingswissenschaft. Leistung – Training – Wettkampf*. Meyer & Meyer.

Schultz, J. H. (1932). *Das autogene Training (konzentrative Selbstentspannung)*. Thieme.

Sperlich, B. (2010). Zur Problematik der Ausdauerleistungsfähigkeit im Tischtennis (Interview). *VDTT-Trainerbrief, 1*, 26–28.

Steinhöfer, D. (2015). *Athletiktraining im Sportspiel – Theorie und Praxis zu Kondition, Koordination und Trainingssteuerung (Veränderte* (Neuaufl). Philippka.

Stoll, O., Alfermann, D., & Pfeffer, I. (2010). *Lehrbuch Sportpsychologie*. Huber.
Streuber, S., Knoblich, G., Sebanz, N., Bülthoff, H., & de la Rosa, S. (2011). The effect of social context on the use of visual information. *Experimental Brain Research, 214*, 273–284.
Tang, H., Mizoguchi, M., & Toyoshima, S. (2002). Speed and spin characteristics of the 40mm table tennis ball. *International Journal of Table tennis Science, 5*, 267–277.
Teuffel, F. (2011). *Timo Boll: Mein China. Eine Reise ins Wunderland des Tischtennis*. Schwarzkopf & Schwarzkopf.
Thienes, G. (1998). *Motorische Schnelligkeit bei zyklischen Bewegungsabläufen. Bewegung, Training, Gesundheit* (Bd. 6). LIT.
Thienes, G. (2003). Zum Einfluss interserieller Beweglichkeitsübungen auf die Kraftausdauer. *Spectrum der Sportwissenschaft, 15*(1), 71–90.
Vaeyens, R., Lenoir, M., Williams, A. M., & Philippaerts, R. M. (2007). Mechanisms underpinning successful decision making in skilled youth soccer players: An analysis of visual search behaviors. *Journal of Motor Behavior, 39*(5), 395–408.
Wagner, D. (2005a). Beinarbeit Teil 1 Nur fliegen ist schneller. *Tischtennis, 59*(6), 46–49.
Wagner, D. (2005b). Beinarbeit Teil 2.Immer in Bewegung: Notfalls aus vollem Lauf schlagen. *Tischtennis, 59*(7), 38–41.
Wahl, D. (2004). Mentales Training. „Eisenarm" und „flatternde Nerven" – Warum mentales Training beim Tischtennisspielen wichtig ist. *VDTT-Trainerbrief, 3*, 16–25.
Weigelt, M., & Steggemann, Y. (2014). Training von Routinen im Sport. In K. Zentgraf & J. Munzert (Hrsg.), *Kognitives Training im Sport* (S. 91–116). Hogrefe.
Weinberg, R. (1989). Anxiety, Arousal, and Motor Performance: Theory, Research, and Applications. In D. Hackfort, C. D. Spielberger. (Hrsg.), *Anxiety in sports: An international perspective* (S. 95–115).
Weineck, J. (2019). *Optimales Training. Leistungsphysiologische Trainingslehre unter besonderer Berücksichtigung des Kinder- und Jugendtrainings* (17. Aufl). Spitta.
Wirth, K. (2010/2011). Training der konditionellen Fähigkeit Kraft. 9-teilige Reihe von der Theorie in die Praxis. *Tischtennislehre, 1*, 15–17
Wohlgefahrt, K. (2004). *Spezielle Trainingslehre Tischtennis Handbuch für Trainer im Nachwuchsleistungssport*. Moers, Brendow & Sohn Verlag.
Wohlgefahrt, K., & Voelzke, M. (2002). Der Leistungsfaktor Koordination im Tischtennis. *VDTT-Trainerbrief, 1*, 4–19.
Wottschel, S., Wydra, G., & Bös, K. (2012). Beweglichkeit unter Trainings-und Wettkampfbedingungen. *Leistungssport, 5*, 47–52.
Xie, W., Teh, K. C., & Qin, Z. F. (2002). Speed and Spin of 40mm table tennis ball and the effects in elite players. *International Conference on Biomechanics in Sport, 3*, 623–626.
Zschau, H. (1999). Tischtennis. In A. Klümper (Hrsg.), *Sporttraumatologie. Handbuch der Sportarten und ihre typischen Verletzungen* (S. 1–18, 3. Erg. Lfg. 8/99). Ecomed.

Technik im Tischtennis

4

In diesem Kapitel werden grundlegende Techniken für ein erfolgreiches Tischtennisspielen erläutert. Dazu zählen die richtige Haltung des Schlägers, eine handlungsbereite Grundstellung in Erwartung des Ballwechsels, sowie eine ökonomische Beinarbeit, um zur richtigen Zeit in einer stabilen Position zum Ball positioniert zu sein (Abschn. 4.1). Die (Grund-)Schlagtechniken des Konters, Schupfs, Topspins werden in dem darauffolgenden Kapitel (Abschn. 4.2) jeweils beidseitig (d. h. für Vorhand und Rückhand) beschrieben und deren Sinn und Zweck im Wettkampfspiel aufgezeigt. Dem Aufschlag kommt im Tischtennis eine besondere Bedeutung zu, da dies der einzige Schlag im Ballwechsel ist, der unabhängig von dem Gegenüber und ohne direkten Zeitdruck ausgeführt wird. Die unterschiedlichen Mechanismen beim Auf- und einem adäquaten Rückschlag werden im darauffolgenden Kapitel (Abschn. 4.3) demonstriert. Abschließend werden ausgewählte Spezialtechniken veranschaulicht (Abschn. 4.4), die das Tischtennisspiel komplettieren, in der Regel (mit Ausnahme der Blocktechnik) jedoch erst in einem späterem Lernstadium systematisch trainiert werden.

Tischtennis gilt als eine sehr ‚techniklastige' Sportart, in der kleinste Veränderungen in der Schlagausführung (z. B. die Schlägerblattstellung, das exakte

---

Ergänzende Information Die elektronische Version dieses Kapitels enthält Zusatzmaterial, auf das über folgenden Link zugegriffen werden kann https://doi.org/10.1007/978-3-662-68019-3_4. Die Videos lassen sich durch Anklicken des DOI Links in der Legende einer entsprechenden Abbildung abspielen, oder indem Sie diesen Link mit der SN More Media App scannen.

© Der/die Autor(en), exklusiv lizenziert an Springer-Verlag GmbH, DE, ein Teil von Springer Nature 2024
T. Klein-Soetebier und A. Binnenbruck, *Tischtennis – Das Praxisbuch für Studium, Training und Freizeitsport,* Sportpraxis, https://doi.org/10.1007/978-3-662-68019-3_4

Timing, die Stärke des Bein- oder Fußabdrucks, die Größe des Arm-Rumpfwinkels usw.) große Konsequenzen für den produzierten Ball haben (Perger, 1986). Dadurch dass die Spielfläche des Tisches im Vergleich zu anderen Rückschlagsportarten (z. B. Tennis oder Badminton) relativ klein ist, ist die Fehlertoleranz entsprechend gering. Ungenauigkeiten in der Technik lassen sich auch nur in geringem Maße durch andere Qualitäten (bspw. Kampfgeist, Beinarbeit, Aggressivität o.Ä.) wettmachen. Wohingegen andere technikorientierte (meist kompositorische) Sportarten (z. B. rhythmische Sportgymnastik) durch die möglichst perfekte Ausführung einer präzisen Bewegungshandlung unter standardisierten Bedingungen begeistern, ist die Sportart Tischtennis nahezu das Gegenmodell. Luthardt und Kollegen (2016, S. 128) betonen, dass das „schnelle Sportspiel eine Vielzahl unterschiedlicher (Überforderungs-)Situationen beinhaltet, in denen die Spieler oft nicht mehr in der Lage sind, eine optimale Stellung zum Ball einzunehmen und daher die eher wenigen und einfacheren Techniken ständig variieren und anpassen müssen".

Es gilt daher auf eine stabile Grundtechnik zurückgreifen und diese auch in Wettkampfsituationen anwenden zu können. Dafür sollte sich an der Idealtechnik orientiert werden, um langfristig leistungshemmende Fehlerbilder (siehe Abschn. 8.3 zur den biomechanischen Grundlagen) zu vermeiden. Individuelle Schlagausführungen entwickeln sich dabei meistens von alleine und werden im Spitzensport an ein individuell optimiertes Spielsystem angepasst. Neue Techniken sollten zudem regelmäßig im Wettkampf erprobt und die Verbindung von Schlagtechniken (z. B. den Wechsel von Vorhand zu Rückhand, Schlagtechniken über dem Tisch und aus der Distanz, Eröffnen und Nachspielen) frühzeitig in den Lernprozess integriert werden.

Die im Nachfolgenden aufgezeigten Techniken der Griffhaltung, Grundposition und Beinarbeit (Abschn. 4.1) sowie die ersten Schlagtechniken des Konterns, Schupfens und Topspins (Abschn. 4.2), die Auf- und Rückschlagtechnik (Abschn. 4.3) sowie die ausgewählten Spezialtechniken (Abschn. 4.4) stellen eine grobe Orientierung dafür da, welche (technischen) Möglichkeiten für einen Tischtennisspieler oder eine Tischtennisspielerin existieren. Darauf aufbauend kann eine differenzierte Ausarbeitung einer eigenen Technik, die dem jeweiligen individuellen Stil entspricht, erfolgen.

4.1 Griffhaltung, Grundposition & Beinarbeitstechnik

4.1.1 Griffhaltungen

Im Tischtennissport haben sich zwei Schläger- oder besser Griffhaltungen etabliert: die Shakehandhaltung und den Penholdergriff (Friedrich & Fürste, 2012, S. 142). Bei der sogenannten „Shakehandhaltung" legt man das Schlägerblatt zwischen Daumen und Zeigefinger in die Hautfalte, die sich bildet, wenn sich Daumen und Zeigefinger der gestreckten Hand zueinander bewegen. Mittel-, Ring- und Kleinfinger umschließen den Griff des Schlägers (Perger, 1986;

Friedrich & Ernst, 2001; Schmeelk, 2014; Groß, 2015). Man greift den Schlägergriff dabei relativ mittig. Bei konkaven oder anatomischen Schlägergriffen (Abschn. 2.3.3) passiert dies in der Regel automatisch. Das Schlägerblatt bildet in einer neutralen Position eine Verlängerung des Unterarms. Gerade bei Anfänger:innen sollte hier darauf geachtet werden, dass das Handgelenk nicht eingeknickt ist und der Schläger nicht zu sehr von dieser sogenannten **Neutralposition** abweicht.

▶ **Neutrale Schlägerhaltung versus Rückhand-/Vorhand-Griff** Wie in vielen anderen Schlägersportarten (z. B. Hockey, Tennis, Badminton oder Lacrosse) greift man den Schläger abhängig von der Situation und der gewählten (Schlag-)Technik leicht unterschiedlich, um die Bewegungstechnik zu optimieren. Im Tischtennissport wird der Tischtennisschläger bei einem Vorhand-Topspin beispielsweise im Vorhand-Griff gehalten. Dabei ist der Schläger in der Hand leicht in Richtung Daumen gedreht. Bei rückhandorientierten Spieler:innen findet man bei vielen Schlägen (z. B. Rückhand-Schupf) hingegen häufig einen Wechsel in die Rückhand-Griffhaltung. Dabei ist der Schläger in der Hand eher in Richtung Zeigefinger/Handrücken gedreht. Insgesamt bieten der Vorhand- und Rückhandgriff bei der Shakehandhaltung zugleich Vor- und Nachteile bei einzelnen Schlägen. Die neutrale Griffhaltung ist dagegen ein Kompromiss, bei dem man auf die Vorteile (z. B. mehr Spin, mehr Handgelenkseinsatz etc.) verzichtet, aber auch die Nachteile der Vorhand- bzw. Rückhandgriffhaltung (z. B. sehr steife Haltung beim Rückhand-Griff, weniger Variation im Platzierungsspiel etc.) vermeidet.

Als bildliche Analogie (Abschn. 5.2.1) kann man die Shakehand-Griffhaltung – wie der Name der Haltung schon andeutet – mit dem Händeschütteln (im engl. *shake-hands*) vergleichen. Anstelle der Hand des Gegenübers wird quasi der Schläger gegriffen/geschüttelt. Am Übergang vom Griff zum Schlägerblatt liegt der Daumen (locker) auf, sodass er einen leichten Kontakt zum Belag auf der Vorhand-Seite hat. Der Zeigefinger wird nahezu gestreckt und liegt zum größten Teil am unteren Rand des Rückhand-Belages (Abb. 4.1, oben). In dieser Neutralposition (auch „Neutralgriff" genannt) lassen sich alle Vorhand- und Rückhandtechniken ausführen. Die Shakehand-Griffhaltung ist mittlerweile die meistverbreitete Schlägerhaltung weltweit. Bis Ende der 90er-Jahre wurde vor allem in Europa mit der Shakehand-Griffhaltung gespielt.

Seit Anfang der 2000er hat die Griffhaltung auch mehr und mehr Einzug in den asiatischen Raum gefunden. Dort sieht man zunehmend mehr Spieler:innen mit der Shakehandhaltung, aber auch noch viele mit der früher vorherrschenden „Penholder-Griffhaltung" (ITTF, 2017). Bei dieser (chinesischen) Penholder-Griffhaltung wird der Griff ähnlich einem Schreibstift gehalten (im engl. *hold pen*). Daumen und Zeigefinger bilden eine breite Zange mit den entsprechenden zwei Druckpunkten auf der Vorhandseite (Friedrich & Fürste, 2012). Der Zeigefinger umschließt dabei den Griff und liegt auf der Vorhand-Seite zwischen Belag und Griff auf (Abb. 4.1, unten). Daumen und Zeigefinger überkreuzen oder berühren sich in der Regel. Auf der Rückhandseite des Schlägers liegen die restlichen drei

Abb. 4.1 Graphische Darstellung der Shakehand-Griffhaltung (oben) und der Penholder-Haltung (unten) jeweils aus Sicht von vorne (rot) und von hinten (schwarz). Bei der Penholder-Haltung strecken die Spieler:innen teilweise die Finger (unten, rechts) oder bilden eine Faust aus Mittel-, Ring- und kleinem Finger (unten, mittig)

Finger (Mittel-, Ring- und der kleine Finger) gekrümmt auf – in etwa im unteren mittigen Bereich des Belages. Bei dieser Griffhaltung bildet die Längsachse des Schlägers mit dem Unterarm ungefähr einen rechten Winkel nach unten. Das Handgelenk ist in alle Richtungen frei beweglich, da der Schläger nur an drei Punkten mit der Hand verbunden ist. Im modernen Spiel mit der Penholder-Griffhaltung wird, wie bei der Shakehand-Griffhaltung, sowohl mit der Vorhand- als auch mit der Rückhand-Seite gespielt. Sie ermöglicht ein sehr gutes Blockspiel mit der Vorderseite des Schlägers, da der Ball vor dem Körper getroffen und mit dem Unterarm eine Stoßbewegung nach vorne durchgeführt werden kann. Das Schließen des Schlägers erfolgt durch das Lösen des Daumens von dem Schlägerblatt, wobei der Zeigefinger behilflich ist. Mit dieser Haltung kann man auf beiden Seiten des Körpers spielen, ohne zwischen Vorhand und Rückhand wechseln zu müssen. Dies ist auch der größte Vorteil dieser Griffhaltung: Es gibt keinen sog. „Wechselpunkt" zwischen Vorhand und Rückhand (Abschn. 6.1.1). Die Verbindung von zwei Schlägen kann somit sehr schnell erfolgen. Als nachteilig kann sich bei dieser Griffhaltung hingegen auswirken, dass die Reichweite etwas geringer ist als bei der Shakehand-Griffhaltung. Da der Schläger bei der Penholder-Haltung keine Verlängerung des Handgelenks darstellt, gehen ein paar Zentimeter an Reichweite verloren. Der größte Nachteil dieser Griffhaltung ist jedoch die Einseitigkeit des Spielsystems, da das Rückhandspiel schwieriger und weniger variabel ist. Trotzdem praktizieren auch in der Weltspitze viele Spieler:innen diese Griffhaltung.

Als Variante bzw. Modifikation spielen manche Spieler:innen in der japanischen Griffhaltung. Auch hier befinden sich der Daumen und der Zeigefinger auf der Vorderseite des Schlägerblattes. Der Zeigefinger ist am Ende des Griffes hakenförmig gekrümmt. Das äußere Fingerglied des Zeigefingers kommt in Berührung mit dem Daumen. Die drei anderen Finger liegen mehr oder weniger ausgestreckt auf der Rückseite des Schlägerblattes. Auf diese Weise ist der Schläger

Tab. 4.1 Vor- und Nachteile der jeweiligen Griffhaltungen (Shakehand- versus Penholder-Griffhaltung)

Shakehand-Haltung		Penholder-Haltung (chinesisch & japanisch)	
+ Vorteile	− Nachteile	+ Vorteile	− Nachteile
Vor und Rückhand sind „gleichberechtigt" aufgrund der neutralen Schlägerhaltung und mittlerer Positionierung zum Tisch	Entscheidungsproblem bei Bällen in die Mitte bzw. auf den Wechselpunkt	Auf beiden Seiten des Körpers wird gespielt, ohne zwischen Vor- und Rückhand wechseln zu müssen. Es gibt somit keinen Wechselpunkt. Die Verbindung von zwei Schlägen kann somit sehr schnell erfolgen	Die etwas zur linken Seite (bei Rechtshänder:innen) versetzte Position zum Tisch hat eine asymmetrische Erreichbarkeit der Bälle zur Folge
Große Reichweite bringt Vorteile im großräumigen Spiel	Weniger Spin beim Spiel über dem Tisch möglich	Ermöglicht mehr Beweglichkeit im Handgelenk und dadurch mehr Spin im engräumigen Spiel	Die Vorteile auf der VH-Seite haben Nachteile auf der Rückhandseite zur Folge (sowohl im kurz- als auch großräumigen Spiel)
Schläge mit der Rückhand sind möglich. Dies erfordert weniger Beinarbeit	Techniken sind aufgrund der eingeschränkten Beweglichkeit in Handgelenk leichter vorauszusehen und zu deuten	Techniken können durch die Beweglichkeitsvorteile im Handgelenk schwieriger vom Gegner vorausgesehen und gedeutet werden	Geringere Reichweite, da der Schläger keine Verlängerung des Handgelenks darstellt
Durch Umgreifen können Bälle mit stark geschlossenem oder geöffnetem Schlägerblatt erfolgen		Diese Haltung ermöglicht ein sehr gutes Blockspiel mit der Vorderseite des Schlägers	Einseitigkeit des Spielsystems, d. h., das Rückhandspiel ist eingeschränkt bzw. weniger variabel

fest in der Hand des Spielers und ermöglicht die Ausführung sehr effizienter Vorhandschläge. Rückhandschläge (z. B. der Rückhand-Block und Rückhand-Topspin) sind hier noch stärker eingeschränkt als bei der chinesischen Penholder-Haltung. Bei Anfänger:innen muss je nach Alter und Könnensstand gegebenenfalls zunächst bewusst auf das typische „richtig" und „falsch" verzichtet, sondern eher anschaulich die Vor- und Nachteile (Tab. 4.1) unterschiedlicher Haltungen erörtert werden. Dabei sollte es wichtiger sein, dass die Lernenden ein gewisses Gefühl für das Greifen des Schlägers entwickeln, als dass sie in feste Muster gezwängt werden.

Je nach Zielgruppe (z. B. im Verein) sollten selbstverständlich mittelfristig leistungslimitierend erscheinende Griffhaltungen unterbunden werden. Leistungslimitierend kann es zum Beispiel sein, wenn mehrere Finger oder die ganze Hand auf der Rückhandseite liegen; aber auch ein zu fester Griff oder ein zu hohes oder zu tiefes Greifen des Schlägers kann das Spielen beeinträchtigen.

4.1.2 Grundstellung

Man bezeichnet die Ausgangsposition, in der ein:e Tischtennisspieler:in vor Beginn des Ballwechsels den gegnerischen Aufschlag erwartet, als „Grundstellung" (Abb. 4.2). Diese Stellung kann individuell leicht variieren. Je nach Körpergröße stehen die Füße etwas mehr als schulterbreit auseinander.

Das Körpergewicht liegt etwas auf den Vorderfüßen und die Fußspitzen zeigen nach vorne in Richtung des Tisches. Die Beinstellung ist leicht geöffnet, sodass bei Rechtshänder:innen die rechte Fußspitze etwa auf Höhe der linken Ferse ist. Der rechte Fuß steht also bei Rechtshänder:innen ein Stück nach hinten versetzt (bei Linkshänder:innen analog umgekehrt). Groß und Huber (1995, S. 24) beschreiben die Fußstellung so, dass zwischen der „Grundlinie des Tisches und der virtuellen Verbindungslinie beider Fußspitzen ein leichter Winkel" bestehen soll. Der Oberkörper wird durch eine leichte Hüftbeugung nach vorne geneigt (DTTB, 2009). Auch hier existieren individuelle Abweichungen: Manche Tischtennisspieler:innen neigen ihren Oberkörper so weit, dass er fast parallel zur Tischfläche liegt – andere wiederum stehen etwas aufrechter und gehen dafür weiter in die Knie. Das Körpergewicht sollte relativ gleichmäßig auf beide Beine verteilt sein und durch die Belastung der Vorderfüße leicht vor dem Körper liegen. Der Abstand zum Tisch sollte so gewählt werden, dass man mit der Schlägerspitze des ausgestreckten (Schlag-)Arms entspannt die Mittellinie der eigenen Tischhälfte berühren würde (bei defensiven Spieler:innen ist der Abstand teils etwas größer). Dabei ist der Arm in der Grundstellung leicht angewinkelt, sodass Ober- und Unterarm in etwa einen rechten Winkel bilden und in der Höhe leicht über der Tischoberfläche.

Abb. 4.2 Exemplarische Darstellung der Grundstellung im Tischtennis (seitlich und schräg von vorne). Der/Die Spieler:in steht ungefähr eine Armlänge vom Tisch entfernt. Durch eine Beugung im Hüftgelenk wird eine leichte Vorbeugung des Körpers erzeugt, sodass der Körperschwerpunkt etwas vor dem Körper liegt. Die meisten Spieler:innen erwarten den Ball mit einer leicht geöffneten Beinstellung und etwas in die Rückhandseite versetzt. Der Schläger befindet sich über Tischniveau. Ober- und Unterarm bilden in etwa einen rechten Winkel.

Viele Tischtennisspieler:innen positionieren sich leicht in ihre eigene Rückhandseite versetzt, damit sie einen größeren Teil des Tisches mit ihrer (meist stärkeren) Vorhand abdecken können (Abschn. 6.2). Dies geschieht ungefähr im Verhältnis 2/3 zu 1/3, also zwei Drittel werden mit der Vorhand abgedeckt und nur ein Drittel mit der Rückhand. Die leichte Verschiebung in die eigene Rückhandseite birgt den Vorteil, dass eine längere Reichweite des Arms in Richtung der Vorhand genutzt werden kann. So lassen sich aus dieser Grundstellung heraus alle Bereiche des Tisches etwa gleich schnell, möglichst nur mit einem Schritt, erreichen (DTTB, 2009). Das wichtigste Ziel einer guten Grundstellung ist es somit, aus einem stabilen Gleichgewicht heraus schnellkräftig zum Ball zu gelangen. Ist der Ball dann im Spiel, muss situativ entschieden werden, wohin die nächste Laufbewegung erfolgt. Die frühere, klassische Empfehlung, dass die Spieler:innen zwischen zwei Schlägen immer wieder zurück in die Grundposition zurückkehren sollten, ist nicht mehr aktuell, da das Spielgeschehen dermaßen schnell geworden ist (Luthardt et al., 2016). Realistischer scheint die Empfehlung, durch gute Beinarbeit „nach dem Ballkontakt jeweils eine optimale Spielfortsetzungsposition zu erreichen" (ebd., S. 134). Für diese Laufbewegungen haben sich bestimmte Beinarbeitstechniken etabliert, die im folgenden Kapitel beschrieben sind.

4.1.3 Beinarbeitstechniken

Je höher das Spielniveau, desto wichtiger wird eine effiziente Beinarbeit. Im Anfängerbereich, wenn das Spiel insgesamt noch sehr langsam ist, lassen sich die meisten Bälle mit intuitiv durchgeführten Bewegungen der Beine oder kleinen oder größeren Gewichtsverlagerungen erreichen. Im ambitionierten Tischtennissport ist eine effiziente Beinarbeit unbestritten einer der wichtigsten leistungsbestimmenden Faktoren (Friedrich & Fürste, 2012).

> „Keine Schlagtechnik kann optimal ausgeführt werden, wenn der Spieler sich nicht gut zum Ball stellt oder diesen mit den Beinen unterstützt. Eine gute Beinarbeit gewährleistet somit eine optimale Schlagausführung und die „Qualität" des zu spielenden Balles. Eine optimale Beinstellung ist in einem so schnellen Spiel wie dem Tischtennis nicht immer möglich, sollte aber ständig das anzustrebende Ziel sein. Durch den immer größer werdenden Zeitdruck rücken Techniken in den Vordergrund, die Schlag- und Laufbewegungen effizient verbinden. Im modernen Leistungstischtennis haben die Sprünge, wegen des angesprochenen Zeitdrucks zwischen den Schlägen, gegenüber den Schritten deutlich an Bedeutung gewonnen." (DTTB, 2020, S. 112)

Eine gute Beinarbeit beginnt mit einer stabilen, ausbalancierten Grundstellung (Abschn. 4.1.2) am Tisch. Aus dieser Position heraus lassen sich schnellkräftige, teils sprunghafte Bewegungen in Richtung des Balles ausführen. Für einen kraftvollen Abdruck empfiehlt es sich, das Körpergewicht leicht nach vorne auf den Vorderfuß zu verlagern. Je tiefer der Körperschwerpunkt ist (z. B. durch ein Beugen der Beine), desto stabiler ist der Stand und desto besser lassen sich

Gewichtsverlagerungen nach links oder rechts, vorne und hinten sowie nach oben und unten ausbalancieren (Huber et al., 2009). Viele Tischtennisspieler:innen nehmen daher eine deutlich über schulterbreite Stellung der Füße ein und kippen ihre Hüfte ein gutes Stück nach vorne, um den Oberkörper näher in Richtung des Tisches zu bringen. Welche Beinarbeitstechnik bei welcher Technik angewendet wird, hängt stark von der Platzierung des Balles und der eigenen Ausgangsposition ab. Die Beinarbeit wird in der Regel sofort nach dem eigenen Schlag und teils noch vor dem Schlag des Gegners bzw. der Gegnerin ausgeführt. Entgegen älterer Empfehlungen zur Beinarbeit (z. B. Groß & Huber, 1995) ist es in den meisten Spielsituationen unrealistisch, nach einem Schlag zurück in die Grundposition zu gelangen (DTTB, 2008), da direkt die nächste Schlagbewegung initiiert werden muss. Insbesondere für Abwehrspieler:innen (Abschn. 6.2.3) ist eine effiziente Beinarbeitstechnik von enorm hoher Bedeutung, da sie durch ihr tischfernes Spiel größere Distanzen hinter dem Tisch in Rechts-links-Richtung und viele Bewegungen nach vorne (z. B. bei kurzen Stopp-Bällen) und nach hinten (z. B. bei der Abwehr von Angriffsschlägen) absolvieren müssen. Solange nicht alle Informationen zum gegnerischen Ball (z. B. Geschwindigkeit, Rotation Platzierung und Flughöhe; Abschn. 6.1) vorliegen, gilt es, nach dem Schlag in die stabile Grundstellung zurück zu gelangen.

Bei der Klassifizierung von Beinarbeitstechniken existieren verschiedene Ansätze (für einen Überblick siehe Schott, 2013). Beispielsweise unterscheiden Malagoli Lanzoni und Kollegen (2007, 2013) Techniken, die einen Schritt umfassen (z. B. Ausfallschritt), die zwei Schritte oder Gleitschritte beinhalten (z. B. Side-Steps, Side-Jumps, Chassé) und die mehr als zwei Schritte benötigen (z. B. Kreuzjumps). Wir, wie auch andere Autor:innen, orientieren uns an der zurückgelegten Distanz am Tisch, um die Beinarbeitstechniken zu differenzieren (u. a. DTTB, 2020; Friedrich & Fürste, 2012; Teichert, 2001; Hudetz, 1984):

a) **Ausfallschritte:** Der Ausfallschritt gehört zu den am meisten praktizierten Beinarbeitstechniken im Tischtennis. Er wird in der Regel bei allen kurz gespielten Bällen, z. B. bei kurzen Aufschlägen und kurzen Rückschlägen (Teichert, 2001), benötigt. Dabei wird der Fuß der Schlaghandseite möglichst nah zum Balltreffpunkt unter den Tisch gesetzt. Das Körpergewicht liegt zum größten Teil auf dem vorgesetzten Fuß. Meist wird das andere Bein dabei nahezu gestreckt. Nach der Schlagausführung gilt es, sich wieder dynamisch und kraftvoll von dem vorgezogenen Bein abzudrücken, um in eine sichere Grundposition in Erwartung des nächsten Balles zurück zu gelangen. In manchen Fällen kann es vorkommen, dass zunächst das ballferne Bein ein Stück unter den Tisch in Richtung Tischmitte gesetzt werden muss, um erst danach das Bein der Schlaghand unter den Tisch zu bewegen, beispielsweise wenn ein/e Spieler:in eine Grundstellung sehr tief in der Rückhandseite präferiert. In diesem Fall muss er/sie bei kurzen Aufschlägen in seine/ihre kurze Vorhandseite einen weiten Weg zurücklegen. Ausfallschritte zur Seite finden nur in seltenen Fällen Verwendung, beispielsweise nutzen Abwehrspieler:innen ihn gelegentlich zur Schnittabwehr.

Eine praktische Übung, mit der sich der Ausfallschritt im Training erproben lässt, wäre aus der Grundposition heraus einen kurzen Unterschnittaufschlag in die Vorhand oder Mitte des Tisches mit einem Vorhand-Schupf (Abschn. 4.2.2.1) oder Vorhand-Flip (Abschn. 4.4.3) zu retournieren. Der Rückschlag soll kurz in die Vorhand oder kurz in die Mitte (beim Vorhand-Schupf) respektive lang in die Vorhand oder auf die Mitte (beim Flip) erfolgen. Nach jedem Schlag muss sich der/die Übende immer zurück in die Grundstellung begeben und auf den nächsten Ball warten.

b) **Klassische Sidesteps:** Zusammen mit dem Ausfallschritt nach vorne bei kurzen Bällen gehört der Sidestep zu den am meisten praktizierten Lauftechniken im Tischtennis (Malagoli Lanzoni et al., 2013). Die initiale Bewegung geht von dem ballfernen Bein aus. Von diesem Bein erfolgt ein Abdruck zur Seite, sodass das Bein, in dessen Richtung man sich bewegen will, umgesetzt wird. Nachdem das erste Bein den Vorderfuß in Laufrichtung aufgesetzt hat, wird das zweite Bein nachgezogen. Beim Sidestep ist also immer ein Fuß auf dem Boden. Die Entfernung zwischen den beiden Beinen sollte anschließend in etwa gleich sein. Je bodennäher die seitlichen Schritte ausgeführt werden, desto schneller erlangt man eine stabile Position für die Schlagausführung. Tischtennisspieler:innen, die sich auf engem Raum sehr schnell und sehr präzise bewegen müssen, benötigen als Voraussetzung für diese Sidesteps mit möglichst kurzen Bodenkontaktzeiten eine hohe Reaktivkraft (Abschn. 3.1.3) in den Sprunggelenken (Hamrik, 2019a). Eine Methode, diese spezielle Art der Beinarbeit zu schulen, könnte eine regelmäßige Übung mit einem Partner oder einer Partnerin sein. Der/Die Übende spielt regelmäßig Vorhand-Topspin (Abschn. 4.2.3.1), abwechselnd aus der Mitte und aus der Vorhandseite gegen einen Vorhand-Block (Abschn. 4.4.1). Der/Die Blockspieler:in verteilt die Bälle abwechselnd in die Vorhand und in die Mitte und achtet gleichzeitig darauf, ob der/die Partner:in die Füße bodennah und dynamisch seitlich versetzt.

c) **Sidejumps:** Erfordert die Spielsituation eine schnellere seitliche Bewegung als den klassischen Sidestep, bieten sich bodennahe Sidejumps zum Erreichen des Balles an. Die Technik des Sidejumps gewinnt im aktuellen Hochleistungstischtennis aufgrund des erhöhten Zeitdrucks zunehmend an Bedeutung (Friedrich & Fürste, 2012). Die Füße stehen beim Sidejump parallel bis leicht schräg zur Grundlinie. Das in Bewegungsrichtung entfernte Bein gibt den initialen Impuls und drückt sich ab. Nahezu gleichzeitig drückt sich das in Bewegungsrichtung zeigende Bein ab. Die Fußspitzen zeigen durchgehend in Richtung des Tisches.
Im Moment der Schlageinleitung lösen sich beide Füße vom Boden und werden unter den Körperschwerpunkt gezogen. Nach dem seitlichen Absprung vom ballnahen Bein sind beide Füße kurz in der Luft und landen nahezu gleichzeitig. Das Gewicht wird umgehend auf die Vorderfüße verlagert. Das Abfangen des Gewichtes erfolgt über das Bein der Schlaghandseite, bis das Gewicht wieder auf beiden Beinen liegt. Mittels Sidestep wird häufig eine Bewegung zurück in Richtung der Tischmitte realisiert (z. B. nach einem Schlag aus der tiefen Rückhand). In Kombination mit dem Vorhand-Topspin

Abb. 4.3 Technikleitbild der Deutschen Tischtennis-Akademie zum Sidejump. Die Füße stehen beim Sidejump parallel bis leicht schräg zur Grundlinie. Das in Bewegungsrichtung entfernte Bein gibt den initialen Impuls und drückt sich ab. Nahezu gleichzeitig erfolgt der Abdruck des in Bewegungsrichtung zeigenden Beines. Das Abfangen des Gewichtes erfolgt über das Bein der Schlaghandseite bis das Gewicht wieder auf beiden Beinen liegt. (▶ https://doi.org/10.1007/000-b8p) (Video: © Deutscher Tischtennis-Bund)

(Abschn. 4.2.3) verbinden viele Spieler:innen den Stepjump mit einer sofortigen Oberkörper-Hüftdrehung, um sich im Sprung für die Topspinbewegung zu öffnen (Abb. 4.3).

Das Gewicht wird damit direkt auf den Fuß der Schlagarmseite verlagert, um sich von dort kraftvoll zum ankommenden Ball zu bewegen und dies durch eine Oberkörper- und Hüftdrehung zu unterstützen (DTTB, 2020). Um diese Sidejumps in einer Übung zu provozieren, spielt der/die Übende nur mit der Vorhand (z. B. Vorhand-Konter; Abschn. 4.2.1.1) abwechselnd aus der Rückhand- und Vorhandseite. Je nach Spielniveau können die Bälle tiefer in die Vorhand- oder Rückhandseite platziert werden, um mehr Dynamik bei den Sidejumps einzufordern.

d) **Stepjump:** Eine Kombination aus Sidestep und Jump stellt der sogenannte Stepjump dar (Friedrich & Fürste, 2012). Der Raumgewinn ist bei dieser Beinarbeitstechnik meist etwas größer als beim Sidestep oder Sidejump. Er beginnt wie der klassische Sidestep mit einem kleinen Schritt, allerdings begleitet durch eine Fußdrehung in Bewegungsrichtung. Das Gleichgewicht wird hierbei auf dieses Bein verlagert und als Sprungbein für den anschließenden Sprung genutzt. Während des Sprunges erfolgt eine Drehung des Rumpfes nach vorne (in Richtung des ankommenden Balles), wodurch der Ball noch in der Luft explosiv gespielt werden kann. Die Landung erfolgt möglichst beidbeinig auf den

Vorderfüßen, um die Reaktivkraft für den Rückweg in die Tischmitte zu nutzen. Teichert (2001, S. 20) beschreibt den Stepjump am Beispiel eines rechthändigen Spielers wie folgt:

„Der Rechtshänder, der sich von links nach rechts bewegen möchte, hat in der Ausgangsstellung das Körpergewicht auf beiden Vorderfüßen gleichmäßig verteilt. Beim rechten Fuß wird nun das Gewicht auf die Ferse verlagert und das Bein um ca. 90° nach rechts außen gedreht. Danach wird das Körpergewicht stark auf den rechten Vorderfuß verlagert, sodass sich der Oberkörper über das rechte Bein in Richtung des Balles in die VH-Seite bewegt. Das linke Bein gerät dabei in eine Streckung und hebt in der Folge ganz vom Boden ab. Kurz nach dem Abheben des linken Beines wird auch das rechte kraftvoll in Richtung des ankommenden Balles abgedrückt, sodass sich beim Balltreffpunkt beide Beine in der Luft befinden."

Eine typische Spielsituation, in der der Stepjump Verwendung finden kann, ist ein Vorhand-Topspin aus der tiefen Vorhandseite (Abschn. 6.1.1), nachdem man einen parallelen Rückhand-Topspin in die Vorhand des Gegners gespielt hat und dieser diesen diagonal blockt oder gegenzieht. Als exemplarische Übung für diesen Stepjump beginnt der/die Übende mit einem kurzen Aufschlag aus der eigenen Rückhandseite kurz in die Vorhand des Gegenübers. Diese/r retourniert den Ball möglichst diagonal in die Vorhandseite des Übenden. Dort soll der Ball nach einem dynamischen Stepjump mit einem Vorhand-Topspin (Abschn. 4.2.3.1) geschlagen werden. Direkt nach Beendigung des Schlages soll der/die Übende versuchen, schnellkräftig in die Tischmitte zurück zu gelangen.

e) **Umspringen:** Vorhandorientierte Spieler:innen (Abschn. 6.2.1) nutzen für einen Angriffsball mit der Vorhand aus der Rückhandseite die Technik des Umspringens. Hierbei springt der Spieler bzw. die Spielerin aus einer annähernd parallelen Position mit einem Sidejump nach links und anschließend mit einem weiteren Sidejump in eine seitlich geöffnete Vorhand-Position (Abb. 4.4). Die Fußspitze der Schlagarmseite zeigt in etwa parallel zur Grundlinie des Tisches. Das Bein der Schlaghand ist nach hinten gestellt, sodass sich der Körper insgesamt aufdreht und die Schlagbewegung einleitet. Das Bein der Schlagarmseite wird im Schlag eingedreht, sodass die Fußspitze nach dem Topspin in Schlagrichtung zeigt. Das Gewicht wird zeitgleich auf das andere Bein verlagert.

Das Umlaufen startet mit einem Ausfallschritt zur linken Seite, das Gewicht wird kurz auf das vordere (schlagarmferne) Bein verlagert, um anschließend das Bein der Schlagarmseite nach hinten zu setzen und das Körpergewicht durch die Rotation auf dieses Bein nach hinten zu verlagern. Somit kann bei Schlagbeginn ein kräftiger Impuls vom hinteren Fuß die Schlagbewegung unterstützen. Am Ende des Schlages wird das Gewicht mit dem vorderen Bein abgefangen. Um dies in einer Übung zu trainieren, schupfen sich die Spieler:innen einen Ball 2- bis 3-mal über die Rückhanddiagonale zu. Der/Die Aufschläger:in springt nach eigenem Ermessen in der Rückhandseite um und eröffnet

Abb. 4.4 Technikleitbild der Deutschen Tischtennis-Akademie zum Umspringen. Aus einer annähernd parallelen Position springt der Spieler bzw. die Spielerin in eine seitlich geöffnete Vorhand-Position. Die Fußspitze der Schlagarmseite zeigt nach dem Sprung in etwa parallel zur Grundlinie des Tisches. Ähnlich zum Stepjump erfolgt gleichzeitig eine Drehung der Hüfte. Das Bein der Schlaghand wird nach hinten gestellt, sodass sich der Körper insgesamt aufdreht. Am Ende des Schlages wird das Gewicht mit dem vorderen Bein abgefangen. (▶ https://doi.org/10.1007/000-b8j) (Video: © Deutscher Tischtennis-Bund)

den Ball mit einem Angriffsschlag mit der Vorhand (z. B. Vorhand-Topspin; Abschn. 4.2.3.1) in die Rückhand des Gegenübers.

f) **Kreuzjump:** Bei einem Kreuzjump ist der erste Teil der Bewegung nahezu identisch mit dem Stepjump. Der/Die Rechtshänder:in setzt das rechte Bein als Auftaktschritt. Die rechte Fußspitze zeigt in Bewegungsrichtung. Danach drückt sich das rechte Bein ab und das linke Bein kreuzt in Richtung Tisch, was dieser Lauftechnik ihren Namen gibt (Teichert, 2001). Kurz danach löst sich dann das rechte Bein. Der Abdruck wird über den Vorderfuß vollzogen. Der Balltreffpunkt ist in der Sprungphase. Es landet zuerst das linke Bein. Danach fängt das rechte Bein das Körpergewicht ab und verlagert das Gewicht auf das linke Bein. Beide Füße zeigen wieder in Richtung Tisch. Diese Beinarbeitstechnik wird dazu genutzt, größere Distanzen, meist etwas tischfern, zu überwinden. Wie beim Umspringen oder beim Stepjump wird der Ball in den meisten Fällen noch während der Flugphase getroffen. Der Körper dreht sich durch das Kreuzen der Beine in Richtung des Balles. Am Ende der Bewegung zeigen beide Fußspitzen nach vorne.

Um diese Beinarbeitstechnik im Training zu üben, muss es die Platzierung erforderlich machen, große Distanzen hinter dem Tisch (in seitlicher Richtung) zurückzulegen. Zum Beispiel spielt der/die Übende zunächst einen Rückhand-Konter (Abschn. 4.2.1.2) aus der eigenen Rückhand diagonal in die Rückhand des Gegenübers. Dieser kontert mit der Rückhand zurück in die Rückhand. Es folgt ein Umspringen des Übenden und ein paralleler Vorhand-Topspin aus der Rückhand in die Vorhand des Gegenübers. Dieser blockt den Ball zurück in die tiefe Vorhand des Übenden. Dort soll nach einem Kreuzjump wiederum mit Vorhand-Topspin agiert werden. Die Bewegung zurück in die Tischmitte kann ebenfalls mit einem Kreuzjump oder aber einem Stepjump erfolgen.

g) **Laufschritte:** In der Praxis werden Laufschritte zwar nur in seltenen Fällen angewandt, sind aber gerade in Notsituationen ein probates Mittel. Dies können Spielsituationen sein, wenn aus einer sehr tischfernen Position (z. B. bei der Ballonabwehr; Abschn. 4.4.2) weite Wege zurück an den Tisch zurückgelegt werden müssen oder wenn ein Ball in die extrem weite Rückhandseite noch erlaufen wird. Die Füße werden bei den Laufschritten wie beim Laufen abwechselnd vor- oder zurückgesetzt. Am Ende der Laufbewegung ist es entscheidend, dass das für die Schlagtechnik richtige Bein vorne steht. Eine Beispielübung wäre es, beginnend vorne am Tisch mit jedem Schlag ein Stück weiter weg vom Tisch zu gelangen. Dafür müssen sie die Schlaghärte und Ihre Position zum Ball genau abschätzen. Zwischen den Schlägen sind kleine Laufschritte nötig, um die Distanz zum Tisch zu vergrößern oder zu verringern.

Neben diesen tischtennisspezifischen Übungen kann das Training der Beinarbeit auch mit allgemeinen Laufübungen durch die Halle (z. B. Linienläufe, Sprünge, Staffelläufe etc.) oder Übungen am Tisch ohne Ball (z. B. Schattentraining) ergänzt werden. Laut Hamrik (2019b) empfiehlt es sich, die Beinarbeit regelmäßig durch sogenannte „**Tappings**" zu schulen.

▶ **Tappings** Im alltäglichen Leben spielen Tappings kaum eine Rolle, im Sport sind sie jedoch häufig vertreten. Gerade in Rückschlagsportarten wie Tischtennis, aber auch Tennis oder Badminton, bei denen die Aktionsschnelligkeit eine besondere Rolle einnimmt, finden sie in der Schnelligkeitsentwicklung der Beine immer häufiger Anwendung. Es wird mit den Tappings gezielt die Kräftigung der Sprunggelenke angesteuert und ein Verständnis für die schnelle Fortbewegung durch kurze Bodenkontaktzeiten geschaffen. Tischtennisspieler:innen sollten sich die Tapping-Bewegung allgemein aneignen und die Frequenz der einzelnen „Tapps" sukzessive erhöhen. Der/Die Trainer:in weist die Sportler:innen an, z. B. vier (bis sieben) Sekunden Tappings auszuführen, dass die Spieler:innen im maximalen schnellen Rhythmus die Beine/Füße abwechselnd vom Boden minimal anheben und wieder auf den Boden aufsetzen. Anschließend findet eine Pause von 15–20 s statt. In der Pause können die Beine gelockert werden. Diese Übung wird vier bis sechsmal wiederholt. In einem zweiten Schritt werden Tappings am Tisch ausgeführt. Die Spieler:innen stehen in der Grundstellung (Abschn. 4.1.2) leicht in der Rückhandseite am Tisch und beginnen mit Tappings mit 70–80 %-iger Intensität. Auf ein Signal wird ein Ausfallschritt nach rechts (bzw. in die Vorhandseite) gesetzt und danach circa 3 s Tappings mit maximaler Intensität. Die Dauer und Anzahl der Wiederholungen können an die jeweilige Zielgruppe und deren körperlichen Zustand angepasst werden. Nach circa einer Minute sollte eine

Lockerungspause von 30–45 s erfolgen. Parallel zum Training der Beinarbeit und Schnelligkeit wird nebenbei die Koordination geschult (Hamrik 2019b).

Viele Spieler:innen bevorzugen das Training der Beinarbeit in Kombination mit Ball und Schläger. Luthardt et al. (2016) entwickelten zur spielerischen Schulung der Beinarbeit eine **Prellspielreihe**, bei der zudem auch eine leicht versetzte Stellung in der Rückhandseite provoziert wird. Im Eins-gegen-eins ist den Spieler:innen nur erlaubt, den Ball mit der Vorhand zu spielen. Dabei muss der Ball bei jedem Kontakt zunächst auf die eigene Tischhälfte geprellt werden und erst dann auf der gegnerischen Tischhälfte aufkommen (ähnlich wie beim Aufschlag; Abschn. 4.3.1). Der erste Ball soll als langer Aufschlag ohne Rotation in die Tischmitte gespielt werden. Danach ist die Platzierung frei. Darüber hinaus gelten die offiziellen Tischtennisregeln (Abschn. 2.2.1). Partnerwechsel können nach einem Satz bis 11 Punkte oder nach einer bestimmten Anzahl an Punkten hintereinander erfolgen. Auch Kombinationen mit anderen Spielformen (z. B. **Kaisertisch/Königsspiel**) sind in dieser Prellspielreihe möglich. Als Variation der Spielregeln können die Prellbälle mit der Rückhand oder mit Rotation (z. B. mit Unterschnitt) erfolgen.

Insbesondere im Anfängerbereich, wenn Beinarbeitstechniken neu gelernt werden, empfiehlt sich das Ballkistenzuspiel (siehe hierzu ausführlich Abschn. 5.2.2) als effiziente Trainingsmethode der Beinarbeit (DTTB, 2001). Dazu spielt ein/e Einspieler:in regelmäßig Bälle aus einer Ballkiste ein. Mehrere Anfänger:innen können nacheinander die Bewegungen zum Tisch und schnell aus dem Tisch heraus trainieren. Nach dem Rückschlag des Balles aus der Ballkiste bewegen sich die Übenden vorwärts auf eine Pylone zu (Abb. 4.5). Im Anschluss bewegen sie sich rückwärts zu Pylone 2, um dann mit Seitwärtsbewegungen wieder die Startpylone zu erreichen (Luthardt, 2015, S. 81). Diese exemplarische Übung an der Ballkiste kann beliebig verändert oder ergänzt werden.

Für fortgeschrittene Spieler:innen lassen sich die Ballfrequenz erhöhen und die Abstände zwischen den Pylonen vergrößern. Die Beinarbeitstechniken sollten „immer in Verbindung mit spezifischen Schlagtechniken trainiert werden" (Huber et al., 2009, S. 117; Friedrich & Fürste, 2012), die in den folgenden Kapiteln vorgestellt werden.

4.2 Die Grundtechniken

Historisch gewachsen, existieren viele verschiedene Arten von Technikkategorisierungen, die sich aufgrund der Veränderungen des Spielmaterials, der Athletik der Spieler:innen oder auch der Regeländerungen entwickelt und verändert haben. Mittlerweile „lassen sich selbst aus weiter Entfernung zum Tisch, nur mit einer kurzen Handgelenksbewegung und ohne Körpereinsatz" (Geisler, 2019, S. 54) alle Schlagtechniken ausüben, wodurch die Einteilung der Techniken in sogenannte Technikfamilien nur als grobe Orientierung dienen kann. Eine nachvollziehbare (Ein-)Ordnung der Schlagtechniken nach ihren Eigenschaften im

4.2 Die Grundtechniken

Abb. 4.5 Exemplarische Übung zum Training der Beinarbeit an der Ballkiste. Die Übenden erhalten einen Ball aus der Ballkiste kurz in die Mitte des Tisches, dieses soll möglichst kurz zurückgelegt werden (z. B. mit einem Vorhand-Schupf). Nach dem Ablegen absolvieren die Übenden eine Beinarbeitsfolge um drei Pylonen (schräg vorwärts, schräg rückwärts und seitwärts zurück) herum bis sie wieder an der Reihe sind. (In Anlehnung an Luthardt, 2015, S. 81)

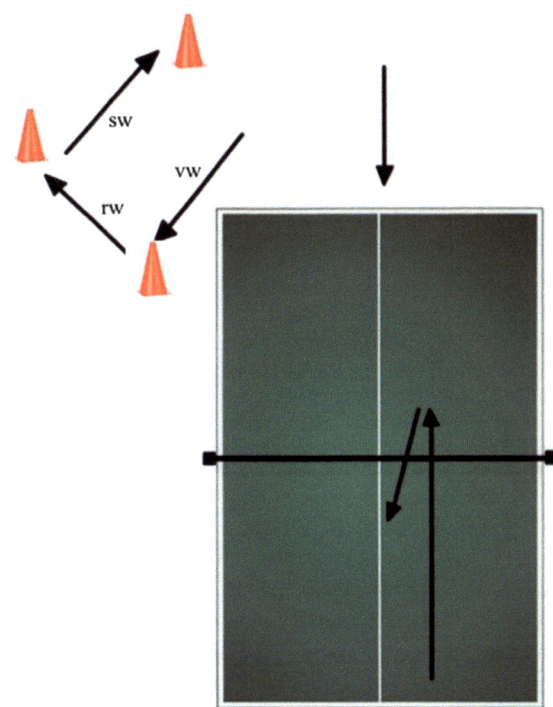

Tab. 4.2 Einordnung der Technikfamilien im Tischtennis zum Zeitpunkt des Balltreffpunkts (Techniken mit wenig/ohne Rotation, mit Rückwärtsrotation und mit Vorwärtsrotation (Friedrich & Fürste, 2012)

	Techniken mit wenig/ohne Rotation	Techniken mit Rückwärtsrotation	Techniken mit Vorwärtsrotation
Grundtechniken	VH- und RH-Konter	VH- und RH-Schupf	VH- und RH-Topspin
Auf- und Rückschlagtechniken	Langer Rollaufschlag mit der Vorhand oder Rückhand	Kurzer Schupf-Aufschlag mit der VH oder RH	Kickaufschläge mit der Vorhand oder Rückhand
Spezialtechniken	Passiver Block mit der Vorhand oder Rückhand	VH- und RH-Stopblock	VH- und RH-Spinblock
	VH- und RH-Schuss	VH- und RH-Schnittabwehr	VH- und RH-Ballonabwehr
	VH- und RH-Flip		VH-Spin-Flip, RH-Spin-Flip

Moment des Balltreffpunkts bieten Friedrich und Fürste (2012), die Techniken mit wenig/ohne Rotation, Techniken mit Rückwärtsrotation und Techniken mit Vorwärtsrotation voneinander abgrenzen (Tab. 4.2).

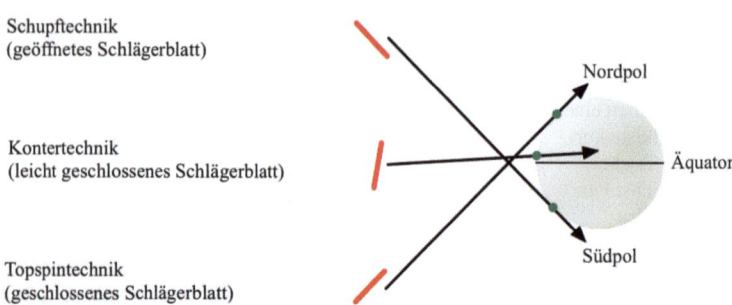

Abb. 4.6 Schematische Darstellung der Berührungspunkte des Schlägers an dem Tischtennisball abhängig von der Schlagtechnik. Die Bewegungsrichtung des Schlägers wird durch die Pfeile dargestellt. Bei Schupfschlägen wird der Ball in der Nähe des ‚Südpols' tangiert. Konterschläge treffen den Ball relativ nah am ‚Balläquator', sodass wenig Rotation entsteht. Die Topspinschläge streifen den Ball relativ weit oben nahe des ‚Nordpols' des Balles. (Aus DTTB, 2020)

Bildlich lassen sich diese drei Technikfamilien über ihre unterschiedlichen Berührungspunkte des Schlägers an dem Tischtennisball veranschaulichen (Abb. 4.6). Dazu stellt man sich den Tischtennisball als eine Weltkugel mit einem Nordpol oben und einem Südpol unten vor. Um Bälle ohne bzw. mit wenig Rotation zu erzeugen, ist es nötig, den Ball ziemlich genau in der Mitte, in diesem Bild also in etwa auf Höhe des Balläquators, von hinten nach vorne zu treffen. Bei Schupfschlägen wird der Ball in der Nähe des Südpols tangiert. Die Topspinschläge streifen den Ball relativ weit oben nahe des Nordpols des Balles und erzeugen dadurch Vorwärtsrotation.

Selbstverständlich gibt es weitere Möglichkeiten, die Berührungspunkte von Schläger und Ball durch das zusätzliche seitliche Tangieren der „Weltkugel" zu variieren (z. B. Seitunterschnitt, Blockvariationen, Rückhand-Banane, Vorhand-Rollomat usw.). In diesem Lehrbuch werden diese Mischformen nicht tiefergehend thematisiert, da die (individuellen) Variationsmöglichkeiten zu zahlreich sind. Stattdessen werden zunächst die Grundtechniken (Abschn. 4.2) jeweils mit der Vorhand und der Rückhand, Auf- und Rückschlagtechniken (Abschn. 4.3) und Spezialtechniken (Abschn. 4.4) beschrieben. Die erstgenannten Grundtechniken bieten in Kombination mit den Aufschlagtechniken für Anfänger:innen ein gutes Grundgerüst, um eine erste Spielfähigkeit zu erlangen. Dabei kann die Blocktechnik gegebenenfalls ebenfalls als Grundtechnik verstanden werden, da er im Lernprozess benötigt wird, um beispielsweise einen Topspinschlag zu retournieren. Aufgrund der vielen Varianten des Blockschlages wird er hier jedoch unter den Spezialtechniken aufgeführt. Differenziertere Rückschlag- und Spezialtechniken können fortgeschrittene Spieler:innen nutzen, um ihr Schlagrepertoire zu erweitern und flexibler im Wettkampf agieren zu können. Die Videos zum Technikleitbild der einzelnen Schlagbewegungen wurden vom Deutschen Tischtennis-Bund zur Verfügung gestellt. Sie sind weiter ausdifferenziert über (https://www.tischtennis.de/technikleitbild.html) abrufbar.

4.2.1 Konter

Der zentral getroffene Konterschlag wird im modernen, stärker rotationsorientierten Tischtennis kaum noch eingesetzt. Wohingegen früher im tischnahen Bereich vermehrt Konterschläge und Schüsse (Abschn. 4.4.4) genutzt wurden, werden heute (auch tischnah) fast nur noch Topspintechniken (Abschn. 4.2.3) gelehrt und gespielt (Groß & Schlager, 2011). Die Kontertechniken werden vornehmlich noch mit weniger griffigen Belägen (z. B. kurze Noppen; Abschn. 2.3.4) oder in Tempospielsystemen (Abschn. 6.2) eingesetzt. Bei mittlerem Tempo ermöglicht der zentral getroffene Konterschlag durch seine relativ einfache Bewegungsstruktur zwar eine gute Ballkontrolle, lässt sich im Gegensatz zu den Topspintechniken aber nur als Antwort auf vorwärts rotierende oder rotationslose Bälle spielen und ist im Vergleich wesentlich ungefährlicher als die tischnah eingesetzten Topspintechniken. Der Konterschlag kann auch gezielt taktisch zum Punktgewinn eingesetzt werden, indem das Tempo des Spiels durch gesteigerte Schlaghärte in Verbindung mit effektiven Platzierungen forciert wird, um den Gegner bzw. die Gegnerin unter Zeitdruck zu setzen.

4.2.1.1 Vorhand-Konter
Viele Spieler:innen nutzen die Vorhand- und Rückhand-Konterschläge zum Einspielen, also zur Erwärmung bzw. zum Einkoordinieren zu Beginn des Trainings oder vor einem Wettkampfspiel. Durch die fast rotationslosen Konterschläge lassen sich längere Ballwechsel generieren, wodurch das Herz-Kreislauf-System angeregt wird. In Verbindung mit einer variablen Platzierung (Abschn. 6.1.1) lässt sich die Vorhand-Kontertechnik dabei für das Training der Beinarbeit einsetzen, indem der Spieler bzw. die Spielerin beispielsweise versucht, zwei Drittel des Tisches mit der Vorhand abzudecken und sich entsprechend schnell zu bewegen. Im methodischen Aufbau kann der Vorhand-Konter auch als Vorstufe der tischnah ausgeführten Topspintechniken geschult werden. Hier sollte auf den korrekten Balltreffpunkt vor dem Körper in der steigenden Phase bis maximal zum höchsten Punkt geachtet werden. Im Verlaufe der technischen und spielerischen Entwicklung werden spinorientierte Angriffsspieler:innen dann bei vergleichbarer Bewegungsausführung den ursprünglichen Konterschlag frühzeitig als kurze Vorhand-Topspintechnik ausführen, indem sie das Schlägerblatt mehr schließen. Der Blockschlag kann ebenfalls als strukturähnlichen Schlag mit dem Konter verbunden werden, indem die Ähnlichkeit zwischen dem Konter und dem aktiven Block dargestellt wird.

In der Ausholphase leitet der Spieler oder die Spielerin den Schlag, abhängig vom Spielsystem (Abschn. 6.2), aus einer tischnahen, leicht schrägen (vorhandorientiert) bis parallelen (beidseitig) Position zur Grundlinie ein. Bei dieser leicht schrägen Position steht das Bein der Schlagarmseite etwas weiter von der Grundlinie entfernt als das der Gegenseite. Das Körpergewicht wird mit einer Hüft- und Schulterachsendrehung zur Schlagarmseite hin etwas auf das rechte Bein verlagert. Bei dieser Rumpfdrehung, die auch durch eine leichte Drehung

Abb. 4.7 Technikdemonstration des Vorhand-Konterschlages aus drei Perspektiven in realer und verlangsamter Geschwindigkeit. Das Schlägerblatt ist leicht geschlossen, die Beine stehen deutlich über schulterbreit auseinander. Die Fußspitzen zeigen nach vorne. Der Bewegungsimpuls entsteht in den Beinen, wird über die Rotation des Rumpfes und des Schlagarmes verstärkt. Der Nicht-Schlagarm begleitet die Bewegung des Rumpfes. Der Balltreffpunkt ist seitlich vor dem Körper. Das Handgelenk kann im Moment des Balltreffpunktes die Schlagausführung durch eine schnelle Bewegung nach vorne oben unterstützen. (▶ https://doi.org/10.1007/000-b8k) (Video: © Deutscher Tischtennis-Bund)

der Fußspitze nach außen zur Schlagarmseite unterstützt werden kann, bleiben die linke und rechte Schulter auf einer Linie, wobei die Schulter der Gegenseite etwas nach vorne in Schlagrichtung zeigt. Der Balltreffpunkt wird vorne seitlich vor dem Körper fixiert, der Oberkörper bleibt während der gesamten Bewegung nach vorne geneigt. Der Schlagarm wird durch die Rumpfdrehung seitlich nach hinten geführt. Oberarm und Ellbogen sind deutlich vom Körper entfernt. Der Unterarm bildet mit dem Schläger eine gerade Linie, die nahezu parallel zur Tischoberfläche verläuft. Das Schlägerblatt wird leicht geschlossen (Abb. 4.7).

In der Schlagphase und beim Balltreffpunkt wird durch eine Hüft- und Schulterachsendrehung nach vorne eine Gewichtsverlagerung vom Bein der Schlagarmseite in Richtung der Gegenseite durchgeführt. Das Bein der Schlagarmseite kann dabei je nach Intensität der Bewegung den Schlag durch einen Abdruck des Fußes etwas unterstützen. Die Rumpfdrehung, je nach Schlagintensität mehr oder weniger stark ausgeprägt, sollte zeitgleich mit der nachfolgend beschriebenen Bewegung des Armes (vor allem der des Unterarmes) erfolgen. Der Schläger beschreibt in dieser Phase eine Bewegung nach vorne oben. Wichtig ist das kurze dynamische Anwinkeln des Unterarmes zum Oberarm hin (Unterarmbeschleunigung), bis die Schlägerspitze in Schlagrichtung zeigt. Im Moment des Balltreffpunktes unterstützt das Handgelenk die Schlagausführung durch eine schnelle Bewegung nach vorne oben, ohne dass die Bewegungsrichtung des Schlagarms verlassen wird. Der Ball wird in der aufsteigenden Phase bis spätestens am höchsten Punkt der Flugbahn seitlich vor dem Körper getroffen („goldene Dreieck"). Das Schlägerblatt ist dabei weiterhin leicht geschlossen. In der Ausschwungphase, also nach dem Balltreffpunkt und einer kurzen Belastung des Beines der Nicht-Schlagarmseite, wird der Fuß der Schlagarmseite mit einer leichten Drehung wieder zum Tisch ausgerichtet und das Körpergewicht vorne zwischen den Beinen stabilisiert. Die Schulter- und Hüftlinie verlaufen wieder leicht schräg geöffnet oder parallel zur Grundlinie des Tisches. Wurde der Schlag mit viel Härte durchgeführt, kann die rechte Schulter sogar etwas nach vorne gedreht sein. Der Schläger befindet sich am Ende der Bewegung vor dem Körper fast in Kopfhöhe. Die Neigung des Schlägerblattes wird nicht verändert. In Tab. 4.3 sind typische Fehler beim Erlernen/Ausführen der Vorhand-Kontertechnik aufgeführt, deren Ursachen sich mithilfe methodischer Hinweise/Maßnahmen vermeiden lassen.

4.2.1.2 Rückhand-Konter

Die Entwicklung des Tischtennissports hat in den letzten Jahren dazu geführt, dass der ursprünglich zentral getroffene Rückhand-Konterschlag (Abb. 4.6) zu einer Schlagtechnik mit tangentialem Treffpunkt verändert wurde. Die Unterschiede der modernen Rückhand-Kontertechnik zu der Rückhand-Topspinbewegung (Abschn. 4.2.3.2) sind somit marginal. Die Rückhand-Kontertechnik, bei der der Ball zentral vom Schlägerblatt getroffen wird, findet genau wie der Vorhand-Konterschlag bei Spieler:innen mit weniger griffigen Belägen (z. B. kurzen Noppenaußen; Abschn. 2.3.4) Verwendung. Der Schlag ermöglicht eine gute Ballkontrolle und die Forcierung des Tempos. Bei guter Platzierung als taktisches Mittel (Abschn. 6.1.1) kann dieser auch zum Punkterfolg führen.

Methodisch lässt sich der rotationsarme Rückhand-Konter als Vorstufe zum tangentialen Konterschlag einsetzen. Im Verlaufe der technischen Entwicklung der Spieler:innen wird der Ball dann vermehrt dynamischer in der Bewegungsausführung mit Vorwärtsrotation gespielt, wodurch ein flacher Ballabsprung bei höherem Tempo realisiert werden kann. Der Rückhand-Konter eignet sich ebenso zur Veranschaulichung respektive Vorstufe des aktiven Rückhand-Blocks (Abschn. 4.4.1).

Beim Rückhand-Konter werden die Füße in der Ausholphase tischnah in eine mehr oder weniger parallele Stellung zur Grundlinie oder im rechten Winkel zum ankommenden Ball gebracht und das Körpergewicht gleichmäßig auf beide Beine verteilt. Bei leicht vorgebeugtem Oberkörper ist die Schulterlinie nahezu parallel zur Stellung der Füße ausgerichtet. Der Schlagarm ist frei beweglich vor dem Körper. Der Unterarm zeigt nach oben und so gedreht, dass die Rückhandseite des Schlägerblatts nach unten zeigt. Der Unterarm ist parallel zum Tisch und über Tischhöhe. Das Schlägerblatt ist beim zentral getroffenen Ball senkrecht bis leicht und bei der tangentialen Technik mehr geschlossen. Der Schläger befindet sich durchgehend vor dem Körper, wobei die Schlägerspitze etwas höher liegen

Tab. 4.3 Typische Fehlerbilder und deren Ursachen bei der Vorhand-Kontertechnik sowie jeweils methodische Hinweise/Maßnahmen

Fehler	Ursache	Maßnahme/methodischer Hinweise
Fehlende Unterstützung der Rumpfrotation durch Drehung der Schulter- und Hüftachse	Körperschwerpunkt liegt während der gesamten Schlagausführung ausschließlich auf dem Bein der Schlagarmseite	Die Beine sollten aus methodischen Gründen in der Ausholphase zunächst leicht versetzt hintereinander positioniert werden, um die schräge Rumpföffnung zur Schlagarmseite zu gewährleisten. Im späteren Prozess der Technikentwicklung können die Beine bei verkürzter Schlagausführung mit früherem Treffpunkt auch weniger schräg bis paralleler zur Grundlinie gesetzt werden
Das Schlägerblatt wird geöffnet oder zu stark geschlossen und die Bälle fliegen ins Netz oder über den Tisch hinaus	Die schiefe Schlagebene wird verlassen. Beim Verlassen dieser Ebene oder einer Änderung der Schlägerblattneigung geht die Schlagkontrolle verloren	Die Grundbewegung von Schläger und Unterarm wird ohne Ball geübt. Dabei werden die schiefe Schlagebene und der richtige BTP seitlich vor dem Körper thematisiert. Damit der Ellenbogen nicht zu nah am Körper positioniert ist, kann ein Fuß-, Volley- oder Basketball zwischen Rumpf und Arm geklemmt werden. Der Schlagarm sollte bei der ganzen Schlagausführung locker angespannt sein
Der produzierte Ball ist trotz vorhandener Rumpfrotation sehr langsam	Fehlende Unterstützung des Handgelenks im Balltreffpunkt	Der Bewegung des Handgelenkes sollte man große Aufmerksamkeit schenken. Im Moment des Balltreffpunktes unterstützt das Handgelenk die Schlagausführung durch eine schnelle Bewegung nach vorne oben, ohne dass die Bewegungsrichtung des Schlagarms (schiefe Ebene) verlassen wird. Dies lässt sich sehr gut singulär an der Ballkiste üben
Die Konterbälle landen regelmäßig im Netz oder hinter dem Tisch	Die Neigung des Schlägerblattes ist dem gewählten Balltreffpunkt und der Rotation des ankommenden Balles oder dem eigenen Belag nicht optimal angepasst	Die Schlägerblattstellung (SBS) hängt von der Art des Belags, vor allem von seiner Griffigkeit und Katapultfähigkeit ab. Ist die Griffigkeit des Belages und sein Katapulteffekt hoch, kann das Schlägerblatt deutlicher geschlossen werden. Im Training gilt es die SBS regelmäßig zu kontrollieren und zu thematisieren

sollte als der Ellenbogen. Der Schläger ist als Verlängerung des Unterarmes zu verstehen. Das Handgelenk wird leicht vorgespannt (Abb. 4.8).

In der Schlagphase und im Balltreffpunkt bleiben die Stellung der Beine sowie die Ausrichtung der Schulterlinie unverändert. Der Unterarm, mit dem Ellbogen als Drehpunkt, bewegt sich nach vorne in Richtung Netz mit einer Drehbewegung um die Unterarm-Achse (Supination). Die Schlägerspitze beschreibt dabei vom Beginn bis zum Ende der Bewegung etwa einen Viertelkreis. Kurz vor dem Balltreffpunkt unterstützt das Handgelenk die Bewegungsrichtung nach vorne. Der

Abb. 4.8 Technikdemonstration des Rückhand-Konterschlages aus drei Perspektiven in realer und verlangsamter Geschwindigkeit. Das Schlägerblatt ist geschlossen, die Beine stehen deutlich über schulterbreit auseinander. Die Fußspitzen zeigen nach vorne. Der Bewegungsimpuls entsteht im Unterarm, welcher, mit dem Ellbogen als Drehpunkt, sich nach vorne Richtung Netz bewegt. Die Schlägerspitze beschreibt dabei vom Beginn bis zum Ende der Bewegung etwa einen Viertelkreis. Kurz vor dem Balltreffpunkt unterstützt das Handgelenk die Bewegungsrichtung nach vorne. Der Ball wird vor dem Körper in der aufsteigenden Flugphase (noch vor dem höchsten Punkt seines Absprunges) getroffen. (▶ https://doi.org/10.1007/000-b8m) (Video: © Deutscher Tischtennis-Bund)

Ball wird vor dem Körper im „goldenen Dreieck" möglichst in der aufsteigenden Flugphase, d. h. noch vor dem höchsten Punkt seines Absprunges, getroffen.

▶ **Das „goldene Dreieck"** Das „goldene Dreieck" ist eine Orientierungshilfe für den optimalen Balltreffpunkt in Bezug zum Körper des Spielers bzw. der Spielerin. Stellt man sich bildlich vor, dass die am Rumpf anliegenden Unterarme und die Schulterlinie ein Dreieck bilden, sollte der Balltreffpunkt in etwa an der Spitze dieses Dreiecks liegen, also dort, wo die Handspitzen sich treffen. Der Abstand des Balltreffpunktes zum Körper sollte immer annähernd gleich sein (Friedrich & Fürste, 2012, S. 68; DTTB, 2020). Ist der Abstand des Körpers zum Balltreffpunkt zu groß oder zu klein, so ist eine ideale (technisch-biomechanische) Schlagausführung nicht möglich. Der Abstand des Unterarms plus einer Handlänge zum Körper ist ein guter Maßstab für einen günstigen BTP. In dieser Entfernung werden auch alltägliche Bewegungen, wie zum Beispiel Schreiben oder Essen, ausgeübt. Das goldene Dreieck bewegt sich je nach Schlagtechnik mit, sodass sich die Spitze des Dreiecks bei Vorhandschlägen seitlich vor dem Körper und bei Rückhandschlägen relativ zentral vor dem Körper befindet (Näf et al., 2008).

Das Schlägerblatt ist dabei senkrecht bis leicht geschlossen, je nachdem, welche Kontertechnik gewählt wird. In der Ausschwungphase bleibt das Körpergewicht auf beiden Beinen verteilt, kann jedoch durch die leichte Schulter- und Körperarbeit minimal auf den Fuß der Schlagarmseite verlagert sein. Die Schulterlinie bleibt am Ende der Bewegung im rechten Winkel zur Platzierung des gespielten Balles. Der Schläger befindet sich fast in Höhe der rechten Schulter, wobei tendenziell die Spitze des Schlägers in die Richtung zeigt, in die der Ball gespielt wurde. Der Oberarm und Unterarm bilden nun einen stumpfen Winkel.

Typische Fehler, die beim Erlernen der Rückhand-Kontertechnik auftreten, und entsprechende methodische Hinweise sind in Tab. 4.4 aufgeführt:

4.2.2 Schupf

Der Schupfschlag wird häufig als „Sicherheits- oder Kontrollschlag" verstanden (z. B. Groß, 2015, S. 81), der dazu dient, den Ball zu platzieren und „ohne großes Risiko im Spiel zu halten". „Die Schlagwirkung und die Rotation geben dem Ball eine langgestreckte, flache [...] Flugbahn. Die Einfallswinkel auf Tisch und Schläger sind größer als die Ausfallswinkel" (Gottlöber & Oelschläger, 1975, S. 30; Abschn. 6.1.4). Nach dem Auftreffen des Balles auf dem Tisch verliert der Schupf – im Vergleich zu Konter- oder Topspin-Schlägen – deutlicher an Geschwindigkeit. Beim Auftreffen eines unterschnittenen Balles springt dieser vom Schläger nach unten weg. Dieser Effekt muss „durch ein Öffnen des Schlägers und/oder durch eine stärkere Aufwärtsbewegung des Armes ausgeglichen werden" (Muster, 1986, S. 31).

Hudetz (1984, S. 134 f.) betont, dass es vollkommen falsch wäre anzunehmen, die Schupftechniken hätten „im modernen bedingungslosen Angriffsspiel" ihre Bedeutung verloren. Unabhängig vom Spielniveau entstehen immer Situationen, in denen es nahezu unmöglich ist, ohne ein übermäßiges Risiko einzugehen, offensiv zu agieren. Gerade im Anfängerbereich empfiehlt es sich, der Schulung der Schupftechniken ausreichend Beachtung zu schenken. Die Anfänger:innen sind somit in der Lage, einen Ball ein- bis zweimal zurück zu schupfen, bevor sie mit dem eigentlichen Angriff eröffnen. Dabei wird der Schupf mit der Rückhand noch häufiger eingesetzt als mit der Vorhand. Der Vorhand-Schupf findet auf höherem Spielniveau in der Regel nur noch für den kurzen Rückschlag (Abschn. 4.3.2) auf kurze Aufschläge Verwendung, da alle lang gespielten Schupfbälle in die Vorhand von den meisten Spieler:innen offensiv erwidert werden. Abwehrspieler:innen nutzen den Vorhand-Schupf auf lange Bälle etwas häufiger, um den Gegner bzw. die Gegnerin zum Angriff aufzufordern, oder als Antwort auf lange Aufschläge.

4.2.2.1 Vorhand-Schupf
Im modernen Tischtennis spielen kurze Schupfbälle mit der Vorhand vorwiegend als Rückschlag oder im Kurz-kurz-Spiel eine besondere Rolle. In der Ausholphase werden beim Vorhand-Schupf der Fuß, die Hüfte und auch die Schulter

4.2 Die Grundtechniken

Tab. 4.4 Typische Fehlerbilder und deren Ursachen bei der Rückhand-Kontertechnik sowie jeweils methodische Hinweise/Maßnahmen

Fehler	Ursache	Maßnahme/methodischer Hinweise
Der Spieler bzw. die Spielerin drückt den Ball mit einer Art Stoßbewegung aus der ganzen Schulter heraus. Dadurch fehlt es dem Schlag an Tempo und Kontrolle	Der Ellenbogen dient nicht als Drehgelenk der Schlagbewegung. Der Kraftimpuls erfolgt stattdessen ausschließlich aus einer Ellenbogenstreckung. Meist wird der Daumen als zu starker Druckpunkt eingesetzt	Mithilfe von Bilderreihen und Videos kann das Nachahmen der Bewegung gefördert werden. Ein Fokus auf ein lockeres Greifen des Schlägers kann die Stoßbewegung über den Daumen ein Stück weit reduzieren. Vorübungen/Schattenübungen, bei denen auf einen tiefen Ellenbogen und eine lockere Schwungbewegung geachtet wird, können als Trainingsmaßnahme eingesetzt werden
Dem Schlag fehlt es an Tempo und Dynamik	Eine zweite Ursache für das fehlende Tempo kann ein fehlender Handgelenkseinsatz im BTP sein	Ein steifes Handgelenk verhindert eine wirkungsvolle Schlagausführung. Durch Lockerungen und Vorübungen sowie die richtige Schlägerhaltung kann auf einen flexiblen Handgelenkseinsatz hingearbeitet werden
Der Ball wird zu wenig kontrolliert. Der/Die Spieler:in kann nicht die Platzierungen anspielen, die er/sie anvisiert hat	Eine Ursache können Hubbewegungen aus den Beinen während der Schlagausführung sein. Dabei wird die Grundstellung, in der die Beine gebeugt und der Oberkörper nach vorne gerichtet sein sollten, verlassen	Optische Hinweise (z. B. ein Spiegel auf der gegnerischen Seite oder Videoanalysen können dienlich sein, die Auf-und-ab-Bewegungen wahrzunehmen und zu vermeiden. Auch taktile Hinweise (z. B. Papierschnipsel, Bierdeckel o. Ä. unter den Füßen) helfen, um den Spieler:innen direkte Rückmeldungen zu geben, wenn der Bodenkontakt verloren geht. In dem Fall verrutscht in der Regel auch die (taktile) Unterlage unter den Füßen
Der Ball geht über den Tisch hinaus (zu lang)	Der Schläger „öffnet" sich bei der Schlagausführung	Das Öffnen des Schlägerblattes resultiert häufig aus einer schlechten Position zum Ball. Die Drehbewegung des Unterarmes sollte in Vorübungen ohne Ball mit dem Spieler oder der Spielerin herausgearbeitet werden. Auch die Thematisierung von Vorwärts- und Rückwärts-Laufschritten ist eine Maßnahme zur Technikoptimierung

der Schlagarmseite gleichzeitig mit dem Schläger nach vorne gebracht. Der Fuß steht dabei deutlich unter dem Tisch. Die Schulter wird mit dem Vorbringen des Oberkörpers ein Stück abgesenkt. Das Schlägerblatt ist leicht geöffnet, um den Ball mit einer kurzen Bewegung des Schlägers nach vorne unten in der Nähe des Balläquators seitlich zu treffen. Bei vielen Spieler:innen ist das Handgelenk

Abb. 4.9 Technikdemonstration des Vorhand-Schupfschlages auf kurze Bälle aus drei Perspektiven in realer und verlangsamter Geschwindigkeit. Das Schlägerblatt ist leicht geöffnet. Auf kurze Bälle wird der Fuß der Schlagarmseite unter den Tisch gesetzt. Die Fußspitzen zeigen nach vorne. Der Bewegungsimpuls kommt vorrangig aus dem Handgelenk und zum Ende der Schlagbewegung auch aus dem Unterarm. Wird der Ball kurz zurückgespielt, ist ein früher Balltreffpunkt anzustreben, kurz bevor der Ball in seiner Flugphase den höchsten Punkt nach dem Auftreffen auf dem Tisch erreicht. (▶ https://doi.org/10.1007/000-b8n) (Video: © Deutscher Tischtennis-Bund)

leicht nach hinten angewinkelt, um mit einem schnellen Handgelenkseinsatz mehr Rotation zu erzeugen. Der Arm bleibt dabei die meiste Zeit angewinkelt. Der Bewegungsimpuls kommt vorrangig aus dem Handgelenk und zum Ende der Schlagbewegung auch aus dem Unterarm. Wird der Ball kurz zurückgespielt, ist ein früher Balltreffpunkt anzustreben, in der steigenden Flugphase nach dem Auftreffen auf dem Tisch (Friedrich & Fürste, 2012). Für einen langen Schupf sollte der Ball im höchsten Punkt der Flugbahn oder kurz davor getroffen werden. Die Ausschwungphase des kurzen Vorhand-Schupfs ist nahezu zu vernachlässigen. Am Ende der Bewegung sollte die Schlägerspitze nach vorne zeigen, sodass der Unterarm und der Schläger eine gerade Linie bilden. In den meisten Fällen wird diese Ausschwungphase sehr kurzgehalten, damit der nächste Schlag vorbereitet werden kann (Abb. 4.9).

Bei Vorhand-Schupfschlägen auf lange Bälle wird der Fuß der Schlagarmseite einen kleinen Schritt zurückgenommen und das Gewicht auf das Bein der Schlaghandseite verlagert. Bei den meisten Spieler:innen geht dies mit einer kleinen Drehung der Hüft- und Schulterlinie nach hinten einher. Die Schulter der Schlagarmseite senkt sich wie beim kurzen Schupf ein Stück ab. Der Schläger wird rückwärts nach hinten oben geführt und befindet sich im Endpunkt der Ausholphase etwa in Höhe der rechten Schulter (siehe auch Abschn. 4.4.2.1 zur Schnittabwehr). Gewährleistet wird diese Rücknahme durch ein Beugen des Unterarmes, wobei zwischen Ellenbogen und Körper ein Zwischenraum entsteht. Das Handgelenk wird ebenfalls nach hinten angewinkelt, sodass die Schlägerspitze fast nach oben zeigt. Durch eine kleine Drehung der Hüft- und Schulterlinie zum Ball wird eine Gewichtsverlagerung eingeleitet. Der Schläger wird durch eine Unterarmstreckung nach vorne unten in Richtung Tischoberfläche geführt. Dabei vergrößert sich der Winkel im Ellbogengelenk. Unmittelbar vor dem Balltreffpunkt erfolgt der Handgelenkeinsatz in die Zielrichtung des Balles. Der Ball wird in der Regel am höchsten Punkt der Ballflugkurve seitlich vor dem Körper getroffen. Bei der Schlägerblattstellung muss die Rotation des ankommenden Balles berücksichtigt werden. Soll der Ball mit viel Unterschnitt gespielt werden, muss das Schlägerblatt stark geöffnet werden. Wird der Ball mit wenig Unterschnitt gespielt, ist das Schlägerblatt hingegen nur leicht geöffnet. Der Ball wird immer tangential seitlich unterhalb des Balläquators getroffen. Der Schlagarm ist am Ende der Bewegung nahezu gestreckt. Nach dem Balltreffpunkt verlagert sich das Körpergewicht auf das schlagarmferne Bein zurück, bis die Hüft- und Schulterlinie wieder parallel ausgerichtet ist.

4.2.2.2 Rückhand-Schupf

Die Rückhand-Schupftechnik kommt unabhängig vom Spielniveau häufiger zum Einsatz als der Vorhand-Schupf. Ziel des Rückhand-Schupfes ist es, „den Ball flach, platziert und mit Drall zu spielen, um im Wettkampf variabel zu sein und den Gegner zu Fehlern zu zwingen" (Hudetz, 1984, S. 134). Der Rückhand-Schupf kann ebenso als Antwort auf kurze Bälle, beispielsweise kurze Aufschläge oder kurze Rückschläge im Rückhand-Bereich, dienen. Auch lang gespielte Schupfbälle können genutzt werden, das Gegenüber zum ersten Angriffsball zu zwingen oder ihn bzw. sie aus einer ungünstigen Position eröffnen zu lassen (Groß, 2015, S. 85). Diese müssen dann jedoch aktiv auf den Körper des Gegenübers, tief in die Rückhandseite oder teils auch parallel in die Vorhandseite gespielt werden, falls sich ein Umspringen (Abschn. 4.1.3) des Gegenübers andeutet. Bei Abwehrspieler:innen kommt der lange Rückhand-Schupf auch als Antwort auf lange Schupfbälle oder Aufschläge vor.

Der kurze und der lange Schupf können grundsätzlich als Vorbereitungsschlag verstanden werden, um in eine vorteilhafte Situation zu gelangen. Bei dem Rückhand-Schupf auf einen kurz gespielten Ball des Gegners wird das Bein der Schlagarmseite nach vorne unter den Tisch positioniert. Gleichzeitig werden der Oberkörper und die Schulter des Schlagarms nach vorne über den Tisch gebracht. Der Schlagarm und das Handgelenk werden leicht anwinkelt, sodass die Schlägerspitze bei Rechtshänder:innen nach links oben zeigt. Das Schlägerblatt ist je nach Stärke des Unterschnitts mehr oder weniger stark geöffnet. Es erfolgt eine kurze Bewegung des Unterarms und des Handgelenks zum Ball nach vorn unten. Das Handgelenk bestimmt die Intensität des Schlages. Der Ball wird tangential in der Nähe des höchsten Punktes der Flugkurve getroffen. Aufgrund der relativ kurzen Gesamtbewegung ist auch die Ausschwungphase kürzer. Der Arm ist im Ellenbogen nahezu gestreckt. Die Schlägerspitze zeigt nach vorne und der Schläger

Abb. 4.10 Technikdemonstration des Rückhand-Schupfschlages auf lange Bälle aus drei Perspektiven in realer und verlangsamter Geschwindigkeit. Das Schlägerblatt ist geöffnet. Auf kurze Bälle wird der Fuß der Schlagarmseite unter den Tisch gesetzt, bei langen Bällen stehen die Füße nahezu parallel zur Grundlinie des Tisches. Die Fußspitzen zeigen nach vorne. Der Bewegungsimpuls kommt vorrangig aus dem Handgelenk und teilweise auch aus dem Unterarm. Wird der Ball kurz zurückgespielt, ist ein früher Balltreffpunkt anzustreben, kurz bevor der Ball in seiner Flugphase den höchsten Punkt nach dem Auftreffen auf dem Tisch erreicht. Eine leichte Drehung in Richtung des Nicht-Schlagarmes bringt die Schulter des Schlagarmes nach vorne. Der Rumpf steht kurz vor dem Ballkontakt leicht schräg. Zeitgleich dazu wird der Schläger durch ein Beugen des Unterarms im Ellbogengelenk vor die Brust geführt. (▶ https://doi.org/10.1007/000-b8h) (Video: © Deutscher Tischtennis-Bund)

befindet sich in gerader Verlängerung des Unterarms. Lange Schupfbälle mit der Rückhand unterscheiden sich im Prinzip nur in der Ausholphase. Hier nimmt der Spieler oder die Spielerin eine parallele Stellung zur Grundlinie des Tisches ein (Abb. 4.10).

Das Körpergewicht wird gleichmäßig auf beide Füße verteilt, wobei ein tiefer Körperschwerpunkt das tangentiale Treffen des Balles an seiner Unterseite erleichtert. Die Schulterlinie ist parallel zum Netz ausgerichtet. Eine leichte Drehung in Richtung des Nicht-Schlagarmes bringt die Schulter des Schlagarmes nach vorne. Zeitgleich dazu wird der Schläger durch ein Beugen des Unterarms im Ellbogengelenk vor die Brust geführt. Der Ellenbogen des Schlagarmes bleibt dabei körperfern. Zwischen Ober- und Unterarm entsteht somit ein spitzer Winkel. Die Ausschwungphase ist bei lang gespielten Schupfschlägen geringfügig länger als bei kurz gespielten Schlägen.

Typische Fehlerbilder bei der Rückhand-Schupftechnik und dessen Ursachen werden in Tab. 4.5 aufgezeigt.

Eine exemplarische methodische Reihe zum Erlernen des Rückhand-Schupfschlages findet sich im späteren Verlauf dieses Buches zum Thema der Technik-

4.2 Die Grundtechniken

Tab. 4.5 Typische Fehlerbilder und deren Ursachen bei der Rückhand-Schupftechnik sowie jeweils methodische Hinweise/Maßnahmen

Fehler	Ursache	Maßnahme/methodischer Hinweise
Der Ball gerät zu hoch und zu kurz	Eine Fehlerursache kann ein zu tiefer Schlagansatz sein, d. h., die Ausholbewegung beginnt nicht hinten oben, sondern nur hinten. Die zweite Ursache könnte eine falsche Schlägerblattstellung (zu offen/zu geschlossen) darstellen	Je geöffneter die Schlägerblattstellung, desto tangentialer und dynamischer muss der Ball getroffen werden, damit dieser flach über das Netz fliegt. Ein etwas weiter geschlossenes Schlägerblatt erzeugt eine flachere, längere Flugbahn auf Kosten der (Rückwärts-)Rotation. Methodische Reihen zum Rückhand-Schupf (Abschn. 5.3.4) sowie Bilderreihen oder Videos bieten sich zur Überprüfung des Schlagansatzes an
Der Schlag hat wenig Rotation und fliegt zu hoch	Der Ellbogen wird durch eine Gesamtbewegung des Armes eher von unten nach oben gehoben anstatt von hinten oben nach vorne unten geschlagen. Das Ellenbogengelenk stellt nicht den Drehpunkt des Unterarmes dar, wodurch die Bewegungsfreiheit des Unterarmes eingeschränkt wird	Durch den Einsatz von Analogien und Metaphern (Abschn. 5.2.1) können die Lernenden auf die korrekte Bewegungsrichtung des Schlagarmes hingewiesen werden (z. B. Schnitzen eines Stockes). Die Flexion und Extension des Handgelenks können mithilfe taktiler Unterstützungen veranschaulicht werden (z. B. führen des Handgelenks durch den/die Trainer:in). Wird der Ellbogen zu nah am Körper positioniert, können größere Bälle zwischen Bauch und Ellenbogen eingeklemmt werden, um den Platz „freizuhalten"
Dem Ball fehlt es an der richtigen Länge. Dem Spieler bzw. der Spielerin fällt es schwer, Schupfbälle in die Nähe der Grundlinie zu platzieren	In der Ausschwungphase wird der Schlagarm nicht gestreckt. Ohne den fehlenden Unterarmeinsatz vollzieht der Arm eher eine Stoßbewegung in Richtung des Balles anstatt ihn von unten anzuschneiden und die translatorische Bewegung des Balles dadurch einzuleiten	Optische Hinweise (z. B. ein Spiegel auf der gegnerischen Seite oder Videoanalysen; Abschn. 8.4) können dienlich sein, die komplette Bewegungsausführung wahrzunehmen. Die Übenden sollen auf die finale Position ihres Armes achten. Ist dieser gestreckt oder noch angewinkelt? Ist die Ausschwungphase der Bewegung zu kurz, sollten die Übenden angehalten werden, die Bewegung bis zum Ende zu denken und eine flüssige Ausschwungbewegung zu erzeugen. Der Schläger sollte jedoch auch nicht zu weit ausschwingen, damit keine Zeit für den Folgeschlag verloren geht
Der produzierte Ball enthält nicht nur Unter-, sondern auch Seitschnitt. Dadurch wird auch die Platzierung unsauber	Das Handgelenk ist nicht als Verlängerung des Unterarmes orientiert. Bricht das Handgelenk aus dieser gedachten Achse aus, können Rotation und Platzierung nicht mehr exakt gesteuert werden	Hier empfiehlt es sich, die Rotation (Abschn. 6.1.3) des erzeugten Balles zu beobachten. Verfügt dieser über eindeutigen Unterschnitt, wurde er präzise getroffen. Springt er nach dem Auftreffen auf der anderen Seite ein Stück zur Seite, deutet dies auf eine Mischform der Rotation hin. Bemalte Bälle (z. B. zweifarbig) können dabei helfen, die Rotation des produzierten Balles zu erkennen

vermittlung (Abschn. 5.3.4). Mithilfe von Schupfschlägen lassen sich rückwärtsrotierende Bälle erzeugen, die eine Tendenz haben, nach dem Auftreffen auf dem Schläger des Gegenübers nach unten abzuspringen. Sie landen daher (je nach Schlägermaterial) häufig im Netz, wenn man die Schlägerblattstellung nicht entsprechend anpasst, in diesem Fall weiter öffnet (siehe auch Abschn. 4.3.2 zum Rückschlag). Genau umgekehrt verhält es sich bei den Topspinschlägen, die im folgenden Kapitel beschrieben sind.

4.2.3 Topspin

Mit der Entwicklung der griffigen Noppen-innen-Beläge (Abschn. 2.3.4), die es ermöglichten, dass der Ball in den Gummibelag eintaucht und aus dem Schläger mit starker Vorwärtsrotation hinauskatapultiert wird, entstanden der Vorhand- und Rückhand-Topspin als eine neue Schlagtechnik. In den 50er-Jahren setzten erstmals japanische Spieler:innen „den rotationsreichen Vorhand-Topspin bei einem Freundschaftsspiel gegen eine europäische Auswahl ein" (Hudetz, 1984, S. 96). Der Topspin ist laut Groß (2015, S. 112) eine „offensive Schlagtechnik, die durch ihre Vielseitigkeit besticht. Du kannst den Punkt durch Tempo (= „schneller", früh getroffener, nach vorne gezogener Topspin), Spin (= „langsamer", spät getroffener, nach oben gezogener Topspin) erzielen". Tatsächlich hat der Topspin das Tischtennisspiel in der ersten Phase der Entwicklung nicht schneller gemacht, sondern es sogar noch verlangsamt. Man spielte hauptsächlich langsame, hohe Spinbälle mit sehr viel Drall, aber mit geringer Geschwindigkeit (vgl. Hudetz, 1984, S. 97). Mittlerweile wird er vorrangig dazu genutzt, den Gegner bzw. die Gegnerin unter Zeitdruck zu setzen und somit zu Fehlern zu zwingen bzw. zu erreichen, dass der Ball nicht mehr erlaufen werden kann. Der Topspin ist mit etwa 60 % die von Tischtennisspieler:innen am häufigsten verwendete Techniken (Wang et al., 2022).

4.2.3.1 Vorhand-Topspin

„Im modernen und offensiv orientierten Tischtennis hat sich der Vorhand-Topspin zum wohl wichtigsten Schlag entwickelt" (Roesch, 1998; DTTB, 2020). Ein großer Vorteil dieser Schlagtechnik ist, dass der Ball in nahezu jedem Punkt der Flugbahn getroffen wird und aktiv gespielt werden kann. Die Topspintechniken zeigen sehr viele Variationsmöglichkeiten (z. B. teilweise kombiniert mit Seitrotation), ihr Hauptmerkmal ist jedoch immer, dass der Ball relativ weit oben in der Nähe des ‚Nordpols' getroffen wird (Abb. 4.6). Durch das tangentiale Streifen des Balles wird der Ball in (Vorwärts-)Rotation versetzt. Dies hat den Vorteil, dass der Ball nach dem Auftreffen auf dem Tisch aufgrund der geringeren Reibung auf der Tischoberfläche flacher und ein Stück nach vorne abspringt (siehe auch Abschn. 8.3). Trupcovic (1978, S. 27) definierte neben dem „normalen" VHT fünf Varianten des VHT: den langsamen Topspin, den schnellen Topspin, den Konter-Topspin, den seitlichen Topspin und den vorgetäuschten Topspin, bei dem der Ball fast nur gehoben wird und entsprechend wenig Vorwärtsrotation enthält. Spätere

4.2 Die Grundtechniken

Lehrbücher (bspw. Friedrich & Fürste, 2012; Geisler, 2019; Sklorz & Michaelis, 1995, S. 34) unterscheiden nur noch zwei Arten des Vorhand-Topspins: den eher langsamen Vorhand-Topspin auf Unterschnitt, der teilweise mit einer langen Armbewegung einhergeht, und den schnellen Vorhand-Topspin auf Überschnitt, der in dieser Variante meist sehr kurz ausgeführt wird und in seiner Bewegung in Teilen dem Vorhand-Konterschlag (Abschn. 4.2.1.1) ähnelt. Diese Unterscheidung war wichtiger, als noch mit Bällen aus Zelluloid (siehe dazu Abschn. 2.1.1) gespielt wurde. Mittlerweile wird im Spitzensport mit den Plastikbällen auch der Vorhand-Topspin auf Unterschnitt mit viel Tempo gespielt, da Spieler:innen auf diesem Niveau sonst zu leicht mit einem Gegentopspin antworten können. Heute steht vor allem die Variation der Rotation beim Vorhand-Topspin im Mittelpunkt. Spitzenspieler:innen sind in der Lage, die Schlaghärte und den Effekt des Balles situationsangemessen und vielseitig zu gestalten, sodass die Gegenspieler:innen Probleme haben, den Ball zu blocken (Abschn. 4.4.1).

Bei dem Vorhand-Topspinschlag auf Unterschnittbälle spielt die Rotation gegenüber der Geschwindigkeit eine dominierende Rolle. Es ist aber auch möglich, diesem Ball viel Tempo zu verleihen. Aus einer zur Vorhandseite geöffneten Position heraus stehen die Füße etwas breiter als schulterbreit auseinander. Das Bein der Schlaghandseite ist ungefähr eine Fußlänge weiter vom Tisch entfernt als das andere. Mit einer Hüft- und Schulterdrehung (sog. Körperverwringung) wird aus der beschriebenen Ausgangsstellung heraus das Körpergewicht auf das hintere Bein verlagert. Der Spieler bzw. die Spielerin sollte sich ferner so ausrichten, dass sich seine/ihre Schultern parallel zur Flugbahn des ankommenden Balles befinden. Die Bewegung des Armes und des Schlägers, insbesondere die Einstellung des Schlägerwinkels, sind beim Vorhand-Topspin je nach Rotation des ankommenden Balles und dem Bewegungsziel unterschiedlich. Bei stark unterschnittenen Bällen wird der Schläger durch ein Strecken des Unterarmes rückwärts nach unten bis höchstens auf Kniehöhe bewegt. Dabei ist der Arm im Endpunkt der Ausholbewegung fast gestreckt. Der Ellenbogen bleibt bei dieser Bewegung leicht vom Körper entfernt. Die Bewegungsrichtung ist nach vorne oben gerichtet, mit einem großen vertikalen Bewegungsanteil. Damit wird dem Ball die notwendige Geschwindigkeit nach oben verliehen, um dem Unterschnitt des ankommenden Balles entgegenzuwirken. Das Schlägerblatt ist im Vergleich zum Vorhand-Topspin auf Überschnitt lediglich leicht geschlossen.

In der Phase des Balltreffpunktes wird die Schlagbewegung des Armes durch eine Gewichtsverlagerung vom hinteren auf das vordere Bein aktiv unterstützt. Zusätzliche Dynamik wird durch das Auflösen der Körperverwringung erzeugt (siehe auch Abschnitt 8.3.2). Es ist darauf zu achten, dass der Ball vor dem Abfangen des Körpergewichts getroffen wird, um dem Ball den optimalen Impuls zu geben. Die anfangs abgesenkte Schlagschulter dreht in dieser Bewegung mit nach vorne oben. Der Schlagarm bewegt sich zusammen mit dem Schläger während der Schlagausführung auf einer schiefen Ebene (Bewegungsebene) nach vorne oben. Schon zu Beginn der Technikschulung sollte besonders auf den Einsatz des Unterarms geachtet werden. Dieser wird zusammen mit dem Schläger zu Beginn der Bewegung durch ein Anwinkeln im Ellenbogengelenk stark beschleunigt. Kurz vor dem Balltreffpunkt erfolgt eine Beschleunigung durch das Handgelenk. Wichtig ist, dass der Schläger immer in der gewählten Bewegungsebene bleibt und keine kurvenförmige Trajektorie verfolgt. Der Ball wird meist seitlich vor dem Körper getroffen. Dabei hängt die Art des Balltreffens von der jeweils anvisierten Platzierung des Schlages ab. Bälle, die sehr diagonal gespielt werden sollen, können bspw. etwas weiter vor dem Körper gespielt werden, wohingegen parallel gespielte Vorhand-Topspins auch etwas später gespielt werden können, wenn sich der Ball fast auf Höhe des eigenen Körpers befindet.

Es ist anzustreben, den Ball zwischen Netz- und Tischhöhe zu treffen. Hier empfiehlt es sich verschiedene Bewegungsziele mit den entsprechenden verschiedenen Balltreffpunkten zu trainieren. In Abschn. 5.3.1 findet sich eine methodische Reihe zum Erlernen der Vorhand-Topspintechnik.

Ist das Tempo in Form von einem schnellen Topspin das Hauptziel des Schlages, muss der Ball in der steigenden Phase, spätestens am höchsten Punkt getroffen werden. Wird hingegen intendiert, den Ball mit mehr Rotation zu spielen, sollte der Balltreffpunkt nach dem höchsten Punkt in der fallenden Phase, jedoch nicht unter Tischhöhe liegen (Geisler, 2019). In der Ausschwungphase nach dem Balltreffpunkt befindet sich das Körpergewicht auf dem linken Bein. Die Schulterlinie und der Rumpf stehen etwa parallel zur Grundlinie des Tisches. Der Unterarm wird angewinkelt, sodass der Schläger locker in Stirnhöhe ausschwingen kann. Beim Vorhand-Topspin auf Überschnitt (Abb. 4.11) ist die Geschwindigkeitskomponente gegenüber der Rotationskomponente vorrangig. Die wichtigsten Unterschiede des schnellen Vorhand-Topspins im Vergleich zum Topspin mit viel Rotation (meist auf Unterschnitt) sind:

- Die Bewegung erfolgt mehr nach vorne und der Arm wird etwas mehr beschleunigt, der Schläger ist auch etwas mehr geschlossen in einer stärkeren Vorhandgriffhaltung.
- Der Ball wird etwas früher getroffen, bereits in der aufsteigenden Phase des Ballfluges, noch vor dem höchsten Punkt.
- Der Schlagansatz ist höher als beim Topspin mit viel Rotation, d. h., es wird nicht von so weit unten ausgeholt wie beim Vorhand-Topspin auf Unterschnitt.
- Die Ballflugkurve ist flacher, d. h. deutlich weniger bogenförmig als beim Topspin auf Unterschnitt. Er fliegt sehr gerade auf den Gegner bzw. die Gegnerin zu.

Bei der Ausführung oder beim Erlernen der Vorhand-Topspintechnik treten häufig folgende Fehlerbilder auf, die sich durch methodische Hinweise oder Maßnahmen korrigieren lassen (Tab. 4.6).

Wie oben bereits angedeutet, spielen viele Amateur- und Spitzenspieler:innen unterschiedliche Varianten der Vorhand-Topspintechnik, um den Gegner:innen das Blockspiel zu erschweren. Über den schwedischen Tischtennisspieler Jan-Ove Waldner, der 1989 und 1997 Weltmeister und 1992 Olympiasieger im Einzel wurde, sagte man:

4.2 Die Grundtechniken

Abb. 4.11 Technikdemonstration des Vorhand-Topspinschlages auf lange Bälle mit Überschnitt aus drei Perspektiven in realer und verlangsamter Geschwindigkeit. Das Schlägerblatt ist stark geschlossen. Der Bewegungsimpuls entsteht durch eine Gewichtsverlagerung auf das Bein der Schlagarmseite (hier: rechtes Bein). Durch eine Körperverwringung wird Energie gespeichert, die im Balltreffpunkt entladen wird. Der Unterarm wird zu Beginn der Bewegung durch ein Anwinkeln im Ellenbogengelenk stark beschleunigt. Kurz vor dem Balltreffpunkt erfolgt eine Beschleunigung durch das Handgelenk. Gleichzeitig wird das Gewicht auf das vordere Bein verlagert. Der Arm schwingt nach oben bis auf Stirnhöhe aus. (▶ https://doi.org/10.1007/000-b8q) (Video: © Deutscher Tischtennis-Bund)

> „… man weiß bei den meisten [Spieler:innen], wohin sie ihre Attacken platzieren … . Sind sie in Bedrängnis, bleiben ihnen meistens nur zwei Alternativen – zu 75-prozentiger Sicherheit weiß man dann, wo der Ball hinkommt. Bei Jan-Ove Waldner weiß man nichts. Da kann ein harter flacher Topspin kommen, ein locker unterschnittener – er kann ganz parallel kommen, diagonal oder auf den Bauch. Manchmal spielt er aber auch mit viel Seitschnitt mit seiner Vorhand tief in eine Ecke hinein." (Fellke, 1997, S. 181)

Zusammenfassend lässt sich festhalten, dass professionelle Tischtennisspieler:innen über ein größeres Repertoire an Vorhand-Topspinvariationen verfügen sollten, um weniger ausrechenbar für die Gegner:innen zu sein. Für ein beidseitiges Spin-Spielsystem (Abschn. 6.2.2) ist neben der Vorhand-Topspintechnik ebenso eine gut ausgebildete Rückhand-Topspintechnik erforderlich.

4.2.3.2 Rückhand-Topspin

Die Rückhand-Topspinbewegung unterscheidet sich aufgrund der Ballposition zum Körper deutlich von der Vorhand-Topspinbewegung. Der Rückhand-Topspin wird im Optimalfall vor dem Körper gespielt, wohingegen der Vorhand-Topspin deutlich seitlich vor dem Körper gespielt wird. Hier unterscheidet sich der RHT auch von strukturähnlichen Sportarten wie Tennis oder Badminton, die bei der

Tab. 4.6 Typische Fehlerbilder und deren Ursachen bei der Vorhand-Topspintechnik sowie jeweils methodische Hinweise/Maßnahmen

Fehler	Ursache	Maßnahme/methodischer Hinweise
Der Ball landet trotz großer, dynamischer Ausholbewegung häufig im Netz. Der Ball hat zudem wenig Rotation	Der Schläger verlässt die Schlagebene. Er wird eher bogenförmig von unten nach vorne oben geführt. Dadurch geht die Rotation verloren. Oft ist eine falsche Bewegung von Ellenbogen oder Handgelenk ein Teil der Fehlerursache	Die Veranschaulichung der schiefen Schlagebene kann durch methodische Hilfestellungen (Abschn. 8.2.2) verdeutlicht werden. Beispielsweise wird eine Umrandung oder Turnbank schräg auf einen Tisch gestellt oder in eine Sprossenwand (ca. 45°-Winkel) gehängt. Die Übenden können mit dem Schläger (mit geschlossenen oder geöffneten Augen) auf- und abfahren, um ein Bewegungsgefühl für die Ebene zu bekommen
Fehlende aktive Hüft- und Schulterachsendrehung zur Unterstützung in Schlagrichtung (siehe kinematische Kette)	Die Stellung der Beine ist parallel zur Grundlinie (nicht zur Schlaghandseite geöffnet)	Im Anfängerbereich kann der Vorhand-Topspin zunächst aus einer geöffneten Beinstellung trainiert werden. Vielen Anfänger:innen hilft es, den Vorhand-Topspin zu Beginn aus der Rückhandseite zu trainieren, da dort eine Öffnung des Rumpfes automatisch umgesetzt wird. Zudem wirkt die Kante des Tisches in der Vorhandseite beim VHT aus der Rückhand nicht störend. Um die Körperdrehung beim VHT zu betonen, kann die Aufgabe lauten, den Ball nicht auf die gegnerische Tischhälfte zu platzieren, sondern auf den Nebentisch, der sich bei Rechtshänder:innen links neben ihnen befindet
Dem Ball fliegt sehr hoch über das Netz. Zudem fehlt es dem Ball an Tempo und Rotation	Der Ball wird hinter oder seitlich neben dem Körper getroffen werden	Im Training sollte vermehrt auf den korrekten Treffpunkt seitlich vor dem Körper geachtet werden. Ein zu früher oder zu später BTP führt zu einer schlechteren Qualität des Balles. Der Schlagarm sollte beim Ausholen fast gestreckt werden. Geschieht dies nicht, ist ein aktiver Unterarmeinsatz („Armzug") in der Schlagphase kaum mehr möglich
Die Bälle landen regelmäßig im Netz, vor allem bei stark unterschnittenen Bällen (mit starker Rückwärtsrotation)	Bei vielen Anfänger:innen endet die Schlagbewegung bereits auf Brusthöhe oder beginnt zu weit oben	Hier können methodische Hilfsmittel (z. B. eine Schirmmütze die am Ende der Bewegung berührt werden muss) oder Bewegungsanalogien/Metaphern (Abschn. 5.2.1) eingesetzt werden, damit der Schlag bis vor die Stirn „durchgezogen" wird. Ein tiefer Schlagansatz (v. a. auf Unterschnitt) kann übertrieben geübt werden, wenn die Übenden vor dem Ballkontakt einmal mit dem Schläger auf den Boden tippen müssen

(Fortsetzung)

4.2 Die Grundtechniken

Tab. 4.6 (Fortsetzung)

Fehler	Ursache	Maßnahme/methodischer Hinweise
Das Timing während des Schlages stimmt nicht und die Bälle fliegen über den Tisch hinaus oder geraten zu kurz ins Netz	Der Körper und die Schlagbewegung arbeiten gegeneinander, womit eine fehlende bzw. zu spät eingeleitete Gewichtsverlagerung und, damit verbunden, fehlende Körperrotation der Hüft- und Schulterachse einhergehen	Der freie Arm kann dazu genutzt werden, die Bewegung zu unterstützen. Dabei sollte der freie Arm in der Ausholphase in Richtung Ball orientiert sein und in der Schlagphase mit der Hüft- und Schulterachsendrehung nach hinten drehen. So bleibt der Oberkörper durchgehend nach vorne geneigt und die tiefe Beinstellung erhalten

Rückhand einen Balltreffpunkt neben bzw. über dem Körper haben. Das Hauptziel der RHT-Bewegung im Tischtennis ist ein offensiver Angriff auf halblange und lange Bälle (Abschn. 6.1.1) aus der RH-Seite. Der große Vorteil dieser Technik ist, wie auch bei dem VHT, dass sie auf alle Rotationsarten gespielt werden kann. Direkte Punktgewinne oder die Vorbereitung für einen punktbringenden Folgeschlag (z. B. durch Rotationswechsel, hohes Tempo, gute Platzierung) sind das Ziel des RHT. In der Ausholphase ist die Beinstellung normalerweise parallel bis leicht geöffnet zur Vorhand-Seite. Die Beine sind leicht gebeugt. Aus der parallelen Hüft- und Schulterstellung heraus wird die Schulterachse durch eine kleine Drehung des Rumpfes leicht nach hinten aufgedreht. Dabei gehen die Schultern sowie die Hüfte in eine schräge Position zur Grundlinie. Das Körpergewicht befindet sich dadurch tendenziell mehr auf dem Bein der Nicht-Schlaghand. Die Ausholbewegung des Schlägers und die Schlägerblattstellung sind von der Rotation des ankommenden Balles und dem eigenen Bewegungsziel abhängig. Auf stark rückwärtsrotierende Bälle sollte der Schlagansatz etwas tiefer gewählt werden. Auf Bälle mit Überschnitt kann das Schlägerblatt stärker geschlossen und die Bewegung insgesamt etwas kürzer und mehr nach vorne ausgeführt werden. Wichtig in der Ausholbewegung ist, dass der Ellbogen entfernt vor dem Körper bleibt, da er später als Drehpunkt des Unterarmes dienen soll. Das Handgelenk ist nach hinten abgewinkelt, um eine leichte Vorspannung im Handgelenk und Unterarm zu erzeugen (Abb. 4.12).

Eingeleitet durch einen leichten Bewegungsimpuls aus den Beinen sowie einer Schulterachsendrehung nach rechts erfolgt eine Auflösung der in der Ausholphase durch die Hüft- und Schulterposition aufgebauten Spannung. Diese Auflösung erfolgt bis zu einer parallelen Stellung der Hüft- und Schulterlinie zur Grundlinie. Der Unterarm und der Schläger werden explosiv vom Schlagansatz ausgehend nach vorne oben beschleunigt. Dabei beschreibt die Schlägerspitze einen Teil einer Kreisbewegung. Der Ellbogen dient für den Unterarm als Drehpunkt. Während des Schlages bleibt der Schläger in der Bewegungsebene. Kurz vor dem Balltreffpunkt sollte ein dynamischer Handgelenkeinsatz erfolgen. Der Balltreffpunkt liegt dabei

Abb. 4.12 Technikdemonstration des Rückhand-Topspinschlages auf lange Bälle aus drei Perspektiven in realer und verlangsamter Geschwindigkeit. Das Schlägerblatt ist geschlossen. Die Füße stehen meist parallel. Bei diagonalen Bällen ist die Fußstellung teilweise etwas zur Vorhand geöffnet. Der Ellenbogen ist deutlich vor dem Körper und dient als Drehachse für die Bewegung des Unterarmes. Viel Energie wird aus dem Handgelenk auf den Ball übertragen. Der Balltreffpunkt liegt dabei vor dem Körper. Der Schläger schwingt schräg nach vorne oben in Kopfhöhe aus. (▸ https://doi.org/10.1007/000-b8r) (Video: © Deutscher Tischtennis-Bund)

vor dem Körper. Die Art des Balltreffens – mehr oder weniger tangential – hängt von dem gewünschten Effekt auf den Ball ab. Temporeiche Rückhand-Topspins werden eher in der steigenden Phase der Flugbahn bis zum höchsten Punkt gespielt, während rotationsbetonte, langsamere Topspins bei entsprechender Tischdistanz eher in der fallenden Phase gespielt werden. Am Ende der Bewegung ist das Körpergewicht auf beiden Vorderfüßen gleichmäßig verteilt. Der Schlagarm ist im Endpunkt des Schlages immer noch leicht angewinkelt. Der Schläger schwingt schräg nach vorne oben in Kopfhöhe aus. Typische Fehlerbilder, die beim Erlernen oder der Ausführung der Rückhand-Topspintechnik auftreten, sind in Tab. 4.7 aufgeführt.

Zusammenfassend ist für die beiden wichtigen Topspintechniken festzuhalten, dass sie den Spieler:innen ermöglicht, auf Unterschnittbälle, d. h. Schupfbälle, die Initiative zu ergreifen. Mit den Topspintechniken werden die Gegner:innen vor die Herausforderung gestellt, diese unterschiedlichen Rotationsstärken erkennen und kontrollieren zu müssen. Zudem führt die deutlich gekrümmte Flugbahn des Balles beim Topspin dazu, dass der Ball trotz einer hohen horizontalen (translatorischen) Geschwindigkeit noch die Tischhälfte des Gegners trifft. Langsame Topspins mit viel Rotation können dem Spieler oder der Spielerin Zeit verschaffen, in eine stabile Grundposition zurückzukehren, und geben bei langen Ballwechseln Sicherheit in der Schlagausführung.

Tab. 4.7 Typische Fehlerbilder und deren Ursachen bei der Rückhand-Topspintechnik sowie jeweils methodische Hinweise/Maßnahmen

Fehler	Ursache	Maßnahme/methodischer Hinweise
Der Ball wird nicht getroffen oder der Ellenbogen bewegt sich stark, sodass er nicht mehr die Drehachse für den Unterarm darstellt	Eine falsche Stellung zum Ball ist wahrscheinlich der häufigste Fehler beim Rückhand-Topspin. Der Ellbogen wird nicht stabil als Drehachse der Bewegung gehalten	Verlässt der Ellenbogen seine erhöhte Position (z. B. durch Anheben des Oberarms), wird die Schlagebene verlassen und die Bewegungsenergie geht verloren. Die Spieler:innen müssen auf die korrekte Distanz zum Ball sowohl in horizontaler Richtung (vor-zurück) und vertikaler Richtung (links-rechts) achten. Das Training der Beinarbeit (Abschn. 4.1.3) ist hier von großer Bedeutung. Steht der/die Spieler:in zu dicht am Ball, wird er/sie bei der Schlagausführung in eine Rücklage des Körpers fallen. Eine zu große Distanz bewirkt meistens eine Streckung im Ellenbogengelenk
Der Ball fliegt zu kurz in Netz und hat meistens wenig Rotation	Der Schlagausführung mangelt es an Handgelenkeinsatz und, daraus resultierend, entsprechend an Beschleunigung. Umgekehrt ist oft festzustellen, dass die Bewegung nur aus dem Handgelenk und nicht gleichermaßen aus dem Unterarm und dem Handgelenk gespielt wird	Hier helfen Vorübungen zum Eindrehen des Handgelenkes, um eine entsprechende Vorspannung in Handgelenk und Unterarm zu erzeugen (z. B. Frisbee-Würfe; Abschn. 5.2.1). Zudem kann die kinematische Kette dieser Bewegung (erst beschleunigt der Unterarm, dann das Handgelenk) mithilfe von Videos oder Bilderreihen veranschaulicht werden
Dem Ball fehlt es an Rotation, vor allem Bälle, die mit starkem Unterschnitt ankommen, landen meistens im Netz	Der Schläger wird eher nach vorne gedrückt als flüssig nach vorne oben geschwungen. Dadurch erfolgt kein tangentiales Treffen des Balles	Die Beobachtung des Daumens der Schlaghand kann dabei helfen zu erkennen, ob der/die Spieler:in damit auf das Schlägerblatt drückt oder ob der Daumen locker aufliegt. Zwar ist idealerweise der Daumen der Druckpunkt beim RHT, der den letzten Impuls auf das Schlägerblatt überträgt, es soll jedoch keine Drückbewegung des ganzen Unterarmes entstehen. Stattdessen sollte eine lockere, schnelle Beschleunigung aus dem Handgelenk und Unterarm heraus mit dem Ellenbogen als Drehachse erfolgen
Der Ball fliegt unkontrolliert. Mal ist er zu lang/zu kurz, mal hat er Rotation/manchmal nicht	Der Ball wird zu früh oder zu spät in der Flugphase getroffen	Es ist auf einen korrekten Balltreffpunkt in Bezug zur Flugkurve zu achten. Anatomisch bedingt ist hier der höchste Punkt für Kinder schwer zu spielen, da sich Schläger und Ball im Sichtfeld des Kindes befinden und die Bewegung durch eine zu tief liegende Schulter wenig nach vorne oben ausgerichtet werden kann

4.3 Aufschlag und Rückschlag

Neben den Grundtechniken im Tischtennis, dem Kontern, Schupfen und Topspin (Abschn. 4.2), die anhand der Rotationsrichtung des produzierten Balles unterschieden werden, ergeben sich der Aufschlag und Rückschlag über ihre Funktionalität. Sie werden teilweise auch als „erster und zweiter Ball" (Mayr & Förster, 2012, S. 22) bezeichnet. Ziel des Rückschlages (2. Ball) ist es somit, den Aufschlag (1. Ball) so flach und gut zu platzieren, ggf. mit möglichst viel Rotation zu versehen, um die Eröffnung (3. Ball) zu erschweren oder diesen ersten Angriff unmöglich zu machen. „Dies kann dazu führen, dass der Aufschläger statt mit dem dritten Ball anzugreifen, diesen ebenfalls kurz zurücklegt, woraus sich häufig ein ‚Kurz-kurz-Spiel' entwickelt" (Mayr & Förster, 2012, S. 22).

▶ **„Kurz-kurz-Spiel"** Mit Kurz-kurz-Spiel bezeichnen Spieler:innen und Trainer:innen das möglichst flache Ablegen des Balles direkt hinter das Netz beider Spieler:innen. Dieses kurze Ablegen wird häufig als Rückschlag auf kurze Aufschläge angewandt. Der Gegner bzw. die Gegnerin wird dazu gezwungen, nah an den Tisch heranzukommen, um den Ball zurückspielen zu können (Geisler, 2018). Da auch er oder sie den Ball nicht lang spielen möchte und dem Gegenüber keine Chance für einen gefährlichen Angriffsball zu ermöglichen, legt er oder sie den Ball häufig ebenfalls kurz zurück. Dieses Kurz-kurz-Spiel geht so lange, bis sich einer der beiden Akteure traut, einen aggressiven Ball zu spielen (z. B. Flip, aggressiver Schupf auf den Körper), ein Ball zu lang gerät oder jemandem ein Fehler bei den kurzen Bällen unterläuft. Bälle mit Unterschnitt haben den Vorteil, dass sie auf dem Tisch zusätzlich abbremsen. Im professionellen Tischtennis ist das variable, teils überraschende Auf- und Rückschlagspiel ausschlaggebend für den Erfolg (Djokic, 2002) und erfordert eine extrem gute Beinarbeit aus einer stabilen Grundposition (Adomeit, 2017).

4.3.1 Aufschlag

Die Relevanz eines guten Aufschlages liegt auf der Hand, da jeder Ballwechsel mit einem Aufschlag beginnt. Er ist also in jedem Ballwechsel zu finden. Zudem ist der Aufschlag der einzige Schlag, der ohne Beeinflussung des Gegners bzw. der Gegnerin erfolgen kann. Schon allein aufgrund dieser beiden Eigenschaften kommt dem Aufschlag sowohl im Anfänger- als auch Profibereich eine große Bedeutung zu.

> „Früher diente der Aufschlag lediglich dazu, den Ball ins Spiel zu bringen. Heutzutage ist der Aufschlag zur wichtigsten Schlagart geworden, denn der Aufschlag eröffnet ja das Spiel, und ähnlich wie beim Schach kann auch beim Tischtennis eine schlechte Eröffnung kaum mehr gut gemacht werden." (Perger, 1986, S. 123)

4.3 Aufschlag und Rückschlag

Nur in der Aufschlagsituation hat der Spieler oder die Spielerin die Möglichkeit, sich Zeit[1] zu lassen, sich voll zu konzentrieren und sich taktisch zu überlegen, welche Platzierung und welche Rotation (Abschn. 6.1) er oder sie wählen möchte. Dabei gilt es, wie auch bei der Vorhand-Topspintechnik, ein „breites Spektrum an Variationsmöglichkeiten" zu nutzen (Sklorz & Michaelis, 1995, S. 23). Dies können Variationen sein hinsichtlich

- der Platzierung (bspw. kurze, halblange oder lange Aufschläge, Aufschläge in die Rückhand, Vorhand oder in die Mitte auf den Wechselpunkt; Abschn. 6.1.1),
- des Tempos (bspw. den Ball bei gleicher Rotation hart [schnell] oder weich [langsam] treffen; Abschn. 6.1.2),
- der Rotation (bspw. Unterschnitt, Überschnitt, Seitschnitt, Mischformen, ohne Rotation sog. „leere" Aufschläge, Querspinaufschläge; Abschn. 6.1.3),
- der Flugbahn (bspw. kurze Aufschläge mit 1. Auftreffen auf der eigenen Tischhälfte nah am Netz vs. mit 1. Auftreffen nah an der Grundlinie; parallele vs. diagonale Flugbahnen) (Grundsätzlich sollten alle Aufschläge möglichst flach gespielt werden. Sogenannte „Kicker", d. h. Bälle mit viel Überschnitt, können in Ausnahmefällen auch mit einem steileren Winkel [„Kick"] erzeugen. Der Ball springt dem Gegenüber dadurch schneller und etwas höher entgegen; Abschn. 6.1.4. Profis nutzen in der Regel eine flache Flugbahn und setzten die kurzen AS mittiger auf.),
- der eigenen Aufschlagposition (bspw. Vorhandaufschläge aus der Rückhandseite ausführen, Aufschläge aus der Mitte tief in die Vorhand oder Rückhand des Gegenübers),
- der Variationen in der Bewegungsausführung (bspw. unterschiedliche Anwurfhöhen, variabler Rhythmus, Finten/Täuschungshandlungen beim Gegenläufer, Pendelaufschlag oder Korkenzieher).

Die Ziele des Aufschlages liegen auf der Hand: Am besten ist es, einen direkten Punkt mit dem Aufschlag zu erzielen, also den Gegner bzw. die Gegnerin durch die oben genannten Variationsmöglichkeiten zu einem Rückschlagfehler zu zwingen. Beispielsweise wird dem Ball beim Aufschlag so viel Unterschnitt verliehen, dass das Gegenüber den Ball ins Netz spielt (Groß & Huber, 1995). Gelingt kein direkter Punktgewinn, kann der Aufschlag zumindest der Vorbereitung des punktbringenden Schlages dienen. Beispielsweise erkennt das Gegenüber nicht, dass der Aufschlag mit einer leichten Vorwärtsrotation gespielt wurde, und

---

[1] Die Spieler:innen sind dazu angehalten, die Zeit zwischen den Ballwechseln möglichst gering zu halten, also die Fortsetzung des Wettkampfes nicht aktiv zu behindern. Die exakte Zeitdauer der Spielwiederaufnahme liegt dabei im Ermessen der Schiedsrichter:innen (DTTB, 2021). In der Tischtennisbundesliga (TTBL), in offizielle Schiedsrichter:innen eingesetzt werden, achten diese auf die 15-s-Regel, der zufolge das Spiel nach Beendigung eines Ballwechsels nach maximal fünfzehn Sekunden durch den/die aufschlagende/n Spieler:in aufgenommen wird. Ausnahmen von der 15-s-Regel bilden die Unterbrechungen zum Abtrocknen nach jeweils sechs Punkten vom Beginn jedes Satzes an sowie beim Seitenwechsel im Entscheidungssatz.

retourniert den Ball daher zu hoch über das Netz. Dem/Der Aufschläger:in fällt es somit leicht, mit dem 3. Ball einen direkten Punkt zu erzielen (z. B. Schuss; Abschn. 4.4.4) oder härter, platzierter zu schlagen (Topspin; Abschn. 4.2.3). Nicht immer hat der eigene Aufschlag eben diese Effekte. Ein drittes Ziel des Aufschlags sollte daher der Einstieg in das eigene Spielsystem sein. Das heißt, dass der Aufschlag zum eigenen Spielsystem (Abschn. 6.2) passen sollte. Eröffne ich als Spieler:in beispielsweise selbst gerne das Spiel mit einem Topspin, versuche ich tendenziell kurze und halblange Aufschläge einzusetzen. Liegt mir eher das passive Blockspiel oder die Abwehr, können auch vermehrt variable, lange Aufschläge Verwendung finden. Als letztes Ziel sollte der Aufschlag so gewählt werden, dass durch diesen die Stärken des Gegners ausgeschaltet und erkannte Rückschlagschwächen genutzt werden. Dies können beispielsweise Aufschläge in die Körpermitte des Gegners oder halblange Aufschläge in die Vorhand des Gegenübers sein, die dieser nur mit einer schlechten Qualität zurückspielt (Abb. 4.13).

Die enorme Wichtigkeit des Aufschlages im Tischtennis steht in krassem Gegensatz zu dem Trainingsaufwand, der mit isoliertem Aufschlagtraining verbracht wird. Vielen Spieler:innen wird das isolierte Training des Aufschlages nach kurzer Zeit zu langweilig. Im Anfängerbereich treten zahlreiche Probleme auf, die diese Langeweile um den Faktor Frustration ergänzen. Es gilt laut Friedrich und Fürste (2012, S. 100), durch verschiedene Vorübungen (z. B. Jonglieren mit drei Tischtennisbällen, Ball-Jonglage mit dem Schläger, mit verkleinerter Trefferfläche auf dem Schläger etc.) die folgenden Parameter beim Aufschlag, teils isoliert, teils aber auch in Kombination zu schulen:

Abb. 4.13 Beispielvideo zur Qualität und Variation des Aufschlages von Hermann Mühlbach. (▶ https://doi.org/10.1007/000-b8s)

- einen senkrechten Ballanwurf umzusetzen,
- das richtige Timing für den Schläger-Ball-Treffpunkt zu finden,
- den Treffpunkt des Balles hinter der Grundlinie des Tisches einzuhalten,
- die Genauigkeit der Platzierung zu verbessern (z. B. durch Zielflächen auf dem Tisch),
- die Flugbahn des Balles niedrig zu halten (z. B. durch Stangentore als Höhenbegrenzung über dem Netz),
- die Rotation des Balles zu maximieren (z. B. durch den Treffpunkt auf dem Schläger, einen schnellen Handgelenkeinsatz, unterschiedliche Griffhaltungen).

Eine gute Rhythmisierungsfähigkeit (Abschn. 3.2.3.7) kann dabei helfen, diese Elemente zum richtigen Zeitpunkt harmonisch aneinanderzufügen. Beim Erlernen des Aufschlages sollte man als Anfänger:in auf einzelne Teilbewegungen des Körpers achten. Beispielsweise kann die Schlägerhaltung beim Aufschlag von der Schlägerhaltung während des Ballwechsels abweichen. Viele Spieler:innen lösen beim Vorhand-Aufschlag die Finger vom Schlägergriff, sodass nur noch das Schlägerblatt (Abschn. 2.3.3) gehalten wird. Dies ermöglicht einen stärkeren Handgelenkseinsatz und, damit einhergehend, eine stärkere Rotation. Neben diesem Handgelenkeinsatz sollte beim Aufschlag auch der Unterarm, teilweise der ganze Körper, mit genutzt werden, um einen maximalen Schlagimpuls auf den Ball zu übertragen. Tendenziell erfordern schnelle, lange Aufschläge einen größeren Bewegungsimpuls als langsame, kurze Aufschläge, aber auch bei den kurzen Aufschlägen gilt es, wenn man viel Rotation erzeugen will, die Bewegungsgeschwindigkeit des Schlägers zu maximieren (Fürste & Wiese, 2020).

Fortgeschrittene Lerner:innen können versuchen, sich während des Aufschlages auf die Druckpunkte der Finger zu konzentrieren (Abb. 4.13). Zudem kann die Bewegungsrichtung des Schlägers ein Thema sein: Geht die Armbewegung mehr von oben nach unten in den Tisch hinein, um den Ball nach vorne zu spielen, oder verläuft die Armbewegung eher parallel zur Tischfläche von hinten nach vorne? Je höher der Ball angeworfen wird, desto mehr Bewegungsenergie nimmt der Ball beim Herunterfallen durch die Erdanziehungskraft auf. Diese abwärts gerichtete Energie lässt sich beim Aufschlag in Rotationsenergie umwandeln, wenn der Ball genau im richtigen Winkel gegen die Flugrichtung des fallenden Balles tangential getroffen wird.

Da es sich bei diesem Lehrbuch um eine übergeordnete Veranschaulichung zum Erlernen der Sportart Tischtennis handelt, werden grobe Aufschlagkategorien differenziert, ohne auf spezielle Varianten und Mischformen einzugehen[2]. Es existieren – analog zu dem unterschiedlichen Schlägermaterial (Abschn. 2.3.3), An-

---

[2] Für einen vertiefenden Einblick in das Thema Aufschlag/Rückschlag empfehlen wir das Lehrbuch von Frank Fürste und Harald Wiese (2020) zum Erlernen, Verbessern und Anwenden des Aufschlages im Tischtennis. Dort werden zahlreiche Variationen unterschiedlicher Spezialaufschläge und ihrer taktischen Anwendungsfälle erläutert und mithilfe von Lehrvideos illustriert. Ralf Michaelis und Michael Sklorz (2004, S. 23–33) verbinden verschiedene Aufschlagvarianten mit ihren taktischen Vor- und Nachteilen bei der Spieleröffnung.

forderungsprofilen (Kap. 3), Griffhaltungen (Abschn. 4.1.1) und Spieler:innentypen (Abschn. 6.2) – zahlreiche Varianten von Aufschlägen. Im professionellen Bereich spielt quasi kein/e Spieler:in zweimal hintereinander den gleichen Aufschlag. Es werden sowohl die taktischen Parameter der Platzierung, des Tempos, der Rotation und eher seltener der Flughöhe variiert (PTRF-Effekte) sowie teilweise die eigene Position am Tisch (z. B. aus der Rückhandseite, aus der Mitte, aus der Vorhand) und die Schlagseite (Vorhand oder Rückhand) verändert, um möglichst variabel aufzuschlagen. Dem Gegner bzw. der Gegnerin fällt es dadurch schwerer, einen qualitativen Rückschlag (Abschn. 4.3.2) auszuführen. Perger (1986, S. 122 f.) führt „vier grundlegende Bewegungsrichtungen [des Schlägers] beim Aufschlagspiel" an: die Bewegungsrichtung seitwärts, vorwärts, abwärts und aufwärts. Diese Bewegungsrichtungen lassen sich (in etwa) mit den Grundarten der Schlagtechniken (Abschn. 4.2) gleichsetzen, sodass ein vorwärts gerichteter Aufschlag einem Konteraufschlag, der abwärts gerichtete einem Schupfaufschlag und der aufwärtsgerichtete einem Aufschlag mit Topspin entspricht. Die Bewegungsrichtung seitwärts (nach links oder rechts) wird durch ein seitliches Tangieren des Balles erzeugt.

Im Anfängerbereich kann der Konteraufschlag (teilweise auch „Rollaufschlag" genannt) zur Anwendung kommen, um das Spiel schnell zu machen und den Gegner bzw. die Gegnerin unter Zeitdruck zu setzen. Im fortgeschrittenen Könnensstadium findet dieser Aufschlag seltener Verwendung, da er nur wenig Rotation enthält und dadurch in der Regel leicht zu retournieren ist. Er wird dann eher als überraschende Variationsmöglichkeit in Kombination mit Täuschungshandlungen eingesetzt. Bei dem Rollaufschlag mit der Vorhand wird die Grundstellung (Abschn. 4.1.2) meist verlassen und eine seitliche Position zum Tisch eingenommen. Die Füße stehen in etwa schulterbreit auseinander. Der Schlagarm wird, während der Ball senkrecht nach oben geworfen wird, parallel zur Tischfläche zum Ausholen nach hinten geführt. Das Schlägerblatt ist in der Regel leicht geschlossen oder senkrecht. In der Vorwärtsbewegung wird der Schläger schnellkräftig nach vorne geführt und am Ende mit einer leichten Handgelenkbewegung ergänzt. Der Ball sollte möglichst flach über Tischniveau getroffen werden, um einen möglichst flachen Absprung über das Netz zu erzeugen. Gefährlich wird dieser Aufschlag nur, wenn er so nah wie möglich an der Grundlinie des Gegners bzw. der Gegnerin aufkommt. Dazu empfiehlt es sich, den Ball auf der eigenen Tischhälfte ebenfalls in der Nähe der eigenen Grundlinie auftreffen zu lassen. Mit der Rückhand gestaltet sich dieser Roll- bzw. Konteraufschlag sehr ähnlich. Die Fußstellung ändert sich von schräg zu parallel zum Tisch mit Blick nach vorne. Die Ausholbewegung erfolgt von hinten nach vorne, statt neben dem Körper nun vor dem Körper. Der Schläger wird während des Ballanwurfs bis zum Bauchnabel zurückgeführt und schnellkräftig nach vorne gestoßen. Der Balltreffpunkt liegt im „goldenen Dreieck". Da die Bewegungsamplitude etwas geringer ausfällt als bei der Vorhand, sollte hier auf einen kräftigeren Handgelenkeinsatz geachtet werden. Auch eine leichte Vorneigung des Körpers kann dabei helfen, den Raum zwischen Ball und Körper zu vergrößern, um weiter ausholen zu können. Im professionellen Bereich kommen diese rotationslosen Aufschläge selten zum Einsatz,

4.3 Aufschlag und Rückschlag

da sie zu leicht (offensiv) zu retournieren sind. Mit sehr hohem Tempo oder kombiniert mit Täuschbewegungen, meist bei Vorhand-Aufschlägen (da sie mit Rückhand schwerer zu verschleiern sind), können sie ab und zu als überraschendes Element eingesetzt werden.

Eine Variante ist der Aufschlag mit Unterschnitt. Ziel dieses Aufschlages ist es, einen flachen Ball zu erzeugen, der von dem Gegenüber nicht aktiv zurückgespielt werden kann. Im Optimalfall schupft der Gegner oder die Gegnerin den Ball ins Netz, weil er/sie die Rückwärtsrotation unterschätzt oder er/sie spielt einen Schupfball zurück, der dann vonseiten des Aufschlägers bzw. der Aufschlägerin angegriffen werden kann. Wie oben bereits angedeutet, kommt es bei diesen Aufschlägen im Gegensatz zu langen oder halblangen Aufschlägen häufiger zu einem „Kurz-kurz-Spiel", bevor eine Seite einen Vorteil erlangt (Muster, 1999). Die Grundstellung bei dem Unterschnitt-Aufschlag unterscheidet sich nicht vom Konteraufschlag, allerdings wird das Schlägerblatt stark geöffnet. Der Schlagarm wird im Ellenbogen eingeknickt. Die Ausholbewegung des Schlagarmes erfolgt deutlich von hinten oben nach vorne unten. Sowohl bei dem Rückhand- als auch beim Vorhand-Unterschnitt-Aufschlag entsteht der Bewegungsimpuls aus einer Streckung im Ellenbogengelenk. Unterstützt wird dieser Schlagimpuls durch eine aktive Handgelenksbewegung nach vorne, genau im Balltreffpunkt. Durch eine ruckartige Bremsbewegung des Ober- und Unterarmes erhält der Ball eine starke Rückwärtsrotation (Perger, 1986; Fürste & Wiese, 2020).

> „Bei einem Unterschnitt-Aufschlag wird ein Ball durch den Aufsprung abgebremst, was soweit führen kann, dass er sogar wieder zurückspringt. Dabei gehen etwa 15 Umdrehungen pro Sekunde bei jedem Aufspringen verloren. Ein Aufschlag mit 60 Umdrehungen pro Sekunde erreicht den Gegenüber beispielsweise 'nur' mit 30 Umdrehungen, da er bei jedem Auftippen 15 Umdrehungen verliert. Anders ist es beim Sidespin. Hier dreht sich der Ball nach dem Aufprall fast ungebremst mit der gleichen Rotation weiter" (Mühlbach, 2023, S. 12).

Eine Variante des Aufschlages mit Vorwärtsrotation ist der sogenannte Tomahawk-Aufschlag. Der Schläger wird hier wie ein Beil oder eine Axt vom Körper weggeführt und beschreibt dabei einen Halbkreis, der neben dem Ohr beginnt und zentral vor dem Körper endet. Er dient vor allem für Aufschläge mit Seitrotation bzw. einer Kombination aus Seit- und Überschnitt (z. B. durch veränderte Griffhaltung (Rückhand- vs. Vorhandgriff; Hamrik, 2016). Weitere Aufschläge mit denen verschiedene Rotationsarten erzeugt werden können, sind:

- Die Scheibenwischer-Aufschläge (als Gegenstück zum Tomahawk-Aufschlag), bei dem der Schläger vom/von der hockenden Spieler:in über dem Kopf von außen nach innen (vor dem Gesicht des Aufschlägers nach unten) geführt wird. Geht die Bewegung von links nach rechts ist es ein Tomahawk-Aufschlag (Rechtshänder:in) und von rechts nach links der Scheibenwischer. Die Griffhaltung (Rückhand- versus Vorhandgriff) kann in Kombination mit dem Balltreffpunkt die Rotation verstärken.

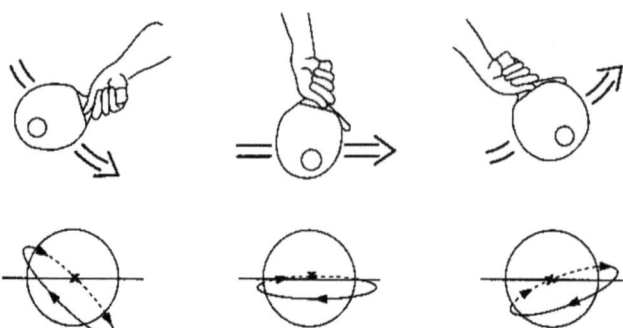

Abb. 4.14 Graphische Darstellung unterschiedlicher Balltreffpunkte beim Aufschlag und daraus resultierenden Rotationsrichtungen des Balles. Abwärtsbewegungen des Schlägers schräg nach unten erzeugen einen Ball mit Seitunterschnitt (links). Reiner Seitschnitt wird bei Schlägen von links nach rechts oder rechts nach links parallel zur Grundlinie des Tisches erzeugt (mittig). Aufwärtsbewegungen des Schlägers nach schräg oben ermöglichen es, dem Ball einen leichten Topspin (Vorwärtsrotation) zu geben (rechts)

- Der Korkenzieher (der modernste Seitschnitt-Aufschlag), bei dem der Schläger häufig nur mit zwei Fingern als Druckpunkt gehalten wird, um das Handgelenk maximal beschleunigen zu können (siehe auch Abb. 4.13).
- Der Pendelaufschlag (Bewegung von außen nach innen, mit der Schlägerspitze in Richtung Boden; Abb. 4.14). Bei einem frühen Balltreffpunkt während der Abwärtsbewegung entsteht Seitunterschnitt. Reiner Seitenschnitt wird erzeugt, wenn der Ball genau am tiefsten Punkt der Pendelbewegung getroffen wird. In der Aufwärtsbewegung kann ein Treffen des Balles Seitoberschnitt erzeugen.

Die Beschleunigung von Unterarm und Handgelenk sollte so koordiniert werden, dass im Balltreffpunkt die höchste Geschwindigkeit erreicht wird. Weiterhin sollte man den „leeren" Aufschlag (ohne Rotation) nicht vernachlässigen, der bei gleicher Bewegung durch ein Blockieren des Handgelenks kurz vor dem Balltreffpunkt generiert wird. Viele Spieler:innen verändern beim Aufschlag ihre Schlägerhaltung und halten den Schläger nicht in Neutralposition, um mehr Bewegungsspielraum zu haben. Bei einem Wechsel der Griffhaltung (Abschn. 4.1.1) kann die gleiche Schlagbewegung unterschiedliche Wirkung erzielen, ohne dass der/die Gegner:in eine veränderte Ausholbewegung erkennen kann. „Insbesondere bei den so genannten Überkopf-Aufschlägen hat der Wechsel der Griffhaltung entscheidenden Einfluss. Tatsache ist jedenfalls, dass sich jeder Spieler vor diesem Hintergrund beim Aufschlag genau damit auseinandersetzen sollte, dass selbst kleine Veränderungen in der Schlägerhaltung große Wirkung erzielen können" (Hamrik, 2016, S. 48). In Tab. 4.8 sind verschiedene Fehler bei der Aufschlagbewegung aufgezeigt und exemplarische methodische Hinweise für dessen Verbesserung beschrieben.

Profis nutzen Aufschläge mit variabler Rotation und versuchen diese unterschiedlichen Rotationsarten (z. B. Unterschnitt, Seitenunterschnitt, Oberschnitt, Seitenoberschnitt, ohne Schnitt, Seitenschnitt) durch eine gleiche Aufschlagbewegung,

4.3 Aufschlag und Rückschlag

Tab. 4.8 Typische Fehlerbilder und deren Ursachen beim Aufschlag sowie jeweils methodische Hinweise/Maßnahmen

Fehler	Ursache	Maßnahme/methodische Hinweise
Der Ball wird über dem Tisch getroffen	Fehlerursache können hier sowohl eine zu enge Position am Tisch sein, sodass der Ball schon über der Tischfläche angeworfen wird, oder ein schräger Ballanwurf sein, d. h., der Ball wird zwar hinter der Grundlinie, allerdings schräg nach vorne hochgeworfen, sodass er über der Tischfläche getroffen wird	Videoaufnahmen von der Seite sind die einfachste Methode, den korrekten, senkrechten Ballanwurf zu erkennen. Spezielle Koordinationsübungen (z. B. Jonglieren, Friedrich & Fürste, 2012, S. 100) können dabei helfen, die unterschiedlichen Handbewegungen (Ballanwurf vs. Ausholbewegung des Schlägers) voneinander zu entkoppeln
Der Ball wird verdeckt oder nicht aus der flachen Hand (über Tischniveau) angeworfen	Die Körperposition ist verkehrt und die Handfläche nicht gestreckt	Den Ball aus dem flachen Handteller hoch zu werfen bedarf einiger Übung. Über taktile und visuelle Hinweise kann der Fokus auf dieses Bewegungselement gelegt werden. Die Übenden müssen lernen, dem/der Gegner:in permanent einen freien Blick auf den Ball zu gewähren. In Rücksprache mit den Trainer:innen kann über regelkonforme und falsche Aufschläge diskutiert werden
Dem Ball fehlt es an Rotation	Keine kinematische Kette von Rumpf, Unterarm, Oberarm, Handgelenk, Finger Ggf. auch vorderes Drittel des Schlägerblattes	Verschiedene Muskelgruppen und Körperteile (z. B. Unterarm, Rumpfdrehung, Handgelenk, Finger) können die Bewegungsgeschwindigkeit des Schlägers optimieren (siehe Abb. 4.13). Zudem bieten sich Methodikschläger an, bei denen nur die Spitze des Schlägerblattes mit einem Belag bedeckt ist (Friedrich & Fürste, 2012; Fürste & Wiese, 2020)
Der Ball fliegt zu hoch über das Netz	Der Ball wird zu früh in der fallenden Phase getroffen. Je später der Ball geschlagen wird, desto flacher ist meist sein Einfalls- und damit Ausfallswinkel auf dem Tisch	Durch Videoanalysen kann der späte Balltreffpunkt (ca. 15–25 cm über Tischniveau) trainiert werden. Lehr-/Lernhilfen wie ein Schnur über dem Netz oder Stangentore, die die Flughöhe begrenzen, unterstützen durch direkte Rückmeldungen ein Gefühl für einen guten Aufschlag
Der produzierte Ball enthält nicht nur Unter-, sondern auch Seitschnitt	Im Balltreffpunkt wird die SBS verändert	Wird kein reiner Unterschnitt erzeugt, liegt dies meist an kleinen Abweichungen der Schlägerblattstellung im Balltreffpunkt. Diese Präzision (z. B. des geraden Schlägerblattes) lässt sich nur durch regelmäßiges Training schulen. Zielkorridore auf dem Tisch (z. B. vertikale Linie oder Seile) können dabei helfen, das Absprungverhalten des Balles (z. B. zurück zum Netz) zu visualisieren

jedoch mit unterschiedlichen Balltreffpunkten, zu erzeugen (Abb. 4.14), um dem Gegenüber eine adäquate Antwort – den Rückschlag (Abschn. 4.3.2) – zu erschweren.

4.3.2 Rückschlag

Als Rückschlag wird im Tischtennis der Ball bezeichnet, der als Erwiderung des Aufschlages geschieht. Auch wenn es sich bei allen weiteren Schlägen, streng genommen, ebenfalls um Rückschläge handelt, wird nur dieser zweite Schlag eines Ballwechsels so prominent hervorgehoben. Da der Aufschlag, wie oben beschrieben, im Tischtennis eine sehr hohe Wertigkeit für den Erfolg oder Misserfolg eines Ballwechsels hat, kommt dem Rückschlag eine entsprechend große Bedeutung zu.

Die Zielstellungen des Rückschlagspiels sind dem Aufschlagspiel ähnlich: Es kann zu einem direkten Punktgewinn dienen, es kann als Vorbereitung des punktbringenden Schlages genutzt werden, es kann der passende Einstieg in das eigene Spielsystem sein, es kann die Schwächen des Gegners ausnutzen oder dessen Stärken zumindest ausschalten (Krämer, 2010). Beim Rückschlag kommen abhängig von dem gespielten Aufschlag die Techniken des Konters, Schupfs, Flips und Topspins sowie Mischformen zur Anwendung. Für fortgeschrittene Tischtennisspieler:innen lassen sich folgende Grundregeln formulieren:

- Den Schupf (Abschn. 4.2.2) spielt man auf Bälle, die Unterschnitt (US) haben und über dem Tisch gespielt werden müssen. Man kann ihn kurz, halblang oder aggressiv lang platzieren.
- Den Flip (Abschn. 4.4.3) setzt man gegen Aufschläge mit Unterschnitt, Seitschnitt und Überschnitt über dem Tisch ein. Der Flip wird meistens lang und aggressiv gespielt. Auf der Rückhand spielt man den Flip immer als kleinen Topspin, also mit tangentialem Balltreffpunkt. Der VH-Flip wird als kleiner Schuss gespielt, das heißt, der Balltreffpunkt ist zentral.
- Topspin (Abschn. 4.4.3) wird immer dann gespielt, wenn die Flugbahn des Balles so ist, dass die Tischkante kein Hindernis mehr bedeutet oder der Ball hoch genug über dem Tisch ist (vgl. Krämer, 2010).

Genau wie beim Aufschlag gilt auch für den Rückschlag, dass er möglichst variabel und unvorhersehbar gestaltet werden sollte. Je nach gegnerischen Stärken und Schwächen können weite Platzierungen in die tiefe Rückhand bzw. tiefe Vorhand (Abschn. 6.1.1) oder Platzierungen in die Tischmitte – auf den Bauch/Ellenbogen des Gegenübers – erfolgreicher sein.

Bei den Tischtennisprofis zeigten aktuelle Untersuchungen (Einzelweltmeisterschaften der Damen & Herren), dass der Rückhand-Flip bei den Herren die häufigste Rückschlagtechnik (ca. 30 %) darstellt. Ebenfalls sehr oft finden kurze und halblange Schupfschläge (zusammen ebenfalls ca. 30 %) Anwendung. Deutlich seltener wurden im Herrenbereich lange Schupfbälle (ca. 15 %) gespielt (Nimtz

4.3 Aufschlag und Rückschlag

& Schemel, 2017). Den Autoren fiel auf, dass gerade die jüngeren Spieler den Rückhand-Flip bevorzugen, während die älteren Spieler (tendenziell) eher auf den kurzen Rückschlag bzw. auf den langen Schupf zurückgreifen. Alle langen Aufschläge (ca. 15 %) wurden mit offensiven Rückschlagtechniken (Topspin oder Schuss) retourniert. Je nach Spielertyp variierten hier die Rückschlaghäufigkeiten. Im Gegensatz zu den Herren verwenden die Damen den langen Rückschlag mit etwa 25 % als häufigste Rückschlagart. Kurze Schupfbälle (18,9 %), der Rückhand-Flip (15,6 %) und der Topspin auf lange Aufschläge (15,2 %) sind die weiteren genutzten Rückschlagtechniken bei den Damen.

Im Anfängerbereich stellt das adäquate Reagieren auf einen Aufschlag meist große Probleme dar. Viele Aufschläge lassen sich nur mit viel Spielerfahrung richtig erkennen und dessen Rotation richtig deuten (Ziegler, 2002). Im Folgenden werden daher Vereinfachungsstrategien veranschaulicht, die dabei helfen sollen, auch als Anfänger:innen gute Entscheidungen beim Rückschlag zu treffen.

a) Wie erkenne ich, welche Rotation der Aufschlag hat? In der Kürze der Zeit darüber nachzudenken, wie der Ball getroffen wurde, welche Rotation daraus resultiert und wie ich mein Schlägerblatt daraufhin öffnen oder schließen, in welche Richtung ich „gegenlenken" muss, ist nicht einfach. Der Ellenbogen des Gegenübers kann hier ein wichtiger Indikator für die Rotation werden. Ist der Ellenbogen sehr hoch, erfolgt tendenziell häufiger ein Aufschlag mit Seit- oder Seitunterschnitt. Ist der Ellenbogen eher tief, kann man tendenziell eher mit einem Unterschnittaufschlag rechnen. Eine Strategie für Anfänger:innen kann es auch sein, die Schlagbewegung des Gegenübers zu „spiegeln". Vollführt der Schläger des Gegenübers beim Aufschlag eine schneidende Bewegung unter den Ball, beantworte ich diesen Aufschlag ebenfalls mit einer Bewegung von hinten oben nach vorne unten, um den Ball an der Unterseite (am Südpol) zu treffen. Wird der Ball vom Gegenüber hingegen sehr frontal mit geradem Schlägerblatt getroffen, halte auch ich mein Schlägerblatt relativ senkrecht, um den Ball zurückzuspielen.

b) Wie reagiere ich auf Seitschnitt? Egal, ob der Ball Rechts- oder Linksdrall besitzt, gilt es immer, dieser Seitrotation durch eine veränderte Schlägerhaltung und Schlagrichtung entgegenzuwirken. Dabei kann man sich als Faustregel merken, dass der Ball immer weiter in die Richtung platziert werden muss aus der der Schläger des Gegners bzw. der Gegnerin kam. Holt mein/e Gegner:in beispielsweise aus seiner/ihrer Rückhandseite aus und zieht den Schläger in seine/ihre Vorhandseite am Ball vorbei, hat der Ball die Tendenz, seitlich auf der gegenüberliegenden Vorhandseite hinauszufliegen. Um dem entgegenzuwirken, muss das Schlägerblatt schräg gehalten und die Schlagbewegung in Richtung der gegnerischen Rückhandseite ausgeführt werden (Abb. 4.15).

c) Wie kann ich besser einschätzen, wohin mein Gegenüber die Bälle platziert? Viele Spieler:innen variieren die Platzierung des Balles, um es dem/der Rückschläger:in schwerer zu machen, die Aufschläge zu retournieren. Als Indikator für die Richtung des Schlages können Anfänger:innen die Position des Gegenübers am Tisch nutzen: Steht er/sie in der eigenen Rückhandseite, um den

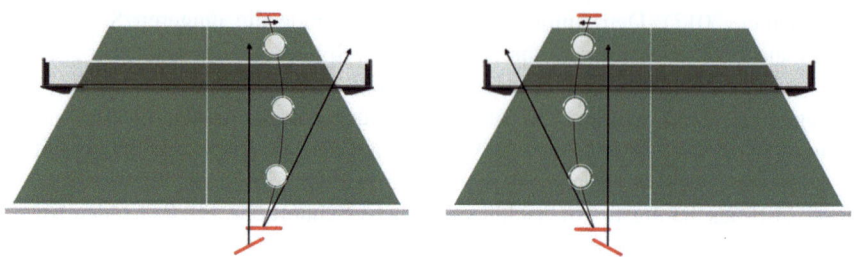

Abb. 4.15 Rückschlagvarianten bei Aufschlägen mit Seitschnitt. Das Schlägerblatt muss bei Aufschlägen, die einen Ball produzieren, der sich von oben gesehen im Uhrzeigersinn dreht (links), schräg in Richtung der gegnerischen Vorhandseite gehalten werden (bei einer Uhr wäre das ungefähr auf 10 Uhr). Dreht sich der Ball gegen den Uhrzeigersinn (rechts), muss das Schlägerblatt eher in Richtung der Rückhand (auf circa 2 Uhr) angewinkelt werden (in Anlehnung an Geske & Müller, 2014, 54 f.)

Aufschlag auszuführen, kann man sich ein kleines Stück weiter in der eigenen Rückhandseite positionieren, da der Aufschlag im schlimmsten Fall parallel in die Vorhand und nie weiter tief in die Vorhand gespielt werden kann (siehe „Streuwinkel" in Abschn. 6.1.1). Zudem kann der Ballanwurf bei manchen Spieler:innen die Länge des Balles verraten: Wirft er/sie den Ball besonders hoch, erfolgt häufig ein langer Aufschlag; ist der Ballanwurf nur sehr gering, spielen viele einen kurzen Aufschlag.

d) Was tun, wenn das alles nichts hilft? Wenn ich trotz dieser Erkenntnisse nicht in der Lage bin, die Aufschläge meines Gegenübers zu retournieren, gilt es möglichst mutig (aggressiv) an den Ball zu gehen. Grundsätzlich wirkt sich die Rotation des Balles stärker auf dem Schlägerbelag aus, wenn der Schläger eher passiv dagegengehalten wird. Gibt man dem Schläger einen eigenen Bewegungsimpuls, wird die Rotation des ankommenden Balles dadurch ein Stück weit aufgehoben. Durch regelmäßiges Aufschlag-Rückschlag-Training lassen sich Erfahrungen sammeln, indem sich – einfach gesagt – „gemerkt" wird, wie sich dieser oder jener Aufschlag zurückspielen lässt. So bilden sich „Aufschlag-Rückschlag-Paare" (Fürste & Wiese, 2020, S. 36), also jeweils zwei Techniken, die aufgrund ihrer Eigenschaften (v. a. Rotation und Platzierung) zueinander passen, wie bspw. den Vorhand-Rollaufschlag mit einem Vorhand-Konterball zu beantworten.

e) Dem Selbstständigen Lernen (Abschn. 5.4) kommt beim Rückschlagtraining eine besondere Bedeutung zu. Nur wenn sich die Übenden eigenständig mit ihren Stärken und Schwächen im Rückschlagspiel beschäftigen und sich untereinander unterstützen, lassen sich gefährliche Aufschlage (v. a. jene mit variabler Rotation) kontrolliert zurückspielen. Im Anfängertraining sollte daher gleich zu Beginn der Technikschulung ein Verständnis für Rotation (z. B. durch einen Rotationsparcour; Friedrich & Fürste, 2012, S. 110 f.) und methodische Übungsreihen zum Auf-/Rückschlag (z. B. Fürste & Wiese, 2020, S. 52 f.) geschaffen werden.

4.3 Aufschlag und Rückschlag

Bollmeier und Ahrens (2019, S. 10) geben spezifische Praxistipps zum Rückschlagtraining in Form von technischen Übungen:

- Spieler:in A: Kurzer Aufschlag, Spieler:in B: aggressiver Schupf, Spieler:in A: muss den 3. Ball mit der Vorhand spielen
- Nur lange Aufschläge sind während des Spieles erlaubt, dabei zählt ein direkter Aufschlagpunkt oder ein direkter Rückschlagpunkt dreifach
- Wer beim Rückschlag (oder Aufschlag) genau die Kante trifft, hat die Runde/ das Spiel direkt gewonnen
- Wenn der/die Rückschläger:in den 3. Ball nicht mehr berührt, gibt es vier Punkte
- Wer mit dem eigenen 2. Ballkontakt den Punkt macht, bekommt zwei Punkte
- In der weiten Vorhand (seitlich fast an der Grundlinie) beider Spieler:innen liegt eine Spielkarte. Wer diese Karte trifft, bekommt 3 Punkte

Diese Sonderregeln bzw. Vorgaben können mit anderen Spiel- und Wettkampfformen (z. B. **Kaisertisch/Königsspiel, 7-Punkte-Ablöse-Spiel, Doppel bzw. Mixed** etc.) kombiniert werden. Eine Spielform, die das Entscheidungsverhalten beim Rückschlag provoziert ist **Hopp-oder-Topp** (Friedrich & Fürste, 2012). Eine Tischhälfte wird dazu ungefähr in der Mitte zwischen Netz und Grundline durch ein Sprungseil oder Kreppband in eine vordere und hintere Hälfte unterteilt. Ein/e Spieler:in hat einen ganzen Satz bis 11 Punkte das Aufschlagrecht. Ziel des Aufschlägers ist es, mit dem Aufschlag das Seil/Kreppband zu treffen. Gelingt dies, bekommt er/sie direkt zwei Punkte. Ansonsten gibt es drei mögliche Szenarien: Ist der Aufschlag kurz, springt der Ball also vor der Markierung in der netznahen Hälfte auf, muss der/die Rückschläger:in versuchen, den Ball kurz zurückzuspielen, sodass der Ball mindestens zweimal auf der Seite des Aufschlägers auftippt. Der Ballwechsel endet also direkt nach dem Rückschlag und wird nicht weitergespielt. Gelingt der kurze Rückschlag, erhält der/die Rückschläger:in einen Punkt. Ist der Aufschlag zu lang, tippt der Ball also in der tischfernen Hälfte hinter der Markierung auf, muss der/die Rückschläger:in den Ball mit einem Topspin attackieren. Auch hierfür bekommt der Rückschläger bzw. die Rückschlägerin bei erfolgreicher Umsetzung einen Punkt. Vergisst der/die Rückschläger:in, den Ball zu attackieren (z. B. der Ball wird zurückgeschupft), muss er/sie zur Strafe einen Strecksprung („Hopp") absolvieren und der/die Aufschläger:in erhält zwei Punkte. Bei einem Aufschlagfehler wird dem/der Rückschläger:in ebenfalls ein Punkt zugesprochen. Nach einem Satz wechselt das Aufschlagrecht.

Zusammenfassend gilt für den Rückschlag, dass er – genau wie der Aufschlag – im professionellen Bereich häufig spielentscheidend ist. Der variable Einsatz von (Rückschlag-)Techniken mit einer guten Platzierung erschwert es dem Gegenüber ungemein, in das eigene Spielsystem zu finden. Beim Erkennen/Antizipieren der Rotation und der Platzierung des Balles sind hohe Konzentration und eine gute, selektive Wahrnehmung (Abschn. 3.3.1) gefragt. Aggressive Rückschläge, die die Rotation und ggf. das Tempo des ankommenden Balles nutzen, können zu direkten Punktgewinnen durch Fehler des Gegenübers (z. B. ein unsauberes Treffen des

Balles) oder zu Angriffen mit schlechterer Qualität (z. B. ein halbhoher, rotationsarmer Topspin) führen. Im Doppelspiel gelten besondere (taktische) Prinzipien, um bestimmte Antworten des gegnerischen Paares und damit verbundene Laufwege zu provozieren. Diese sind in Abschn. 6.3.4 ausführlich beschrieben. Je breiter das technische Repertoire (z. B. Spezialtechniken) des Spielers bzw. der Spielerin ist, desto mehr Möglichkeiten für den Rückschlag bieten sich an.

4.4 Spezialtechniken im Tischtennis

Die folgenden Schlagtechniken werden im Rahmen dieses Lehrbuches als Spezialtechniken bezeichnet, da sie im Grunde genommen spezielle Varianten der Grundtechniken (Abschn. 4.2) darstellen. Im Wettkampfspiel kommen sie ebenso häufig zum Einsatz wie die reinen Grundschläge (Wang, 2021), je nach Spielsystem und Spielertyp (Abschn. 6.2) häufiger oder seltener. Michaelis und Sklorz (2004) benennen als Spezialtechniken den Block (Abschn. 4.4.1), den Ballonschlag und die Schnittabwehr (Abschn. 4.4.2), den Flip (Abschn. 4.4.3) und den Schuss (Abschn. 4.4.4) jeweils mit der Vorhand- und der Rückhandseite.

4.4.1 Block

Ein kontrolliertes Blockspiel dient dazu, offensive Schläge des Gegenübers (z. B. Topspins, flache Schüsse) zu erwidern. Im modernen Tischtennis auf höchsten Niveau existieren wenige Spieler:innen, die sich nur auf das Blockspiel konzentrieren, da sich – wie in Abschn. 2.1.1 ausführlich beschrieben – das offensive Spiel aufgrund der schnelleren Beläge und Schläger durchgesetzt hat. Trotzdem kommt dem Blockspiel eine hohe Bedeutung zu, um es dem Gegenüber durch eine gute Platzierung schwerer zu machen, zum Punktgewinn zu gelangen. Am häufigsten wird der Blockschlag als Antwort auf schnelle und langsame Topspins genutzt. Dabei ist die Grundidee, dass die Vorwärtsrotation des Topspins durch ein Schließen des Schlägerblattes ausgeglichen wird. „Ein vorwärtsrotierender Ball springt beim Auftreffen auf einen griffigen Noppen-Innenbelag nach oben weg, daher muss der Schläger wie ein schräges Dach über den Ball gehalten werden" (Gottlöber & Oelschläger, 1975, S. 29). Für ein gutes Blockspiel ist eine stark ausgeprägte Antizipationsfähigkeit hilfreich, da meist aufgrund des Tempos des Balles wenig bis keine Zeit zur Verfügung steht, auf den Ball zu reagieren. Erahnt man im Vorfeld die Platzierung des Balles (z. B. aufgrund von Erfahrung, guter Wahrnehmung, taktischem Wissen), bietet der Block größere Variation im eigenen Spiel. Spieler:innen müssen somit nicht zwingend jeden Ball selbst offensiv angreifen (und ggf. dabei durch zu viel Risiko einen Fehler machen), sondern können teilweise auf Fehler des Gegenübers warten oder den Block als Übergang in das aktive Spiel nutzen. Zudem ist eine effiziente Beinarbeitstechnik (Abschn. 4.1.3) hilfreich, da sich der richtige Schlägerwinkel nur mit der richtigen

4.4 Spezialtechniken im Tischtennis

Distanz zum Ball optimal spielen lässt. Kommt man schlecht oder zu spät über den Ball, wird das Schlägerblatt in der Regel zu weit geöffnet.

Athlet:innen im Leistungsbereich spielen heute, vor allem mit der Rückhand, Spin- beziehungsweise Kickblocks (Hampl, 2002). Diese Unterscheidung von eher passiven und sehr aktiven, beschleunigenden Blockschlägen bemerkten in ihren Ursprüngen bereits Sklorz und Michaelis (1995). Schmittinger (2001) benennt diese beiden Blockvarianten als „Spin- und Pressblocks". Ob ein passiver oder aktiver Block gespielt wird, hängt – neben taktischen Überlegungen – vor allem von der Zeit und Energie des ankommenden Balles ab. Der passive Block wird schwerpunktmäßig angewendet, wenn der/die Spieler:in unter sehr hohem Zeitdruck (Abschn. 3.2.2) steht und keinerlei aktive Spielhandlung mehr einleiten kann oder er/sie den Schlag bewusst als temporeduzierendes Mittel einsetzt (bspw., wenn der/die Gegner:in) weit entfernt vom Tisch positioniert ist. Der aktive und der passive Block sind sich sehr ähnlich, lediglich das Bewegungsausmaß ist beim passiven Block stärker reduziert. Beim Block befindet sich der Spieler oder die Spielerin in tischnaher Position. Beim Block mit der Vorhand wird der Körper mittels einer leichten Hüftdrehung ein kleines Stück geöffnet. Das Körpergewicht wird dadurch etwas auf das hintere Bein zur Schlagarmseite verlagert. Die Beinstellung ist identisch zur Konter- und Topspintechnik. Der Unterarm wird parallel zur Tischoberfläche seitlich vor den Körper genommen. Der Ellbogen bleibt

Abb. 4.16 Technikdemonstration des (aktiven) Vorhand-Blockschlages gegen Topspin aus drei Perspektiven in realer und verlangsamter Geschwindigkeit. Das Schlägerblatt ist stark geschlossen. Der Bewegungsimpuls entsteht durch eine leichte Gewichtsverlagerung von hinten nach vorne. Der Schläger wird durch eine Unterarm- und leichte Handgelenkbewegung nach vorne oben geführt. Der Ball trifft seitlich vor dem Körper kurz nach dem Absprung auf dem Tisch in der aufsteigenden Phase seiner Flugbahn auf den Schläger. (▶ https://doi.org/10.1007/000-b8t) (Video: © Deutscher Tischtennis-Bund)

hierbei deutlich vom Körper entfernt. Das Schlägerblatt ist je nach Rotation des ankommenden Balles leicht bis stark geschlossen. Bei starker Rotation des gegnerischen Balles neigt sich das Schlägerblatt mehr nach vorn, bei leichter Rotation weniger. Beim Rückhandblock ist die Ausholbewegung nahezu identisch, mit dem Unterschied, dass der Ball vor anstatt neben dem Körper (jeweils im „goldenen Dreieck") getroffen wird (Abb. 4.16).

In der Schlagphase erfolgt bei der Vorhand eine leichte Gewichtsverlagerung vom hinteren auf das vordere Bein, welche durch eine leichte Hüft- und Schulterachsendrehung nach vorne eingeleitet wird. Der Schläger wird zeitgleich durch eine Unterarm- und leichte Handgelenkbewegung nach vorne oben geführt. Beim aktiven Block ist die Vorwärtsbewegung stärker betont. Beim passiven Block spielt die Körpergewichtsverlagerung kaum eine Rolle. Die Schlägerspitze beschreibt bei manchen Spieler:innen eine leichte Aufwärtsbewegung. Der Ball trifft seitlich vor dem Körper kurz nach dem Absprung auf dem Tisch in der aufsteigenden Phase seiner Flugbahn auf den Schläger. Bei dem Block mit der Rückhand erfolgt der Großteil des Bewegungsimpulses aus dem Unterarm und dem Handgelenk mit dem Ellenbogen als Drehachse. Kurz vor dem Balltreffpunkt erfolgt der Handgelenkeinsatz. Die Ausschwungphase fällt bei der Rückhand, ähnlich dem Rückhand-Konter (Abschn. 4.2.1.2), relativ kurz aus. Der Schläger und der Unterarm werden nach dem Balltreffpunkt ein wenig nach vorne oben in Richtung des gespielten Balles geführt. Bei der Vorhandvariante verlagert sich das Körpergewicht nach dem Schlag tendenziell auf das vordere Bein. Rumpf- und Schulterachse drehen sich parallel zur Grundlinie des Tisches. Die Ausschwungphase ist auch bei der Vorhand sehr kurz. Die Schlägerspitze ist nach vorne oben orientiert.

Das häufigste Fehlerbild beim Blockspiel ist die falsche Neigung des Schlägerblattes. Da es nicht leicht ist, die exakte Rotation des Balles (Abschn. 6.1.3) unter Zeitdruck zu erkennen, kann der Schlägerblattwinkel nicht entsprechend angepasst werden. Hier empfiehlt es sich, für das Training verschiedene unregelmäßige Übungen zu spielen, bei denen die Rotationsstärke häufig wechselt. Eine Übung für fortgeschrittene Spieler:innen könnte sein, dass der/die aktive Spieler:in Bälle mit Vorhand-Topspin aus der Vorhandseite abwechselnd in die Rückhand und Vorhand spielt. Der/Die Blockspieler:in muss diese immer in die Vorhand zurück blocken. Der/Die Topspinspieler:in variiert dabei das Tempo und die Rotation des Balles (z. B. abwechselnd langsame rotationsreiche vs. schnelle rotationsarme Topspins oder 2 × schnell vs. 2 × langsam usw.).

Der Kickblock ist eine spezielle Variante des Blocks, der die Steuerung des Spieltempos durch den tangentialen Schläger-Ball-Kontakt ermöglicht. Im Moment des Balltreffpunktes wird der Schläger mit einer kurzen Unterarm- und Handgelenkbewegung nach oben geführt, um dem Ball eine leichte Vorwärtsrotation zu geben. Dies hat den Vorteil, dass beim Gegenüber der Ball ein Stück weit nach hinten „kickt" (siehe auch Magnuseffekt; Abschn. 6.1). Der Kickblock wird eher in der steigenden Phase gespielt. Diese Schlagtechnik schließt die „Lücke" zwischen passivem und aktivem Spiel, also zwischen den Topspintechniken und Blocktechniken. Im Leistungs- und Hochleistungsbereich werden gerade im Bereich des Blockspiels zahlreiche Variationen eingesetzt. Insbesondere mit schnellem Schlägermaterial sind mit kurzen Bewegungen in Bezug auf Rotation zahlreiche Variationen möglich (DTTB, 2020). Mit einer kurzen Bewegung in die entsprechenden Bewegungsrichtung ist ein Seitschnitt-, Spin-, Press- oder Unterschnittblock möglich.

4.4.2 Schnitt- und Ballonabwehr

Defensiv- oder Abwehrspieler:innen befinden sich in einer vom Tisch entfernten Stellung. Wie weit entfernt, hängt von der Art der Verteidigung ab. Die Abwehrtechniken sind besonders auf Platzierung und Variation der Ballrotation ausgerichtet. Bei den Schlägen ist sowohl der Sicherheitsaspekt als auch die Absicht zum passiven Punktgewinn durch Fehler des Gegners oder Gegnerin vorhanden. Im Gegensatz zu Angriffsspieler:innen, deren Stärke die Geschwindigkeit des Balles ist, versuchen Defensivspieler:innen, das Spiel meist zu verlangsamen und/oder durch Tempowechsel den Spielrhythmus des Gegenübers zu stören. Das Hauptproblem aller Abwehrspieler:innen ist die Kontrolle der mit starker Vorwärtsrotation und hoher Geschwindigkeit gespielten Bälle des angreifenden Gegners (DTTB, 2020).

4.4.2.1 Schnittabwehr

Eine Abwehrtechnik ist die sogenannte Schnittabwehr, bei der, wie der Name schon sagt, offensive Schläge mit (Unter-)Schnitt verteidigt werden. Bei der Schnittabwehr mit der Vorhand wird das Bein der Schlagarmseite während des Schlages zurückgenommen, sodass die Füße schräg zur Grundlinie stehen. Der Spieler bzw. die Spielerin befindet sich seitlich zur Flugbahn des Balles und das Körpergewicht ruht auf dem hinteren Bein. Zusätzlich zur Rückführung des Beines werden Hüft- und Schulterlinie mitgedreht. Der Schläger wird aus der Position vor dem Körper nach hinten oben, etwa in Höhe der Schulter des Schlagarmes, geführt. Der Schlagarm wird dabei zwischen Ober- und Unterarm zu einem spitzen Winkel stark gebeugt.

Wichtig ist, dass der Ellbogen bei der Rücknahme vom Körper entfernt bleibt und immer nach unten orientiert ist. Das Schlägerblatt wird durch eine Drehung des Unterarmes nach außen mehr oder weniger stark geöffnet. Die Schlägerspitze ist in Verlängerung des Unterarmes nach hinten oben gerichtet. In der Phase des Balltreffpunktes wird mit einer Drehung von Hüft- und Schulterlinie die Gewichtsverlagerung nach vorne eingeleitet. Dabei begleitet der Vorderfuß des hinteren Beines diese Drehung leicht. Die Beine sollten ständig gebeugt bleiben und die Gewichtsverlagerung unterstützen. Muss infolge eines extrem schnellen Topspin oder Schusses (Abschn. 4.4.4) des Gegners viel Tempo absorbiert werden, wird die Gewichtsverlagerung tendenziell mehr nach unten betont und die Beugung mehr auf dem rechten Bein durchgeführt. Die Bewegung des Rumpfes nach vorne verläuft zeitgleich mit der nachfolgend beschriebenen Bewegung des Schlagarmes. Der Schläger wird nach vorne unten Richtung Tisch geführt. Der Winkel zwischen Oberarm und Unterarm vergrößert sich. Durch diese Streckung beschreibt der Schläger insgesamt einen Teil einer Kreisbewegung. Unmittelbar vor dem Balltreffpunkt wird die Bewegung durch einen schnellkräftigen Handgelenkeinsatz unterstützt (siehe auch kinematische Kette). Dadurch erfolgt eine zusätzliche Beschleunigung des Schlägers, die bei optimalem Timing sehr viel Unterschnitt erzeugt. Der Ball wird nach dem höchsten Punkt in der fallenden Phase der Ballflugkurve vor dem Körper getroffen. Bei „aggressiver" Abwehr ist auch ein Treffen in der steigenden Flugkurve möglich. Ist intendiert, den Ball mit viel Unterschnitt zu spielen, muss der Schläger stark geöffnet werden. Bei wenig Unterschnitt wird das Schlägerblatt nur leicht geöffnet. Die Schlägerneigung hängt dabei ebenfalls von der Stärke der Rotation des anfliegenden Balles ab. Im Moment des Balltreffpunktes ist das Körpergewicht idealerweise auf beiden Füßen gleichmäßig verteilt. Nach dem Treffen des Balles wird die Gewichtsverlagerung nach vorne abgeschlossen. Die Hüft- und Schulterlinie verlaufen final parallel zur Grundlinie des Tisches. Der Schläger beendet die Bewegung mit waagerecht zur Tischoberfläche stehendem Schlägerblatt. Die Schlägerspitze ist nach vorne orientiert.

Die Rückhand-Schnittabwehr unterscheidet sich nur unwesentlich von der Vorhand. Die Elemente der Aushol- und Ausschwungphase lassen sich nahezu spiegeln. Auch bei der Rückhand-Schnittabwehr wird der Ball in der fallenden Phase der Ballflugkurve, allerdings vor dem Körper, getroffen. Im Moment des Balltreffpunktes ist das Körpergewicht idealerweise gleichmäßig auf beide Füße verteilt. Die Ausschwungphase des Schlagarmes fällt im Gegensatz zur Vorhand etwas kürzer aus. Hüfte und Schulter stehen am Ende der Bewegung parallel zur Grundlinie des Tisches. Der Schläger beendet die Bewegung mit offenem oder fast waagerechtem Schlägerblatt, bei dem die Schlägerspitze nach vorne zeigt.

Typische Fehlerbilder, die laut DTTB (2020) auftreten können sind:

- Die Ausholphase ist zu kurz und der Schläger befindet sich nicht hoch genug über dem späteren Treffpunkt von Schläger und Ball. Es gilt, den Schläger in der Ausholphase höher zu führen.
- Die Ausholphase setzt nicht am richtigen Punkt an, sodass der Ball eher von hinten unten nach vorne oben mit geöffnetem Schlägerblatt „gehoben" wird, statt eine Schlagebene von hinten oben nach vorne unten zu beschreiben.
- Der Ellbogen wird nach oben gehoben, um den Schläger in die Ausholposition zu bringen, statt dies mit dem Unterarm zu vollziehen. Der Ellenbogen sollte tief bleiben.
- Der Winkel zwischen Ober- und Unterarm bleibt konstant. Das bedeutet, dass die Streckung im Ellbogengelenk in der Schlagphase ausbleibt. Durch die fehlende Unterarmbeschleunigung entsteht meist eine Stoßbewegung, welche weniger Kontrolle und Rotation zur Folge hat.
- Der Ellbogen ist zu nah am Körper, wodurch die Bewegungsfreiheit eingeschränkt ist. Der Arm verkrampft und die Ballkontrolle wird erschwert. Es gilt, einen großen Abstand zwischen Ellenbogen und Körper durch eine gute Beinarbeit herzustellen, um mehr Spielraum für die Schlagbewegung zur Verfügung zu haben.

- Das Handgelenk ist nach unten eingeknickt und verlässt damit die Schlagebene, wodurch es nicht die Schlagbewegung unterstützen kann. Die Qualität des gespielten Balles ist dadurch deutlich geringer. Die Schlägerspitze sollte vor dem BTP in Verlängerung des Unterarmes nach hinten oben gerichtet sein.

4.4.2.2 Ballonabwehr

Im Unterschied zur Schnittabwehr, deren Ziel es ist, den Ball möglichst flach über das Netz zu spielen, wird der Ball extrem hoch zurückgespielt. Dies ist die einzige Schlagtechnik, bei der die Flughöhe (Abschn. 6.1.4) der wichtigste Parameter ist. Platzierungen in die Nähe der Grundlinie des Gegners bzw. der Gegnerin haben den Vorteil, dass diese/r gezwungen wird, die Distanz zum Tisch zu vergrößern, was den nächsten Schlag erschwert. Wenige Spieler:innen bauen ihr gesamtes Spielsystem auf dieser Schlagtechnik auf. Meist handelt es sich eher um eine Schlagtechnik, um in Notsituationen, wenn ein Spieler unter starker Bedrängnis steht, doch noch zu einem Punktgewinn gelangen kann (Abschn. 2.4). Durch einen Ball mit viel Vorwärtsrotation, hoher Flugkurve, großem Absprungwinkel und extrem langem Ballflug wird Zeit gewonnen, um in eine bessere Position zu gelangen oder den Gegner bzw. die Gegnerin zum Fehler oder passiverem Spiel zu zwingen. Aufgrund des selteneren Einsatz dieser Technik im Wettkampf, wird auf eine Unterscheidung zwischen der Vorhand- und der Rückhand-Ballonabwehr verzichtet.

Der Ballonschlag ist eng verwandt mit dem Topspin. Er wird in entfernter Position vom Tisch gespielt. Bei der Vorhand-Ballonabwehr wird der Fuß der Schlagarmseite im Anflug des Balles nach hinten versetzt, sodass der Spieler oder die Spielerin in einer geöffneten Position zur Grundlinie des Tisches steht. Bei der Rückhand-Ballonabwehr stehen die Beine hingegen meist parallel. Bei beiden Techniken sollten die Beine stark gebeugt sein. Bei der Vorhand wird das Körpergewicht durch eine Hüft- und Schulterachsendrehung auf das hintere Bein verlagert. Die Ausholphase erfolgt immer von weit unten nach oben und wird vorrangig über eine Unterarmstreckung eingeleitet. Der Schlagansatz ist tiefer als beim Vorhand-Topspin auf Unterschnitt (Abschn. 4.2.3.1) in Höhe der Knie. Das Schlägerblatt ist gerade bis leicht geschlossen. Der Ellbogen bleibt bei dieser Bewegung nach unten etwas vom Körper entfernt. Der Schlagarm ist im Endpunkt der Ausholphase sowohl bei der Rückhand als auch Vorhand fast gestreckt. Im Balltreffpunkt wird der Ball mit einer schnellen Armbewegung (Beugung im Ellbogengelenk) nach oben beschleunigt. Bei der Vorhandvariante wird dies durch eine Drehung der Hüfte realisiert. Kurz vor dem Balltreffpunkt erfolgt ein aktiver Handgelenkseinsatz in Bewegungsrichtung, um dem Ball noch zusätzlichen Spin nach vorne zu verleihen. Der Schläger schwingt nach vorne oben aus. Die Spitze des Schlägers zeigt am Ende der Bewegung nach oben (bei der Vorhand tendenziell mehr als bei der Rückhand). Auf folgende technische Ausführungsfehler sind im Training zu achten:

- Bei der Vorhandvariante der Ballonabwehr wird keine geöffnete Körperposition eingenommen. Der Spieler bzw. die Spielerin steht also bei der Schlagausführung parallel zum Tisch.

- Der Ball wird mit geöffnetem Schlägerblatt, also nicht tangential getroffen. Durch das Heben des Balles erhält er nur sehr wenig Vorwärtsrotation.
- Die Hubbewegung aus den Beinen fehlt. Bei der Rückhandvariante erfolgt diese größtenteils aus der Beugung der Knie und einem aktiven Abdruck aus dem Vorderfuß heraus.
- Der Ball springt nicht in der Nähe der Grundlinie, sondern in der Mittelzone des Tisches auf. Der Gegner bzw. die Gegnerin hat es damit bei dem folgenden Angriffsschlag einfacher, da er/sie nicht gezwungen wird, die Entfernung zum Tisch zu vergrößern. Hier lassen sich im Training Zielbereiche auf dem Tisch in der Nähe der Grundlinienzone (Abschn. 6.1.1) markieren.
- Bei der Ballonabwehrtechnik ist die richtige Distanz zum Tisch entscheidend. Um den Ball von weit unten nach oben spielen zu können, dürfen die Spieler:innen weder zu nah am Ball noch zu weit weg stehen.

4.4.3 Fliptechnik

Der sogenannte Flip ist eine mögliche Antwort auf kurz gespielte Bälle. Er besitzt strukturelle Ähnlichkeiten zu den anderen Angriffstechniken. Er wird zur Eröffnung des Spiels lang platziert, um den Gegner oder die Gegnerin unter Druck zu setzen. Hierzu können sowohl Tempo- als auch Rotationsvariationen eingesetzt werden. Ein Flip mit hohem Tempo ist aufgrund des kurzen Ballweges und dem gleichzeitig sehr nahen Netz schwierig zu spielen und somit mit einem höheren Risiko verbunden. Aufgrund des durch den Tisch bedingten kürzeren Bewegungsausmaßes wird weniger Vorwärtsrotation erzeugt, wodurch auch der „Magnuseffekt" (Abschn. 6.1) im Zusammenhang mit der Fliptechnik weniger Bedeutung hat. Der Flip erzielt seine Effektivität oft durch eine entsprechende Platzierung oder in Kombination mit dem zu spielenden Ball danach.

Beim Flip mit der Vorhand werden Fuß, Hüfte und Schulter der Schlagarmseite zeitgleich nach vorne bewegt, um mit dem Schläger in eine netznahe Position zu gelangen. Der Fuß der Schlagarmseite wird dabei mit einem Ausfallschritt (Abschn. 4.1.3) unter den Tisch gestellt. Die Knie, Hüfte und Schulter werden möglichst weit abgesenkt. Gleichzeitig wird der Schläger nach vorne in Richtung Netz genommen. Bei dieser Vorwärtsbewegung des Rumpfes und des Schlagarmes in Richtung Ball führen Unterarm und Handgelenk und damit der Schläger über dem Tisch eine kleine Ausholbewegung nach hinten aus. Unter- und Oberarm sind leicht angewinkelt und die Schlägerspitze zeigt nach außen und hinten, um eine Vorspannung im Handgelenk zu erzeugen. Das Schlägerblatt ist leicht geschlossen. Durch eine dynamische Beugung des Handgelenks, welche durch eine entsprechende Bewegung im Ellbogengelenk nach vorne oben unterstützt wird, wird der Schläger in Richtung Ball beschleunigt. Das in der Ausholphase nach unten hinten abgewinkelte Handgelenk wird beim Schlag wieder in die volle Streckung gebracht, sodass Unterarm und Handgelenk eine Linie bilden. Der Zeigefinger kann im Moment des Treffpunktes aktiv durch Druck auf das Schlägerblatt eingesetzt werden und die Arbeit des Handgelenks durch diesen Impuls intensivieren. Der Ball wird am höchsten Punkt der Flugbahn oder kurz davor seitlich vor dem Körper getroffen. Die Schlägerblattstellung im Balltreffpunkt richtet sich nach der Rotation des ankommenden Balles. Bei einem zu spielenden Überschnittball ist das Schlägerblatt stärker, bei einem ankommenden Ball mit Unterschnitt weniger stark geschlossen. Nach dem Balltreffpunkt schwingt der Schläger leicht nach vorne oben aus. Die Schlägerspitze zeigt tendenziell in die Richtung, in die der Ball gespielt wurde.

Bei der Variante mit der Rückhand, dem Rückhand-Flip, wird das Bein der Schlagarmseite nach vorne unter den Tisch gestellt. Zeitgleich dazu wird der Schlagarm leicht angewinkelt und nach vorne in Richtung des Balles geführt. Bei dieser Vorwärtsbewegung des Rumpfes und des Schlagarmes in Richtung Ball wird das Handgelenk nach hinten unten gebeugt. Dadurch zeigt die Schlägerspitze nach hinten unten. Bei einem Rückhand-Flip auf einen Unterschnittball zeigt die Schlägerspitze deutlicher nach unten. Im Balltreffpunkt werden der Unterarm und das Handgelenk dynamisch nach vorne oben in Richtung Netz beschleunigt. Die Bewegung verläuft je nach Rotation des ankommenden Balles entweder mehr nach vorne (kein Schnitt oder Überschnitt) oder mehr nach vorne oben (Unterschnitt). Der Daumen kann durch einen Druck auf das Schlägerblatt im Moment des Balltreffpunktes die Arbeit des Handgelenks intensivieren (analog zum Zeigefinger beim VH-Flip). Auch hier wird der Ball möglichst am höchsten Punkt der Flugbahn vor dem Körper getroffen. Der Schläger schwingt mit geschlossenem Schlägerblatt zum Netz hin aus.

Die häufigsten Fehlerbilder bei der Fliptechnik sind die fehlende, tiefe Positionierung zum Ball. Ist man nur ein kleines Stück zu spät am Ball, kann dieser nicht mehr am höchsten Punkt der Flugkurve getroffen werden. Dies erhöht das Risiko für den Schlag enorm. Teilweise wird der Schläger nach der Ausführung der Schlagbewegung zu weit hoch genommen, was zu einem Zeitverlust bei der Spielfortsetzung führt. Erfolgt der Schlag nur aus dem Handgelenk und ohne Unterarmeinsatz, fehlt es dem Ball an Beschleunigung und Schlaghärte. Der Flipschuss als aggressivste Fliptechnik setzt einen etwas zu hoch und kurz gespielten Ball des Gegners voraus, damit er mit maximalem Tempo gespielt werden kann (DTTB, 2020). Ähnlich wie beim Flipschuss verhält sich die Schusstechnik, die im abschließenden Technikkapitel beschrieben wird.

4.4.4 Schuss

Das Hauptziel der Bewegung des Vorhand-Schusses ist der Punktgewinn über die Parameter des Tempos und der Platzierung (Abschn. 6.1). Man nutzt ihn häufig bei Bällen, die sehr hoch über das Netz auf einen zukommen. Der Vorhand-Schuss wird gegenüber dem Vorhand-Konter, dem er in seiner Bewegungsstruktur ähnlich ist, mit wesentlich dynamischerer Bewegung und höherer Geschwindigkeit ausgeführt. Um dies zu ermöglichen, wird die Schlagbewegung in der Regel mit größerem Bewegungsumfang absolviert. In der Ausholphase wird das Bein der Schlagarmseite etwas zurückgenommen. Die richtige Einschätzung der (hohen)

Flugkurve und die entsprechende Bewegung in eine optimale Schlagposition ist bei diesem Schlag essenziell. Bei einer halbhohen bis hohen Flugkurve eines Balles mit Vorwärtsrotation und einem Aufsprung im Grundlinienbereich verschiebt sich die Ausgangsposition beispielsweise nach hinten, weiter weg vom Tisch (DTTB, 2020).

Bei der Schlagausführung wird die Schulterachse durch eine Rumpfrotation seitlich nach hinten geführt. Gleichzeitig wird das Körpergewicht bei dieser Hüft- und Schulterdrehung auf das hintere Bein (Schlagarmseite) verlagert. Der Ellbogen des Schlagarms ist deutlich vom Körper entfernt. Die Höhe des Ausholpunktes hängt vom ankommenden Ball ab. Meist liegt er in etwa in Schulterhöhe. Die Schlägerspitze zeigt zur Seite und das Schlägerblatt ist leicht geschlossen. Im Balltreffpunkt drehen Hüft- und Schulterachse explosiv nach vorne (siehe auch kinematische Kette). Der Körperschwerpunkt wird bei dieser dynamischen Gesamtkörperbewegung in Schlagrichtung nach vorne auf das Bein der Gegenseite verlagert. Diese Bewegung kann auch durch ein leichtes Mit-nach-vorne-Setzen des Beins (maximal bis zur Höhe des anderen Beins) unterstützt werden. Der Schlagarm, insbesondere der Unterarm, führt eine explosive Bewegung durch, wobei der Unterarm gegenüber dem Oberarm im Ellenbogengelenk angewinkelt wird. Die Bewegungsebene richtet sich entsprechend der Flugkurve des ankommenden Balles aus. Es hilft, permanent eine leichte Vorlage des Körpergewichts beizubehalten. Der Schläger „überholt" in seiner Bewegung zum Ball die Teilbewegungen des Körpers, sodass der Ball vor dem Abfangen des Körpergewichtes auf dem Bein der Gegenseite zentral getroffen wird. Nach dem Balltreffpunkt ist das Körpergewicht auf das Bein der Gegenseite verlagert. Wurde der Schlag mit viel Dynamik durchgeführt, wird der Schwung der Verlagerung des Körperschwerpunktes durch das Nachstellen des Beins der Schlagarmseite abgefangen. Dadurch wird die Körperbalance gehalten und so ein Weiterspielen einfacher möglich.

Für die Technik im Tischtennis gilt zusammenfassend, dass ein (individuell) passender Kompromiss aus Technikstabilisation, also dem Festigen und Automatisieren von (Grund-)Techniken und Technikvariation, also der Veränderung von (Spezial-)Techniken gefunden werden muss. Die Entwicklung der technischen Fertigkeiten erfolgt in der Regel schrittweise bis eine variable Bandbreite an Schlagtechniken sicher beherrscht wird. Laut Luthardt et al. (2016, S. 128) sollte man sich bei der Beurteilung der Qualität der jeweiligen Schlagtechnik folgende Merkmale vor Augen zu führen:

- Stabilität: Wie sicher wird der jeweilige Schlag ausgeführt?
- Effektivität, bezogen auf die taktischen Grundelemente Tempo, Platzierung, Rotation und Flughöhe (Abschn. 6.1): Welchen Druck übt der Schlag situationsabhängig auf das Gegenüber aus?
- Wahrnehmungsbehinderung des Gegenübers: Lässt sich der Schlag leicht oder schwer erkennen/einschätzen?
- Fortsetzungsmöglichkeit des Ballwechsels für den/die agierende/n Spieler:in: Bringt der Schlag den/die Spieler:in im Hinblick auf den weiteren Verlauf des Ballwechsels in eine bessere Lage?

Lassen sich diese Merkmale grundsätzlich positiv bewerten, ist die Qualität der Technik hier bereits gut ausgeprägt. Andererseits gilt es, diese bei der Technikvermittlung (Kap. 5) stärker in den Fokus zu nehmen.

> **Fragen zu Kapitel 4**
> 1. Welche Griffhaltungen werden im Tischtennis unterschieden und welche Vor- und Nachteile bringen diese jeweils mit sich?
> 2. Wozu benötigen Tischtennisspieler:innen eine gute Grundposition? Beschreibe, wie eine effiziente Grundposition aussehen sollte.
> 3. Worin liegen die Unterschiede und die Gemeinsamkeiten in den drei Grundtechniken des Konterns, Schupfens und des Topspins?
> 4. Was gilt es beim Aufschlag im Tischtennis zu beachten? Welche Möglichkeiten hast du als Tischtennisspieler:in, den Aufschlag variabel zu gestalten?
> 5. Wozu benötigt es sogenannte ,Spezialtechniken' im Tischtennis? Erläutere eine dieser Spezialtechniken anhand einer konkreten Spielsituation im Tischtennis.

Literatur

Adomeit, M. (2017). Trainingstipp: So wichtig ist ein gutes Kurz-Kurz-Spiel! *Tischtennis, 1,* 48–50.

Bollmeier, N., & Arends, B. (2019). Das Aufschlag-Rückschlagspiel – Die Bedeutung der ersten Ballkontakte im modernen Tischtennis. *VDTT-Trainerbrief, 3,* 4–10.

Deutscher Tischtennis-Bund [DTTB]. (2001). *Tischtennis-Lehrplan 2000 – Thema Balleimertraining. Die vielseitige Trainingsmethode für jeden Tischtennistrainer.* Köhler.

Deutscher Tischtennis-Bund [DTTB]. (2008). *Koordinationstraining im Tischtennis: Wie man lernt, Körper und Tischtennisball zu beherrschen.* Köhler.

Deutscher Tischtennis-Bund [DTTB]. (2009). *DTTB Trainer/in D-Lizenz Teilnehmerbroschüre.* Deutscher Tischtennis-Bund.

Deutscher Tischtennis-Bund [DTTB]. (2020). *Tischtennis-Lehrplanreihe. Schlag- und Beinarbeitstechniken.* Deutscher Tischtennis-Bund.

Deutscher Tischtennis-Bund [DTTB]. (2023). *Tischtennis-Technikleitbild.* Videos der Deutschen Tischtennis-Akademie. https://www.tischtennis.de/technikleitbild.html. Zugegriffen: 22. Apr. 2023.

Deutscher Tischtennis-Bund [DTTB]. (2021). *Wettspielordnung des DTTB. Schiedsrichter-Handbuch.* Deutscher Tischtennis-Bund.

Djokic, Z. (2002). Structure of competitors' activities of top table tennis players. *International Journal of Table Tennis Sciences, 4,* 74–90.

Fellke, J. (1997). *J-O Waldner – Geheimnisse eines TT-Genies.* Sportförlaget.

Friedrich, W., & Ernst, J. (2001). Tischtennis Lehrplan 2000. Deutscher Tischtennis-Bund (Hrsg.) *Thema: Balleimertraining – Die vielseitige Trainingsmethode für jeden Tischtennistrainer.* Hugger Gestaltung.

Friedrich, W., & Fürste, F. (2012). *Tischtennis – verstehen, lernen, spielen.* Philippka-Sportverlag.

Fürste, F., & Wiese, H. (2020). *Tischtennis Aufschlag erlernen-verbessern-anwenden.* Eigenverlag.

Geske, K. M., & Mueller, J. (2014). *Tischtennis-Taktik: Dein Weg zum Erfolg* (6., überarb. Aufl.). Meyer & Meyer.

Geisler, M. (2018). Trainingstipp: Kurz und gut den Gegner fesseln. *Tischtennis, 8,* 40–41.
Geisler, M. (2019). *Methodik des Technik-Trainings. Tischtennis Lehrplanreihe.* Deutscher Tischtennis-Bund.
Gottlöber, G. & Oelschläger, G. (1975). *Tischtennis. Technik, Taktik, Training.* Sportverlag.
Groß, B.-U. (2015). *Tischtennis Basics.* Meyer & Meyer.
Groß, B.-U., & Huber, D. (1995). *Tischtennis: Moderne Technik für Anfänger und Könner.* Rowohlt.
Groß, B.-U. & Schlager, W. (2011). *Tischtennis perfekt.* Meyer & Meyer.
Hampl, H. (2002). Sechs goldene Regeln. *Tischtennis, 55*(9), 29–31.
Hamrik, R. (2016). Die Haltung entscheidet – Eine einseitige Schlägerhaltung schränkt die technischen Möglichkeiten ein. *Tischtennis, 5,* 48–49.
Hamrik, R. (2019a). Trainingsschnipsel: Beinarbeit und tt-spezifische Schnelligkeit am Tisch. *Tischtennislehre, 3,* 26–27.
Hamrik, R. (2019b). Trainingsschnipsel Beinarbeit: Eine Linie reicht. *Tischtennislehre, 4,* 10–11.
Huber, D., Münzl, S., Schimmelpfennig, D., Schulte-Kellinghaus, S., & Weyers, N. (2009). *Rahmentrainingskonzeption für Kinder und Jugendliche im Leistungssport.* Band 14: Tischtennis. Wiebelsheim.
Hudetz, R. (1984). *Alles über Tischtennis Technik.* Tibhar.
International Table Tennis Federation [ITTF] (2017). *Rio 2016: Is the penhold grip a dying art?.* https://www.ittf.com/2016/08/08/rio-2016-penhold-grip-dyingart/. Zugegriffen: 22. Apr. 2023.
Krämer, A. (2010). Trainingstipp: Der verflixte Rückschlag. *Tischtennis, 12,* 36–37.
Luthardt, P. (2015). *Kreatives Tischtennistraining: Mal anders trainieren – 50 Übungen, die Spieler begeistern.* Philippka Sportverlag.
Luthardt, P., Muster, M. & Straub, G. (2016). *Tischtennis – Das Trainerbuch (Praxisideen – Schriftenreihe für Bewegung, Spiel und Sport).* Hofmann.
Malagoli Lanzoni, I., Lobietti, R., & Merni, F. (2007). Footwork techniques used in table tennis: A qualitative analysis. In *Proceedings book of the 10th Anniversary ITTF Sport Science Congress,* S. 401–408.
Malagoli Lanzoni, I., Di Michele, R. & Merni, F. (2013). Distribution of stroke and footwork types in top-level men's and women's table tennis. In D. M. Peters & O'Donoghue (Hrsg.), *Performance Analysis of Sport IX* (S. 168–173). Taylor & Francis.
Mayr, C., & Förster, M. (2012). *Spielend Tischtennis lernen: In Schule und Verein.* Limpert Verlag.
Michaelis, R., & Sklorz, M. (2004). *Richtig Tischtennis.* BLV Verlagsgesellschaft.
Muster, M. (1986). *Tischtennis. Lernen und Trainieren. Ein Lehrbuch für Schule und Verein.* Limpert Verlag.
Muster, M. (1999). *Zur Bedeutung des „situativen Trainings" im Hochleistungstischtennis – empirische Untersuchung zur Identifikation von „Spielsituationen".* Shaker.
Mühlbach, H. (2023). Spinsight – ESN Digital. See more. Play better. *Trainerbrief Tischtennis, 3,* 10–15.
Näf, M., Seitz, G., Silberschmidt, G., & Ronchi, A. (2008). *SwissPing Technik. Tischtennistechnik in Wort und Bild für Trainer/innen und Sportlehrer/innen.* Humm-dtp.
Nimtz, S., Schemel, U., & Prause, R. (2017). Analyse der Olympischen Spiele 2016 im Tischtennis. Olympiaanalyse Rio 2016: Olympiazyklusanalysen und Auswertungen der Olympischen Spiele 2016, S. 207–221.
Nimtz, S., & Schwieder, T. (2019): Rückschlagverhalten bei der WM 2019 in Budapest. In J. Wick, F. Lehmann, M.-O. Löw (Hrsg.), *Schriftenreihe für Angewandte Trainingswissenschaften (IAT).* Meyer & Meyer.
Perger, M. (1986). *Tischtennis Technik. Der individuelle Weg zum erfolgreichen Spiel.* Falken Verlag.
Roesch, C. (1998). Schlagtechnik und Beinarbeit. In Deutscher Tischtennis-Bund (Hrsg.), *Tischtennis-Lehrplan 2000.* Deutscher Tischtennis-Bund.

Schmeelk, S. & DTTB. (2014). *Tischtennis in der Schule: Schulsportbroschüre des Deutschen Tischtennis-Bundes in Kooperation mit der Deutschen Schulsportstiftung.* Deutscher Tischtennis-Bund.

Schmittinger, K. (2001). Basis zum Erfolg – Blocktechniken. *Deutscher Tischtennis-Sport, 54*(4), 48–53.

Schott, K. (2013). Beinarbeitsklassifikationen: Unterschiede und Gemeinsamkeiten von Publikationen zum Thema Beinarbeitstechniken. *VDTT-Trainerbrief, 29,* 16–23.

Sklorz, M., & Michaelis, R. (1995). *Richtig Tischtennis.* BLV Verlagsgesellschaft.

Teichert, M. (2001). Beinarbeitstechnik – Das Update! *VDTT-Trainerbrief, 2,* 18–27.

Trupcovic, J. (1978). *Wege zum Leistungstischtennis* (1. Aufl.). Druckhaus Gebhardt.

Wang, J. (2021). Shot Characteristics Based on Match Period in Elite Table Tennis Matches. *Frontal Psychology, 12,* 745546.

Wang, J., Mengqi, L., & Xioang, X. (2022). A longitudinal study of changes in the shot characteristics of women table tennis players: Analysis of the olympic semifinals and finals of women's singles. *Frontal Psychology, 13,* 1–10.

Ziegler, V. (2002). Rückschlagtraining– Wahrnehmung- und Entscheidungsprobleme bei der Aufschlagannahme. *VDTT-Trainerbrief, Themenheft Aufschlag/Rückschlag,* 28–37.

Technik-Vermittlung im Tischtennis 5

Tischtennis gilt allgemein als sehr techniklastige Sportart, da kleinste Bewegungsveränderungen große Effekte auf den Ball haben. Viele Wiederholungen sind für eine perfekte Technik nötig, was zu Beginn häufig frustrierend sein kann. Tischtennis besitzt allerdings auch einen hohen Aufforderungscharakter: Jeder kann es spielen, der Zugang ist barrierefrei und der Erstkontakt geschieht meist spielerisch in der Freizeit oder Schule. Für die Vermittlung im Tischtennis existieren zahlreiche Herangehensweisen für Anfänger:innen. Dabei steht meist zunächst die Frage im Raum, mit welcher (Schlag-)Technik die Übenden beginnen sollten (Abschn. 5.1). Hat man sich für ein Anfängermodell entschieden, gilt es, den Vermittlungsprozess lehr- und abwechslungsreich für die Übenden zu gestalten, um die Motivation und Konzentration hoch zu halten. Daher sollte eine Kombination aus technischen Übungen und spielerischen Wettkämpfen genutzt werden (Abschn. 5.2). Um beim Technikerwerb angemessene Schwierigkeiten für die Individuen zu justieren, damit die Übenden zwar gefordert, aber nicht überfordert werden, sollten methodische Grundprinzipien bei der Konstruktion von Übungen beachtet werden (Abschn. 5.3). Die Wunschvorstellung einer guten Technik-Vermittlung ist, dass sich die Übenden abseits des Trainings mit der Sportart Tischtennis auseinandersetzen und selbstständig (weiter-)lernen (Abschn. 5.4).

5.1 Modelle/Anfängermodelle etc.

Tischtennis zu vermitteln ist keine leichte Aufgabe. Im Gegensatz zu anderen Sportspielen, wie Fußball, Basketball oder Badminton, kommt im Anfänger:innen-Tischtennis zunächst gar kein Spiel zustande, da die Spielpartner:innen den kleinen Ball oder die kleine Spielfläche oft nicht treffen. Dies ist sowohl für Trainer:innen als auch die Übenden frustrierend. Zudem handelt es sich bei der Sportart Tischtennis um eine relativ techniklastige Sportart (Hudetz, 1984). Das heißt, sie erfordert teilweise ein monotones Üben einzelner Schlagtechniken bis hin zur Perfektion. Auf der anderen Seite hat Tischtennis für viele Anfänger:innen einen hohen Aufforderungscharakter, da sie im Alltag, in der Schule oder der Freizeit erste Erfahrungen mit der Sportart gemacht haben. Zudem ist Tischtennis barrierefrei, kann von ‚jedermann' ohne Vorbereitung ausgeführt werden. Die Annäherung an die Sportart kann spielend erfolgen und bei Bedarf mit technischen Elementen ergänzt werden (Giese & Hasper, 2008; Mayr & Förster, 2012).

Für die Technikvermittlung im Tischtennis existieren zahlreiche Herangehensweisen für Anfänger:innen. Dabei steht zunächst die Frage im Raum, mit welcher (Schlag-)Technik die Übenden beginnen sollten. Hier gehen die Meinungen auseinander. Drei etablierte Modelle werden im Folgenden vorgestellt, das Schupfmodell (Grumbach, 1975), das Kontermodell (z. B. Brucker & Harangozo, 1975) sowie das Topspinmodell (Heissig, 1977; Michaelis & Sklorz, 1982, Muster, 1986). Zudem wird ein integrativer Ansatz (Friedrich & Fürste, 2012) aufgeführt, der die Wahl der ersten Schlagtechnik abhängig von den Vorerfahrungen bzw. dem Könnensstand der Lernenden macht und die Reihenfolge der weiteren Schlagtechniken so verbindet, dass sie sich (optimal) ergänzen.

5.1.1 Das Schupfmodell

Zwar sind die Überlegungen von Grumbach (1975) zum Aufbau eines Grundkurses im Tischtennis etwas in die Jahre gekommen und richten sich vor allem an die Zielgruppe der (Grund-)Schüler:innen, nichtsdestotrotz behält seine Argumentationslogik in großen Teilen auch heute noch seine Gültigkeit und ist zudem nicht nur Grundschüler:innen geeignet. Grumbach (1975, S. 14) argumentiert, dass in vielen Vermittlungsbereichen nur eine begrenzte Zeit für Übungseinheiten zur Verfügung stehe. Er demonstriert dies am Beispiel des Schulsports, wo, aufgrund der Breite der Lehrpläne im Optimalfall maximal 10 Doppelstunden für eine Unterrichtsreihe zum Tischtennis eingeplant werden können. Daher gilt es, sich, seiner Meinung nach, auf gewisse Schlagarten zu begrenzen und diese dafür exzessiver zu trainieren/üben. Diese (drei) Schlagarten sollten ihm zufolge der Rückhand-Schupfball (Abschn. 4.2.2), der Rückhand-Block (Abschn. 4.4.1) und der Vorhand-Zugball, der in dieser Form im heutigen Tischtennis nicht mehr existiert, jedoch von der Intention und Zielstellung des Schlages dem Vorhand-Topspin (Abschn. 4.2.3) am Nächsten kommt, sein.

Die erste Schlagtechnik in diesem Modell ist der Rückhand-Schupf, daher wird dieser methodische Ansatz häufig als „Schupfmodell" bezeichnet. Die Vorteile im Lernprozess liegen laut Grumbach (1975) darin, dass die Übenden relativ schnell ein ordentliches Wettkampfspiel umsetzen können, da sich der Ball mit dem Rückhand-Schupf gut im Spiel halten lässt. Zudem lässt sich „bei einer vergleichsweise geringen Beinarbeit bis zu 80 % der eigenen Tischhälfte beherrschen" (ebd., S. 14). Bei dem Rückhand-Schupf handelt es sich im Vergleich zu den Topspinschlägen um eine relativ einfache Technik, die trotzdem schnell zu Wettkampferfolgen führen kann. Durch das relativ langsame Spiel kommt eine gewisse Sicherheit in die Schläge. Zudem wird in diesem Modell Wert auf das tangentiale Treffen des Balles gelegt, es finden also auch gleich zu Beginn eine gewisse Rotationsschulung für rückwärtsrotierende Bälle statt. Durch lange Ballwechsel kann auch ein Fokus auf die Beinarbeit gelegt werden. Im Anschluss an den Rückhand-Schupf folgt in diesem Modell der Vorhand-Zugball. Dabei handelt es sich um eine offensive Schlagtechnik, bei der der Ball mit fast gestrecktem Arm und meist geradem Schlägerblatt von unten (weit unter Tischniveau) nach oben ‚gezogen' wurde. Das „Vorhandziehen dient als Schlagvorbereitung" (Fähnrich, 1961, S. 22) und funktioniert, indem während „des Balltreffpunktes ganz leicht und locker mit dem Schläger eine streichelnde, ziehende Bewegung nach vorwärts aufwärts durchgeführt" (ebd., S. 22) wird. Mittlerweile wurde dieser VH-Zugball durch den Vorhand-Topspin (Abschn. 4.2.3) abgelöst, da die Technik effizienter und punktbringender eingesetzt werden kann. Heutzutage ist der Balltreffpunkt deutlich früher, meist oberhalb des Tischniveaus damit der Ball schneller gespielt werden kann. Grumbach empfiehlt nach dem Rückhand-Schupfball diese Schlagtechnik, da

„mit dem Zugball ... ein zusätzlich belebendes Element ins Spiel [kommt]. Es versetzt den Anfänger in die Lage, mit einer aktiven Handlung direkt einen Punkt zu erzielen. Außerdem kann der Spieler mit dieser Schlagart seinem bisher wenig entsprochenen Angriffsdrang, d.h. zum Einsatz der vorhandenen Kraft und Energie, stattgeben. Das verstärkt die Lernmotivation erheblich." (ebd., S. 15)

Hier liegen zugleich die kritischen Elemente dieses Modells: Viele Trainer:innen bemängeln an dieser Lehrmethode, dass die Umstellung von einem passiven (Schupf-)Spiel auf ein offensiv angelegtes Vorhand-Spiel vielen Übenden schwerfällt. Zudem werde zunächst ein sehr passives Spiel befördert, bei dem ein Großteil des Tisches mit der Rückhand abgedeckt wird. Im modernen Tischtennissport nutzen die Spieler:innen heutzutage jedoch die Vorhand, um circa 2/3 des Tisches abzudecken. Daher passt dieses Modell laut vieler Autor:innen nicht zur Struktur des heutigen Tischtennisspiels. Da sich der Rückhand-Schupfschlag nicht auf jeden rotierenden Ball spielen lässt (z. B. auf eben diesen Zugball), setzt Grumbach als dritte Schlagtechnik seiner Technikschulung auf den Rückhand-Blockball. Dieser eignet sich als passive Technik, aus dem sich ein „natürlicher Übergang vom Rückhand-Schupfball zum Rückhand-Angriff (bzw. Rückhand-Kontern)" ableiten lässt (ebd., S. 16). Der Rückhand-Block kann ebenso wie der Rückhand-Schupf einen Großteil des Tisches abdecken, wenn der Gegner oder die Gegnerin einen Angriffsball spielt. Zwar entsteht durch den Fokus auf diese drei Basisschlagtechnik in der extremen Vorhandseite ein Loch, für die in diesem Zustand keine Lösungsstrategie vorliegt, allerdings betont er, dass zum einen wenige Bälle auf dem Anfängerniveau bewusst dorthin platziert werden können und dass man sich als Notschlag mit dem Vorhand-Zugball aus der Halbdistanz (Abschn. 6.1.1) behelfen kann. Ergänzen sollten diese drei Grundschlagtechniken nach Grumbach zwei Aufschlagtechniken: der kurze Schupfaufschlag mit der Rückhand und der lange (Roll-)Aufschlag mit der Vorhand. Diese Aufschläge haben ihre Entsprechungen in dem Rückhand-Schupfschlag bzw. dem Vorhand-Zugball und lassen sich aufgrund der direkten Bewegungsähnlichkeit schnell in den Lernprozess integrieren. Während der Rückhand-Schupfaufschlag auch heutzutage noch ein probates Mittel ist, um einen Ballwechsel zu beginnen, wird der VH-Rollaufschlag (ohne Rotation, lang in die Vorhand) nur äußert selten eingesetzt (Abschn. 4.3.1), da die Gefahr besteht, dass dieser durch den Gegenspieler oder die Gegenspielerin mit einem starken Vorhand-Topspin erwidert wird. Im Anfängerbereich kann dieser jedoch aufgrund des hohen Tempos und der langen Platzierung dennoch zu Punktgewinnen führen. Fortsetzungstechniken, die auf diesem Grundkurs aufbauen, beschreibt Grumbach (1980) in einem weiteren Modell, welches er als Tischtennis-Aufbaukurs bezeichnet. Darin werden als nächste Technik der Rückhand- und der Vorhand-Konterball eingeführt, später folgen der Vorhand-Topspin, der Vorhand-Schmetterball (heute: Vorhand-Schuss; Abschn. 4.4.4), die Vorhand-Verteidigung und Rückhand-Verteidigung (Abschn. 4.4.2) sowie Spezialschläge und weitere Aufschläge. Auch wenn dieses Modell seine Schwachstellen in Bezug auf den ambitionierten Trainingskontext hat, waren die Grundideen und die logische Aneinanderreihung der Schlagtechniken wegweisend für zukünftige, v. a. methodische Ansätze in der Technikvermittlung im Tischtennis. Beispielsweise wies Grumbach (1975, 1980) bereits darauf hin, dass gerade im Anfängerbereich eine (gute) Technikschulung oft am ‚unsauberen' Zuspiel des Partners bzw. der Partnerin scheitert. Er führte daher eine indirekte Form des Zuspiels ein, die im späteren Verlauf dieses Kapitels als ein methodisches Prinzip (Klingen, 1984) aufgenommen wurde (Abschn. 5.3.4), welches noch heute in der Trainingspraxis eingesetzt wird.

5.1.2 Das Kontermodell

Brucker und Harangozo (1975) erkannten bereits früh die Relevanz der „Freude am Spiel" (ebd., S. 51), die gerade junge Anfänger:innen zum Tischtennisspielen und -fortführen motiviert. Deshalb beinhaltet ihr Lernmodell grundsätzlich einen hohen Spielanteil und beginnt mit – den aus ihrer Sicht – attraktiveren (offensiven) Schlagtechniken. Die ersten Schritte für Anfänger:innen sollten demnach sein:

1. die konsequente Einhaltung und Kontrolle der richtigen Griffhaltung (Abschn. 4.1.1),
2. viel Spielzeit und nach Möglichkeit ein häufiges Beobachten besserer Spieler:innen,
3. die richtige Stellung zum Ball erklären,
4. die stufenweise technische Schulung der Schlagtechniken und das Korrigieren der Bewegungen des Armes und des Schlägers.

Für die letztgenannte, stufenweise Schulung der Schlagtechniken geben Brucker und Harangozo (1975) eine klare Reihenfolge der zu erlernenden Schläge vor. Zwar betonen sie auch, dass einzelne (Lern-)Phasen von dieser Reihenfolge abweichen können, je nachdem, ob die Lernenden individuell zu einem eher offensiven oder defensiven Spiel neigen, grundsätzlich aber als erste Schlagtechnik mit dem Vorhand-Konter (hier: „Vorhandangriff", ebd., S. 52) begonnen werden sollte. Diese Schlagtechnik zu Beginn zu erlernen habe den Vorteil, dass es sich um eine offensive Schlagtechnik handelt, die von vielen Spieler:innen als attraktiv und damit motivierend eingestuft wird. Zudem ist es eine relativ einfache, da rotationslose Technik, die viele Hobbyspieler:innen bereits aus dem Freizeitsport (z. B. Pausenhof, Freibad o.Ä.) kennen. Es lassen sich, genau wie bei dem Schupfmodell (Abschn. 5.1.1; Grumbach, 1975, 1980), relativ schnell Lernerfolge und längere Ballwechsel erzielen. Zudem ist auch die Beinarbeit bei dieser schnellen Offensivtechnik essenziell und wird beiläufig trainiert.

Entgegen dieser Vorteile lassen sich aus heutiger Sicht einige wesentliche Nachteile dieses Anfängermodells aufzeigen. Zunächst ist der Konterschlag eine Technik, die im fortgeschrittenen Könnensstadium so gut wie keine Verwendung mehr findet. Dies kommt dadurch zustande, dass der Konterschlag nur als Antwort auf relativ rotationslose Bälle eingesetzt werden kann. Diese kommen im professionellen Bereich jedoch so gut wie gar nicht mehr vor, da jeder Ball mit irgendeiner Drehrichtung (Rotation) versehen ist. Die Kontertechniken mit der Vorhand und Rückhand werden in der Regel nur zum Einspielen bzw. Einkoordinieren zu Beginn eines Trainings oder Wettkampfes eingesetzt. Dadurch, dass die Kontertechnik relativ tischnah gespielt wird, entsteht auch ein höherer Zeitdruck bzw. größerer Zeitmangel, was im Anfängertraining zunächst vermieden werden sollte (Abschn. 5.3). Bezogen auf den Lernprozess muss zudem hinterfragt werden, ob durch eine Schlagtechnik ohne Rotation gleich zu Beginn die fehlende Rotationsschulung ein falsches Verständnis der Sportart Tischtennis vermittelt. Im Gegensatz zum Schupfmodell, in dem das tangentiale Treffen des Balles einen hohen Stellenwert annimmt, wird hier während der ersten Schlagtechnik der Ball meist frontal getroffen.

Die weiteren Techniken sollten laut Brucker und Harangozo (1975) der Rückhand-Block („zusammen mit der nach vorne strebenden Bewegung"; S. 52), das beidseitige Schupfen mit der Vorhand und Rückhand, der Topspin und das Vorhand-Blocken sowie später der Rückhand-Angriff (d. h. der Rückhand-Konter) sein. Für sehr defensiv orientierte Spieler:innen empfehlen die Autoren eine ähnliche Reihung der Schläge wie bei Grumbach (1975), beginnend mit den Schupfschlägen (Vorhand und Rückhand), der Schnittabwehr (VH/RH) und erst dann erst die Einführung der Vorhand- und Rückhand-Kontertechnik sowie des Topspins als letzte Schlagtechnik.

5.1.3 Das Topspinmodell

„Im modernen und offensiv orientierten Tischtennis hat sich der Vorhand-Topspin zum wohl wichtigsten Schlag entwickelt" (DTTB/Roesch, 2000). Es liegt daher intuitiv nahe, dass man mit eben dieser Technik startet, da sie langfristig den größten Wettkampferfolg verspricht (Heissig, 1982). Muster (1986, S. 52), als ein weiterer Verfechter des Topspinmodells, empfiehlt ein Anfängertraining im Kontext eines Anfängerlehrgangs über 20–30 Einheiten à 90 min mit der Vorhand-Topspintechnik zu beginnen, und nennt dafür zwei nachvollziehbare Gründe: Zum einen ist „jede andere Schlagart (des Gegenübers) [bis auf den kurzen Schupfball] mit dem Vorhand-Topspin zu beantworten", zum anderen stellt dieser Schlag „eine Entscheidung zum Angriff dar, die sich als effektiver als die Verteidigung erwiesen hat" (ebd., S. 63). Gerade kleinere Kinder können den Ball auch spät in der fallenden Phase spielen und müssen sich nicht wie bei der Konter- oder Schupftechnik zum Ball strecken. Da die Topspintechnik sehr komplex ist, was bei Anfänger:innen schnell zu Frustration oder gar Resignation führen kann, müssen Vereinfachungsstrategien und Hilfsmethoden eingesetzt werden.

> **Beispiel**
>
> Heissig (1977) führte dazu den „Stell-Topspin" ein, bei dem der Ball nicht direkt auf Zuspiel des Gegenübers gespielt wird. Stattdessen wird ein ankommender Ball senkrecht nach oben geschlagen (dem „Stellen") und erst nach Auftippen auf dem Boden indirekt geschlagen. Dies hat die Vorteile, dass der Ballflug beruhigt, die Vorwärtsrotation abgebremst und Zeit gewonnen wird, um sich richtig zum Ball zu positionieren. Es findet bei diesem Lehransatz somit – wie in Grumbachs Schupfmodell – eine direkte Rotationsschulung statt. Es wird ein Verständnis für die Wahrnehmung von Rotation geschaffen und gleichzeitig trainiert, wie sich selbst Rotation erzeugen lässt. Wenn die Übenden den Vorhand-Topspin in dieser indirekten Form sicher ausüben können, gehen sie in das direkte Topspin-Topspin-Spiel aus der Halbdistanz (Abschn. 6.1.1) über. Durch die größere Distanz zum Tisch erhält „der Übende" laut Muster (1986, S. 63) „bei diesem Oberdrall gegen Oberdrall mehr Zeit, die er, bedingt durch seine mangelhafte Erfahrung dringend benötigt". Für Anfänger:innen ist dieses Topspin-gegen-Topspin-Spiel jedoch eher ungeeignet. Die Distanz zwischen den Übenden lässt sich mit angepassten Tischaufbauten (z. B. der Grabentisch aus dem Tischtennisgarten, Abschn. 5.2.4) vergrößern. ◄

Die Reihung der Folgetechniken variiert in den Topspinmodellen. Teilweise wird anschließend das (passive) Blocken dieser Topspinschläge (bspw. Michaelis & Sklorz, 1982) oder auch die Rückwärtsrotation durch den Schupfschlag (bspw. Muster, 1986) geschult. Es handelt sich meist jedoch um eher defensiv orientierte Techniken als Kontrast zu dem klar offensiv ausgerichteten Topspinschlag. Ein weiterer Vorteil, der für den Topspin spricht, ist eine gute Integrationsmöglichkeit der Beinarbeitstechnik, die sowohl bei Vorhand- als auch bei Rückhand-Topspins direkt mitgeschult wird. Vor allem die Vorwärts- und Rückwärtsbewegungen sind bei großräumigen Bewegungen (z. B. aus der Halbdistanz) zwingend erforderlich.

Die Nachteile, mit dem Vorhand-Topspin zu beginnen, wurden oben bereits angedeutet: Es handelt sich um eine sehr komplexe Schlagtechnik, bei der mehrere Bewegungselemente gleichzeitig (Abschn. 4.2.3) und in dynamischer Weise ausgeführt werden müssen. Zudem stellt das tangentiale Treffen des Balles für viele Anfänger:innen eine große Schwierigkeit dar (Sklorz, 1972; Michaelis & Sklorz, 1982). Der Ball darf nur für einen Bruchteil einer Sekunde an seiner Oberseite getroffen werden, um ihm die erforderliche Vorwärtsrotation zu verschaffen. Dies erfordert ein hohes Maß an Präzision, einer guten Wahrnehmung (Abschn. 3.3.1) und Informationsverarbeitung (Abschn. 3.2.1). Eine exemplarische methodische Reihe zum Erlernen des Vorhand-Topspins mit speziellen Vorübungen und methodischen Hilfsmitteln (z. B. schräge Bank, „Spinball/-rad") findet sich im späteren Verlauf dieses Kapitels zur Veranschaulichung des Prinzips „vom weiträumigen zum kurzen Spiel" (Abschn. 5.3.1).

Aktuell findet dieses Topspin-Modell in vielen Trainer:innen-Ausbildungen in Deutschland Anwendung. Es wurde von Adomeit et al. (2000) dahingehend überarbeitet, dass nach einer allgemeinen Ball- und Schlägergewöhnung (ggf. in Kombination mit dem Ballkistenzuspiel, Abschn. 5.2.2) das Tischtennisspielen (mit kleinen technischen Hinweisen, z. B. zur Griffhaltung, Grundstellung, Beinarbeit am Tisch) im Vordergrund steht. Danach erlernen die Übenden den VHT in Kombination mit dem langen Aufschlag ohne Rotation. Hier bietet sich an, auch den frühen und den späten Vorhand-Topspin zu thematisieren, und aufzuzeigen, welche Vor- und Nachteile diese jeweils aufweisen. Die anschließenden Techniken in diesem „Methodikmodell" (Adomeit et al., 2000) sind der Vorhand- und Rückhand-Block, der kurze Aufschlag, der Vorhand- und Rückhand-Schuss, der Rückhand-Topspin, die Vorhand- und Rückhand-Abwehr und erst abschließend die Vorhand-Konter- und Vorhand-Schupftechniken sowie die Rückhand-Konter- und Rückhand-Schupftechniken. Dieses Methodikmodell bietet somit bereits Schnittstellen für individuelle methodische Anpassungen, je nach Könnensstand und Lerntempo der Übenden. Diese situations- und kontextorientierte Anpassung wird in dem nachfolgenden Modell fortgeführt.

5.1.4 Integrative Methodikmodell

Wie oben bereits angedeutet, kennzeichnet das integrative Methodikmodell nach Friedrich und Fürste (2012) die Besonderheit, dass sich beim Erlernen der (Schlag-)Techniken an dem aktuellen Leistungsstand und den Vorerfahrungen der Zielgruppe orientiert wird. Dies bietet die Möglichkeit, das Maß an Anspruch und Zufriedenheit der Lernenden je nach Zielgruppe zu adjustieren. Dabei geht dieses Modell keinesfalls beliebig in der Reihenfolge der Techniken vor, sondern definiert klare Technik-Paare und sinnvoll aufeinander aufbauende ‚Module'. Durch diese Anpassung an das jeweilige Niveau der Übenden werden schnelle Erfolgserlebnisse generiert, ohne dass die Übenden unterfordert werden. Die sinnvolle Reihung der Schlagtechniken zielt darauf ab, dass die Lernenden möglichst schnell eine gewisse Spielfähigkeit erreichen, die sich an der jeweiligen Lernumgebung orientiert.

Eine Variante, die Friedrich und Fürste (2012, S. 85) eher für einen breitensportlichen Ansatz vorsehen, beginnt mit dem Rückhand-Schupf als erste Schlagtechnik, in Kombination mit dem Rückhand-Schupfaufschlag (lang mit Unterschnitt) als zweite Technik. Wie im Schupfmodell nach Grumbach (1975) hinreichend beschrieben, lassen sich mit dem Rückhand-Schupf schnelle Wettkampferfolge erzielen, es wird ein gewisses Rotationsverständnis durch das tangentiale Treffen des Balles geschaffen und dadurch, dass es sich eher um eine langsamere Schlagtechnik handelt, kommt eine gewisse Sicherheit ins Spiel. In dem integrativen Methodikmodell ist – im Gegensatz zu Grumbach (1975) – der Vorhand-Topspin in Verbindung mit dem Vorhand- und Rückhandblock vorgesehen. Da der Schupfschlag mit der Rückhandseite bereits gelernt ist, kann der Vorhand-Topspin direkt auf Unterschnitt geübt werden. Dies hat den enormen Vorteil, dass die Lernenden die direkte Rückmeldung erhalten, dass sie den Ball nicht hinreichend tangential getroffen haben, da er dann im Netz landet. Bei einem Zuspiel ohne Rückwärtsrotation (z. B. als Konter) ist dieses Streifen des Balles nicht zwingend notwendig, da der Ball hier nicht die Tendenz hat, nach dem Schlägerkontakt in Richtung Boden zu fliegen, wie es bei der Rückwärtsrotation der Fall ist. Nach dem Vorhand-Topspin empfehlen die Autoren den Vorhand- und den Rückhand-Konter, jeweils mit ihren Aufschlagpaaren, dem (langen) Vorhand-Konteraufschlag und dem (langen) Rückhand-Konteraufschlag.

In einer zweiten Variante, ebenfalls eher für Lernende mit wenigen Vorerfahrungen angedacht, wird zunächst der Vorhand-Konterschlag vermittelt und der VH-Konteraufschlag (lang) eingeführt. Vorteile sind hier, wie im Kontermodell nach Brucker und Harangozo (1975) beschrieben, der schnelle Lernerfolg, das offensive, wahrscheinlich für die Lernenden attraktivere Spiel und die Tatsache, dass sich das Training einer effizienten Beinarbeit durch die Tischnähe und den Zeitdruck gut integrieren lässt. Nach dem VH-Konter wird die Schlagseite gewechselt und der Rückhand-Konter zusammen mit Rückhand-Konteraufschlag (lang) gelehrt. Die Übenden sind somit beidseitig spielfähig und können ein offensives Spiel bestreiten, allerdings ohne Rotation. Friedrich und Fürste (2012) weisen jedoch daraufhin, dass bei ihnen der Konter, sowohl in der Rückhand als auch der Vorhand, immer als leichter Spinball, d. h. mit leichter Vorwärtsrotation, gedacht ist. Aus den Konterschlägen wird in dieser zweiten Variante der Vorhand-Topspin abgeleitet und es werden die entsprechenden Antwortmöglichkeiten auf einen Vorhand-Topspin, die Blockschläge mit der Vorhand und Rückhand entwickelt. Diese Reihung bietet den großen Vorteil, dass sich die Bewegung des Vorhand-Topspins und des Vorhand-Konters teilweise ähnelt (z. B. Rumpfrotation, Balltreffpunkt, Beinarbeit) und sich so Transfereffekte generieren lassen. Als 7. und 8. Schlagtechnik werden dann erst der Rückhand-Schupf und der Rückhand-Schupfaufschlag (kurz) vermittelt.

Als dritte Variante, klar für einen leistungssportlichen Kontext gedacht, sehen Heissig (1977), Sklorz (1972) und auch Muster (1986) den Vorhand-Topspin als priorisierte, erste Schlagtechnik. Das Erlernen des Vorhand-Topspins wird aufgrund der Vorerfahrungen der Übenden als machbar eingeschätzt und die Frustration durch viele Fehler geringgehalten (vgl. Friedrich & Fürste, 2012, S. 84). Im Unterschied zu den anderen beiden Varianten wird hier der Vorhand-Topspin mit einem Vorhand-Topspinaufschlag (lang mit Vorwärtsrotation) geschult. Diese Aufschlagvariante ist in den anderen beiden Reihenfolgen gar nicht vorgesehen. Dafür entfällt in dieser dritten Variante der Vorhand-Konteraufschlag, welcher dem Topspinaufschlag jedoch sehr ähnlich ist. Als dritte Schlagtechniken werden die Blockschläge mit der Vorhand und Rückhand trainiert. Wenn dieses Topspin- und Blockspiel grundlegend beherrscht wird, erfolgt ein kontrastreicher Wechsel zum Rückhand-Schupf und dem Rückhand-Schupfaufschlag (lang mit Unterschnitt). Zwar unterscheiden sich die Topspin- und Schupftechniken sehr, sodass die Übenden stark umdenken müssen, allerdings sind diese beiden Techniken auch die wichtigsten für das Wettkampfspiel und die Rotationsschulung. Die 6., 7. und 8. Schlagtechnik behandeln die Konterschläge mit der Vorhand, mit der Rückhand und dem Rückhand-Konteraufschlag (lang mit Vorwärtsrotation). Der Vorhand-Konteraufschlag entfällt auf Kosten des Vorhand-Topspinaufschlages.

Nach diesem integrativen Methodikmodell befinden sich alle Spieler:innen nach den ersten acht Schlagtechniken auf dem gleichen Entwicklungsstand. Sie beherrschen die drei Grundtechniken (Abschn. 4.2) in ihren Grundzügen und können ihre jeweiligen Aufschlagpaare zumindest einseitig (RH-Schupfaufschlag, VH-Konter- respektive VH-Topspin-Aufschlag, RH-Konteraufschlag) ausführen. Nach diesen acht Schlagtechniken werden die weiteren Techniken in der gleichen Reihenfolge geschult. Als 9. Schlagtechnik wird der kurze Rückhand-Schupfaufschlag erlernt, der besonders relevant für den Einstieg in das Wettkampfspiel ist. Mit diesem kurzen, möglichst flachen Aufschlag mit Rückwärtsrotation verhindert man in der Regel einen aggressiven, offensiven Rückschlag des Gegenübers und kann gegebenenfalls selbst das offensive Spiel eröffnen. Es folgen in diesem Modell der Vorhand-Schupf, der im Vergleich zum Rückhand-Schupf deutlich weniger Anwendung im Wettkampfspiel findet, und der entsprechende VH-Schupfaufschlag (lang und kurz). Mit dem Rückhand-Flip wird anschließend die erste Spezialtechnik (Abschn. 4.4) eingeführt. Diese Technik bietet den Vorteil, dass auch auf kurze, vor allem unterschnittene Bälle offensiv, druckvoll reagiert werden kann. Als 13. Schlagtechnik wird dann der Rückhand-Topspin empfohlen, der sowohl als mögliche Antwort auf kurz gespielte (Schupf-)Bälle als auch auf lange Bälle in die Nähe der Grundlinie spielbar ist. Abschließend werden die Rückhand-Ballonabwehr in Kombination mit dem Vorhand-Schuss und der Vorhand-Ballonabwehr thematisiert.

Unabhängig davon, welches Anfängermodell man wählt, also mit welcher Reihenfolge der Schlagtechniken man arbeiten möchte, gilt es, ein gesundes, vor allem motivierendes Verhältnis zu schaffen zwischen Übungsphasen, in denen hochfrequentiert, teils monoton Technik ‚eingeübt' werden, und Spielformen, die den Wettkampf möglichst genau abbilden und/oder motivationsfördernd sind. Der nachfolgende Abschn. 5.2 dient dazu, dieses Verhältnis auszuloten und Möglichkeiten aufzuzeigen, (technische) Übungen in Spielformen zu integrieren.

5.2 Spielen versus Üben

Im Tischtenniskontext werden in der Regel – meist technische und taktische – Übungen von Spiel- bzw. Wettkampfformen unterschieden. Dabei haben die Spiel- bzw. Wettkampfformen immer einen spielerischen Wettkampfcharakter (z. B. durch Punktezählen, Gewinner/Verlierer, Erfolgs- und Misserfolgserlebnisse etc.), wohingegen es bei Übungsformen mehr um das Erreichen technischer Perfektion geht. Übungen, die zwei Partner:innen gemeinsam am Tisch umsetzen, können beispielsweise das regelmäßige Vorhand-Topspin gegen Vorhand-Block zur Optimierung der Block- und Topspintechnik sein. Oder komplexere Übungen, wie das Eröffnen auf Unterschnitt mit einem Rückhand-Topspin, nachdem die Partner:innen 1- bis 2-mal hin- und hergeschupft haben. In den meisten Trainingseinheiten findet eine Kombination beider Elemente statt. Die Übungen werden vor dem Wettkampfspiel eingeplant, da die Konzentration auf die Technik zu Beginn einer Einheit größer sein sollte (vgl. Fürste, 2012). In den folgenden Unterkapiteln wird deutlich gemacht, wie sich Übungen abwechslungsreich und motivierend gestalten lassen, damit ein Kompromiss zwischen hohen Widerholungszahlen, die sich leichter in Übungen umsetzen lassen, und wettkampfnahen Spielsituationen, die von Lernenden meist lieber gesehen werden, gelingt.

5.2.1 Der Einsatz von Bewegungsanalogien und Metaphern

Zur Vermittlung einer Technik nutzen Trainer:innen in den meisten Fällen verbale Instruktionen, mit deren Hilfe sie verschiedene Merkmale einer Bewegung schrittweise erläutern (Hänsel, 2003). Dabei können sich die Instruktionen auf bestimmte Teilaspekte einer motorischen Bewegung beziehen, bspw. auf die Bewegungsrichtung des Schlagarmes beim Topspin, auf das Bewegungstempo des Handgelenks beim Aufschlag, auf die Bewegungspräzision im Balltreffpunkt beim Schupfen (Munzert, 1992, 2001; Olivier & Rockmann, 2003). Die Instruktionen können auch auf die Gesamtbewegung (u. a. Meinel et al., 2015), bspw. den Bewegungsfluss, die Bewegungskonstanz in Trainingsübungen und die Dynamik der Bewegung, abzielen oder die Verbindung zweier Bewegungen, bspw. den fließenden Übergang von einem Vorhand- zu einem Rückhand-Topspin mit leichter Änderung der Griffhaltung (Abschn. 4.1.1 und 4.2.3).

Im Tischtennis existieren zahlreiche Schritt-für-Schritt-Anleitungen zum Erlernen einer bestimmten Technik (z. B. Groß & Huber, 1995; Groß & Schlager, 2011; Hudetz, 1984; Perger, 1986). Weit weniger verbreitet sind Analogieinstruktionen oder metaphorische Instruktionen, die auf bildhafte Darstellungen (meist aus dem Alltag) zurückgreifen, um einzelne Phasen der Bewegung zu visualisieren. Ein Beispiel für eine Analogie im Tischtennis wäre für den Vorhand-Topspin, den Schläger so zu führen, als würde man vor einem General (oder Schiffskapitän) salutieren (Tielemann, 2009). Tielemann (2008) konnte in einer Reihe von Studien nachweisen, dass Anfänger:innen im Tischtennis durch den Einsatz von Metaphern und Bewegungsanalogien zwar nicht schneller lernen als Teilnehmer von Gruppen, die mit (traditionellen) Bewegungsbeschreibungen arbeiten, allerdings waren die Trefferleistungen bei zusätzlichen Entscheidungsaufgaben (hier: weiße und orange Bälle in unterschiedliche Ecken des Tisches zu platzieren) deutlich besser. Auch Hotz und Muster (1993, S. 158) vertreten den Standpunkt, dass beim qualitativen Tischtennis-Techniklernen „die Veranschaulichung („metaphorische Instruktionen") des Bewegungsverlaufs [...] den Lernerfolg [erhöht]". Leistungssportler:innen hingegen hatten eine bessere Trefferleistung und höhere Armgeschwindigkeiten bei der Vorhand-Topspin Technik, wenn sie mit traditionellen Bewegungsregeln/-beschreibungen trainierten im Vergleich zu Analogien/Metaphern (Tielemann, 2008, 2009).

▶ **Metaphern versus (Bewegungs-)Analogien** Metaphern und Bewegungsanalogien werden häufig synonym verwendet, da sie beide einen Vergleich zwischen zwei unabhängigen und unterschiedlichen Objekten oder Konzepten herstellen. Bei Metaphern werden meist bildhafte Handlungen aus dem Alltag verwendet, um eine komplexe Bewegungshandlung zu vereinfachen. Zum Beispiel: Fühlt sich der Schuss eher an wie ein „Schlagen mit der Fliegenklatsche" oder mehr wie ein „Ruckartiges Drehen des Oberkörpers"? Eine (Bewegungs-)Analogie verwendet strukturelle Ähnlichkeiten zwischen zwei Handlungen, um die bekannte Handlung auf die unbekannte (neue) Handlung zu übertragen. Zum Beispiel: „Beim Rückhand-Schupf kannst du dir auch vorstellen, du schnitzt mit einem Messer einen Stock vorne spitz" (Klein-Soetebier & Klingen, 2019).

Im Nachfolgenden werden für ausgewählte Grund- und Spezialtechniken (Abschn. 4.2 und 4.4) mögliche Metaphern oder Analogien in tabellarischer Form (Tab. 5.1) dargestellt, die Anfänger:innen beim Erlernen dieser Techniken helfen (Luthardt et al., 2016) und zudem die Versprachlichung der Bewegungsvorstellung (Klein-Soetebier & Klingen, 2019) anstoßen können (Tielemann, 2009, S. 28).

Selbstverständlich weichen die perfekten Techniken teils mehr (z. B. beim Frisbee-Wurf), teils weniger (z. B. beim Telemark) von den Bewegungsbildern/-analogien ab. Für die Perfektion einer Technik müssen in einem späteren Lernstadion schrittweise detailliertere Feinheiten der Bewegung instruiert werden.

Zusammenfassend lassen sich viele Metaphern (Bilder aus dem Alltag) und Bewegungsanalogien (strukturähnliche Bewegungen) finden, die als Vorlage genutzt werden können, um Tischtennistechniken für Anfänger:innen aus bekannten Handlungen abzuleiten. Tielemann (2009, S. 20) betont dabei, dass „zu viele Bewegungsregeln [Instruktionen] die Leistung von Anfängern schwächen, besonders wenn sie in Drucksituationen kommen", beispielsweise im Wettkampf. Hier können dann Bewegungsbilder (Metaphern) und Bewegungsanalogien helfen, da sich die Anfänger:innen nicht auf einzelne Details konzentrieren müssen und zudem häufig motivierter sind. Die Autorin wies nach, dass die Technikvermittlung mittels Analogien und Metaphern ebenso gut an der Ballkiste umgesetzt

Tab. 5.1 Bildhafte Metaphern und (Bewegungs-)Analogien für das Erlernen ausgewählter Grund- und Spezialtechniken im Tischtennis. In der linken Spalte ist die jeweilige Technik aufgeführt, in der mittleren Spalte ein Kurzbegriff für die Metapher/Analogie. In der rechten Spalte findet sich die detaillierte Instruktion zu der Analogie/Metapher

Technik	Analogie/Metapher	Instruktion
Griffhaltung (Abschn. 4.1.1)	„Händeschütteln"	Schüttele deinem Trainer bzw. deiner Trainerin zur Begrüßung die Hand. Anstelle der Hand des Trainers/der Trainer:in greife nun deinen Schläger. Der Schläger liegt dann in der „shakehand"-Haltung
Grundposition am Tisch (Abschn. 4.1.2)	„Torwart beim Elfmeter"	Stehe wie ein Torwart bzw. eine Torwärtin bei der Erwartung eines Elfmeters am Tisch. Die Beine sind weit auseinander und gebeugt, der Rücken ist gerade, und die Hände ungefähr auf Schulterhöhe
Fußstellung beim VH-Topspin (Abschn. 4.1.3)	„Türe öffnen"	Stelle dir vor, dein Fuß wäre eine Tür, die sich langsam öffnet. Wenn du deinen Schläger in der rechten Hand hältst, dreht sich dein Fuß nach rechts wie eine Tür. Du kannst ihn danach auch etwas nach hinten setzen, um noch weiter aufzudrehen
Gewichtsverlagerung beim VHT (Abschn. 4.1.3)	„Zigarette austreten"	Als Rechtshänder:in versuchst du beim Vorhand-Topspin das Gewicht auf den rechten Fuß zu verlagern und im Balltreffpunkt schnellkräftig auf links zu verschieben. Stelle dir vor du würdest mit deinem rechten Fuß eine Zigarette austreten, dein Fuß beschleunigt so deinen ganzen Körper
Rückhand-Konter (Abschn. 4.2.1)	„Dicker Bauch"	Halte dir deinen Schläger in der Grundstellung auf den Bauch, sodass die Unterkante des Schlägers ungefähr an deinem Bauchnabel endet. Stelle dir nun vor, dein Bauch würde sich plötzlich aufpusten und deinen Schläger nach vorne wegdrücken
Rückhand-Schupf Abschn. 4.2.2	„Stock schnitzen"	Beim Rückhand-Schupf kannst du dir auch vorstellen, du schnitzt mit einem Messer einen Stock vorne spitz. Halte dabei das Messer in deiner Schlaghand, sodass es von dir weg zeigt. Du kannst dabei für kleine Holzarbeiten nur das Handgelenk oder für gröbere Schnitte auch den Unterarm und das Handgelenk benutzen
Vorhand-Topspin (Abschn. 4.2.3)	„Saloon-Tür"	Beim Vorhand-Topspin sieht dein Körper ungefähr so aus wie eine Saloon-Tür in einem Westernfilm: Je nachdem mit welcher Hand du lieber schlägst, schwingt deine rechte/linke (Körper-)Seite vor und zurück, während die andere Seite relativ fest (wie eine Türangel) steht"

(Fortsetzung)

5.2 Spielen versus Üben

Tab. 5.1 (Fortsetzung)

Technik	Analogie/Metapher	Instruktion
Vorhand-Topspin (Abschn. 4.2.3)	„Diskus-Wurf"	Wie würdest du einen Diskus werfen? Stelle dir beim Vorhand-Topspin vor, dein Schläger wäre ein Diskus, den du zu Beginn mit gestrecktem Arm von hinten vorne schwingst. Das Schlägerblatt ist dabei stark geschlossen. Am Ende der Bewegung knickt dein Arm ein
Schlagebene beim Vorhand-Topspin (Abschn. 4.2.3)	„Berg steigen"	Versuche so zu schlagen, als wenn du mit deinem Schläger vom Tal eines Berges bis zu dessen Spitze entlang ziehst. Wenn der Ball viel Unterschnitt hat, ist der Berg viel steiler. Es geht weniger steil/flacher bergauf, wenn du den Topspin auf einen rotationsarmen oder vorwärtsrotierenden Ball spielst
Rückhand-Topspin (Abschn. 4.2.3)	„Frisbee-Wurf"	Stelle dir beim Rückhand-Topspin vor, dass du eine Frisbee-Scheibe mit einem Unterhandwurf weit werfen möchtest. Führe die gleiche Bewegung mit deinem Schläger aus (nur dass du den Schläger festhalten solltest)
Fußstellung bei der Rückhand-Schnittabwehr (Abschn. 4.4.2)	„Surfer:in auf dem Surfbrett"	Hast du schon einmal Surfer:innen gesehen wie sie auf dem Surfbrett eine Welle reiten. Für ein sicheres Gleichgewicht stehen sie seitlich versetzt und federnd in den Knie. Bei der Schnittabwehr mit der Rückhand benötigst du ebenfalls diesen tiefen, seitlichen Stand
Ausholbewegung bei der Vorhand-Schnittabwehr (Abschn. 4.4.2)	„Handy am Ohr"	Stell dir vor, dein Schläger wäre dein Handy, das du dir zum Telefonieren an dein Ohr hältst. Die Ausgangsstellung bei der Vorhand-Schnittabwehr ist ähnlich. Dein Schlägerblatt ist nahezu senkrecht und der Schläger mit stark angewinkeltem Arm eng neben deinem Kopf
Vorhand-Flip (Abschn. 4.4.3)	„Ohrfeige/Watschen"	Viele Spieler:innen denken, der Vorhand-Flip ist ungefähr wie ein kleiner Topspin über dem Tisch. Dabei ähnelt die kurze, ruckartige Bewegung eher einer Ohrfeige (bayerisch/österreichisch „watschen"), die man jemandem mit einer kurzen Handgelenksbewegung geben möchte. Auf kurze Unterschnittbälle ist der Flip generell leichter als auf Bälle mit weniger Rotation, da die Rückwärtsrotation des Balles die Flugkurve nach unten provoziert

(Fortsetzung)

Tab. 5.1 (Fortsetzung)

Technik	Analogie/Metapher	Instruktion
Rückhand- und Vorhand-Block (Abschn. 4.4.1)	„In den Spiegel schauen"	Beim Rückhand-Block hältst du deinen Schläger ungefähr so wie du in einen Handspiegel schauen würdest. Die Schlägerspitze kann dabei ruhig ein wenig zur Seite geneigt sein. Beim Vorhandblock drehst du den Spiegel um, wie wenn du jemand anderem einen Spiegel vorhalten würdest. Wenn der Ball viel Vorwärtsrotation hat, hältst du den Spiegel geneigter, sodass ein kleines Kind hineinschauen könnte
Ausholphase Vorhand-Rollomat (Abschn. 4.4)	„Bowling Kugel"	Hast du schon einmal einen Profi beim Bowling gesehen? Er holt mit der Kugel weit hinter dem Körper aus und schwingt sie mit langem Arm nach vorne aus. Das Handgelenk ist dabei meistens eingeknickt. Ähnlich ist die Ausholphase beim Vorhand-Rollomat, den du versuchst flach am Netz vorbeizuspielen damit er auf der anderen Seite kaum oder gar nicht mehr hochspringt

werden kann (Tielemann, 2008). Diese spezielle Trainingsform wird im folgenden Abschn. (5.2.2) vorgestellt.

5.2.2 Das Ballkistenzuspiel

Heutzutage ist das sogenannte Ballkistenzuspiel oder auch Balleimertraining (kurz: BET) – im englischen *many-balls-training* – aus keiner Halle mehr wegzudenken. Seine Ursprünge werden in den 1980er-Jahren vermutet, als schwedische Spieler (bspw. Jan-Ove Waldner und Erik Lindh) von einem Trainingsaufenthalt in China zurückkamen und berichteten, dass dort bis zu 300 Bälle hintereinander zugespielt wurden, bis den Übenden vor Übersäuerung fast der Arm abfiel und die Knie weich wurden (Östh & Fellke, 1992). Die Intensität und Effektivität dieser Trainingsmethode führte dazu, dass sie auch in Europa zum festen Bestandteil des Trainings und der Trainerausbildung wurde (Friedrich & Ernst, 2001).

Bei dieser Übungsmethode hat ein/e Zuspieler:in mehrere Bälle (ca. 30–50 Bälle) in einer Ballkiste liegen. Die Bälle werden aus der Hand oder mit einmaligem Auftippen auf der eigenen Tischhälfte auf verschiedene Positionen auf der anderen Tischseite eingespielt. Der Unterschied zu normalen Übungen ist, dass der/die Zuspieler:in den Ball des Übenden nicht annimmt und zurückspielt, sondern ihn hinten ‚herauslaufen' lässt (Horsch, 2019). Stattdessen wird direkt ein neuer Ball genommen und wieder eingespielt. Wesentliche Vorteile dieser Übungsform sind, dass der Ball relativ gleichmäßig, d. h. ohne die natürliche Varianz des

5.2 Spielen versus Üben

Gegenübers, für die Lernenden angeflogen kommt. Dies ermöglicht die Konzentration auf die eigene Bewegungsausführung und gleichzeitig eine intensive Auseinandersetzung mit kleinen Variationen in der Bewegung. Das Ballkistenzuspiel ist relativ unabhängig vom Können oder dem Alter der Lernenden. Nur die einspielende Person muss über entsprechende Fähigkeiten verfügen.

Das Ballkistenzuspiel macht im Spitzentischtennis einen Anteil von „ca. 20–25 % aus", kann nach Friedrich und Ernst (2001, S. 2) aber grundsätzlich auf „allen Könnensstufen eingesetzt werden":

- Anfängertraining,
- Fortgeschrittenentraining,
- leistungssportliches Training,
- hochleistungssportliches Training.

Es eignet sich für sehr viele Bereiche, wie den „Breitensport, Fitness- bzw. Gesundheitssport", und „alle Altersstufen" (Friedrich & Ernst, 2001, S. 2). Neben dem Trainer bzw. der Trainerin können leistungsstärkere und sozial verantwortungsbewusste Spieler:innen einspielen, wobei ihnen gleichzeitig die Möglichkeit eingeräumt werden kann, Bewegungskorrekturen anzustoßen. Inwieweit ungeübtere Spieler:innen in der zuspielenden Rolle agieren können, muss im Einzelfall im Training geprüft werden. Sofern sie bereits etwas sicherer sind, können auch sie vom Einspielen profitieren, da sie sich selbst und die Leistungsstärkeren fordern (z. B. durch eine sehr hohe Ballfrequenz) und sich auch technische Elemente abgucken können. Das Ballkistenzuspiel sollte sich in jede Übungseinheit bzw. Schulstunde einbauen lassen und für verschiedene Einsatzbereiche herangezogen werden. Der Fokus lässt sich dabei sowohl auf technische Elemente (z. B. wiederholtes Üben des Topspins gegen verschiedene Rotationsarten), taktische Elemente (z. B. Einüben erster Spielzüge), auf konditionelle Aspekte (z. B. sehr viele Bälle über mehrere Minuten) oder koordinative Aspekte (z. B. Bälle mit unterschiedlichen Farben müssen in verschiedene, vorher festgelegte Ecken gespielt werden) legen (vgl. Groß, 1984). Farbige Markierungen oder nummerierte Gegenstände auf dem Tisch lassen sich dazu nutzen, realitätsnahe Ballwechsel an der Ballkiste zu simulieren. Beispielsweise legt man runde Zielfelder auf dem Tisch aus, die mit Nummern versehen sind. Die Trainer:innen geben den Übenden Schlagtechniken vor, die auf die jeweiligen Nummerierungen (Abb. 5.1) gespielt werden sollen (Luthardt, 2015).

Die gängigste/häufigste Einspielposition (als Rechtshänder:in) ist die linke Seite des Tisches mit der Ballkiste (z. B. eine Schüssel, Ballbox, Kiste, Schale) in Griffreichweite der linken Hand (Abb. 5.2, links). Für kurze Bälle sollte eine Position näher am Netz und für lang eingespielte Bälle eher näher bei der Grundlinie eingenommen werden (Becker, 2015). Beim Einspielen sollte der/die Trainer:in auf eine rückenschonende Haltung achten und leicht in die Knie gehen. Es wird empfohlen, „eher die Knie als den Rücken zu beugen, um Verspannungen oder sogar (chronischen) Verletzungen vorzubeugen" (Friedrich & Fürste, 2012, S. 20). Viele Trainer:innen besitzen einen eigenen Balleimerschläger, der nur

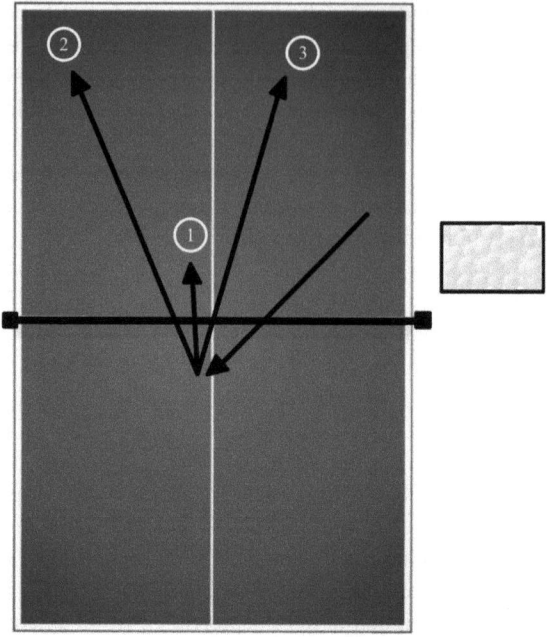

Abb. 5.1 Exemplarische Übung an der Ballkiste, bei der der/die Zuspieler:in regelmäßig kurze Bälle in die Tischmitte des Übenden „einspielt". Der/Die Übende hat die Aufgabe, verschiedene Platzierungen anzuspielen, z. B. kurz in die Mitte (Nummerierung 1), lang in die Vorhandseite (Nummerierung 2) oder in den Rückhandbereich (Nummerierung 3). Dabei kann auch die Technik vorgegeben werden (z. B. 1 = kurzer Schupf, 2 = VH-Flip, 3 = Rückhand-Topspin o.Ä.). Der Ball des Übenden wird dabei nicht zurückgespielt, sondern es wird immer ein neuer Ball aus der Ballkiste genommen. Dadurch lassen sich Einspielfrequenz und -intensität erhöhen. (Aus Luthardt, 2015, S. 68)

auf einer Seite mit einem Belag beklebt ist. Dies hat gerade beim Einspielen von Unterschnitt-Bällen den Vorteil, dass der/die Einspieler:in mit dem Schläger besser „unter den Ball" kommt und flacher einspielen kann.

Möchte man sich speziell auf das Training der Vorhand-Seite oder der Beinarbeit aus der tiefen Vorhandseite zurück in die Tischmitte konzentrieren, kann das Einspiel ebenso gut aus der Vorhandseite (ausschließlich direktes Zuspiel möglich) erfolgen (Abb. 5.2, mittig). Man unterscheidet grundsätzlich zwischen dem direkten, bei dem der Ball direkt aus der Hand mit dem Schläger auf die andere Tischseite gespielt wird, und dem indirekten Einspielen, bei dem der Ball zuerst auf der eigenen Hälfte fallengelassen und dann auf die andere Tischhälfte gespielt wird.

▶ **Indirektes versus direktes Ballkistenzuspiel** Zumeist wird das indirekte Einspielen bevorzugt (bspw. bei Bällen mit Rückwärtsrotation). Dabei sollte der Ball ein wenig nach hinten auf den Tisch geworfen werden, um den „ankommenden

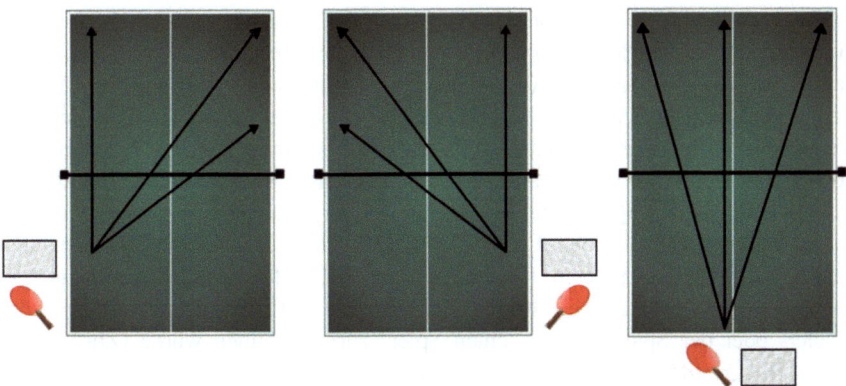

Abb. 5.2 Mögliche Einspielpositionen beim Ballkistenzuspiel. A) Hauptposition, geeignet für Rechtshänder:innen, um den Ball aus der Rückhand-Seite in verschiedene Positionen auf der gegenüberliegenden Seite zu spielen. Der/die Lernende trifft mit seinen/ihren Schlägen bei dieser Einspielposition selten den/die Zuspieler:in. B) Einspielposition für Linkshänder:innen oder wenn Bälle vermehrt auch in die tiefe Vorhand platziert werden sollen. Teilweise auch für das Einspielen mit der Rückhand genutzt. C) Spezielles Einspielen (eher für Fortgeschrittene), bei dem der Ball zunächst auf einen Kasten o. Ä. aufgetippt wird, um dann aus einer tischfernen Position auf die gegenüberliegende Seite gespielt wird (z. B. als Simulation der Schnittabwehr, der Ballonabwehr oder des Gegentopspins)

Ball" zu simulieren. Außerdem ist es wesentlich einfacher, dadurch Rotation zu entwickeln (Zimmermann, 2020). Weiterhin sollte der Ball relativ schnell nach dem Aufsprung auf dem Tisch getroffen werden, da es dadurch gewährleistet ist, dass der Ball realistisch von unten mit einer bogenförmigen Flugbahn gespielt wird. Beim direkten Einspielen lässt sich mehr Rotation erzeugen, je aktiver der Ball gegen den Schläger geworfen wird. Zudem kann beim direkten Einspielen von jeder Position aus (z. B. auch seitlich neben und hinter dem Tisch) agiert werden.

Direktes Einspielen eignet sich eher für das hochfrequente Training oder beim Einspielen von Topspins aus der Distanz. Möchte man spezielle tischferne Techniken wie Topspins auf die Schnitt- oder Ballonabwehr (Abschn. 4.4.2) üben, kann das Einspielen auch aus der Mitte etwas weiter hinter dem Tisch erfolgen (Abb. 5.2, rechts). Durch die Distanz zum Tisch passiert es hier auch nicht so häufig, dass der/die Zuspieler:in von den Bällen des Übenden getroffen wird.

Eine weitere Komponente, die neben der Einspielposition thematisiert werden muss, ist die Zuspielfrequenz oder auch der „Zuspielrhythmus" (Friedrich & Ernst, 2001, S. 14). Im Anfängertraining oder bei dem Neulernen von Techniken empfiehlt es sich, die Zuspielfrequenz, also die Anzahl der zugespielten Bälle in einem bestimmten Zeitabschnitt, und das Tempo moderat zu halten. So kann sich der/die Übende primär auf die Schlagausführung konzentrieren. Bei einem sehr präzisen Zuspiel lassen sich laut Geisler (2019) auch einzelne Teilbewegungen, bspw. nur die Armbewegung ohne die erforderliche Beinarbeit, schulen. Mit steigender Qualität der Bewegungsausführung lässt sich dann auch das Einspieltempo erhöhen, sodass die Übenden bei den Schlägen einem ähnlichen Zeitdruck wie im richtigen Wettkampfspiel ausgesetzt sind. In Ausnahmen kann es auch angebracht sein, leicht überfrequentiert einzuspielen, wenn der/die Übende – bewusst – schneller als üblich trainieren soll. Auch bei einem Fokus auf das Konditionstraining kann die Frequenz sehr hochgesetzt werden, solange man in Kauf nimmt, dass in der Regel die Qualität der technischen Ausführung darunter leidet. Schwieriger ist es, ein „spielnahes Zuspiel" an der Ballkiste nachzuahmen. Das bedeutet, dass der/die Zuspieler:in permanent den spieltaktisch richtigen Moment für den nächsten Ball finden muss. Man muss sich in etwa vorstellen können, wie schnell zum Beispiel ein Block auf einen Topspin des Spielers oder der Spielerin im „echten Spiel" zurückkommen würde (Zhi & Urh, 2021). Die Qualität des Zuspiels wirkt sich damit direkt auf die Qualität der Schläge des Übenden aus. Eine grobe Orientierung für dieses optimale Timing des Zuspiels kann der Aufprall des gespielten Balles auf der Tischseite des Zuspielers geben. Der/Die Zuspieler:in spielt exakt in dem Moment, in dem der Ball des Übenden die eigene Tischfläche berührt, den nächsten Ball (Turina, 2000).

Genauso wichtig wie eine realistische Ballfrequenz beim Ballkistenzuspiel ist eine realistische Reihung der Rotation und Platzierung. Diese sollte so gewählt sein, dass sie theoretisch auch im Wettkampf vorkommen könnte. Beispielsweise sollte es vermieden werden, nachdem der/die Übende einen eröffnenden Topspin auf Unterschnitt gespielt hat, ihm/ihr noch einen Ball mit Rückwärtsrotation zuzuspielen, da dies – mit Ausnahme des Spiels gegen Schnittabwehr – sehr selten vorkommt. Hier böte es sich an, einen Ball mit leichter Vorwärtsrotation, der einen gegnerischen Block simulieren soll, oder einen stark vorwärtsrotierenden Ball, wenn der/die Gegner:in mit einem Gegentopspin antworten würde, einzuspielen. Der/Die Übende kann seine Folgebewegung dann genau wie im Wettkampfspiel unter Berücksichtigung der vorangegangenen Technik anwenden. Soll der/die Übende beispielsweise einen kurz geschupften Ball kurz zurücklegen, kann der/die Zuspieler:in daraufhin einen aggressiven langen Schupf auf den Körper des Übenden einspielen oder den Ball ohne Spin als Flip in die Vorhand platzieren. Unpassend, weil unrealistisch, wäre dagegen, im Anschluss an das kurze Ablegen einen hohen Ballonabwehrball mit Vorwärtsrotation einzuspielen.

Wie bereits von Östh und Fellke (1992) beschrieben, handelt es sich beim Ballkistenzuspiel um eine hochintensive Übungsform, die bereits nach kurzer Zeit zu Erschöpfungserscheinungen (z. B. Qualitätsverlust in den Schlägen, mangelnde Beinarbeit, fehlende Dynamik, erhöhte Fehlerquoten etc.) führt. Daher gilt es, lohnende Pausen einzubauen, in denen der Körper zu einem Großteil regeneriert. Als Organisationsform lassen sich somit gut 2–3 Übende gleichzeitig in die Übung integrieren, sodass diejenigen, die nicht spielen, in der Zeit die Bälle einsammeln oder die Technik des Übenden beobachten. „Um die Bewegungsvorstellung von Anfängern noch zu verbessern, bietet es sich an, auch Schattentraining am Balleimer einzusetzen. Dies kann in der Form erfolgen, dass sich ein zweiter Spieler im ausreichenden Abstand hinter den Spieler stellt und gleichzeitig dessen Schläge als Schattenbewegungen mitmacht" (Zhi & Urh, 2021, S. 11). Die gerade nichtaktiven Spieler:innen können auch Beobachtungsaufgaben in Bezug auf die

5.2 Spielen versus Üben

Tab. 5.2 Vor- und Nachteile des Balleimertrainings. (In Anlehnung an Friedrich & Fürste, 2012, S. 19)

Vorteile	Nachteile
+ Höhere Intensität und Wiederholungsfrequenz beschleunigen den Lernprozess + Sicheres, gleichmäßiges Zuspiel, möglich auch für Anfänger:innen + Variables, an Spieler:in angepasstes Zuspiel (z. B. Rotation und Platzierung) + Unterschiedlich starke Spieler:innen können miteinander trainieren + Fehler des/der aktiven Spielers/Spielerin sind unwichtiger + Hoher Individualisierungsgrad möglich	− Beaufsichtigung der gesamten Gruppe schwieriger (wenn Trainer:in einspielt) − Beinarbeitskorrekturen erschwert, weil die Beine nicht sichtbar sind (Hilfsmittel: Spiegel) − Regelmäßige Übung für ein genaues, sicheres Zuspiel bei Anfänger:innen erforderlich − Zu häufiges Balleimertraining kann schnell an „einfache" Bälle, die bei Übungen oder im Spiel nicht vorkommen gewöhnen − Kein Training für variable, spielsituationsgebundene Anpassungen der Schlagtechniken (z. B. Verbindung mit dem nächsten Schlag zur Spielfortsetzung)

Technikausführung erhalten und später gemeinsam mit den Mitspieler:innen und der/dem Trainer:in diskutieren.

Die tabellarische Übersicht (Tab. 5.2) aus Friedrich und Fürste (2012, S. 19) gibt eine Zusammenfassung der Vor- und Nachteile des Ballkistenzuspiels/Balleimertrainings, die in etwa auch auf das Training mit dem Ballroboter/der Ballmaschine (Kap. 8) zutreffen:

Mit dem **Teamball-Eimer** entwickelte Fürste (2007) eine Spielform an der Ballkiste, mit deren Hilfe sich verschiedene (technisch-taktische) Schwerpunkte in spielerischer Art trainieren lassen. Die Grundidee ist, dass 3 bis 4 Spieler:innen an einem Tisch ein Team bilden. Gegner:innen sind die Teams an den jeweils anderen Tischen. Jede/r Spieler:in übernimmt eine Rolle im Team: Zuspieler:in am Balleimer, annehmende/r Spieler:in auf der anderen Tischseite, Fänger:in/Ballsammler:in (dies können je nach Gruppengröße und Anzahl der Balleimer auch 2 oder 3 Spieler:innen sein). Die Rollen werden nach festen Zeiten gewechselt. Trainer:innen können den Teams dann verschiedene Aufgabenstellungen geben, bspw.:

1. **Aufgabe (Spiel ohne Zeitdruck):** Der/Die Zuspieler:in spielt 20 Bälle ein. Der/Die Rückschläger:in soll diese Bälle mit einer bestimmten Technik diagonal retournieren. Der/Die Ballsammler:in versucht den Ball nach dem Auftreffen auf dem Tisch zu fangen, bevor er auf den Boden fällt. Es wird gezählt, wie viele Bälle erfolgreich ein- und zurückgespielt sowie von den Ballsammler:innen[1] gefangen werden.

---

[1] Mehr Spaß macht es, wenn die Ballsammler:innen ein Behältnis haben, in dem sie die Bälle ablegen oder direkt fangen können (z. B. eine Pylone, eine Schale, einen Schuhkarton, einen Eimer o.Ä.).

2. **Aufgabe (Spiel mit Höhenbegrenzung):** Es wird die gleiche Aufgabe wie oben umgesetzt, nur dient eine Querstange circa 30–40 cm über dem Netz dazu, die maximale Flughöhe festzulegen. Diese Querstange oder Schnur kann auch individuell am Tisch höher oder tiefer gelegt/gespannt werden, möchte man Leistungsunterschiede berücksichtigen und manche Teams vor eine größere Herausforderung stellen.
3. **Aufgabe (Spiel mit Zeitdruck):** Es wird nicht die Anzahl der Bälle vorgegeben, sondern die Übenden können so viele Bälle in einer festgelegten Zeit (z. B. 30 Sek., 60 Sek. usw.) zuspielen, wie sie es schaffen. Als Punkte werden alle Bälle gezählt, die sowohl unter der Stange hindurch als auch mit dem Hütchen gefangen werden. Das Team, dass die meisten erfolgreichen Ballsequenzen in der vorgegebenen Zeit realisiert, gewinnt die Runde.
4. **Aufgabe (Spiel mit Präzisionsdruck):** Mit dem gleichen Aufbau wie oben werden verschiedene Zielfelder auf dem Tisch vorgegeben (z. B. nur auf die linke oder rechte Tischhälfte, nur in das hintere Drittel des Tisches). Die Zielfelder können auch mit Kreide, Handtüchern, Papier oder anderen Materialien markiert werden.
5. **Aufgabe (Spiel mit Krafteinsatz):** Der/Die Fänger:in muss hinter einer Umrandung, die circa 2 m hinter dem Tisch aufgestellt ist, stehen und die Bälle in dem Hütchen auffangen. Es werden auch hier die erfolgreichen Fänge gezählt und mit den anderen Tischen verglichen. Der/Die Fänger:in darf sich zwar über die Umrandung beugen, aber diese nicht berühren. Dadurch muss der/die aktive Spieler:in die Bälle mit viel Tempo, Kraft und ggf. Rotation spielen, damit die Bälle die erforderliche Länge haben.

Diese exemplarischen Übungen lassen sich beliebig erweitern. Je nach Kontext und Gruppengröße kann ein/e Spieler:in jedes Teams als Schiedsrichter:in an einem benachbarten Tisch die erfolgreichen Bälle zählen. Beim Rollenwechsel nach einer bestimmten Zeit oder Anzahl an Bällen in der Ballkiste tauscht er/sie ebenfalls die Position mit einem Teammitglied. Dadurch erhält jede/r Übende ungefähr gleich viel Übungszeit und muss jede Rolle gleichermaßen ausfüllen. Die (Verweil-)Dauer in jeder Übung ist durch den ständigen Wechsel relativ kurz, dafür aber intensiv. Zudem erfordert der Wettkampfcharakter der Spielform ein hohes Maß an Konzentration und Engagement in der Gruppe. Dieser regelmäßige, faire Wechsel von Aufgaben und Übungen im Training, der zusätzlich auch immer wettkampfbezogene Elemente beinhalten kann, wird im nachfolgenden Kapitel thematisiert.

5.2.3 Dauer und Wechsel von Übungsformen

Da es im Tischtennis viele Wiederholungen benötigt, eine Schlagtechnik in Perfektion in variablen Situationen einsetzen zu können, kommt man als Trainer:in im Trainingsalltag nicht drumherum, einen großen Anteil des Trainings mit Übungsformen zu belegen. Um einen möglichst schnellen Lernfortschritt bei gleichzeitiger

Stabilisierung des Erlernten und Beibehaltung der Voraussetzungen für variables Üben zu gewährleisten, gilt es, einen guten Kompromiss zwischen dem Wechsel und der Dauer von Übungen im Trainingsalltag zu finden. Bei kürzeren Übungsdauern können per se mehr verschiedene Übungen oder Variationen pro Trainingseinheit gespielt werden. Längere Übungsdauern befördern hingegen die Stabilisierung von Techniken. Im Tischtennis hat sich für den professionelleren, leistungsorientierteren Bereich ein Trainingsintervall von 7–10 min (Krämer, 2014; Luthardt et al., 2016) als optimal herausgestellt. Je nach Zielgruppe kann die Dauer aber auch deutlich kürzer gewählt werden (z. B. 2–3 min; Geisler, 2019). Die (optimale) Länge von Übungen ist zudem abhängig von der jeweiligen Komplexität der Übung, den jeweiligen Lerntypen (siehe auch) und der Anzahl/Dauer an Pausen während des Trainings (Muster & Klein-Soetebier, 2021).

Hilfreich kann es für die Motivation und Konzentration der Übenden sein, diese Übungen mit variantenreichen Ergänzungen zu versehen, die das monotone Üben motivierender gestalten. Eine Möglichkeit besteht darin, den Wechsel von Übungen nicht an rigide, meist vom Trainer bzw. von der Trainerin festgesetzte Zeiten zu koppeln, sondern die Wechsel (zumindest teilweise) in die Hände der Übenden zu legen. Darunter leidet zwar die Planbarkeit des zeitlichen Trainingsablaufs (Geisler, 2019), allerdings wird die Individualität der Spieler:innen gefördert, da einige schneller ein vorgegebenes Ziel erreichen und andere etwas mehr Zeit benötigen. Die Trainer:innen können eine Rahmung durch ein Zeitlimit einbauen, um den Trainingsprozess trotz der individuellen Fortschritte (global) steuern zu können.

Beispiel

Eine Möglichkeit ist der Wechsel nach Zielerreichung, der sich darin äußert, dass eine bestimmte Anzahl an Ballwechseln in einer konkreten Übung realisiert werden muss, bevor zu der nächsten Übung gewechselt werden darf oder die Rollen in einer Übung – wenn beispielsweise ein/e Partner:in den aktiven (z. B. den Topspin) und ein/e Partner:in den passiven Part (z. B. das Blocken) übernimmt – gewechselt werden. Dies kann im Anfängerbereich beispielsweise das erfolgreiche Spielen von 20 Netzüberquerungen in der Rückhanddiagonalen a) nur mit der Rückhand, b) nur mit der Vorhand und c) mit Rückhand und Vorhand im Wechsel, während der Partner oder die Partnerin nur Rückhand spielt, sein. Zusätzlich zum motivationalen Aspekt können sich leistungsschwächere Spieler:innen mehr Zeit für einfachere Übungen nehmen, wohingegen leistungsstärkere Spieler:innen nicht zu lange in unterfordernden Aufgaben verweilen. ◄

Für Fortgeschrittene könnte die Zielvorgabe sein, dass sie abwechselnd Vorhand- und Rückhand-Topspin in die Rückhand des Gegenübers spielen sollen und dabei den Rückhand-Topspin immer aus der Rückhandseite, den Vorhand-Topspin jedoch abwechselnd aus der Mitte und der Vorhandseite schlagen (Abb. 5.3). Der Wechsel darf dann erfolgen, wenn die vier Schläge (RHT aus der Rückhand, VHT

Abb. 5.3 Exemplarische Übung für Fortgeschrittene zur Übung der Beinarbeit sowie zu der Verbindung bzw. dem (fließenden) Übergang von Rückhand- und Vorhand-Topspin gegen Rückhand-Block. Der/Die aktive Spieler:in spielt RH-Topspin aus der Rückhand in die Rückhand, VHT aus der Mitte in die Rückhand, RHT aus der Rückhand in die Rückhand und VHT aus der Vorhand in die Rückhand. Der/die passive Zuspieler:in verteilt die Bälle mit dem RH-Block in die Rückhand, Mitte, Rückhand und Vorhand und dann wieder von vorne

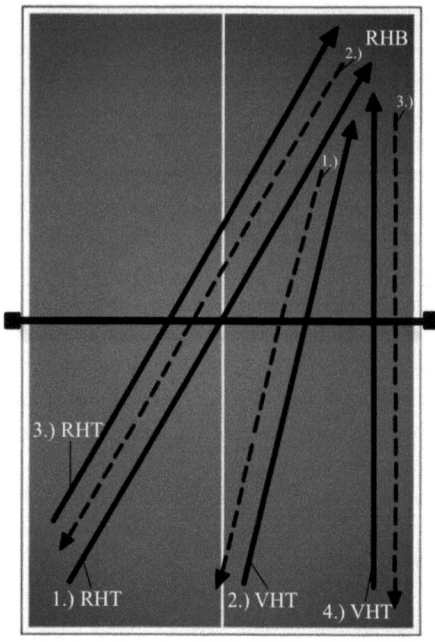

aus Mitte, RHT aus der Rückhand und VHT aus der Vorhand) zwei-, drei-, vier- oder x-mal ohne Fehler durchgespielt wurden.

Der (Rollen-)Wechsel lässt sich ebenso gut an den Punkterfolg koppeln, wenn der Wechsel erst erfolgen darf, sobald eine bestimmte Anzahl an aufeinanderfolgenden Ballwechseln realisiert wurde, in denen beispielsweise der/die aktive Spieler:in keinen Fehler gemacht hat. So wird der Fokus stärker auf den Punkterfolg gelenkt und die Konzentration auf den einzelnen Ballwechsel gefördert. Geisler (2019, S. 141) betont die Gefahr, dass die Bewegungsausführung bei einem zu starken Wettkampfcharakter der Übung zweitrangig werden kann, wenn neugelernte Bewegungen von „alten, noch stabileren Bewegungsmustern verdrängt [werden], da das Erzielen des Punktes im Vordergrund steht". Daher muss der Trainer oder die Trainerin hier sensibel vorgehen und das Gesamtgefüge der Lerngruppe im Blick behalten.

Es lassen sich Übungen nach den normalen Tischtennisregeln spielen, dass beispielsweise ein Wechsel erfolgt, sobald eine Person elf Punkte mit der Übung erzielt hat. Eine exemplarische Übung für Anfänger:innen wäre, dass ein Satz nach normalen Regeln (z. B. jeweils 2 Aufschläge) gespielt wird in dem sie jedoch nur die Vorhand- und Rückhand-Schupftechnik eingesetzt werden darf. Dadurch wird eine konkrete Schlagtechnik mit variabler Platzierung unter Zeit- und Präzisionsdruck trainiert. Die enge Kopplung an den Punkterfolg ermöglicht eine transparente Rückmeldung an die Spieler:innen, wo ihre Stärken und Schwächen liegen. Für fortgeschrittene Spieler:innen lässt sich die Übung so konzipieren, dass ein/e Spieler:in unregelmäßig (Abschn. 5.3.5) vom ganzen Tisch (oder zweidrittel des Tisches, wenn die Übung noch zu schwer ist) Topspin in die Rückhandseite des Gegenübers spielt. Der/Die Partner:in hält mit dem Rückhand-Block dagegen. Jeder Punkt zählt und nach einem Satz bis 11 Punkte werden die Rollen gewechselt. Eine Spielform zum wettkampforientierten Wechsel von Aufgaben entwickelten Ringleb und Hartung (2016) mit der „**Speichermethode**". In einer beliebigen Übung können nur die gerade aktiven Spieler:innen Punkte erzielen. Jeder Punkt des Aktivspielers bzw. der Aktivspielerin zählt. Nach jedem Punkt hat der/die Aktivspieler:in die Möglichkeit weiter zu spielen, um weitere Punkte zu sammeln oder er/sie kann seine/ihre erspielten Punkte „speichern". Das Speichern führt automatisch zum Wechsel der Rollen zwischen Aktiv- und Passivspieler:in. Genauso führt jeder Fehler des Aktivspielers bzw. der Aktivspielerin zum Rollenwechsel und in diesem Fall sind alle, bis dahin nicht gespeicherten Punkte, weg. Man fällt quasi auf den letzten „Speicherstand" zurück. Es gilt daher strategische Überlegungen und eine gewisse Risikoabschätzung vorzunehmen, wann man sich zum Speichern der Punkte entscheidet. Je nach Ausstattung und Material in der Halle können Zählgeräte neben dem Tisch die Punkte beider Spieler:innen dokumentieren. Sind diese Zählgeräte nicht vorhanden, hilft bereits ein Stück Kreide mit dem die Zwischenstände auf dem Tisch in der Nähe des Netzes notiert werden können.

Möchte man als Trainer:in, Übungsleiter:in oder Lehrer:in weniger das Gegeneinander, sondern das Miteinander zweier Spieler:innen am Tisch fördern, bieten sich Wechselmethoden an, die gemeinsame Erfolge honorieren. Bei dem **Raketenspiel** (Geisler, 2019, S. 143) wird eine technische Aufgabe (für Fortgeschrittene beispielsweise VH-Topspin und RH-Konter im Wechsel gegen RH-Block; für Anfänger:innen beispielsweise VH-und RH-Konter im Wechsel gegen RH-Block) gespielt. Dabei wird die Anzahl der Ballkontakte gezählt und stufenweise erhöht (z. B. Stufe $1 = 1 \times$ VHT/RHK gegen RHB, Stufe $2 = 2 \times$ VHT/RHK gegen RHB und so weiter). Das Paar, welches zuerst die 3., 4. Stufe usw. erreicht hat, bekommt einen Teampunkt. Je nach Alter der Übenden lässt sich dieser Teampunkt visuell, bspw. durch eine Wäscheklammer am Trikot, eine Spielkarte, einen Bierdeckel, o.Ä. dokumentieren. Nach jeder Wertung wechseln die Rollen, sodass der/die Partner:in, der/die den Topspin respektive Konter gespielt hat, nun den RH-Block spielt und der/die Partner:in vice versa. Nach spätestens 4–5 Runden sollten die Paarungen gewechselt werden und es wird mit dem/der neuen Partner:in versucht, Punkte zu sammeln.

Eine weitere Spielform, die vor allem die Entwicklung und Verbesserung der koordinativen Fähigkeiten (Abschn. 3.2) anspricht, wird im nachfolgenden Kapitel differenzierter dargestellt.

5.2.4 Der Tischtennis-Garten

Viele Trainer und Trainerinnen gehen heutzutage immer mehr weg von eher konservativen Trainingsmethoden, bei denen eine Optimaltechnik durch eine hohe Wiederholungszahl unter gleich bleibenden Bedingungen realisiert wird.

Stattdessen setzen sie vermehrt auf unregelmäßige Übungen (Abschn. 5.3.5) oder das sogenannte differenzielle Lernen (z. B. Hotz & Muster, 1993; Schöllhorn, 1999; Schöllhorn & Koepsel, 2005; Fehl, 2012; Behringer, 2017), bei dem entweder künstlich externe Störungen erzeugt (z. B. unterschiedliche Bälle, Schlägervariationen, schlechteres Licht, anderer Untergrund etc.) oder interne Einschränkungen (z. B. andere Gelenkwinkel, auf einem Bein, verschiedene Tempovariationen etc.) vorgegeben werden. Obwohl diese Variation der Trainingsbedingungen auch zum Teil starke Kritik erfährt (z. B. Künzell & Hossner, 2012), kann der sogenannte Tischtennis-Garten (ein Spielen an Tischvariationen) dazu genutzt werden, spezielle koordinative Veränderungen bei der Schlagausführung durch unbekannte Situationen zu schulen.

Dazu werden im Folgenden exemplarische Stationen vorgestellt, die dazu dienen, allgemeine und sportartenspezifische Elemente zu schulen. Dabei liegt diesem Konzept vor allem die Entwicklung und Verbesserung der koordinativen Fähigkeiten (Abschn. 3.2) zugrunde. Das Besondere an diesem Stationsbetrieb ist, dass die Übenden vor ungewohnte, dadurch vielleicht auch spannende Bewegungsprobleme gestellt werden, die sie individuell lösen können. Neben der Schulung der koordinativen Fähigkeiten stehen auch der Spaß und die Motivation im Vordergrund dieser Spielform. Es sei gesagt, dass es sich hier lediglich um eine Auswahl an Stationen handelt (Abb. 5.4), die von Trainer:innen, Übungsleiter:innen, Lehrkräften oder den Übenden selbst stetig weiter- oder ganz neu entwickelt werden können. Speziell für Spieler:innen, die schon Erfahrungen im Tischtennissport gesammelt haben, bietet der Tischtennis-Garten einen Anreiz aus ungewohnten Situationen, veränderten Positionen zum Ball Techniken anzupassen und auch taktische Elemente an die Umgebung, v. a. die gewünschte Platzierung und die optimale Rotation, trotz Störungen anzupassen. Es steht den Übenden also offen, diesen Tischtennis-Garten weiter zu „bepflanzen".

1. **Station:** „Der Sichtschutz". Bei dieser Station wird ein beliebiger Sichtschutz (z. B. eine Matte oder eine Spielfeldumrandung) zwischen zwei Tischhälften positioniert. Durch den Sichtschutz haben die Spieler:innen keine Einsicht auf die gegnerische Tischhälfte und das Gegenüber. Sie müssen also anhand weniger, spät ankommender Informationen den Ball zurückspielen. Die von der/dem Gegner:in gewählte Schlagart ist nur schwer zu erkennen, es muss also auf das Flug- und Absprungverhalten des Balles geachtet werden, um die Rotation zu erkennen. Bezüglich der koordinativen Fähigkeiten wird hier besonders die Reaktionsfähigkeit angesprochen, aber auch die Orientierungsfähigkeit geschult, da die Übenden sich eine Vorstellung vom Raum hinter dem Sichtschutz machen und anhand dieser ihre Rückschläge koordinieren müssen.
2. **Station:** „Der Banden-Tisch". Bei dieser Station werden neben den normalen Tischtennistisch zusätzlich auf jede Seite eine Tischhälfte vertikal, also nicht heruntergeklappt, aufgestellt. Durch diese „Banden" als zusätzliche Spielfläche, ergeben sich viele neue Möglichkeiten, den Ball auf die gegnerische Tischhälfte zu bringen. Die Spieler:innen müssen auf diese neuen Möglich-

5.2 Spielen versus Üben

Abb. 5.4 Exemplarische Tischaufbauten des sogenannten Tischtennis-Gartens. Von oben links nach unten rechts sind sie wie folgt benannt: der Sichtschutz, der Bandtisch, der versetzte Tisch, der Squash-Tisch, der schräge Tisch, der Tal-Tisch, der Graben-Tisch, der Reaktions-Tisch, der Zick-Zack-Tisch, der Dreiecks-Tisch, der Quidditch-Tisch, der stürmische Tisch

keiten reagieren, wodurch sowohl ihre Reaktionsfähigkeit als auch ihre Antizipationsfähigkeit geschult wird. Sie lernen demnach frühzeitig Informationen zu sammeln und mögliche oder wahrscheinliche Rückschläge des Gegenübers vorwegzunehmen. Bei der eigenen Schlagauswahl muss sich kurzfristig für eine von unzähligen Möglichkeiten entschieden werden. Nur so kann Ball so zurückgespielt werden, dass das Gegenüber den Ball nicht mehr erwidern kann.

3. **Station:** „Der versetzte Tisch". Bei diesem Aufbau wird eine Tischhälfte um ca. 45 Grad versetzt zur anderen Tischhälfte aufgebaut. Durch den daraus entstehenden größeren „Streuwinkel" (Abschn. 6.1.1) wird eine große

Herausforderung an die Orientierungs- und Gleichgewichtsfähigkeit gestellt. Dadurch dass die Tischhälfte und auch das Gegenüber sich nicht an der gewohnten Position befinden, entfällt eine Konstante bei der Orientierung im Raum. Durch das Spielen von der angewinkelten Tischhälfte kommt es öfter zu ungewohnten Gleichgewichtsverlagerungen, die so schnell wie möglich ausgeglichen werden müssen, um in die Ausgangsposition zurückzukehren und wieder spielbereit zu sein.

4. **Station:** „Der Squash-Tisch". Für diese Station wird eine Tischtennishälfte horizontal und eine weitere direkt dahinter vertikal aufgebaut, sodass sie einen rechten Winkel bilden. Es wird im Eins-gegen-eins eine Art Squash gegen die Tischhälfte gespielt. Es bleibt den Übenden freigestellt festzulegen, ob sie immer diagonal auf die andere Tischseite spielen müssen oder ob das komplette Feld bespielt werden darf, was viel mehr Bewegung und damit Beinarbeit bedarf. Umstellungs- und Reaktionsfähigkeit sind hier gefragt, da die Übenden aufgrund der kurzen Distanz zur „Wand" wenig Zeit für eine adäquate Antwort haben. Ein großer Vorteil dieser Station ist, dass diese Station im Gegensatz zu den anderen auch alleine bespielt werden kann. Dies ist besonders nützlich, wenn man eine ungerade Anzahl an Spieler:innen hat. Falls die Station alleine bespielt wird, kann auch die Rhythmisierungsfähigkeit weiterentwickelt werden, indem ein Schlagrhythmus (z. B. Vorhand/Rückhand oder 2 × Rückhand, 1 × Vorhand) vorgegeben wird.

5. **Station:** „Der Schräg-Tisch". Der Tischtennistisch steht auf einer Seite erhöht und bildet somit ein einseitiges Gefälle (z. B. mithilfe einer Bank oder eines Turnkastens). Das Absprungverhalten des Balls wird zur tieferen Seite verlagert. Ein erfolgreiches Zurückspielen des Balles wird erst durch eine gute Antizipations- und Umstellungsfähigkeit ermöglicht. Die Schwierigkeit für die Übenden kann durch die Neigung des Tisches oder die gewählte Rotation des Schlages (z. B. Seitschnitt) variiert werden. Ein Ball, der mit einer Rotation in Richtung der abschüssigen Seite gespielt wird, ist beispielsweise wesentlich schwerer zu erwidern als ein Ball, der mit entgegengesetzter Rotation gespielt worden ist. Die adäquate Bewegungshandlung muss also an die jeweilige Situation angepasst und eventuell kurzfristig geändert werden.

6. **Station:** „Der Tal-Tisch". Für diese Station werden beide Tischhälften an der Stirnseite erhöht, sodass in der Mitte ein „Tal" entsteht. Der Ball springt bei dieser Station generell höher ab und verliert auch etwas an Tempo. Zum hat das Gegenüber mehr Zeit für den Rückschlag und kann auch sehr stark gespielte Bälle teilweise noch retournieren. Durch die Erhöhung entstehen aber mehr Möglichkeiten, den Ball mit viel Tempo zu spielen. So lassen sich gut Topspin-Bälle oder Schüsse trainieren, da die Bälle nicht so leicht über den Tisch hinausfliegen. Konzentration und Reaktionsfähigkeit sind hier sowohl beim Rückschlag als auch bei der eigenen Schlagausführung erforderlich. Diese Station eignet sich sehr gut, die Umstellungsfähigkeit anzusprechen. Durch die starke Verlangsamung des Balles muss der Übende den normalen Spielrhythmus an diese Veränderung anpassen.

7. **Station:** „Der Graben-Tisch". Bei dieser Spielform wird das Spiel „groß" gemacht, indem zwei Tischhälften, mit jeweils einem Netz, etwa einen Meter auseinandergezogen werden. Man kennt diesen Aufbau aus methodischen Übungsreihen zum Vorhand-Topspin, bei denen die Bewegungsamplitude vergrößert werden soll (Abschn. 5.3.1). Aufgrund der größeren Distanz, die es zu überbrücken gilt, ist eine größere Schlagkraft vonnöten. Diese kann nur durch die Kopplung verschiedener Teilbewegungen zu einer Gesamtbewegung entwickelt werden. Diese Station schult also vorrangig die Kopplungsfähigkeit. Die Spieler:innen lernen, den ganzen Körper mit in die Bewegungsführung einzubauen, und generieren so erheblich mehr Kraft, die sie für den Schlag nutzen können.
8. **Station:** „Der Reaktions-Tisch". Auf einem normalen Tischtennistisch werden auf beiden Seiten verschiedene Hindernisse platziert (z. B. alte Gummibeläge, Pylonen, Streichholzschachteln, alte Schläger etc.). Diese dienen dann als „Hindernisse" während des Spiels. Die Spieler:innen müssen auf das unterschiedliche Absprungverhalten der Bälle reagieren und ihre im Vorfeld geplanten Bewegungen situationsgemäß anpassen. Daher ist hier vor allem die Anpassungs- und Umstellungsfähigkeit gefordert. Wie der Name der Station schon sagt, ist auch eine gute Reaktionsfähigkeit hilfreich, um bei diesen kurzfristig wechselnden Balltrajektorien noch die Möglichkeit zu haben, den Ball zu erwidern.
9. **Station:** „Der Zick-Zack-Tisch". Für diese Station werden zwei Tischtennishälften gegensätzlich erhöht, sodass eine Tischhälfte nach links und eine nach rechts geneigt ist. Dadurch ist eine exakte Antizipation des Ballabsprungs enorm schwierig. Es gilt hier, den Ball gut zu beobachten (Wahrnehmungsfähigkeit) und sich an das veränderte Absprungverhalten anzupassen (Anpassungsfähigkeit). Neben diesen Fähigkeiten werden ebenfalls die Gleichgewichtsfähigkeit aufgrund der häufigen Auf-und-ab-Bewegungen und die Orientierungsfähigkeit für die richtige Position im Raum geschult.
10. **Station:** „Der Dreiecks-Tisch". Man benötigt drei halbe Tische, wobei an jeden ein Netz montiert wird. Die Tischhälften werden so aneinandergestellt, dass sich die Netzpfosten berühren und in der Mitte ein „Dreieck" entsteht. Es gelten grundsätzlich die normalen TT-Regeln. Drei Spieler:innen spielen gegeneinander, wobei man beliebig auf eine der beiden Tischhälften spielen darf. Das „freie" Dreieck in der Mitte wird als Fehler gewertet. Auch hier sind die Orientierungs- und die Gleichgewichtsfähigkeit gefordert. Durch das Spielen auf den schräg zueinander ausgerichteten Tischhälften kommt es zu ungewohnten Gleichgewichtsverlagerungen, die schnellstmöglich ausgeglichen werden müssen, um in die Ausgangsposition zurückzukehren und wieder spielbereit zu sein. Auch wissen die Spieler:innen nicht, wann sie auf einen gegnerischen Schlag reagieren müssen, was ungewohnte Anforderungen an die Reaktionsfähigkeit stellt, wodurch Wahrnehmungs- und Antizipationsprozesse zusätzlich gestärkt werden.
11. **Station:** „Der Quidditch-Tisch". Viele Kinder kennen das in Hogwarts (der Schule in Harry Potter) gespielte „Quidditch". Man benötigt zunächst zwei

Kästen und das Gestell einer Bande. An der Stange werden verschiedene große Ringe angebracht, sodass sich diese über dem Netz befinden und als Ziel fungieren. Regeln: Es wird um Punkte gespielt, wobei beim Durchspielen dieser „Torringe" wie beim Quidditch (Sonder-)Punkte vergeben werden. Zusätzlich zu den Ringen wird ein kleiner, runder, im besten Fall goldener Gegenstand angebracht, der den „goldenen Schnatz" darstellt. Wird dieser an einem Seil befestigt, kann man diesen vor den gespielten Ballwechseln anstoßen, sodass er ein bewegliches Ziel darstellt. Trifft man diesen während des Ballwechsels, ist das Spiel (oder der Satz) direkt gewonnen, unabhängig vom Spielstand. Die Differenzierungsfähigkeit wird über das bewusste Platzieren der Schläge gestärkt. Die angebrachten Ringe sind neben der beschriebenen Spielform eine Möglichkeit, Aufschlag oder Platzierungstraining interessanter und effizienter zu gestalten.

12. **Station:** „Der stürmische Tisch". Hier benötigt man einen Tisch, zwei Turnkästen, die auf Höhe der Netzpfosten aufgestellt werden, und zwei Ventilatoren (Luthardt, 2015). Wahrscheinlich wird mindestens ein Verlängerungskabel benötigt und es sollte zwingend darauf geachtet werden, dass die Kabel während des Spielens nicht zur Stolperfalle werden. Entweder werden die Ventilatoren festgestellt, sodass sie einen konstanten Luftstrom erzeugen, oder sie lassen sich – wenn die Funktion verfügbar ist – frei schwenken, wodurch ein sehr variables Flugverhalten des Balles entsteht. Richtet man beide Ventilatoren auf eine Tischhälfte (z. B. des/der stärkeren), könnte eine gewisse Chancengleichheit geschaffen werden. Die schwer vorhersagbare Flugkurve des Balles erfordert ein hohes Maß an Reaktions- und Umstellungsfähigkeit. Hier wird vor allem geschult, die eigene Bewegung kurzfristig umzuplanen/anzupassen, was im normalen Spiel durch Netz- oder Kantenbälle ebenfalls passieren kann.

Gerade im Kindes- und Jugendalter kommt der allgemeinen Schulung koordinativer Fähigkeiten eine sportartübergreifende Schlüsselrolle zu. Tischtennis ist dabei eine Sportart, mit der sich ein Koordinationstraining spielerisch umsetzen lässt. Auch für den/die regelmäßige/n Tischtennisspieler:in ist eine gut ausgeprägte Koordination nach Friedrich und Fürste (2012, S. 61) von Vorteil, um:

a) Schläge auf jedem Niveau besser und schneller zu erlernen,
b) Techniken leichter zu optimieren,
c) einzelne Schläge flüssiger, vielseitiger und variationsreicher auszuführen,
d) Schläge vom Krafteinsatz richtig zu dosieren,
e) durch effektiven Muskeleinsatz Energie (Kondition) zu sparen,
f) die Schlagsicherheit zu verbessern.

Bei der praktischen Umsetzung des Tischtennisgartens gilt es zu beachten, dass einige Stationen (leider) viel Material (z. B. einzelne Tischhälften und eine gut ausgestattete Sporthalle (z. B. Zusatzmaterial) benötigen. Gegebenenfalls lassen sich Alternativen finden, die es jeder Trainerin bzw. jedem Trainer trotzdem ermöglicht, ein paar dieser Stationen aufzubauen. Teils werden mehr Platz in der Halle für diese Aufbauten und gut strukturierte Auf- und Umbaupläne benötigt. Da die Tische bei dieser Spielform teilweise nicht in der angedachten Position stehen, sondern auch mal in Schieflage geraten, ist beim Auf- und Abbau der Stationen Vorsicht gefragt. Auch beim Bespielen der Stationen sollten die Übenden vorab über mögliche Unfallquellen informiert werden. Es muss gewährleistet werden, dass genügend Platz zur Verfügung steht, damit die Übenden sich frei an den Stationen bewegen können.

In einem weniger wettkampforientierten Kontext (z. B. im Breitensport) können die oben aufgeführten Stationen dabei helfen, allgemeine und sportartenspezifische Elemente zu schulen – ohne dass dabei der Spaß an der Sportart verloren geht (bspw. im Vergleich zu reinem Koordinationstraining mithilfe von Stangen, Kästen, Leitern usw.). Diese exemplarischen Stationen lassen sich von den Trainer:innen und Übungsleiter:innen selbstständig erweitern (für weitere Stationen/Tischaufbauten siehe Klein-Soetebier & Keller, 2018; sowie Haas et al., 2021). Wenn die Übenden dabei eigene Stationen in kooperativen Lernformen entwickeln, ist die Motivation, diese Stationen auszuprobieren, gegebenenfalls noch höher. Im Sinne des „Problemorientierten Lernens" (z. B. Giese & Hasper, 2008) werden die Übenden bei jeder Station vor Bewegungsprobleme gestellt, die sie individuell lösen können. Denn „Sport ist und bleibt nur dann Sport, wenn es um das freiwillige Lösen von Bewegungsaufgaben geht. Sport ist in seiner Struktur immer eine willkürliche Schaffung von Problemen, Aufgaben oder Konflikten, die hauptsächlich mithilfe der eigenen körperlichen Fähigkeiten gelöst werden …, und zwar nur aus dem Spaß an der Lösung" (Volkamer, 1984, S. 196).

Es bedarf einer gut ausgestatteten Sporthalle und hinreichend vieler Tische, um diese Spielformen umzusetzen. Ist der Aufbau erst einmal gelungen, lassen sich die Stationen auch mit anderen Spielformen (z. B. **7-Punkte-Ablöse-Spiel, Doppel bzw. Mixed, Kaisertisch/Königsspiel etc.**) kombinieren. Eine kleine Auswahl besonderer Spiel- und Wettkampfformen wird dazu im nachfolgenden Unterkapitel vorgestellt.

5.2.5 Spiel- und Wettkampfformen

Es gibt im Tischtennis die sogenannten Trainingsweltmeister:innen, die im Training befreit aufspielen, eine ganze Bandbreite unterschiedlicher Techniken stabil demonstrieren und entsprechend schwer zu schlagen sind. Im richtigen Wettkampf sind sie jedoch kaum wiederzuerkennen: Sie spielen verklemmt, treffen falsche Entscheidungen und wirken gar nicht mehr so stabil wie im Training zuvor. Wie bereits in Abschn. 3.3 bei der Betrachtung der psychologischen Determinanten angesprochen, sind die Facetten des Gegeneinanderspielens und der Umgang mit Sieg und Niederlage elementare Bestandteile des Tischtennissports. Es lohnt sich daher, einen genaueren Blick auf die Besonderheiten des Wettkampfes im Tischtennissport zu legen, um, darauf aufbauend,

Übungsformen vorzustellen, in denen die besonders relevanten Merkmale berücksichtigt werden.

Grundsätzlich lässt sich festhalten, dass der Wettkampf besonders für junge Menschen ein prägender Aspekt der Persönlichkeitsentwicklung ist. Im Kontext von Wettkampfsituationen werden neben pädagogischen Schwerpunkten wie Leistungsstreben und Selbstständigkeit auch psychische Anforderungen wie Konzentration, Aufmerksamkeit und Selbstmotivation geschult (Schnabel et al., 2008). Zudem kann es nur durch den Wettkampf zu einer Ausprägung der komplexen Leistungsfähigkeit kommen (Schnabel et al., 2008). Dennoch ist zu beachten, dass Wettkämpfen teilweise mit Angst begegnet wird. Gerade in dieser Hinsicht kann es hilfreich sein, Wettkampfsituationen im Training erlebbar zu machen, um einen besseren Umgang damit zu fördern. Besonders im Anfängerbereich ist in Drucksituationen ein Technikverlust zu beobachten, dem durch eine Gewöhnung an solche Übungskonstellationen entgegengewirkt werden kann (Ehrlenspiel & Masagno, 2020). Es geht also darum, Wettkampfsituationen in angemessener Form in die Trainingsplanung einfließen zu lassen. Hierbei ist zentral, ein Erleben von vielseitigen Spielformen zu ermöglichen. Im Folgenden werden ausgewählte Spielformen von Haas et al. (2022) vorgestellt, die sich für verschiedene Trainingsschwerpunkte eignen. Es soll jedoch nur ein Ausschnitt mit exemplarischem Charakter sein[2].

Der Aspekt der Vielseitigkeit findet sich besonders in der Spielform „**Tischtennis ohne Tisch**" im Einzel oder Doppel wieder (Abb. 5.5, oben links und mittig). Spielerklärung: Es wird nach den offiziellen Regeln Tischtennis gespielt, nur wird der Tisch durch ein Spielfeld auf dem Boden ersetzt. Durch Markierungen auf dem Boden wird das Feld kenntlich gemacht, welches in zwei Hälften geteilt wird. Als Begrenzung für ein Netz eignen sich beispielsweise Hütchen, aber auch Bänke/Kästen. Das Feld kann aber auch Variationen enthalten, die das Spiel verändern: die Größe des Spielfeldes, die Höhe und Breite des Netzersatzes und auch die Anzahl der Spielfelder können frei und in Absprache mit den Übenden verändert werden. Gerade in Gruppen sind auch **Rundlaufvariationen** denkbar oder das Spiel auf einem verkleinerten Spielfeld, bei dem die Übenden jeweils ein Viertel des Feldes bespielen können. Die Hauptintention dieses Spieles ist, dass die Schlagbewegungen und Bewegungsmuster differenziert und an die Spielfeldgröße angepasst werden müssen. Außerdem kann Spielkreativität und Ballgefühl durch die veränderte Spielfeldgröße gefördert werden.

In der Spielform „**Überzahl**" lernen die Übenden eine besondere Form des Tischtennissports kennen (Abb. 5.5, oben rechts). Das Spiel in Doppel und Einzel ist grundsätzlich bekannt, nicht aber die Kombination aus beidem oder die Erweiterung zum Spiel mit drei (oder mehr) Übenden, die zeitgleich auf einer Seite des Tisches ein Team bilden. Die Anzahl der Übenden kann fortlaufend variiert werden. Neben einem „2-gegen-1" ist ebenso ein „3-gegen-1" oder ein

---

[2] Für weitere Spiel- und Wettkampfformen empfehlen wir die Literatur von Friedrich und Fürste (2012), Luthardt (2015) zum kreativen Tischtennistraining oder Geisler (2019).

Abb. 5.5 Alternative Spiel- und Wettkampfformen mit und ohne Tischaufbau. Von links: Spielform „Tischtennis ohne Tisch" im Einzel- und Doppelwettkampf, Spielform „Überzahl", Spielform „Bunte Bälle", Spielform „Hütchen-Treffen", „Verdopplung". (Aus Haas et al., 2022, S. 48)

„3-gegen-2" denkbar. Auch die Regeln können während des Spiels weiter angepasst werden, sollten die Übenden feststellen, dass gezielte Veränderungen Chancengleichheit herstellen können (Abschn. 5.4). Im Spiel mit mehreren Übenden gegen eine Einzelperson kann ein Tauschen der Schlagreihenfolge sinnvoll sein. Durch diese ungewöhnlichen Kombinationen erleben die Übenden vorteilhafte Effekte des Wettkämpfens, schließlich unterscheidet sich das Spiel vom traditionellen Einzel oder Doppel. Die Übenden werden kognitiv gefordert und müssen ein neues Regelbewusstsein entwickeln, um ein faires Duell herzustellen. Aus praktischer Sicht lassen sich in dieser Spielform viele Übende mit wenigen Tischen in einer gemeinsamen Übungsform berücksichtigen. Ein Austausch über die Erfahrungen bietet sich im Anschluss an die Übung an, um die Wettkampfform im Sinne aller zu optimieren. Dies fördert auch die Kreativität und Kohärenz, d. h., durch die eigene Mitwirkung und Mitgestaltung der Übenden werden die Lerninhalte besser nachvollzogen und führen langfristig zu einer genaueren Passung des Trainings.

Um in einer Übungsgruppe mit einer heterogenen Spielstärke trotzdem lehrreiche Wettkämpfe zwischen den Übenden zu ermöglichen, kann auf die Spielform **„Bunte Bälle"** zurückgegriffen werden (Abb. 5.5, links unten). Hierbei werden neben den regulären weißen und orangenen Tischtennisbällen auch andere Farben benötigt. Die Konzipierung des eigentlichen Wettkampfes ist nun individualisierbar. Jedem farbigen Ball kann eine besondere Zusatzaufgabe zugeordnet werden, die Einfluss auf das Spiel nehmen soll. So kann eine Farbe die Spieler:innen dazu verpflichten, ausschließlich auf die Vorhand zu spielen oder den Ballwechsel mit der nicht-dominanten Hand zu absolvieren. In der Wahl der Zusatzaufgaben sind keine Grenzen gesetzt. Außerdem kann überlegt werden, einem der Übenden besondere Bälle zur Verfügung zu stellen, die nur für den/die Gegner:in eine Zusatzaufgabe oder für die eigene Person einen Vorteil darstellen.

Hiermit könnten heterogene Spielstärken der Spieler:innen ausgeglichen werden. Insgesamt kann auch die Anzahl der bunten Bälle innerhalb eines Wettkampfs variiert werden. Weitere Zusatzaufgaben können sich neben spielerischen Elementen auch auf die Bepunktung des kommenden Ballwechsels beziehen, wodurch zwei oder mehr Punkte gewonnen werden können. Auch ein zweiter Aufschlag bei einem Fehlaufschlag oder eine Wiederholung des Ballwechsels ist denkbar. Allgemeiner betrachtet, kann diese Übungsform neben dem Einzel auch im Doppel gespielt werden. Bei heterogenen Spielstärken muss nicht zwingend die leistungsstärkere Person das Spielniveau an die leistungsschwächere Person anpassen, da dies zu Motivationsverlusten führen könnte. Vielmehr können leistungsstärkere Spieler:innen schwierigere Aufgaben bekommen (**Challenges**), sodass sich die Spielstärken annähern. Beispielsweise kann die leistungsstärkere Person regelmäßige Platzierungen (Förderung der präzisen Platzierung) und die leistungsschwächere Person unregelmäßige Platzierung (Förderung von unvorhersehbaren Ballplatzierungen) spielen (Abschn. 5.3).

Im Anfängerbereich ist häufig ein Technikverlust in Wettkampfsituationen zu beobachten. Eine Übung, die dahingehend sinnvoll zu sein scheint, ist das sogenannte „**Hütchenschießen**" (Abb. 5.5, unten mittig). Dazu werden in einem Tischtennisspiel nach offiziellen Wettkampfregeln auf den Tischseiten der Übenden verschieden große Hütchen positioniert, die während der Ballwechsel durch den/die Gegenspieler:in getroffen werden können. Das Treffen eines Mini-Hütchens führt zu einem zusätzlichen Punktgewinn, wenn die vorgegebene Schlagtechnik technisch sauber durchgeführt wurde. Bei der Bewertung der Technik sollen die Übenden nach dem Ballwechsel zu einem gemeinsamen Urteil kommen. Die Mini-Hütchen können auch durch andere Gegenstände (z. B. Plättchen als Zielflächen) ersetzt werden. Durch das gezielte Schlagen können die Übenden wahrnehmen, wie wichtig die Aufrechterhaltung der Konzentration während des Ballwechsels ist. Auch die zusätzliche Rückmeldung der Genauigkeit der eigenen Schläge ist sinnvoll. Das kooperative Element dieser Übung fördert die Bewegungswahrnehmung bei sich selbst und dem/der Partner:in. Die Selbstwahrnehmung kann somit mit der Fremdwahrnehmung überprüft werden.

Möchte man eine Spielform nutzen, die besonders den Wettkampfcharakter erhöht und Drucksituationen erzeugt, kann man auf das Spiel „**Verdoppelung**" zurückgreifen. Bei diesem Spiel werden nacheinander gewonnene Ballwechsel besonders belohnt, indem die Zählweise der Punkte angepasst wird. Der zweite Punkt in Folge bringt nicht nur einen Punkt, sondern zwei (1+2). Der dritte Punkt in Folge würde nach dem ersten einfachen und dem zweiten zweifachen Punkt drei Punkte geben (1+2+3). Der Punktestand wäre also nach drei gewonnenen Ballwechseln in Serie doppelt so hoch wie bei der regulären Zählweise (Abb. 5.5, unten rechts). Auch nachfolgend gibt jeder weitere in Serie gewonnene Ballwechsel einen Punkt mehr als der vorherige. Sobald der/die Gegner:in einen Punkt erzielt, endet die Serie, und die Bepunktung des einzelnen Ballwechsels beginnt erneut von vorne. Als Alternative können auch andere Zählweisen integriert werden. So können die ersten vier gespielten Ballwechsel jeweils einen Punkt bringen, während die folgenden vier jeweils zwei Punkte wert sind.

5.2 Spielen versus Üben

Diese Erhöhung um einen Punkt kann auch für die Ballwechsel 9–12 beibehalten werden. Auch eine Veränderung der Satzlänge kann in dieser Übung ausprobiert werden. Die Intention dieses Spiels ist es, die beiden Übenden dazu anzuhalten, besonders konzentriert zu sein, um nicht durch drei verlorene Ballwechsel bereits deutlich in Rückstand zu geraten. Nichtsdestotrotz ermöglicht diese Spielweise schnelle Comebacks, sodass ein/eine Spieler:in niemals aussichtslos zurückliegen wird. In dieser Übungsform kann das Verhältnis von Risiko und Sicherheit geübt werden. Die Übenden sehen sich regelmäßig stressigen Situationen ausgesetzt, die es sodann zu meistern gilt.

Beim **Tischtennis-Scrabble** (Geisler, 2019, S. 143) spielen zwei Gruppen gegeneinander. Jeweils zwei Spieler:innen eines Teams stehen sich an einem Tisch gegenüber. Jeder Tisch hat einen Ball. Alle Paarungen erhalten eine bestimmte Aufgabe (z. B. zehn fehlerfreie Kontakte beim Rückhand-Konter gegen Rückhand-Konter). Sobald die Aufgabe gelöst ist, darf sich der Tisch einen Scrabble-Stein (blind) aus dem Buchstabenkasten nehmen. Nach einer vorgegebenen Zeit treffen sich die beiden Mannschaften und bilden pro Team Wörter aus ihren Spielsteinen. Die Mannschaft mit der höheren Punktzahl (die Wertigkeit der Punkte steht auf den Scrabble-Steinen) gewinnt das Spiel. Sollten die Gruppen unterschiedlich spielstark sein, können auch verschiedene Aufgaben pro Gruppe (oder pro Tisch) gegeben werden (bspw. anstatt 10, 20 Kontakte; oder es werden nach jedem Spielstein die Kontakte erhöht, also 10 Kontakte für den 1. Stein, 20 für den 2. usw.). Alternativ lässt sich der Schwierigkeitsgrad über die Technik steuern (z. B. anstatt Konter, Topspin; anstatt RH gegen RH, RH/VH gegen RH/VH im Wechsel usw.).

Die Spielform „**Bankräuber und Bankdirektor**" eignet sich für 7–10 Spieler:innen, die an drei Tischen spielen. Zu Beginn wird ein/e Spieler:in als Bankräuber:in und ein/e Spieler:in als Bankdirektor:in bestimmt. Sie bleiben fest an Tisch 1 bzw. Tisch 3 (Abb. 5.6). Die übrigen Spieler:innen sind die eigentlichen Wettkampfgegner:innen. Sie positionieren sich an Tisch zwei und spielen dort Rundlauf. Jede/r erhält zunächst ein Polster von 5 Dollars. Ziel des Spiels ist es, möglichst viele Punkte (Dollars) in Form von Spielkarten oder Chips zu erspielen. Der/Die Bankdirektor:in erhält die restlichen Dollars (Spielkarten oder Chips). Am Tisch mit dem Bankdirektor bzw. der Bankdirektorin kann nun für jeden erspielten Punkt ein Dollar hinzugewonnen werden. Am Tisch mit dem Bankräuber bzw. der Bankräuberin wandert für jeden verlorenen Punkt ein Dollar zum Bankräuber. Ist ein Rundlauf am mittleren Tisch zu Ende, wird folgendermaßen gewechselt: Der/Die zuerst ausgeschiedene Spieler:in wechselt zum Tisch mit dem Bankräuber und schickt den dort bisherigen Spieler zum Rundlauf. Der Verlierer des Endspiels bleibt beim Rundlauf, der Sieger bzw. die Siegerin des Endspiels löst den Spieler beim Bankdirektor ab und kann, solange der nächste Rundlauf läuft, wiederum Dollars erspielen. Erreicht ein/e Spieler:in zehn Dollar, so löst er/sie den Bankdirektor ab. Verliert ein/e Spieler:in alle Dollars, so löst er/sie den Bankräuber ab. Der ehemalige Bankdirektor oder Bankräuber startet mit einem Grundkapital von 5 Dollar im Rundlauf (Fürste, 2012).

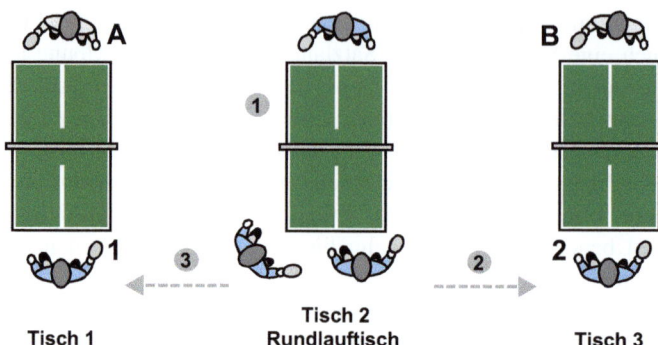

Abb. 5.6 Aufbau der Spielform „Bankräuber und Bankdirektor". An den beiden äußeren Tischen wird ein normales Einzel nach den normalen Tischtennisregeln gespielt. Der/Die Bankräuber:in (Spieler:in A) bleibt fest an Tisch 1. An Tisch 3 positioniert sich dauerhaft der/die Bankdirektor:in. Die übrigen Spieler:innen stellen sich in der Mitte an Tisch 2 zum Rundlaufspiel auf. (DTTB, 2000)

Zusammenfassend lässt sich festhalten, dass Wettkampfsituationen definitiv Teil einer Trainingseinheit sein sollten (Abschn. 7.2). Für die persönliche Entwicklung der Übenden können diese Spielformen besonders hilfreich sein. Der Umgang mit Drucksituationen im Wettkampf wird im Training kennengelernt und verinnerlicht, wovon die Übenden in Wettkämpfen oder Meisterschaftsspielen profitieren. Es empfiehlt sich, möglichst viele Wiederholungen einzuplanen und zu vermeiden, dass einzelne Übende nach dem Ausscheiden nicht mehr aktiv an der Übung teilnehmen können. Mit den aufgeführten Übungsansätzen stehen nun einzelne Bausteine zur Verfügung, um den Übenden Wettkämpfe im Trainingsalltag in einem spielerischen Rahmen näher zu bringen. Im Austausch mit den Tischtennisspieler:innen werden sich noch weitere angepasste Variationen der Übungen finden lassen, die in zukünftige Trainingseinheiten einfließen können.

5.3 Methodische Prinzipien für die Technik-Vermittlung

Tischtennis ist eine sehr technikorientierte Sportart, bei der zumindest im Schul-, Freizeit- und Breitensport weniger die physischen Fähigkeiten als die feinmotorischen, koordinativen Fähigkeiten im Vordergrund stehen. Gerade für Anfänger:innen ergibt sich die Problematik, dass die Aktionen zumeist in relativ kurzer Zeit und dabei hoher Präzision (Abschn. 3.2.2) durchgeführt werden müssen (z. B. die Bewegung zum Ball, die Antizipation der Balltrajektorie, die Handlungsauswahl und -ausführung). Dies führt häufig dazu, dass kein flüssiges Spiel zustande kommt und die Lernenden nur bedingt oder gar keine Erfolgserlebnisse haben. Besonders zu Beginn des Technikerwerbs ist dies unbefriedigend, da die Ballwechsel in der Regel kurz und die Fehlerzahl hoch sind. Zu leicht dürfen Übungen jedoch auch nicht sein, damit sich die Übenden nicht langweilen.

Um diesen „Drahtseilakt" bei der Vermittlung einer (neuen) Technik zu vollführen, sollten methodische Grundprinzipien bei der Konstruktion von Übungen beachtet werdet (Klein-Soetebier & Klingen, 2019): die Übenden zum einen zu fordern und Interesse für die Sportart Tischtennis zu wecken, zum anderen aber auch die Motivation hochzuhalten, damit sie sich mit einem positiven Gefühl der Sportart nähern.

Damit die Übenden schnell zu Erfolgserlebnissen kommen, muss das Lern- und Übungsangebot sehr systematisch aufgebaut werden. Insbesondere den durchschnittlich begabten Anfänger:innen sind entsprechende Erleichterungen beim Lernen anzubieten. Hierbei haben sich ganz bestimmte methodische Grundprinzipien bewährt. Aus der allgemeinen Methodenlehre sind solche als Merksätze bekannt (z. B. „Vom Leichten zum Schweren", „Vom Bekannten zum Unbekannten", „Vom Groben zum Feinen"; Meinel & Schnabel, 1998). Speziell für die Sportart Tischtennis lassen sich konkretere Prinzipien darstellen, wie sie z. B. Klingen (1984) formuliert hat. Sie sollen den Trainer:innen Hilfe und Orientierung bieten, um die Komplexität des Zielspiels systematisch zu variieren. Eine Reduktion der Komplexität führt zu Vereinfachungsstrategien. Insbesondere beim Erlernen der (Grund-)Techniken (Abschn. 4.2) bieten die Prinzipien Hilfen an, um die komplexen, feinmotorischen Technikanforderungen etwas zu vereinfachen (u. a. Schiefler, 2003). Der Fokus liegt dabei zumeist auf der Reduktion des Zeitdrucks (Abschn. 3.2.2).

Aus der Perspektive der Übungsleiter:innen (oder Trainer:innen, Coaches, Lehrkräfte) können die Prinzipien zudem sehr gut als „Stellschrauben" im Unterrichts- oder Trainingsalltag genutzt werden. Übungen lassen sich so für verschiedene Könnensstände leicht differenzieren. Ausdrücklich stellt sich auch die Frage, welche der (Teil-)Schritte/Aufgaben von einzelnen Lernenden übersprungen werden können. Gerade dies wird in der Anfängermethodik häufig vergessen: Nicht jede:r Anfänger:in benötigt Zwischenschritte, um zu einem Zielspiel zu gelangen. Häufig hemmen langatmige Übungsreihen auch das eigene Ausprobieren und die intrinsische Motivation. Die nachfolgend beschriebenen sieben tischtennisspezifischen Prinzipien dienen demnach dazu, das Lernen in grundsätzlicher Weise sinnvoll aufzubauen und zu steuern. Sie stehen weitgehend in Wechselwirkung zueinander und kommen in der Regel in Kombination zum Einsatz.

5.3.1 Vom weiträumigen zum kurzen Spiel

Durch eine Vergrößerung der Spielfläche soll durch dieses Prinzip der Zeit- und Präzisionsdruck reduziert werden. Den Lernenden wird mithilfe verschiedener Großraumspiele sowie durch eine kontinuierliche Annäherung über das Kleinfeld der Übergang zum Zielspiel am Tischtennistisch erleichtert. Anforderungen an die Feinmotorik, die Schnelligkeit, die Antizipation und teilweise auch die Konzentration lassen sich durch das tischferne Spiel reduzieren. Zudem fördert es die – im Tischtennis wichtigen – Hub-Dreh-Bewegungen, die Beinarbeit und die Kopplung mehrerer Muskelgruppen (siehe auch kinematische Kette in Abschn. 8.3). Ein weiterer Vorteil ist, dass durch die großräumigeren Bewegungen Verkrampfungen und Bewegungshemmungen, welche ggf. durch die kleine Zielfläche und den kleinen Ball ausgelöst werden, vermindert werden. Exemplarisch wird im Folgenden eine methodische Reihe zum Erlernen des Vorhand-Topspins (VHT, Abschn. 4.2.3.1) aufgeführt, die im Sinne dieses Prinzips aufgebaut ist. Die Aufgaben 1 und 2 stellen allerdings hinführende Übungen dar, mittels derer ein erstes Gefühl „in der Hand" für eine „eher einfühlsame statt schlagende" Bewegungsausführung beabsichtigt ist.

Aufgabe 1: Zunächst werden Gymnastikreifen kreuz und quer durch die Halle gerollt. Dabei sollen die Lernenden darauf achten, dass sie den Reifen nur leicht streifen und ihm dadurch eine Vorwärtsrotation verleihen. Sie sollen dies jeweils mit ihrer dominanten und ihrer nicht-dominanten Hand ausprobieren.

Aufgabe 2: Zwei Bänke werden schräg in eine Sprossenwand gehängt, sodass zwischen den Bänken ein kleiner Spalt offenbleibt. In diesen Spalt wird ein Tennis- oder Tischtennisball gelegt, der zunächst mit der flachen Hand, später mit dem Tischtennisschläger die Bank heraufgerollt werden soll. Auch hier sollen die Lernenden den Ball nicht frontal anschieben, sondern nur von oben streifen, sodass er quasi ‚von selbst' nach oben rollt.

Aufgabe 3: Die Übenden spielen einen VHT in Korridoren über Spielfeldumrandungen hinweg. Dabei wird bewusst darauf verzichtet, eine klare Bewegung vorzumachen. Die Spieler:innen sollen in Anlehnung an die beiden vorangegangen Übungen selbst erproben, was ein sog. Topspin sein könnte. Die Distanzen sollen bei dieser Aufgabe individuell variiert werden, sodass gröbere (große Distanzen) oder feinere (kleinere Distanzen) Bewegungen provoziert werden. Kleinere Hinweise (z. B. „Der Topspin soll eine Rotation bekommen und eher hoch über die Umrandung gespielt werden") können bei dieser Aufgabe unterstützen. Besteht die Möglichkeit, einzelne Tischhälften zu nutzen, lassen sich diese auch ein Stück auseinanderziehen, sodass ein Graben zwischen den Tischhälften entsteht, welcher sukzessive verkleinert werden kann.

Aufgabe 4: An den Tischtennistischen wird mittels Zauberschnur, Baustellenabsperrband, Sporttaschen, Umrandungen, Kisten oder ähnlichen Gegenständen das normale Tischtennisnetz erhöht. Dadurch wird eine höhere Flugkurve erzwungen, welche das tangentiale Treffen des Balles befördert. Zu zweit spielen sich die Lernenden den Ball über das erhöhte Netz zu. Gerade bei Anfänger:innen empfiehlt es sich, den Ball, bevor er zurückgespielt wird, noch einmal anzustoppen und auf dem Boden aufprellen zu lassen. Dieser sog. „Stell-Topspin" erleichtert das richtige Positionieren zum Ball. Diese Hilfstechnik können Fortgeschrittene überspringen bzw. kann von ihnen als Möglichkeit des Agierens gesehen werden, damit ein kontinuierliches Spiel zustande kommt.

Aufgabe 5: Die Netzerhöhung wird zurückgenommen. Jetzt soll über ein normales TT-Netz hinweggespielt werden. Die Lernenden sollen ihren Fokus immer noch auf die hohe Flugkurve und das Streifen des Balles lenken. Als akustische

Rückmeldung kann ihnen dabei das Treffgeräusch des Balles dienen, welches möglichst „leise" sein sollte. Auch hier empfiehlt es sich, dass der Partner bzw. die Partnerin den ankommenden Ball zunächst anstoppt und dann zurückspielt.

Aufgabe 6: Nun wird der Topspin vom Gegenüber im Sinne eines „Prellblocks" angenommen. Gerade Anfänger:innen fällt es leichter, den Ball auf diese Weise zu spielen. Dabei spielt man den Ball nicht direkt über das Netz zurück, sondern spielt ihn erst auf die eigene Tischhälfte, sodass er von dieser über das Netz auf die Tischhälfte des Partners bzw. der Partnerin springt. Dies erleichtert es, die Rotation des Balles zu kalkulieren. Außerdem wird gleichzeitig ein aktives Reagieren auf den anfliegenden Ball geübt, ohne vor ihm zurückzuweichen.

Aufgabe 7: Ohne Anstoppen (ohne Prellblock) wird der Ball nun vom Gegenüber zurückgeblockt, also durch eher passives Schläger-Hinhalten direkt auf die Tischhälfte gegenüber gespielt.

Aufgabe 8: Gelingt es, den Ball kontrolliert mit einem Topspin gegen einen Block zu spielen, lassen sich Topspins gegen verschiedene Rotationsarten (z. B. gegen Unterschnitt) aus unterschiedlichen Positionen (z. B. VHT aus der Rückhandseite) oder gegen verschiedene Blockvarianten (z. B. aktiver Block) thematisieren und ausprobieren. Für die Schulung des tangentialen Streifens sind Übungen denkbar, bei denen Anfänger:innen einen VHT auf einen Ball mit Unterschnitt spielen sollen, um den Unterschied zu einem härteren Treffpunkt bzw. die Varianzen des VHT zu erspüren/zu erlernen.

Beim Umgang mit diesem methodischen Grundsatz ist zu beachten, dass er nicht bei allen Tischtennistechniken gleichermaßen zur Anwendung kommt. Gerade bei tischnahen Techniken, wie beispielsweise dem Schupf, Flip oder Schuss, fällt es den Lernenden leichter, diese direkt am Tisch zu üben. Das entspricht auch eher den Strukturen des Wettkampfspiels.

5.3.2 Vom diagonalen zum parallelen Spiel

Neue Techniken sollten zu Beginn über die Diagonale des Tisches (d. h. aus der Vorhand in die Vorhand bzw. aus der Rückhand in die Rückhand) gespielt werden. Dies begünstigt zunächst die natürliche Bewegungsausführung, die den Schlägen inhärent ist. Besonders bei den Vorhandtechniken, bspw. der Vorhand-Kontertechnik (Abschn. 4.2.1.1), welche ihren Hauptimpuls aus der Rotation des Oberkörpers und einer Gewichtsverlagerung vom hinteren auf das vordere Bein bezieht, muss die Bewegung bei diagonalen Ballwegen nicht aktiv abgestoppt bzw. „umgeleitet" werden, wie es bei parallelen Ballwegen der Fall wäre. Somit lassen sich Bewegungen dynamischer und weniger verkrampft ausführen.

Eine Erleichterung bringt das Prinzip auch dadurch, dass der Ballweg über die Diagonale rein physikalisch bedingt länger ist. Den Lernenden bleibt somit mehr Zeit für das Abschätzen des Ballweges und der Flugkurve. Auch für die richtige Positionierung zum Ball und eine kontrollierte Ausführung der Aushol- und Schlagphase steht mehr Zeit zur Verfügung. Berechnet man eben diese Distanzen

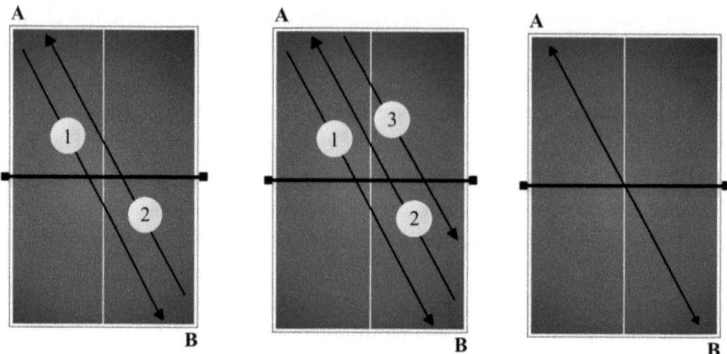

Abb. 5.7 Exemplarische Übungsreihe nach dem Prinzip „vom diagonalen zum parallelen Spiel" (Klingen, 1984; Klein-Soetebier & Klingen, 2019). In der linken Darstellung wird der Ball nach dem Aufschlag nur einmal zurückgespielt und dann gefangen. In Schritt 2 spielt auch der Aufschläger bzw. die Aufschlägerin den Ball einmal zurück (Darstellung Mitte). Im 3. Schritt spielen die Spielpartner:innen kontinuierlich hin und her (rechte Darstellung)

in der Diagonalen und Parallelen ergibt sich eine Distanz von 156,5 cm beim diagonalen Spiel im Kontrast zu 137 cm in der Parallelen. Dies sind fast 20 cm mehr. Es klingt nicht viel, kann aber gerade im Anfängerbereich entscheidend sein, um auf einen schnellen Ball noch reagieren zu können oder nicht. Im folgenden Beispiel wird am Vorhand-Konter (VHK) aufgezeigt, wie das methodische Prinzip konkret umgesetzt werden kann.

1. **Schritt:** Auf einen langen Aufschlag (ohne Rotation) von Partner:in A spielt Partner:in B einen Vorhand-Konter zurück. Partner:in A fängt den Ball und macht erneut einen Aufschlag (Abb. 5.7, links). Falls den Lernenden der Aufschlag noch schwerfällt, kann hier auch ein sog. „Hilfsaufschlag" (siehe Abschn. 2.2.4) eingeführt werden. Dabei darf der Ball aus der Hand auf der eigenen Tischhälfte fallen gelassen werden und dann von unten nach oben über das Netz gespielt werden.
2. **Schritt:** Wie bei Schritt 1 führt Partner:in A den (Hilfs-)Aufschlag aus, Partner:in B kontert den Ball zurück. Im Anschluss kontert Partner:in A ebenfalls, anstatt den Ball zu fangen. Dann wechselt der Aufschlag (Abb. 5.7, mittig).
3. **Schritt:** Partner:innen A + B spielen den VHK kontinuierlich über die Vorhand-Diagonale (Abb. 5.7, rechts). Dabei kann der/die Trainer:in Hilfestellungen geben, um bestimmte Schwerpunkte zu fokussieren. Beispielsweise rein verbale Hinweise, bspw. auf eine gute Position zum Ball, die Gewichtsverlagerung von einem Bein auf das andere oder insgesamt auf eine dynamische Rumpfrotation bei der Schlagbewegung zu achten. Es kann auch von außen ein akustischer Rhythmus oder eine Ballwechselanzahl vorgegeben werden.
4. **Schritt:** Partner:in A spielt einen langen VH-Aufschlag in die Vorhand, Partner:in B kontert mit der Vorhand parallel in die Rückhand. A fängt den Ball

5.3 Methodische Prinzipien für die Technik-Vermittlung

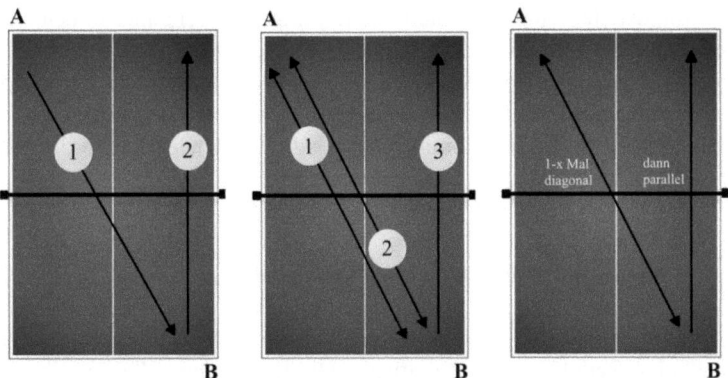

Abb. 5.8 Weiterführung der exemplarischen Übungsreihe nach dem Prinzip „vom diagonalen zum parallelen Spiel" (Klingen, 1984; Klein-Soetebier & Klingen, 2019). In der linken Darstellung wird der Ball nach dem Aufschlag parallel zurückgespielt und dann gefangen. In Schritt 2 spielen A+B den Ball zweimal hin und her, bevor der parallele Ball erfolgt (Darstellung Mitte). Im 3. Schritt entscheidet der Rückspieler bzw. die Rückspielerin, wann er/sie den Ball parallel spielt. Dies kann nach 2, 3 oder beliebig vielen diagonalen Bällen geschehen (rechte Darstellung)

(Abb. 5.8, links). Für fortgeschrittene Lerner:innen lässt sich die Übung gleich erweitern, indem der parallele Ball nicht gefangen, sondern parallel mit der Rückhand-Konter zurückgespielt wird. Partner B spielt diesen Ball dann wieder diagonal in die Vorhand zu A, und die Übung kann endlos weitergespielt werden.

5. **Schritt:** A+B kontern den Ball diagonal. Der/Die Aufschläger:in spielt nach zwei diagonalen Konterbällen einen Ball parallel in die Rückhand (Abb. 5.8, mittig). Zwar gibt es bei dieser Übung noch einen vorbestimmten Ballweg, allerdings müssen die Lernenden dabei mitdenken (mitzählen) und darauf achten, wann der parallele Ball gespielt wird. Auch hier sind Ergänzungen für Fortgeschrittene denkbar, die ggf. häufiger diagonal spielen könnten, bevor der parallele Ball folgt. Die Übung kann auch komplexer gestaltet werden (z. B. 2 × diagonal, 1 × parallel, 3 × diagonal, 2 × parallel usw.), um die schneller Lernenden zu fordern.
6. **Schritt:** Wie Schritt 5, allerdings darf der Aufschläger frei entscheiden, ob er/sie nach 2, 3, 4 oder x diagonalen Bällen den Ball parallel in die Rückhand spielt (Abb. 5.8, rechts). Durch diese Variabilität wird die Anforderung für den Rückschläger deutlich erhöht, da er oder sie stets auch überraschend mit dem Ball in die Rückhand rechnen muss.

Für alle wichtigen Tischtennis-Grundtechniken (Abschn. 4.2) lassen sich ähnliche methodische Wege entwickeln. Bei der Auswahl der Übungen gilt es allerdings – wie oben ausgeführt –, die individuelle Lernausgangslage zu beachten. Hier und da kann es sinnvoll sein, den Lernenden bereits zu Beginn die Übungsreihe komplett vorzustellen und ihnen dann die jeweilige Verweildauer in den einzelnen Übungen selbst zu überlassen. Das heißt für Trainer:innen auch, sinnvolle, eigenständige Veränderungen von Aufgabenstellungen der Lernenden zu akzeptieren, teilweise herauszufordern und zu unterstützen (siehe später auch Abschn. 5.4 zum selbstständigen Lernen). Das kommt insbesondere den talentierten Übenden entgegen.

5.3.3 Vom langsamen zum schnellen Spiel

Dieses Prinzip beabsichtigt genau wie das Prinzip „Vom weiträumigen zum kurzen Spiel" eine Reduktion des Zeitdrucks. Die Lernenden sollen bei ihren ersten Aneignungsversuchen der Technik die Möglichkeit haben, eine gute Position zum Ball einzunehmen und die Bewegung fehlerfrei kontrollieren zu können. Zudem soll damit das Miteinander-spielen-Können auch auf einer ersten Anfängerebene erleichtert werden. Das kann die Motivation zum Weiterlernen befördern. Allerdings ist zu bedenken, dass eine gewisse Bewegungsdynamik zur Realisierung von Tischtennis-Techniken nötig ist (z. B. beim Rückhand-Topspin). Das relativiert die Bedeutung dieses Prinzips. Auch größere Bälle, langsamere Schläger oder Ähnliches verändern die Struktur des Spieles so sehr, dass es dem eigentlichen Zielspiel entgegenläuft. Daher sollten Verlangsamungen des Spiels mit Bedacht gewählt werden. Folgende Übersicht (Tab. 5.3) erfasst nur ein paar Möglichkeiten der Spielverlangsamung sowie die damit verbundenen Absichten. Diese lassen sich aber beliebig erweitern.

Gerade mit Anfänger:innen lässt sich über die Vorgabe einer bestimmten Ballwechselzahl das (Bewegungs-)Tempo relativ gut steuern. So können die Lernenden bspw. aufgefordert werden, zunächst zehn erfolgreiche Netzüberquerungen zu realisieren, bevor sie den Ball mit mehr Tempo als punktbringenden Schlag einsetzen dürfen. Insbesondere bei einer heterogenen Lerngruppe hat das den Vorteil, dass die Lernenden den Ball im Spiel halten können und somit Erfolgserlebnisse für alle entstehen. Zudem lassen sich individuelle Leistungsfortschritte (z. B. zu Beginn der Übungsreihe 5 und am Ende 20 Netzüberquerungen) besser abbilden und den Spieler:innen rückmelden.

Eine andere Möglichkeit zur Verlangsamung ist die Erhöhung des Netzes (Abschn. 5.3.1). Es ist den Lernenden dadurch nicht mehr so leicht möglich, einen punktbringenden (schnellen) Schlag einzusetzen. Weitere Möglichkeiten sind die Vorgabe von bestimmten Techniken (z. B. Schupfen als eher langsame Technik) oder die Vorgabe eines bestimmten Zielfeldes/-bereichs, in den gespielt werden muss. Durch die erhöhten Präzisionsanforderungen werden die Lernenden gezwungen, ihr Bewegungstempo zu reduzieren (Fitts, 1954).

Erst wenn die Lernenden genügend Aufmerksamkeit von der eigentlichen Technikausführung für andere Anforderungen „abzweigen" können, ist es sinnvoll, das Spiel schneller zu gestalten. Schließlich ist das Wettkampfspiel Tischtennis eines der schnellsten Ballspiele, mit der Konsequenz, dass die notwendigen Techniken

5.3 Methodische Prinzipien für die Technik-Vermittlung

Tab. 5.3 Darstellung verschiedener Möglichkeiten der Spielverlangsamung im Tischtennis sowie die damit verbundenen Absichten (Klingen & Klein-Soetebier, 2019)

MÖGLICHKEITEN der SPIELVERLANGSAMUNG		
Aufgabe/Veränderung	Beschreibung	(Weitere) Intentionen
Vorgabe einer Ballwechselzahl	Zunächst müssen 10 (15, 20, 50 etc.) erfolgreiche Netzüberquerungen realisiert werden, bevor der Ball mit mehr Tempo als punktbringenden Schlag eingesetzt werden darf	Motivationale Vorteile in einer heterogenen Gruppe. Alle Lernenden können den Ball im Spiel halten
Auf ein Signal wird schneller gespielt	Eine/r der Spielpartner:innen gibt ein deutliches, lautes Signal, welches anzeigt, dass ab jetzt schneller gespielt werden darf. Beim nächsten Ballwechsel wechseln die Rollen	Dies kann mit taktischen Elementen verbunden werden, sodass taktisch entschieden werden kann, wann dieser Zeitpunkt sinnvoll ist
Vorgabe einer (langsameren) Technik	Wird den Lernenden eine eher passive Technik (z. B. Schupf, Prellblock o.Ä.) vorgegeben, mit der sie ausschließlich agieren dürfen, wird das Spieltempo umgehend reduziert. Die Lernenden können spezielle Schlagabfolgen bzw. spezielle Ballwechsel, die ggf. auch im Wettkampf vorkommen, üben (z. B. mit der Rückhand darfst du nur Schupf spielen, mit der Vorhand ist auch ein Topspin erlaubt)	Neben der Verlangsamung ist auch Technikschulung möglich. Lernende erfahren Unterschiede hinsichtlich des Einsatzes (auch Risikoabschätzung) einzelner Schläge
Netzerhöhung	Das Spiel wird durch eine Erhöhung der Netzbegrenzung rein physikalisch verlangsamt. Es ist den Lernenden nicht mehr so leicht möglich, einen punktbringenden (schnellen) Schlag einzusetzen. Somit werden zwingende Situationen geschaffen, die sie vor neue Aufgaben stellen	Implizite Schulung einer höheren Flugkurve und Einsatz langfristig erfolgreicherer Schlagtechniken (hier: Topspin mit hoher Flugkurve)
Einspielen über das Ballkistenzuspiel	Lernende können sich gegenseitig beim Üben einer neuen Schlagtechnik unterstützen. Hier bietet sich u. a. das Ballkistenzuspiel an. Dabei wird immer ein neuer Ball aus einer Kiste genommen. Das Spieltempo kann hier durch die Frequenz der eingespielten Bälle ganz exakt bestimmt werden	Neben dem Fokus auf die Schlagtechnik können sich die Lernenden gegenseitig korrigieren und unterstützen. Erfahrungsunterschiede zwischen den Übenden lassen sich hier positiv berücksichtigen. Kooperatives Erarbeiten von Lösungen ist möglich
Vorgabe eines bestimmten Zielbereichs	Studien haben gezeigt, dass man deutlich langsamer agiert, wenn man ein kleines Ziel treffen will. Dieser sogenannte „speed-accuracy-trade-off" (z. B. Fitts, 1954) lässt sich nutzen, um durch die Vorgabe eines bestimmten (kleineren) Zielbereiches auf dem Tisch das Spieltempo zu reduzieren	Die Zielbereiche lassen sich auch zur Binnendifferenzierung einsetzen, sodass erfahrene Tischtennisspieler:innen sehr kleine oder wechselnde Zielbereiche erhalten

"schlagartig" eingesetzt und durchgeführt werden müssen. Eine Automatisierung von Feintechniken sollte deshalb stets im schnellen Spiel erfolgen (Klingen, 1984).

5.3.4 Vom indirekten zum direkten Spiel

Bei einigen Techniken bietet es sich an, sie losgelöst von der Aktion des Gegenübers zu üben. Dies setzt voraus, dass die Technik auch aus dem Stand ohne Kraftimpuls von der Gegenseite möglich ist (z. B. beim Üben der Rückhand-Schupftechnik). Basierend auf frühen methodischen Überlegungen von Grumbach (1975, 1980) wird bei diesem Prinzip zunächst ohne Partnerzuspiel die Grobtechnik nach indirektem (mehrmaligen) Aufspringen des Balles auf der eigenen Tischhälfte verfolgt. Die Vorteile dieses Prinzips liegen für die Lernenden darin, dass sie

- den Treffzeitpunkt,
- die Geschwindigkeit des Balles,
- die Rotation des Balles,
- die notwendige Distanz zum Ball und optimale Position am Tisch.

weitestgehend selbst bestimmen können. Gerade im Anfängerbereich scheitert eine (gute) Technikschulung oft am ‚unsauberen' Zuspiel des Partners. Die Lernenden können bei dieser indirekten Form ihre volle Aufmerksamkeit auf die eigene Bewegungsausführung lenken. Eine typische Übungsreihe zum Rückhand-Schupf (RHS; Abschn. 4.2.2.2) wäre bei Beachtung dieses Prinzips wie folgt aufgebaut:

Schritt 1: Kurze Bewegungsdemonstration mit Hinweisen auf die relevanten Merkmale der Rückhand-Schupftechnik. Dabei sollte erfahrungsgemäß vor allem die Möglichkeit aufgezeigt werden, die Neigung des Schlägerblatts zu verändern, um die Flughöhe und die Rotation des Balles zu beeinflussen. Weitere entscheidende Merkmale der Bewegung (z. B. parallele Fußstellung, tiefer Körperschwerpunkt mit leicht gebeugten Knien oder der Treffort vor dem Körper) lassen sich später je nach Fortschritt der Lernenden sukzessive integrieren.
Schritt 2: Die Lernenden lassen den Ball mehrmals auf dem Tisch aufspringen, bevor sie ihn zum Partner bzw. zur Partnerin über das Netz spielen. Der/Die Partner:in fängt den Ball auf und spielt den Ball ebenfalls nach mehrmaligem Auftippen auf dem Tisch zurück.
Schritt 3: Wie Schritt 2, nur dass die Anzahl der Ballsprünge auf dem Tisch schrittweise reduziert wird, bis die Lernenden den Ball nach einmaligem Aufspringen über das Netz spielen können.
Schritt 4: Der Ball wird sich nun nicht selber zugespielt, sondern vom Gegenüber ins Spiel gebracht. Zu Beginn kann der Partner bzw. die Partnerin den Ball mit einem Unterhandwurf möglichst flach über das Netz werfen und später mit dem Schläger einspielen.

Schritt 5: Mit einem Hilfsaufschlag kann der Ball ins Spiel gebracht werden. Das heißt, er kann einmal auf der eigenen Tischhälfte aufspringen, bevor er eingespielt wird. Danach folgt ein möglichst ununterbrochenes Schupfen über die Rückhand-Diagonale.

Schritt 6: Es wird ohne Hilfsaufschlag mit einem regelkonformen Rückhand-Schupfaufschlag (z. B. Ballanwurf mindestens 16 cm, hinter der Grundlinie des Tisches, aus der flachen Hand etc.) gespielt.

Schritt 7: Um die Übungsreihe mit einem Wettkampfcharakter abzuschließen, lässt sich ein Satz bis 11 Punkte (auch 21, 30, 50 Punkte) spielen, bei dem nur die Rückhand-Schupftechnik erlaubt ist. Dabei kann auch die Platzierung (z. B. nur in der Rückhand-Diagonalen) vorgegeben werden. Jeder Fehler führt zu einem Punkt für den Partner bzw. die Partnerin.

Schritt 8: Später lassen sich Einsatzmöglichkeiten und Probleme der Schupftechnik in der Lerngruppe thematisieren.

- In welchen Situationen des Spiels kann/sollte ich die Technik einsetzen?
- Wann ist ein geeigneter Treffzeitpunkt?
- Welche Variationen in der Rotation, beim Tempo, bei der Platzierung gibt es?
- Welche typischen Fehlerbilder fallen auf? (z. B. Schlägerblatt zu weit geöffnet = der Ball geht sehr hoch; Bewegung geht zu sehr von unten nach oben anstatt von hinten nach unten rechts etc.)

Die jeweilige Verweildauer in den einzelnen Übungsschritten richtet sich nach der Lerngruppe und kann leicht zur Binnendifferenzierung beitragen. Partnerwechsel zwischen den einzelnen Schritten machen die Technikschulung kurzweiliger und können zu einem guten Trainingsklima (siehe auch Abschn. 7.3.4 zur Gruppenmobilisierung) beitragen. Schnellere Lerner können langsameren bei den einzelnen Schritten helfen, indem sie Rückmeldungen geben und das (Miteinander-) Spielen durch regelmäßige Zuspiele stabilisieren.

5.3.5 Vom einfach-regelmäßigen zum kombiniert-unregelmäßigen Spiel

Im Tischtennis-Wettkampfspiel kommt es stets zu unregelmäßigen (Spiel-)Situationen, in denen in der Regel unterschiedliche Schlagkombinationen in kurzer Zeit hintereinander erfolgen. Das methodische Prinzip „Vom einfach-regelmäßigen zum kombiniert-unregelmäßigen Spiel" versucht von einer kontrollierten (regelmäßigen) und auf eine Schlagseite beschränkten (daher einfachen) Technik schrittweise zu dem späteren (kombiniert-unregelmäßigen) Wettkampfspiel hinzuführen. Im Prinzip können hier je nach Spielniveau eine endlose Zahl an Übungen mit unterschiedlichen Schwierigkeitsgraden entwickelt werden. Zur Einordnung der Schwierigkeit kann man sich daran orientieren, dass bei „einfachen Übungen" nur eine *Schlagseite* (Vorhand oder Rückhand) benutzt wird. Dies ist für Anfänger:innen grundsätzlich leichter zu realisieren als „kombinierte Übungen", in denen gleich beide Schlagseiten genutzt werden müssen. Dies erfordert neben der richtigen Entscheidung (für Vorhand oder Rückhand) auch Änderungen in der Fußstellung, der Position zum Ball und der Griffhaltung (z. B. Vorhand- und Rückhandgriff; Abschn. 4.1.1).

Die zweite Konstante, die Trainer:innen, Lehrkräfte oder Übungsleiter:innen verändern können, ist die Regelmäßigkeit der Übung. Analog zur Schlagseite fällt das Erlernen einer bestimmten Schlagtechnik leichter, wenn der Ball auf eine festgelegte *Platzierung* (z. B. lang in die Rückhand), mit einer festgelegten *Frequenz* (z. B. 3 Bälle in die Rückhand-Seite) über einen vorgegebenen *Ballweg* (z. B. in der Rückhand-Diagonalen) gespielt wird. Ist eine Technik gefestigt, lässt sich zum einen der Spielpunkt variieren (z. B. anstatt auf einen festen Punkt in der Rückhand, werden zwei Drittel der Rückhand-Seite bespielt), die Frequenz erhöhen (z. B. 3–8 Bälle) und der Ballweg komplexer gestalten (z. B. 2 × in die Rückhand, 1 × in die Mitte, 2 × in die Rückhand usw.). Dabei lassen sich je nach Leistungsniveau mal mehr oder weniger Parameter einer Übung variieren.

Bei unregelmäßigen Übungen weiß der oder die Übende nicht genau, wohin der nächste Ball gespielt wird. Beispielsweise wird der Ball zwei-, drei- oder viermal diagonal in die Rückhandseite platziert, bevor er parallel in die Vorhandseite kommt. Dadurch wird es den Lernenden deutlich schwerer gemacht, die Schlagbewegungen vorauszuplanen, da der Ball immer auch in die Vorhandseite gespielt werden kann. Dies fördert die stetige Bereitschaft, jeden Ball sowohl auf der Vorhand- als auch auf der Rückhandseite zu erwarten. Damit wird auch das Zielspiel vorbereitet. Im richtigen Wettkampf existieren ausschließlich Spielsituationen, in denen der Spielende (größtenteils) nicht weiß, wohin der Gegner bzw. die Gegnerin den nächsten Ball platziert (Klingen, 1984). Anhand der folgenden Vier-Felder-Matrix (Tab. 5.4) lässt sich der Schwierigkeitsgrad einer Übung regulieren, um damit individuelle, d. h. an den aktuellen Lernstand der Tischtennisspieler:innen angepasste Übungen zu gestalten.

Parallel zur Technikschulung können Trainer:innen diese Vier-Felder-Matrix für das Coaching nutzen, um beispielsweise Tischtennisspieler:innen zu veranschaulichen, warum die Technik ggf. bei der regelmäßigen, einfachen Handlungen noch problemlos funktioniert, jedoch in der unregelmäßigen Aufgabe häufig scheitert. So bleibt ihre Motivation leichter erhalten, weil sie verstehen, warum der „Topspin in der Übung noch super funktioniert hat, aber jetzt im Wettkampf auf einmal nicht mehr klappt" (Klein-Soetebier & Klingen, 2019, S. 59).

Auch die Vorlieben der Lernenden können hier direkter angesprochen werden. Beispielsweise bevorzugen manche Lernende regelmäßige Übungen mit einer hohen Frequenz, in denen sie viele Bälle auf den Tisch spielen, wohingegen andere Lerntypen wettkampfnäher, also unregelmäßiger üben möchten und von regelmäßigen, vorgefertigten Übungsformen schnell gelangweilt sind. Die Entwicklung eigener Übungen und Lernwege ist der nächste Schritt im Lehr-Lernprozess den Trainer:innen den Übenden aufgeben können. Lässt man den Lernenden individuelle Freiräume zur Entwicklung eigener Übungen, die im Übrigen auch über die Vier-Felder-Matrix gesteuert werden können, so werden Kreativität

Tab. 5.4 Vier-Felder-Matrix zur Regulierung des Schwierigkeitsgrades beim Techniklernen (Klein-Soetebier & Klingen, 2019)

	Regelmäßig	Unregelmäßig
Einfach	einfach-regelmäßige Übung (z. B. RH-Schupf gegen RH-Schupf in fester Frequenz über RH-Diagonale)	einfach-unregelmäßige Übung (z. B. 2- bis 4-mal VHT aus VH, 1-mal VHT aus Mitte, dann wieder VHT aus VH)
Kombiniert	kombiniert-regelmäßige Übung (z. B. abwechselnd RH-Topspin aus RH und VH-Topspin aus VH gegen RH-Block des Partners; oder auch Falkenberg-Übungen[3]	kombiniert-unregelmäßige Übung (z. B. variable Spielweise, indem die Anzahl und die Richtung der RH- und VH-Topspin offen sind)

und selbstmotiviertes Lernen gefördert. Auch halbregelmäßige Übungen sind im Lernprozess denkbar, in denen die Schlagplatzierung zum Teil bekannt, aber zu gewissen Teilen auch unbekannt ist (z. B. kurze Aufschläge werden immer kurz die Vorhand zurückgespielt, lange Aufschläge können überall hin platziert werden).

Abschließend sei angemerkt, dass sich Schwerpunkte anhand der Zielgruppe ergeben. So liegt es nahe, dass im herkömmlichen, breitensportlichen Anfängertraining fast ausschließlich einfach-regelmäßige Übungen tragend sind, da die Lernenden zumeist über wenig Vorerfahrung verfügen. Teils weisen sie auch motorische Schwächen auf, die gerade im Schulsport, in dem wenig (Übungs-)Zeit zur Verfügung steht, kaum zu eliminieren sind. Im Training mit Fortgeschrittenen im Verein oder in Schul-AGs hingegen lassen sich gut auch kombiniert-regelmäßige und kombiniert-unregelmäßige Übungen einbauen. Sie gewährleisten ein abwechslungsreiches Lernen und Üben.

5.3.6 Vom rotationsarmen zum rotationsreichen Spiel

Betrachtet man die Rückschlagspiele im Quervergleich (z. B. Tischtennis, Tennis, Badminton oder Squash), so zeichnen sie sich jeweils durch sehr unterschiedliche Anforderungen und Möglichkeiten aus. Unbestritten ist, dass die Rotation des Balles das Tischtennis-Spiel am deutlichsten von den anderen Rückschlagsportarten unterscheidet (Abschn. 6.1.3). Das leuchtet ein, wenn man bedenkt, dass der Ball durch seinen kleinen Durchmesser und die weichen Gummibeläge, mittels derer

---

[3] Falkenberg-Übungen sind die wahrscheinlich bekanntesten Übungen im Tischtennis. Sie haben alle gemein, dass zunächst ein Ball mit der Rückhand aus der Rückhand-Seite gespielt werden muss, im Anschluss ein Ball mit der Vorhand, allerdings auch aus der Rückhand-Seite (dies erfordert ein Umspringen der Rückhand), und der Ball dann entweder erst in die Mitte oder direkt parallel in die Vorhand gespielt wird. Lernende müssen sich dementsprechend schnell bewegen. Der Partner bzw. die Partnerin blockt dann wieder in die Rückhand, wodurch die Übung von vorne beginnt.)

er katapultartig beschleunigt wird, sehr viele Umdrehungen pro Minute erzeugen kann.

Gerade Anfänger:innen fällt es schwer, die Rotation eines Balles richtig einzuschätzen und adäquat darauf zu reagieren (z. B., dass ein stark unterschnittener Ball etwas angehoben wird oder dass das Schlägerblatt bei einem stark vorwärts rotierenden Ball weiter geschlossen wird). Lernende können diesbezüglich entlastet werden, wenn man ihnen verdeutlicht, dass selbst Profi-Tischtennisspieler:innen hier auch regelmäßig ihre Probleme haben.

Für das Erlernen neuer Techniken im Tischtennis gilt daher die Leitlinie „Vom rotationsarmen zum rotationsreichen Spiel". Damit ist nicht gemeint, dass Techniken, die viel Rotation erfordern (z. B. der Vorhand-Topspin) zunächst nicht thematisiert werden dürfen, sondern dass alle Techniken auch im Sinne der Individualisierung von Lernprozessen in einer eher rotationsarmen oder rotationsreichen Variante gespielt werden können. Dieses methodische Prinzip konkretisiert vor allem den Grundsatz „Vom Groben zum Feinen" (u. a. Meinel & Schnabel, 2007).

Beispiel

Um die Gestaltung der Lehr-Lernprozesse individuell auf das Können der einzelnen Lernenden abzustimmen, lässt sich beispielsweise bei den Schupftechniken eine Art „Schiebe-Schupf" einführen, welcher den Ball weniger tangential trifft, sondern ihn mit leicht geöffnetem (gestelltem) Schlägerblatt ein wenig nach vorne schiebt (z. B. Groß, 2015, S. 93). Mit dieser Technik können die Lernenden sich langsam an die Schupftechnik herantasten. Außerdem bietet der Schiebe-Schupf die Möglichkeit, sehr flache Bälle wieder etwas höher zu spielen, um den Spielfluss zu gewährleisten. Dies könnte im Sinne der Binnendifferenzierung auch eine Aufgabe für spielstärkere Spieler:innen sein (z. B. „Du hast die Zusatzaufgabe, darauf zu achten, dass der Ball nicht zu flach oder schnell wird. Wenn du denkst, es wird zu schnell und flach, solltest du den Ball etwas anheben und die Rotation wieder verringern"). ◄

Gelingt es, eine Technik in ihrer Feinform kontrolliert zu spielen, werden zusätzliche Aufgaben gestellt, die eine Anpassung der Bewegung an wechselnde Umstände ermöglichen (Meinel & Schnabel, 2007, S. 180 ff.). In dieser Lernphase sind viele Möglichkeiten der Selbststeuerung (Abschn. 5.4) gegeben. So können die Lernenden Bewegungen auch selbstständig umgestalten, kreative Lösungsmöglichkeiten finden und schwierige Bedingungen schaffen, für die sie anschließend (Bewegungs-)Lösungen finden müssen[4]. Die vorausgehenden beiden Phasen der Entwicklung der Grob- und der Feinform dienen vor allem dazu, die

---

[4] Für einen Überblick zu kreativen Übungsformen empfehlen wir das Buch von Peter Luthardt (2015) zum „Kreativen Tischtennis". Darin werden besondere Übungs- und Trainingsformen beschrieben, die Ergänzungen und Erweiterungen des „traditionellen" Tischtennistrainings darstellen.

motorischen Grundvoraussetzungen für die jeweiligen Techniken zu schaffen und Bewegungserfahrungen zu sammeln (z. B. Was passiert, wenn ich den Ball sehr stark nach oben „reiße", ohne ihn richtig zu treffen?). Die positive Verstärkung gelungener Aktionen sollte dabei im Vordergrund stehen. Die Lernenden sollen für ihren weiteren (selbstständigen) Lernprozess motiviert werden.

5.3.7 Spiel mit zunehmender motorischer Belastung

Tischtennis zeigt sich als Freizeitspiel häufig in einer eher bewegungsarmen Ausprägung. Die Spieler:innen versuchen zumeist tischnah und aus dem Stand heraus zu agieren. Armstreckungen werden genutzt, um die nach außen gespielten Bällen zu erreichen. Die tischtennisspezifische Grundposition und ihre jeweilige dynamische Anpassung sind nur selten zu erkennen. Spielt man gerade nicht im Park oder Freibad, wird bei systematischen Übungsformen und einem tiefen Körperschwerpunkt schnell deutlich, dass Tischtennis mehr ist als ein bewegungsarmes Ping-Pong-Spiel. Tischtennis wird mit steigendem spielerischen Niveau immer dynamischer und physisch anspruchsvoller.

Bei Klingen (1984) wird das Prinzip noch als „Spiel mit zunehmender konditioneller Belastung" betitelt. Hier wird es begrifflich „abgeschwächt", weil vor allem im technikorientierten Anfängertraining die konditionelle Komponente zunächst zu vernachlässigen ist. Vielmehr geht es um zweierlei. Zunächst einmal darum, jene motorische Belastung zu vermeiden, die zu einer Qualitätseinbuße bei der Technikschulung führen könnte. Zum anderen geht es darum, dass auch Beginner:innen bereits die Dynamik des Tischtennisspiels erfahren und in ihr Handlungsrepertoire aufnehmen. Erfahrungsgemäß zeigt sich bei (reinen) Anfänger:innen eher das Problem, dass sie gar nicht ins Bewegen oder gar ins Schwitzen kommen.

Bei der Erhöhung der motorischen Belastung muss der/die Trainer:in die Lerngruppe und die einzelnen Lernenden gut im Blick haben. Grundsätzlich ist zu vermeiden, dass nur ganz kurze Ballwechsel und ständige Pausen im Spielfluss entstehen. Ziel sollte es speziell im Anfängerbereich immer so sein, dass die Lernenden aus einem kontrollierten Spiel heraus zu einem gezielten, technisch und taktisch orientierten (Wettkampf-)Spiel gelangen. Wie bereits beim Prinzip „Vom langsamen zum schnellen Spiel" (Abschn. 5.3.3) angeregt, besteht eine Umsetzungsmöglichkeit darin, eine gewisse Ballwechselzahl oder konkrete Ballwege vorzugeben, bevor es zum freien Spiel übergeht. Eine sehr einfache Stellschraube ist die Erhöhung der Anzahl der zur Verfügung stehenden Bälle. Finden die Lernenden direkt neben sich einen neuen Ball, entfällt die Zeit, die sie benötigen, den fehlerhaft gespielten Ball wiederzuholen, und haben dadurch deutlich mehr effektive Spielzeit. Schaffen es die Lernenden nach den oben genannten Vereinfachungen einen Ball kontrolliert mit dem Partner bzw. der Partnerin hin- und herzuspielen, lässt sich durch die Vorgabe von Lauf- und Bewegungsaufgaben zum dynamischen Spiel übergehen (Klingen, 1984). Hierzu wäre folgende schrittweise Übung (hier am Beispiel des Erlernens des Rh-Schupfs) an der Ballkiste (Abschn. 5.2.2) denkbar:

Schritt 1: Die Lernenden spielen sich den Ball möglichst ununterbrochen über die RH-Diagonale mit einem Ball zu, d. h. von der eigenen Rückhand in die gegnerische Rückhand.

Schritt 2: RH-Schupfen über zwei Drittel (oder auch drei Viertel etc.) des Tisches. Geht ein Ball verloren, wird direkt ein neuer Ball aus der Ballkiste genommen. Die Lernenden müssen hier schon einen großen Teil des Tisches mit einer (Schlag-)Seite abdecken. Dies erfordert gute Beinarbeit.

Schritt 3: Kontinuierliches Schupfen über die RH-Diagonale, wobei nach jedem 2. RH-Schupf die Rückhand umlaufen (umgesprungen) wird und der Schläger mit der Vorhand auf den Boden getippt werden muss (auch 1., 3., 4. denkbar). Dies kann auch als Vorübung für den Vorhand-Topspin nach Umspringen dienen.

Schritt 4: RH-Schupfen über drei Viertel des Tisches gegen Zuspieler:in, welche/r ununterbrochen Bälle aus einer Ballkiste einspielt. Um mehrere Lerner:innen gleichzeitig an einem Tisch beschäftigen zu können, lassen sich Zusatzaufgaben einbauen (z. B. „Nach jedem Schlag müsst ihr die Markierung schräg hinter euch umlaufen"; Abb. 5.9). Auch hier bieten sich sowohl kompetitive Übungsformen als Gruppe (z. B. „Welcher Tisch schafft es, die meisten Bälle fehlerfrei zurückzuspielen?") oder als Individuum (z. B. „Wer schafft es, am längsten drin zu bleiben, ohne einen Fehler zu machen?") an.

Schritt 5: Weitere Zusatzaufgaben (z. B. mehrere Markierungen, längere Laufwege, komplexere Schlagabfolgen, Ziele treffen (, etc.) einbauen. Stellt man mehrere Markierungen in verschiedenen Distanzen zum Tisch auf und lässt die Übenden eigenverantwortlich auswählen, welche Distanz sie sich zutrauen, können alle Lernenden an ihre individuellen Grenzen gehen. Weitere Regeln können sein, dass die Markierung nur umlaufen werden muss, wenn der Ball nicht erfolgreich zurückgespielt wurde, oder dass man einen Extrapunkt erhält, wenn man den Lauf um die Markierung schafft und rechtzeitig wieder zurück am Tisch ist.

Eine Spielform, die durch seine Rahmenbedingungen ein hohes Maß an motorischer Belastung erfordert, ist der sogenannte **4er-Tisch** (oder auch Riesentisch). Wie der Name schon vermuten lässt, werden bei dieser Spielform vier Tische (ohne Netz) in einem Rechteck zusammengestellt. So entsteht eine viermal so große Spielfläche wie im gewöhnlichen Tischtennis. Das Netz sollte circa 30 cm hoch sein. Dies lässt sich leicht umsetzen, wenn man die Tischtennis-Umrandungen, die eine Spielbox begrenzen, auf eine normale Sitz-/Turnbank stellt. Es sind jedoch auch andere Gegenstände direkt auf dem Tisch als Netz denkbar (z. B. Bananenkisten, Taschen, usw.). Der Ball darf zweimal (oder je nach Zielgruppe mehrmals) auf der eigenen Seite aufspringen. Um den Ball zu erreichen, darf man sich auf dem Tisch abstützen bzw. auf den Tisch hechten. Jedoch nicht darauf stehen, um den Tisch zu schonen. Im Einzel ist die Aufschlagregel ähnlich der im Tennis: Jede:r Spieler:in hat zwei Aufschläge. Der erste wird von rechts nach links, der zweite von links nach rechts ausgeführt. Man hat jeweils zwei Versuche (wie im Tennis). Der Aufschlag muss spätestens beim zweiten Auftippen das letzte Tischviertel erreichen oder an der Seite herausspringen. Gespielt wird

Abb. 5.9 Variation der Laufwege beim Ballkistenzuspiel. Nach einem Schlag muss der Lernende (hier Spieler D) einen Laufweg um ein Hindernis (z. B. eine Pylone) realisieren, bevor er sich wieder hinten an der Schlange anstellen darf. Es lassen sich auch mehrere Hindernisse aufbauen, die je nach erfolgreichem oder nicht-erfolgreichem Schlag gelaufen werden müssen. (Klingen, 1984, S. 36)

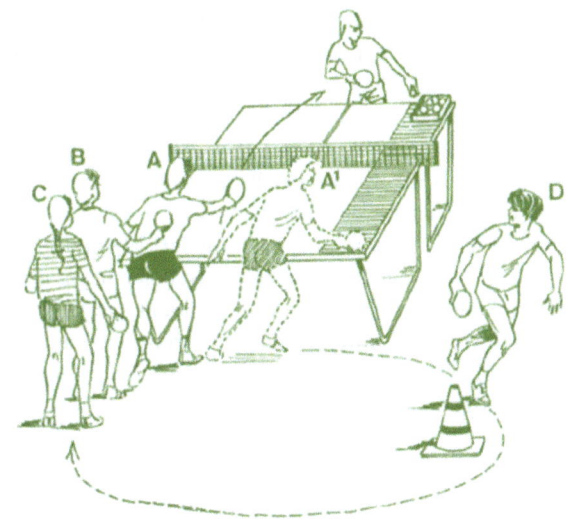

nach den normalen Tischtennisregeln. Möchte man mehrere Übende gleichzeitig motorisch belasten, lässt sich diese Spielform auch als Riesenrundlauf umsetzen. Dann laufen die Spieler:innen nach üblichen Rundlaufregeln um den vergrößerten Tisch herum. Somit können sich die Übenden zum Ende einer Trainingseinheit noch einmal komplett motorisch ausbelasten.

Zusammenfassend gesagt, sollen diese sieben Prinzipien kleine Stellschrauben darstellen, um tischtennisspezifische Übungen variabel aufzubauen. Gerade beim Erlernen neuer Techniken können (Teil-)Schritte/Aufgaben generiert werden, die helfen, das Training für den jeweiligen Könnensstand der Lernenden zu justieren. Dabei empfehlen wir, immer die Option offen zu halten, dass einzelne Lernschritte übersprungen werden können, wenn es der aktuelle Könnensstand der Lernenden ermöglicht. Wie oben bereits erwähnt, ist keinem Lernenden geholfen, wenn langatmige Übungsreihen das eigene Ausprobieren, die intrinsische Motivation und somit das selbstständige Weiterlernen hemmen.

5.4 Selbstständiges Lernen

In der Tischtennispraxis nutzen die meisten Trainer:innen eine abwechslungsreiche methodische Organisation des Lehrens und Lernens. Gleichwohl scheint das darstellend-nachvollziehende Lehren und Lernen zu dominieren. Das heißt, dass den Lernenden in der Regel die Zielvorstellung (z. B. eine Technikverbesserung, eine taktische Anweisung, eine Übungsform usw.) direkt und ohne Umwege verdeutlicht wird. Das hat gute Gründe: Zum einen haben viele Trainer das Tischtennisspiel auf diese Weise sehr gut (und schnell) selbst gelernt; zum anderen ist es auch aus Sicht der Lernenden oftmals bequemer, die Aufgabenstellungen der Trainer:innen anzunehmen und dann in deren Sinne zu verarbeiten.

Doch wie bei jedem Lehr-Lernverfahren gibt es natürlich auch eine Kehrseite. Hier: Die Lernenden bleiben in einer kognitiv, emotional und sozial eher fremdbestimmten und passiven Rolle. Daher können sie sich in ihrer sportbezogenen Selbstständigkeit nicht so entwickeln, wie es vielleicht wünschenswert und auch für das weitere Lernen nützlich wäre. Bei kognitiven Prozessen (Abschn. 3.3.3) beispielsweise werden sich die Lernenden durch die klaren (Übungs-)Vorgaben kaum eigenständig Gedanken machen, sodass wichtige Lernprozesse ausbleiben. Die Fremdsteuerung auf emotionaler Ebene übersieht vielleicht die gefühlsmäßigen bzw. handlungspsychologischen Ausgangslagen der Lernenden. Lernvorgaben können dann beispielsweise nicht umgesetzt werden, weil die Lernenden gerade eventuell unruhig und unkonzentriert sind. Auch auf sozialer Ebene werden den Lernenden in der Regel gezielte Interaktionen mit dem oder der Spielpartner:in abgenommen, welche hingegen beim selbstständigen Lernen erforderlich sind.

5.4.1 Grundverständnis zum Lehren und Lernen – eine Gegenüberstellung

Es gibt eine Fülle von Lehr-Lernformen, welche sich in der Trainingspraxis oftmals vermischen. Die nachfolgende Übersicht (Tab. 5.5) stellt den Versuch dar, die gängigen Verfahren zusammenzufassen und kontrastierend gegenüberzustellen.

Diese Darstellung der Lehr-Lernformen ist eher allgemein-didaktischer Natur, d. h. ursprünglich nicht für den sportwissenschaftlichen Bereich oder das Tischtennistraining konzipiert. Es existieren weitere profunde Herangehensweisen, die ebenfalls praxisorientierte methodische Verfahren im Tischtennis gegenüberstellen (siehe z. B. induktives vs. deduktives Lernen in Geisler, 2019). Unstritig ist, dass alle skizzierten Lernformen ihre Berechtigung haben. Allerdings wird jede Lehr-Lernform nur dann ihre Wirksamkeit entfalten können, wenn Trainer:in und Sportler:in aktiv zusammenarbeiten, das Klima in der Trainingsgruppe gut ist und die Verfahren sorgsam ausgewählt und umgesetzt werden. Dazu gehört auch viel Lehr- bzw. Trainererfahrung.

5.4.2 Was versteht man unter selbstständigem Lernen?

Vorab: Der Trainingsbetrieb ist und bleibt zunächst einmal ein Raum, in dem der Trainer, die Trainerin das Sagen hat und bestimmt, wo es langgeht. Denn sie sind und bleiben oberste Fachleute und Experten für das Lehren und Lernen. Speziell im Anfängerstadium wird es darauf ankommen, dass die Lernenden möglichst schnell Lernfortschritte machen und diese an sich selbst erleben. Sie sind in der Folge wichtige Antreiber für das weitere Lernen. Das darstellend-nachvollziehende Lernen bietet sich hier besonders an (z. B. durch Vormachen). Parallelen zu den methodischen Herangehensweisen des deduktiven Lernens sowie der Um-

Tab. 5.5 Lehr-Lernformen in der Trainingspraxis aus Klingen und Klein-Soetebier (2022). Es werden die jeweiligen Vor- und Nachteile der Lehr-Lernform zusammengefasst

Darstellend-nach-vollziehendes Lernen	Problemorientiertes-entdeckendes Lernen	Selbstständiges bzw. autonomes Lernen	Kooperatives Lernen
Bekannte Teilmethoden: Imitationslernen Lernen am Modell Trainer:in gesteuert	**Bekannte Teilmethoden:** Genetisches Lernen Differenzielles Lernen Kreatives Lernen	**Bekannte Teilmethoden:** Keine spezifische Form	**Bekannte Teilmethoden:** Gruppenarbeit Teamarbeit Lernhelfersystem
Aktionsformen: Bewegungsvorgaben Bewegungsaufgaben Lehrer-Feedback	**Aktionsformen:** Problemorientierte Aufgabenstellungen Selbstbeobachtung-Selbstfeedback	**Aktionsformen:** Eigenständige Fortschreibung des Lernverlaufes (Ziele, Inhalte, Verfahren) Nutzung unterschiedlicher Instrumente	**Aktionsformen:** Aufgabenstellungen Zwischenpräsentationen Strukturierter Umgang mit Beratungsanlässen
Vorteil: Zügiger Lernfortschritt (Könnenserleben) Gute Planbarkeit Geordnete Organisationabläufe **Nachteil:** Fremdbestimmung Fehlende Kreativität Unzureichende Selbstständigkeit	**Vorteil:** Hohe Selbstwirksamkeit Kreative Lösungen Erforschung des Handlungsfeldes Einsichtiges Lernen **Nachteil:** Zeitaufwendig Hoher Erörterungsbedarf Evtl. Frustrationserleben	**Vorteil:** Entwicklung von Selbstverantwortung und Selbstständigkeit Selbstwirksamkeit Reflexion und Erforschung des eigenen Lernens Einsichtiges Lernen **Nachteil:** Erst auf ausreichendem Könnens- und Wissensniveau sinnvoll Unter Umständen größerer Medienaufwand	**Vorteil:** Entwicklung von Mitverantwortung und Selbstständigkeit Einsichtiges, gemeinsames Lernen Gegenseitiger Austausch und Komm **Nachteil:** Lerneffekte bleiben manchmal aus, weil es an fachlichen, sozialen und kommunikativen Fähigkeiten mangelt Benötigt oftmals hohen Betreuungsaufwand

setzung der methodischen Grundprinzipien des Lernens (vgl. Klein-Soetebier & Klingen, 2019) sind offensichtlich.

Mit zunehmender motorischer und fachlicher Sicherheit sollte allerdings das selbstständige Lernen mehr herausgefordert werden. Im Idealfall können die Lernenden dann selbst folgende Ansatzpunkte entsprechend ausformen und (zumindest) selbstständig mitgestalten:

- Genaues Ziel des Lernens (z. B. Technikmerkmale, Taktik)
- Geeignete Übungen
- Gewünschtes Verhältnis von Spielen und Üben
- Geeignete Lernpartner:innen

Inwieweit auch Lernort und Lernzeit selbst gewählt werden können, hängt immer von den jeweiligen Rahmenbedingungen ab. Beispielsweise sollte ein/e Spieler:in, der/die in einem Nachbarverein geeignete Sparringspartner für sein Ziel ausfindig gemacht hat, dort unter bestimmten Umständen eine derartige Möglichkeit nutzen können.

Ein selbstständiges Lernen ist nur dann wirklich effektiv, wenn die Lernenden ihr eigenes Lernverhalten a) beobachten, b) reflektieren und dann c) daraus die entsprechenden Folgerungen ableiten (siehe auch Abschn. 8.2 zum leistungsorientierten Training). Im weitesten Sinne geht es also um Introspektion und Metakognition (vgl. Bund, 2004). Metakognitive Fähigkeiten (z. B. Wissen über die Nutzung eigener Ressourcen, über das eigene Denken, über die Wirksamkeit von eigenen Lernstrategien) sowie ihre Passung mit den Anforderungen einer Lernaufgabe werden in der psychologischen Literatur als eine wichtige Voraussetzung für den Erfolg des selbstständigen Lernens betrachtet (Seel, 2003).

5.4.3 Dem selbstständigen Lernen zunehmend Raum schenken?

Wie bereits eingangs angesprochen, gibt ein durchgängig fremdbestimmtes Lernen den Lernenden kaum die Chance, sich in ihrer sportbezogenen Selbstständigkeit zu entwickeln. Zudem speist sich dann das Gefühl der Selbstwirksamkeit fast ausschließlich aus dem motorischen oder spieltaktischen Zugewinn, welcher aus den Effekten des Aufnehmens und Verarbeitens von Vorgaben, Bewegungsanweisungen, Aufgabenstellungen und Trainer-Feedback resultiert. Überspitzt lässt sich das in einem Satz formulieren: „Der Trainer hat mich besser gemacht." Besser wäre: „Ich habe mich selbst besser gemacht. Auch mit der Hilfe eines tollen Trainers."

Selbstverantwortung, Engagement und Qualität des Lernens (auch sportartübergreifend) zu steigern sind wichtige Hebel zur Selbstkompetenzentwicklung (Klingen, 2019). Das Lernen zu lernen ist hierzu ein wichtiger Ansatzpunkt. Speziell im fortgeschrittenen Könnensstadium bzw. Lernalter lassen sich jene (zusätzlichen) Lernchancen besser nutzen, die in der selbstständigen Auseinandersetzung und Gestaltung von Lernprozessen liegen. Wie Bund (2004) am Beispiel des Jonglierens aufzeigen konnte, lässt sich über das Führen eines Bewegungslerntagebuches (Abb. 5.10) die Nachhaltigkeit des Lernens verbessern.

Es spricht viel dafür, dass die intensive eigene Auseinandersetzung mit den Inhalten und Lernstrategien zu einer Tiefenverarbeitung führt, die dann mit einer positiven Lernleistung korreliert. Zu ähnlichen Effekten kommt es im Übrigen, wenn Spielerinnen und Spieler als Lernhelfer bzw. „Hilfslehrer:in/Co-Trainer:in" eingesetzt werden und sich in diesem Zusammenhang immer tiefer in die Materie eindenken und einarbeiten (Klein-Soetebier & Klingen, 2019). Das Von- und Miteinander-Lernen ermöglicht zudem wichtige Erfahrungen im zwischenmenschlichen Bereich (z. B. bei Interaktionen, beim Finden von Kompromissen, bei Kommunikationsabläufen usw.). Auch auf fachlicher Ebene können kooperative

5.4 Selbstständiges Lernen

Beispiel: Mein Trainingstagebuch (oder "Lerntagebuch")

Name: _____

Trainingsmonat: _____

	Meine Notizen	Tipps vom Trainer / von der Trainerin
Diese Techniken oder Taktiken habe ich im Training sicherer gemacht …		
Das habe ich neu hinzugelernt …		
Das wird im nächsten Trainingsabschnitt/Monat mein wichtigstes Ziel sein …		
Das will ich dafür tun …		

Abb. 5.10 Exemplarische Vorlage für ein Trainingstagebuch, in dem die Spieler:innen ihre Erfahrungen mit vorangegangenen Gegner:innen festhalten. Diese Erfahrungen können für ein erneutes Aufeinandertreffen genutzt werden, um die Leistung zu steigern und/oder aus früheren Fehlern zu lernen. (Aus Klingen & Klein-Soetebier, 2022, S. 7)

Prozesse für Lernfortschritte sorgen, z. B. weil Techniken, Abläufe, Aufgabenstellungen, Strategien gemeinsam durchdacht und miteinander abgeglichen werden müssen.

5.4.4 Erweitertes Rollenverständnis ausbilden

Trainer:innen vereinen stets mehrere Rollen. Sie sind Pädagogen, Trainer:innen und Feedbackgeber:innen, Manager:innen und noch einiges mehr. Im Rahmen des Lehrens und Lernens sind sie zumeist Instruktoren, eher selten Lernberater:innen. In der Notwendigkeit zu genau dieser Rollenerweiterung liegt zum einen für die Lernenden eine große Chance. Sie erhalten den nötigen Raum zur erwünschten Selbstentfaltung und Selbstbestimmung. Zum anderen bedeutet diese Rollenerweiterung für den Trainer oder die Trainerin ein Umdenken und eine Erweiterung seines/ihres Handlungsrepertoires. Er/Sie muss sich zeitweise mehr zurückzunehmen, den Lernenden etwas zutrauen, hier und da sicher auch lernen, mit unbefriedigenden Prozessen und (Teil-)Ergebnissen umzugehen. Auf der kommunikativen Ebene könnte er/sie zunächst versuchen, stärker mit Fragen als mit Vorgaben zu arbeiten, wie folgende Beispiele zeigen sollen (Abb. 5.11).

Diese Art von Hilfestellungen können Trainer:innen insbesondere nutzen, falls es den Lernenden schwerfällt, selbstständig Ziele zu setzen und eigene Aufgaben zu entwickeln. Überhaupt ist zu bedenken, dass ein Mehr an selbstständigem Lernen auch Gewöhnungssache ist und erst mit zunehmendem Alter, wachsender

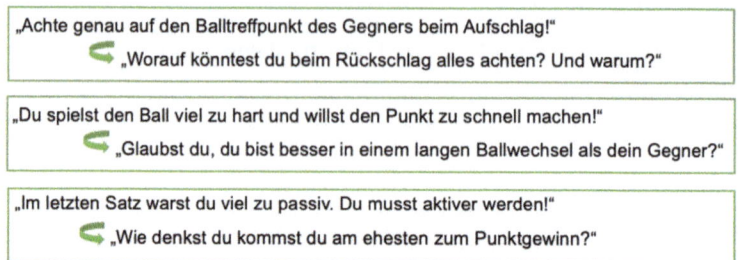

Abb. 5.11 Umformulierungen konkreter Probleme/Herausforderungen im Tischtennisspiel. Anstelle von direkten Anweisungen stellen Trainer:innen (passive) Fragen, die die Spieler:innen zum eigenständigen Denken anregen sollen. (Klingen & Klein-Soetebier, 2022, S. 8)

Reife und sich entwickelndem fachlichen Know-how geübte Praxis werden kann. Für den nötigen Planungsmehraufwand wird der Trainer oder die Trainerin aber mit einem Mehr an Dynamik und inhaltlicher Offenheit belohnt. Mittel- und langfristig führt dies auch zu einer Arbeitsentlastung, weil die Verantwortung für das Lehren und Lernen jetzt auch stärker bei den Lernenden liegt.

Zusammenfassend gesagt, gilt es bei der Technik-Vermittlung, systematische Herangehensweisen (i.S. von Lehr-/Lernmodellen) zu nutzen, aber den Lernenden auch einen gewissen Freiraum zur Selbstentfaltung zu gewähren. So kann durch eine grobe Rahmung (z. B. Technikleitbilder, Spielphilosophien, methodische Prinzipien) und das selbstständige Erproben und Weiterlernen ein effizienter Lernprozess angetrieben werden. Regelmäßiger, konstruktiver Austausch zwischen Trainer:in und Spieler:in stärken das Vertrauensverhältnis und machen aus den Spieler:innen im besten Fall mündige Athlet:innen.

Fragen zu Kapitel 5

1. Welche Anfängermodelle werden bei der Vermittlung im Tischtennis traditionell unterschieden? Wo liegen die jeweiligen Vor- und Nachteile dieser Modelle?
2. Worin liegt der Unterschied zwischen dem Üben und dem Spielen im Tischtennis? Welche Lernmethode bei der Technik-Vermittlung bevorzugst du? Und warum?
3. Was ist der sogenannte „Tischtennis-Garten"? Wofür lässt er sich im Training einsetzen?
4. Wozu benötigt man bei der Technik-Vermittlung im Tischtennis methodische Prinzipien? Erläutere die Umsetzung eines methodischen Prinzips an einem konkreten Beispiel.
5. Welche Gründe gibt es dafür, das selbstständige Lernen im Tischtennis zu fördern? Wie schätzt du dieses Thema ein? Stehst du diesem ggf. kritisch gegenüber?

Literatur

Adomeit, M., Huber, D., Kube, N., Poersch, J., Raue, R., & Weyers, N. (2000). *Tischtennis – Rahmentrainingskonzeption für Kinder und Jugendliche im Leistungssport*. Limpert Verlag.

Behringer, D. (2017). Differenzielles Lernen im Tischtennis-Techniktraining. *VDTT-Trainerbrief, 3*, 16–22.

Brucker, O., & Harangozo, T. (1975). *Tischtennis modern gespielt (mit Tischtennis Quiz 17:21)*. Falken-Verlag.

Becker, F. (2015). Balleimertraining im Tischtennis. *Tischtennislehre, 2*, 15–16.

Bund, A. (2004). Selbstgesteuertes Bewegungslernen und Lernstrategien. *Sportwissenschaft, 34*(3), 295–310.

Deutscher Tischtennis-Bund [DTTB]/Roesch, C. (2000) (Hrsg.). *Tischtennis-Lehrplan: Schlagtechnik und Beinarbeit*. Deutscher Tischtennis-Bund.

Ehrlenspiel, F., & Mesagno, C. (2020). Angst im Sport. In J. Schüler, M. Wegner, & H. Plessner (Hrsg.), *Sportpsychologie: Grundlagen und Anwendung* (S. 267–306). Springer Berlin Heidelberg.

Fähnrich, S. (1961). *Tischtennis Erfolgreiches Training—Leicht gemacht*. Wilhelm Limpert-Verlag.

Fehl, M. (2012). Differentielles Training im Tischtennis – „Fehler-machen" macht den Meister…? *VDTT-Trainerbrief, 1*, 4–9.

Fitts, P. M. (1954). The information capacity of the human motor system in controlling the amplitude of movement. *Journal of Experimental Psychology, 47*, 381–391.

Friedrich, W., & Ernst, J. (2001). Thema: Balleimertraining – Die vielseitige Trainingsmethode für jeden Tischtennistrainer. In Deutscher Tischtennis-Bund (Hrsg.), *Tischtennis Lehrplan 2000*. Hugger Gestaltung.

Friedrich, W., & Fürste, F. (2012). *Tischtennis – verstehen, lernen, spielen*. Philippka-Sportverlag.

Fürste, F. (2007). Der Team-Balleimer. *VDTT-Trainerbrief, Themenheft Technik: Vermitteln und Erlernen, 2*, 32–33.

Fürste, F. (2012). Trainingsorganisation Teil 1: Aufbau einer Trainingseinheit. *VDTT-Trainerbrief, 1*, 16–20.

Geisler, M. (2019). *Methodik des Technik-Trainings. Tischtennis Lehrplanreihe*. Deutscher Tischtennis-Bund.

Giese, M., & Hasper, J. (2008). Spielend Tischtennis lernen. *Sportpädagogik, 1*, 28–31.

Groß, B.-U. (1984). Balleimertraining zur Intensivierung der Technik-, Taktik- und Konditionsschulung. *Betrifft Sport, 10*, 22–28.

Groß, B.-U., & Huber, D. (1995). *Tischtennis: Moderne Technik für Anfänger und Könner*. Rowohlt.

Groß, B.-U. (2015). *Tischtennis Basics*. Meyer & Meyer.

Groß, B.-U., & Schlager, W. (2011). *Tischtennis perfekt*. Meyer & Meyer.

Grumbach, M. (1975). *Tischtennis-Grundschule Teil 1: Grundkurs*. Schriftenreihe zur Praxis der Leibeserziehung und des Sports, Bd. 93. Hofmann Verlag.

Grumbach, M. (1980). *Tischtennis-Grundschule Teil 2: Aufbaukurs*. Hofmann Verlag.

Haas, F., Langenberg, T., & Bittlingmayer, L. (2022). Fit für den Wettkampf. *Tischtennis, 10*, 46–47.

Haas, F., Klein-Soetebier, T., & Röttgen, J. (2021). Der Tischtennis-Garten 2.0 – Variable Tischaufbauten zur Schulung der Koordination. *Tischtennis, 6*, 36–38.

Hänsel, F. (2003). Instruktion. In H. Mechling & J. Munzert (Hrsg.), *Handbuch Bewegungswissenschaft – Bewegungslehre* (S. 265–280). Hofmann

Heissig, W. (1977). *Tischtennis 2 – Technik und Taktik des schnellen Spiels*. Reihe Urlaub und Freizeit. Busse.

Heissig, W. (1982). *Tischtennissport – Die Kunst des weißen Balles*. Bussesche Verlagshandlung.

Horsch, R. (2019). Methodik des Balleimertrainings im Tischtennis. *Sportunterricht, 68*(2), 82–83.

Hotz, A., & Muster, M. (1993). *Tischtennis Lehren und Lernen – Individuelles Lernen durch differenzielles Lehren.* Meyer & Meyer.

Hudetz, R. (1984). *Alles Über Tischtennis Technik* (1. Aufl.). Tibhar.

Klein-Soetebier, T., & Keller, M. (2018). Der Tischtennis-Garten – Eine Spielform zur variablen Gestaltung des Tischtennisspiels. *Tischtennis, 10,* 48–49.

Klein-Soetebier, T., & Klingen, P. (2019). *Lehr-Lernvorstellungen im Tischtennis-Anfängerunterricht – Eine didaktisch-methodische Handreichung für Lehrkräfte und Übungsleiter in Schule und Verein.* Schneider Verlag.

Klingen, P. (1984). *Tischtennis in Schule, Verein, Freizeit. Ziele – Methoden – Technik – Spiele – Fehlerkorrektur.* Dümmler.

Klingen, P. (2019) *Sportunterricht – Ort des Lernens. So lassen sich Selbstverantwortung, Engagement und Qualität beim Lernen verbessern. Empfehlungen, Beispiele, Tipps.* Schneider Verlag Hohengehren.

Klingen, P., & Klein-Soetebier, T. (2022). Im Trainingsbetrieb das selbstständige Lernen mehr herausfordern. *VDTT-Trainerbrief, 1,* 4–9.

Krämer, A. (2014). Trainingstipp: Balleimer-Übungen für den Rückhandtopspin. *Tischtennis, 5,* 47–48.

Künzell, S., & Hossner, E.-J. (2012). Differenzielles Lehren und Lernen: Eine Kritik. *Sportwissenschaft, 42*(2), 83–95.

Luthardt, P. (2015). *Kreatives Tischtennistraining: Mal anders trainieren – 50 Übungen, die Spieler begeistern.* Philippka Sportverlag.

Luthardt, P., Muster, M., & Straub, G. (2016). *Tischtennis – Das Trainerbuch (Praxisideen – Schriftenreihe für Bewegung, Spiel und Sport).* Hofmann.

Mayr, C., & Förster, M. (2012). *Spielend Tischtennis lernen: In Schule und Verein.* Limpert Verlag.

Meinel, K., & Schnabel, G. (1998, 2007). *Bewegungslehre – Sportmotorik: Abriss einer Theorie der sportlichen Motorik unter pädagogischem Aspekt.* Südwest Verlag.

Meinel, K., Schnabel, G., & Krug, J. (Hrsg.). (2015). *Bewegungslehre – Sportmotorik: Abriss einer Theorie der sportlichen Motorik unter pädagogischem Aspekt* (12. Aufl.). Meyer & Meyer.

Michaelis, R., & Sklorz, M. (1982). *Tischtennis-Lehrplan – Technik 1.* BLV Buchverlag.

Munzert, J. (1992). Motorik-Repräsentation, Bewegungswissen und Bewegungshandeln. *Sportwissenschaft, 22,* 344–356.

Munzert, J. (2001). Bewegungsvorstellungen – Bewegungshandlungsvorstellungen. In D. Hackfort (Hrsg.), *Handlungspsychologische Forschung für die Theorie und Praxis der Sportpsychologie* (S. 49–63). Bps.

Muster, M. (1986). *Tischtennis. Lernen und Trainieren. Ein Lehrbuch für Schule und Verein.* Limpert Verlag.

Muster, M., & Klein-Soetebier, T. (2021). Übungsdauer, Lerntypen und Effektivität von Lernprozessen – Wie lange sollte eine Tischtennis-Übung eigentlich sein? *VDTT-Trainerbrief, 3,* 8–14.

Olivier, N., & Rockmann, U. (2003). *Grundlagen der Bewegungswissenschaft und –lehre.* Hofmann.

Östh, G., & Fellke, J. (1992). *Wie wird man die Nr. 1 im Tischtennis.* Meyer & Meyer Verlag.

Perger, M. (1986). *Tischtennis Technik. Der individuelle Weg zum erfolgreichen Spiel.* Falken Verlag.

Ringleb, D., & Hartung, S. (2016). TTVN-Sommercamp: Training in allen Facetten. *VDTT-Trainerbrief, 2,* 22–27.

Schiefler, B. (2003). Wahrnehmung, Reaktion und Antizipation (Teil 1 & 2). *VDTT-Trainerbrief, 3,* 26–33.

Schöllhorn, W. I. (1999). Individualität – ein vernachlässigter Parameter? *Leistungssport, 29*(2), 5–12.

Schöllhorn, W. I., & Köpsel, M. (2005). Differenzielles Lernen im Tischtennis. Teil 1: Kick it like Waldner. *VDTT-Trainerbrief, 4,* 4–11.

Schnabel, G., Harre, D., Krug, J., & Borde, A. (Hrsg.) (2008). *Trainingslehre – Trainingswissenschaft. Leistung – Training – Wettkampf.* Meyer & Meyer.

Seel, N. M. (2003). *Psychologie des Lernens* (2. Aufl.). Reinhardt Verlag UTB.

Sklorz, M. (1972). *Tischtennis – vom Anfänger zum Könner.* BLV.

Tielemann, N. (2008). *Modifikation motorischer Lernprozesse durch Instruktionen: Wirksamkeit von Analogien und Bewegungsregeln.* Leipziger Verlag.

Tielemann, N. (2009). Wie instruieren Trainer. Eine empirische Untersuchung im Tischtennis und praktische Maßnahmen für den effektiven Einsatz von Instruktionen im Anfängerbereich und Leistungssport. *VDTT-Trainerbrief, 4,* 12–20.

Turina, B. (2000). Einige Anweisungen bezüglich Balleimertraining. *Tischtennis aktuell, 6,* 12–14.

Volkamer, M. (1984). Zur Definition des Begriffs „Sport". *Sportwissenschaft, 2,* 195–203.

Zhi, W., & Urh, J. (2021). Balleimer-Training Anforderungen an den Zuspieler und Trainingsübungen von Darko Jorgic (zusammengefasst von Matthias Geisler). *VDTT-Trainerbrief, 4,* 10–14.

Zimmermann, S. (2020). Balleimertraining – Gewusst wie! *Tischtennis, 3,* 42–43.

Taktik im Tischtennis   6

Im Tischtennis existieren viele Taktiken, um einen Wettkampf erfolgreich zu bestreiten. Dabei gibt es nicht die eine erfolgreiche Taktik, die immer zum Sieg führt. Sie hängt vielmehr von den eigenen Stärken und Schwächen sowie den Stärken und Schwächen des Gegenübers ab. Trainer:innen und Spieler:innen benennen die zu verändernden taktischen Parameter mit den sogenannten PTRF-Effekten (Abschn. 6.1), für die Wahl der Platzierung, des Tempos, der Rotation und der Flughöhe. Die jeweilige Taktik hängt in hohem Maße von dem eigenen und gegnerischen Spielsystem ab, beispielsweise spielt es sich gegen Abwehrspieler:innen anders als gegen Angriffsspieler:innen oder es verändern sich die Platzierungen beim Spiel gegen vorhandorientierte Spieler:innen im Gegensatz zu rückhandorientierten Spieler:innen (Abschn. 6.2). Im Doppelspiel ist der wichtigste Parameter die Platzierung (P), da durch das abwechselnde Schlagen der Spieler:innen viel Laufarbeit und koordinierte Bewegungsabläufe erforderlich sind. Bestimmte taktische Platzierungen sowie grundlegende taktische Hinweise für den Auf- und Rückschlag im Doppel (Abschn. 6.3) können dabei helfen, das gegnerische Paar zu Fehlern zu zwingen. Die Spieler:innen sollten sich mit der Taktik, die sie in Abstimmung mit ihren Trainer:innen entwickelt haben, wohlfühlen. Eine gewisse Flexibilität zur grundlegenden Taktik kann dabei helfen, situative, problemlöseorientierte Prozesse in bestimmten Spielsituationen vorzunehmen.

Eine einfache Anleitung für eine gute Spieltaktik gibt es nicht. Das Thema Taktik im Tischtennis ist extrem komplex, hängt vom jeweiligen Spielniveau der Spieler:innen, von den jeweiligen technischen Fertigkeiten (Kap. 4), von den koordinativen (Kap. 3.2) und konditionellen Voraussetzungen (Kap. 3.1) ab, sowie von dem psychischen und mentalen Profil (Abschn. 3.3) einer Spielerin oder eines Spielers. Das Taktiktraining steht in der Praxis bei der Anfänger- und Fortgeschrittenenschulung in der Regel der Technikschulung und der motorischen Grundausbildung weit nach (Adomeit, 1987). Dies hat zum einen mit der Komplexität der jeweiligen Spielsituationen zu tun, zum anderen erfordert es zunächst auch die entsprechenden technischen und motorischen Fähigkeiten, um eine bestimmte Taktik konsequent umzusetzen. Diese Komplexität wird in Hudetz (2004) Definition der Taktik deutlich:

> „Taktik im Tischtennis kann definiert werden als das durchdachte, geplante Agieren eines Spielers mit dem Ziel, die eigenen technischen, physischen, intellektuellen und psychischen Fähigkeiten optimal zu nutzen, gleichzeitig aber die Fähigkeiten und die Spielweise des Gegners zu beschränken und seine Schwächen zu berücksichtigen. Im Spiel selbst sind es konkret die einzelnen taktischen Maßnahmen, zu denen man greift, sowie die Berücksichtigung der äußeren Spielbedingungen." (Hudetz, 2004, S. 7)

Auch seitens des Deutschen Tischtennis-Bundes (2019) wird unter Taktik die Fähigkeit im Tischtennis verstanden, „eigene technische, konditionelle und psychische Fertigkeiten sowie die theoretischen Kenntnisse dauerhaft für Punktgewinne einzusetzen und Wettkämpfe zu gewinnen" (DTTB-Rahmentrainingskonzeption, 2019, S. 12). Brucker und Harangozo (1975, S. 41) betonen, dass man immer „die eigenen spielerischen Möglichkeiten und die des Gegners im Auge behalten [muss]. Wenn man nur eine dieser beiden Möglichkeiten berücksichtigt und darauf eine Taktik aufbaut, kann diese niemals vollkommen sein". Punkte lassen sich also auf der einen Seite durch das Einsetzen der eigenen Stärken und zum anderen durch das Ausnutzen der gegnerischen Schwächen erzielen.

Im sportwissenschaftlichen Kontext werden hier häufig die Begriffe Spielstrategie und Spieltaktik verwendet. Längerfristig orientierte Maßnahmen, wie zum Beispiel überdauernde Maßnahmen der Trainingsplanung, aber auch zur Wettkampfvorbereitung, sollten eher als (Spiel-)Strategie bezeichnet werden. Eher situative, problemlöseorientierte Prozesse, die direkt im Wettkampf unter Rückbezug des Gegenübers angewendet werden, sind hingegen als Taktik zu bezeichnen (vgl. Roth, 1989). Zwischen dem eher längerfristigen Kernbereich der Strategie und den situativen, handlungsorientierten Maßnahmen der Taktik liegen unterschiedliche und von Roth (1989) als mittelfristig bezeichnete organisatorische Aspekte, zu denen beispielsweise die konkrete Wettkampfvorbereitung, das Coaching oder der Matchplan gehören (vgl. König & Memmert, 2019). Die Strategie wird im Tischtennis in der Regel mit dem eigenen und dem gegnerischen Spielsystem (Abschn. 6.2) in Verbindung gebracht. Dabei betont bereits Adomeit (1987, S. 22), dass im Tischtennis zwei Formen von Taktik unterschieden werden müssen: „Die Grundtaktik (oft als Spielsystem oder Strategie bezeichnet) und die Situationstaktik, die sich auf der Bewältigung jedes einzelnen Schlages bezieht." Luthardt et al. (2016) reduzieren die Anwendung der Taktik auf die einfache Frage

„Was lässt sich alles mit dem Ball anstellen, um den Gegner in Bedrängnis zu bringen?" (ebd., S. 58). Eine Möglichkeit dazu sind Variationen der sogenannten „PTRF-Effekte".

6.1 PTRF-Effekte

Eine gemeinsame Fachsprache ist in jedem professionellen Kontext (z. B. in der Medizin, in der Justiz, in der Industrie usw.) unerlässlich. Sie ermöglicht es, exakt zu differenzieren, unmissverständliche Aussagen treffen zu können und effizient, d. h. ohne viele Umschweife und Erläuterungen, Informationen weitergeben zu können. Dies gilt auch für den Tischtennissport. Trainer:innen und Spieler:innen haben in Satzpausen während eines Wettkampfs regelbedingt nur wenig Zeit (Abschn. 2.2). Daher müssen taktische Instruktionen eindeutig und unmissverständlich sein. Auch im Training ist es hilfreich, wenn Trainer:innen und Spieler:innen die gleiche Fachsprache verwenden, damit keine unnötige Zeit für Erklärungen verschwendet wird und die aktive Trainingszeit nicht darunter leidet. Auch der Austausch von Trainer:innen untereinander über Taktiken wird vereinfacht, wenn sie das gleiche, eindeutige Vokabular verwenden, das zudem unabhängig vom Spielertyp ist. Das bedeutet beispielsweise, dass man nicht davon spricht, in die linke (oder rechte) Ecke zu spielen, sondern in die Vorhand- oder Rückhandseite, da dies automatisch die Händigkeit des Spielers oder der Spielerin berücksichtigt und kein Umdenken erfordert.

Auch wenn die Definitionen schon sehr alt sind, haben die „vier Ballbehandlungsmöglichkeiten der Platzierung, dem Tempo, der Rotation und der Flughöhe" (Groß, 1987, S. 16) noch heute ihre Gültigkeit. Diese sogenannten PTRF-Effekte (P = Platzierung, T = Tempo, R = Rotation, F = Flughöhe) werden bis heute – mit kleineren Anpassungen (z. B. Luthardt et al., 2016) – verwendet, um die Kommunikation über die Taktik zwischen Trainer:innen und Spieler:innen oder Trainer:innen zu optimieren.

▶ **PTRF-Effekte** Wenn Trainer:innen und Spieler:innen über taktische Maßnahmen sprechen, verwenden sie häufig die vier Parameter der Platzierung (P), des Tempos (T), der Rotation (R) und der Flughöhe (F). Diese „vier Elemente der (taktischen) Ballbehandlungsmöglichkeiten des Balles" gehen auf Bernd-Ulrich Groß (1987, S. 16) zurück. Ein variabler Einsatz dieser Parameter (sog. PTRF-Effekte) soll die gegnerischen Schwächen ansteuern und die eigenen Stärken im Wettkampf zur Geltung bringen (Geske & Müller, 2014). Die gemeinsame Sprache ermöglicht es, in Situationen, in denen wenig Zeit zur Verfügung steht (bspw. in der Satzpause oder während des Time-Outs) schnell und effizient zu kommunizieren. Auch im Training lassen sich über diese vier Parameter Übungen eindeutig erklären und flexibel gestalten, sodass wenige Pausenzeiten entstehen, in denen sich die Spieler:innen nicht bewegen/nicht üben können.

6.1.1 Platzierung

Die Platzierung (P) meint das präzise Anspielen des Gegners an einem bestimmten Punkt des Tisches, an dem sich dieser oder diese in einer ungünstigen Schlagposition befindet. Prinzipiell lässt sich der Tisch in beliebig viele Quadranten einteilen, und je kleiner diese Elemente sind, desto genauer lässt sich die Platzierung beschreiben. Die Benennungen müssen jedoch auch praktikabel sein, d. h., dass sich wahrscheinlich keine Spielerin und kein Spieler hunderte von Platzierungen merken und direkt vorstellen kann. Eine etablierte Einteilung des Tischtennistisches liefern Geske und Müller (2014), die ihn zum einen in drei horizontale Zonen (Abb. 6.1, links) und zum anderen in vier vertikale Zonen einteilen (Abb. 6.1, rechts).

Die Unterteilung in der Horizontalen findet meist nur beim Aufschlag, ggf. noch beim Rückschlag Verwendung. Im offenen Ballwechsel hängt die Platzierungslänge stark von den gegnerischen Schlägen ab. Der Aufschlag hingegen kann ohne Gegnereinwirkung ausgeführt werden. Hier können Trainer:innen und Spieler:innen über punktbringende, gefährliche Platzierungen in der Horizontalen diskutieren. Im professionellen Bereich sind beispielsweise aktu-

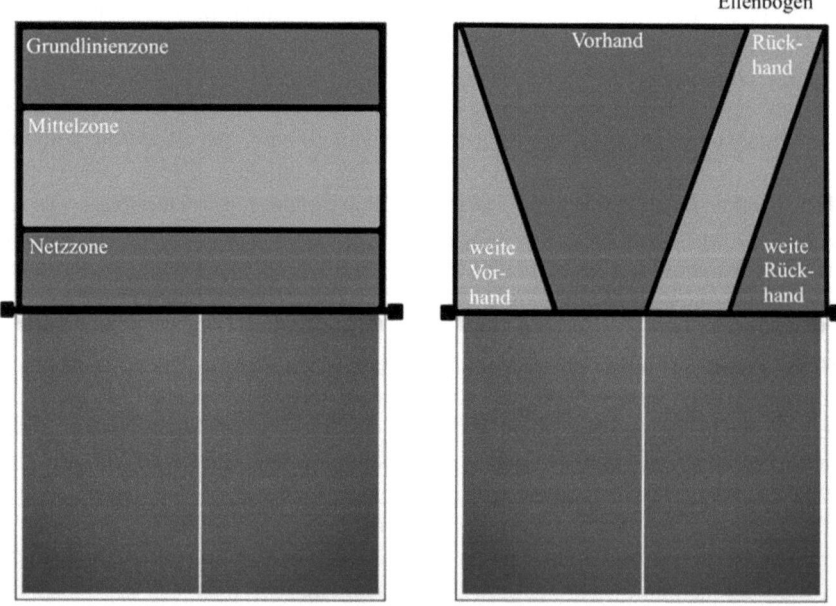

Abb. 6.1 Zoneneinteilung des Tischtennistisches. (Aus Geske & Müller, 2014, S. 13). Links werden die drei horizontalen Bereiche „Netzzone", „Mittelzone" und „Grundlinienzone" definiert. Rechts wird in die vertikalen Platzierungszonen „weite" (oder „tiefe") Vorhand, „Vorhandbereich", „Rückhandbereich" und „weite" (oder „tiefe") Rückhand unterschieden. In der vertikalen Einteilung wird im RH-Bereich häufig die besondere Platzierung des „Ellenbogens" benannt

ell in der Regel kurze (in die Netzzone) und halblange (in die Mittelzone) Aufschläge erfolgreicher als lange Aufschläge (in die Grundlinienzone). Dabei ist bei halblangen Aufschlägen darauf zu achten, dass der Ball – wenn der Gegner oder die Gegnerin ihn nicht annehmen würde – ein zweites Mal auf der gegnerischen Tischhälfte nach Möglichkeit genau an der Grundlinie aufkommen würde. Dadurch, dass sich der Gegner bzw. der Gegnerin entscheiden muss, ob der Ball lang genug ist, um ihn mit einem offensiven Topspin (Abschn. 4.2.3) anzugreifen, geht er oder sie das Risiko ein, dass der Ball gegebenenfalls zu kurz ist und zweimal auftippt. Als Aufschläger:in sind diese Aufschläge mit dem Risiko behaftet, dass der Ball zu lang gerät, also der Ball nicht zweimal auf der gegnerischen Hälfte auftippt und dadurch von dem Gegner oder der Gegnerin sehr aggressiv zurückgespielt werden kann. Die sichere Variante bieten kurze und flache Aufschläge (Abschn. 4.3.1), da sie zumindest nicht mit einem aggressiven Topspin eröffnet werden können. Nachteilig an ihnen ist, dass sie vor allem dann, wenn sie zu hoch geraten, leicht geflippt werden oder kurz zurückgelegt werden können (Abschn. 4.3.2). Lange Aufschläge werden nur sehr selten und eher als Überraschungsaufschlag eingesetzt (Hudetz, 2004, S. 84). Sie müssen nach Möglichkeit genau auf der Grundlinie des Tisches aufkommen und ein klares Ziel in der Vertikalen des Gegners (z. B. den Ellenbogenbereich, die offene Vorhandseite o.Ä.) ansteuern.

In der vertikalen Zoneneinteilung spricht man von der „weiten" (häufig auch „tiefen") Vorhand des Gegners. Hier werden die Bälle extrem diagonal in die Vorhandseite platziert, sodass der Ball über die Seitenlinie den Tisch verlässt. Der Vorhandbereich ist definiert als die Zone von der Tischecke der Vorhand bis knapp über die Mittellinie hinaus. Dort beginnt der Rückhandbereich, der – zumindest bei vorhandorientierten Spieler:innen (Abschn. 6.2.1) – ein ganzes Stück schmaler ist als der Vorhandbereich. Analog zur weiten Vorhand werden Bälle, die so diagonal in die Rückhand platziert werden, dass sie den Tisch über die Rückhandseitenlinie verlassen, als Bälle in die „weite" (oder „tiefe") Rückhand bezeichnet.

Eine Sonderstellung nimmt in der Vertikalen die Platzierung auf den Ellenbogen (oder auch „Wechselpunkt" oder auch „Tischtennisbauch") ein. Es ist der Punkt eines Spielers oder einer Spielerin mit Shakehand-Griffhaltung (Abschn. 4.1.1), an dem er oder sie sich entscheiden muss, ob er oder sie mit der Vorhand oder der Rückhand agiert. Entscheidungen treffen zu müssen führt durch den hohen Zeitdruck im Tischtennis häufig zu (technischen) Fehlern. Daher „sollte der Ellenbogen besonders bei unbeweglicheren, größeren Spieler:innen regelmäßig angespielt werden" (Geske & Müller, 2014, S. 15). Natürlich ist die Position des Ellenbogens variabel und gerade im offenen Ballwechsel nur schwer zu treffen. Gegen gute Blockspieler:innen ist es für den ersten Topspin jedoch die beste Platzierung, da diese in den Ecken meistens sehr sicher zurückspielen und nur auf ihrem Ellenbogen für Fehler empfindlich sind. Eine aktuelle Studie von Wang (2021) zeigt, dass es im professionellen Tischtennis in Abhängigkeit von der aktuellen Phase des Spiels (Anfangsphase vs. Entscheidungsphase) Unterschiede hinsichtlich der Ballplatzierung gibt. Demnach platzieren die Spieler:innen zum

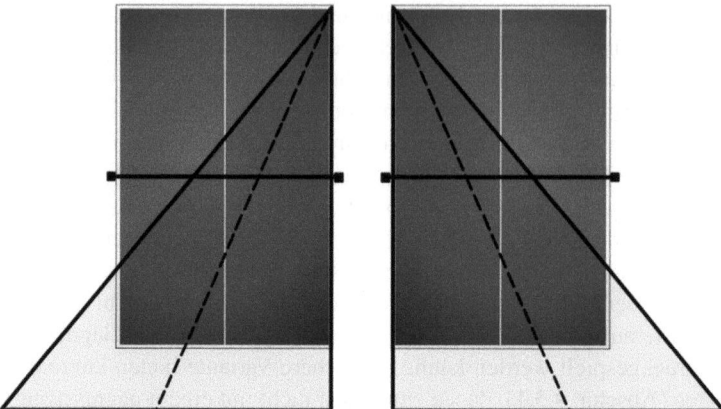

Abb. 6.2 Exemplarische Darstellung der möglichen Streuwinkel bei Platzierungen in die weite/tiefe Vorhand (rechts) und analog umgekehrt in die weite/tiefe Rückhand des Gegners (links). Die optimale Position am Tisch für den nächsten Ball wird durch die Winkelhalbierende (gestrichelte Linie) angedeutet. (Aus Geske & Müller, 2014, S. 20)

Ende eines Satzes deutlich variabler als zu Beginn, wo die Spieler:innen relativ konstante (taktische) Platzierungen wählen.

Ein weiterer Aspekt, der bei der Platzierung im Tischtennis nicht zu vernachlässigen ist, ist der sogenannte „Streuwinkel" (Geske & Müller, 2014) oder auch „Schlagwinkel" (Hudetz, 2004). Auch in anderen Sportarten findet sich dieses Phänomen (bspw. im Tennis als „Winkelhalbierende" bezeichnet). Im Grunde genommen bedeutet dieser Streuwinkel, dass man sich abhängig von der eigenen Ballplatzierung auf bestimmte Rückschläge des Gegners einstellen kann. Spielt man beispielsweise Bälle in tiefe Vorhand seines Gegners hinaus, kann dieser nicht in die eigene tiefe Rückhand platzieren, da dafür der Winkel rein physikalisch nicht stimmt (Abb. 6.2, rechts). Die optimale Position am Tisch für den nächsten Ball befindet sich in der Winkelhalbierenden des sich aufspannenden Winkels zwischen der Rückhandseitenlinie und der eigenen tiefen Vorhand.

Analog umgekehrt verhält es sich bei Platzierungen in die weite/tiefe Rückhand des Gegenübers. Hier sind Rückschläge in die eigene tiefe Vorhand ausgeschlossen und man bewegt sich als Spielerin oder Spieler zugunsten der Winkelhalbierenden ein gutes Stück in die eigene Rückhandseite in Erwartung des nächsten Balles (Abb. 6.2, links). Im Prinzip gilt es, „sich nach dem eigenen Schlag immer unmittelbar mit dem Schläger in die Winkelhalbierende des Streuwinkels zu bewegen" (Geske & Müller, 2014, S. 20). Selbstredend lassen sich die Winkel in einem laufenden Ballwechsel nicht exakt berechnen, um sich entsprechend zu positionieren. Ein Verständnis für den Streuwinkel kann jedoch dabei helfen, gegnerische Platzierungen im Vorfeld zu antizipieren (Abschn. 3.3.1).

Zudem ist es die eigene Wahl der Platzierung von dem Streuwinkel abhängig. Umläuft man beispielsweise unter Druck seine eigene Rückhandseite, um dort mit

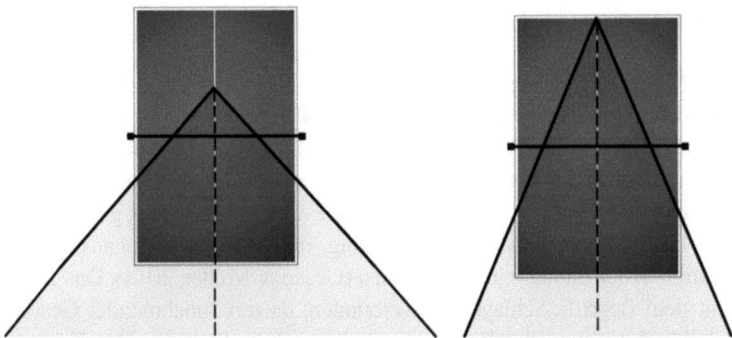

Abb. 6.3 Exemplarische Darstellung der möglichen Streuwinkel bei kurzen (links) und langen (rechts) Platzierungen jeweils in die Tischmitte. Bei kurzen Platzierungen ist der Streuwinkel deutlich breiter als bei langen Platzierungen, weshalb man als Spieler:in gerade bei kurzen Platzierungen mit weiteren Platzierungen in die tiefe Vorhand oder tiefe Rückhand rechnen muss. (Aus Geske & Müller, 2014, S. 19)

der Vorhand einen druckvollen, schnellen Topspin zu spielen, ist es gefährlich, diesen parallel in die Vorhand des Gegenübers zu platzieren. Da der Streuwinkel des Gegenübers für einen Block oder Gegentopspin in die diagonale Vorhandseite gerichtet ist, lässt sich ein Ball in die eigene tiefe Vorhand nur schwer erlauben. Spielt man den Topspin stattdessen diagonal in die Rückhand, muss man aufgrund des Streuwinkels maximal mit einem parallelen Ball in die Vorhand rechnen. Ähnlich verhält es sich bei der Platzierung in der Horizontalen: Bei kurzen Aufschlägen muss einem bewusst sein, dass dem Gegenspieler oder der Gegenspielerin alle (Platzierungs-)Möglichkeiten des Rückschlages zur Verfügung stehen, also ein breiter Streuwinkel (Abb. 6.3, links).

Lange Platzierungen hingegen haben einen schmaleren Streuwinkel zur Folge (Abb. 6.3, rechts). Daher sind druckvolle Anspiele in die Tischmitte (z. B. mit einem flachen, aggressiven Schupfball) relativ erfolgversprechend, da der Gegner oder die Gegnerin in der Regel keinen extremen Winkel spielen kann und man daraufhin gegebenenfalls selbst aktiv mit dem in die Mittelzone gespielten Ball umgehen kann. Bei Abwehrspieler:innen wird die Länge der Platzierung ihrer Bälle immens wichtig, da sie sich so weit hinter dem Tisch bewegen, dass der Winkel bei kurzen Bällen für sie zu breit wird. Bei guten Abwehrspieler:innen lässt sich am besten beobachten, wie sie sich nach der eigenen Platzierung in die Winkelhalbierende ihres Streuwinkels positionieren. Dadurch dass der Zeitraum zwischen den Schlägen optimal dazu genutzt wird, sich auf den kommenden Schlag vorzubereiten, kommen Spieler:innen seltener in Zeitnot (Geske & Müller, 2014; Schiefler, 2003). Dieser Zeitdruck steht stark mit dem Parameter Tempo in Verbindung.

6.1.2 Tempo

Ein hohes Tempo des gespielten Balles setzt den oder die Gegner:in unter Zeitdruck. Dieser Zeitdruck kann dazu führen, dass der Ball im Optimalfall nicht erreicht wird oder der/die Gegner:in die Position zum Ball nicht optimal einnehmen kann und dadurch zu einem qualitativ schwächeren Schlag gezwungen wird. Der hohe Handlungsdruck auf den/die Gegner:in bewirkt, dass er/sie wenig oder sogar gar keine Zeit zur Verfügung hat, über eine taktische Platzierung, die perfekte Schlagauswahl oder die beste Rotation in der Situation nachzudenken (Geske & Müller, 2014). Das Tempo wird häufig mit dem Begriff „Schlaghärte" verbunden, da mit zunehmender Geschwindigkeit der Schlagbewegung der Ball einen stärkeren Impuls erhält. Der Tischtennisball (40 mm) kann eine Geschwindigkeit von 100–120 km/h (Xie et al., 2002; Tang et al., 2002) erreichen. Häufig wird Tischtennis aufgrund dieser Schlaghärte und der damit verbundenen kurzen Reaktionszeiten als eine der schnellsten Sportarten der Welt bezeichnet (z. B. Abernethy, 1991). „Auf eine Distanz von drei Metern, was ungefähr dem Abstand von Balltreffpunkt am Schläger und Auftreffpunkt auf der gegnerischen Hälfte entspricht, verliert der Ball durch den Luftwiderstand etwa 35% an Speed, aber nur 5% an Spin" (Mühlbach, 2023, S. 11). Selten wird jedoch eben diese Schlaghärte mit dem taktischen Aspekt der Platzierung (Abschn. 6.1.1) in Verbindung gebracht. Wie in dem methodischen Prinzip „Vom diagonalen zum parallelen Spiel" (Abschn. 5.3.2) ausführlich beschrieben, ist der parallele Ballweg ein ganzes Stück kürzer als der diagonale Ballweg. Für die Tischtennisspieler:innen lässt sich daraus schlussfolgern, dass sie einen Ball, den sie diagonal spielen, mit etwas mehr Tempo spielen können als einen parallelen Ball, der grundsätzlich etwas tempoärmer angesetzt werden sollte.

Die Schlagtechniken, mit denen ein maximales Balltempo generiert werden kann, sind die Topspin- und Schusstechniken. Teilweise kann auch mit schnellen Konterschlägen, insbesondere wenn der Ball früh in der aufsteigenden Phase getroffen wird, ein hohes Tempo erreicht werden, auch mit dem Flip oder einem aggressiven, langen Schupfball (Friedrich & Fürste, 2012). Vor allem bei langen Aufschlägen schlägt der Faktor Tempo besonders ins Gewicht. Die langen, meist überraschenden Aufschläge in Nähe der Grundlinie sind nur erfolgversprechend, wenn sie mit einem maximalen Tempo ausgeführt werden. Hier gilt es, das Risiko solch eines hohen Tempos gewissenhaft abzuschätzen. Wie bei den Topspinschlägen oder Schüssen muss jede/r Tischtennisspieler:in sein optimales Maximaltempo finden, „bei dem das Risiko, einen Fehler zu machen, noch sehr gering bleibt" (Geske & Müller, 2014, S. 83). Iino et al. (2017) fanden in einer Studie bei männlichen Spielern heraus, dass auf höherem Niveau nicht unbedingt eine höhere Ballgeschwindigkeit als auf niedrigerem Niveau erzeugt wird, dafür aber eine höhere Genauigkeit und Reproduzierbarkeit der Schläge. Demnach ist eine Erhöhung des Schlagtempos nicht zwingend erforderlich. Wie auch in anderen Sportarten ist nicht immer der schnellere Schlag die erfolgversprechendste Lösung (Hudetz, 2004).

> „Die Ereignisse des Tischtennisspiels mögen noch so schnell sein – der Mensch lernt mit. Er lernt, mit den Dingen umzugehen, ist ihm nur genügend Zeit gegönnt. Wechseln Sie das Tempo, den Spielrhythmus und den zeitlichen Einsatz Ihrer Finten! Sonst stellt sich Ihr Gegner bald darauf ein. Der Tempowechsel ist die Spielkunst, den Herausforderer ins Leere laufen zu lassen." (Heissig, 1982, S. 77)

Je nach Stärken und Schwächen des Gegenübers können teilweise langsamere, tempoarme Bälle den oder die Gegner:in vor größere Probleme stellen als schnelle, harte Topspins. Insbesondere beim Spiel gegen Abwehr- oder Halbdistanzspieler:innen (Abschn. 6.2) zeigt sich, dass diese mit tempoarmen Bällen teilweise größere Schwierigkeiten haben als gegen schnelle, hart geschlagene Bälle. Viele Tischtennisspieler:innen agieren gegen Abwehrspieler:innen mit einem bewussten Wechsel des Tempos, d. h. mit teilweise sehr langsamen, meist gehobenen oder kurz abgelegten Bällen, die wenig Rotation enthalten, und sich schnell daran anschließenden harten Topspins, um dem oder der Abwehrspieler:in große Laufwege nach vorne und hinten aufzuzwingen. Auch gegen andere Spielsysteme, bspw. jene von offensiven, beidseitigen Spinspieler:innen, ist ein durchdachter Wechsel im Spieltempo ein sinnvolles taktisches Mittel. Zum einen wird dadurch verhindert, dass sich das Gegenüber auf das eigene Spiel einstellt, zum anderen lässt sich dadurch situationsangemessen agieren. Situationsangemessenes Agieren bedeutet in diesem Zusammenhang zum einen, sich die Position des Gegenübers zu vergegenwärtigen: Wenn sich der oder die Gegner:in vom Tisch wegbewegt, bspw. gerne aus der Halbdistanz agiert, sind „kurze, langsame Blocks als Stoppbälle oder kurze, flache Schupfschläge" (Geske & Müller, 2014, S. 36) taktisch effektiv. Zum anderen sollte man die eigene Ausgangslage bei der Wahl des Tempos berücksichtigt. Es empfiehlt sich beispielsweise häufig, nur dann schnell zu spielen, wenn man sich selbst in einer guten Position für einen möglichen Block oder Gegentopspin des Gegenübers befindet. Diese Antwort des Gegenübers erfolgt in der Regel schneller, wenn man selbst viel Tempo in den Ball gelegt hat, da das Tempo des Gegners bzw. der Gegnerin nur mitgenommen werden muss. Befindet man sich allerdings in einer ungünstigen Schlagposition (z. B. wenn man etwas das Gleichgewicht beim Umspringen der Rückhand verliert), kann es sich anbieten, einen eher langsameren, rotationsreicheren (Abschn. 6.1.3) Topspinball zu spielen, um sich selbst etwas Zeit zu verschaffen, um wieder in eine stabile Ausgangslage zurückzugelangen und gut zum Tisch zu stehen. Die Effekte der Rotation, für die Tischtennis besonders bekannt sind, werden im folgenden Abschnitt thematisiert.

6.1.3 Rotation

Die Rotation bezeichnet die unterschiedlichen Dreheigenschaften des Balls. Diese entstehen, indem der Schläger den Ball auf unterschiedliche Weise trifft. Der Ball kann zentral oder tangential getroffen werden, wodurch verschiedene Schläge erzeugt werden (Abb. 4.6, Abschn. 4.2). Abhängig davon, wie der Ball tangential getroffen wird, entstehen unterschiedliche Ausprägungen von Vorwärts-, Rückwärts-, Seitwärtsrotation oder Mischformen. Bei eher zentralen Balltreffpunkten wird nahezu keine Rotation gespielt. Die Rotation ist wahrscheinlich das wichtigste Merkmal, in dem sich die Sportart Tischtennis von anderen (Rückschlag-)Sportarten unterscheidet. Neben der oben genannten hohen Geschwindigkeit des Tischtennisballes erreicht dieser bei rotationsreichen Schlägen (z. B. Topspins) zwischen 6000 und 9000 Umdrehungen pro Minute (Xie et al., 2002; Tang et al., 2002). Neuere Untersuchugen zeigten, dass „Ein Ball bei Profispieler:innen bis zu 200 Umdrehungen pro Sekunde erreicht (Mühlbach, 2023, S. 10). Ein erwachsener Profispieler kommt demnach im Schnitt bei einem Topspin (unabhängig ob mit der Rückhand oder Vorhand gespielt) auf 140 Umdrehungen pro Sekunde. Profispielerinnen hingegen im Schnitt auf 125 Umdrehungen pro Sekunde (ebd., S. 14)." Für Tischtennisspieler:innen ist es enorm wichtig, die Stärke der Rotation abschätzen zu können, um daran angepasst die eigene Schlagausführung auszurichten. Diese wird zum einen bestimmt durch die eigene Schlaghärte, die beispielsweise reduziert werden sollte, wenn der ankommende Ball schon über ein hohes Tempo verfügt, viel mehr noch aber durch die Ausrichtung der Schlägerblattstellung (Abschn. 4.2).

▶ **Variation der Schlägerblattstellung** Unter der Schlägerblattstellung (SBS) versteht man allgemein die Neigung des Tischtennisschlägers, genauer: den Winkel des Schlägerblattes, mit dem er zum Ball ausgerichtet ist. Diese SBS ist sowohl wichtig bei der eigenen Schlagausführung, wenn der Schläger bspw. für einen Topspin stärker geschlossen oder für einen Schupfschlag weiter geöffnet werden muss (Abb. 4.6), aber auch für eine passende Antwort auf einen gegnerischen Schlag. Grundsätzlich gilt, dass das Schlägerblatt bei einem normal gespielten, rotationsarmen Ball relativ gerade, also senkrecht, gehalten werden kann. Rotiert der ankommende Ball hingegen rückwärts, muss das Schlägerblatt geöffnet werden, damit der Ball nicht im Netz landet. Umgekehrt muss man sich verhalten, wenn der Ball mit starker Vorwärtsrotation angeflogen kommt. Hier muss die SBS stark geschlossen sein, bildlich also ein Dach über dem Ball bilden (Abschn. 5.2.1), damit der Ball nicht nach hinten über den Tisch hinausfliegt.

Die richtige Schlägerblattstellung fällt besonders Anfänger:innen im Tischtennis schwer, aber auch fortgeschrittene Tischtennisspieler:innen, die bereits jahrelang Tischtennis spielen, verschätzen sich hier regelmäßig. Für das Erkennen – oder eher „Einschätzen" – der Rotation des Balles nutzen Spieler:innen verschiedene Strategien. Es erfordert neben diesen Strategien zudem viel Erfahrung und auch ein Stück weit Intuition, da sich der Ball mit so viel Tempo dreht, dass man in der Kürze der Zeit nie ganz genau sagen kann, wie stark die Rotation tatsächlich ist. Als Anfänger:in sollte man versuchen, zunächst Folgendes zu erkennen:

- Mit welcher Schlagtechnik hat mein Gegenüber den Ball gespielt? War es ein Topspin? Dann schließe ich mein Schlägerblatt deutlich. Hat er ihn gekontert? Dann reicht es in der Regel aus, wenn ich den Schläger relativ gerade lasse. Hat er ihn mit einem Schupf unterschnitten? Dann ist es die sicherste Variante, den Schläger zu öffnen und ihn zurückschupfen.
- Wie war das Treffgeräusch beim Ballkontakt des Gegenübers? War es ziemlich laut? Dann wurde der Ball relativ frontal getroffen und der Ball hat wahrscheinlich wenig Rotation, sondern dafür mehr Tempo. War es sehr leise? Dann könnte der Ball sehr stark tangential getroffen worden sein (Klein-Soetebier et al., 2020). Hier muss ich mein Schlägerblatt stark schließen (bei einem Topspin) oder weit öffnen (bei einem Schupf des Gegenübers).

Für fortgeschrittene Lerner:innen lassen sich weitere Hinweise oder Anzeichen identifizieren, die über die oben genannten Möglichkeiten hinausgehen:

- Achte auf das Flug- und Absprungverhalten des Balles, sowohl auf dem Tisch als auch auf dem Schläger des Gegenübers. Fliegt der Ball sehr gerade auf dich zu, wurde er wahrscheinlich mehr gekontert als mit Topspin gespielt. Springt der Ball flach vom Tisch ab? Dann hat er ziemlich sicher eine hohe Vorwärtsrotation.
- Welche Rotation habe ich vor dem Schlag des Gegenübers selbst zugespielt? Ein eigener Ball mit starker Rückwärtsrotation kann beispielsweise mit sehr viel Unterschnitt zurückgespielt werden. Dies ist unwahrscheinlicher, wenn man selbst einen relativ rotationsarmen („leeren") Ball gespielt hat. Vor allem gegen Spieler:innen, die lange Noppenaußen auf einer Schlägerseite nutzen, ist dies entscheidend. Hatte der eigene Ball bereits viel Rotation, ist es gut möglich, dass er oder sie die Rotation noch verstärkt oder umdreht (Abschn. 6.2.3).
- Kann ich den Ballstempel, also den Aufdruck auf dem Tischtennisball, fixieren? Manche Spieler:innen, z. B. Timo Boll, berichten, dass sie besonders auf diesen Schriftzug achten, um anhand dessen die Rotation des Balles abschätzen zu können. Diese Strategie unterstützen Studien zur Detailwahrnehmung und zur Sehschärfe im Tischtennis (u. a. Mester, 1988; Jendrusch & Brach, 2003).
- Welche Geschwindigkeit hat der Schläger des Gegenübers zum Zeitpunkt des Ballkontaktes? War der Schläger sehr schnell, könnte der Ball eine entsprechend starke Rotation erhalten haben. Wurde der Schläger kurz vor dem Balltreffpunkt abgebremst, ist ein rotationsärmerer Ball wahrscheinlicher.
- Was spielt mein/e Gegner:in für Beläge? Mit zunehmender Erfahrung im Tischtennis kennt man eine Vielzahl der Beläge (Abschn. 2.3.4) und kann bereits vor Spielbeginn abschätzen, ob mein Gegenüber ggf. einen Belag spielt, der für besonders starke Rotation bekannt ist.
- Vor allem beim Rückschlag eines gegnerischen Aufschlages ist das Erkennen der Rotation besonders schwierig, da der/die Aufschläger:in ausreichend Zeit hat, einen variantenreichen, gefährlich angeschnittenen Ball zu produzieren. Hier gilt es, besonders gut hinzuschauen und auf relevante Bewegungsmerkmale (z. B. Handgelenkseinsatz, Höhe des Ellenbogens, Körperposition, Schlägerblattstellung, Höhe des Ballanwurfes etc.; Abschn. 4.3.2) zu achten.

Die Hinweise unter Zeitdruck zu nutzen fällt auch Expert:innen schwer. Der Ball bleibt Studien zu Folge nur circa „eine fünfhundertstel Sekunde am Schläger, das entspricht ungefähr 0,2 bis 1,0 cm der Schlagbewegung" (Hudetz, 1984, S. 9; Santos et al., 2017). Daher gilt es, sich nicht demotivieren zu lassen und aufmerksam zu üben.

Berührt man den Ball nur ganz kurz, wirkt sich die Rotation weniger auf Schläger aus. Daher empfiehlt es sich, als Faustformel, im Zweifel lieber etwas aggressiver an den Ball zu gehen, da der Ballkontakt dann kürzer ist und der eigene

Bewegungsimpuls einen Teil der Rotation wegnimmt (vgl. Geske & Müller, 2014, S. 56). Genauso kann es helfen, einen Ball erst sehr spät anzunehmen, da die Stärke der Rotation durch den natürlichen Luftwiderstand mit der Zeit immer mehr abnimmt. Lässt man den Ball (vorausgesetzt, er wurde lang gespielt) in Ruhe „austrudeln", ist er häufig einfacher zurückzuspielen. Falls man die Rotationsrichtung des Balles gar nicht erkannt hat, sollte man die Mittellinie des Tisches anpeilen und den Ball eher halbhoch ansetzen. Somit hat er eine geringere Wahrscheinlichkeit, links oder rechts am Tisch vorbeizufliegen oder ins Netz zu gehen. Zu hoch sollte der gespielte jedoch auch nicht sein, wie das nächste Unterkapitel verdeutlichen wird.

6.1.4 Flughöhe

Das letzte Element der vier (taktischen) Ballbehandlungsmöglichkeiten (Groß, 1987, S. 16), die Flughöhe (oder auch Flugbahn in Friedrich & Fürste, 2012, S. 141 f.), wird der Vollständigkeit halber aufgeführt, obwohl es „im modernen Spitzentischtennis nur selten zu einem Vorteil führt, wenn dem Gegner durch eine längere Flugdauer mehr Zeit gewährt wird" (Luthardt et al., 2016, S. 58). Grundsätzlich sollten daher alle Schlagtechniken so gespielt werden, dass sie das Netz möglichst flach überqueren. Dadurch ist zum einen die Flugdauer des Balles kürzer und der oder die Gegner:in wird unter mehr Zeitdruck gesetzt. Zum anderen ist es für das Gegenüber auch risikoreicher, den Ball zu schießen oder mit einem Topspin dagegenzuziehen, wenn der Ball flach ist. Die Rotation des Balles (Abschn. 6.1.3) hat dabei einen Einfluss auf die Flughöhe des Balles. Aufgrund des sogenannten Magnuseffekts werden rotierende Bälle mehr oder weniger weit getragen oder sogar seitlich in der Luft verschoben. Rückwärtsrotierende Bälle weisen tendenziell eine längere, gerade Flugbahn im Vergleich zu Bällen ohne Rotation auf. Diese rotationslosen Bälle wiederum fliegen ein Stück weiter als Bälle mit Vorwärtsrotation, die mit gleicher Kraft geschlagen wurden (Abb. 6.4).

Auch der Absprungwinkel des Balles auf dem Tisch verändert sich in Abhängigkeit der gespielten Rotation. Rückwärtsrotierende Bälle bremsen beim Tischkontakt stärker ab, da die Rotationsrichtung des Balles (rückwärts) und die translatorische Bewegung (vorwärts) gegeneinander ‚arbeiten' (Groß & Huber, 1995). Die Reibung ist dadurch entsprechend größer. Es resultiert ein größerer Ballausfalls- als Einfallswinkel. Bei Topspinschlägen wirkt die Rotationsrichtung des Balles (vorwärts) mit der translatorischen Bewegung des Balles. Dadurch ist die Reibung geringer als bei Bällen ohne Rotation, und dies bewirkt einen flachen Absprung des Balles auf den Gegner bzw. die Gegnerin zu. Daher ist ein unterschnittener Ball nach dem Aufsprung langsamer und scheint „in der Luft stehen zu bleiben" (DTTB, 2003). Ein Topspinball dagegen wird schneller. Bälle mit seitlicher Rotation (z. B. Aufschläge; Abschn. 4.3.1) springen auf dem Tisch mehr oder weniger seitlich weg.

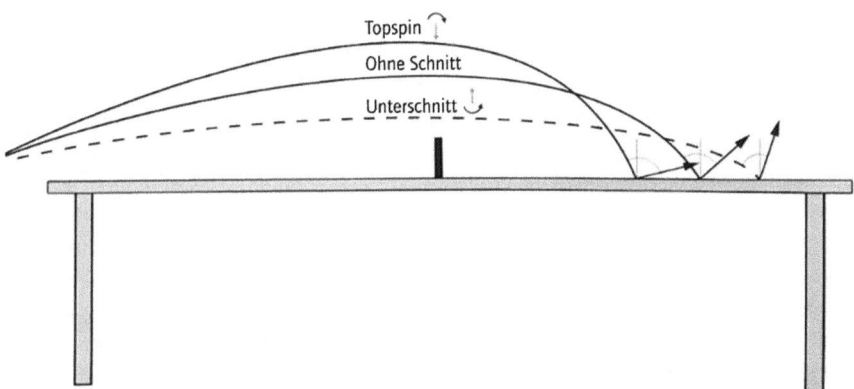

Abb. 6.4 Stark vereinfachte Darstellung unterschiedlicher Flugkurven des Tischtennisballes in Abhängigkeit davon, ob er mit Vorwärtsrotation, ohne Rotation oder mit Unterschnitt gespielt wurde. Der sog. Magnuseffekt bewirkt die kürzere/längere Flugbahn des Balles. Aufgrund einer höheren (Unterschnitt) oder niedrigeren (Topspin) Reibung auf dem Tisch springen die Bälle unterschiedlich hoch ab

▶ **Magnuseffekt** Benannt nach Heinrich Gustav Magnus (1802–1870), beschreibt der Magnuseffekt (oder die „Magnuskraft") die Querkraftwirkung rotierender runder Körper (Demtröder, 2021). Bezogen auf Tischtennis reißt der Tischtennisball während des Fluges die ihn umgebenden Luftmoleküle mit sich. Bei Vorwärtsrotation (Überschnitt) bewirkt dies, dass der Luftdruck in der oberen Ballhälfte größer ist als in der unteren Ballhälfte, da sich an der unteren Ballhälfte die Balloberfläche in gleicher Richtung wie die anströmende Luft bewegt. Dadurch erfährt der Ball mit Vorwärtsrotation eine zusätzliche (Magnus-)Kraft nach unten. Die Flugkurve ist somit bei mehr Vorwärtsrotation stärker nach unten gekrümmt. Bei der Rückwärtsrotation gilt das umgekehrte Prinzip: Der Druck am Südpol des Balles ist höher als der Druck oben. Die Magnuskraft wirkt der Gewichtskraft entgegen und bewirkt eine weniger starke Krümmung der Flugbahn (Groß & Huber, 1995). Dieses Prinzip gilt auch für Bälle mit Seitwärtsrotation: Die Flugbahn kann eine deutliche Rechts- oder Linkskrümmung zeigen, je nachdem, in welcher Richtung der Ball rotiert. Dieser Effekt ist auch in anderen Sportarten wie im Fußball („Bananenflanken", „angedrehte Freistößen"), Volleyball („Flatter-Aufschläge"), Baseball („Curve-Ball") oder Golf („um ein Hindernis schlagen") von Nutzen.

Block-, Konter- und Gegentopspinschläge lassen sich laut Friedrich und Fürste (2012, S. 141) am besten in der aufsteigenden Phase, d. h. unmittelbar nach dem Auftreffen auf der eigenen Tischhälfte, spielen, damit sie möglichst flach werden. Schüsse, Flip-Bälle oder aggressive Schupfbälle bekommt man am ehesten flach, wenn man den Ball am höchsten Punkt trifft, also kurz bevor der Ball in die fallende Phase übergeht. Die einzige Ausnahme bei der Flughöhe stellt die Ballonabwehrtechnik

(Abschn. 4.4.2) dar. Hier gilt es, den Ball in Notsituationen maximal hoch zu spielen. Für Fortgeschrittene sollte dieser Ballonabwehrball zusätzlich zu der enormen Höhe noch viel Vorwärtsrotation erhalten und in der Nähe der Grundlinie des Tisches beim Gegenüber aufkommen. Dieser wird damit weit nach hinten gedrängt, wenn er oder sie den Ball in der fallenden Phase spielen möchte. Dies verschlechtert dessen Streuwinkel und das Tempo. Muster (1986, S. 39) beschreibt, dass in manchen Spielsituationen, bspw. wenn der Gegner oder die Gegnerin sehr nah am Tisch agiert, auch ein „langer, relativ hoher Topspin aus der Halbdistanz auf den Körper" (häufig auch Ellenbogen; Abschn. 6.1.1) zum Punkterfolg führen kann, wenn sich der Gegenüber nicht schnell genug vom Tisch löst und nach hinten bewegt.

Zusammenfassend lassen sich mittels dieser vier Parameter der Ballbehandlung (PTRF-Effekte) alle taktischen Maßnahmen beschreiben. Auch wenn die PTRF-Effekte hier unabhängig voneinander dargestellt wurden, bedingen sie sich in vielen Fällen wechselseitig. Beispielsweise können sich Spin und Speed ineinander umwandeln. „Das Verhältnis von Spin und Speed ist bei den meisten Schlägen gleich und liegt bei 2,21, also z. B. 110,5 rps [Umdrehungen pro Sekunde] bei 50 km/h. Spielt man den Ball „spinny", also mit verhältnismäßig viel Spin, z. B. 150 rps bei 50 km/h, dann kickt der Ball nach dem Auftreffen [nach vorne], d. h. der Spin wandelt sich in Speed um. Andersherum bleibt ein „speedy" gespielter Ball eher stehen, wie im Extremfall ein Schuss oder auch ein Konter mit kurzen Noppenaußen" (Mühlbach, 2023, S.12). Aufbauend auf diesen vier Parametern lassen sich verschiedene Spielsysteme und Spielertypen etablieren.

6.2 Spielsysteme & Spielertypen

Wie bereits zu Beginn dieses Lehrbuches angedeutet (Kap. 3), ist das Anforderungsprofil von Tischtennisspieler:innen mannigfaltig. Dementsprechend haben sich je nach individueller Ausprägung der Fähigkeiten, mit denen eben diese Anforderungen bewältigt werden, verschiedene Spielsysteme entwickelt. „Jeder Spieler tendiert zu einer auf seine Potentiale bezogene Grundanlage des Spiels" (Wohlgefahrt, 2004, S. 164).

> „Zunächst sollte man das Spielsystem nicht mit der Taktik im Spiel verwechseln. Das Spielsystem ist die Spielweise, in der ein Spieler mit seinen individuell stärksten Waffen gegen jeden Gegner zu spielen versucht, während die Taktik die Spielzüge umfasst, die gegen bestimmte Spieler beziehungsweise bestimmte Spielertypen zur Anwendung kommen … . Jeder Spieler steht vor der Aufgabe, ein eigenes Spielsystem so zu entwickeln, dass er seine technischen und physischen Möglichkeiten optimal zur Wirkung bringen kann, ohne dabei an starre Schema der Spielsysteme gebunden zu sein." (Hudetz, 2004, S. 51)

Den Versuch einer Systematisierung verfolgten viele Autoren (bspw. Groß, 1987, 2015; Hudetz, 1984; Muster, 1986; Sklorz & Michaelis, 1995; Adomeit, 2001). Bei einem abstrakteren, übergeordneten Blick zeigt sich jedoch schnell, dass aufgrund der Vielzahl an Faktoren, die bei der Systematisierung Berücksichtigung

6.2 Spielsysteme & Spielertypen

finden können oder nicht, zwangsläufig eine Vielzahl an Spielsystemen entstehen müssen – abhängig davon, wie differenziert man kategorisiert.

Sklorz und Michaelis (1995) konzentrieren sich beispielsweise auf den Aktionsraum der Spieler:innen, im Speziellen mit der Position und Distanz zum Tisch. Sie definieren das Angriffssystem (= 1 m hinter der Grundlinie), das Halbdistanzsystem (= 1–2 m hinter der Grundlinie) und das Verteidigungssystem (2 m und mehr hinter der Grundlinie) (siehe bereits Heissig, 1976). Angriffsspieler:innen zeichnen dabei eine hohe Aggressivität im Spiel aus, d. h., dass sie schon beim Auf- und Rückschlag eine hohe Risikobereitschaft aufweisen. Ihr Ziel ist es, jeden möglichen Ball mit einer offensiven Schlagtechnik beantworten zu wollen. Sie wählen häufig einen frühen Balltreffpunkt nah am Tisch, um die Gegner:innen unter (Zeit-)Druck zu setzen. Halbdistanzspieler:innen zeichnen sich hingegen durch ein sehr kontrolliertes Spiel mit einigem Abstand zum Tisch aus. Sie benötigen ein gutes Ballgefühl und eine gute Differenzierungsfähigkeit, um die Gegner:innen durch druckvolle, gut platzierte und häufig rotationsvariable Bälle zu Fehlern zu zwingen. Die klassischen Abwehrspieler:innen müssen ein hervorragendes Ballgefühl und eine extrem gute Koordination besitzen. Zudem die Fähigkeit, strategisch zu denken und zu entscheiden (DTTB, 2019). Aufgrund des großen Streuwinkels (Abschn. 6.1.1) und der damit weiten Laufwege sind Abwehrspieler:innen auf Spitzenniveau auf eine sehr gute Ausdauer und Kraftausdauer der Beine angewiesen sowie auf eine gute Grundschnelligkeit und Antizipationsfähigkeit. Gegebenenfalls ist auch eine gewisse Reichweite der Arme hilfreich.

Hudetz (1984) und Muster (1986) finden fünf Kategorien unterschiedlicher Spielsysteme, die sie als das

- Angriffsspiel am Tisch,
- Angriffsspiel aus der Halbdistanz,
- Konter-/Blockspiel,
- Allroundspiel und
- Abwehrspiel

bezeichnen. Dabei konzentrieren sich Konter-/Blockspieler taktisch grundsätzlich auf das tischnahe Verteilen der Bälle unter Nutzung des Angriffs des Gegners. Selten bereiten sie einen Angriffsschlag (z. B. Topspin oder Flip) selbst vor. Durch ein sicheres aktives Blockspiel (Abschn. 4.4.1) wird der Fokus auf Fehlerminimierung und taktisch gute Platzierungen gesetzt. Das Allroundspiel beschreibt bei Muster (1986) Spieler:innen, die sehr variabel – meist gegnerabhängig – verschiedene Spielsysteme nutzen und auch während eines einzelnen Spiels zwischen den Systemen wechseln können. Zwar sind sie in der Regel (technisch) nicht so spezialisiert wie beispielsweise ein/e Abwehrspieler:in auf die Schnittabwehr (Abschn. 4.4.2), allerdings sind dafür alle Schlagtechniken zu einem gewissen Maße ausgeprägt. Dies macht ihr Spiel teilweise schwer berechenbar für die Gegenspieler:innen.

Spielsysteme lassen sich auf vielfältige Weise untergliedern. Je nachdem, welches Kriterium man anwendet, entstehen übersichtlichere oder komplexere Einordnungen. Typische Kriterien sind die Griffhaltung (Abschn. 4.1.1), die teilweise noch zwischen

Vorhand- oder Rückhand-Griff differenziert wird, die bevorzugte Schlagtechnik bzw. Technikfamilie (Friedrich & Fürste, 2012; Luthardt et al., 2016), das Spielmaterial, womit in der Regel die unterschiedlichen Beläge (Abschn. 2.3.4) gemeint sind, aber auch eher psychologische, typbedingte Unterscheidungen. Beispielsweise identifiziert Adomeit (2001, S. 39 ff.) alleine bei den Abwehrsystemen sechs verschiedene Systeme und diejenigen Spieler:innen, die ihren Punktgewinn über

- eine Maximierung der Rotation (Spielmaterial meist lange Noppenaußen auf der Rückhand des Schlägers),
- die Platzierung (lange Noppenaußen auf der Rückhand),
- Sicherheit (lange Noppenaußen auf der Rückhand),
- Rotationswechsel und ständige, überfallartige Attacken (meist kurze Noppenaußen auf einer Seite),
- beidseitige Schnittwechsel (meist kurze Noppenaußen auf der Rückhand) und
- Rotationswechsel ohne Noppenaußen (beidseitige Noppeninnen-Beläge)

erreichen. Diese Systematik beinhaltet dabei noch keine Unterscheidung nach Shakehand-/Penholder-Spieler:innen, was eindringlich verdeutlicht, wie komplex die Systematisierung ausfallen kann. In Anlehnung an die Rahmentrainingspläne des Deutschen Tischtennis-Bundes (DTTB, 2003, 2019) wird hier eine gröbere Einteilung verwendet, die das Angriffs- und (moderne) Abwehr-Spielsystem benennt. Die Angriffs-Spielsysteme werden dabei in das vorhandorientierte und das beidseitige Spin-Spielsystem unterschieden.

6.2.1 Vorhandorientiertes Spielsystem

Prause (2017) stellt zwei elementare Fähigkeiten für erfolgreiche Spieler:innen heraus, die ein vorhandorientiertes Spielsystem präferieren: „eine gute Beinarbeit und herausragende Aufschläge" (ebd., S. 12). Dies sei die unbedingt notwendige Basis des Spiels, da nur mit einer effizienten und schnellkräftigen Beinarbeit die eigene Vorhand in möglichst vielen Spielsituationen eingesetzt werden könne. Dazu gehört unter anderem auch die Bereitschaft, die eigene Rückhandseite in passenden Situationen zu umspringen und mit der Vorhand aus der Rückhand den Punktgewinn zu suchen. Da man sich durch das Umspringen der Rückhandseite in eine eher ungünstige Ausgangslange bringt und die Vorhandseite öffnet, müssen die Angriffsschläge mit der Vorhand entsprechend schnellkräftig und punktbringend sein, um nicht durch sichere Blockspieler:innen ausgekontert zu werden.

Vorhandorientierte Spieler:innen versuchen einen Großteil des Tisches mit der Vorhand abzudecken. Die Rückhand wird meist nur für kontrollierte, den eigenen Angriff vorbereitende Bälle oder für Platzierungen in die eigene tiefe Rückhand genutzt, die nicht mit der Vorhand gespielt werden können. Typische vorhandorientierte Spieler:innen lassen sich an einem leichten Vorhandgriff in der Schlägerhaltung (Abschn. 4.1.1), an der Fußstellung (der rechte Fuß befindet sich bei Rechtshänder:innen deutlich nach hinten versetzt) und an der Stellung zum

Tisch erkennen (Geske & Müller, 2014). Die schwächere Rückhand wird dadurch vermieden, dass vorhandorientierte Spieler:innen deutlich weiter in ihrer eigenen Rückhandseite stehen. So soll der ganze Tisch mit der Vorhand kontrolliert werden. Als Taktik gegen vorhandorientierte Spieler:innen bietet es sich an, diese tiefe Positionierung in der Rückhandseite auszunutzen. Da der Vorhandbereich (Abschn. 6.1.1) weit geöffnet ist, lässt sich dieser Spielertyp mit Schlägen in die tiefe Vorhand in Bedrängnis bringen. Selbst wenn der/die Spieler:innen den Ball in der tiefen Vorhand noch erreicht, wird er/sie den nächsten Ball in die (möglichst tiefe) Rückhand wahrscheinlich mit der (schwächeren) Rückhand spielen müssen. Im Optimalfall kann dieser diagonale Ball in die Rückhand gar nicht mehr erlaufen werden (Hudetz, 2004). Ein typischer taktischer Ballwechsel wäre beispielsweise ein kurzer Aufschlag in die Vorhand des vorhandorientierten Gegners und danach ein schneller, langer Ball in die Rückhand des Gegners, was ein Umspringen der Rückhand, um dort mit der Vorhand zu agieren, (fast) unmöglich macht (Adomeit, 1992).

Die Aufschläge dienen bei vorhandorientierten Spieler:innen zur Vorbereitung eines punktbringenden Schlages. Natürlich versucht jede/r Spieler:in, mit dem Aufschlag einen direkten Punkt zu erzielen oder diesen vorzubereiten, allerdings wird dieser Punktgewinn bei diesem Spielsystem möglichst schon mit dem dritten Ballkontakt gesucht (Prause, 2017). Das heißt, nach Möglichkeit soll ein Rückschlag (2. Ball) erzwungen werden, auf den mit einem kraftvollen, platzierten Vorhandschlag geantwortet werden kann. Darüber hinaus sollte der/die vorhandorientierte Angreifer:in aber auch ein Verständnis dafür entwickeln, die Geschwindigkeit und Rotation in seinen Angriffsschlägen variieren und gezielt einsetzen zu können.

Beispiel

Ein Beispiel für ein vorhandorientiertes Spielsystem ist das sogenannte „Block-Konter-Schuss-System" (BKS). Hier nutzen die Spieler:innen meist einen kurzen Noppenaußen-Belag mit Schwammunterlage (Abschn. 2.3.4) auf der Vorhandseite. Für Rückschläge drehen manche Spieler:innen den Schläger, um variabler auf Aufschläge reagieren zu können. Die Grundidee des BKS-Systems ist es, mit der kurzen Noppe auf der Vorhand, die im Vergleich zu einem griffigen Noppeninnenbelag relativ rotationsunempfindlich ist, zum schnellen Punktgewinn zu kommen. Meist wird dies anstatt mit dem Vorhand-Topspin über einen Vorhandschuss realisiert. Viele Gegner:innen sind diese rotationslosen Bälle nicht gewohnt, und es fällt ihnen schwer, diese angemessen (aktiv) zu blocken. Häufig läuft die Vorbereitung des schnellen Balles mit der Vorhand über die Rückhand-Diagonale ab, um dann aus der Mitte oder der Rückhand schnell mit der Vorhand zuschlagen zu können. Diesem Spielsystem liegt eine „Ein-Punkt-Strategie" zugrunde (Adomeit, 2016, S. 21). Das heißt, es geht bei diesem System immer darum, Chancen zum schnellen Vorhand-Ball zu erkennen und dann auch zu nutzen. Das System beinhaltet eine hohe Risikobereitschaft und insgesamt sind die Ballwechsel recht kurz. „So muss auch im Training der Situation Aufschlag und 1. Angriffsball viel Aufmerksamkeit gewidmet werden" (ebd., S. 21). ◄

Spieler:innen, die auf beiden Schlägerseiten Noppeninnenbeläge spielen, müssen, um das vorhandorientierte Spielsystem anwenden zu können, eine perfekte Vorhandtechnik und eine ordentliche Rückhandtechnik beherrschen (DTTB, 2019). Spieler:innen dieses Typs gewinnen die Punkte mit der Härte, Schnelligkeit, Präzision und Platzierung ihrer Schläge. „Dieser Spielertyp muss sehr gut antizipieren, entscheidungsschnell und risikobereit sein. Er braucht eine gute Auswahlreaktion, Bewegungsschnelligkeit und Schnellkraft der Beine" (ebd., S. 5). Dadurch, dass viele Situationen entstehen, in denen die Rückhand umsprungen werden muss, um mit der Vorhand agieren zu können, wird von diesem Spieler:innentyp ein hohes Maß an Beweglichkeit (Abschn. 3.1.2) und Koordination (Abschn. 3.2) verlangt. Dies gilt nicht nur für die Umspringbewegung, sondern auch für das schnelle Zurückkehren in eine gute Grundposition zum Tisch. Im Vergleich zu beidseitig orientierten Spin-Spieler:innen ist eine erhöhte aerobe Grundlagenausdauer (Abschn. 3.1.4) hilfreich, um auf längeren Turnieren oder Wettkämpfen die zusätzliche muskuläre Belastung vor allem im Bereich der Beine zu kompensieren.

6.2.2 Beidseitiges Spin-Spielsystem

Zu Beginn des Tischtennissports um das Jahr 1900 waren Rückhandschläge im Tischtennis generell häufiger zu sehen als Vorhandschläge (Harrison, 2000). Dadurch, dass die Rückhand deutlich näher am Körper gespielt wird als die Vorhand, hatten die Spieler:innen mehr Kontrolle über den Ball. Zudem ließen sich die meist rotationslosen Schläge aus dem Handgelenk mit der Rückhand variabler platzieren und kurzfristig Richtungsänderungen vornehmen. Die Vorhand, die relativ körperfern (distal) gespielt wird, war für viele Spieler:innen zu fehlerbehaftet.

Dies hat sich im modernen Tischtennis von heute komplett gewandelt, sodass die meisten Spieler:innen heute einen Großteil des Tisches mit der Vorhand abdecken (bei den Männern noch deutlicher als bei den Frauen; Malagoli-Lanzoni et al., 2013; Loh & Krasilshchikov, 2015). Das heißt, dass selbst dann, wenn die Gegner:innen den Ball in die Rückhand platzieren, versucht wird umzuspringen und mit der stärkeren Vorhand zu agieren. Durch technische Verbesserungen im Bereich der Rückhand und Vorhand hat sich jedoch ein beidseitig orientierter Spieler:innen-Typ entwickelt, dessen Spieler:innen sowohl mit der Rückhand als auch mit der Vorhand Druck erzeugen können. Durch eine variable Mischung aus rotationsreichen und schnellen, harten Rückhand- und Vorhand-Topspins können die Spieler:innen dieses Typs den Tisch mit deutlich weniger Beinarbeit (Abschn. 4.1.3) kontrollieren als die vorhandorientierten Spieler:innen (Abschn. 6.2.1). Beidseitige Spin-Spieler:innen müssen dafür mehrere unterschiedliche Techniken beherrschen (mehr als ein/e vorhandorientierte/r Spieler:in), um das Spiel variabel zu gestalten und damit erfolgreich zu sein. Er/Sie muss gut antizipieren können, entscheidungsfreudig und risikobereit sein (DTTB, 2019). Die Beweglichkeit und Koordination sollten entsprechend ausgebildet sein, da die Spieler:innen in beide Richtungen Handlungen vorbereiten und vollziehen müssen.

Neu ist ein wenig, dass mittlerweile auch rückhandorientierte Spieler:innen in die Weltspitze vordringen. Früher wurde die Rückhand vor allem dazu benutzt, den Angriff mit der Vorhandseite vorzubereiten. Spieler wie Zhang Jike, Hugo Calderano oder Dimitrij Ovtcharov sind heutzutage allerdings in der Lage, mit ihrem rückhandorientierten Angriff auch gegen vorhandorientierte Angreifer standzuhalten. Bei diesen Spielern wird die Rückhand zur dominanten Seite, über die der Punktgewinn direkt oder indirekt gesucht wird. Eng verknüpft mit diesem Spielsystem ist der Einsatz der Rückhand-Banane (Abschn. 4.4), die in verschiedenen Varianten (z. B. Seitschnitt in Kombination mit Unterschnitt und Oberschnitt) gespielt werden kann. Rückhandorientierte Spieler:innen tendieren dazu, auch aus der Mitte, über dem Tisch oder auch aus der Halbdistanz mit der Rückhand anzugreifen. Dabei haben sie bei halblangen Bällen in Tischmitte auch den Vorteil des flexibleren Handgelenks. Dennoch sollte bei diesen Spieler:innen nicht vernachlässigt werden, dass die Vorhand ebenso zum Punktgewinn eingesetzt wird, da diese aufgrund der Schlagbewegung mehr Möglichkeiten und eine höhere Flexibilität bietet.

Ein/e beidseitige/r Spin-Spieler:in benutzt meist griffige Noppeninnenbeläge (Abschn. 2.3.4) auf der Vorhand- und Rückhandseite. Die wichtigsten Schläge sind der Vorhand- und Rückhand-Topspin. Der Rückhand-Topspin wird besonders als Eröffnungsschlag eingesetzt, oder wenn sich die Spieler:innen vom Tisch entfernen. Die Beinarbeittechniken Sidesteps und Ausfallschritte sollten besonders gut beherrscht werden (DTTB, 2019). Zum Aufschlagrepertoire sollten sowohl variable Vorhand- als auch Rückhand-Aufschläge gehören. Die Rückschläge müssen variabel gestaltet sein, aber nicht unbedingt so gespielt werden, dass der Gegner bzw. die Gegnerin nicht angreifen kann. Durch die Beidseitigkeit dieses Spielsystems ist das passive (Block-)Spiel tendenziell leichter umzusetzen, sodass – im Vergleich zum vorhandorientierten Spielsystem – nicht zwingend der schnelle Punktgewinn gesucht werden muss. Schwächen des beidseitigen Spin-Systems liegen im Ellbogen- und Bauchbereich. Dass keine klare Priorisierung zwischen Vorhand- und Rückhandschlägen vorhanden ist, macht das Treffen von Entscheidungen schwerer. Ebenso kann die Auswahl aus dem größeren Repertoire an Schlagtechniken dazu führen, dass diese große Auswahl in Drucksituationen überfordert.

Viele Spieler:innen nutzen mittlerweile für den Rückschlag auf kurze Bälle in die Mitte oder Vorhand lieber die Rückhand als die Vorhand (Zhang, 2006). „Die damit aufkommende Popularität von RH-Schlägen im Aufschlag-Rückschlag- bzw. Kurz-kurz-Spiel" macht es aktuell etwas einfacher, rückhandorientierte Tischtennissportler auszubilden (Luthardt et al., 2016, S. 62). Besondere Merkmale von Spieler:innen, die den Tisch überwiegend mit der Rückhand abdecken wollen, sind laut Geske und Müller (2014) ein deutlicher Rückhandgriff des Schlägers (Abschn. 4.1.1) und eine relativ parallele Fußstellung am Tisch, d. h., die Füße stehen beim Auf- und Rückschlag ungefähr auf gleicher Höhe. Ihre Position am Tisch ist relativ zentral, in etwa in der Tischmitte, sodass der Ellenbogen leicht in der Vorhandseite positioniert ist. Schwachstellen dieser Spieler:innen sind tendenziell die kurze Vorhand und besonders der Ellenbogenbereich, da sie sich bei einem Anspiel auf den Ellenbogen meist noch weiter in die Vorhandseite bewegen und so anfällig für einen Ball in die tiefe Rückhand sind. Die kurze Vorhand ist eine sinnvolle Platzierung, da rückhandorientierte Spieler:innen durch ihren starken Rückhandgriff über weniger Bewegungsfreiheit verfügen, den Ball mit der Vorhand zu flippen (Abschn. 4.4.3).

Natürlich werden auch vorhandorientierte Spieler:innen die Rückhand-Banane einsetzen, ebenso wie rückhandorientierte Spieler Rückschläge kurz spielen. Auf- und Rückschlagverhalten müssen genauso wie die Schlagtechniken ganzheitlich ausgebildet werden. Bei der Typisierung in Spielsysteme geht es eher darum, dass bestimmte Schläge bei einem vorhand- bzw. rückhandorientierten Spielsystem häufiger zu finden sind als bei dem anderen (Prause, 2017).

6.2.3 Modernes Abwehrspiel

Häufig wird das Argument angeführt, „mit Abwehr [könne] man nicht Weltmeister werden" (Adomeit, 2001, S. 29), wodurch viele Spieler:innen und Trainer:innen davon absehen, sich bereits in frühen Lernphasen auf die Abwehr zu fokussieren. Es stimmt, dass mit Entwicklung schnellerer Beläge und der Einführung des größeren Tischtennisballes (Abschn. 2.2) der Angriff große Vorteile gegenüber der Abwehr erlangt hat (Hudetz, 2004). Das traditionelle Abwehrspiel verlangte von Abwehrspieler:innen, dass sie nahezu jeden Ball mit der Schnittabwehr zurückspielen und durch bewusste Rotationswechsel und taktische Platzierung die Angreifer:innen zu Fehlern verleiten. Dabei verwendeten traditionelle[1] Abwehrspieler:innen meist Beläge, die besondere Belageigenschaften aufwiesen, beispielsweise besonders griffige Beläge, mit denen sich starker Unterschnitt erzeugen lässt, oder Noppenaußen-Beläge, die das Angriffsspiel stören (Abschn. 2.3.4). Daher werden sie teilweise auch als ‚Störspieler:innen' bezeichnet.

Das moderne Abwehrspiel zeichnet sich in Anlehnung an Einarsson (1998) durch tischnahe Unterschnittbälle und häufige Angriffsaktionen sowohl am Tisch als auch aus der Halbdistanz aus. Die meisten Abwehrspieler:innen nutzen eine Belagkombination aus Noppeninnen-Belägen auf der Vorhand und langen Noppenaußen-Belägen in der Rückhand, wobei die Mehrheit der Spieler:innen den Schläger je nach Situation in einem Ballwechsel dreht, sodass alleine durch dieses Drehen des Schlägers ein Rotationswechsel entsteht (Hudetz, 2004).

„Im krassen Gegensatz zur hohen sportlichen Bedeutung des Abwehrspiels im aktuellen Hochleistungssport und vielleicht noch größeren in unteren Leistungsklassen steht die Wissensverbreitung in der deutschsprachigen Literatur und in der Trainerausbildung" (Adomeit, 2001, S. 29). Diese Diskrepanz wird gravierender, wenn man berücksichtigt, dass es, wie oben bereits angedeutet, nicht den einen oder die eine Abwehrspieler:in gibt. Die taktische Ausrichtung von Abwehrspieler:innen kann

---

[1] Für einen umfangreichen Überblick zur Entwicklung des Abwehrspiels von früher zu heute siehe Straub (2012, 2013).

sehr unterschiedlich sein. Gemeinsam haben alle Spieler:innen, dass sie grundsätzlich etwas passiver in den Ballwechsel starten und zunächst auf Fehler des Gegners spekulieren. Daher führen viele Autoren und Trainer (z. B. Schmicker, 2005a, b; Ziegler, 2000) an, dass Abwehrspieler:innen über ein besonderes Maß an Ballgefühl, Beweglichkeit, Kreativität, Spielintelligenz, Übersicht, Trainingsfleiß und Geduld verfügen müssen. Ballwechsel sind durch die abwartende Haltung der Abwehrspieler:innen tendenziell länger und erfordern somit eine größere Fitness, da sich die Tischdistanzen ständig ändern und mit größerer Distanz zum Tisch die Laufwege länger werden. Zudem „kommt [heute] kein Abwehrspieler ohne eigene Angriffsschläge aus. Somit muss er neben den Abwehrtechniken auch Angriffstechniken erlernen und neben der größeren technischen Vielfalt auch noch die taktische Aufgabe lösen, die richtigen Bälle zum Angriff auszusuchen" (Adomeit, 2015, S. 12). Ausgehend vom Material, aber auch von der Spielausrichtung, der Angriffshäufigkeit, der Angriffsschlagseite (Vorhand oder Rückhand oder mit beiden Seiten) oder auch der Technik (Schuss oder Topspin), ist die taktische Ausrichtung der Abwehrspieler:innen sehr vielseitig. Es gibt mindestens genauso viele Spielsysteme wie im Angriffsbereich (Adomeit, 2015). Das Training der Abwehrspieler:innen ist in der Regel vielschichtiger als das der Angriffsspieler:innen. Dies führt insgesamt dazu, dass die Abwehrspieler:innen meist noch trainingsfleißiger sein müssen (Schmicker, 2005b).

Schönemeier (2008, S. 50) sieht im Balleimer – vor allem zu Beginn – das entscheidende Hilfsmittel zur Ausbildung von Verteidigungsspieler:innen, weil „es in der Trainingsgruppe auf diesem Niveau noch keinen Spieler [gibt], der als Angreifer ausreichend sicher und präzise Topspins gegen Verteidigung ziehen kann". Da dieser Trainingsfleiß eines erhöhten Zeitaufwands bedarf, sollten sie als zusätzliche Balleimereinheiten organisiert werden, die eine Ergänzung des normalen Trainings darstellen. Nach Einarsson (1998) sieht die Grundschulung der Abwehrspieler:innen am Balleimer folgende aufeinander aufbauende Schritte bei der Technikvermittlung vor:

1. Schupfbewegungen auf Unterschnittbälle
2. Abwehrbewegungen auf Topspin
3. Verbindung Abwehr auf Topspin und Schupf auf Stoppbälle (auch jeweils umgekehrt)
4. Übergang vom Schupf zum Angriff mit Topspin und/oder Schuss
5. Eigener Angriff auf Stoppbälle oder auf zu hohe Angriffsbälle des Gegners

Ziegler (2000) verweist auf die fünf Ausbildungsschritte Einarssons (1998) und ergänzt diese Reihe um weitere „Standardsituationen" (ebd., S. 20), die es zu trainieren gilt:

6. Abwehrlösungen im Bereich des Wechselpunkts („Ellenbogen")
7. Abwehr „Vorhand-Rückhand kombiniert" mit Beinarbeit (seitlich in Abhängigkeit der möglichen Winkel)
8. Distanzveränderung zum Tisch (Beinarbeit vorwärts-rückwärts)

9. Entscheidungssituationen Abwehr-Angriff (nicht nur nach Stoppbällen des Angreifers, sondern bei jedem Ball, insbesondere bei eigenem Aufschlag des Abwehrers oder der Abwehrerin)
10. Entscheidungssituation Angriff-Abwehr (das „Wieder-Zurückkehren" in die Abwehr)

Grundsätzlich sind sämtliche Übungen auch in Partnerübungen umsetzbar. Erste Übungen im Eins-gegen-eins könnten sein, dass der/die Angreifer:in abwechselnd einen Topspin und dann einen Schupf spielt, um die Vorwärts-/Rückwärtsbewegungen des Abwehrspielers bzw. der Abwehrspielerin zu verinnerlichen (z. B. Rückhandabwehr aus Rückhand, Schupf aus Mitte in Vorhand, Vorhandabwehr aus Vorhand, Schupf aus Mitte in Rückhand usw.). Alternativ kann der/die Angreifer:in abwechselnd Vorhand-Topspins in die Rückhand und die Mitte spielt, die mit der Rückhandschnittabwehr retourniert werden müssen. Zusätzlich kann der/die Angriffsspieler:in unregelmäßig Bälle in die Vorhand schupfen („ablegen"), die der/die Abwehrspieler:in mit einem Vorhand-Topspin beantworten muss. So wird das variable Spiel der Abwehrspieler:innen geschult, um es den Gegner:innen schwerer zu machen, die passende eigene Taktik zu finden. Dies gilt sowohl für das Einzel als auch die Taktik im Doppelspiel (Abschn. 6.3).

6.3 Doppeltaktiken

Das Doppel nimmt in vielen Mannschaftswettkämpfen, aber auch bei Welt- und Europameisterschaften, bei den Olympischen Spielen oder auf regionalen Turnieren eine wichtige Rolle ein. Im Doppel treten zwei Spieler:innen gegen zwei andere Spieler:innen an. Eine Besonderheit ist, dass die Partner:innen eines Doppels immer abwechselnd schlagen müssen (hier unterscheidet sich Tischtennis von anderen Rückschlagsportarten wie Tennis oder Badminton, in denen ein:e beliebige:r Spieler:in den Ball – vom Auf- und Rückschlag ausgenommen – schlagen darf). Eine Ausnahme bietet das Doppelspiel, wenn eine oder beide Spieler:innen im Rollstuhl sitzen. Dann wird unter anderen die Regel des abwechselnden Schlagens aufgehoben (siehe auch Abschn. 2.2.3 zum Rollstuhltischtennis).

Unter Doppeltaktiken verstehen Trainer:innen in der Regel spezifische Ballwege (Platzierungen), die je nach Konstellation sowie Stärken und Schwächen der eigenen und gegnerischen Doppelpaarung erfolgversprechend seien sollten. Dies ist so weit richtig. Es hilft jedoch bei der Analyse und Zusammenstellung von Doppelpaarungen, einen Schritt zurückzutreten und sich vor Augen zu führen, dass beide Spieler:innen die Aufgabe haben, einen guten Ball für seine:n Partner:in vorzubereiten (Adomeit & Rauterberg, 1991).

Dies klingt trivial, wird den meisten Spieler:innen aber erst auf den zweiten Blick klar: Im Einzel bereite ich Bälle vor, die in mein eigenes Spielsystem passen. Ich platziere Bälle dort hin, wo ich einen Rückschlag vorhersehe, der für mich gut zu beantworten ist, der meine Stärken hervorhebt. Im Doppel ist dies anders: Hier versuche ich meinem Mitspieler oder meiner Mitspielerin einen Ball vorzubereiten, der für sie oder ihn angenehm ist. Gleichzeitig versuche ich ein Anspiel des Gegenübers, mit dem mein:e Partner:in nicht gut zurechtkommt, nach Möglichkeit zu verhindern. Spielt mein:e Partner:in beispielsweise ungerne Bälle aus der tiefen Rückhand, vermeide ich es, Bälle diagonal in die Rückhand des Gegners zu platzieren. Oder hat mein:e Partner:in Schwierigkeiten mit dem Material des Gegners (Abschn. 2.3.3), versuche ich das Anspiel – beispielsweise der langen Noppe – so gut es geht zu vermeiden. Wenn man sich als (gute:r) Doppelspieler:in bewusst wird, dass ein für mich guter, „dankbarer" Ball für meine:n Partner:in gegebenenfalls ein Problem darstellen könnte und umgekehrt, ist viel gewonnen.

Der Erfolg im Doppel hängt nämlich, wie in allen kooperativen Spielsportarten auch, mit der internen Harmonie einer Paarung zusammen (Adomeit, 2014). Dass eine positive Herangehensweise (z. B. Toleranz von Fehlern meines Spielpartners/meiner Spielpartnerin, Aufmunterung nach verlorenen Bällen etc.) weitaus leistungsfördernder ist als eine gegenseitige Schuldzuschreibung (z. B. negative Körpersprache, Kopfschütteln, hängen lassen etc.), ist vielen Spieler:innen bewusst, wird jedoch in der Praxis nicht immer konsequent eingehalten (siehe auch Abschn. 3.3. zur Psychologie).

Eine weitere Besonderheit im Doppel ist, dass die Schlagreihenfolge der Doppelpartner:innen nach jedem Satz (und beim Erreichen von 5 Punkten im Entscheidungssatz; siehe Abschn. 2.2.2) wechselt. Das heißt: Wenn Partner:in A im ersten Satz auf Partner:in X aufgeschlagen hat, serviert sie im zweiten Satz auf Partner:in Y. Dies bedeutet für die spezifische Doppeltaktik, dass sich die Taktik gegebenenfalls nach jedem Satz ändern muss. Diesen Grundgedanken stellte bereits Hudetz (2004, S. 140) auf:

> „Im Doppel stehen auf der anderen Seite immer zwei Gegner, die ihre individuellen Charakteristiken, Stärken und Schwächen haben. Wenn die Schlag-Reihenfolge wechselt, kann das, was vorher ein guter Spielzug war, gegen den anderen Gegner ein falscher sein."

Eine weitere Grundeinstellung im Doppel sollte es sein, nach einem Schlag unmittelbar Platz zu schaffen, damit mein:e Partner:in ungehindert an den Ball kommt. Bajgulow und Romanin (1986) betonten bereits früh, dass „siegreiche Doppel nicht nur von ihrem Spielstil zusammenpassen und technisch gut ausgebildet sind", sondern sie „sich auch gut auf dem Spielfeld bewegen können, ohne Störungen beim Umeinanderlaufen zu haben" (ebd., 1986, S. 92). Da man sich nicht wie im Einzel direkt auf den nächsten Schlag vorbereiten muss, kann die stabile Grundposition (Kap. 4.1.2) gegebenenfalls auch verlassen werden, wenn dadurch der Spielerpartner bzw. die Spielpartnerin besser an den Ball kommt.

Dies kann über verschiedene (taktische) Laufwege realisiert werden. Doppelpaarungen sollten sich im Training Gedanken darüber machen, welche der nachfolgenden (Lauf-)Systeme für sie aus taktischer Sicht, also unter Rückbezug auf ihre jeweiligen Stärken und Schwächen, am erfolgreichsten ist. Das gängigste und intuitivste Laufsystem ist das Rein-Raus-System (Abb. 6.5, oben links). Das

Abb. 6.5 Unterschiedliche Laufwege/Laufsysteme im Doppelspiel. Das „Rein-Raus"-System (links oben), das „T"-Lauf-System (rechts oben), das „kreiseln" (links unten) und „die Acht". (Rechts unten; aus Teichert, 2008, S. 6 f.)

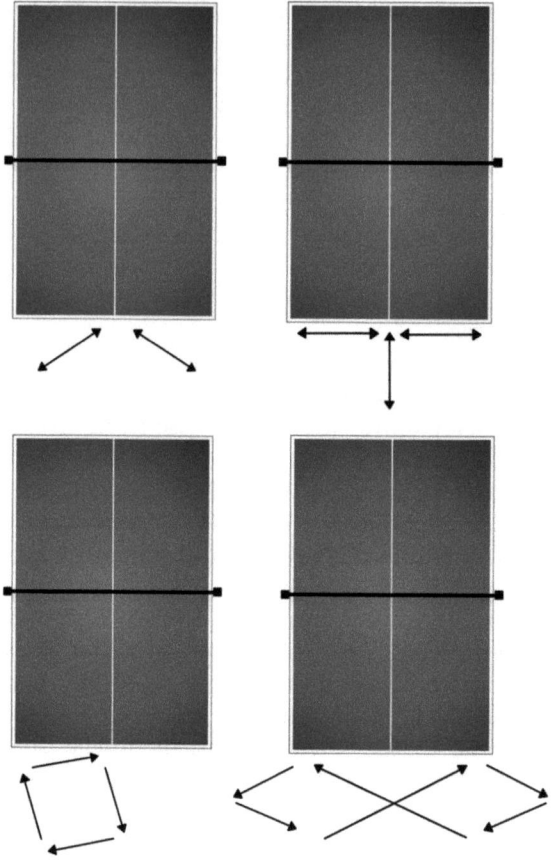

„Rein-Raus"-System hat zunächst den Vorteil, dass es keine Überschneidungen zwischen den Laufwegen der Doppelpartner:innen gibt. Dadurch wird der Ball nicht verdeckt und die Spieler:innen haben permanent Sichtkontakt zum Ball. Es ist zudem auch das Laufsystem mit der geringsten Laufstrecke (Teichert, 2008). Dadurch dass die Spieler:innen immer schräg in ‚ihre' Ecke zurücklaufen, ist dieses Laufsystem bei Paarungen von Links- mit Rechtshänder:innen optimal. Beide Spieler:innen kommen aus ihrer Rückhand-Ecke und weichen auch wieder dorthin zurück. Dadurch sollten sie bei vielen Bällen mit ihrer (stärkeren) Vorhandseite agieren können. Das Gleiche gilt bei Paarungen mit gleicher Schlaghand, die jedoch unterschiedlich orientiert sind (Abschn. 6.2). In diesem Fall agiert der rechtshändige, rückhandorientierte Spieler vermehrt in der rechten Ecke des Tisches und der rechtshändige, vorhandorientierte Spieler in der linken Ecke.

Das Laufsystem in einer „T"-Form (Abb. 6.5, oben rechts) eignet sich besonders für Doppelpaarungen, die unterschiedliche Abstände zum Tisch bevorzugen (z. B. eine Angriffsspielerin und eine Abwehrspielerin). Die tischnahe

Angriffsspielerin bewegt sich seitlich in einer weitestgehend horizontalen Linie am Tisch, wohingegen die Abwehrspielerin ihren vorrangigen Aktionsbereich in der Vertikalen hat. Für beide Spieler:innen ist in diesem System ein hohes Maß an Laufarbeit und Dynamik gefordert. Zudem können Situationen entstehen, in denen gerade der/die tischferne Spieler:in den Ball erst spät sieht, da dieser durch den Körper des tischnahen Spielers bzw. der tischnahen Spielerin verdeckt sein kann. Vorteilhaft ist, dass beide Spieler:innen in ‚ihrem' Spielsystem bleiben, sie ihre Stärken (z. B. den Angriffs- oder Abwehrball) einsetzen und sich im Vergleich zu ihrer Spielweise im Einzel kaum umstellen müssen.

Ein hohes Maß an Beinarbeit erfordert das sogenannte „Kreiseln" (Abb. 6.5, unten links). Bei diesem Laufsystem bewegen sich beide Doppelspieler:innen um einen (imaginären) Mittelpunkt. Ein rein rechtshändiges Paar dreht sich mit dem Uhrzeigersinn. Nach einem Schlag gehen die Spieler:innen jeweils nach rechts zur Seite, drehen nach hinten an dem Mitspieler oder der Mitspielerin vorbei, um von links wieder (mit der stärkeren Vorhand) an den Ball zu kommen. In der Theorie bietet dieses Laufsystem nur Vorteile (z. B. kein Verdecken, immer mit der stärkeren Schlagseite am Ball etc.), in der Praxis bedarf es aber eines hohes Maßes an Trainingsarbeit (Teichert, 2008) und einer hohen Dynamik in den Bewegungsabläufen, die im Anfängerbereich nur schwer umzusetzen sind. Es sollte vor allem dann zum Einsatz kommen, wenn beide Spieler:innen aufgrund ihres sehr ähnlichen Spielsystems den gleichen Raum am Tisch beanspruchen. Schwierig wird es für eine Doppelkombination dann, wenn beide Spieler:innen die gleiche Händigkeit und die gleiche Spielanlage aufweisen (Luthardt et al., 2016).

Bei der sogenannten „Acht" (Abb. 6.5, unten rechts) handelt es sich nicht direkt um ein Laufsystem, das aktiv eintrainiert wird, sondern das eher in besonderen Situationen praktische Anwendung findet. Beispielsweise können die Doppelspieler:innen nach Bällen in die weite Vorhand-Seite (Abschn. 6.1.1) mit diesem Laufsystem zurück in eine taktisch günstigere Ausgangslage gelangen. Die Spielerin oder der Spieler, die oder der den Ball spielen muss, der in ihre weite Vorhand platziert wurde, bewegt sich nach dem Erreichen des Balles im Bogen hinten um den/die Partner:in herum in Richtung Tischmitte. Nach dem Schlag aus der Mitte als Zwischenstopp kann die Spielerin oder der Spieler in die gewohnte, bevorzugte Rückhand-Ecke laufen.

In der Wettkampfpraxis läuft natürlich kaum ein Ballwechsel in diesen vorgeplanten, strukturierten Mustern. Die Gegenspieler:innen versuchen im Wettkampf, diese Muster durch geschickte Platzierungen zu durchbrechen. Taktische Möglichkeiten, gegnerische Doppelpaarungen unter Druck zu setzen und zu Fehlern zu zwingen, werden in den folgenden Unterkapiteln thematisiert.

6.3.1 Taktische Platzierungen im Doppel

„Im Doppel ist die Ballplatzierung entschieden wichtiger als die rohe Kraft" (Hudetz, 2004, S. 140). Wie oben nur angerissen, erzeugt eine taktisch richtige Platzierung einen Platz- oder Zeitmangel bei den Gegner:innen oder im besten Fall beides. Im Gegensatz zum Einzel wird im Doppel generell mehr in die Ecken gespielt und weniger in die Mitte. Zudem ist der Ellenbogen als Wechselpunkt, der im Einzelspiel eine sinnvolle Platzierung ist (Abschn. 6.1.1), im Doppel deutlich schwerer zu treffen, da beide Spieler:innen ständig in Bewegung sind. Das Spiel über die Ecken erzeugt größere Laufwege und erzwingt Überschneidungen in den Laufwegen. „Die Vorhand-Ecke ist die Schwachstelle beim Doppel, da die Mehrzahl der Doppelspieler versucht, so oft wie möglich ihre Rückhand zu umlaufen, um ihre Vorhand einzusetzen" (Östh & Fellke, 1992, S. 163). Im Doppel kann die Rückhand leichter umlaufen werden, da ein eventueller Block in die Vorhandseite von dem Partner oder der Partnerin erreicht werden kann. Der Ball sollte also zugunsten der Rückhand-Diagonale des eigenen Partners platziert werden, damit dieser die Bälle in seine Rückhandecke zurückbekommt und dort mit der Vorhand umspringen kann. Alternativ kann der Ball vom Gegner nur mit einem schlechten Winkel in die Vorhandseite gespielt werden, der leicht vom Partner zu erreichen sein sollte.

Grundsätzlich ist die tiefe Vorhand bei den meisten Doppeln eine Schwachstelle. Dadurch dass die Spieler:innen weiter in der Rückhandseite stehen, ist der Weg in die tiefe Vorhand sehr lang. Aus der tiefen Vorhand lässt sich weniger Druck erzeugen. Nach dem Schlag resultiert immer ein umständlicher Weg zurück in die ursprüngliche Position in die Rückhand-Ecke (Abb. 6.5, Laufweg der „Acht") oder es muss im Anschluss mit der meist schwächeren Rückhand agiert werden. Laut Adomeit (2014) müssen gute Doppelspieler:innen ein gutes Raumgefühl besitzen. Sie sollten frühzeitig abschätzen können, in welche Richtungen sich der Mitspieler oder die Mitspielerin bewegt, wo er/sie sich selbst befindet und wo sich die Gegner:innen beim nächsten Ballkontakt befinden werden. Luthardt (2015) empfiehlt, das Doppeltraining auch regelmäßig an der Ballkiste (Abschn. 5.2.2) durchzuführen. Hier sollten Übungen schrittweise aufgebaut werden, sodass das Einspielen des Balles aus der Ballkiste erst einmal nur über die Mitte erfolgt und die Doppelspieler:innen zunächst ein Gefühl für die Laufwege des Partners bzw. der Partnerin finden und ihre Handlungen ökonomisch und schnell aufeinander abstimmen. Wechselnde Platzierungen und Rotationsarten durch das Zuspiel können dabei helfen, „Schwachpunkte in der Bewegung des Doppels aufzuzeigen" (ebd., S. 73), wenn bspw. zweimal in die gleiche Ecke eingespielt wird und sich dadurch die Laufwege kreuzen.

6.3.2 Taktik des Nachspielens

Im Einzelspiel ist es wenig erfolgversprechend, wenn man den Ball immer auf die gleiche Position platziert. Der/Die Gegner:in wird kaum zum Laufen gezwungen und kann selbst den Ballwechsel dominieren (Teichert, 2008). Anders verhält es sich im Doppel. Da abwechselnd geschlagen werden muss, ändert sich diese Taktik grundsätzlich. Wenn im Doppel ein Ball genau an die gleiche Stelle gespielt wird, aus der der Ball vom Gegner oder der Gegnerin kam, erfordert dies vom gegnerischen Paar, dass es schnell die Positionen tauscht. Dieses sogenannte

„Nachspielen" (oder auch „Hinterherspielen") soll das gegnerische Doppel dazu zwingen, zweimal aus derselben Position zu spielen und durch das entstehende Platzproblem den zweiten Ball mit einer schlechteren Qualität (z. B. zu unplatziert, zu drucklos, zu hoch) anzubieten (vgl. u. a. Bajgulow & Romanin, 1986). Mit dem dritten Schlag soll dann der Punktgewinn forciert werden. Auch hier gilt zu beachten, dass das Nachspielen vor allem dann Erfolg verspricht, wenn man sich in einer eher neutralen oder bereits vorteilhaften Spielsituation befindet und das gegnerische Paar durch einen druckvollen Block, Konter oder Topspin in Zeitbedrängnis bringt. In einer ungünstigeren Ausgangsposition kann das Nachspielen meinen Spielerpartner oder meine Spielpartnerin selbst in Bedrängnis bringen, wenn beispielsweise ein harmloser diagonaler Topspin aus der Vorhand einen druckvollen diagonalen Block der gegnerischen Paarung ermöglicht. Unabhängig davon, ob das gegnerische Paar mit der gleichen Schlaghand spielt (z. B. rechts/rechts) oder unterschiedlicher Händigkeit ist (rechts/links), kann durch das Nachspielen ein Kreuzen der Partner:innen provoziert werden. Das Ziel gegen eine Links-Rechts-Paarung sollte immer sein, die Spieler:innen durch ein geschicktes Nachspielen in ihre ‚falschen' Ecken zu drängen, d. h. den Linkshänder bzw. die Linkshänderin in die Rückhandecke und den Rechtshänder bzw. die Rechtshänderin in die Vorhandecke.

6.3.3 Der Aufschlag im Doppel

Im Unterschied zum Einzel muss der Aufschlag im Doppel zwingend diagonal gespielt werden, und zwar immer von der rechten Tischhälfte auf die gegenüberliegende linke Tischhälfte (Abschn. 2.2.2). Die dünne weiße Mittellinie ist einzig zu diesem Zweck da. Wohingegen der Aufschlag im Einzelspiel beliebig platziert werden kann, ist die Platzierung im Doppel stark eingeschränkt und der Aufschlag dadurch in der Regel weniger gefährlich. Beim Aufschlag lassen sich laut Teichert (2008) zwei Grundstrategien nutzen, um zum Punktgewinn bzw. in eine vorteilhafte Situation zu gelangen:

1. Der oder die individuell gute Aufschläger:in versucht durch seine Aufschlagvariationen, den Gegner bzw. die Gegnerin zu direkten Rückschlagfehlern zu verleiten. Dabei wird der oder die Spielpartner:in weitestgehend außer Acht gelassen.
2. Der oder die Aufschläger:in versucht die Aufschläge so zu spielen, dass er oder sie durch die Platzierungs- und Rotationswahl dem Gegner oder der Gegnerin einen guten Rückschlag (z. B. kurz und flach oder lang und aggressiv) erschwert bzw. dem eigenen Partner oder der eigenen Partnerin den nächsten Schlag erleichtert.

Grundsätzlich wird im Doppel noch seltener lang aufgeschlagen als im Einzelspiel. Zudem sind kurze Aufschläge dadurch, dass die Platzierung in die Vorhandhand regelbedingt vorgegeben ist, weniger gefährlich. Insbesondere kurze Unterschnittbälle sind hier besonders prädestiniert, risikofreudig angenommen zu werden, da die Rückwärtsrotation des Balles das sogenannte „Flippen" (Abschn. 4.4.3) erleichtert. Auch aggressive Schupfbälle des Rückschlägers bzw. der Rückschlägerin in die tiefe Vorhandseite des Aufschlägers bzw. der Aufschlägerin sind leicht umsetzbar. Für den oder die Aufschläger:in sind daher rotationsarme Bälle oder Mischformen beim Aufschlag erfolgversprechender. Wichtig ist hier zunehmend die Flughöhe des Balles.

Am effektivsten sind halblange Aufschläge, die im Optimalfall kurz vor der Grundlinie auf der gegnerischen Seite ein zweites Mal aufspringen. Diese Aufschläge lassen sich nur sehr schwer flippen, kurz ablegen oder gar mit einem Topspin spielen. Zudem erfordert es enormes Ballgefühl, diese halblangen Aufschläge kurz und flach in die tiefe Vorhand zu platzieren. Das Risiko liegt bei diesen Aufschlägen darin, dass sie schnell zu lang werden können, sodass der Gegner bzw. die Gegnerin die Bälle angreifen kann. Auch hier muss wieder auf die Stärken der Partnerin bzw. des Partners geachtet werden: Ist er oder sie relativ stark im passiven Spiel (bspw. im Blockspiel oder in der Abwehr), ‚lohnt' sich das Risiko eines halblangen Aufschlages wahrscheinlich mehr als bei Partner:innen, die gerne selbst eröffnen und einen Flip oder einen aggressiven Schupf in die Vorhand gut eröffnen können. Viele Spieler:innen nutzen Handzeichen unter dem Tisch, um ihrem Partner oder ihrer Partnerin zu signalisieren, welchen Aufschlag sie ausführen werden.

> **Beispiel**
>
> Auf jedem Spielniveau empfiehlt es sich, mit Handzeichen unter dem Tisch zu arbeiten. Damit können bestimmte Aufschläge doppelintern angekündigt werden und der Partner bzw. die Partnerin kann ungefähr abschätzen, mit welchen Rückschlägen er oder sie rechnen kann (Michaelis & Sklorz, 2004). Zeigt man beispielsweise einen Finger unter dem Tisch, kann dies für Unterschnitt, zwei für Überschnitt stehen. Seitschnitt kann exemplarisch mit einem Fingerzeigen zur Seite angedeutet werden und eine Faust für ohne Rotation stehen. Hier sollten sich Doppelpaarungen im regelmäßigen Training auf gemeinsame Routinen verständigen. Die Handzeichen haben – wie auch in anderen Sportarten (z. B. Baseball, Beachvolleyball, Tennis) – im Vergleich zum Gespräch den Vorteil, dass sie schneller umsetzbar sind und von den gegnerischen Spieler:innen nicht gehört werden können. ◀

Eine Besonderheit tritt beim Aufschlagrecht eines Rechts-Links-Doppels auf. Hat der oder die Rechtshänderin das Aufschlagrecht, stellt sich der Linkshänder oder die Linkshänderin rechts von ihm oder ihr auf. Der oder die Aufschläger:in sollte dann mit der Vorhand aufschlagen, um direkt in ‚seine' oder ‚ihre' Rückhandecke zurückweichen zu können. Schlägt der oder die Linkshänder:in auf, stehen beide bereits perfekt in ihren Ecken und können den V-förmigen „Rein-Raus"-Laufweg nutzen. Im Optimalfall macht der Linkshänder bzw. die Linkshänderin Rückhand- oder Vorhand-Aufschläge, die in den Tisch hineindrehen. Hierdurch wird laut Rauterberg und Fürste (1995) zum einen die Platzierung des Returns in die weite Vorhand erschwert und zum anderen die Wahrscheinlichkeit einer Platzierung des Rückschlages in die starke Seite des Partners bzw. der Partnerin (in die Rückhand) erhöht. Für den rechtshändigen Spieler bzw. die rechtshändige Spielerin empfehlen sich in dieser Konstellation Vorhand-Aufschläge, die sich aus dem Tisch herausdrehen (Abschn. 4.3.1). Dadurch soll erreicht werden, dass

- die Platzierung des Rückschlages in die weite Rückhand (d. h. in die tiefe Vorhand des Linkshänders) erschwert und
- die Wahrscheinlichkeit einer Platzierung des Rückschlages in die starke Seite des Partners bzw. der Partnerin (d. h. die Rückhand des Linkshänders bzw. der Linkshänderin) erhöht wird.

In Rechts-Rechts-Doppelkonstellationen versuchen die Spieler:innen, Vorhand- oder Rückhandaufschläge zu spielen, die in den Tisch hineindrehen. Dadurch, so prognostizieren Rauterberg und Fürste (1995), ergeben sich eine erschwerte Platzierung des Rückschlages in die Vorhand und eine erhöhte Wahrscheinlichkeit, dass der Ball in die starke (Rückhand-)Seite des Partners bzw. der Partnerin retourniert wird.

6.3.4 Der Rückschlag im Doppel

Als Faustregel im Anfängerbereich kann man sich als Rückschläger:in vornehmen: Lange Aufschläge werden immer angegriffen – am besten mit variabler Platzierung und Rotation. Kurze Aufschläge hingegen lassen sich gut (kurz) ablegen und sollten gegen Rechts-Rechts-Doppel vermehrt in die kurze (tiefe) Vorhand gespielt oder auch kurz in die Mitte platziert werden. Ist dies aufgrund des Könnenstandes oder der Aufschläge des Gegners nicht umsetzbar, sind aggressive Schupfbälle auf den Körper einer der Gegner:innen das Mittel der Wahl. Je größer das technische Repertoire des Rückschlägers ist, desto vielfältiger sind die Antwortmöglichkeiten. Es gilt auch hier, die gegnerische Paarung genau zu analysieren: Sind die Gegner:innen sehr stark im Angriff und machen häufig beim 3. Ball (also nach dem Aufschlag [1. Ball] und Rückschlag [2. Ball]) den Punkt, sollte beim Rückschlag mehr riskiert werden. Geht es bei gegnerischem Aufschlag häufiger in längere Ralleys, sollte der Rückschlag gegebenenfalls erst einmal sicher auf den Tisch gespielt werden. Mit einem langen oder halblangen Anspiel in die möglicherweise schwächere Seite des Gegners wird der Aufschlag in der Regel zumindest neutralisiert (Teichert, 2008), sodass kein punktbringender Angriff eingeleitet werden kann.

Linkshänder:innen haben beim Rückschlag klare Vorteile. Sie können Aufschläge immer mit der Vorhand annehmen, indem sie sehr seitlich (rechts) vom Tisch stehen. Dadurch lassen sich sowohl lange Aufschläge problemlos annehmen als auch kurze Aufschläge aggressiv über dem Tisch mit der Vorhand retournieren. Zudem ist der Winkel sehr gut, um sowohl mit der Vorhand über dem Tisch druckvoll parallel in die Rückhand des gegnerischen Paars als auch kurz, diagonal in die tiefe Vorhand zu platzieren. Dies erschwert es dem bzw. der Partner:in des Aufschlägers zu antizipieren, wohin der Rückschlag gespielt wird.

Im ambitionierten, professionellen Bereich nutzen viele Spieler:innen die Rückhand-„Banane" (Abschn. 4.4) als Rückschlagtechnik, um kurze und halblange Aufschläge aggressiv mit der Rückhand über dem Tisch zu spielen. Auch diese Technik bietet sehr variable Platzierungsmöglichkeiten, sowohl in die tiefe Vorhand, lang auf den Körper, als auch parallel in die Rückhandseite der Gegner:innen. Bei der Auslosung zu Beginn eines Doppels kann es von Vorteil sein, den Rückschlag zu wählen, da man als Paarung dann die Reihenfolge bestimmen kann, mit der das Spiel beginnt (Hudetz, 2004). Gegebenenfalls kann eine Konstellation besser oder schlechter sein, da eine Spielerin oder ein Spieler mit dem Spielsystem oder dem Material eines Gegners oder einer Gegnerin besser oder schlechter zurechtkommt. Zwar wechselt die Reihenfolge nach jedem Satz, jedoch können die Spielerpartner:innen dann absprechen, ob sie lieber mit der für sie vorteilhaften Aufstellung beginnen wollen, um zu Beginn gegebenenfalls im Vorteil zu sein oder ob die Spielerpartner:innen zunächst die ungünstigere Reihenfolge wählen, um am Ende des Entscheidungssatzes ‚besser' zu stehen.

Zusammenfassend gibt es – wie eingangs betont – sowohl im Einzel als auch im Doppel nicht die eine Taktik, die den absoluten Erfolg verspricht. Es kann eine Taktik gegen die eine Paarung perfekt funktionieren, wohingegen sie bei einer andere Paarung nicht aufgeht. Im Einzel und Doppel gilt es, unterschiedliche Spielsysteme und Spielertypen zu identifizieren und ihre jeweiligen Stärken und Schwächen zu kennen. Die jeweilige Taktik ist sowohl von der eigenen Spielweise als auch der Spielweise des Gegners abhängig, teilweise vielleicht sogar von der aktuellen Tagesform (siehe auch Kap. 8). Taktische Elemente müssen regelmäßig in der Trainingsplanung und Trainingsorganisation (Kap. 7) berücksichtigt werden, um sie systematisch zu verbessern.

Fragen zu Kapitel 6

1. Worin liegen die Unterschiede zwischen einer Taktik im Tischtennis und einer Strategie?
2. Wofür stehen die Buchstaben bei den sogenannten „PTRF-Effekten" im Tischtennis?
3. In welche Zonen lässt sich der Tischtennistisch aufteilen, und was versteht man in diesem Zusammenhang unter dem „Streuwinkel"?
4. Welche taktischen Prinzipien gibt es speziell für das Spiel im Doppel? Begründen Sie auch, warum die jeweilige Taktik wahrscheinlicher zu einem Punktgewinn führen sollte.
5. Welche Spieler:innentypen werden im Tischtennis grundsätzlich unterschieden und welche Kernmerkmale machen sie jeweils aus bzw. an welchen Merkmalen können Sie den Spieler:innentyp erkennen?

Literatur

Abernethy, B. (1991). Visual search strategies and decision-making in sport. *International Journal of Sport & Psychology, 22,* 189–210.

Adomeit, M. (1987). Taktikschulung. *Tischtennislehre, 10,* 22–24.

Adomeit, M. (1992). Taktiktraining: Erlernen der Taktik gegen VH/RH-dominante Spieler. Teil 1–3. *Tischtennislehre, 5,* 5–7.

Adomeit, M. (2001). Ist Abwehr = Abwehr? *VDTT-Trainerbrief, 1,* 28–31.

Adomeit, M. (2014). *Ideale Paarung, Taktik etc. – die große Doppel-Analyse*! www.mytischtennis.de/public/buntes/5076/ideale-paarung-die-grosse-doppel-analyse. Zugegriffen: 2. Sept. 2022.

Adomeit, M. (2015). Abwehrer im Training – Chance auf VH-Angriff Trainingstipp. *Tischtennis, 7,* 11–18.

Adomeit, M. (2016). Taktiktraining mit und gegen Noppen außen-Beläge und Antitop. *VDTT Trainerbrief, 3,* 20–23.

Adomeit, M., & Rauterberg, S. (1991). Doppel Taktik. *Tischtennislehre, 4,* 16–19.

Bajgulow, J. P., & Romanin, A. N. (1986). *Modernes Tischtennis*. Sportverlag Berlin.

Brucker, O., & Harangozo, T. (1975). *Tischtennis modern gespielt, mit Tischtennis Quiz 17:21*. Falken-Verlag.

Demtröder, W. (2021). *Experimentalphysik 1 – Mechanik und Wärme* (9. Aufl.). Springer-Verlag.

Deutscher Tischtennis-Bund [DTTB] / Nimtz, S. (2019). *Rahmentrainingskonzeption des Deutschen Tischtennis-Bundes*. Deutscher Tischtennis-Bund.

Deutscher Tischtennis-Bund [DTTB] (2003). *Rahmentrainingsplan Tischtennis* des Deutschen Tischtennis-Bundes. Deutscher Tischtennis-Bund.

Einarsson, O. (1998). Schulung zum modernen Abwehrspieler. *VDTT-Trainerbrief, 14*(3), 5–8.

Friedrich, W., & Fürste, F. (2012). *Tischtennis – verstehen, lernen, spielen*. Philippka-Sportverlag.

Geske, K. M., & Mueller, J. (2014). *Tischtennis-Taktik: Dein Weg zum Erfolg* (6., überarb. Aufl.). Meyer & Meyer.

Groß, B.-U. (1987). *Tischtennis-Praxis: Programme – Übungen – Lernhilfen*. Rowohlt.

Groß, B.-U., & Huber, D. (1995). *Tischtennis: Moderne Technik für Anfänger und Könner*. Rowohlt.

Harrison, W. (2000). Ping-pong or table tennis. *The Table Tennis Collector, 23,* 3–6.

Heissig, W. (1976). *Tischtennis 1 – Faszination des kleinen Balles. Reihe Urlaub und Freizeit*. Bussesche Verlagshandlung.

Heissig, W. (1982). *Tischtennissport – Die Kunst des weißen Balles*. Bussesche Verlagshandlung.

Hudetz, R. (1984). *Alles Über Tischtennis Technik* (1. Aufl.). Tibhar.

Hudetz, R. (2004). *Taktik im Tischtennis. Mit dem Kopf gewinnen*. Tibhar.

Jendrusch, G., & Brach, M. (2003). Sinnesleistungen im Sport. In H. Mechling & J. Munzert (Hrsg.), *Handbuch Bewegungswissenschaft – Bewegungslehre* (S. 175–196). Hofmann.

Iino, Y., Yoshioka, S., & Fukashiro, S. (2017). Uncontrolled manifold analysis of joint angle variability during table tennis forehand. *Humam Movement Science, 56,* 98–108.

Klein-Soetebier, T., Noel, B., & Klatt, S. (2020). Multimodal perception in table tennis: The effect of auditory and visual information on anticipation and planning of action. *International Journal of Sport and Exercise Psychology, 19*(3), 1–14.

König, S., & Memmert, D. (2019). Taktik und Taktiktraining im Sport. *Handbuch Sport und Sportwissenschaft*. https://doi.org/10.1007/978-3-662-53386-4_52-1.

Loh, T. C., & Krasilshchikov, O. (2015). Stroke type and shot outcome analysis in world elite and U-21 international men singles table tennis players. *International Journal of Health, Physical Education and Computer Science in Sports, 19,* 108–113.

Luthardt, P. (2015). *Kreatives Tischtennistraining: Mal anders trainieren – 50 Übungen, die Spieler begeistern*. Philippka Sportverlag.

Luthardt, P., Muster, M., & Straub, G. (2016). *Tischtennis – Das Trainerbuch (Praxisideen – Schriftenreihe für Bewegung, Spiel und Sport)*. Hofmann.
Malagoli-Lanzoni, I., Di Michele, R., & Merni, F. (2013). A notational analysis of shot characteristics in top-level table tennis players. *European Journal of Sport Science, 14*(4), 309–317.
Mester, J. (1988). *Diagnostik von Wahrnehmung und Koordination im Sport*. Hofmann.
Michaelis, R., & Sklorz, M. (2004). *Richtig Tischtennis*. BLV Verlagsgesellschaft.
Mühlbach, H. (2023). Spinsight – ESN Digital. See more. Play better. *Trainerbrief Tischtennis, 3*, 10–15.
Muster, M. (1986). *Tischtennis. Lernen und Trainieren. Ein Lehrbuch für Schule und Verein*. Limpert Verlag.
Östh, G., & Fellke, J. (1992). *Wie wird man die Nr. 1 im Tischtennis*. Meyer & Meyer Verlag.
Prause, R. (2017). Ausbildung von Spielsystemen – oder der steinige Weg an die Weltspitze (zusammengefasst von Fabian Becker). *VDTT-Trainerbrief, 3*, 8–15.
Rauterberg, S., & Fürste, F. (1995). Grundsätzliche Überlegungen zur Doppeltaktik. *VDTT-Trainerbrief, 3*, 15–19.
Roth, K. (1989). *Taktik im Sportspiel*. Hofmann.
Santos, D. P., Barbosa, R. N., Vieira, L. H., Santiago, P. R., Zagatto, A. M., & Gomes, M. M. (2017). Training level does not affect auditory perception of the magnitude of ball spin in table tennis. *Journal of Human Kinetics, 30*, 19–27.
Schiefler, B. (2003). Wahrnehmung, Reaktion und Antizipation (Teil 1 & 2). *VDTT-Trainerbrief, 3*, 26–33.
Schmicker, J. (2005a). Rettet die Abwehr! Verteidigung – Teil 1. *Tischtennis, 59*(9), 38–40.
Schmicker, J. (2005b). So eine Art Torhüter. Modernes Abwehrspiel – Teil 2, *Tischtennis, 59(10)*, 38–42.
Schönemeier, F. (2008). Von Anfang an alles schulen! Modernes Abwehrspiel –Teil 2. *Tischtennis, 61*(1), 48–51.
Sklorz, M., & Michaelis, R. (1995). *Richtig Tischtennis*. BLV Verlagsgesellschaft.
Straub, G. (2012). In the beginning was the half-volley: The history of defence in table tennis. *Proceedings book of the 16th ITTF Sports Science Congress*, Budapest (HUN), April 19th – 20th, 2019. Publisher: Kondric, M., Paar, D., & Kamijima, K. (Eds.).
Straub, G. (2013). The spreading and playing ability of defensive players incompetitive table tennis. *International Journal of Table Tennis Sciences, 8*, 179–183.
Tang, H., Mizoguchi, M., & Toyoshima, S. (2002). Speed and spin characteristics of the 40mm table tennis ball. *International Journal of Table tennis Science, 5*, 267–277.
Teichert, M. (2008). *Erfolgreich Doppel spielen!* Vortrag auf dem Vereins-Servicetag 2008 im SpOrt Stuttgart.
Wang, J. (2021). Shot characteristics based on match period in elite table tTennis matches. *Frontiers Psychology, 12*, 745546.
Wohlgefahrt, K. (2004). *Spezielle Trainingslehre Tischtennis. Handbuch für Trainer im Nachwuchsleistungssport*. Brendow & Sohn Verlag.
Zhang, H. (2006). *Leistungsdiagnostik im Tischtennis*. Dr. Kovac Verlag.
Ziegler, V. (2000). Ausbildung von Abwehrspielern. *VDTT-Trainerbrief, 16*(3), 18–22.
Xie, W., Teh, K. C., & Qin, Z. F. (2002). Speed and spin of 40mm table tennis ball and the effects in elite players. *International Conference on Biomechanics in Sport, 3*, 623–626.

Trainingsplanung und -organisation im Tischtennis 7

Eine systematische Trainingsplanung und -organisation, die alle Aspekte eines effektiven Trainings berücksichtigt, bedarf in der Regel mehrerer Jahre (Trainings-)Erfahrung. Trainer:innen müssen abhängig von der jeweiligen Trainingsgruppe eine Vielzahl an Faktoren überschauen (z. B. langfristige Wettkampfziele, mittelfristige Trainingsschwerpunkte, kurzfristige Übungsinhalte). In diesem Kapitel werden zunächst übergeordnete Planungsschritte der Trainingsperiodisierung und -zyklisierung eines (Wettkampf-)Jahres (Abschn. 7.1) thematisiert. Diese globale Planung ist vor allem im leistungsorientierten Bereich nötig, um die Sportler:innen kontrolliert zu bestimmten Zeiten in Form zu bringen. Dieser Schritt der Periodisierung respektive Zyklisierung dient dem Aufbau, der Erhaltung und dem geplanten Verlust der sportlichen Form. Die kleinste Einheit der Periodisierung umfasst eine einzelne Trainingseinheit, die ebenfalls strukturiert aufgebaut werden muss, um die Trainingszeit optimal und effizient zu nutzen (Abschn. 7.2). Dies ist der Kernbereich eines jeden Trainers und einer jeden Trainerin, unabhängig vom jeweiligen Spielniveau der Übenden. Ein gutes Hallenmanagement (Abschn. 7.3) stellt sicher, dass alle Lernenden in der Trainingseinheit maximal gefördert und möglichst gleichermaßen viel Wertschätzung erhalten. Angehende Trainer:innen können diese Schritte und Inhalte der Trainingsplanung und -organisation in abgestuften Ausbildungsformaten (Abschn. 7.4) erlernen.

Es existieren unzählige Stellschrauben, an denen Trainer:innen permanent justieren müssen, um jede Woche ein gut strukturiertes, sinnvolles und an den Leistungsstand der Individuen angepasstes Training zu planen und umzusetzen.

„Trainingsplanung heißt, Trainingsprozesse in einem abstrakten Planmodell gedanklich vorwegnehmen. Als wichtigster Bestandteil der Trainingssteuerung werden in dieser Instanz alle Vorentscheidungen für Trainingsziele, Trainingsstruktur und Trainingsablauf (einschließlich der Durchführung, Kontrolle und Auswertung des Trainings) getroffen. Die Trainingsplanung wird auf die individuellen Voraussetzungen der jeweiligen Athletin bzw. des jeweiligen Athleten abgestimmt und in eine ‚schriftliche' Form gebracht." (Hohmann et al., 2003, S. 166)

Regelmäßige Eigenreflexion, beispielsweise ob das Training die Übenden ausreichend fordert, ihnen Spaß bereitet, relevante Inhalte vermittelt und aktuelle Techniken bzw. Technikleitbilder (Abschn. 4) verfolgt, sollte ein elementarer Bestandteil der Trainer:innen-Rolle sein. Zum Repertoire eines guten Trainers oder einer guten Trainerin gehört ebenso eine langfristig ausgerichtete Idee des Tischtennisspielens, welche neben den technischen auch taktische Feinheiten der Übenden berücksichtigt und es ihnen ermöglicht, einen eigenen Spielstil (siehe dazu auch Abschn. 8.3) auszubilden. Viele Hinweise und Empfehlungen zur Trainingsplanung und -organisation, die in diesem Kapitel gegeben werden, sind nicht auf Anhieb und in jeder Trainingsgruppe umzusetzen. Anderes hingegen geschieht gegebenenfalls schon beiläufig und wird von Trainer:innen teils intuitiv berücksichtigt.

7.1 Trainingsperiodisierung und -zyklisierung

Im Tischtennis gibt es über das Jahr verteilt eine Vielzahl an Wettkämpfen und Wettbewerben, für die sich die Sportler:innen optimal vorbereiten müssen (Abschn. 2.1). Dies benötigt eine „systematische Trainingsplanung seitens der Trainer[:innen], möchte man (langfristig) sportliche Erfolge erzielen" (Stierle, 1980, S. 129). Je nach Spielniveau gibt es mehrere Höhepunkte im Laufe eines Jahres. Diese gilt es anhand ihrer Wertigkeit für die Spieler:innen bzw. für deren Entwicklung in eine Priorisierungsreihenfolge zu bringen. Für die meisten Tischtennisspieler:innen, die nicht auf Turnieren oder Ranglisten gegeneinander antreten, für die man sich qualifizieren muss (z. B. deutsche Meisterschaften, EM oder WM), gilt es, sich optimal auf eine Saison in der Meisterschaft vorzubereiten. Diese beginnt in Deutschland in der Regel Ende September und endet in den meisten Ligen mit einer kurzen Unterbrechung über die Weihnachtstage ungefähr Mitte April. Die lange Pause im Sommer ermöglicht es somit, sich mit verschiedenen Schwerpunkten auf die anstehende Saison vorzubereiten. Das Trainingsziel ist die kontinuierliche Steigerung der eigenen Leistung bis zum Erreichen der maximalen Leistungsmöglichkeiten zu Beginn der Saison.

Ein exemplarisches Szenario zur Saisonvorbereitung außerhalb des Leistungstischtennis könnte wie folgt aussehen:

- **2–3 Wochen:** Verbesserung im physischen Bereich (Kraft, Ausdauer, Schnelligkeit, Beweglichkeit, Koordination). Dies kann beispielsweise durch regelmäßige Ausdauerläufe (5–10 km) und 2–3 Einheiten pro Woche zum

7.1 Trainingsperiodisierung und -zyklisierung

Krafttraining (z. B. im Fitnessstudio) erfolgen. Intervallläufe mit kurzzeitigen hochintensiven Belastungen (Abschn. 3.1.4) wirken in dieser Trainingsphase ebenfalls stark leistungsfördernd. Auch andere Sportarten, die die allgemeine Fitness fördern, können in diesem Zeitraum ausprobiert werden.

- **4–5 Wochen:** Verbesserung der Schlagtechnik (mindestens 2-mal pro Woche; Schwerpunkt auf 1–2 Techniken, die besonders im Fokus stehen sollen). Die Technikoptimierung (Abschn. 8.2.2) kann zu Beginn in Verbindung mit der Ballkiste (Abschn. 5.2.2) erfolgen, damit weiterhin auch konditionelle Aspekte geschult werden. Später werden die Techniken vermehrt in Übungen und Spielformen im 1-mit-1 (gemeinsam) und 1-gegen-1 (gegeneinander) trainiert.
- **1–2 Wochen:** Verbesserung der Taktik (z. B. in ausgewählten Wettkampfformen mit inhaltlichen, taktischen Unterbrechungen seitens der Trainer:innen oder Mitspieler:innen; Abschn. 6.1). Diese taktischen Unterbrechungen sollten immer in Bezug zu dem Spielsystem und den eigenen Stärken und Schwächen stehen.
- **1–2 Wochen:** Verbesserung im psychischen Bereich (z. B. Motivation, Siegesbewusstsein, Sozialisation, Kommunikation) in Kombination mit sportartspezifischer Theorie (z. B. Materialkunde, Training gegen unterschiedliche Spielertypen oder Spielsysteme; Abschn. 6.2). Hier sind die Übergänge zwischen der Verbesserung der Taktik und mentalen Trainingsformen fließend.

Diese exemplarische Schwerpunktsetzung in der Saisonvorbereitung ist immer abhängig von der Zielgruppe (z. B. Motivation, zeitliche Verfügbarkeit, Trainingshäufigkeit, psychische Belastung, Gesundheitszustand, Widerstandskraft etc.) und den äußeren Umständen der Trainingsgruppe (z. B. Hallenverfügbarkeiten, Anzahl der Trainer:innen, Trainingsmaterialien, Gruppengröße etc.). Krämer (2013) empfiehlt, im Tischtennis regelmäßige „Ist-/Soll-Wert-Analysen" vorzunehmen, um konkrete Stärken (z. B. gute Aufschläge, mutiges Spiel, Kreativität etc.) und Schwächen (z. B. bei der Qualität der Rückschläge, im passiven [Block-]Spiel, der Körperstabilität) der Spieler:innen zu identifizieren und an den Schwachstellen gezielt arbeiten zu können. Dementsprechend leiten sich die Schwerpunkte für das Training ab, sodass beispielsweise 4–6 Wochen der Rückschlag thematisiert, 3–4 Wochen das passive Spiel optimiert und parallel in jeder Einheit ein Kräftigungsprogramm für die Beine und den Rumpf integriert wird. Die Trainingsschwerpunkte können sich auf einen kürzeren Trainingszeitraum begrenzen oder eher langfristig ausgerichtet sein. Langfristige Trainingsplanung ist durch unterschiedliche Etappen charakterisiert (Schnabel et al. 1994):

- **Grundlagentraining (GLT):** Die Hauptzielstellung dieser Etappe ist die Herausbildung vielfältiger grundlegender und sportartspezifischer Leistungsvoraussetzungen. Im leistungssportlichen Training dient diese Etappe der Eignungsermittlung der Sportler:innen. Sie setzt in der Regel zu einem Zeitpunkt vor der Pubertät an.
- **Aufbautraining (ABT):** Relativ vielseitig mit einem hohen Anteil an allgemeinem Training und einem anwachsenden Anteil des spezifischen

Trainings. Die Hauptzielstellung ist die Steigerung der Belastbarkeit und des Ausprägungsniveaus der allgemeinen Leistungsvoraussetzungen, die Herausbildung der Feinkoordination sportartspezifischer Bewegungshandlungen sowie die Förderung der technisch-taktischen Handlungsfähigkeit. Zudem wird die Entwicklung von Schnelligkeit und Schnellkraft sowie kognitiver, emotional-motivationaler und weiterer psychischer Leistungsvoraussetzungen forciert.
- **Anschlusstraining (ANT):** Der Übergang vom Nachwuchs- zum Hochleistungstraining wird als Anschlusstraining bezeichnet. Die Hauptzielstellung dieser Etappe ist die Erreichung von steigerungsfähigen Anschlussleistungen an Welthöchstleistungen. Der Gesamtumfang und die Intensität der Belastung nehmen stark zu. Der Anteil des spezifischen Trainings wird erhöht. Hier erfolgt der Trainingsaufbau nach den Methoden der Periodisierung und Zyklisierung.
- **Hochleistungstraining (HLT):** Das HLT hat die Erreichung sportlicher Höchstleistungen als Ziel. Es erfolgt eine individuelle Trainingsplanung auf Grundlage der Struktur der Wettkampftätigkeit und der aktuellen individueller Leistungsfähigkeit (z. B. auf den Wettkampfhöhepunkt bzw. auf die Wettkampfserie ausgerichtete Zyklisierung des Trainings und kontinuierliche Trainingssteuerung).

Ein wichtiger Gedanke, den Spieler:innen und Trainer:innen im Kopf behalten sollten, ist, dass sich ein Sportler oder eine Sportlerin nicht immer in „Topform" befinden kann. „Periodisch erwirbt er [bzw. sie] sich seine [bzw. ihre] Form, konserviert sie über einen bestimmten Zeitraum, um sie anschließend für einige Zeit zu verlieren" (Stierle, 1980, S. 129). Der Aufbau, die Erhaltung und der Verlust der sportlichen Form sind einer zyklischen, sich wiederholenden Periodisierung unterworfen. „Wird eine Periodisierung des Trainings nicht eingehalten, so ist die Gefahr eines Übertrainings gegeben. Lustlosigkeit, mangelnder Trainingseinsatz und allgemeines Desinteresse kennzeichnen diesen Zustand" (Michaelis & Sklorz, 2004, S. 91). Zudem erhöht ein durchgängiges hochintensives Training ohne entsprechende Periodisierung das Risiko für Verletzungen (Lorenz et al., 2010). Aufgabe der Trainer:innen ist es daher, die Spieler:innen auf psychologischer, methodischer und pädagogischer Ebene zu begleiten und zu beraten. Die Trainingsplanung beinhaltet auch die Festlegung von zu erreichenden Zwischenzielen für einzelne Trainingsetappen (z. B. ausgerichtet auf die Leistungsstruktur, altersgemäße Ressourcen und Entwicklungsaufgaben).

Die Periodisierung des Kinder- und Jugend-Trainings unterscheidet sich von der der Hochleistungssportler:innen und wird laut DTTB und Nimtz (2019) in drei Perioden des Trainingszyklus unterteilt, die Vorbereitungsperiode, die Wettkampfperiode und die Übergangsperiode. Zielsetzung in der Vorbereitungsperiode ist die Entwicklung der sportlichen Form, in der Wettkampfperiode die Weiterentwicklung der sportlichen Form durch die Teilnahme an Wettkämpfen und in der Übergangsperiode die aktive Erholung, Regeneration und der teilweise Verlust der sportlichen Form.

7.1 Trainingsperiodisierung und -zyklisierung

Im professionellen Erwachsenenbereich müssen die Sportler:innen stärker differenzieren und sich neben der eher globalen Jahrestrainingsplanung die Makro-, Meso- und Mikrotrainingszyklen präziser planen (DTTB & Nimtz, 2019). Während einer Sportlerkarriere verläuft die persönliche Form über ein ständig anwachsendes Niveau und führt letztlich zur angestrebten individuellen Höchstleistung. Bei den Tischtennis-Hochleistungssportler:innen ist die klassische Doppelperiodisierung, die auf zwei Wettkampfhöhepunkte im Jahr ausgerichtet ist, aufgrund der Gestaltung des allgemeinen Wettkampfkalenders nicht mehr anwendbar. Tischtennis hat sich laut Krämer (2013) hinsichtlich der Trainingsplanung dahingehend verändert, dass es durch die „Vielzahl an Wettkämpfen heute vielmehr eine Ganzjahressportart ist", in der versucht werden muss, zu verschiedenen Zeitpunkten Belastungsspitzen zu setzen.

▶ **Periodisierung versus Zyklisierung** Die Periodisierung verfolgt das Ziel, die Athlet:innen zum richtigen Zeitpunkt in Bestform zu bringen. Man unterscheidet einfache, doppelte und mehrfache Periodisierungen. Je nach Sportart wird sich demnach auf einen, zwei oder gleich mehrere Leistungshöhepunkte pro Jahr konzentriert. In der Vorbereitungsperiode entstehen Trainingsgrundlagen, die der Vorbereitung auf die Wettkampfperiode dienen. Die Wettkampfperiode bezeichnet den Zeitraum, in dem die Athlet:innen ihre Bestform erreichen. In diesem Zeitraum liegt der jeweilige Termin des Wettkampfes. Die Übergangsperiode dient der Regeneration und Erholung. Athlet:innen trainieren hier – je nach Sportart – gezielt ab, um dem Körper genügend Zeit zur Rückgewinnung von Ressourcen zu geben. Die Zyklisierung bezeichnet die einzelnen Zyklen innerhalb einer Periode mit dem Ziel der Abwechslung von Be- und Entlastung. Als Leitsatz für die Zyklisierung gilt: Auf einer Phase höherer Belastung sollte stets eine Phase niedrigerer Belastung folgen.

Sowohl für Anfänger:innen als auch für Profis sollten sich die Trainer:innen – je nach Alter der Spieler:innen auch gemeinsam mit den Spieler:innen und/oder Eltern – Gedanken zu einer Mehrjahresplanung machen. Das heißt, sich gut zu überlegen, wie die Umfeld- und Trainingsbedingungen langfristig aussehen müssen, um für die Lernenden das Beste herauszuholen. Dazu gehört die Planung der Trainingsumfänge, aber auch schulische und berufliche Faktoren sind zu berücksichtigen (Krämer, 2013). Eine langfristige Planung erfordert ebenfalls die Planung einer adäquaten Trainingsgruppe.

Im breitensportlichen Kontext werden diese Mehrjahrespläne relativ selten entworfen, da es weniger konkrete Wettkämpfe gibt, sondern im Laufe der Saison jede Woche ein Meisterschaftsspiel stattfindet. Im Bereich der professionellen Nachwuchsförderung oder im Hochleistungstraining (Kap. 8) bedarf es der optimalen Mehrjahreskonzeption, die übergeordnete Trainings- und Wettkampfziele, die Erreichung von definierten Wettkampfleistungen- und leistungsrelevanten konditionellen und technomotorischen Kompetenzen erfordert (Wohlgefahrt, 2004).

Bei der Planung eines systematischen Trainings gilt es verschiedene, meist zeitliche, Einteilungen in Trainingsphasen, so genannte Trainingszyklen, vorzunehmen, um die Spieler:innen zu bestimmten Zeitpunkten auf ein optimales Leistungsniveau zu bringen. In der Regel wird die Struktur des Trainings in drei Zyklen den Mikro-, Meso- und Makrozyklus gegliedert (Matwejew, 1981, S. 210):

- **Makrostruktur (MAZ):** Diese Ebene der großen Trainingszyklen (Makrozyklen) vom Typ der halbjährigen, ganzjährigen und mehrjährigen Zyklen umfasst drei Perioden, die unterschiedliche Funktionen zu erfüllen haben, die Vorbereitungs-, Wettkampf- und Übergangsperiode.
- **Mesostruktur (MEZ):** Auf dieser Ebene erfolgt eine Unterteilung der Perioden in Trainingsabschnitte (Mesozyklen). Als Mesozyklus wird ein Trainingsabschnitt bezeichnet, „der in seiner inhaltlichen, didaktisch-methodischen und belastungsgemäßen Grundstruktur und damit in seiner Hauptwirkungsrichtung im Trainingsprozess widerkehrt und dabei dem veränderten Leistungszustand der Sportler entspricht" (Schnabel et al., 1994, S. 422). Dabei sind MEZ immer Elemente des MAZ mit spezifischen Grundaufgaben (z. B. Umstellung eines Spielsystems).
- **Mikrostruktur (MIZ):** Der Mikrozyklus ist „der kürzeste in seiner Grundstruktur und Aufgabenstellung regelmäßig wiederkehrende Trainingsabschnitt. Die Zielstellung eines Mikrozyklus leitet sich vor allem aus dem übergeordneten Mesozyklus ab" (Schmidtbleicher, 2003, S. 13). Ein MEZ besteht aus mehreren MIZ und gliedert sich in die zwei Phasen der Stimulationsphase, in der vorgesehene Adaptationsprozesse und sporttechnische Lernprozesse angeregt werden (z. B. Technikoptimierungen, Verbesserung der Beinarbeit etc.) und der Erholungs- und Wiederherstellungsphase. Unterschieden werden grundlegende MIZ, Wettkampfvorbereitungsmikrozyklen, Wettkampfmikrozyklen und Wiederherstellungsmikrozyklen (Wohlgefahrt, 2004, S. 244).

Der Makrozyklus kann beispielsweise ein ganzes Trainingsjahr im Tischtennis darstellen. Mehrere MAZ lassen sich zu einem Mehrjahresplan zusammenfassen. Meistens ist mit dem MAZ ein Zeitraum von 12–52 Wochen gemeint und betrachtet das Trainingsgeschehen, bildlich gesprochen, aus der Vogelperspektive. Ein einzelner MAZ beinhaltet mehrere Mesozyklen, die beispielsweise einzelne Trainingsmonate widerspiegeln. In diesen MEZ befinden sich dann beispielsweise vier Mikrozyklen von je einer Woche. Drei davon könnten exemplarisch auf die Belastung ausgerichtet und ein MIZ auf die Entlastung. Das bedeutet, dass zum Beispiel in der letzten Woche des Monats eine Entlastungswoche erfolgt. In dieser Woche kann sich der Körper erholen und ist auf die Belastung der folgenden Woche vorbereitet. Der Mikrozyklus bezieht sich in der Regel auf einen Zeitraum von einer halben bis zu zwei Wochen, in denen die Gestaltung der unmittelbar bevorstehenden Trainingseinheiten im Vordergrund steht. Die Trainingseinheit ist somit das kleinste Glied der Trainingsstruktur, in dem es um die Realisierung der jeweiligen Aufgabenstellungen in Ausbildung und Erziehung geht (Schnabel et al., 1994). Diese Trainingseinheiten sollten sich neben den „Vorgaben der

Trainingsplanung auch aus der Motivierung, Befindlichkeiten und der Eigenaktivität der Athlet[:innen], sowie einer Fülle von Trainingshandlungen und Trainingsmethoden ergeben" (Schmidtbleicher, 2003, S. 12). Die Trainingseinheit sollte als funktionales Ganzes gesehen werden, auch wenn sie eine Verlaufsstruktur (Einleitung, Hauptteil und Schlussteil) besitzt. Die einzelnen Trainingseinheiten verlangen eine gewissenhafte und sorgfältige Vorbereitung. Sie müssen während ihres Ablaufs dokumentiert und am Ende kritisch beurteilt werden. „Nur eine kritische und genaue Analyse der vergangenen Prozesse ermöglicht eine vernünftige perspektivische Planung" (DTTB & Nimtz, 2019). Im nachfolgenden Kapitel wird aufgezeigt, wie sich solch eine einzelne Trainingseinheit strukturieren lässt.

7.2 Trainingsorganisation – Wie baue ich ein Training auf?

Unabhängig davon, ob es sich um ein Training für eine leistungs- oder eine breitensportliche Gruppe handelt, sollte ein gewisses Maß an Vorausplanung und zielorientierten Übungen in jedem sportlichen Kontext umgesetzt werden. Das heißt, dass mit Blick auf eine ganzheitliche Entwicklung der Übenden eine Trainingseinheit im Tischtennis mehr bieten sollte als das reine Tischtennistraining[1].

Die Planung einer Trainingseinheit wird in mehreren Schritten vollzogen: Von entscheidender Bedeutung ist die Formulierung eines konkreten Trainingsziels (siehe auch Kap. 3.3.2.2), welches im Kontext der kurz-, mittel- und langfristigen Trainingsperiodisierung (Abschn. 7.1) stehen muss. Zudem benötigt es regelmäßige Analysen des Ist-Zustandes, bevor es zu der konkreten Planung von Übungen geht. Am Ende jeder Trainingseinheit sollten Trainer:innen eine (kurze) Überprüfung der angestrebten Ziele vornehmen. Dies kann in Form einer Übung erreicht werden oder als subjektive Einschätzung des Trainers bzw. der Trainerin (Huber et al., 2009, S. 154).

Bevor man sich als Trainer:in mit der inhaltlichen Struktur einer Trainingseinheit befasst, müssen jedoch zunächst „zeitliche, räumliche, materielle und personelle Rahmenbedingungen" innerhalb des Vereins bzw. innerhalb der Trainingsgruppe geprüft werden (Fürste, 2012a; Fürste, 2012b; S. 16). Dazu sind laut (Fürste, 2012a; Fürste, 2012b) drei übergeordnete Fragen zu klären:

---

[1] Dies gilt ebenso für die Organisation eines Unterrichtsvorhabens im Tischtennis in der Schule. Viele der in diesem Kapitel aufgeführten organisatorischen Aspekte lassen sich 1 zu 1 oder mit kleinen Adaptationen auf den Kontext Schule übertragen. Der Ansatz eines ganzheitlichen Trainings, d. h. sowohl motorisch, kognitiv, sozial und emotional, sollte in jeder Trainingsgruppe oder Unterrichtsklasse Erwähnung finden.

- Wie viel Zeit steht mir für die Trainingseinheit zur Verfügung und wie oft kann ich in einer Woche trainieren?
- Wie viel Platz und welche Hilfsmittel stehen mir zu der jeweiligen Trainingszeit zur Verfügung?
- Wie groß und (spielerisch) homogen ist meine Trainingsgruppe und mit wie vielen Trainer:innen bzw. Co-Tainer:innen bin ich in der Halle?

Erst wenn diese Fragen geklärt sind, lohnt es sich, ein systematisches Training zu planen. Grundsätzlich ist der Lernzuwachs natürlich leichter umzusetzen, wenn die Gruppe kleiner, in sich sehr leistungshomogen ist und die Teilnehmer viel Zeit für das Training haben. Je weniger Anfänger:innen auf eine/n Trainer:in kommen, desto schneller stellen sich Lernerfolge ein. Je mehr analoge (z. B. Ballkisten, Stangentore, Netzerhöhungen, Spinräder, Kästen, Koordinationsleitern etc.) oder digitale (z. B. Tablets, Kameras, Displays, Bilderreihen/-videos etc.; Korpa, 1987) Hilfsmittel für das Training zur Verfügung stehen, desto besser.

Nach Michaelis und Sklorz (2004) bestimmen zwei wesentliche Grundelemente die Trainingsgestaltung: die Einteilung der Trainingseinheit und die Trainingsperiodisierung (Abschn. 7.1). Im Vorfeld sollten interne Voraussetzungen, wie der Umfang der Trainingseinheiten pro Woche, die Verfügbarkeit von Trainingsgeräten und Räumlichkeiten, die Größe der Teilnehmergruppe und der aktuelle Leistungsstand der Trainingsgruppe bedacht werden (ebd., S. 91). Der Aufbau einer Tischtennis-Trainingseinheit wird in der Regel in drei Teile gegliedert (Michaelis & Sklorz, 2004; Rahmentrainingskonzeption des DTTB & Nimtz, 2019; Fürste, 2012a, b):

- Einleitung (Aufwärmen und Einstimmung),
- Hauptteil (Leistungsteil) und
- Schluss (Ausklang).

Der Einleitungsteil sollte 10 %, der Hauptteil 70 % und der Schlussteil 20 % der Gesamtzeit des Trainings beanspruchen (Michaelis & Sklorz, 2004). Fürste (2012a) kommt zu einer geringfügig abweichenden Einteilung von 25 % für den gemeinsamen Beginn mit Aufwärmen und psychischer Einstimmung (Einleitung), 60 % der Trainingszeit empfiehlt er, für den Hauptteil mit technischen und taktischen Verbesserungen aufzuwenden, sodass 15 % für den Schlussteil für das Training der Kondition (Kraft/Ausdauer), den Spaß (Wettkampf und Spiele) und einen gemeinsamen Abschluss übrigbleiben.

7.2.1 Einleitung

Das Ziel der Einleitung ist es, die Spieler:innen physisch und psychisch auf die Trainingseinheit vorzubereiten. Bevor das Aufwärmen beginnt, werden die Tische aufgebaut, die Schläger, Bälle und andere Geräte bereitgestellt. Im professionellen Bereich kann es helfen, die jeweiligen Ziele und Inhalte der Trainingseinheit mit den Spieler:innen durchzusprechen. Ziele einer Trainingseinheit können sehr allgemein gehalten sein, z. B. das Offensivspiel mit der Vorhand und Rückhand verbessern, oder auch sehr konkret und spezifisch auf einzelne Individuen angepasst sein, z. B. die Beinarbeit bei der Eröffnung aus der Mitte mit VHT optimieren oder das Kurz-kurz-Spiel aktiv mit VH-Flip oder aggressivem Schupf (Abschn. 4.4) auflösen. Diese Ziele und Inhalte sollten sich in einen größeren Kontext einbetten lassen, d. h. in einem größeren (Lern-)Modell verortet werden können (siehe Abschn. 5.1 zu den Anfängermodellen). Es können sowohl technische, taktische oder psychologische Elemente als Zielsetzung dienen als auch übergeordnete Strategien für den Wettkampf, z. B. Platzierungsqualität vor Schlaghärte, Variabilität vor Konstanz usw. Laut DTTB-Rahmentrainingskonzeption (2019) beinhaltet das Aufwärmen ein allgemeines und ein spezielles Aufwärmen. Der allgemeine Teil der Erwärmung „hat zum Ziel, die Körpertemperatur, die Blutzirkulation, die Herzfrequenz und Atemfrequenz der Trainierenden anzuregen". Es sollte – abhängig von der Gesamtdauer des Trainings – ungefähr 15 min dauern, wenn die Trainingseinheit für mindestens zwei Stunden geplant ist. Bei kürzeren Trainingseinheiten sollte auch das Aufwärmen teilweise gekürzt werden.

Der allgemeine Erwärmungsteil beinhaltet koordinative Übungen sowie Spiele zur Schnelligkeit (Abschn. 3.1.1) oder verschiedene Formen von Tappings. Die Beanspruchung der koordinativen Fähigkeiten (Abschn. 3.2) ist nur im ausgeruhten Zustand sinnvoll und sollte daher, wenn eingeplant, relativ am Anfang einer Trainingseinheit platziert werden. Das Gleiche gilt für das Schnelligkeitstraining. Auch hier werden die schnellkräftigen Muskeln nur optimal trainiert, wenn sich der Körper noch in einem ausgeruhten Zustand befindet. Nur dann ist man offen für neue Reize (Fürste, 2012a). Kurze Bewegungsdauern (bis 10 s) mit weniger als 30 % der individuellen isometrischen Maximalkraft sind beim Schnelligkeitstraining ratsam.

Das spezifische Aufwärmen ist abhängig vom Spielniveau der Spieler:innen: Bei Anfänger:innen sollten als eine Form des „Einkoordinierens" verschiedene Grundschläge ausgeführt werden (bspw. Vorhand-Konter gegen Vorhand-Konter, Rückhand-Topspin gegen Rückhand-Block usw.). Erfahrenere Spieler:innen können diese Aufgaben mit zusätzlichen Schwerpunkten ausführen, bspw. auf den tiefen Körperschwerpunkt achten, die Schulterachse gerade halten, das Tempo sukzessive steigern, den optimalen Balltreffpunkt finden usw. Eine Spielform, die sich für den Einleitungsteil eignet, ist das **Tischtennis-Scrabble** als Variation des typischen Einspielens respektive Einkoordinierens. Zwei Gruppen spielen dabei gegeneinander (pro Tisch ein Ball). Beim Erreichen einer vorgegebenen Ballkontaktanzahl (z. B. 10 fehlerfreie Kontakte) erhalten die Spieler:innen an einem Tisch einen Scrabble-Spielstein. Am Ende des Einspielens trifft sich jede Mannschaft und hat zwei Minuten Zeit, aus den erbeuteten Steinen Wörter zu bilden. Die Mannschaft mit der höheren Punktezahl gewinnt. Gewertet wird z. B. die Wertigkeit der eingesetzten Spielsteine oder auch die Anzahl der verwendeten Steine und der gefundenen Wörter (vgl. Hummel & Winterboer, 2010).

Optimal ist es, wenn die Spieler:innen „schon im allgemeinen und auch im spezifischen Aufwärmen auf den Schwerpunkt der Trainingseinheit vorbereitet werden" (Fürste, 2012a, S. 19). Wenn der Schwerpunkt in dem Hauptteil beispielsweise auf der Verbesserung der Beinarbeit liegt, sollten die Spieler:innen schon im allgemeinen Teil Bewegungsaufgaben mit Sidesteps oder Kreuzjumps erhalten. Wird hingegen die Schlagverbindung von Vorhand-Topspin und Rückhand-Konter thematisiert, sollten diese Schläge auch beim Einspielen/Einkoordinieren vorkommen, damit ein reibungsloser Übergang in den Hauptteil gelingt.

7.2.2 Hauptteil

Das Ziel des Hauptteils muss vor dem eigentlichen Training genau definiert sein. Dazu gehört auch die konkrete Planung des Ablaufs in der Halle (z. B. Wer spielt mit wem? Wie viele Ballkisten werden aufgebaut? Wo platziere ich diese? Wo rufe ich die Übenden zusammen [z. B. in einer Theorieecke]? usw.). Die Inhalte des Hauptteils variieren in Abhängigkeit von der Spielstärke der Spieler:innen und der jeweiligen Trainingsperiode. Den Schwerpunkt der Einheit legen die Trainer:innen im Vorfeld des Trainings mit Blick auf die globalere Trainingsperiodisierung (Abschn. 7.1) fest. Im Anfängertraining liegt der Fokus meist auf dem Erwerb oder der Optimierung neuer Schlagtechniken, gegebenenfalls auch auf der Vermittlung taktischer Grundlagen (z. B. aus der Mitte mit der Vorhand agieren, Risikoabschätzung, den Gegner bzw. die Gegnerin zum Laufen zu bewegen, Schwachstellen erkennen usw.). Bei Fortgeschrittenen sind die Technikvariation- und Technikanwendung das vorrangige Trainingsziel (Fürste, 2012a).

Beispiel

Das Trainingsziel kann beispielsweise eine Verbesserung oder ein Umlernen des Technikwechsels von Vorhand zu Rückhand und von Rückhand zu Vorhand sein (Raab & Bert, 2003). Studien zeigten hier, dass dieser Wechsel im professionellen Tischtennis einen leistungslimitierenden Faktor darstellt (Barchukova & Voronov, 1998). Bootsma und Kollegen (1991) prüften, ob es einen Unterschied macht, wenn der Vorhand-Topspin immer aus der gleichen Startposition herausgespielt wird oder wenn dieser Ausgangspunkt variabel ist. Es zeigte sich, dass die Variabilität der Ausholbewegung (z. B. sehr kurz oder sehr lang) keinen negativen Effekt auf das Trefferverhalten der Spieler hat. Bei den Wechseln von Vorhand zu Rückhand hingegen führte ein zu starkes Absinken (in Neutralstellung) zu schlechteren Trefferleistungen. Deshalb ist es wichtig, bei einer frühen variablen Übungsgestaltung den Übergang mit zu berücksichtigen. Exemplarische Übungen können laut Bert und Raab (2003, S. 17) sein, dass ein Spieler 3 × VHT parallel spielt, dann RHK diagonal mit der Variation VHT diagonal und RHK parallel 1:3 (1 × VHT, 3 × RHK). Oder er spielt abwechselnd VHT parallel und RHK diagonal mit der Variation VHT diagonal und RHK parallel. Eine weitere Übung, die viele VH/RH-Wechsel provoziert, findet sich in Abschn. 5.2 (Abb. 5.3). ◄

7.2 Trainingsorganisation – Wie baue ich ein Training auf?

Es kann sich dabei auch um abstraktere, strategische Schwerpunkte handeln, die die Spieler:innen als übergeordnete Zielsetzung in mehreren Einheiten verinnerlichen, zum Beispiel:

- Platzierungsqualität vor Schlaghärte („Spiele bewusst parallel, auch unter Druck, ggf. sogar beim Gegentopspin" oder „Achte auch beim Spiel aus einer schlechten Position darauf den Gegner bzw. die Gegnerin über die Platzierung zu beschäftigen, um in eine gute Position zurückzugelangen").
- Kurz-kurz-Spiel aktiv auflösen („Bemühe dich immer, flach über dem Tisch zu stehen, um möglichst nah an die kurzen Bälle zu gelangen, so ergeben sich mehr technische Möglichkeiten im Kurz-kurz-Spiel" oder „Wenn du mal zu spät bist, versuche weich und seitlich zu spielen, um dann flach weiterspielen zu können").
- Tischnah agieren, um den Gegner bzw. die Gegnerin permanent unter Druck zu setzen („Wähle die Position am Tisch so, dass du den Tisch mit gehobenem Schlagarm gut abdecken kannst", „Passe deine Ausholbewegung so an, dass ein frühes Treffen und eine stabile Position möglich sind" oder „Versuche immer, mit beiden Schultern auf einer Ebene zu spielen").

Die Übungen, die viel Konzentration verlangen und koordinativ und kognitiv sehr anspruchsvoll sind, sollten in dem ersten Teil der Trainingseinheit gespielt werden. In relativ ausgeruhtem Zustand sind die Steuerungsprozesse des Zentralnervensystems in der Lage, komplexe Koordinationsaufgaben zu bearbeiten. Dies gilt beispielsweise, wenn neue Techniken vermittelt (z. B. der VH-Flip; Abschn. 4.4.3) oder Variationen der Technikausführung demonstriert werden (z. B. unterschiedliche Blocktechniken; Abschn. 4.4.1). Dann empfiehlt es sich, diese Elemente gleich zu Beginn des Hauptteils zu thematisieren, da die Konzentration und Aufmerksamkeit hoch sind. Will man die Spieler:innen daran gewöhnen, auch im ermüdeten Zustand die kompliziertesten Aufgaben zu lösen (z. B. in Wettkampfsituationen), können ab und zu gezielt diese Übungen oder Trainingswettkämpfe auch bei muskulärer Ermüdung und am Ende des Trainings gespielt werden (DTTB & Nimtz, 2019).

Übenden fällt es in der Regel leichter, wenn die Übungen sukzessive schwerer werden. Bei Anfänger:innen kann die Schwierigkeit der Aufgaben über die Platzierung (z. B. nur in die Rückhandseite, Markierungen oder Ziele auf dem Tisch, Tabufelder in die nicht gespielt werden darf), die Ballfrequenz (z. B. fehlerfreie Ballkontakte zählen) und die Auswahl der Schlagseite (z. B. nur mit der Rückhand oder Vorhand) reguliert werden. Fortgeschrittene können bereits mit taktischen Zusatzaufgaben (z. B. Wenn-dann-Regeln, halb- oder unregelmäßige Übungen, Schlagvariationen, wie ein fester und ein weicher Topspin etc.) konfrontiert werden, um die Übungen komplexer zu gestalten (siehe auch Abschn. 5.3). Dabei ist darauf zu achten, dass die Übungszeit einer Übung so gewählt wird, dass die Spieler:innen den gewünschten Trainingserfolg auch erreichen können. Die Übungsdauer liegt in der Regel bei 5–10 min pro Spieler:in und Übung (Fürste, 2012a). Je nach Trainingsgruppe sollten variantenreiche Wechselmethoden und flexible Übungsdauern eingebracht werden (Abschn. 5.2.3). Wichtig ist es, auch bei den

Übungen Erfolgskontrollen und Feedback einzubauen. Dadurch erhalten die Trainer:innen eine Rückmeldung, ob die Übung vom Schwierigkeitsgrad die Spieler:innen überfordert (z. B. Erfolgsquote < 20 %), unterfordert (z. B. Erfolgsquote > 80 %) oder genau richtig ist (z. B. Erfolgsquote ca. 50 %).

Der Hauptteil kann kurze Pausen von bis zu 5 min enthalten, wenn den Übenden Zeit zur Regeneration gegeben werden soll oder wenn die Konzentration in den Übungen nachlässt. Im Hauptteil lassen sich Technikelemente direkt mit taktischen Elementen kombinieren.

Beispiel

Dies könnte konkret so umgesetzt werden, dass in einer Übung ein Vorhand-Topspin aus einer eher ungünstigen Ausgangslage (z. B. nach Umspringen der Rückhand) mit viel Rotation gespielt werden muss, wohingegen er härter und flacher ausgeführt werden soll, wenn sich die Übenden in einer stabilen Position befinden. Das Ende des Hauptteils sollte mit Spiel- und Wettkampfformen eingeleitet werden, die nach Möglichkeit die neu gelernten Elemente berücksichtigen. Wurden beispielsweise neue Aufschläge trainiert, werden die Regeln für den Wettkampf dahingehend modifiziert, dass ein zweiter Versuch beim Aufschlag erlaubt ist (analog zum Tennis). Die Lernenden verfügen somit über zwei Chancen, den (neuen) Aufschlag unter Wettkampfbedingungen auszuführen. Stand in der Trainingseinheit hingegen die Eröffnung aus der Mitte im Fokus, muss der oder die Rückschläger:in den Rückschlag zwingend in die Mitte platzieren. Erst danach ist das Wettkampfspiel frei. ◄

Bei Anfänger:innen kann diese Verbindung von Spiel- und Wettkampfform zum technisch-taktischen Bereich auch abstrakter ausfallen: beispielsweise die Vermittlung verschiedener Beinarbeitstechniken mit Spielformen zu koppeln, die viel Bein- bzw. Laufarbeit erfordern (z. B. **Rundlaufvarianten, Nonnenhockey**) oder bestimmte Lernelemente hervorzuheben (z. B. Punkte mit der Rückhand zählen doppelt; Extrapunkte, wenn der/die Gegner:in so ausplatziert wurde, dass er/sie den Ball nicht mehr berührt; ein Bonus, wenn den ganzen Satz über kein Rückschlagfehler erfolgte usw.).

7.2.3 Schlussteil

Der Ausklang eines jeden Trainings kann je nach Leistungsniveau der Übenden variieren. Im breitensportlichen Bereich können kooperative Abschlussspiele zu einem positiven Gemeinschaftsgefühl beitragen und/oder allen Spieler:innen ein gutes Gefühl für den Nachhauseweg geben.

> „Ziel des Trainers sollte sein, dass jeder Spieler am Schluss der Trainingseinheit das Gefühl hat, etwas Neues bzw. ein neues Erfolgserlebnis mit nach Hause zu nehmen: Eine neue Technik oder Technikvariante, einen neuen taktischen Spielzug oder eine neue Schlagverbindung, eine neue Spielform oder eine neue Gruppen- bzw. Teamerfahrung." (Fürste, 2012a, S. 19)

7.2 Trainingsorganisation – Wie baue ich ein Training auf?

Im professionellen, leistungsorientierten Bereich sollte ein gewisser Anteil des Ausklangs für das Ausdauer- oder Konditionstraining aufgewendet werden. Hier bieten sich jegliche Formen von Kraftzirkeln, also Krafttrainingsübungen im Stationsbetrieb oder Workouts (siehe Abschn. 3.1.3), an. Die Spieler:innen können zum Schluss der Einheit damit noch einmal an ihre körperlichen Grenzen gehen und neue Trainingsreize setzen. Selbstverständlich gilt es auch im Leistungstraining, einen positiven, motivierenden Abschluss der Einheit zu finden. Variable Spielformen am Tisch (Abschn. 5.2.5) oder traditionelle Ballspiele wie Fußball, Handball oder Hockey können zu einem abwechslungsreichen Ausklang beitragen. Dabei bewährt sich, eben diese, zumeist gerne gespielten Spiele, als Ansporn oder Belohnung von guten Trainingseinheiten zu nutzen.

> **Beispiel**
>
> Die Trainingsgruppe könnte sich das gewünschte Abschlussspiel beispielsweise dadurch erarbeiten, dass eine vorgegebene Aufgabe zum Krafttraining (z. B. insgesamt 200 Liegestütze und 200 Sit-Ups) realisiert wird. Möchte man eher einen ausdauerorientierten Schwerpunkt setzen, kann die Aufgabe lauten, zusammengerechnet 200 Runden in der Halle (bei 20 Trainierenden sind dies 10 Runden pro Person) oder eine bestimmte Anzahl an Linienläufen umzusetzen. Leistungsstärkere können sich hier stärker einbringen, also bspw. mehr Liegestützen übernehmen oder mehr Runden/Linien laufen als andere. Dies fördert neben dem primären Trainingsziel der Ausdauer bzw. Kraft auch soziale bzw. gruppendynamische Prozesse, die das Gruppenklima eventuell positiv beeinflussen können. ◄

Einen gemeinsamen Abschluss des Trainings können auch Entspannungsverfahren (Abschn. 3.3) bieten. Die Trainierenden lernen hier beispielsweise verschiedene Methoden kennen, mit denen sie sich körperlich herunterfahren, Muskulatur bewusst an- und entspannen oder den Fokus auf die Atmung legen können[2]. Das Training sollte zudem immer mit einer gemeinsamen Schlussbesprechung beendet werden. Hier besteht die Möglichkeit, seitens der Spieler:innen und der Trainer:innen Feedback zum vergangenen sowie einen Ausblick auf das kommende Training zu geben, gegebenenfalls auch Wünsche und Anregungen für die nächsten Einheiten. Trainieren manche Spieler:innen zusätzlich in anderen Trainingsgruppen (z. B. Stützpunkten, Spielgemeinschaften, persönliche Trainer:innen), bietet sich hier auch die Möglichkeit, die Inhalte zu koordinieren. Die einzelnen Trainingseinheiten (Abschn. 7.2) und der Jahrestrainingsprozess (Abschn. 7.1) müssen fortlaufend dokumentiert werden, um

---

[2] Für einen Überblick zur praktischen Anwendung psychologischer Trainingsformen empfiehlt sich die Grundlagenliteratur von Eberspächer (2004), Mayer & Hermann (2009) oder Engbert et al. (2011). Wahl (2004) sowie Baumann (2004) übertrugen ausgewählte psychologische Methoden auf die Sportart Tischtennis.

eine kritische und genaue Analyse der vergangenen Prozesse zu ermöglichen. Erst dadurch wird eine perspektivische Planung möglich (DTTB & Nimtz, 2019; Rahmentrainingskonzeption). Neben der konkreten Planung einer Trainingseinheit sollten Trainer:innen über ein gutes Hallenmanagement verfügen. Hiermit optimieren sie ihr Training, indem sie beispielsweise die verfügbare Zeit effizient nutzen, Störfaktoren erkennen und, soweit es geht, reduzieren oder die Lernenden in jeder Trainingseinheit herausfordern.

7.3   Hallenmanagement

Ursprünglich war das Prinzip des effizienten Hallenmanagements (im engl. Classroom Management) für den Kontext der Schule gedacht und sollte bewirken, dass sich alle Schüler:innen konzentriert und motiviert am Unterricht in der Klasse beteiligen. Es lässt sich jedoch genauso gut für den Trainingsalltag, besonders im Anfängerbereich, einsetzen. Eine wichtige Aufgabe für Trainer:innen und Übungsleiter:innen ist – neben den inhaltlichen Aspekten der Trainingsplanung (Abschn. 7.2) –, das Lernklima positiv zu gestalten bzw. eine positive Trainingsatmosphäre zu schaffen. Nur so kommen die Übenden jede Woche gerne wieder zum Training und sind dort motiviert. Die unten aufgeführten Merkmale eines effizienten Hallenmanagements dienen sowohl dem/der Trainer:in dazu, effektiv mit Störungen (z. B. zu Spätkommen, Unkonzentriertheiten, Undiszipliniertheiten etc.) der Lernenden umzugehen, als auch den Trainierenden, da ihnen ein klare Handlungsrahmen für ihr Verhalten im Training wird (Klein-Soetebier, 2023).

In einer Reihe von Studien verglich Kounin (1976, 2006) mithilfe von Videoaufnahmen, wie sich „gute" Lehrkräfte von „schlechten" Lehrkräften bei ihrer Unterrichtsgestaltung und -steuerung unterscheiden. Seither wurden zahlreiche, durchaus überraschende Befunde durch diese Analysemethode herausgestellt (bspw., dass die Strenge/Lautstärke einer Ermahnung keinen Einfluss auf die Wirksamkeit der Ermahnung hat; oder dass manche Strategien bei Trainer:in A funktionieren, bei Trainer:in B jedoch nicht; vgl. u. a. Doyle, 1986; Emmer & Stough, 2001). Anhand dieser Studien konnten fünf Merkmalsbereiche einer effizienten Klassenführung herausgestellt werden, die im Folgenden erläutert werden.

7.3.1   Allgegenwärtigkeit & Überlappung

Der/Die Trainer:in ist in der Lage, den Spieler:innen zu verdeutlichen, dass man über die Situation in der Halle stets informiert ist und ggf. einschreiten wird. Dies erfordert eine gewisse Art von Präsenz und Aufmerksamkeit. Gleichzeitig auftretende Probleme (z. B. wenn Spieler:innen in einer Ecke der Halle ein Problem mit dem Aufbau der Tische haben und zwei Spieler:innen sich in der anderen Hallenecke mit Bällen abschießen) müssen simultan (überlappend) gelöst oder priorisiert werden. Die Sportart Tischtennis hat den großen Nachteil, dass mehrere, meist sperrige Tische aus dem Materialraum der Halle gerollt, in der Halle positioniert und vorsichtig heruntergeklappt werden müssen. Dabei erschwert es ungemein, dass viele Tische unterschiedlich konstruiert sind, Sicherungen anders funktionieren und es auch gefährlich werden kann, wenn solch ein Tisch oder nur eine Tischhälfte herunterfällt. Dieser Moment des Aufbaus (oder später auch Abbaus) ist kritisch. Die Aufmerksamkeit oder Allgegenwärtigkeit der Trainer:in fällt dann besonders ins Gewicht. Zu häufig beobachtet man, wie sich der/die Trainer:in um – objektiv gesehen – eher irrelevante Dinge kümmert (z. B. noch ein Netz sucht, individuelle Fragen klärt usw.) statt die Gesamtsituation zu überblicken (bspw.: Wo haben Spieler:innen Probleme beim Aufbau? Wo sieht es sehr kontrolliert aus? Wer kann ggf. noch anderen helfen, weil er/sie sich auskennt? Welche Tische sind besonders kritisch? Was sollen diejenigen Spieler:innen machen, die bereits fertig sind mit dem Aufbau? usw.).

Eine Empfehlung für das Training im Anfängerbereich ist es, klare Rollenverteilungen innerhalb der Trainingsgruppe vorzunehmen. Beispielsweise kümmert sich eine Gruppe um das Austeilen der Netze, Bälle und, falls nötig, der Schläger. Eine andere Gruppe kontrolliert, ob die Tische alle sicher stehen und ob die Netze gespannt sind. Eine weitere Gruppe ist für das Aufwärmen (mit oder ohne Schläger) verantwortlich.

Selbst dann werden immer überlappende Situationen auftreten, die sich nicht immer gleichzeitig lösen lassen. Wenn beispielsweise zwei Gruppen gleichzeitig ein Problem mit dem Aufbau haben, muss der/die Trainer:in priorisieren, welche Unterstützung aktuell wichtiger ist, und beide Gruppen später aufklären. Auch hier hilft es, wenn Aufgaben delegiert werden (z. B. „Geh du bitte einmal zu den beiden herüber und sage ihnen, dass sie kurz auf mich warten sollen").

Sind die Tische aufgebaut, gehört zur Fähigkeit der Allgegenwärtigkeit auch eine gewisse Kenntnis der aktuellen Lernausgangslage der Übenden, was also bereits beherrscht wird und wo noch (technische, taktische) Probleme liegen. Im Trainingsalltag besteht in der Regel selten ausreichend Zeit, um die Lernbedingungen jedes Einzelnen professionell zu diagnostizieren. Die bestehenden Kenntnisse lassen sich aber hinreichend gut über informelle Prozesse wie Spieler:innen-Gespräche oder Reflexionsphasen in der (Klein-)Gruppe erfassen. Auch Diagnosebögen oder sog. „Kann-Listen" (Abb. 7.1) können dabei helfen, Vorerfahrungen zu berücksichtigen und angemessene Lernziele zu definieren.

7.3.2 Disziplinierung

Auf Störungen, die durch die Lernenden selbst entstehen (z. B. Unkonzentriertheit, Zuspätkommen etc.), sollten gute Trainer:innen auf eine klare, feste und nicht zu harte Weise reagieren. Kounin (1976) betont hier, dass insbesondere sachliche, wertfreie Ansprachen und auch nonverbale Hinweise weitaus effektiver sind als laute, zurechtweisende ‚Moralpredigten'. Diese Moralpredigten haben zudem den großen Nachteil, dass auch die konzentrierten, aufmerksamen Spieler:innen aus dem Training gerissen werden. Ein häufiges Problem, das zu Konflikten und damit

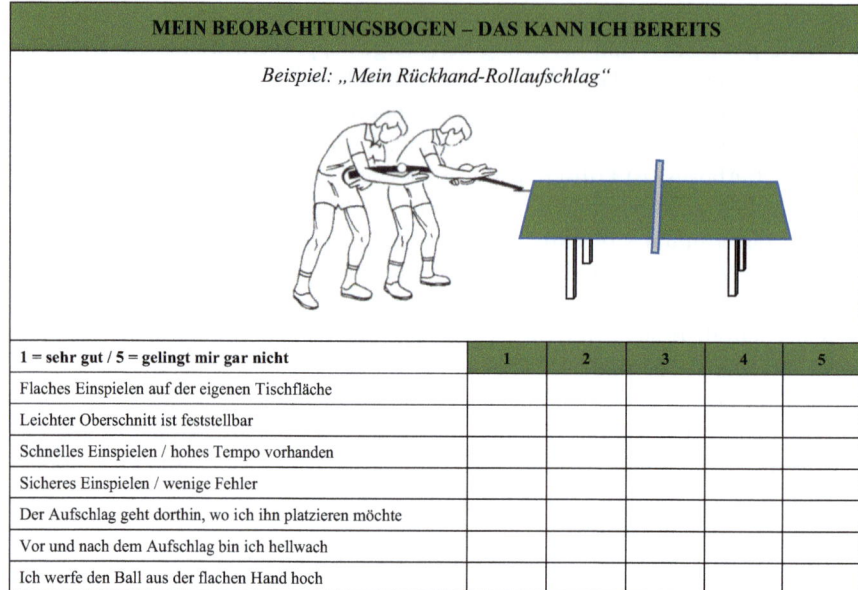

Abb. 7.1 Beispiel für einen Diagnosebogen bzw. eine „Kann-Liste". Hier am Beispiel des Rückhand-Rollaufschlages. (Aus Klein-Soetebier & Klingen, 2019, S. 34)

zur Notwendigkeit von Disziplinierung führt, sind die Leistungsunterschiede zwischen den Spieler:innen. Diese können in einer heterogenen Lehrgruppe dazu führen, dass diejenigen, die bereits länger bzw. besser spielen, sich bei unterfordernden Grundübungen schnell langweilen. Sie sind frustriert, wenn ihr Gegenüber den Ball regelmäßig ins Netz oder neben den Tisch spielt. Umgekehrt ist es für die unerfahrenen Spieler:innen deprimierend, wenn sie kaum einen Ball treffen oder ihr Gegenüber viel zu schnell und aggressiv spielt. Daher kann der/die Spielpartner:in ein großer Konfliktpunkt im Tischtennis werden. Auch im Leistungsbereich tritt dieses Problem immer wieder auf, da sich die Spieler:innen selbstverständlich schneller verbessern, wenn sie „nach oben trainieren", also mit jemandem trainieren können, der besser ist als sie.

Möglichkeiten zur Förderung der leistungsstärkeren Spieler:innen sind sogenannte **Challenges** für beide (!) Spieler:innen (Tab. 7.1). Es empfiehlt sich, die „Challenges" unsystematisch (zufällig) zu verteilen (z. B. durch Würfeln mit zwei Würfeln). Dies kann in manchen Fällen zwar dazu führen, dass leistungsstarke Spieler:innen zusätzlich bevorteilt werden, vermeidet es jedoch, leistungsschwachen Spieler:innen im Vorfeld den Stempel aufzudrücken, dass sie (spielerisch) schlechter sind als ihr Gegenüber. Zielgerichtet lassen sich mit den Challenges verschiedene Intentionen verfolgen, die je nach Trainingsschwerpunkt hervorgehoben werden können.

Natürlich kann kein:e Spieler:in zum motivierten Üben und zum selbstständigen Lernen gezwungen werden (siehe auch Abschn. 5.4). Hier gilt es

7.3 Hallenmanagement

Tab. 7.1 Tabellarische Übersicht verschiedener „Challenges". Es werden zwei Würfel geworfen und die Augenzahl summiert. Die Summe entscheidet dann über die Aufgabe/Challenge

Summe	„Challenge"	Intention
1	Nur mit der Rückhand spielen ist erlaubt	Viel Bewegung, da die Vorhand umlaufen werden muss
2	Dein/e Gegner/in hat immer Aufschlag	Vereinsspieler:innen, die schon einen guten Aufschlag beherrschen, sind nicht mehr so sehr im Vorteil
3	Nimm den Schläger in die „Penholder"-Haltung	Feinmotorik wird bei dieser Schläger-Haltung besonders geschult. Der Schläger wird hier zwischen Daumen und Zeigefinger wie ein Stift (im engl. ‚Pen') gehalten
4	Du musst während des Spiels ein Auge geschlossen halten	Besondere Schulung der Wahrnehmung durch erschwertes 3D-Sehen
5	Spiele mit deiner nicht-dominanten (schwächeren) Hand	Beidseitiges Üben, Umdenken, kontralateraler Lerntransfer
6	Dein/e Gegner/in bekommt 7 Punkte Vorsprung	Durch den hohen Rückstand muss sich mehr konzentriert werden, da jeder Punkt entscheidend ist
7	Es ist nur beidhändiges Schlagen erlaubt	Im Gegensatz zum einhändigen Schlagen muss sich mehr bewegt und die Schlagtechnik umgeplant werden
8	Nur mit der Vorhand spielen ist erlaubt	Analog zu 2 ist die Intention, dass sich Spieler:innen mehr bewegen müssen, um einen Ball nur mit der Vorhand zu spielen
9	Während des Ballwechsels musst du auf einem Bein stehen	Hohe Anforderungen an die Gleichgewichtsfähigkeit
10	Die freie Hand muss permanent auf dem Tisch liegen	Eigentlich im TT nicht erlaubt, schränkt es hier als Übungsform die Bewegungsfreiheit deutlich ein
11	Nimm den Schläger nach jedem Schlag in die andere Hand	Koordinativ anspruchsvolle motorische Übung, Konzentration, beidseitiges Üben

vielmehr, auszuprobieren oder sogar zu erfragen, was diejenigen Spieler:innen spannend finden und welche Rolle/Aufgabe sie in der jetzigen Übungsform gerne übernehmen würden. Vielleicht hat er oder sie gerade mehr Lust, die Bälle für die anderen zu sammeln oder Tipps und Hilfestellungen zu geben. Nützt all dieses inhaltliche Entgegenkommen nichts, sollten in Anlehnung an Kounin (1976) sachliche und wertfreie Ansprachen gewählt oder ganz über nonverbale Hinweise (z. B. ein aufmerksames Beobachten der Unruhestifter:innen) interagiert werden. Anstatt mit Bestrafungen zu arbeiten könnte man als Trainer:in überlegen, Anreize zu schaffen, die nach einer bestimmten Zeit gewährt werden (bspw. mit dem Lieblingspartner bzw. der Lieblingspartnerin spielen zu dürfen, das Abschlussspiel auszuwählen o.Ä.).

7.3.3 Reibungslosigkeit & Schwung

Es sollte eigentlich das oberste Gebot im Trainingsprozess sein, einen flüssigen Trainingsverlauf zu erzeugen. Selten wird dies umgesetzt und ist auch nicht immer zu gewährleisten. Im Trainingsalltag wird dieses Merkmal schlichtweg vergessen, da der Fokus des Trainings eher auf den inhaltlichen Aspekten der Leistungsentwicklung liegt. Hier kann jede/r Trainer:in regelmäßig reflektieren, inwieweit er/sie auf einen schwungvollen, reibungslosen Trainingsprozess achtet. Selbst wenn genügend Vorbereitungszeit zur Verfügung steht, die einzelnen Elemente des Trainings sinnvoll aufeinander aufbauend zu planen, führen gerade ungenutzte Übergangsphasen zwischen einzelnen Übungen häufig zu Unruhe und Störungen, die eine fortgesetzte Auseinandersetzung mit den Trainingsinhalten erschweren. Berücksichtigt man beispielsweise das unterschiedliche Lerntempo oder die Konzentrationsfähigkeit der Spieler:innen, muss sich jede/n Trainer:in Fragen zum Ablauf stellen, bspw.: „Wann unterbreche ich Übungen? Sind sie noch konzentriert dabei? Ist jemand über- oder unterfordert? Warum lässt sich dieser Tisch so leicht ablenken? Muss ich diesen ergänzenden Hinweis zu der Übung allen geben oder nur einzelnen Tischen?".

Die leichteste und wahrscheinlich gängigste Lösung ist es, die Spieler:innen nach einer bestimmten Zeit zusammenzurufen, um die nächste Übung oder die nächste Aufgabe anzuleiten. Dies hat die Vorteile, dass alle Spieler:innen die gleiche Zeit in den Übungen verbringen und gewährleistet wird, dass alle die nächste Aufgabe mitbekommen haben. Kritisch an dieser ‚globalen Unterbrechung' des Lernprozesses ist, dass die Lernenden – teils unerwartet – aus ihren bisherigen Übungsformen herausgerissen werden. Es ist zudem utopisch, zu erwarten, dass alle Spieler:innen direkt und ohne Zeitverlust den Ballwechsel unterbrechen, sofort die Bälle festhalten, zügig zusammenkommen und diszipliniert zuhören. Damit werden Störungen des Trainingsprozesses riskiert. Zeitaufwendiger und anstrengender für die Trainer:in ist es, direkt an die Tische der Übenden zu gehen, um die nächste Modifikation der Übung anzuregen. Im Gegensatz zu großräumigeren Sportarten wie Fußball oder Handball oder da, wo die Lernumgebung, bspw. im Schwimmbad, das 1-zu-1-Gespräch erschwert, lassen sich beim Tischtennis sehr gut einzelne Spieler:innen oder Kleingruppen (z. B. 2–3 Tische) ansprechen. So kann hochgradig individuell geschaut werden, welche Tische die aktuelle Aufgabe bereits konstant umsetzen und welche Tische gegebenenfalls noch etwas mehr Zeit benötigen.

Beispiel

Kleine Stellschrauben für leistungsstärkere Spieler:innen können Veränderungen in der Platzierung (z. B. Spielt schon einmal parallel statt diagonal), der Schlagtechnik (z. B. Ihr vier könnt die gleiche Übung schon einmal mit der Rückhand ausprobieren) oder der Dynamik (z. B. Versucht Ihr beide, die Übung aus der Bewegung mit einer guten Beinarbeit zu spielen) sein (siehe auch Abschn. 5.3 zu den methodischen Prinzipien). Somit sollte ein flüssiger Trainingsverlauf erzeugt werden, der speziell in Übergangsphasen für eine fortgesetzte Auseinandersetzung mit den Lerninhalten sorgt. Sind Unterbrechungen für die ganze Trainingsgruppe unumgänglich, empfiehlt es sich, gleich mehrere Folgeschritte /-übungen zu erläutern und parallel visuell in der Halle festzuhalten, (z. B. auf einer Tafel, einem Whiteboard o.Ä.), damit nur noch der Wechsel in die nächste Aufgabe angesagt werden muss, ohne erneut zusammenzukommen. ◄

Dabei ist es gar nicht mal zwingend notwendig, dass alle Spieler:innen alle Übungen/Aufgaben umgesetzt haben. Im Sinne der Binnendifferenzierung und der Lernsteuerung ist es manchmal lernwirksamer, wenn alle Übenden mit Erfolgserlebnissen die Übung abschließen. Zudem wird vermieden, dass einzelne Trainierende aufgehalten werden.

Schwung wird auch immer dann erzeugt, wenn die Lernenden von sich aus wissen, was zu tun ist. Daher können auch Routinen im Tischtennis Abschn. 3.3 zu einem reibungsloseren Training beitragen. Routinen im Trainingsalltag könnten beispielsweise sein:

- Wir spielen uns immer erst mit der Vorhand und der Rückhand ein, sobald unser Tisch und unser Netz ordentlich aufgebaut sind.
- Wir wechseln bei jeder neuen Übung, die wir durchführen sollen, einmal freiwillig die Partner:innen.
- Fliegt unser Ball in die Richtung eines anderen Tisches, laufen wir nicht hinterher, sondern rufen „Stopp", damit die Spieler:innen uns den Ball zurückwerfen können.
- Während mein/e Partner:in den Ball wiederholt, schaue ich unter dem Tisch und hinter mir nach, ob dort weitere Bälle sind, und sammle diese ein.
- Beim Pfiff des Trainers bzw. der Trainerin kommen wir sofort in der Mitte (oder der Theorieecke) zusammen und trinken dabei kurz etwas.

Bauen die Übungen sinnvoll aufeinander auf, fallen den Spieler:innen die Übergänge leichter. Beispielsweise: „Spielt erst nur mit der Rückhand diagonal hin und her. Wenn ihr es dreimal schafft, 10 Bälle am Stück ohne Fehler zu spielen, macht ihr das Ganze parallel. Gelingt euch auch das, spielt eine:r von euch immer parallel der/die andere diagonal, sodass ein Zick-Zack-Muster entsteht". Gibt der/die Trainer:in den Übenden die Freiheit, eine Übung nach einer gewissen Zeit selbstständig zu erweitern, regt dies das selbstständige (Weiter-)Lernen (Abschn. 5.4) an. Es wird verhindert, dass die Lernenden in einer Übung verharren, weil der/die Trainer:in noch nicht dazu gekommen ist, ihnen eine neue Aufgabe zu geben. Für diese Eigenständigkeit muss allerdings eine gewisse Vertrauensbasis zwischen Trainer:in und Spieler:in geschaffen werden. Ab und zu sollte der/die Trainer:in kontrollieren, ob die Übenden die Übung, die sie bereits verändert haben, auch wirklich umsetzen können.

7.3.4 Gruppenmobilisierung

Unter Gruppenmobilisierung versteht Kounin (1976, 2006) die Fähigkeit der Trainer:innen, sich auf die Gruppe als Ganzes zu konzentrieren, aber auch gleichzeitig die einzelnen Spieler:innen (möglichst individuell) zu unterstützen. Dabei sollen Trainer:innen versuchen, die Lernenden so zu motivieren (mobilisieren), dass sie sich gegenseitig als Gruppe trainieren oder zumindest unterstützen. Dies ist nicht immer möglich. Gerade im breitensportlich ausgerichteten Tischtennistraining treten viele Unwägbarkeiten auf, die eine geordnete Moderation des Trainingsgeschehens erschweren. Zum Beispiel kommen die Spieler:innen mit unterschiedlichen Intentionen in das Tischtennistraining: Manche wollen etwas dazulernen und systematisch trainieren, manche wollen einfach Spaß haben, sich mit Freunden treffen und möglichst viel spielen. Hier gilt es für die Trainer:innen, einen guten Kompromiss zu finden, der die Vorlieben möglichst vieler Übender berücksichtigt. Von manchen als monoton empfundene Technikübungen lassen sich durch unterschiedliche Zähl- und Wechselmethoden (Abschn. 5.2.3) interessanter gestalten, sodass sie zwar die technische Übung umsetzen, aber zusätzlich einen spielerischen Wettkampfcharakter bekommen.

> **Beispiel**
>
> **Jokerspiele:** Das Spiel wird je nach Gruppengröße an 3–5 Tischen gespielt. Vor Spielbeginn bestimmt der/die Trainer:in eine Tischseite in der Halle als sogenannte ‚Jokerseite'. Die andere Seite der Tische wird als ‚Läuferseite' festgelegt. Auf der Jokerseite steht nur eine einzelne Person, wohingegen sich auf der Läuferseite mehrere Spieler:innen hintereinander aufreihen. Die Sonderregel dieses Spiels ist, dass nur die „Joker" Punkte erzielen. Der Joker hat immer Aufschlag und spielt mit jedem Läufer einen Ballwechsel. Gewinnt der Joker den Ballwechsel, bekommt er einen Punkt, bleibt am Tisch und wartet auf den nächsten Läufer. Verliert der Läufer, rückt dieser zum nächsten Tisch auf und spielt dort gegen den nächsten Joker. Gewinnt der Läufer den Ballwechsel, darf er den Platz des Jokers einnehmen, wird somit zum Joker und kann Punkte sammeln. Der Joker wird dann zum Läufer und stellt sich an dem Tisch in die Reihe, an dem die wenigsten Spieler:innen warten. ◄

In einer positiven Trainingsatmosphäre kann es auch gelingen, dass Gruppenaufgaben umgesetzt werden und sich die Übenden zur gegenseitigen Verbesserung anleiten. Hier kann ein starkes Leistungsgefälle in breitensportlichen Trainingsgruppen sogar eine Chance sein, wenn bessere Spieler:innen die Anfänger:innen technisch und taktisch unterstützen. Kounin (1976) wünscht sich hier für den Unterricht, dass möglichst viele Schüler:innen Dinge vorstellen, die dann von der Gruppe diskutiert werden. Dies kann auch im Tischtennis umgesetzt werden, wenn man beispielsweise verschiedene Spieler:innen (freiwillig) Techniken demonstrieren lässt. Gelingt es auch, Spieler:innen vormachen zu lassen, die sich eher als leistungsschwächer sehen, können motivierende Prozesse der Gruppenmobilisierung entstehen. Tischtennis bietet sich aufgrund der Vielzahl an kleinteiligen Bewegungen (z. B. die richtige Schlägerblattstellung: geöffnet, senkrecht oder geschlossen, der lockere Handgelenkseinsatz, kleine Schritte zum Ball, das Timing für den Balltreffpunkt usw.) nahezu an, viele Spieler:innen in den Demonstrationsprozess oder auch in kooperativen Lernformen hervorzuheben. Vermittelt man beispielsweise verschiedene Möglichkeiten, einen Aufschlag auszuführen (z. B. mit Unterschnitt, Seitschnitt, schnell, langsam, mit der Rückhand, mit der Vorhand, aus der Vorhand, aus der Rückhand, kurz oder lang usw.; Abschn. 4.3.1), ist in der Regel für jede:n Spieler:in ein Aufschlag dabei, den er/sie sicher ausführen kann und mit ein wenig Ermutigung eventuell demonstrieren möchte.

7.3.5 Abwechslung & Herausforderung

Kounins Videoanalysen zeigten auch, dass besonders erfolgreiche (im Sinne eines guten Lernklimas/Lernerfolgs) Lehrer:innen die Fähigkeit besitzen, die Lernaktivitäten der Spieler:innen so zu steuern, dass sie in nahezu jeder Lernsituation mit neuen Problemen und Lösungsansätzen konfrontiert wurden. Dabei kann sich die Abwechslung sowohl auf die Inhalte als auch auf die Art der Auseinandersetzung mit diesen Inhalten beziehen. Spielsportarten haben den Vorteil, dass ihnen ein gewisses Maß an abwechslungsreichen (Spiel-)Situationen inhärent ist. Techniklastige Sportarten wie Tischtennis sind hier aufgrund ihrer Vielzahl an Bewegungslösungen besonders herausfordernd. Die Aufgabe der Trainer:innen ist es dann, diese Lernaktivitäten anzuregen (Kounin, 2006). Eine gute Möglichkeit hierzu bieten der Tischtennisgarten (Abschn. 5.2.4) oder alternative Spielformen (Abschn. 5.2.5), die in gewissen Grenzen vom bekannten Regelwerk abweichen. Andere Stationsbetriebe und ein Parcours zum Erlernen der Rotationsmöglichkeiten des Balles (Friedrich & Fürste, 2012) bieten sich ebenfalls an.

Die Abwechslung kann sich sowohl auf die Inhalte (z. B. verschiedene Schlagtechniken, taktische Elemente, unterschiedliche Spielformen) als auch auf die Art der Auseinandersetzung mit diesen Inhalten beziehen (z. B. Demonstration/Vormachen, [Technik-]Videos in normaler und verlangsamter Geschwindigkeit, Bilderreihen, Zeichnungen/Fotos usw.[3]). Für die Trainer:in gilt es, ein gesundes Mittelmaß an wiederholten Abläufen (siehe Reibungslosigkeit & Schwung) und abwechslungsreichen Lehrmethoden zu etablieren. Dies gelingt, wenn den Spieler:innen ein bekannter, sich wiederholender Rahmen für die Trainingseinheiten im Tischtennis gegeben wird (bspw. eine klare Struktur mit Aufbau, Einspielen/Erwärmung, Techniklernen, Abschlussspiel, Abbau o.Ä.; Abschn. 7.2) und die konkrete Umsetzung der einzelnen Bausteine variiert. Dies können unterschiedliche

---

[3] Für einen tieferen Einblick in methodische Variationen der Auseinandersetzung mit technischen Inhalten im Tischtennis siehe Michaelis & Sklorz (2004, S. 116 f.).

Schwerpunkte beim Einspielen (z. B. Fokus auf den stabilen Stand, Rückhand-Vorhand im Wechsel spielen, die Laufwege oder das Spielfeld vergrößern/verkleinern) oder verschiedene Materialien/Medien in der Technikvermittlung (z. B. Bilderreihen, Videos, Stationskarten, Arbeitsblätter, Beobachtungsbögen etc.) sein. Nur wenn die Aufgabenstellungen herausfordernd sind, setzen sich Spieler:innen konzentriert und kognitiv aktiv mit den Lerninhalten auseinander (Seidel, 2020). Schnell schlägt diese Herausforderung in diesem „schnellen Sportspiel, das eine Vielzahl unterschiedlicher (Überforderungs-)Situationen beinhaltet" (Luthardt et al., 2016, S. 128), in Frustration um, wenn Spieler:innen, die über wenig Erfahrungen in dieser Sportart verfügen, komplexe Schlagtechniken nicht umsetzen können. Regelmäßige Anpassungen und Hilfestellungen für einen Teil der Lerngruppe (z. B.: „Anstatt des Rückhand-Topspins könnt ihr in dieser Übung auch den Rückhand-Konter verwenden" oder „Wenn euch der Aufschlag Probleme bereitet, dürft ihr den Ball auch erst mehrmals auf eurer Tischhälfte aufspringen lassen, bevor ihr ihn über das Netz spielt") können dazu dienen, die Schwierigkeit der (Bewegungs-)Aufgaben zu justieren.

Zusammenfassend lassen sich die Merkmale Kounins (1976, 2006) für ein effizientes Hallenmanagement auch heute noch als Grundlage für ein gutes Tischtennistraining nutzen. Dabei muss weiterhin jede/r Trainer:in ein authentisches Leitbild finden, mit dem er/sie sich identifizieren kann. Manche Trainer:innen lassen den Spieler:innen gerne mehr Freiraum zur Selbsterprobung bzw. -entfaltung, wohingegen andere ein strukturierteres, planbareres Vorgehen bevorzugen. Manche Merkmale werden wahrscheinlich bereits umgesetzt, andere benötigen gegebenenfalls mehr Zeit und Erfahrung als Tischtennistrainer:in. Wie bei allen wissenschaftlichen Theorien gibt es Ausnahmen und Wirkweisen, die auf verschiedenen Aggregatebenen (z. B. individuelle und Gruppenebene) zum Tragen kommen. Daher gilt es, ganz im Sinne Kounins, die Gruppe viel zu beobachten und sich selbst im eigenen Trainingsgeschehen kritisch zu reflektieren.

7.4 Traineraus- und -fortbildungen im Tischtennis (Deutschland)

In Deutschland gibt es einen stufenweisen Aufbau des Ausbildungswesen, das heißt, die angehenden Trainer:innen können sich schrittweise von der niedrigsten zur höchsten Lizenzstufe hocharbeiten. Neulinge beginnen mit der Vorstufenqualifikation namens „STARTTER – Dein Start in die Trainerausbildung", die meist zwei bis drei Tage dauert. Darauf folgt die C-Trainerausbildung mit einem Umfang von circa zwei Wochen (120 Lerneinheiten à 45 min). Ambitionierte Coaches können eine B-, A-Lizenz und den Diplomtrainer ablegen. Die STARTTER-Ausbildungen und die Trainer-C-Lizenzen werden in der Regel von den Landesverbänden der verschiedenen Bundesländer organisiert. Danach übernimmt meist der Deutsche Tischtennis-Bund die bundesweite Schulung. Mit steigender Ausbildungsstufe steigt auch die Anzahl der Lerneinheiten (von 18 LE im STARTTER) bis hin zu circa 1300 LE in der Diplomtrainerausbildung (Tab. 7.2). Eine Lerneinheit (LE) entspricht dabei einer Zeitdauer von 45 min.

Tab. 7.2 Struktur des Ausbildungswesens in der Tischtennistrainerausbildung von der niedrigsten Ausbildungsstufe (STARTTER) bis zur höchsten Stufe (Diplomtrainer des DOSB) (Rahmenrichtlinien für Qualifizierung, DTTB, 2018)

Stufe	Bezeichnung/Inhalte	Lerneinheiten
Vorstufenqualifikation/Zertifizierungsebene	**STARTTER Vorstufenqualifikation** • Wie baue eine Trainingseinheit auf? • Wie erkläre ich Schlagtechniken? • Welche Spiel- und Wettkampfformen gibt es?	18 LE
Stufe 1	**Trainer C – Breitensport** • Themenbereich I: Spieler trainieren • Themenbereich II: Verein organisieren/Vereinsmanagement • Themenbereich III: Spieler betreuen	120 LE
Stufe 2	**Trainer B – Leistungssport** • Bereich 1 Technik/Bewegungskorrektur, Bereich 2 Trainingsplanung, Bereich 3 Taktik/Wettkampf, Bereich 4 Methodik, Bereich 5 Organisation/Führung/Sozialkompetenz, Bereich 6 Konditionstraining/Sportmedizin, Bereich 7 Koordinationstraining/Wahrnehmung, Bereich 8 Balleimertraining, Bereich 9 Sportmechanik, Bereich 10 Hospitationsmaßnahmen, Bereich 11 Regelkunde/Anti-Doping/Ehrenkodex, Bereich 12 Lernerfolgskontrollen **Übungsleiter B – Sport in der Prävention** • Bereich 1 Kursplanung, Bereich 2 Herz-Kreislauf-Training, Bereich 3 Koordinationstraining/Techniktraining mit Erwachsenen, Bereich 4 Kräftigung/Körperwahrnehmung, Bereich 5 Entspannungstraining, Bereich 6 Wissensvermittlung, Bereich 7 Planungs- und Organisationshilfen, Bereich 8 Sozialkompetenz, Bereich 9 Sportmedizin, Bereich 10 Gesundheitssport, Bereich 11 Lernerfolgskontrollen	je 60 LE
Stufe 3	**A-Trainer** • Bereich 1 Technik/Bewegungsanalyse, Bereich 2 Trainingsplanung, Bereich 3 Taktik/Wettkampf, Bereich 4 Methodik, Bereich 5 Sportpsychologie/Sozialkompetenz, Bereich 6 Konditionstraining, Bereich 7 Sportmedizin/Sportbiologie, Bereich 8 Koordinationstraining/Wahrnehmung, Bereich 9 Sportmechanik, Bereich 10 Organisation/Management/konzeptionelles Arbeiten, Bereich 11 Hospitationsmaßnahmen/Praktikum, Bereich 12 Anti-Doping/Ehrenkodex, Bereich 13 Lernerfolgskontrollen	150 LE
Stufe 4	**Diplomtrainer des DOSB** • Themenbereich 1: Allgemeine Grundlagenausbildung • Themenbereich 2: Spezialisierungsgerichtete Ausbildung • Themenbereich 3: Sportartspezifische Ausbildung (vgl. Curriculum des DTTB) • Themenbereich 4: Praktikum	1300 LE

Mit dem Erwerb einer Lizenz ist der Ausbildungsprozess nicht abgeschlossen. Die notwendige zeitliche wie inhaltliche Begrenzung der jeweiligen Ausbildungsgänge macht eine regelmäßige Fort- und Weiterbildung notwendig, um die bisher vermittelten Kenntnisse, Fertigkeiten und Fähigkeiten stetig zu ergänzen und auf dem aktuellen Stand (z. B. Weiterentwicklungen des Sports) zu halten. Das Zertifikat für die STARTTER-Ausbildung ist unbefristet gültig. Die C- und B-Lizenzen müssen nach 4 Jahren durch eine Fortbildung bei dem jeweiligen Landesverband oder dem DTTB verlängert werden. Die A-Trainer-Ausbildung verliert bereits nach 2 Jahren, wenn sie nicht entsprechend durch anerkannte Fortbildungen aufgefrischt wird, ihre Gültigkeit[4].

7.4.1 STARTTER-Vorstufenqualifikation

Mit der STARTTER-Ausbildung, die vom DTTB und seinen Mitgliedsverbänden seit dem 1. Januar 2018 ins Leben gerufen wurde, gibt es erstmals in allen Landesverbänden eine einheitliche Vorstufenqualifizierung. Dementsprechend wird in allen 20 Landesverbänden diese Vorstufenqualifikation gleichermaßen anerkannt. Die STARTTER-Ausbildung umfasst mindestens 18 Lerneinheiten und dauert zwei bis drei Tage. Sie wird in der Regel an einem Wochenende veranstaltet. Im Mittelpunkt steht das Tischtennistraining selbst (z. B.: Wie baue eine Trainingseinheit auf? Wie erkläre ich Schlagtechniken? Welche Spiel- und Wettkampfformen gibt es?). Exemplarische Inhalte sind der Aufbau einer typischen Trainingseinheit, theoretischer und praktischer Input zum Ballkistenzuspiel/Balleimertraining oder verschiedene Spiel- und Wettkampfformen. Zudem erhalten die Teilnehmer:innen einen Einblick in die Grundlagen der Technik und zum Technikerwerb anhand ausgewählter Schlagtechniken. Die STARTTER-Ausbildung richtet sich vor allem an Übungsleiter:innen, die bereits eine Trainingsgruppe im Verein betreuen, dabei assistieren oder dies in Zukunft übernehmen wollen. Das Zertifikat ist unbefristet gültig. Es ist außerdem in vielen Landesverbänden Voraussetzung, um die C-Trainer-Lizenz zu beginnen, die innerhalb von zwei Jahren nach Erwerb des STARTTER-Zertifikats abgeschlossen werden muss. Alle Landesverbände bieten die STARTTER-Ausbildung an, einzeln oder direkt in Kombination mit einer C-Trainer-Ausbildung. Die Teilnehmenden müssen keine bestimmte Spielstärke aufweisen. Das Mindestalter zur Teilnahme an der Ausbildung beträgt 14 Jahre.

7.4.2 C-Trainer-Ausbildung

Die Ausbildung zum Trainer-C – Breitensport stellt den Einstieg in die lizenzierte Trainertätigkeit im Bereich des Deutschen Tischtennis-Bundes dar. Auf diese

---

[4] Die Inhalte dieses Kapitels stammen größtenteils aus den Rahmenrichtlinien für Qualifizierung des DTTB (2018). Auf entsprechende Zitationen wurde daher verzichtet.

Ausbildung aufbauend ist die Weiterqualifizierung in zwei Richtungen möglich: zum Trainer-B – Leistungssport sowie zum Übungsleiter-B – Sport in der Prävention (Schwerpunkt/Profil: Herz-Kreislauf-Training mit Tischtennis). Die Tätigkeit der Trainer:innen in der Lizenzstufe C bezieht sich vornehmlich auf den Bereich der Basis. Sie richtet sich an Trainer:innen, die eher im breitensportlichen Kontext aktiv sind, aber auch an jene, die den leistungssportlichen Wettkampfsport anstreben. Inhaltlich umfasst die Ausbildung neben technisch-taktischen Elementen und methodischen Herangehensweisen daher auch übergeordnete Aspekte der Mitgliedergewinnung, -förderung und -bindung. Der Trainer bzw. die Trainerin soll im Wesentlichen dazu beitragen, dass die Mitglieder seines/ihres Vereins oder Trainingsgruppe gerne und möglichst lebenslang mit der Sportart Tischtennis und dem Verein verbunden sein wollen. Perspektivisch soll dieser Ausbildungsgang zum Aufbau und zur Betreuung von Trainingsgruppen in Tischtennisvereinen/-abteilungen qualifizieren, wobei das Training mit Kindern und Jugendlichen den Schwerpunkt darstellt. Die Ausbildung beinhaltet auch Informationen darüber, wie erfolgreiche Rahmenbedingungen zur Vereins- und Mitgliederentwicklung geschaffen werden (z. B. Trainerassistenten, Ehrenamtsentwicklung usw.). Die Trainer:innen sind am Ende ihrer Ausbildung grundsätzlich in der Lage, die sportpraktische Vermittlung und Betreuung sowie die Planung, Organisation, Gestaltung und Kontrolle von Training und Wettkampf im Grundlagentraining auszuüben. Dies schließt in Teilen die Talentsuche, Talentsichtung und Talentauswahl mit ein und soll sich an dem Rahmentrainingsplan (DTTB, 2003; DTTB & Nimtz, 2019) des DTTB orientieren. Die Ausbildung ist als breite Basis zu sehen, auf der im Laufe der Trainingstätigkeit aufgebaut werden kann.

Die Inhalte in dieser C-Ausbildung lassen sich in drei größere Themenbereiche einteilen. Der erste Themenbereich (Themenbereich I) behandelt die komplexe Aufgabe von Trainer:innen, die Spieler und Spielerinnen zu trainieren (ca. 85 LE). Hier erhalten die angehenden C-Trainer:innen einen differenzierten Einblick in die Trainingsplanung und -organisation (z. B. Aufbau einer Trainingseinheit, Stationstraining, Training mit heterogenen Gruppen, Theorieecke), lernen ein motivierendes Spiel- und Übungsdesign zu nutzen (z. B. kleine Spiele zur Koordination, konditionelle Übungen) und erwerben erste (Fach-)Kompetenzen im Bereich Technik (z. B. Technikerwerb, Technikverbesserung, Technikanwendung, Bewegungskorrektur). Ihnen werden Informationen zur Grundposition im Tischtennis und richtigen Beinarbeitstechniken (Abschn. 4.1), zu den Grundschlagtechniken (Abschn. 4.2) sowie zum Auf- und Rückschlag (Abschn. 4.3) gegeben. Zu diesem Themenbereich I gehört zudem die Entwicklung einer eigenen Trainerpersönlichkeit (z. B. Kommunikationstechniken, Präsentations- und Motivationsmöglichkeiten, Strategien der Konfliktlösung und zur Führung von Gruppen). Der Themenbereich II widmet sich der Aufgabe des Vereinsmanagements (15 LE), da vor allem Trainer:innen kleinerer Vereine auch die Organisation des Gesamtvereins nachvollziehen und im besten Fall mitgestalten sollten. Zu den Inhalten dieses Bausteins der Trainer-C-Ausbildung gehören Zukunftsvision, Nachwuchsgewinnung, Aktionen des DTTB zur Mitglieder- und Trainergewinnung, aber auch die Integration Jugendlicher in den Erwachsenenbereich, also Methoden, wie ein Zugehörigkeitsgefühl zum Verein bzw. zur Sportart und ein Engagement im Ehrenamt erzeugt werden kann. Als letzter Baustein wird ein grundlegendes Wissen zum Einsatz von Zusatzmaterial im Training (z. B. Kinderschläger, Trainingshilfen) vermittelt. Der Themenbereich III befasst sich mit der Aufgabe, die Spieler:innen der einzelnen Mannschaft im Einzelnen zu betreuen (20 LE). Dazu gehören die konkrete Wettkampfbetreuung (z. B. Coaching, Organisation des Wettkampftages, Ernährung), aber auch die Vorbereitung der Wettkämpfe im Training (z. B. Spielanalyse, taktische Mittel, Spielsysteme, Materialkunde, Doppel, Regelkunde; Abschn. 2.2, 2.3, Kap. 6) und grundlegender Trainingsprinzipien (z. B. Anti-Doping, Kindeswohl, Ehrenkodex, Aufsichtspflicht).

7.4.3 B-Trainer-Ausbildung

Die Ausbildung zum Trainer bzw. zur Trainerin B „Leistungssport" auf der zweiten Lizenzstufe soll – aufbauend auf die Ausbildung zum Trainer bzw. zur Trainerin C – zur Betreuung bestimmter leistungssportorientierter Zielgruppen in Sportvereinen bzw. im Kreis-, Bezirks-, Mitgliedsverband qualifizieren. Die Tätigkeit umfasst die Organisation, Gestaltung und Kontrolle des systematischen leistungs- bzw. wettkampforientierten Trainings im Nachwuchsleistungsbereich. Vor allem sollen die Talentförderung sowie die Weiterführung der sportlichen Grundausbildung und Leistungsentwicklung durch das Aufbautraining bis hin zum Anschlusstraining im Vordergrund stehen. Inhaber:innen der Trainer-B-Lizenz Leistungssport sollen Potenziale entwickeln, die eine Anbindung von Spieler:innen an den Leistungssport im Verein oder in einem Kreis-, Bezirks- oder Landesstützpunkt ermöglichen bzw. in Aussicht stellen. Dabei ist der Rahmentrainingsplan des DTTB & Nimtz (2019) zu beachten. Auf diese Ausbildung aufbauend ist die Weiterqualifizierung zum Trainer A Leistungssport möglich. Je nach Ausrichtung können zwei verschiedene Ausbildungswege zum Trainer B – Leitungssport (Abschn. 7.4.3.1) oder zum Übungsleiter B – Sport in Prävention (Abschn. 7.4.3.2) eingeschlagen werden.

7.4.3.1 Trainer B – Leistungssport

Die inhaltliche Gestaltung des Ausbildungsgangs zum Trainer bzw. zur Trainerin B – Leistungssport gestaltet sich deutlich tiefgehender als die Ausbildung der Trainer:in-C-Stufe. Es werden insgesamt 12 Bereiche fokussiert:

- **Bereich 1:** Technik/Bewegungskorrektur. Hier werden die Techniken für den Leistungsbereich (z. B. VH-/RH-Abwehrtechniken; Abschn. 4.4), übergeordnete Merkmale von Individualtechniken (z. B. Ganzkörperbewegungen, Schlagverbindungen und Beinarbeitskombinationen) und weiterführende Techniken (z. B. Aufschlagtechniken mit Gegenbewegung, Rückschlagtechniken, Mischtechniken; Abschn. 4.3) besprochen. Zu diesem Bereich gehört auch ein vertiefender Blick in die Bewegungskorrektur, der Blick auf individuelle

Fehlerbilder sowie die Bewegungskorrektur an der Ballkiste (z. B. Korrektur durch Zuspiel).
- **Bereich 2:** Trainingsplanung. Hier werden grundlegende Modelle der Trainingssteuerung vermittelt, u. a. die Periodisierung von tischtennisspezifischen Inhalten (bspw. zur unmittelbaren Wettkampfvorbereitung, Analysemöglichkeiten zur Festlegung von Trainingsschwerpunkten, – Platzierung konditioneller Schwerpunkte im Jahresverlauf; Abschn. 7.1). Zudem stehen die Planung und die Organisation des Trainings im Leistungsbereich im Vordergrund (z. B. individuelle Trainingsgestaltung nach Trainingsschwerpunkten, Planung von Lehrgangsmaßnahmen; Planung von Übungsreihen nach methodischen Grundsätzen; Abschn. 5.3).
- **Bereich 3:** Taktik/Wettkampf. Teilnehmer:innen erhalten in diesem Bereich grundlegende Kenntnisse der verschiedenen Spielsysteme im modernen Tischtennis (Abschn. 6.2). Dazu erfolgen eine Analyse der Vor- und Nachteile verschiedener Spielsysteme sowie technisch/taktischer Zusammenhänge und die Entwicklung von Spielsystemen (z. B. materialabhängige Taktiken gegen bestimmte Spielsysteme). Doppeltaktik, Doppeltraining (z. B. Spielzugtraining) und das tischtennisspezifische Wahrnehmungs- und Entscheidungstraining und die Analyse von Coachingsituationen (z. B. Lerncoaching vs. Erfolgscoaching).
- **Bereich 4:** Methodik. Im Bereich der Methodik geht es um die Vertiefung von methodischen Grundsätzen zur Planung und Organisation einer Trainingseinheit im Leistungsbereich. Zudem werden trainingsspezifische Grundsätze im Koordinations-, Konditions-, Technik- und Taktiktraining für das Leistungstischtennis diskutiert. Dazu gehören u. a. die sinnvolle Reihung von Trainingsschwerpunkten (z. B. innerhalb einer Trainingseinheit, innerhalb einer festgelegten Periode für eine/n Spieler:in und für eine Trainingsgruppe).
- **Bereich 5:** Organisation, Führung & Sozialkompetenz. Die Teilnehmer:innen lernen Maßnahmen zum Aufbau von Leistungsgruppen, Möglichkeiten der Zusammenarbeit (Leistungs-)Stützpunkten und weiterführende Talentsichtungs- und Förderstrukturen im Landesverband und im DTTB kennen. Ähnlich zu den Inhalten aus der Trainer-C-Ausbildung wird vertiefend auf Kommunikationsstrategien (z. B. Bedeutung nonverbaler Kommunikation, Feedbackregeln, Konfliktmanagement) eingegangen.
- **Bereich 6:** Konditionstraining/Sportmedizin. Es werden Trainingsprinzipien zur Förderung der konditionellen Fähigkeiten vermittelt. Dazu zählen Ziele und Methoden des Krafttrainings (z. B. stabiler Rumpf, Verletzungen vorbeugen, schnelle Beine), Voraussetzungen und Methoden des Schnelligkeitstrainings (z. B. Schnelligkeitstrainings am Tisch, Schnelligkeitstraining am Balleimer, Einführung in das Sprungtraining), die Steuerung des allgemeinen Ausdauertrainings (z. B. Dauermethode, Ausdauertests) und die Einführung in das aktive Dehnen.
- **Bereich 7:** Koordinationstraining/Wahrnehmung. Inhalte dieses Lernbereiches sind Grundlagen des Koordinationstrainings (z. B. Lernen mit verschiedenen Analysatoren; Abschn. 3.3.2; motorisch koordinative Druckbedingungen; Abschn. 3.2.2) und Methodiken des Koordinationstrainings (z. B. motorisches

Lernen, differenziellen Lernen, Wahrnehmungs-, Antizipation- und Entscheidungsverhalten im Tischtennis; Abschn. 3.3.3).
- **Bereich 8:** Balleimertraining. Hier geht es um die Verfeinerung der Zuspieltechniken und des Zuspielrhythmus an der Ballkiste (z. B. Kombination von Zuspieltechniken und der Zuspielposition am Tisch), Technikanwendungstraining (z. B. Korrektur durch Zuspiel) oder auch Konditionstraining am Balleimer (Abschn. 5.2.2).
- **Bereich 9:** Sportmechanik. Ein kleiner Baustein der Trainer-B-Ausbildung sind biomechanische Grundprinzipien und deren Transfer auf verschiedene Tischtennistechniken (z. B. kinematische Kette, Muskelsynergien, Kopplung von Teilbewegungen einer Technik; Abschn. 4.2).
- **Bereich 10:** Hospitationsmaßnahmen. Zu diesem Bereich gehören Hospitationsmaßnahmen, die die Teilnehmer:innen ausbildungsbegleitend innerhalb der Leistungssportstrukturen des Verbandes durchführen müssen (z. B. im Leistungsstützpunkt, im Verband).
- **Bereich 11:** Teilnehmer:innen erlangen ein tiefergehendes Wissen zur Regelkunde (z. B. Entwicklungen, Neuerungen der Sportart) und zur Prävention von Doping im Leistungssport (z. B. Ehrenkodex, Anti-Doping-Richtlinien).
- **Bereich 12:** Lernerfolgskontrollen. Der letzte Lernbereich beinhaltet eine Wiederholung der Lehrstoffinhalte und die Dokumentation leistungssportlicher Projekte (z. B. Durchführung und Reflexion von Lehrproben).

Generell ist im Verlauf der Ausbildung eine enge Abstimmung zwischen sportartspezifischen und überfachlichen Inhalten anzustreben, die sich nach den leistungssportorientierten Tätigkeitsfeldern eines Trainers bzw. einer Trainerin und den Voraussetzungen der zu betreuenden Spieler:innen bzw. Mannschaften richten. Die Gesamtdauer der Ausbildung liegt bei circa 6 Monaten mit einer Eingangsprüfung, Onlinephasen und mindestens zwei Präsenzphasen. Die Teilnehmer:innen müssen zudem Praktika oder Hospitationen im Landesverband bzw. in Stützpunkten und ein eigenes Videoprojekt zur Entwicklung eines Spielers oder einer Spielerin planen und durchführen. Die Lizenz ist innerhalb des DOSB gültig und hat eine Gültigkeitsdauer von vier Jahren.

7.4.3.2 Übungsleiter B – Sport in der Prävention

Mit der Ausbildung im Bereich der Prävention sollen die Übungsleiter:innen für die Durchführung qualitativ abgesicherter gesundheitsorientierter Bewegungsangebote im Tischtennis qualifiziert werden. Die Zielrichtung der verschiedenen Angebote betrifft nicht nur die Primärprävention, das heißt die Vorbeugung gegen das Auftreten von Erkrankungen, sondern konzentriert sich darüber hinaus auf die Herausbildung einer dauerhaften Gesundheitskompetenz durch Kenntnis physischer, psychischer und sozialer Schutzfaktoren (Abschn. 9.1). Im Rahmen dieser Präventionsausbildung erlangen die Trainer:innen zielgruppenorientierte Kenntnisse und Hilfestellung, mit den Mitteln des Sports einen gesunden Lebensstil zu entwickeln. Dabei soll an die realen individuellen Lebensbezüge der Teilnehmer:innen angeknüpft und zu einer bewussten Auseinandersetzung mit der jeweiligen Lebensalltagssituation ermutigt werden, um so individuelle (Gesundheits-)Ressourcen zu stärken. Tischtennis kann vielfältige gesundheitsfördernde Beiträge leisten und verfolgt mehrere Kernziele wie die Stärkung der physischen und psychosozialen Gesundheitsressourcen oder die Verminderung von Risikofaktoren. Trainer:innen lernen in der Ausbildung unter anderem Methoden zur Bewältigung von Beschwerden und Missbefinden, die Bindung an gesundheitssportliche Aktivität und zur Verbesserung der Bewegungsverhältnisse kennen. Es werden unter anderem die grundlegende Struktur und die zeitliche Gewichtung der Inhalte im Kursverlauf thematisiert, beispielsweise wird in den ersten Stunden mehr Zeit für Koordinations-, dann zunehmend mehr für das Herz-Kreislauf-Training aufgewendet. Sie lernen Instrumente des Qualitätsmanagements (z. B. Fragebogen zum allgemeinen Gesundheitszustand PAR-Q [Shepard, 2015], 2 km Walking-Test zur Erfolgskontrolle, Pulsprotokollkarten, Protokollkarten zur Erfassung des subjektiven Belastungsempfindens usw.) und übergeordnete Regeln für die Übungsdurchführung im gesundheitsorientierten Ausdauertraining kennen. Es werden Varianten der Übungsorganisation (Abschn. 5.2.3) und Variation von Aufbauten zur Sicherstellung der individuellen Belastungsdosierung (Abschn. 9.2) erprobt. Ein weiterer Ausbildungsbereich befasst sich mit Übungen zur Verbesserung der Sensomotorik (z. B. Gleichgewicht), der Technikvermittlung für Anfänger:innen (Abschn. 5.3) sowie der Körperwahrnehmung/Kräftigung und Bewegungsritualen. Kompetenzen im Bereich der Wahrnehmungsschulung (z. B. für die korrekte Ausgangsstellung, bei Kräftigungsübungen, bei Kräftigungsübungen mit Kleingeräten) und bei Entspannungsübungen (z. B. Atemregulationstechniken, Phantasiereisen, Progressive Muskelrelaxation etc.) gehören ebenso zum ‚Werkzeugkasten' angehender Präventionstrainer:innen.

Ein wichtiger Bestandteil der Ausbildung ist die organisatorische, administrative Abwicklung solch eines Präventionsangebotes, damit es bei Krankenkassen, Behörden oder Gesundheitszentren abgerechnet werden kann. Dazu gehören generelle Abläufe und Organisationshilfen zum Antragsverfahren, zu den erforderlichen Formularen und inhaltlichen Voraussetzungen in Abhängigkeit zur Zielgruppe sowie Kostenkalkulationen, Werbemaßnahmen und öffentlichkeitswirksame Maßnahmen (z. B. Materialien, Multiplikatoren, Aktionen usw.). Im Bereich der Sozialkompetenz werden die Anforderungen an den/die Präventionsübungsleiter:in (z. B. Motivation der Teilnehmer:innen, Kommunikation, Feedbackregeln, Perspektivwechsel etc.) vermittelt. Dies soll es ihnen ermöglichen, möglichst viele Teilnehmer:innen für den (Tischtennis-)Sport zu begeistern, damit sie motiviert und regelmäßig an dem Angebot partizipieren.

Zu der Übungsleiterausbildung gehört zudem eine Schulung in sportmedizinischen Grundlagen (z. B. allgemeine Muskellehre, Aufbau der Muskulatur, Knochen und Gelenke, muskuläre Dysbalance und ihre Folgen usw.) sowie in allgemeinmedizinischen Bereichen (z. B. Ernährung, Inhaltsstoffe, Flüssigkeitshaushalt usw.). Die fünftägige Ausbildung zum/zur Übungsleiter:in B Prävention schließt mit einer Prüfung in Form einer Lehrprobe und in manchen Fällen mit einer zusätzlichen Ausarbeitung (z. B. Dokumentation und Durchführung von zwei Gesundheitssportstunden im Heimatverein). Die Lizenz ist innerhalb des DOSB und DTTB für vier Jahre gültig und muss dann verlängert werden.

7.4.4 A-Trainer-Ausbildung

In der Regel dauert eine A-Trainer-Ausbildung im Tischtennis 1–2 Jahre. Zwar sind die insgesamt sechs Ausbildungsabschnitte relativ kurz, allerdings wird verlangt, dass zwischen den Ausbildungsabschnitten ein genügend großer Zeitraum eingehalten wird. In diesem Zeitraum müssen die Teilnehmer:innen die in den Lehrgängen erworbenen Fähigkeiten, Fertigkeiten und Kenntnisse in der Praxis anwenden und üben. Es müssen insgesamt drei Theorielehrgänge (à 20 LE), zwei praxisbezogene Wochenlehrgänge (à 30 LE) und ein Praktikum (à 30 LE) absolviert werden. Die Theorielehrgänge orientieren sich stark an den Inhalten der Ausbildung zum Trainer-B Leistungssport. Es werden erneut Bereiche wie die technische Bewegungsanalyse, Trainingsplanung, Taktik im Wettkampf, Methodik, Sportpsychologie und Sozialkompetenz vertiefend aufgegriffen. Zum Konditionstraining werden weiterführende (biologische) Mechanismen thematisiert (z. B. Strukturierung und Definition der Kraftfähigkeiten in Maximal-, Schnell-, Reaktiv- und Kraftausdauer; Abschn. 3.1; morphologische und physiologische Einflussgrößen auf die Kraftfähigkeiten, Methoden des Ausdauertrainings und deren Wirkungsweisen, Funktionsgymnastik, Gelenkbelastung im Tischtennis). Ein weiterer Fokus wird auf das spezifische Koordinations- (Abschn. 3.2) und Wahrnehmungstraining (Abschn. 3.3.1) gelegt. Die abschließenden Bereiche der A-Trainer-Ausbildung umfassen die Sportmechanik (z. B. biophysikalische Grundlagen, Anwendung der Begriffe Arbeit, Energie, Leistung, Kraft, Impuls, Funktionsphasenanalysen im Tischtennis), die Organisation, das Management und das konzeptionelle Arbeiten als Trainer:in (z. B. Kompetenzbereiche, Darstellung des Profils und der Tätigkeitsbereiche, Trainerrolle und Aufgabenbereiche der Leistungssteuerung, Erarbeitung, Darstellung und Analyse der organisatorischen und konzeptionellen Aufgaben von Bundestrainer:innen, Verbandstrainer:innen, Bundesligatrainer:innen) sowie Hospitationsmaßnahmen in leistungsorientierten Vereinen oder Landesstützpunkten. Die Ausbildung soll dazu befähigen, systematische leistungsorientierte Trainingsprozesse bis hin zur individuellen Höchstleistung zu gestalten. Schwerpunkte der Ausbildung sind Planung, Organisation, Durchführung und Steuerung des Anschluss- bzw. Hochleistungstrainings.

7.4.5 Diplomtrainer-Ausbildung des DOSB

Die Ausbildung zum Diplomtrainer des DOSB erfolgt nach dem Lehrplan der Trainerakademie Köln (https://www.trainerakademie-koeln.de/diplom-trainer-studium) sowie dem Curriculum des DTTB zur sportartspezifischen Ausbildung. Die Zulassung zur Ausbildung erfolgt durch die Trainerakademie. Dafür muss vorab ebenfalls die Zustimmung des DTTB von den Bewerber:innen eingeholt werden. Die Diplomtrainer-Ausbildung ist ein anerkanntes Studium, welches insgesamt 1300 Lerneinheiten umfasst. Diese Lerneinheiten sind in vier Bereiche untergliedert: die allgemeine Grundlagenausbildung, die spezialisierungsgerichtete Ausbildung, die sportartspezifische Ausbildung und ein Praktikum.

Die Besonderheit der Diplom-Trainerausbildung ist, dass Sportler:innen aus unterschiedlichen Sportarten die gleichen Kurse/Module absolvieren. Dies bietet die Möglichkeit, Kenntnisse aus anderen Sportarten in die eigene Sportart zu transferieren. Es werden sportartübergreifende Module (z. B. Sportphysiologie, Anatomie, Biomechanik, Sportpsychologie, Management, Bewegungsanalysen), Reflexionsmodule (z. B. Konzeptplanung, Trainingsqualität und Trainerverhalten, Trainerpersönlichkeit), Spezialisierungsmodule (z. B. visuell-kognitives Training im Leistungssport, Neuroathletik, Medientraining, Konfliktmanagement, Work-Life-Balance, Complex Core, Athletiktraining, Höhentraining, Spielanalyse/Videocoaching, Doping-Prävention, ethische Grundlagen des Trainerhandelns im Leistungssport) sowie sportartspezifische Module (z. B. Trainingsplanung und Trainingssteuerung, Wettkampfanalysen, Wettkampfbetreuung, Talentsuche/Talentdiagnostik, Regenerationsmanagement, Bildungs- und Erziehungsprozesse, Trainer-Athlet-Beziehung) angeboten.

Ziel der Ausbildung ist eine umfassende Gestaltung eines systematischen, leistungssportlichen Trainings bis zur individuellen Höchstleistung. Nach erfolgreich bestandener Prüfung erlangen die Absolvent:innen den Titel einer staatlich geprüften Trainerin/eines staatlich geprüften Trainers. Damit verbunden ist die Verleihung der höchsten Trainer-Lizenz im DOSB. Im Zentrum des Diplom-Trainer-Studiums an der Trainerakademie stehen die Haupttätigkeitsfelder des Trainers in der Leistungssportpraxis. Es handelt sich hierbei um ein durchgängig zielgerichtetes berufsakademisches Studium, das einen sehr hohen Spezialisierungsgrad aufweist.

Insgesamt wird deutlich, dass dieser stufenweise Aufbau der Traineraus- und -fortbildungen viele Redundanzen enthält. Diese inhaltlichen Wiederholungen sind bewusst gewählt, um die angehenden Trainer:innen schrittweise tiefer in die komplexen Strukturen sportlicher Leistung im Tischtennis hineinzuführen. Zwischen jeder Ausbildungsstufe sollte ein gewisser Zeitraum liegen, in dem die Trainer:innen ihr eigenes Training auf Basis der Erkenntnisse aus den Ausbildungsstufen reflektieren und gegebenenfalls ergänzen können. So erweitern sie ihr Trainingsrepertoire und optimieren die Qualität ihres Trainings.

Fragen zu Kap. 7

1. Wofür benötigt man eine systematische Trainingsplanung im Tischtennis?
2. Wo liegen die Unterschiede zwischen der Trainingszyklisierung und der Trainingsperiodisierung?
3. Welche Elemente sollte jede Trainingseinheit im Tischtennis enthalten und in welcher Reihenfolge sollten diese durchgeführt werden?

4. Was bezeichnet die sogenannte „Allgegenwärtigkeit" bei einem effizienten Hallenmanagement?
5. Was ist damit gemeint, wenn man sagt, dass es in Deutschland einen stufenweisen Aufbau des Ausbildungswesens im Tischtennis gibt?

Literatur

Barchukova, G., & Voronov, A. (1998). Biomechanical analysis of attacking strokes as a prerequisite for the development of technical and tactical actions in table tennis. *Journal of Sport Sciences, 16 (5),* 407–408.

Baumann, S. (2004). *Psychologie im Tischtennis: Erfolgreich spielen, erfolgreich coachen* (Tischtennis Lehrplanreihe). Deutscher Tischtennis-Bund.

Bert, N., & Raab, M. (2003). Training von Technikübergängen. *Tischtennis Lehre, 2,* 14–18.

Bootsma, R. J., Houbiers, M. H. J., Whiting, H. T. A., & Van Wieringen, P. C. W. (1991). Acquiring an attacking forehand drive: The effects of static and dynamic environmental conditions. *Research Quarterly for Exercise and Sport, 62*(3), 276–284.

Doyle, W. (1986). Classroom organization and management. In M. C. Wittrock (Hrsg.), *Handbook of research on teaching* (S. 392–431). Macmillan.

Deutscher Tischtennis-Bund [DTTB]. (2003). *Rahmentrainingsplan Tischtennis des Deutschen Tischtennis-Bundes.* Deutscher Tischtennis-Bund.

Deutscher Tischtennis-Bund [DTTB] & Nimtz, S. (2019). *Rahmentrainingskonzeption des Deutschen Tischtennis-Bundes.* Deutscher Tischtennis-Bund.

Deutscher Tischtennis-Bund [DTTB]. (2018). *Rahmenrichtlinien für die Qualifizierung.* https://www.tischtennis.de/fileadmin/documents/Satzungen_Ordnungen/2018/03_2018/Rahmenrichtlinien_fuer_Qualifizierung_Stand_Januar_2018.pdf

Eberspächer, H. (2004). *Mentales Training. Ein Handbuch für Trainer und Sportler* (6., aktualisierte und überarbeitete Aufl.). Copress Stiebner.

Emmer, E. T., & Stough, L. M. (2001). Classroom management: A critical part of educational psychology, with implications for teacher education. *Educational Psychologist, 36,* 103–112.

Engbert, K., Droste, A., Werts, T., & Zier, E. (2011). *Mentales Training im Leistungssport. Ein Übungsbuch für den Schüler- und Jugendbereich.* Neuer Sportverlag.

Friedrich, W., & Fürste, F. (2012). *Tischtennis – verstehen, lernen, spielen.* Philippka-Sportverlag.

Fürste, F. (2012a). Trainingsorganisation Teil 1: Aufbau einer Übungseinheit. *VDTT-Trainerbrief, 1,* 16–20.

Fürste, F. (2012b). Trainingsorganisation Teil 2: Aufbau einer Übungseinheit. *VDTT-Trainerbrief, 1,* 16–20.

Hohmann, A., Lames, M., & Letzelter, M. (2003). *Einführung in die Trainingswissenschaft.* Limpert Verlag.

Huber, D., Münzl, S., Schimmelpfennig, D., Schulte-Kellinghaus, S., & Weyers, N. (2009). *Rahmentrainingskonzeption für Kinder und Jugendliche im Leistungssport. Band 14: Tischtennis.* Limpert Verlag.

Hummel, N., & Winterboer, M. (2010). Trainingsorganisation im Tischtennis unter den Aspekten Selbstständigkeit, Individualität und Reflexion. *VDTT-Trainerbrief, 4,* 26–33.

Klein-Soetebier, T. (2023). Hallenmanagement im Tischtennis, *Trainerbrief Tischtennis, 1,* 4–10.

Klein-Soetebier, T., & Klingen, P. (2019). *Lehr-Lernvorstellungen im Tischtennis-Anfängerunterricht – Eine didaktisch-methodische Handreichung für Lehrkräfte und Übungsleiter in Schule und Verein.* Schneider Verlag.

Korpa, I. (1987). Zum Einsatz von Video im Tischtennis. In R. Daugs (Hrsg.), *Medien im Sport* (S. 45–46). Deutscher Sportbund.

Kounin, J. S. (1976). *Techniken der Klassenführung.* Waxmann.

Kounin, J. S. (2006). *Techniken der Klassenführung* (Original der deutschen Ausgabe, 1976). Waxmann.

Krämer, A. (2013). *Trainingsplanung im Tischtennis – Ein konkretes Beispiel*. https://www.my-tischtennis.de/public/imagedata/trainingstipp20130528.pdf.

Lorenz, D. S., Reiman, M. P. & Walker, J. C. (2010). Periodization: Current review and suggested implementation for athletic rehabilitation. *Sports Health, 2(6),* 509–518.

Luthardt, P., Muster, M., & Straub, G. (2016). *Tischtennis – Das Trainerbuch (Praxisideen – Schriftenreihe für Bewegung, Spiel und Sport)*. Hofmann.

Matwejew, L. P. (1981). *Grundlagen des sportlichen Trainings*. SVB Sportverlag.

Mayer, J., & Hermann, H.-D. (2009). *Mentales Training. Grundlagen und Anwendung in Sport, Rehabilitation, Arbeit und Wirtschaft*. Springer Verlag.

Michaelis, R., & Sklorz, M. (2004). *Richtig Tischtennis*. BLV Verlagsgesellschaft.

Raab, M., & Bert, N. (2003). *Techniktraining im Tischtennis. Intervention und Evaluation*. Sport und Buch Strauß.

Schmidtbleicher, D. (2003). Motorische Eigenschaft Kraft: Struktur, Komponenten, Anpassungserscheinungen, Trainingsmethoden und Periodisierung. In: W. Fritsch (Hrsg.), *Rudern –erfahren, erkunden, erforschen* (S. 15–40). Wirth-Verlag (Sport Media).

Schnabel, G., Harre, D., & Borde, A. (1994). *Trainingswissenschaft. Leistung – Training – Wettkampf*. SVB Sportverlag.

Seidel, T. (2020). Klassenführung. In: E. Wild & J. Möller (Hrsg.), *Pädagogische Psychologie* (S. 119-131). Springer.

Shephard, R. J. (2015). Qualified Fitness and Exercise as Professionals and Exercise Prescription: Evolution of the PAR-Q and Canadian Aerobic Fitness Test. *Journal of Physical Activity & Health, 12,* 454–461.

Stierle, G. (1980). *Neue Tischtennis-Lehre*. Eigenverlag.

Trainerakademie Köln des Deutschen Olympischen Sportbundes e.V. (2023). *Das Diplom-Trainer-Studium*. http://www.trainerakademie-koeln.de/diplom-trainer-studium.

Wahl, D. (2004). Mentales Training. „Eisenarm" und „flatternde Nerven" – Warum mentales Training beim Tischtennisspielen wichtig ist. *VDTT-Trainerbrief, 2(3),* 16–25.

Wohlgefahrt, K. (2004). *Spezielle Trainingslehre Tischtennis. Handbuch für Trainer im Nachwuchsleistungssport*. Brendow & Sohn Verlag.

Tischtennis im Leistungssport

8

Der professionelle Tischtennissport unterscheidet sich nicht grundlegend von breiten- oder gesundheitssportlichen Zielsetzungen, allerdings werden viele Prozesse frühzeitiger, systematischer und tiefergehend angeleitet. Beispielsweise beginnen Verbände frühzeitig mit der Suche nach Talenten auf Basis von festgelegten Leistungsindikatoren und fördern diese in speziellen Nachwuchskadern (Abschn. 8.1). In diesem Kapitel erfahren Sie zudem, wie ein leistungsorientiertes Training im Tischtennis mit Blick auf eine optimale Wettkampfvor- und -nachbereitung aussehen kann. Zudem lernen Sie Methoden der Technikoptimierung kennen, mit denen sich Ihre Technik oder die Ihrer Spieler:innen perfektionieren lässt (Abschn. 8.2). Für eine perfekte Technik gilt es als Trainer:in oder Spieler:in, die zugrunde liegenden biomechanischen Prinzipien zu verstehen und anwenden zu können (Abschn. 8.3). Den Abschluss dieses Kapitels bildet ein Überblick über den State of the Art im Bereich der grundlagen- und anwendungsbezogenen Spielanalyse/-beobachtung im Tischtennis, welche aus dem heutigen Leitungssport nicht mehr wegzudenken sind. Zudem erhalten Sie praktische Hinweise zur Umsetzung systematischer Wettkampfanalysen/-beobachtungen (Abschn. 8.4),

Um talentierte Tischtennisspieler:innen an Spitzenleistungen (z. B. nationale Spitze, internationale Wettkämpfe) heranzuführen, bedarf es schon früh einer intensiven Förderung und qualifizierter Trainer:innen (Abschn. 7.4). In Deutschland werden dazu regelmäßige (regionale) (Talent-)Sichtungen durchgeführt, in denen die begabtesten Spieler:innen aus umliegenden Vereinen identifiziert werden. Falls diese Spieler:innen und die Eltern Interesse an weiterführenden Trainingsmaßnahmen (bspw. in Stützpunkten, Besuch von Lehrgängen usw.) haben, können die Spieler:innen über ihr Vereinstraining hinaus an ihrer Technik und Taktik im Tischtennis arbeiten. Je besser die Abstimmung zwischen den Vereinstrainer:innen und den Stützpunkttrainer:innen funktioniert (z. B. hinsichtlich der Trainingsschwerpunkte, Verbesserungspotenziale, Technikleitbilder; Kap. 4), desto effektiver wirkt sich das zusätzliche Training auf die Leistung der Athlet:innen aus.

Wird Tischtennis unter einer leistungssportlichen Perspektive betrieben, unterscheiden sich die Richtlinien und Herangehensweisen gar nicht so sehr von anderen Kontexten, wie beispielsweise dem Gesundheitssport Tischtennis (Kap. 9). Auch im Leistungssport wird sich an methodische Prinzipien bei der Technik-Vermittlung gehalten, die technischen, taktischen und psychologischen Anforderungen sind grundsätzlich die gleichen, nur mit einer höheren Intensität. Im Leistungssport findet vor allem die Trainingsplanung und -organisation frühzeitiger und deutlich detaillierter statt. Trainer:innen erarbeiten – teilweise gemeinsam mit den Spieler:innen – Trainingspläne und setzen Trainingsschwerpunkte mit Blick auf die Trainingsperiodisierung und -zyklisierung (Abschn. 7.1). Die höheren Trainingsumfänge im Leistungssport ermöglichen es, differenzierter an technischen und taktischen Möglichkeiten zu arbeiten und ein eigenes Spielsystem zu entwickeln (Abschn. 6.2). Je früher mögliche „Talente" erkannt und gefördert werden, desto mehr Zeit bleibt ihnen, sich sportlich weiterzuentwickeln (Prause, 2017).

8.1 Talentsichtung und -förderung

Die frühzeitige Talentsichtung und -förderung hat sich in nahezu allen Sportarten im Spitzensport als wichtige Säule des Erfolgs erwiesen (Hohmann, 2009). Dabei ist der Talentbegriff, also die Definition, was überhaupt „Talent" oder „talentiert sein" bedeutet, relativ vage und klar sportartspezifisch. Eine Person kann allgemein sportlich talentiert oder aber sehr spezialisierte Talente (z. B. im kompositorischen Bereich, in Ballsportarten usw.) aufweisen. Joch (2001, S. 90) beschreibt ein Talent als jemanden, der/die

> „auf der Grundlage von Dispositionen, Leistungsbereitschaft und den Möglichkeiten der realen Lebensumwelt über dem Altersdurchschnitt liegende (möglichst im Wettkampf nachgewiesene) entwicklungsfähige Leistungsresultate erzielt, die das Ergebnis eines aktiven, pädagogisch begleiteten und intentional durch Training gesteuerten Veränderungsprozesses darstellen, der auf ein später zu erreichendes hohes (sportliches) Leistungsniveau zielstrebig ausgerichtet ist".

Diese Definition deutet zwei Blickrichtungen an, zum einen den Blick nach vorne, auf das mögliche Potenzial eines Tischtennisspielers oder einer Tischtennisspielerin, aber auch den Blick zurück, auf bereits erreichte Ziele in der sportlichen Entwicklung. Hohmann (2009, S. 11) greift dies auf und bezeichnet

8.1 Talentsichtung und -förderung

„als Talent im Spitzensport eine Person …, die (a) aus retrospektiver Sicht in ihrer Sportlerkarriere bereits nachweislich Spitzenleistungen erbracht hat oder die (b) unter Berücksichtigung des bereits realisierten Trainings im Vergleich mit Referenzgruppen ähnlichen biologischen Entwicklungsstandes und ähnlicher Lebensgewohnheiten überdurchschnittlich sportlich leistungsfähig ist und bei der man unter Berücksichtigung personinterner (endogener) Leistungsdispositionen und verfügbarer kontextueller (exogener) Förderbedingungen in prospektiver Hinsicht begründbar annimmt oder mathematisch-prognostisch ermittelt, dass sie in einem nachfolgenden Entwicklungsabschnitt sportliche Spitzenleistungen erreichen kann".

Zwischen den Zeilen suggerieren beide Definitionen, dass es eine Garantie für die sportliche Entwicklung eines Talentes nicht gibt, sondern es eher um die (erhöhte) Wahrscheinlichkeit geht, mit der sich ein Individuum im Sport durchsetzt.

8.1.1 Identifikation von Talent mittels Leistungsindikatoren

Im Tischtennis investieren viele Länder ein gewisses Budget in Talentprogramme zur Identifikation, Anleitung, Fortbildung und Begleitung junger, talentierter Spieler:innen (Vaeyens et al., 2009). Die Effektivität und Effizienz solcher Programme steht und fällt mit der Validität der untersuchten Leistungsindikatoren, die für den künftigen Erfolg entscheidend sind. Faber und Kolleg:innen (2014, 2015, 2017) führten eine Reihe von Quer- und Längsschnittstudien durch, um Indikatoren zu überprüfen, in denen sich Spieler:innen verschiedener Spielniveaus unterscheiden und/oder künftige Leistungen bis zu einem gewissen Grad vorhersagen können. In diesen Studien wurden sowohl allgemein-motorische Faktoren (z. B. Sprints, Beweglichkeit, vertikale Sprunghöhe), Ballfertigkeiten (z. B. Wurf- und Zielaufgaben), aber auch Aufgaben zur Hand-Auge-Koordination getestet. In Zusammenarbeit mit Trainer:innen konnte auf Basis einer Literaturrecherche in Kombination mit Experteninterviews ein spezieller Beobachtungsbogen zur Analyse der Tischtennistechnik von Schüler:innen und Jugendlichen (Koopmann et al., 2022; Abb. 8.1) entwickelt werden.

Dieser Beobachtungsbogen berücksichtigt dabei auch individuelle Ausprägungen bestimmter Techniken (siehe auch Abschn. 8.3 zum Technikkanal), ohne diese als negativ einzuordnen, solange sie nicht mittel- bis langfristig zu Leistungseinbußen führen. Trainer:innen bewerten auf diesem Bogen fünf zentrale Technikelemente:

- die Schlägerhaltung, hier wird es als nachteilig bewertet, wenn die Spieler:innen dauerhaft von der neutralen Schlägerhaltung abweichen, also einen Vorhand- oder Rückhandgriff nutzen, ohne bewusst deren Vorteile einzusetzen.
- die Ballerwartungshaltung, hier beobachten die Trainer:innen, ob sich der gesamte Körper der Spieler:innen in einer aktiven Haltung (funktional angespannt) und sich der Körperschwerpunkt leicht vor dem Körper befindet (siehe auch Abschn. 4.1.2 zur Grundstellung).

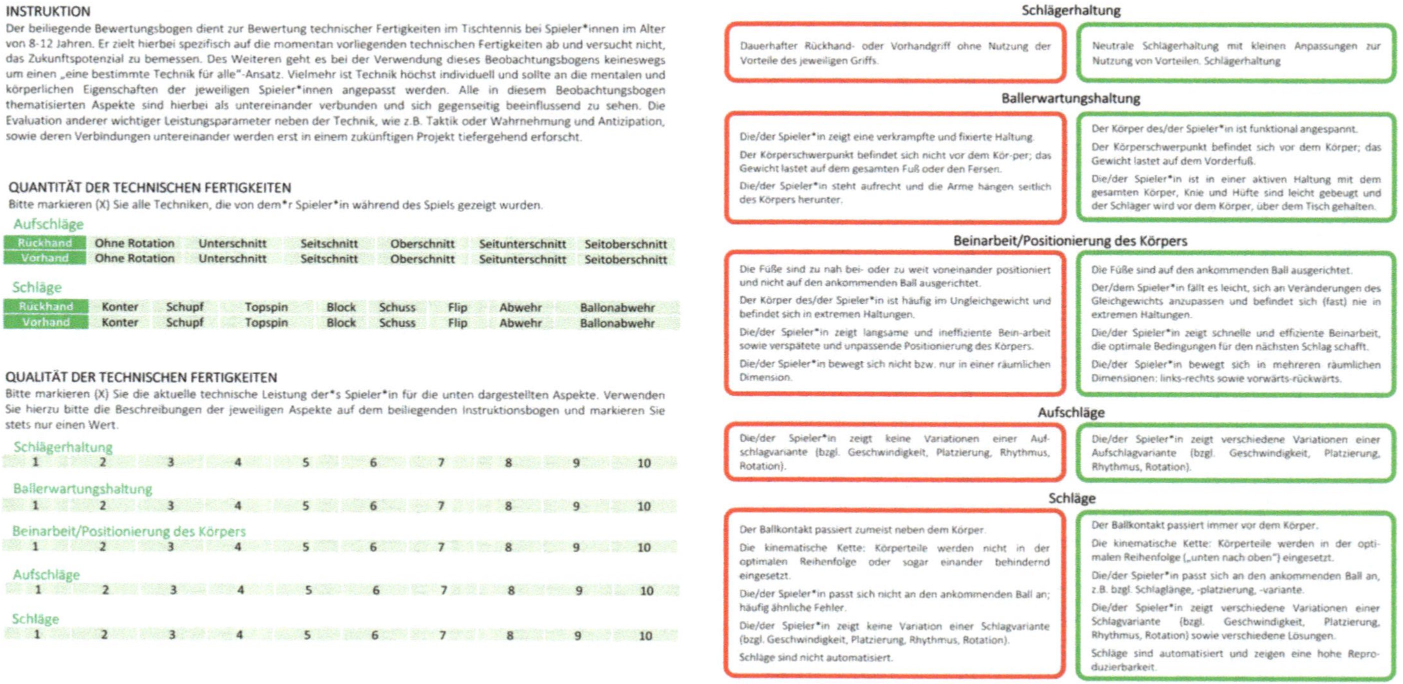

Abb. 8.1 Beobachtungsbogen zur Identifikation von Talenten im Tischtennis. Fünf zentrale Technikelemente im Schüler- und Jugendtischtennis (die Schlägerhaltung, die Ballerwartungshaltung, die Beinarbeit/Positionierung des Körpers, das Aufschlagspiel und die Schlagtechniken/Schläge) werden von Trainer:innen auf einer Skala von 1 bis 10, wobei 10 die höchstmögliche Punktzahl (Qualität der Technik) darstellt, bewertet. (Aus Koopmann et al., 2022, S. 18)

- die Beinarbeit/Positionierung des Körpers, hier wird geprüft, ob sich der/die Spieler:in schnell und effizient bewegt, um in mehreren Dimensionen (z. B. sowohl vor-zurück als auch links-rechts) richtig zum Ball positioniert zu sein.
- das Aufschlagspiel, hier wird höher bepunktet, wenn der/die Spieler:in verschiedene, variable Aufschläge hinsichtlich Rotation, Tempo und Platzierung (Abschn. 6.1) einsetzt.
- die Schläge/Schlagtechniken, hier wird darauf geachtet, dass situationsangemessene Schläge ausgewählt und mit einer gewissen Sicherheit/Reproduzierbarkeit ausgeführt werden können. Variationen einzelner Schlagtechniken und eine harmonische Aneinanderreihung von Bewegungselementen (siehe auch kinematische Kette; Abschn. 8.3) werden positiv bewertet.

Aus diesen fünf Beobachtungskriterien ergibt sich für Trainer:innen hinsichtlich der Talentidentifikation ein qualitativer Gesamteindruck der technischen Fertigkeiten über die Gesamtsumme der Bewertungen. Die Autor:innen geben jedoch zu bedenken, dass nicht zwingend alle fünf Elemente gleichwertig gewichtet werden müssen, sondern es je nach Schwerpunktsetzung der Trainer:innen bestimmte Verschiebungen geben kann. Genauso wichtig ist es, mehrere Bewertungen aus unterschiedlichen Wettkämpfen gegen unterschiedliche Gegenspieler:innen zusammenzuführen, um ein ganzheitlicheres Bild (z. B. ohne den Einfluss der Tagesform, der Wettkampfbedingungen, der Materialeigenschaften usw.) der Spieler:innen im Hinblick auf die Kaderplanung (Abschn. 8.1.2) zu erhalten.

8.1.2 Kadersysteme in Deutschland

Das Kadersystem bildet die Grundlage für die Auswahl von Talenten und für die gezielte Förderung. Unter „Förderung" wird laut DTTB nicht allein der finanzielle Aspekt verstanden, sondern ist im Nachwuchstraining insbesondere auf die alters- und trainingsetappenbezogene Gewährung der erforderlichen trainingsinhaltlichen und organisatorischen Unterstützung für erfolgreiche sportliche Karriereverläufe gerichtet. Das Kadersystem stellt deshalb den organisatorischen Rahmen für die Förderung dar und beschreibt die verschiedenen Entwicklungs- bzw. Förderstufen (DTTB, 2019).

Nachwuchsförderung ist stets mit der Erfüllung der Ziele und Aufgaben des Trainings verbunden. Daher ist das Kadersystem eng an die verschiedenen Förderstufen gebunden und umfasst (Stand 2023):

- **Kader auf Landesverbandsebene:** Der D1/D2-Kader umfasst die talentiertesten Spieler:innen eines Landesfachverbandes im Alter von circa 9 bis 17 Jahren. Die Anzahl der Kadermitglieder richtet sich nach der Größe des Landesverbandes. Die Aufnahme in den D1/D2-Kader erfolgt aufgrund von Talentsichtungen in den Landesfachverbänden, aber auch Quereinsteiger:innen erhalten die Möglichkeit eines Platzes in diesem Nachwuchskader. Der D1-Kader bildet den Schwerpunkt

der Landesförderung. Die Landesfachverbände berufen in diesen Kader die talentiertesten Spieler:innen im Alter von ca. 13 bis 17 Jahren und rekrutieren daraus die Landesauswahlmannschaften für überregionale Wettkämpfe. Der Kader umfasst ungefähr 20 Spieler:innen.
- **Übergangskader:** Der Talentkader ist der Übergangskader von der Landesförderung in die Bundesförderung. Der DTTB führt einen Talentkader, dem 16 bis 20 Spieler:innen im Alter von ca. 10 bis 12 Jahren angehören. Die Zugehörigkeit zum Talentkader ist in der Regel auf drei bis vier Jahre begrenzt.
- **Kader auf Bundesebene:** Dem Nachwuchskader 2 (NK 2) gehören 20 bis 24 Spieler:innen im Alter von 13 bis 15 Jahren an. Sie rekrutieren sich aus dem Talentkader, ggf. aus den D1-Kadern der Landesverbände oder in speziellen Einzelfällen aus Quereinsteigern. Der Nachwuchskader 1 (NK 1) ist aufbauend auf dem NK 2 organisiert. Ihm gehören 20 bis 24 Spieler:innen im Alter von ca. 15 bis 18 Jahren an. Der Anschlusskader (U23) des DTTB ist eine Initiative des Spitzenverbandes und kein offizieller DOSB-Kaderkreis. Er wurde aufgrund der fehlenden Breite im internationalen Vergleich eingeführt. Dieser Kader setzt sich aus Spieler:innen zusammen, die den direkten Sprung aus dem NK 1 in den Perspektiv- oder Olympiakader nicht geschafft haben, denen die Bundestrainer:innen dies aber durchaus noch zutrauen. Die Mitglieder dieses Kaders werden regelmäßig als Trainingspartner zu Olympia- und Perspektivkaderlehrgängen eingeladen. Hierbei werden sie von den Bundestrainern auf sportliche Weiterentwicklungen hin überprüft.
- **Perspektivkader (PK):** Dieser Kader setzt sich aus Spieler:innen zusammen, die zum erweiterten Bereich der Nationalmannschaften der Damen und Herren zählen, jedoch den direkten Sprung in den aktuellen Olympiakader nicht geschafft haben, aber für zukünftige Olympische Spiele Kandidat:innen der Mannschaften sind.
- **Ergänzungskader:** Im Ergänzungskader werden die Spieler:innen organisiert, die aktuell nicht im Fokus der Nationalmannschaften stehen, aber mit ihrer Bereitschaft, professionell zu arbeiten, und ihrem Leistungsstand jederzeit zu Berufungen herangezogen werden können.
- **Olympia-Kader** (OK): Der Olympia-Kader umfasst den Stamm der Nationalmannschaften. Den Olympia-Kader-Status erhalten jeweils die Spieler:innen, die bei den vergangenen Olympischen Spielen am Start waren und sich für die kommenden Spiele weiterempfehlen.

Die inhaltlichen und strukturellen Grundsätze für die Nachwuchsförderung sind im Nachwuchs-Förderkonzept sowie in den Grundsatzerklärungen des Deutschen Sportbundes „Kinder im Leistungssport und Belastbarkeit und Trainierbarkeit im Kindesalter" (DOSB, 2020) manifestiert. Auf der Grundlage der Grundgedanken der DOSB-Nachwuchskonzeption hat sich der DTTB für die Nachwuchsförderung

8.1 Talentsichtung und -förderung

die Leitlinien gesetzt, ihre Athlet:innen auf internationale Wettbewerbe vorzubereiten und sie an das Leistungsniveau im Erwachsenenbereich heranzuführen. Dazu wurden in den letzten Jahren die entsprechenden Rahmenbedingungen geschaffen (bspw. die Installation von Fördersystemen im Bereich der Talentsuche, die Schaffung von Fördereinrichtungen wie Internate und Stützpunkte, eine bessere Abstimmung zwischen Trainer:innen, Spieler:innen und Eltern).

Auf Landesebene finden Talentsichtungen in Kooperation mit Schulen und Vereinen statt. Zudem dienen mini-Meisterschaften, der Girls-Team-Cup (https://www.tischtennis.de/minis.html) und ähnliche Veranstaltungen als weitere Möglichkeit für die Aufnahme von Spieler:innen in die Kaderstrukturen. Kriterien für die Talentsichtung sind zunächst die individuellen Wettkampfergebnisse, aber auch die Entwicklungsperspektive (meist als Trainer:inneneinschätzung) der Nachwuchsspieler:innen. Erste Kriterien bei der Talentsichtung sind, ob die Kandidat:innen über die sportmotorischen und sportartspezifischen Voraussetzungen, ein geeignetes (Trainings-)Umfeld, die Fähigkeit zur Selbsteinschätzung und -kontrolle sowie ein positives Sozialverhalten verfügen. Mit steigender Perspektive steigen die Anforderungen an die Spieler:innen (z. B. hinsichtlich des Trainingsumfanges, der Leistungsbereitschaft, zum selbstständigen Konditionstraining usw.).

Neben dem Training im Verein trainieren die meisten Talente in sogenannten Stützpunkten mit Talentsichtungsgruppen, Talentfördergruppen (Talentstützpunkten) und in Landesstützpunkten bzw. Landesleistungszentren, in denen die Kader-Athleten kontinuierlich unter qualifizierter Anleitung der Verbandstrainer:innen und weiterer Honorartrainer:innen arbeiten können. Die Landesstützpunkte sind neben den Kaderlehrgängen die entscheidenden Instrumente zur Förderung der Bundes- und Landeskader-Athlet:innen in den Landesfachverbänden. Jährlich sollen 8–14 Spieler:innen in den Talentkader aufgenommen werden. Diese Gruppe absolviert vier bis sechs so genannte „Lehrgänge" pro Jahr, mit dem Ziel, das Nachwuchskaderniveau zu erreichen. Quereinsteiger:innen, die aufgrund herausragender Wettkampfergebnisse und positiver Trainer:inneneinschätzungen auffallen, können ebenfalls für die Kader berücksichtigt werden. Das langfristige Ziel ist, eine erfolgreiche Schüler- und Jugend-Nationalmannschaft zu nominieren und die Athlet:innen so zu fördern, dass sie auch später im Erwachsenenbereich erfolgreich sein können. Die Mitglieder der Olympia- und Perspektiv-Kader (Abschn. 2.1.2) sind meist am Deutschen Tischtennis Zentrum (DTTZ) in Düsseldorf zentralisiert. Hier werden sie von den zuständigen Bundestrainer:innen und weiteren Trainer:innen des DTTB täglich betreut. Deutschlandweit verfügen die Landesverbände flächendeckend über Tischtennisinternate, in denen Kaderathlet:innen wohnen und trainieren, die in ihrer Region keine ausreichenden Möglichkeiten haben, umfangreich zu trainieren. Dort können die Kinder und Jugendlichen die schulischen Anforderungen mit dem leistungsorientierten Training (Abschn. 8.2) verbinden und sich somit auf beiden Ebenen (duale Karriere) erfolgreich entwickeln.

8.2 Leistungsorientiertes Training

8.2.1 Wettkampfvor- und -nachbereitung

Wettkämpfe sind im Nachwuchstraining ein wichtiger Bestandteil des Lernprozesses, der im Laufe der Entwicklung an Bedeutung zunimmt. Es gibt „Elemente der Leistungssteigerung, die nur im Wettkampf geschult werden können: zum Beispiel extreme physische und psychische Belastungen, Wettkampferfahrung, taktisches Studium der Gegner, Erkennen von Trainingsfehlern etc." (Weineck, 2019, S. 309).

Besonders in einer technisch anspruchsvollen Sportart wie Tischtennis, die sehr von einer positiven Verarbeitung der Wettkampferfahrungen abhängt, ist es wichtig, eine ausreichende Anzahl von Wettkämpfen zu absolvieren. Diese müssen zum richtigen Zeitpunkt, in dosierter Häufigkeit, auf entsprechendem Niveau, gegen bestimmte Gegner und Spielsysteme und unter der Berücksichtigung des physischen und psychischen Leistungszustandes der Kinder absolviert werden (DTTB, 2019). Die Wettkämpfe müssen vorbereitet, analysiert und die Erfahrungen in das Training, die Trainingsplanung (Kap. 7) und damit in den Entwicklungsprozess der Spieler:innen eingebaut werden.

Bei der *Vorbereitung* auf ausgewählte Wettkämpfe (z. B. Ranglistenturniere, Meisterschaftsspiele, Pokalwettkämpfe etc.; Abschn. 2.1) gilt es im Leistungstischtennis, das Training auf konditioneller, technischer, taktischer, psychologischer und organisatorischer Ebene anzupassen. Die konditionelle und technische Vorbereitung wird nach den Regeln der Periodisierung (Abschn. 7.1) durchgeführt. Allgemein gilt hier: Je näher ein wichtiger Wettkampf rückt, desto weniger wird im konditionellen Bereich und desto mehr im spezifischen (technischen und taktischen) Bereich trainiert (DTTB, 2019; Luthardt et al., 2016). Weiterhin wird die Intensität gesteigert und der Umfang des Trainings reduziert. Taktische Vorbereitungen in Bezug auf die zu erwartenden Spieler:innen und Spielsysteme (Kap. 6) können in Form von mündlichen und schriftlichen Diskussionen zwischen Spieler:in und Trainer:in oder durch das Training gegen Trainingspartner:innen, die einen ähnlichen Spielstil aufweisen, umgesetzt werden. Wird ein Gegnertagebuch (siehe Abschn. 3.3.2.4 zu den Routinen) geführt, lohnt sich ein Blick in die Aufzeichnung früherer Begegnungen, um auf Erfahrungen und Erkenntnisse eines früheren Spiels zurückgreifen zu können (z. B. Stärken und Schwächen der Gegnerin oder des Gegners, eigene gelungene und misslungene Aktionen). Zur psychologischen Vorbereitung gehört im professionellen Bereich auch die (mentale) Einstellung auf den Wettkampf. Dies können motivationale Aspekte (z. B. körperlich und geistig ausgeruht anreisen, konzentriert einspielen/erwärmen etc.), aber auch die Erwartung bestimmter Wettkampfbedingungen (z. B. laute Zuschauer:innen, unfaire Gegner:innen) darstellen. Im professionellen Nachwuchsbereich kann es aus (lern-)psychologischer Sicht teilweise ratsam sein, die Lernziele jedes Wettkampfes in der Vordergrund zu stellen, anstatt nur die erwünschten Wettkampfergebnisse hervorzuheben (DTTB, 2019; Geisler, 2019).

8.2 Leistungsorientiertes Training

Auch auf organisatorischer Ebene perfekt vorbereitet zu sein, kann im professionellen Tischtennissport den Ausschlag über Sieg oder Niederlage geben. In der Wettkampfvorbereitung ist es zum Beispiel förderlich, mit den gleichen Wettkampfbällen und auf den gleichen Tischen zu trainieren wie im bevorstehenden Wettkampf zu erwarten ist. Die organisatorische Vorbereitung umfasst allerdings auch eine frühzeitige Planung der Anreise zur Wettkampfstätte, am Vortag eine angemessene Zu-Bett-Geh-Zeit, das Packen der Tasche (z. B. Getränke, Ersatzschläger, Ersatztrikot) usw. Bei internationalen Wettkämpfen können dies auch Zeitumstellungen, veränderte Ernährungs- oder Ruhegewohnheiten, die Anreise vom Hotel zur Wettkampfstätte und vieles mehr sein. Bei Turnieren kann es helfen, den Turniermodus nachvollziehen zu können oder in Mannschaftswettkämpfen die eigene Einzel- und Doppel-Aufstellung zu kennen.

Die *Wettkampfnachbereitung* beginnt eigentlich direkt mit Beendigung des letzten gespielten Punktes. Hier gilt es – unabhängig von Sieg oder Niederlage –, eine faire Verabschiedung von Gegner:in, den Schiedsrichter:innen und gegnerischen Trainer:innen umzusetzen. In Mannschaftswettkämpfen sollte möglichst kurzfristig das eigene, vergangene Spiel in den Hintergrund rücken, um die Teamkollegen zu unterstützen und ihnen ein positives Gefühl mitzugeben (z. B. anfeuern, coachen, beobachten etc.). Im Leistungssport geht die Wettkampfnachbereitung über diese grundsätzlichen Verhaltensweisen hinaus. Die Trainer:innen und Spieler:innen sollten sich möglichst zeitnah mit der Aufarbeitung der Spielbegegnungen befassen. Dies kann je nach Spieler:innen-Typ direkt im Anschluss an den Wettkampf (bspw. auf der Tribüne, auf der Rückfahrt usw.) oder am nächsten Tag (bspw. zu Beginn des nächsten Trainings, im Telefongespräch am Folgetag usw.) stattfinden. Videoaufzeichnungen des Wettkampfes können dazu genutzt werden, kritische Situationen des Spieles, technische Elemente, taktische Verhaltensweisen oder mentale Aspekte anzusprechen und gemeinsam zu diskutieren. Im Optimalfall werden die Schlussfolgerungen dieser Spielanalyse (Abschn. 8.4) und Ableitungen für das eigene Spiel direkt in den Trainingsprozess integriert. Hotz (1991) empfiehlt, dass ein Teil des Trainings auf die Ausbildung und Förderung des eigenständigen Analysierens des Spieles durch „aufmerksames, gezieltes Beobachten, präzises Erfassen und Einordnen des Beobachteten, konsequentes Hinterfragen und Analysieren des Wahrgenommenen, verbunden mit schlussfolgerndem Denken und entsprechendem Entscheiden", ausgerichtet werden muss.

Gerade im Nachwuchstraining darf sich die Wettkampfnachbereitung nicht nur auf die kognitive, inhaltliche Ebene beschränken, sondern auch die beiden anderen (psychologischen) Determinanten sportlicher Leistung, die Motivation und die Emotion berücksichtigen. Vor allem nach Niederlagen kommt der Aufarbeitung des Wettkampfes auf motivationaler Ebene eine große Bedeutung zu. Zwar gibt es viele Spieler:innen, die durch Niederlagen besonders motiviert werden, noch härter zu trainieren, noch mehr Konzentration und Einsatz zu zeigen, um im nächsten Wettkampf besser abzuschneiden, allerdings reagieren andere Spieler:innen auf Niederlagen mit Frustration und Lustlosigkeit, wenn sie trotz gutem Trainingseifer, schlechte Resultate erzielt haben. Den Trainer:innen kommt hier die (motivationale) Aufgabe zu, den Spieler:innen bei der unmittelbaren mentalen Wettkampfnachbereitung zu helfen. Dies kann durch Ablenkung erfolgen, durch positive Erfahrungen in Form von Erfolgserlebnissen (im und außerhalb des Tischtennissports) oder „die Fokussierung auf die positiven Aspekte des betreffenden (verlorenen) Wettkampfes" (Hotz, 1997, S. 134). Diese motivationale Ziel- bzw. Leistungsbewertung sollte unbedingt in einem stabilen emotionalen Umfeld erfolgen, sodass ein konstruktives, problemlösendes Gespräch entstehen kann.

Emotionen treten vor allem dann auf, wenn das Wettkampfergebnis (Erfahrung) nicht mit den erwarteten Resultaten (Erwartung) übereinstimmt. Dies können sowohl Leistungen sein, die deutlich über der ursprünglichen Zielsetzung (siehe auch Abschn. 3.3.2.2) liegen, oder solche, die die erhofften Ziele weit unterschreiten. In beiden Fällen gilt es seitens der Trainer:innen, die Resultate in einen größeren Kontext zu stellen und einen konstruktiven Lernprozess anzuregen (z. B. Woran hat es gelegen? Was wurde richtig/falsch gemacht? Wo liegt noch Potenzial zur Verbesserung?) (Bachmann et al., 2015). Dieser Lernprozess betrifft häufig technische Bereiche, die auf Basis der Wettkampfnachbereitung ausgewählt werden und die Ansatzpunkte zur Optimierung der Technik darstellen sollten.

8.2.2 Technikoptimierung

In vielen Trainingseinheiten geht es – unabhängig vom Leistungsniveau der Trainingsgruppe – im Kern um die Optimierung der Technik. Dabei umfasst die Verbesserung der Technik nicht allein die Schlagtechniken (Abschn. 4.2), sondern ebenfalls die Ökonomisierung der Beinarbeit und die Optimierung von Schlagverbindungen, also die Übergänge von einem in den anderen Schlag. Optimierung unterscheidet sich von Umlernprozessen dahingehend, dass die vorhandene Technik nur hinsichtlich ausgewählter Technikmerkmale verändert bzw. bei dem Training der Technikübergänge die Bewegung zwischen Techniken präzisiert wird (Panzer et al., 2001).

Beim Thema Feedback bzw. Bewegungskorrektur sind aus unserer Sicht drei Leitlinien essenziell und werden daher zu Beginn dieses Kapitels hervorgehoben:

1. **Die elementare Fehlerursache erkennen!** Häufig handelt es sich um eine Verkettung von mehreren Fehlerursachen, die einen gemeinsamen Ursprung haben. Korrigiert man nur einen (abhängigen) Teil der Bewegung, verbessert dies nicht die Technik. Wenn beim Rückhand-Topspin (Abschn. 4.2.3.2) beispielsweise der Ellenbogen seine erhöhte Position verlässt (z. B. durch Anheben des Oberarms), wird dadurch die Schlagebene nicht eingehalten, dadurch verliert die Bewegung an Dynamik und dem Ball fehlt es an nötigem Tempo und an Rotation. Die elementare Ursache kann hier jedoch ggf. schon in der Beinarbeit zu finden sein, wenn die Position zum Ball in Vor-zurück-Richtung nicht optimal ist. Steht der/die Spieler:in bspw. zu dicht am Ball, bleibt ihm oder ihr nichts anderes übrig, als bei der Schlagausführung in eine

Rücklage zu fallen und die (optimale) Schlagebene zu verlassen. Eine zu große Distanz bewirkt meistens eine Streckung im Ellenbogengelenk und ein Anheben des Oberarms. Ein anderes Beispiel ist eine hohe Fehlerquote beim Vorhand-Topspin: Obwohl die gesamte Bewegung sehr dynamisch und korrekt aussieht (das Schlägerblatt ist passend geschlossen, der Armzug ist schnell und wird bis nach oben durchgezogen), fliegen zu viele Bälle über den Tisch hinaus oder landen im Netz. Häufig wird dann an kleinen Stellschrauben (z. B. der Schlägerblattstellung, dem Schlagansatz) gedreht. Die elementare Ursache kann jedoch wiederum in den Füßen liegen. Sind diese im Moment des Ballkontakts nicht richtig belastet (z. B. ein Bein ist in der Luft), verliert die ganze Bewegung an Kontrolle und Effizienz.
2. **Nicht zu viel korrigieren!** Zwar ist es ein natürlicher Instinkt von Trainer:innen, ein Fehlverhalten im Sinne eines technischen Fehlers direkt aufzuzeigen und es damit umgehend zu beseitigen. Dafür ist man schließlich der/die Trainer:in. Oft wird jedoch vergessen, dass es gute Trainer:innen ausmacht, sich in manchen Situationen aktiv zurückzuhalten, auch wenn dadurch der Lernprozess im ersten Moment scheinbar stagniert. Viele Trainer:innen möchten möglichst schnell alle Fehlerbilder ausmerzen und die perfekte technische Ausführung erzwingen. Dabei wird häufig vergessen, welche Auswirkungen diese schnelle Unterstützung seitens der Trainer:innen bei den Lernenden hat (oder haben kann). Aus psychologischer Sicht ist es deutlich nachhaltiger, wenn die Lernenden eigenständig (z. B. durch Variation, Ausprobieren oder durch Abgucken) zur Lösung technischer Probleme gelangen (vgl. Klein-Soetebier & Klingen, 2019). Natürlich greifen Trainer:innen aktiv ein, wenn die Übenden nicht weiterkommen und die Gefahr entsteht, dass sie frustriert aufgeben. Der Moment, wann und wie oft Feedback bzw. technische Hinweise erfolgen sollten, kann nicht konkret in Zahlen ausgedrückt werden, da es sowohl von den Individuen als auch vom Trainingsstil der Trainer:innen abhängt. Laut Michaelis und Sklorz (2004, S. 116) sind „maximal zwei Tipps ausreichend". Dies sollten die elementar-wichtigen Knotenpunkte der Bewegung sein. Es hilft bereits aus unserer Sicht ein kurzes Bewusstmachen der Möglichkeit, dass der/die Lernende den Fehler in ein paar Sekunden selbst erkennen könnte.
3. **Positive Impulse setzen!** Dass grundsätzlich ein positiver Umgangston zwischen Trainer:in und Spieler:in in der Halle herrschen und weniger von Fehlerkorrektur, sondern von Technikoptimierung gesprochen werden sollte, wird in jeder Phase der Traineraus- und Fortbildung (Abschn. 7.4) ausführlich thematisiert. In der Trainingspraxis ist dies jedoch gar nicht so leicht. Vor allem, wenn sich keine oder nur minimale Lernerfolge einstellen. Hier gilt es seitens der Trainer:innen, immer wieder neu zu überlegen, welche positiven Impulse gesetzt werden können. Dies kann bspw. die Erwähnung sein, dass die Beinarbeit schon besser funktioniert, auch wenn der gespielte Ball immer noch nicht regelmäßig klappt. Zur Not müssen Erfolgserlebnisse abseits des Tischtennisspiels gefunden werden (z. B. beim Auf- und Abbau der Tische, beim Einsammeln der Bälle o.Ä.). Auch ein positives Sozialverhalten (z. B. das Anfeuern der Mitspieler:innen im Wettkampf) kann als Aufhänger genutzt werden,

die Übenden bei Laune zu halten. Korrekturen sollten für den Spieler oder die Spielerin immer einsichtig sein. Dies wird gewährleistet, wenn – dort wo es die Zeit zulässt – Ursachen- und Wirkzusammenhänge aufgezeigt werden.

Winterboer (1999) betont, dass die „Konsequenzen aus einem gemachten Fehler für den Lernfortschritt von entscheidender Bedeutung [sind]. In diesem Verständnis stellt der Fehler eine Rückmeldung dar, die für das individuelle Lernen oft eine größere Aussagekraft hat, als eine ‚richtige‘ Bewegungsausführung" (ebd., S. 16). Er betrachtet Fehler auf zwei unterschiedliche Weisen:

a) Eine fertigkeitsorientierte Methodik vermittelt einzelne Techniken (z. B. Vorhand-Topspin, Rückhandkonter usw.; Kap. 4), indem sie eine möglichst sollwertnahe Bewegungsausführung anstrebt. Ein Fehler liegt vor, sobald die Ist-Technik (die tatsächlich ausgeführte Technik) von der Soll-Technik („Optimaltechnik") abweicht. Bei dieser Betrachtungsweise werden die Fehlerursachen in erster Linie im Bereich der Bewegungsausführung gesucht.
b) Eine handlungsorientierte Methodik geht davon aus, dass sportartspezifische Techniken funktionalen Charakter haben, d. h. der Erreichung eines Handlungszieles (z. B. den Punkt erzielen, den/die Gegner:in ausspielen, den Ball platzieren, dem Ball Rotation oder Geschwindigkeit verleihen usw.) dienen. Bei dieser Betrachtung liegt ein Fehler nur dann vor, wenn das Resultat der Technikausführung nicht dem Handlungsziel entspricht. Fehlerursachen werden übergeordneter im gesamten Handlungsprozess gesucht, z. B. im Bereich der Bewegungsausführung, in der Wahrnehmung, im Entscheidungsverhalten oder der Zielsetzung/Motivation (vgl. Winterboer, 1999 oder die Ansätze des differenziellen Lernens von Hotz & Muster, 1993).

In die gleiche Kerbe schlägt Muster (1996), der ebenfalls die funktionale Bedeutung einer Bewegung bzw. eines „Fehlers" in den Mittelpunkt stellt: „Ein Fehler ist der misslungene Lösungsversuch einer Spielaufgabe, der zum Nachteil oder Punktverlust führt. Beim Nachteil spricht man auch von ‚Mangel‘ oder ‚Abweichung‘." (ebd., S. 13) Ein Nachteil liege beispielsweise dann vor, wenn ein/e Spieler:in aufgrund einer sehr langen Ausholbewegung für den Schlag zu viel Zeit benötigt, um in die erneute Ausholposition zurückzukehren. Der Folgeball kann dann laut Muster nur zu spät getroffen werden oder es muss sich zu weit vom Tisch wegbewegt werden, in eine passive Position. Es gilt dann, mit Blick auf die Technikoptimierung Handlungsempfehlungen zu geben, die aus einem Nachteil (bzw. Mangel) einen Vorteil machen.

Traditionell lassen sich alle azyklischen Bewegungen, wie Tischtennis eine ist, ausgehend von der Ausgangsposition zeitlich in drei Phasen untergliedern (Meinel, 1972, S. 149):

8.2 Leistungsorientiertes Training

1. Die Vorbereitungs- oder Ausholphase
2. Die Hauptschlagphase und der Balltreffpunkt
3. Die Ausschwungphase

Zu der Vorbereitungsphase gehören alle Bewegungselemente, die vor der eigentlichen, primären Bewegung stattfinden und eine möglichst optimale Voraussetzung für die Schlagphase schaffen. Die Hauptschlagphase einer Bewegung beginnt im Umkehrpunkt der Ausholphase. In der Hauptschlagphase wird die Schlagtechnik mit Bewegungsimpulsen des ganzen Körpers (kinematische Kette) zum Balltreffpunkt optimiert. In der Ausschwungphase wird die Bewegung abgefangen und der Körper wieder in Balance und eine möglichst optimale Position für den nächsten zu erwartenden Ball gebracht.

Beispiel

Bei der Schnittabwehr-Technik mit der Vorhand (Abschn. 4.4.2.1) betrachtet man als Vorbereitungsphase die Positionierung zum Ball, das Zurücknehmen des Beines der Schlagarmseite und die Gewichtsverlagerung auf das hintere Bein. Auch das Öffnen der Hüft- und Schulterlinie sowie die Rückführung des Schlägers nach hinten oben gehören noch zur Schlagvorbereitung. Zur Hauptschlagphase zählen die Gewichtsverlagerung nach vorne, das Nach-vorne-Führen des Schlägers von hinten oben nach vorne unten in Richtung Tisch, die Vergrößerung der Winkels zwischen Ober- und Unterarm sowie der schnellkräftige Handgelenkeinsatz. Als Ausschwungphase würde man exemplarisch das Abbremsen des Schlägers und die Gleichverteilung des Körpergewichts am Ende der Bewegung auf beide Beine oder die parallele Ausrichtung der Hüft- und Schulterlinie zur Grundlinie des Tisches betrachten. Auch das Anheben des Schlägers über Tischniveau in Erwartung des nächsten Balles würde man noch der Ausschwungphase zuordnen (DTTB, 2019). ◀

Diese klassische Dreiteilung kann dabei helfen, mögliche Fehlerbilder zu erkennen, die Ursachen besser zu verorten und durch entsprechende Übungen zu optimieren. Ist man sich dieser Phasen bei der Technikoptimierung bewusst, fällt es leichter, Wechselwirkungen zwischen den Schlagphasen (z. B. fehlt die Dynamik bereits in der Ausholphase und wird dann durch einen schnellen Armzug kompensiert?) oder in deren Übergängen (z. B. geht zwischen der Aushol- zur Schlagphase Energie verloren? Wird gegebenenfalls zu früh abgebremst und die Ausschwungphase eingeleitet? usw.) wahrzunehmen. Jede/r Trainer:in hat bestimmte Wahrnehmungsschwerpunkte oder -bereiche, auf die er/sie bei der Technikoptimierung besonders achtet. Sei es, weil ihm/ihr diese besonders wichtig sind, weil sie ihm/ihr besonders ins Auge fallen oder er/sie früher selber so beigebracht bekommen hat. Um diese subjektive Wahrnehmung zu erweitern, kann es sich als Trainer:in lohnen, regelmäßig bewusst auf unterschiedliche Blickstrategien bzw. Bereiche, auf die man sich konzentrieren kann, zurückzugreifen:

1. Die Füße & die Beine
2. Die Hüfte & der Rumpf
3. Der Arm & das Handgelenk
4. Der Schläger (z. B. Schlägerblattstellung, Schlägerspitze) & die Griffhaltung (VH-/RH-Griff)
5. Bewegung des Gegenarms/freien Arms
6. Der Ellenbogen (z. B. Ist er stabil/flexibel? Wie hoch, wie weit vorne ist er?)
7. Der Ball (z. B. Trifft der Ball den Tisch? Welche Rotation, Tempo, Flughöhe hat er?)
8. Effizienz & Bewegungsökonomie (z. B. Sieht die Bewegung harmonisch aus? Wird viel mit Kraft gearbeitet?)
9. Schlagverbindungen (z. B. Wie gelingt der Übergang zwischen den Schlägen? Welche Verbindungen fallen schwer?)
10. Timing (z. B. Wie gut ist das Timing? Wird der Ball zu früh/spät getroffen? Wie gut greifen die Bewegungsimpulse zeitlich ineinander?)

Wie in Abschn. 3.2.1 bereits angesprochen, kann es bei der Technikverbesserung für die Übenden hilfreich sein, wenn die Hilfestellungen respektive Anweisungen über mehrere unterschiedliche Analysatoren (optisch, akustisch, vestibulär, taktil, kinästhetisch) erfolgen. Laut Meinel und Schnabel (1998, S. 56) stellt dieser „Informationsweg über die Sinnesorgane des Sportlers den einzigen Eingang dar, über den vor, während und nach motorischer Tätigkeit die Bewegungskoordination beeinflusst wird". Im Folgenden seien einige Beispiele genannt, wie sich im Tischtennis unterschiedliche Analysatoren gezielt ansteuern lassen:

- **Visuelle Lernhilfen** („optischer Analysator") werden meist dazu eingesetzt, die Bewegungsvorstellung der Übenden zu verbessern (siehe auch Abschn. 3.3.2.1 zum mentalen Training). Dies können Bilderreihen, auf denen die einzelnen Phasen (z. B. der Aushol-, Schlag- und Ausschwungphase) der angestrebten Technik in chronologischer Reihenfolge dargestellt werden, oder Lehrvideos in realer und/oder verlangsamter Geschwindigkeit sein. Unter einer visuellen Lernhilfe versteht man auch das Vormachen durch Trainer:innen oder Mitspieler:innen. Da das visuelle System unsere primäre Informationsquelle für das Lernen ist, können wir besonders gut Gesehenes reproduzieren. Das Gesehene wird umso besser als kognitive Repräsentation gespeichert, je enger sich das Modell und der/die Übende hinsichtlich des Spielniveaus ähneln (Hattie, 2009). Es ist demnach bei Anfänger:innen weniger lernförderlich, eine/n Profi-Spieler:in vormachen zu lassen, als eine Person, die nur ein bisschen besser ist als der/die Übende. Auch die Perspektive bzw. die Blickrichtung der Lerngruppe sollte so gewählt sein, dass die Demonstration in die gleiche Richtung gerichtet ist. Die Wirkung des Modelllernens wird dabei zudem gesteigert, wenn die konkrete Umsetzung (Reproduktion) sowie eine positive Rückmeldung (Verstärkung) in das Lernprogramm eingebaut werden (u. a. Bandura, 1977). Diese Verstärkung erfolgt zum Beispiel durch Lob, Ermutigung, Zielvorgaben, individuelles Feedback oder durch eine

Videoaufnahme des/der Spieler:in, in der er/sie die Verbesserung einzelner Bewegungselemente erkennt. Weitere visuelle Lernhilfen können Boden- und Tischmarkierungen (z. B. für die Beinarbeit, Zielbereiche auf dem Tisch für den Aufschlag usw.) oder Netzveränderungen (z. B. Stangentore für eine flache Flugkurve) oder Ähnliches sein.
- **Verbale Lernhilfen** („akustischer Analysator") können als Korrektur eingesetzt werden, um Bewegungsfehler zu benennen und aufzuzeigen. Diese verbalen Anweisungen haben den Vorteil, dass sie direkt, ohne Zeitverlust und teils parallel zu der praktischen Ausführung seitens der Trainer:innen gegeben werden können. Sie sollten immer in altersgemäßer und zielgruppenspezifischer Sprache[1] gewählt sein, damit Trainer:in und Spieler:in nicht aneinander vorbeireden. Durch akustische Signale wie Pfiffe, Klatschen oder Zurufe kann seitens der Trainer:innen die Bewegung (z. B. den Auftakt einer Bewegung oder den Balltreffpunkt) begleitet werden. Wie in Abschn. 3.2.1 bereits angedeutet, kann im Training ein besonderer Fokus auf die Akustik des Balles gelegt werden (z. B. „Achte beim Vorhand-Topspin auf das Treffgeräusch von Ball und Schläger; es sollte möglichst leise und dumpf klingen, wenn du den Ball gut streifst"). Übungen ohne Schläger und Schlagbewegung (z. B. der/die Übende steht neben dem Tisch und versucht, mit geschlossenen Augen zu hören, welche Rotation gespielt wurde) sind genauso denkbar wie das Ausschalten des akustischen Analysators (z. B. durch Kopfhörer, Ohrstöpsel o.Ä.), um den Fokus auf andere Analysatoren zu lenken.
- **Taktile Lernhilfen** („vestibulärer/taktiler Analysator") geben den Übenden ein haptisches Feedback über die Bewegungsausführung. Dies können Rückmeldungen bzgl. der Körperbewegungen, Gelenkstellungen oder der Bewegungsdynamik sein (z. B. durch die Armführung des Übenden durch den/die Trainer:in, die Korrektur des Gelenkwinkels im Handgelenk oder dem Abstand von Rumpf und Ellenbogen beim Vorhand-Konter). Das Eingreifen seitens der Trainer:innen sollte immer mit der Entwicklung einer Bewegungsvorstellung verbunden werden, damit die Übenden auch ohne Unterstützung in der Lage sind, die Bewegung nachzuahmen. Raum-, Geräte- und Regelvariationen können ebenfalls als taktile Lernhilfe genutzt werden. Beispielsweise können größere, schwerere und kleinere, leichtere Schläger eingesetzt werden, um die Griffkraft und die Schlaghärte/-dosierung zu thematisieren. Eine andere exemplarische Möglichkeit ist es, einen Basketball oder Fußball zwischen Ellenbogen und Hüfte zu klemmen, damit den Übenden der richtige Abstand des Armes zum Körper deutlich wird. Um ein (vestibuläres) Gefühl für die optimalen Gelenkwinkel zu erhalten, bieten sich Videoaufnahmen der eigenen Schlagausführung an. Damit die Qualität der Bewegung auf dem Video besser bewertet werden kann, ist es wichtig, ex-

---

[1] Für einen tieferen Einblick in die Verwendung von altersgemäßer und zielgruppenspezifischer Sprache im Kontext Sport empfehlen wir die Veröffentlichungen von Bindel und Bindel (2017), Gröben und Kollegen (1999, 2002) sowie Leisen (2013).

akte Zuspiele (z. B. durch das Zuspiel aus der Ballkiste oder von einer Ballmaschine/am Ballroboter zu gewährleisten, sodass die Bewegung wiederholt betrachtet werden kann.

▶ **Ballmaschine/Ballroboter** Mithilfe einer sogenannten Ballmaschine bzw. eines Ballroboters lassen sich viele (Tischtennis-)Bälle in einer vorgegebenen Frequenz, mit einem spezifischen Tempo und verschiedenen Rotationsarten einspielen. Neuere Modelle sind in der Lage, ganze Ballsequenzen, die vorher einprogrammiert wurden, abzuspielen. So lassen sich zum einen einzelne Techniken isoliert oder zum anderen ganze Spielzüge mit einer Kombination aus Schlagarten und Platzierungen trainieren. Bei dieser Trainingsmethode ist man unabhängig von einem oder einer Spielpartner:in. Lernpsychologischen Prinzipien folgend sollten die Übungen an der Ballmaschine immer progressiv gesteigert werden (z. B. seitens der Dauer einer Ballfolge, von Woche zu Woche schneller/mehr Tempo, rotationsarm zu rotationsreich usw.).Von zu viel Training an der Ballmaschine wird jedoch abgeraten, da die natürliche Variation, die durch das Spiel gegen echte Spieler:innen entsteht, bei dieser Trainingsform nicht vorhanden ist (Tölle & Klein-Soetebier, 2020). Die konstante Reproduzierbarkeit der zugespielten Bälle ermöglicht es, beim Technikerwerb auf Feinheiten der Bewegung zu achten (Raab & Bert, 2003, S. 17).

Bewegungsbegleitende Lernhilfen, die nur die gewünschte Bewegung zulassen, können ebenfalls eingesetzt werden. Dies kann zur Verdeutlichung der schiefen Schlagebene beim Vorhand-Topspin (Abschn. 4.2.3.1) beispielsweise eine Umrandung, die schräg auf den Tisch gestellt wird, oder eine Turnbank, die schräg in eine Sprossenwand gehängt wird, sein. Die Übenden führen ihren Schläger ohne Ball mit geschlossenen Augen an der Umrandung oder Bank auf und ab, um ein Bewegungsgefühl für die Ebene zu bekommen. Die Umrandung respektive Bank verhindert dann ein kurvenförmiges Ausweichen aus der Bewegung.

- **Kinästhetische Lernhilfen** („kinästhetischer Analysator") sollen die Konzentration auf den Spannungszustand der angesprochenen Muskulatur unterstützen. Dieses sehr differenzierte Feedback wird in der Regel erst in einem fortgeschrittenen Lernstadium eingesetzt (z. B. „Achte beim RH-Topspin darauf, dass dein Ellenbogen stabil angespannt bleibt, aber dein Unterarm und dein Handgelenk flexibel sind" oder „Versuche beim Vorhand-Block zu spüren, wo du auf dem Schlägerblatt den Ball berührst; ist es weiter oben, seitlich, mittig?"). Für Anfänger:innen kann es hilfreich sein, die Griffstärke, also wie fest der Schläger gegriffen wird, regelmäßig zu kontrollieren. Über ein Schattentraining, bei dem der/die Übende Bewegungsabläufe ohne Ball nachvollzieht, lässt sich ebenfalls eine Bewegungsvorstellung aufbauen. Da ohne den Ball Aspekte der Wahrnehmung und Analyse entfallen, kann sich der/die Übende voll auf seine/ihre Bewegung konzentrieren und Rhythmus und Tempo selbst bestimmen (Winterboer, 1999). Auch das Training mit der nicht-dominanten Schlaghand kann bewirken, dass eine Bewegung neu überdacht wird und eventuell ein zu korrigierendes Fehlerbild auf der schwachen Seite nicht auftritt. Diese Bewegungsvorstellung kann dann auf den starken Arm übertragen werden[2].

Je nach Trainingskontext können auch visuelle, verbale, taktile oder kinästhetische Methoden miteinander kombiniert werden, z. B. indem ein Schattentraining (kinästhetisch) einer bestimmten Schlagkombination durchgeführt und dieses mit verbalen Instruktionen (akustisch) zur Verdeutlichung des richtigen Timings zwischen den Schlägen ergänzt wird. Oder indem ein Aufschlagtraining im Sitzen (auf einer Bank oder auf einem Stuhl) als taktile Raum- und Regelvariation (vestibulär) durchgeführt wird, um den späten Balltreffpunkt zu erzwingen. Ergänzende visuelle Lernhilfen (optisch), wie ein Stangentor über dem Netz, veranschaulichen den Übenden den Effekt des späten Balltreffpunktes auf die Flughöhe des Balles bei ihrem Aufschlag.

Eine wichtige Voraussetzung für die Technikoptimierung sind grundlegende Kenntnisse über biomechanische Prinzipien von Bewegungsabläufen, welche in den folgenden Abschnitten dargestellt werden.

8.3 Biomechanische Grundlagen

Befasst man sich mit der Biomechanik im Tischtennis, sollte man immer im Hinterkopf haben, dass – wie in Kap. 4 zur Schlagtechnik bereits angedeutet wurde – der hohe Zeit- und Situationsdruck dazu führt, dass die meisten Schläge von der Idealtechnik abweichen und an die jeweiligen Umstände angepasst werden müssen (Luthardt et al., 2016). Demnach sind aus biomechanischer Sicht optimale Bewegungsabläufe nicht immer umsetzbar. Dennoch sind gewisse Kenntnisse der Biomechanik für Trainer:innen und Spieler:innen wichtig, um Bewegungsabläufe analysieren und optimieren, aber auch beschreiben zu können. Zudem ermöglicht die biomechanische Analyse eine Gewichtung der biomechanischen Einflussgrößen der sportlichen Bewegung (Roth & Willimczik, 1999). Es handelt sich dabei immer um (dynamische) Ganzkörperbewegung, bei denen ein optimales Zusammenspiel von Beinarbeit und Schlagtechnik erzeugt werden muss (Fürste, 2013). Der Moment des Balltreffpunktes ist in allen Rückschlagsportarten besonders entscheidend. Die jeweilige Aushol- und Ausschwungphase einer Schlagtechnik kann individuell variieren.

---

[2] Für einen tieferen Einblick in die (positiven) Effekte des Trainings der nicht-dominanten Körperseite empfehlen wir die Arbeiten von Loffing und Hagemann (2012) oder Mauer (2005) zum bilateralen Üben.

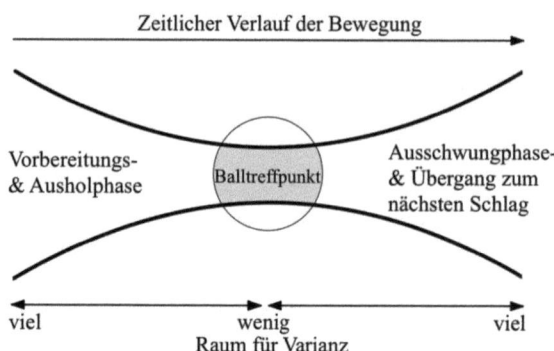

Abb. 8.2 Vereinfachte Darstellung eines Technikkanals. Zu Beginn der Schlagbewegung sind größere Abweichungen von der Idealbewegung tolerierbar. Im Moment des Balltreffpunktes muss die Bewegung sehr exakt sein. In der Ausschwungphase nach dem BTP sind die Grenzen des Technikkanals wiederum weiter gefasst

8.3.1 Der Technikkanal

Im Zusammenhang mit der Technikoptimierung bzw. Fehlerkorrektur (Abschn. 8.2.2) muss sich seitens der Trainer:innen in Bezug auf die Biomechanik regelmäßig die Frage gestellt werden, ob es sich jeweils um ein technisches Fehlerbild oder nur eine individuelle Ausprägung der Technik handelt. Als Veranschaulichungsmodell kann der sogenannte „Technikkanal" dienen (Abb. 8.2).

Der Technikkanal soll veranschaulichen, dass gewisse Abweichungen von der Idealbewegung je nach Phase der Schlagbewegung tolerierbar sind. Dabei sind diese Toleranzen allerdings begrenzt, bspw. darf auch in der Ausholphase die Ausholbewegung beim Topspin nicht zu kurz sein und die Grenzen des Kanals überschreiten. Innerhalb dieser Grenzen können die Spieler:innen jedoch ein für sie optimales Bewegungsverhalten entwickeln (z. B. eine relativ kurze Ausholbewegung, dafür ein schneller Armzug, eine variierende Schlägerblattstellung, ein großer oder kleiner Winkel im Ellenbogengelenk usw.). Im Moment des Balltreffpunktes müssen die Bewegungselemente (z. B. Schlägerblattstellung, Arm-Rumpf-Winkel, Bewegungsgeschwindigkeit des Schlägers) sehr exakt sein. Hier ist der Kanal sehr eng gefasst. Sowohl zeitlich als auch seitens des Bewegungsumfanges nehmen die Aushol- und Ausschwungphase einen weitaus größeren Zeitraum in Anspruch als der Moment des Balltreffpunktes (ca. 1/500 Sekunde; DTTB, 2019). In der Ausschwungphase nach dem BTP sind die Grenzen des Technikkanals wiederum weiter gefasst (z. B. schwingen manche Spieler:innen den Arm weiter nach oben aus als andere, manche setzen den Fuß weiter nach vorne auf usw.). Trainer:innen müssen hier darauf achten, dass sich die Abweichungen nicht negativ auf die Dynamik, Präzision und Rotation des Schlages auswirken (Fürste, 2013, S. 32), sondern die Qualität der Bewegung auch unter Druckbedingungen (Abschn. 3.2.2) stabil bleibt. Ein Indikator für die Qualität eines Schlages ist der reibungslose, effiziente Übergang von der Ausschwungphase in die nächste Schlagbewegung bzw. zurück in die Grundstellung. Technische Variationen, die langfristig die körperliche Gesundheit beeinträchtigen könnten, beispielsweise, dass durch ein ständiges Ausschwingen ins Hohlkreuz Beschwerden im Rücken auftreten, sollten vermieden bzw. umtrainiert werden.

8.3.2 Biomechanische Prinzipien im Tischtennis

Für Trainer:innen ist es somit ein schmaler Grat, bestimmte individuelle Persönlichkeitsbedingungen, also den persönlichen Stil, zur Geltung kommen zu lassen, gleichzeitig aber auch zu erkennen, was schlichtweg eine falsche Technik darstellt, welche mit großer Wahrscheinlichkeit zu Fehlern oder (langfristig) eingeschränkter Qualität des zu spielenden Balles führt (DTTB, 2019). Da diese Einschätzung für Trainer:innen schwierig und meist subjektiv ist, kann die Einhaltung von biomechanischen Prinzipien der Orientierung dienen. Fürste (2016) überträgt frühe Überlegungen von Roth und Willimczik (1999) auf die biomechanischen Eigenschaften von Tischtennisschlägen:

1. **Das Prinzip der Anfangskraft:** „Bei Beuge- und Streckbewegungen mit sofortiger Bewegungsumkehr ist zu Beginn der Streckung eine positive Anfangskraft vorhanden" (Roth, 1987). Diese nach der Ausholphase vorhandene Anfangskraft bedingt die hohe Beschleunigungsleistung zu Beginn eines Schlages. Wenn es im Moment der Bewegungsumkehr zu keiner Verzögerung kommt, kann die Anfangskraft (z. B. die Vorspannung des Handgelenks beim Rückhand-Topspin) als Energie für den Schlag genutzt werden. Technisch passiert dies mittels einer kleinen Schleife zum Zeitpunkt der Bewegungsumkehr. Viele Spieler:innen machen genau hier den Fehler, den Schläger im Umkehrpunkt zu stoppen, sodass dieser wieder neu beschleunigt werden muss. „Ein ähnliches Gefühl bekommt man, wenn man das Handgelenk künstlich mit der anderen Hand vorspannt, was natürlich während dem Spiel nicht möglich ist" (Fürste, 2013, S. 5).
2. **Das Prinzip der zeitlichen Koordination von Teilimpulsen:** Bei Bewegungen mit dem Ziel einer hohen Endgeschwindigkeit (z. B. beim Schuss; Abschn. 4.4.4) kann diese durch das Zusammenwirken von Einzelimpulsen erhöht werden (Roth, 1987). Im Tischtennis wirken die Teilimpulse z. B. beim Vorhand-Topspin über Beine, Hüfte, Schulter, Ellenbogen und Handgelenk zum Schläger in einer kinematischen Kette zusammen. Die maximale Geschwindigkeit des Schlägers im Balltreffpunkt wird erreicht, wenn sich zeitlich hintereinander von innen nach außen die maximalen Impulse aus Beinen, Hüfte, Schulter, Ellenbogen und Handgelenk im Balltreffpunkt addieren. Von der Gewichtung her kann man davon ausgehen, dass z. B. beim Vorhand-Topspin die Teilimpulse aus Ellenbogen/Unterarm und Handgelenk/Schlägerblatt den Großteil der Gesamtgeschwindigkeit ausmachen, während Schulter und Hüftdrehung eher eine untergeordnete Rolle in der Größenordnung von 25 % spielen (Fürste, 2016). Eine kleine, aber nicht unwichtige Rolle spielt hierbei auch der grifffferne Balltreffpunkt auf dem Schlägerblatt, da hier aufgrund des größeren Gesamtradius, bedingt durch einen größeren Abstand des Handgelenks zum Balltreffpunkt, der Schläger den Ball mit einer höheren Geschwindigkeit tangential trifft.

▶ **Kinematische Kette** Der Begriff einer kinematischen Kette (teilweise auch kinetische Kette) stammt aus der Mechanik – genauer: der Getriebelehre – und wird dort als abstrakte Darstellung genutzt, um den Zusammenhang von einzelnen Bauteilen (Gliedern) zu veranschaulichen. Auf den Sport übertragen, stellt diese kinematische Kette ein über Gelenke verbundenes System aus einzelnen Gliedern, das beweglich ist und bei sportlichen Bewegungen miteinander wirkt, dar (Hochmuth, 1982). Im Optimalfall wird ein Anfangsimpuls (z. B. ein kraftvoller Abdruck mit dem Fuß beim Vorhand-Topspin) von einem Glied der Kette immer auf das nächste übertragen (z. B. vom Fuß auf den Oberschenkel, weiter auf den Rumpf usw.), um eine möglichst hohe Beschleunigung (z. B. im Balltreffpunkt) zu erzielen. Wird einer dieser Krafteinsätze/-impulse vorzeitig oder zu spät auf das nächste Glied der Kette übertragen, so kommt es zu einer koordinativen Störung der kinematischen Kette und die Bewegung verliert an Energie. Im Tischtenniskontext wird daher der Begriff der kinematischen Kette genutzt, um aufzuzeigen, dass einzelne Bewegungselemente optimal ineinandergreifen müssen (siehe auch Abschn. 3.2.3.2 zur Kopplungsfähigkeit).

3. **Das Prinzip des optimalen Beschleunigungswegs:** Soll bei einer bestimmten Schlagtechnik eine hohe Endgeschwindigkeit erreicht werden, ist ein gradliniger (z. B. beim Vorhand-Schuss; Abschn. 4.4.4) oder stetig gekrümmter (z. B. bei der Vorhand-Schnittabwehr; Abschn. 4.4.2.1) Beschleunigungsweg erforderlich. Der geometrische Verlauf der Beschleunigung sollte also nicht wellenförmig sein. Häufige Fehlerbilder, die dieses Prinzip betreffen, sind, dass die Schlagbewegung nicht in einer Ebene stattfindet (siehe auch Abschn. 4.2). Somit kann der Schläger nicht optimal zum Ball beschleunigt werden, damit er im Balltreffpunkt die maximal mögliche Geschwindigkeit hat. Dies ist beispielsweise der Fall, wenn beim Topspin der Ellenbogen nach oben kippt. Ist der Schlagarm beim Vorhand-Konter, -Topspin oder -Schuss schon zu Beginn der Bewegung extrem angewinkelt, verkürzt dies die Länge des Beschleunigungswegs, was sich direkt auf die Bewegungsgeschwindigkeit auswirkt. Häufig beobachtet man auch, dass eine (Schlag-)Bewegung zwar schnell initiiert, dann jedoch kurz vor dem Balltreffpunkt entschleunigt wird. So geht zum einen die wertvolle Dynamik der Beschleunigung verloren und zum anderen bleibt die erhoffte Kontrolle durch die langsamere Annäherung an den Ball aus, da das Timing nicht mehr stimmt (Stucke et al., 1987).
4. **Das Prinzip der optimalen Tendenz im Beschleunigungsverlauf:** Aufbauend auf dem Prinzip des optimalen Beschleunigungsweges, muss bei diesem Prinzip unterschieden werden, ob eine Bewegung einfach schnellstmöglich ausgeführt werden soll (z. B. Kreuzjump in die weite Vorhand, Schlagbewegungen unter hohem Zeitdruck usw.) – dann sollten zu Anfang der Beschleunigungsphase die größten Beschleunigungskräfte wirken – oder ob das Maximum der Bewegungsgeschwindigkeit erst gegen Ende der Bewegung erreicht werden soll. Beispielsweise wäre dies beim Topspin gegen Abwehr (Abschn. 6.2) der Fall, bei dem man „dem Ball ohne großen Zeitdruck im Balltreffpunkt das maximale Tempo bzw. die maximale Rotation

mitgeben will" (Fürste, 2016, S. 8). Oft sind die Schlagausführungen im Tischtennis deshalb nicht optimal, weil der Ball zu früh oder zu spät getroffen wird. Das richtige „Timing" bei der Schlagausführung muss daher permanent im Training überprüft und entsprechend thematisiert werden (bspw. über Veränderungen in der Ausholphase: „Was passiert, wenn du die Bewegung mit einem stärker angewinkelten Arm ausführst? Und was, im Vergleich dazu, wenn du den Arm zu Beginn etwas gestreckter hältst? Beschleunige deinen Arm einmal gleich zu Beginn, so schnell du kannst, und versuche einmal, ihn konstant schneller werden zu lassen").

5. **Das Prinzip der Dreh-Impulserhaltung:** Rein physikalisch/biomechanisch bleibt bei einer Drehbewegung der Gesamtdrehimpuls einer Drehbewegung immer erhalten, d. h., das Produkt aus Trägheitsmoment, multipliziert mit der Winkelgeschwindigkeit, bleibt konstant. In der Praxis bedeutet dies, dass, wenn man das Trägheitsmoment verringert, z. B. dadurch, dass die Arme näher zur Drehachse gelangen, sich eine höhere Winkelgeschwindigkeit ergibt. Umgekehrt wird die Geschwindigkeit langsamer, je weiter entfernt die ausführenden Körperteile vom Drehpunkt entfernt sind. Beim Tischtennis bedeutet dies, dass man beim Anwinkeln des Unterarms zum Körper hin (z. B. beim VH-Topspin oder VH-Schuss) die Körperrotation beschleunigt. Gleichzeitig lässt sich die Schlagbewegung beim Ausschwingen leichter abfangen (Fürste, 2016). Das Gegenteil passiert, wenn die Bewegung des Gegenarms dem Drehimpuls entgegenwirkt und die Körperrotation verhindert (z. B. wenn beim VH-Topspin der Arm der Nicht-Schlaghand gestreckt wird).

Bei der Übertragung dieser biomechanischen Prinzipien auf Tischtennistechniken ist kritisch zu bedenken, dass die Prinzipien ausdrücklich auf rein mechanischen Überlegungen basieren. Je nach „biologisch bedingten, körperlichen Voraussetzungen können sich die (mechanischen) Auswirkungen der Bewegung mehr oder weniger in den Bewegungsabläufen widerspiegeln" (Baumann, 1989). Für Spieler:innen und Trainer:innen können die dargestellten Prinzipien bei kritischer Anwendung hilfreiche Leitlinien bei der Beurteilung sportlicher (Tischtennis-)Techniken darstellen und gegebenenfalls als Erklärung für Fehlerbilder dienen, die nicht allein an der Gestalt der Bewegung, sondern eher anhand fehlerhafter Dynamik, Beschleunigung und falschem Timing festgemacht werden können (Fürste, 2016). Eine Vielzahl der biomechanischen Analysen im Tischtennis befassen sich mit der Vorhand-Topspin-Technik (Abschn. 4.2.3.1), da – neben ihrer hohen Relevanz für den Wettkampf – diese Technik sehr komplex ist, d. h. viele Muskelgruppen zum richtigen Zeitpunkt innerviert werden müssen, und damit gut erforscht werden kann (z. B. Iino & Kojima, 2009, 2011; Kondrič et al., 2007; Zhang et al., 2013). Die Qualität der Topspintechnik variiert stark mit dem Spielniveau der Athlet:innen. Hochqualifizierte Spieler:innen tendieren dazu, ihren ganzen Körper einzusetzen, den Oberkörper zu drehen und die Kniegelenke effektiv zu nutzen (Bańkosz & Winiarski, 2018). Fu und Kollegen (2016) untersuchten den Kraftabdruck mit den Füßen während des Vorhand-Topspins. Sie stellten fest, dass hochklassige Spieler über eine bessere Fußabdrucktechnik verfügen und eine bessere Kontrolle der Fußbewegungen während der Ausholholphase beim VHT und im Balltreffpunkt haben. Iino und Kojima (2009) konnten zeigen, dass sowohl die Schlägerbeschleunigung als auch die Oberkörperrotation eine enorme Bedeutung für das Tempo (Abschn. 6.1.2) und die Rotation des Balles (Abschn. 6.1.3) aufweisen. Dieselben Forscher verglichen Topspin-Vorhandschläge von Spieler:innen unterschiedlicher Leistungsniveaus und stellten fest, dass fortgeschrittene Spieler:innen eine größere Innenrotation und ein größeres Drehmoment in der Schulter aufweisen als Spieler:innen auf einem niedrigeren Spielniveau (Iino & Kojima, 2011). Sie kamen auch zu dem Schluss, dass ein höherer Energietransfer ein wichtiger Faktor sei, der es fortgeschrittenen Spieler:innen ermöglicht, beim Topspin-Vorhandschlag eine höhere Schlägergeschwindigkeit im Treffmoment zu erzeugen.

> **Beispiel**
>
> Auch Lam et al. (2019) untersuchten die Bodenreaktionskräfte der Füße, aber auch die Gelenkkinetik und die Druckverteilung in der Fußsohle beim Topspin-Vorhandschlag. 15 männliche Tischtennisspieler führten dazu wiederholt Topspin-Vorhandschläge mit einem Ausfallschritt, einem Seitschritt und einem Kreuzjump aus (Abschn. 4.1.3). Mittels Kraftmessplatten im Boden und zusätzlichen Instrumenten zur Erfassung der Körperbewegung (sog. Motion-Capturing-Systeme) wiesen sie nach, dass im Balltreffpunkt deutlich höhere Belastungen auf die Fuß- und vor allem Kniegelenke wirkten, wenn der VHT nach einem Seitschritt und Kreuzjump im Vergleich zu einem Ausfallschritt ausgeführt wurde. Der Druck im gesamten Fuß, im Zehenbereich sowie im Bereich des ersten, zweiten und fünften Mittelfußknochens war während des Seitschritts und des Kreuzjumps ebenfalls signifikant höher.
>
> Andere Studien zeigten, dass bei offensiven Schlägen wie dem Schuss (Abschn. 4.4.4) oder Vorhand-Topspin (Abschn. 4.2.3.1) die Belastung der Beinmuskulatur und auch der Gesäßmuskel extrem hoch ist (LeMansec et al., 2018). ◄

Für einen Blick auf kinematische Unterschiede zwischen dem Rückhand-Topspin, der diagonal erfolgt, und einem parallelen RH-Topspin untersuchten (Xing, 2022) acht professionelle Spielerinnen. Insgesamt führten die Spielerinnen 20 Schläge (10 diagonal und 10 parallel), zugespielt von einer Ballmaschine, aus. Von jeder Spielerin wurden drei Schläge jeder Variante analysiert. Es zeigte sich, dass bei parallelen Schlägen das Handgelenk im Balltreffpunkt stärker angewinkelt war, was sich leicht über die unterschiedliche Platzierung erklären lässt. Zudem fanden sich jedoch auch Unterschiede in der Beckenrotation: Bei parallelen RH-Topspins war das Becken weiter zum Tisch nach innen rotiert. Bei diagonalen Schlägen fiel vor allem die starke Außenrotation der Schulter auf, d. h., die Schulter wurde deutlich schnellkräftiger für die Schlagbewegung eingesetzt. Insgesamt wurde die diagonale Topspin-Bewegung schnellkräftiger und präziser ausgeführt.

Zusammenfassend lässt sich festhalten, dass die Kenntnis biomechanischer Prinzipien, die als Eckpunkte oder Leitlinien bei der Technikoptimierung verstanden werden sollten, Trainer:innen und Spieler:innen dabei helfen, ihre Technik zu optimieren. Individuelle Abweichungen von diesen Prinzipien können toleriert werden, solange sie im Wettkampf nicht limitieren. Dies gilt es mittels der Spielbeobachtung und Spielanalyse festzustellen.

8.4 Spielbeobachtung/Spielanalyse im Tischtennis

Systematische Spielbeobachtung im Tischtennis dient der taktischen Auswertung von Einzelbegegnungen. Mittlerweile existieren eine Vielzahl an Methoden, ein Spiel (oder mehrere) zu analysieren, und entsprechend viele Möglichkeiten, diese Ansätze zu kategorisieren (für einen Überblick siehe Fuchs et al., 2018; Klein-Soetebier & Straub, 2021). Eine klassische Unterscheidung im Tischtennis ist die Trennung von grundlagen- (Abschn. 8.4.1) und anwendungsbezogener (Abschn. 8.4.2) Forschung (Zhang et al., 2013).

▶ **Bewertung und Analyse von Tischtennisspielen** In Deutschland lässt sich die Entwicklung wissenschaftlicher Ansätze zur Bewertung und Analyse von Tischtennisspielen bis in die 1970er-Jahre zurückverfolgen (Czwalina, 1976). Gleich zu Beginn der systematischen Analyse wurde berücksichtigt, dass jede Aktion eines Spielers zwangsläufig von der Aktion des Gegenübers bedingt wird (Muster, 1999). Man spricht von einem interdependenten Vorgehen (z. B. Sialino, 1996; Stein, 1996; Zimmermann et al., 1992), um die wechselseitige Abhängigkeit von Aktion und Reaktion zu verdeutlichen. Auch dass die Parameter eines beobachteten Tischtennisspiels (z. B. Endergebnis der Spiele und Messwerte in Bezug auf verschiedene Leistungsmerkmale wie Platzierung, eingesetzte Schlagtechniken, Aufschläge) von den spielerischen Fähigkeiten des Spielers und des Gegners abhängen, wird in den meisten Analysen berücksichtigt (Fuchs et al., 2018).

Der grundlagenbezogene Zweig sollte sich laut O'Donoghue (2004) mit der Analyse großer, objektiver Datenmengen befassen und sich dazu eignen, (taktische) Charakteristika der betreffenden Sportart allgemein zu beschreiben (z. B. Zhang et al., 2010). Der anwendungsbezogene (Analyse-)Zweig fokussiert sich eher auf die relativ kurzfristige Untersuchung einzelner Spielbegegnungen (z. B. Weber & Baumgärtner, 2008). Übergreifendes Ziel beider Forschungsansätze ist es jedoch, die beteiligten Akteure (Spieler:innen, Trainer:innen etc.) langfristig besser zu machen.

8.4.1 Grundlagenbezogene Spielbeobachtung

In Musters (1999) empirischer Taktikanalyse wird ein Ballwechsel „als Kette bzw. Aneinanderreihung bestimmter, untereinander in Beziehung stehender Grundzustände" betrachtet (S. 60). Er macht den qualitativen Aspekt einer Spielbeobachtung an der Tatsache fest, dass die Wirksamkeit von Schlagaktionen über die gesamte Länge eines Ballwechsels erhoben wird (siehe auch Zimmermann et al., 1992). Geschulte Beobachter:innen sollten beurteilen, inwieweit ein Athlet mit einem regelkonformen, aber nicht punktbringenden Schlag die Initiative innerhalb eines Ballwechsels übernimmt („Vorteil") bzw. inwieweit er mit der betreffenden Aktion die Initiative an seinen Gegner abgibt („Nachteil") (vgl. Yu et al., 2008; Mao et al., 2010). Dementsprechend wird jeder Ballkontakt in fünf mögliche Grundzustände eingeordnet: Fehler, Nachteil, Patt (gleiche Chance für beide Spieler), Vorteil und zwingender Punktgewinn. Spielbeobachter können somit innerhalb der Vielzahl abhängiger Spielsituationen (Aktion-Reaktion) sog. „Stufen-Differenzen" berechnen und den Wert einer Handlung – gegnerabhängig, auch mit Blick auf bestimmte Schlagattribute (z. B. Ballplatzierung) – prozentual bemessen (Muster, 1999, S. 108 ff.).

Wie in allen Spielsportarten kann sich auch im Tischtennissport das Spielverhalten von Spieler:innen sowohl zwischen den Sätzen als auch innerhalb eines Satzes signifikant ändern. Dies kann die Folge von taktischen Entscheidungen eines Spielers sein oder unter bestimmten psychologischen Umständen geschehen (z. B. bei sehr knappen Spielständen). Durch die Möglichkeit des Coachings zwischen den einzelnen Sätzen und während des Time-outs wirkt zudem ein variabler externer Faktor auf Spieler und Gegner ein. Dies führt insgesamt dazu, dass taktische Analysen im Tischtennis große inter- und intra-individuelle Schwankungen aufweisen und sich nur schwer eine Taktik und Spielstrategie für einen Gegner aus vorangegangenen Spielen erarbeiten lässt. In Sportarten, die keine direkte Interaktion mit dem Gegner haben, fällt dies leichter, da gegnerabhängige taktische Überlegungen deutlich weniger ins Gewicht fallen und Analysen grundsätzlich zu stabileren Ergebnissen führen (Lames, 1994).

▶ **Time-out Im Einzel** oder Doppel kann ein/e Spieler:in oder eine Doppelpaarung einmalig ein Time-out (Auszeit) von bis zu 1 min verlangen. Dieses kann zwischen zwei Ballwechseln sowohl vom Spieler bzw. von der Spielerin selbst als auch von den Trainer:innen oder Mitspieler:innen (Berater:innen) angekündigt werden. Wenn ein/e Spieler:in oder Paar und ein/e Berater:in oder Kapitän:in sich nicht einig sind, ob ein Time-out genommen werden soll, liegt die endgültige Entscheidung in einer Individualkonkurrenz bei den Spieler:innen, in einer Mannschaftskonkurrenz beim Kapitän bzw. der Kapitänin.

Bei einem Wunsch auf Time-out unterbricht der/die Schiedsrichter:in das Spiel und hält mit der Hand auf der Seite des Time-outs eine weiße Karte hoch. Sobald der/die Spieler:in (das Paar), der/die (das) Time-out verlangte, bereit ist weiterzuspielen, spätestens jedoch nach Ablauf einer Minute, wird die Karte bzw. Markierung entfernt und das Spiel wieder aufgenommen. Bevor die gegnerische Seite ein

Time-out nehmen darf, muss mindestens ein Punkt gespielt werden, d. h., es sind keine zwei Time-outs direkt hintereinander erlaubt (https://www.ittf.com/handbook/).

Systematische Spielbeobachtungen im Tischtennissport werden häufig flankiert von einer Erhebung zeitlicher Belastungs- oder auch Entlastungsparameter (Schimmelpfennig, 1989). Notiert werden beispielsweise die Ballwechsellänge in Sekunden oder in Form der jeweiligen Ballkontaktzahl; gemessen worden ist mitunter auch die Dauer der Pausen zwischen den Ballwechseln bzw. Sätzen (z. B. Pradas et al., 2010). Malagoli Lanzoni et al. (2011) ordnen diese zeitlichen Messwerte, die mit einem Tischtennisspiel einhergehen, neben den taktischen PTRF-Effekten (Abschn. 6.1) einem zusätzlichen „taktischen Indikator" zu. Kennwerte, die sich auf die Belastungs- und Pausenphasen oder auch auf die Schlaganzahl innerhalb der Ballwechsel beziehen, können somit einer allgemeinen Charakterisierung des Tischtennisspiels dienen.

Mittels stochastischer Verfahren im Rahmen der Spielbeobachtung lassen sich auf praktischer Ebene taktische Vorteile generieren. Man erhofft sich zudem durch das computergestützte Ausloten erfolgversprechender Lösungsalternativen für den Wettkampf eine zeitsparende Optimierung von Trainingsinhalten (Lames, 1994).

> **Beispiel**
>
> In einer aktuellen Studie im Paratischtennis (Abschn. 2.2.3) auf Hochleistungsebene (Top 20 der Weltrangliste in ihrer jeweiligen Klasse) wurden die Länge der Ballwechsel und die Bedeutung des Aufschlags, genauer: die Gewinnwahrscheinlichkeit bei eigenem Aufschlag, untersucht, um allgemeine Anforderungsmerkmale in diesem Sport besser zu verstehen. Es zeigte sich, dass die Ballwechsellänge in den sitzenden Klassen deutlich kürzer waren und der Einfluss des Aufschlags mit zunehmendem Grad der körperlichen Beeinträchtigung stärker wird (Fuchs et al., 2019). ◄

O'Donoghue (2004) ergänzte schon früh die Spielbeobachtung in den Rückschlagspielen um weitere methodische Ansätze, z. B. Korrelationstechniken, Clusteranalysen oder Pertubations-Analysen. Bei der letztgenannten Technik werden Ballwechsel inhaltlich auf Schwankungen im Kräfteverhältnis der Akteure ,abgesucht'. Der Begriff Perturbation weist in diesem Zusammenhang auf die Störung einer spielbezogenen Interaktion hin, die entsteht, wenn ein/e Beteiligte:r durch einen starken Schlag oder durch eine schwache Aktion seines/ihres Gegenübers in eine vorteilhafte Situation gelangt (McGarry et al., 1999). Zhao (2013) wendete mit der „Technique for Order Preference by Similarity to Ideal Solution" (TOPSIS) ein weiteres mathematisches Modell bei der Analyse taktischen Verhaltens im Tischtennis an. Dabei wurde dieses Verfahren ursprünglich zur Lösung von Entscheidungs- bzw. Auswahlproblemen sowie zur Steigerung der Effizienz entwickelt. Dies lässt sich laut Zhao (2013) ebenso gut zur Entwicklung eines Bewertungsindexsystems für die Qualität eines Tischtennisspiels einsetzen, aus dem sich im Hinblick auf bestimmte Spielsituationen mathematisch-praktische Handlungsmöglichkeiten ableiten lassen.

8.4.2 Anwendungsbezogene Spielbeobachtung

Innerhalb der anwendungsbezogenen Leistungsdiagnostik im Tischtennis lassen sich unter Bezugnahme auf Zhang und Kollegen (2010) zwei grundlegende Varianten unterscheiden: Demnach existieren auf der einen Seite Ansätze, bei denen die Schlagaktionen eines Ballwechsels vollzählig protokolliert werden (z. B. Czwalina, 1976; Pradas et al., 2010; Weber & Baumgärtner, 2008). Auf der anderen Seite gibt es Notationssysteme[3], bei denen lediglich bestimmte Aktionen innerhalb eines Ballwechsels festgehalten werden (Perger & Hörner, 1979; Tamaki et al., 2013; Wu & Escobar-Vargas, 2007). Die Konzentration auf ausgewählte Schlagaktionen bringt organisatorische Vorteile mit sich, sowohl bei der Erfassung der Daten simultan zum Spielverlauf als auch bei der Auswertung im Anschluss an einen Wettkampf (vgl. Leser et al., 2007; Zhang et al., 2010).

> **Beispiel**
>
> Bei der Spielform **China-Turnier** (Fürste, 2012) benötigt man für sechs bis acht Spieler:innen einen Tisch und zwei Bänke. Es werden zwei möglichst gleich starke Teams (A und B) mit jeweils mindestens drei Spieler:innen (A1, A2, A3 und B1, B2, B3) gebildet. Spieler:in A1 und B1 bestreiten das erste Einzel. Jedes Spiel beginnt beim Spielstand von 8:8 und es wird auf einen Gewinnsatz bis 11 Punkte gespielt. Der/Die Gewinner:in des Spiels (z. B. A1) erkämpft einen Siegpunkt für sein/ihr Team und bleibt am Tisch, um gegen den/die nächste/n Spieler:in der gegnerischen Mannschaft zu spielen (B2). Gewinnt er/sie wieder sein/ihr Match, spielt er/sie dementsprechend gegen den/die dritte/n Spieler:in des anderen Teams. Sollte A1 gegen alle Spieler:innen des gegnerischen Teams gewinnen, bekommt er/sie zwar den Siegpunkt, wird aber durch Spieler:in A2 ersetzt. Wichtig hierbei: Die jeweiligen Teamkolleg:innen sitzen auf der Bank und dürfen/sollen anfeuern und coachen wie in der Bundesliga, gegebenenfalls sogar Time-out nehmen. Das Team, das nach einer bestimmten Zeit die meisten Siegpunkte erspielt hat, gewinnt das Spiel (alternativ kann auch auf 11 Siegpunkte gespielt werden). ◄

---

[3] Bei der Entwicklung eines Notationssystems geht es darum, dass sich die Akteure (z. B. Spielbeobachter:in, Trainer:in oder Spieler:in) auf eine gemeinsame, einheitliche Benennung von Aktionen und Handlungen in schriftlicher Form einigen (vgl. Tamaki et al., 2013). Häufig geschieht dies aus (zeit-)ökonomischen Gründen mittels vereinbarter symbolischer Zeichen (z. B. Plus-/Minuszeichen, Buchstabenkürzel für bestimmte Schlagtechniken, wie beispielsweise VHT für Vorhand-Topspin und angespielte Platzierungen wie kuRH für „kurz in die Rückhand").

Djokic und Kollegen (z. B. Djokic, 2002, Djokic et al., 2015) betonen vor allem die Relevanz der Protokollierung des Endes eines Ballwechsels, da darin häufig die wichtigste Information eines Ballwechsels liege. Obwohl der Fehlschlag am Ende eines Ballwechsels nicht immer maßgeblich die Fehlerursache beinhaltet, sind die eigentlichen Punkt- und Fehlschläge am Ende eines Ballwechsels für die Trainer:innen und Spieler:innen von besonderer Bedeutung. Deshalb erweisen sich ausgewählte Videoaufzeichnungen zur Vergegenwärtigung typischer bzw. finaler Spielsituationen als sehr nützlich (Sialino, 1996; Stein, 1996). Andere Ansätze (z. B. Weber & Baumgärtner, 2008; Baumgärtner & Weber, 2014; Malagoli Lanzoni et al., 2014) konzentrieren sich bei der Beobachtung bzw. Analyse auf die Schlagart, mit der ein Punkt erzielt wird. Sowohl die Gruppe um Djokic (2015) als auch Malagoli Lanzoni und Kollegen (2014) arbeiten dabei prinzipiell mit einer Definition von drei Kategorien: „Normale" Schläge, die regelgerecht ausgeführt und vom Gegner ordnungsgemäß zurückgespielt werden, „erzwungene" Punktgewinne, die für den Gegner unerreichbar sind, und Aktionen, bei denen ein Gegner – ohne erkennbare Not – zu einem Fehlschlag ins Netz oder Aus verleitet wird (Pradas et al., 2010). Im asiatischen Raum findet traditionell die sog. „Drei-Phasen-Methode der Leistungsdiagnostik" (für einen Überblick: siehe Yu et al., 2008) Verwendung. Diese Verfahrensweise mit einer über fünfzigjährigen Entwicklungsgeschichte konzentriert sich auf eine Mehrzahl an Ballkontakten (sog. „Phasen"). Das numerische Fundament besteht dabei aus den Punktgewinnen und Punktverlusten, die durch die ersten und zweiten Ballkontakte des jeweiligen Auf- bzw. Rückschlägers verursacht werden (Ballkontakt 1 und 3 bzw. Ballkontakt 2 und 4). Notiert werden darüber hinaus die Punkterfolge und Fehler, die aus den Schlägen nach dem vierten Ballkontakt eines Ballwechsels resultieren (Ballkontakt 5 und Folgende). Auf Basis der auf diese Weise erhobenen Daten werden für jeden der drei Abschnitte eines Ballwechsels Leistungsindizes errechnet (Fuchs et al., 2018; Zhang et al., 2013). Gerade weil die Drei-Phasen-Diagnostik einen zentralen Stellenwert in der chinesischen Forschungslandschaft besitzt, ist man darauf bedacht, dieses Verfahren fortwährend zu verbessern bzw. aus ihm heraus alternative Verfahren zu entwickeln.

8.4.3 Praktische Hinweise für das Tischtennistraining und den Wettkampf

Bei der praktischen Umsetzung systematischer Spielbeobachtung im Tischtennis mangelt es vor allem an der nötigen Manpower. Automatisierte, computergestützte Systeme, beispielsweise zum Tracking des Balles, scheitern meist an der Struktur der Sportart: Die Schnelligkeit der sich bewegenden Objekte, aber auch der Kontrast, die Größe des Balles oder ein Verdecken durch die Spieler sind nur einige Beispiele, für die technische Lösungen benötigt werden (Wong & Dooley, 2011). Wohingegen dies in anderen Spielsportarten bereits flächendeckend etabliert ist, lässt sich eine automatisierte Auswertung im Tischtennissport bislang nur für spezielle Wettkampfformen (Chiu et al., 2010; Guarnieri et al., 2023) oder unter Laborbedingungen valide umsetzen (Dokic et al., 2020).

Ein innovatives Analysegerät zur Spielbeobachtung und Technikanalyse der Firma SpinSight ESN Digital, welches speziell für die Sportart Tischtennis entwickelt wurde, ermöglicht es, Platzierung, Tempo, Rotation und Flugbahn (PTRF-Effekte) des Balles zu messen. Parallel zur Messung wird das Ergebnis in Echtzeit zu dem Schlag auf einem großen Bildschirm visualisiert. SpinSight© wird in Deutschland vermarktet und wurde in den letzten zwei Jahren von Wissenschaftler:innen und in enger Kooperation mit Elitetrainer:innen entwickelt. Die Spieler:innen erhalten durch technologische Messgeräte objektive Rückmeldungen zu ihren Schlagtechniken und können so während des Trainings den jeweiligen Effekt von nur kleinen Änderungen des Bewegungsablaufes selbst erkennen und eventuell justieren und verbessern (siehe auch Abschn. 8.2.2).

Viele Trainer:innen greifen selbst im Hochleistungssport noch auf handschriftliche Notizen oder auf videobasierte Auswertungen zurück, die erst im Nachgang eines Wettkampfes erstellt werden. Diese schriftliche Analyse von Tischtennisspielen ist sehr zeitaufwendig und verlangt von Trainern und Trainerinnen ein hohes Maß an Nachbearbeitung (Leser et al., 2007). Ins Blickfeld rücken damit „abstrakte" bzw. „nicht-systematische" Verfahren (Zhang et al., 2010), mit denen sich lediglich ausgewählte Ballkontakte eines Ballwechsels erfassen lassen. Dies ermöglicht im Hinblick auf eine genaue Analyse zwar zunächst nur eine deduktive Annäherung, die möglicherweise entsprechende videogestützte Nacharbeiten erfordert (vgl. Fuchs et al., 2018); organisatorisch betrachtet, gewährleisten solche abstrakten oder nicht-systematischen Methoden, dass ein Ballwechsel in Echtzeit protokolliert werden kann (z. B. Wu & Escobar-Vargas, 2007). Im Hochleistungssport sind Videoaufnahmen in Kombination mit persönlichen Taktikanalysen, die meist im Nachhinein (post hoc), am nächsten Tag oder beim nächsten Training, stattfinden, unabdingbar. Teilweise werden sie auch durch kurz gehaltene schriftliche Auswertungen und Anweisungen (max. 1–2 Seiten pro Spiel) ergänzt. Um systematisch an die Analyse heranzugehen und die Zeit effizient zu nutzen, empfiehlt es sich, direkt bei der Betrachtung mögliche Trainingsinhalte abzuleiten und zu notieren. Zudem sollte nicht zu viel Zeit zwischen der gemeinsamen Analyse und dem Spielgeschehen vergehen, damit relevante Spielszenen oder taktische Umstellungen besser erinnert werden. Ein Einblick in die „Drei-Phasen-Methode der Leistungsdiagnostik" sowie das korrelative Verfahren von Wu und Escobar (2007) finden sich bei Straub und Luthardt (2016).

Zusammenfassend lässt sich festhalten, dass es im Tischtennissport eine Reihe grundlagen-, aber auch anwendungsbezogener Ansätze der systematischen Spielbeobachtung gibt. Bei den anwendungsorientierten Ansätzen muss unterschieden werden, ob die Schlagaktionen eines Ballwechsels vollzählig protokolliert werden oder ob Notationssysteme lediglich bestimmte Aktionen innerhalb eines Ballwechsels festhalten. Im technologisch-automatisierten Bereich besteht noch viel Entwicklungspotenzial (Dokic et al., 2020). Etablierte, meist stochastische Verfahren der Spielbeobachtung sind noch sehr zeitaufwendig und erfassen in der

Regel nur ausgewählte Elemente eines Ballwechsels oder Wettkampfes. Der Einsatz künstlicher neuronaler Netze, Data-Mining-Prozesse, Markov-Ketten und Ähnliches ist derzeit in der Erprobung (z. B. Pfeiffer et al., 2010). Für die taktische Analyse im Hochleistungstischtennis ist die systematische Spielbeobachtung unabdingbar; sie muss den Schritt von manuellen Notationssystemen hin zu – zumindest teilweise – automatisierten Verfahren schaffen.

Fragen zu Kap. 8

1. Welche verschiedenen Kader gibt es zur Talentförderung im Tischtennis?
2. Warum ist eine professionelle Vor- und Nachbereitung eines Wettkampfes im Tischtennis wichtig für den Erfolg, und welche Aspekte beinhaltet sie?
3. Welche drei Leitlinien sollten bei der Technikoptimierung beachtet werden, und wie lassen sich diese im Tischtennis konkret umsetzen?
4. Welche biomechanischen Prinzipien können laut Fürste (2016) als Orientierung für die Technikoptimierung im Tischtennis berücksichtigt werden?
5. Mit welchen drei Kategorien von Schlägen arbeiten sowohl Djokic und Kollegen (2015) als auch Malagoli und Kollegen (2014) bei der anwendungsbezogenen Spielbeobachtung?

Literatur

Bachmann, P., Meinberg, E., & Frei, P. (2015). *Entwicklung, Implementierung und Evaluation eines motivationstheoretisch fundierten Interventionsprogramms zur Optimierung der Wettkampfstabilität im Tischtennishochleistungssport*. Deutsche Sporthochschule Köln.
Bandura, A. (1977). *Social learning theory*. Prentice-Hall.
Bańkosz, Z., & Winiarski, S. (2018). Correlations between angular velocities in selected joints and velocity of table tennis racket during topspin forehand and backhand. *Journal of Sports Science & Medicine, 17*(2), 330–338.
Baumann, W. (1989). *Grundlagen der Biomechanik*.
Baumgärtner, S. D., & Weber, O. (2014). Spielbeobachtung im Tischtennis – Neue Bälle, neue Trends? *Tischtennislehre, 29*(4), 9–11.
Bindel, T., & Bindel, W. R. (2017). Über Bewegung, Spiel und Sport zur Sprache – Förderchancen eines inklusiven Sportunterrichts – Einführung. In Giese, M.,& Weigelt, L. (Hrsg.), *Inklusiver Sport- und Bewegungsunterricht. Theorie und Praxis aus der Perspektive der Förderschwerpunkte* (Edition Schulsport, Bd. 34, S. 168–190). Meyer & Meyer.
Chiu, C., Hung, C., Ho, Y., & Li, T. (2010). Prediction of ball placement using computer simulation for wheelchair players in table tennis singles. *International Journal of Sport and Exercise Science, 2*(1), 1–6.
Czwalina, C. (1976). *Systematische Spielerbeobachtung in den Sportspielen: Zur Beobachtung sportspielspezifischer motorischer Qualifikationen in Basketball, Hallenhandball, Fußball und Volleyball sowie Tennis und Tischtennis*.
Deutscher Olympischer Sportbund [DOSB]. (2020). *Nachwuchsleistungssportkonzept 2020. Dein Start für Deutschland*. DOSB.
Deutscher Tischtennis-Bund [DTTB]. (2019). In *Rahmentrainingskonzeption DTTB (Hrsg.). Kapitel VI: Modell der Talentsuche und Talentförderung* (S. 67–78). DTTB.
Djokic, Z. (2002). Structure of competitors´ activities of top table tennis players. *International Journal of Table Tennis Sciences, 5*, 74–90.

Djokic, Z., Munivrana, G., & Levajac, L. (2015). *Match analyses of final game of men's team European championships 2014 – Portugal vs.* Article presented at the 14th ITTF Sports Science Congress. Suzhou.

Dokic, K., Mesic, T., & Martinovic, M. (2020). Table tennis forehand and backhand stroke recognition based on neural network. In M. Singh, P. Gupta, V. Tyagi, J. Flusser, T. Ören, & G. Valentino (Hrsg.), *4th International Conference, ICACDS 2020, Valletta, Malta, April 24–25, 2020, Revised Selected Papers* (S. 24–35). Springer.

Faber, I. R., Oosterveld, F. G., & Nijhuis-Van der Sanden, M. W. (2014). Does an eye-hand coordination test have added value as part of talent identification in table tennis? A validity and reproducibility study. *PloSone, 9*(1), e85657.

Faber, I. R., Nijhuis-Van Der Sanden, M. W., Elferink-Gemser, M. T., & Oosterveld, F. G. (2015). The Dutch motor skills assessment as tool for talent development in table tennis: A reproducibility and validity study. *Journal of Sports Sciences, 33*(11), 1149–1158.

Faber, I. R., Elferink-Gemser, M. T., Oosterveld, F. G., Twisk, J. W., & Nijhuis-Van der Sanden, M. W. (2017). Can an early perceptuo-motor skills assessment predict future performance in youth table tennis players? An observational study (1998–2013). *Journal of Sports Sciences, 35*(6), 593–601.

Fu, F., Zhang, Y., Shao, S., Ren, J., Lake, M., & Gu, Y. (2016). Comparison of center of pressure trajectory characteristics in table tennis during topspin forehand loop between superior and intermediate players. *International Journal of Sports Science & Coaching, 11*, 559–565.

Fuchs, M., Faber, I. R., & Lames, M. (2019). Game characteristics in elite para table tennis. *German Journal of Exercise and Sport Research, 49*, 251–258.

Fuchs, M., Liu, R., Malagoli Lanzoni, I., Munivrana, G., Straub, G., Tamaki, S., Yoshida, K., Zhang, H., & Lames, M. (2018). Table tennis match analysis: A review. *Journal of Sports Sciences, 36*, 2653–2662.

Fürste, F. (2012). Trainingsorganisation Teil 2: Aufbau einer Übungseinheit. *VDTT-Trainerbrief, 1*, 16–20.

Fürste, F. (2013). Neue Perspektiven zum Thema Technik – Teil 1: Eckpunkte einer optimalen Technik. *VDTT-Trainerbrief, 1*, 30–32.

Fürste, F. (2016). Neue Perspektiven zum Thema Technik – Teil 2: Die biomechanische Perspektive. *VDTT-Trainerbrief, 2*, 4–8.

Geisler, M. (2019). *Methodik des Technik-Trainings. Tischtennis Lehrplanreihe.* Deutscher Tischtennis-Bund.

Gröben, B. (2002). Sprache als Medium – Wirkdimensionen verbaler Instruktionen im Bewegungsunterricht. In Altenberger, H., Hotz, A., & Hanke, U. (Hrsg.), *Medien im Sport. Zwischen Phänomen und Virtualität* (Beiträge zur Lehre und Forschung im Sport, Bd. 136, S. 50–66). Hofmann.

Gröben, B., & Maurus, P. (1999). Bewegungsanweisungen – Hilfe oder Hindernis beim Erlernen sportlicher Bewegungen? In Heinz, B., & Laging, R. (Hrsg.), *Bewegungslernen in Erziehung und Bildung*. Tagung der dvs-Sektion Sportpädagogik vom 11.-13.6.1998 in Magdeburg (Schriften der Deutschen Vereinigung für Sportwissenschaft, Bd. 104, 1. Aufl., S. 107–119). Czwalina.

Guarnieri, A., Presta, V., Gobbi, G., Ramazzina, I., Condello, G., & Malagoli Lanzoni, I. (2023). Notational Analysis of Wheelchair Paralympic Table Tennis Matches. *International Journal of Environmental Research and Public Health, 20*(5), 3779.

Hattie, J. (2009). *Visible learning. A synthesis of over 800 meta-analyses relating to achievement.* Routledge.

Hochmuth, G. (1982). *Biomechanik sportlicher Bewegungen.* Limpert.

Hohmann, A. (2009). *Entwicklung sportlicher Talente an sportbetonten Schulen: Schwimmen- Leichtathletik- Handball.* Imhof.

Hotz, A. (1991). Wer will denn schon kopflos sein? Wozu „kognitive Fähigkeiten" im sportlichen Handeln dienen können. *Tischtennislehre, 1*, 4–8.

Hotz, A. (1997). *Qualitatives Bewegungslernen. Bewegungsspielräume erfahren, erleben, gestalten. 33 Kernbegriffe im Spannungsfeld zwischen Orientierungssicherheit und Gestaltungsfreiheit.* Schweizerischer Verband für Sport in der Schule.

Hotz, A., & Muster, M. (1993). *Tischtennis Lehren und Lernen – Individuelles Lernen durch differenzielles Lehren.* Meyer & Meyer.

Iino, Y., & Kojima, T. (2009). Kinematics of table tennis topspin forehands: Effects of performance level and ball spin. *Journal of Sports Sciences, 27,* 1311–1321.

Iino, Y., & Kojima, T. (2011). Kinetics of the upper limb during table tennis topspin forehands in advanced and intermediate players. *Sports Biomechanics, 10,* 361–377.

International Table Tennis Federation [ITTF]. The latest rules & regulations of the ITTF 2022. *ITTF Handbook.* https://www.ittf.com/handbook/.

Joch, W. (2001). *Das sportliche Talent: Talenterkennung- Talentförderung- Talentperspektiven* (4. Aufl.). Meyer & Meyer.

Klein-Soetebier, T., & Klingen, P. (2019). *Lehr-Lernvorstellungen im Tischtennis-Anfängerunterricht – Eine didaktisch-methodische Handreichung für Lehrkräfte und Übungsleiter in Schule und Verein.* Schneider.

Klein-Soetebier, T., & Straub, G. (2021). Spielanalyse im Tischtennis. In: Memmert, D. (Hrsg.). *Spielanalyse im Sportspiel.* Springer Verlag.

Kondrič, M., Medved, V., Baca, A., Kasović, M., Furjan-Mandić, G., & Slatinšek, U. (2007). Kinematic analysis of top spin stroke with balls of two different sizes. In Kondrič, M., & Furjan-Mandić, G. (Hrsg.), *Proceedings Book of the 10th Anniversary ITTF Sports Science Congress* (S. 10–14), Zagreb, May 18th–20th, 2007. University of Zagreb, Faculty of Kinesiology; Croatian Table Tennis Association.

Koopmann, T., Faber, I. R., Wagner, D., Prause, R., Büsch, D., & Schorer, J. (2022). Der Oldenburger Beobachtungsbogen für Tischtennis-Technik 1.0 (O3T 1.0). Ein praktisches Werkzeug zur Technikbewertung bei jungen Tischtennisspieler*innen. *VDTT-Trainerbrief, 1,* 16–20.

Lam, W. K., Fan, J. X., Zheng, Y., & Lee, W. C. (2019). Joint and plantar loading in table tennis topspin forehand with different footwork. *European Journal of Sport Science, 19*(4), 471–479.

Lames, M. (1994). *Systematische Spielbeobachtung.* Philippka.

Leisen, J. (2013). *Handbuch Sprachförderung im Fach. Sprachsensibler Fachunterricht in der Praxis* (1. Aufl.). Stuttgart: Klett Sprachen.

Leser, R., Baca, A., Baron, R., & Kain, H. (2007). Qualitative game analysis in table tennis. In: *International table Tennis Federation, Croatian Table Tennis Association, & University of Zagreb (Eds.), Proceedings Book of the 10th Anniversary ITTF Sports Science Congress* (S. 99–103). University of Zagreb.

LeMansec, Y., Dorel, S., Hug, F., & Jubeau, M. (2018). Lower limb muscle activity during table tennis strokes. *Sports Biomechanics, 17*(4), 442–452.

Loffing, F., & Hagemann, N. (2012). Side bias in human performance: A review on the left-handers' advantage in sports. In T. Dutta, M. K. Mandal, & S. Kumar (Hrsg.), *Bias in human behavior* (S. 163–182). Nova Science Publishers.

Luthardt, P., Muster, M., & Straub, G. (2016). *Tischtennis – Das Trainerbuch (Praxisideen – Schriftenreihe für Bewegung, Spiel und Sport).* Hofmann.

Malagoli Lanzoni, I., Di Michele, R., & Merni, F. (2011). Performance indicators in table tennis: A review of the literature. *Journal of Table Tennis Sciences, 7,* 71–75.

Malagoli Lanzoni, I., Di Michele, R., & Merni, F. (2014). A notational analysis of shot characteristics in top-level table tennis players. *European Journal of Sport Science, 14,* 309–317.

Mao, W., Yu, L., Zhang, H., Ling, P., Wang, H., & Wang, J. (2010). Skill and tactic diagnosis for table tennis matches based on artificial neural network and genetic algorithm. In Institute of Electrical and Electronics Engineers [IEEE], *Proceedings of the 2010 Sixth International Conference on Natural Computation* (Vol. IV) (S. 1847–1851). IEEE.

Maurer, H. (2005). Beidseitiges Üben sportmotorischer Fertigkeiten. *Zeitschrift für Sportpsychologie., 12*(5), 93–99.

McGarry, T., Khan, M. A., & Franks, I. M. (1999). On the presence and absence of behavioral traits in sport: An example from championship squash match-play. *Journal of Sports Sciences, 17*(4), 297–311.

Meinel, K. (1972). *Bewegungslehre – Versuch einer Theorie der sportlichen Bewegung unter pädagogischem Aspekt.* Volk und Wissen Volkseigner.

Meinel, K., & Schnabel, G. (1998). *Bewegungslehre – Sportmotorik: Abriss einer Theorie der sportlichen Motorik unter pädagogischem Aspekt.* Südwest Verlag.

Michaelis, R., & Sklorz, M. (2004). *Richtig Tischtennis.* BLV Verlagsgesellschaft.

Muster, M. (1996). Fehleranalyse im Wettkampf. *Tischtennislehre, 2,* 12–16.

Muster, M. (1999). *Zur Bedeutung des „situativen Trainings" im Hochleistungstischtennis – empirische Untersuchung zur Identifikation von „Spielsituationen".*Shaker.

O'Donoghue, P. (2004). Match analysis in racket sports. In Lees, A., Kahn, J.-F, & Maynard, I. W. (Hrsg.), *Science and Racket Sports III* (S. 155–162). Routledge.

Panzer, S., Daugs, R., Ehrig, A., & Toews, A. (2001). Umlernen – die Umstellung vom Normal- auf den Klappschlittschuh. *Leistungssport, 31*(2), 12–17.

Perger, M., & Hörner, W. (1979). Neuer Weg der Spielbeobachtung und Spielanalyse mittels Anwendung statistischer Methoden und elektronischer Datenverarbeitung. *Deutscher Tischtennis-Sport, 33*(11–13), 23–34.

Pradas, F., Floría, P., Carrasco, L., Beamonte, A., & González, J. A. (2010). Design and development of an observational tool for evaluating table tennis singles matches. *International Journal of Table Tennis Sciences, 6,* 181–185.

Prause, R. (2017). Ausbildung von Spielsystemen – oder der steinige Weg an die Weltspitze! *VDTT-Trainerbrief, 3,* 8–15.

Raab, M., & Bert, N. (2003). *Techniktraining im Tischtennis. Intervention und Evaluation.* Sport und Buch Strauß.

Roth, K. (1987). Bewegungslehre – Bewegungswissenschaft. In Eberspächer, H. (Hrsg.), *Handlexikon Sportwissenschaft* (S. 56–67). Reinbek: Rowohlt.

Roth, K., & Willimczik, K. (1999). *Bewegungswissenschaft.* Reinbek bei Hamburg: Rowohlt Verlag.

Schimmelpfennig, D. (1989). *Systematische Spiel- und Spielerbeobachtung im Leistungstischtennis: Eine Untersuchung zu verschiedenen zeitlichen Parametern, Ballkontaktzahlen und Ballwechsellängen im Herrenwettbewerb beim europäischen Ranglistenturnier (TOP 12) in Basel 1987.* Deutsche Sporthochschule Köln: Eigenverlag.

Sialino, U. (1996). Untersuchung zur Struktur technisch-taktischer Fehler im Damen-Hochleistungstischtennis mittels Video-Computer-Analyse-System (VICAS). *VDTT-Trainerbrief, 12*(2), 5–24.

Stein, D. (1996). Systematische Spielbeobachtung mit dem Video-Computer-Analyse-System (VICAS). *VDTT-Trainerbrief, 12*(2), 30–37.

Straub, G., & Luthardt, P. (2016). „Don´t copy us…" – Chinesische Leistungsdiagnostik für die Welt: Anwendungsbezogene Spielbeobachtung für Basistrainer. *VDTT-Trainerbrief, 32*(3), 8–15.

Stucke, H., Mosblech, S., & Leiß, J. (1987). Tischtennis und Biomechanik – Teil I-III. *Deutscher Tischtennis Sport, 1,* 12–17.

Tamaki, S., Yoshida, K., & Yamada, K. (2013). A short-time performance analysis in table tennis. *International Journal of Table Tennis Sciences, 8,* 86–89.

Tölle, L.-M., & Klein-Soetebier, T. (2020). Mensch gegen Maschine! Wie lässt sich das Training mit dem Ballroboter sinnvoll im Training einsetzen? *Tischtennis, 12,* 46–47.

Vaeyens, R., Güllich, A., Warr, C. R., & Philippaerts, R. (2009). Talent identification and promotion programmes of Olympic athletes. *Journal of Sports Science, 27*(13), 1367–1380.

Weber, O., & Baumgärtner, S. D. (2008). Spielbeobachtung im Tischtennis. *Tischtennislehre, 23*(3), 22–24.

Weineck, J. (2019). *Optimales Training. Leistungsphysiologische Trainingslehre unter besonderer Berücksichtigung des Kinder- und Jungendtrainings* (17. Aufl). Spitta Verlag.

Winterboer, M. (1999). Bewegungsanalyse und Bewegungskorrektur im Tischtennis – Betrachtungsweise von Fehlern. *Tischtennislehre, 3*, 16–23.

Wong, K. C. P., & Dooley, L. S. (2011). Tracking table tennis balls in real match scenes for umpiring applications. *British Journal of Mathematics & Computer Science, 1*(4), 228–241.

Wu, X.-Z., & Escobar-Vargas, J. (2007). Notational analysis for competition in table tennis (part I): Based format analysis. In *International table Tennis Federation, Croatian Table Tennis Association, & University of Zagreb* (Hrsg.), *Proceedings Book of the 10th Anniversary ITTF Sports Science Congress* (S. 104–108). University of Zagreb.

Xing, K., Hang, L., Lu, Z., Mao, C., Kang, D., Yang, C., & Sun, Y. (2022). Biomechanical comparison between down-the-line and cross-court topspin backhand in competitive table tennis. *International journal of environmental research and public health, 19*(9), 5146.

Yu, L.-J., Zhang, H., & Hu, J.-J. (2008). Computer diagnostics for the analysis of table tennis matches. *International Journal of Sports Science and Engineering, 2*(3), 144–153.

Zhang, H., Liu, W., Hu, J.-J., & Liu, R.-Z. (2013). Evaluation of elite table tennis players' technique effectiveness. *Journal of Sports Sciences, 31*(14), 1526–1534.

Zhang, H., Yu, L., & Hu, J. (2010). Computer-aided game analysis of net sports in preparation of Chinese teams for Beijing Olympics. *International Journal of Computer Science in Sport, 9*(3), 53–69.

Zhao, Y. (2013). Evaluation of skills and tactics based on TOPSIS in table tennis. *International Journal of Table Tennis Sciences, 8*, 97–98.

Zimmermann, B., Engelmann, M., & Schwarzbach, R. (1992). Wettkampfanalyse im Tischtennis. *Tischtennislehre, 7*(1), 5–12.

Gesundheitssport Tischtennis 9

Tischtennis ist die erste Spielsportart, die das Qualitätssiegel *Sport pro Gesundheit* vom DOSB erhalten hat. Durch seine moderate Belastung bietet Tischtennis ein relativ verletzungsarmes, gelenkschonendes Sporttreiben an, um physische und psychosoziale Ressourcen zu stärken und/ oder Risikofaktoren (z. B. Sturzprophylaxe, Bluthochdruck, Bewegungsmangel etc.) zu minimieren. Mittlerweile wurden zahlreiche positive Aspekte des regelmäßigen Tischtennisspielens wissenschaftlich belegt (Abschn. 9.1). Der Deutsche Tischtennis-Bund bietet verschiedene Konzepte im Präventions- und Rehabilitationsbereich an (Abschn. 9.2), in denen die Teilnehmer:innen altersgerechte, koordinations- und ausdauerorientierte Trainingseinheiten erfahren. Darüber hinaus gibt es ein Konzept speziell für Kinder mit Bewegungsmangel mit Inhalten zur Wissensvermittlung (z. B. zu gesunder Ernährung, gesundem Lebensstil) unter Einsatz von spielerischen Elementen. Dass Tischtennis auch bei schwerwiegenden, neurodegenerativen Erkrankungen (z. B. Parkinson, Demenz) einen positiven Effekt auf das Wohlbefinden der Spieler:innen haben kann (Abschn. 9.3), zeigen Befunde zur Aufmerksamkeit, zu Exekutivfunktionen und die Entwicklung visuell-räumlicher Fähigkeiten sowie zu Verbesserungen der Grob- und Feinmotorik.

Ergänzende Information Die elektronische Version dieses Kapitels enthält Zusatzmaterial, auf das über folgenden Link zugegriffen werden kann https://doi.org/10.1007/978-3-662-68019-3_9. Die Videos lassen sich durch Anklicken des DOI Links in der Legende einer entsprechenden Abbildung abspielen, oder indem Sie diesen Link mit der SN More Media App scannen.

© Der/die Autor(en), exklusiv lizenziert an Springer-Verlag GmbH, DE, ein Teil von Springer Nature 2024
T. Klein-Soetebier und A. Binnenbruck, *Tischtennis – Das Praxisbuch für Studium, Training und Freizeitsport,* Sportpraxis, https://doi.org/10.1007/978-3-662-68019-3_9

Für die Sportart Tischtennis gilt in jedem Kontext, aber besonders im Gesundheits- und Freizeitbereich, dass sie in allen Räumen und zu jeder Zeit möglich ist. Sie strahlt in der Regel wenig Lärm oder Hektik aus und es entstehen (zumindest im breitensportlichen Kontext) nur geringe Verletzungsgefahren. Die Einstiegshürde in die Sportart ist aufgrund des geringen Kosten- und Organisationsaufwandes relativ niedrig. Dabei bringt der Gesundheitssport Tischtennis vielfältige Bewegungs- und Problemlösungsmöglichkeiten mit sich, die durch das spielerische Lernen und die soziale Interaktion schnell motivierend, sogar zum Mitmachen auffordernd wirken können (Mayr & Förster, 2012). „Rückschlagspiele erfahren bei vielen Freizeitsportlern im mittleren und höheren Lebensalter steigendes Interesse und werden zunehmend auch aus gesundheitlichen Gründen betrieben" (Heinz et al., 2004, S. 172).

Dass sich Tischtennis besonders gut in einen gesundheitssportlichen Kontext integrieren lässt, beweist das Qualitätssiegel Sport pro Gesundheit, welches Präventionssportangebote auszeichnet, die durch Bewegung und Sport einen großen Prozentsatz der Gesundheitskosten durch Prävention vermeiden (DOSB, 2014). Tischtennis ist die erste Spielsportart, die dieses Siegel erhalten hat (www.sportprogesundheit.de). Das Qualitätssiegel wird nur an gesundheitsorientierte Sportangebote vergeben, bei denen sowohl kurzfristige Ziele, wie beispielsweise die Stärkung physischer und psychosozialer Ressourcen und/oder die Minimierung von Risikofaktoren (z. B. Sturzprophylaxe, Bluthochdruck, Bewegungsmangel etc.), als auch langfristige Effekte, wie die Bindung an gesundheitssportliche Aktivitäten oder ein gesunder Lebenswandel, zu erwarten sind. Dazu gehört ebenso die Bildung einer eigenen (nachhaltigen) Gesundheitskompetenz, die sich im Idealfall im lebenslangen Sporttreiben äußert (DGSP, 2023; www.dgsp.de).

▶ **Das Siegel „Sport pro Gesundheit"** Das Siegel „Sport pro Gesundheit" wurde vom DOSB gemeinsam mit der Bundesärztekammer entwickelt. Die Zertifizierung der Sportart Tischtennis mit diesem Siegel (seit dem 01.01.2004) schafft Transparenz und Orientierung in dem „Dschungel der zahlreich angebotenen Programme im Gesundheitssport" (https://www.tischtennis.de/mein-sport/). Da das Qualitätssiegel klar definierte Ziele und Kriterien verlangt, hilft es Interessenten, Ärzten und Krankenkassen bei der erfolgreichen Suche nach dem passenden Gesundheitsangebot. Es unterstützt die Sportvereine bei der Bildung eines gesundheitsorientierten Profils und fördert durch die Werbewirksamkeit das Image des Vereins. Der Deutsche Tischtennis-Bund stellt allen Siegel-Inhaber:innen auf Anfrage das benötigte Material (z. B. Teilnahmebescheinigungen, Anmeldeformulare, Fragebogen zum allgemeinen Gesundheitszustand, Urkunden zum Download und den Auswertungsbogen zur Verfügung). Die Gültigkeit des Siegels beträgt 3 Jahre.

Es existieren allerdings bislang wenige konkrete Konzepte, die die Freizeitsportart Tischtennis in ein attraktives bewegungs- und ausdauerorientiertes Üben und Trainieren verwandeln, ohne den typischen Charakter der Sportart zu verlieren (Heinz et al., 2004). Dies mag unter anderem daran liegen, dass jede Gesundheitssportgruppe anders strukturiert ist, beispielsweise hinsichtlich der Alters- oder Geschlechterstruktur, des Grades der Erkrankung/Mobilität, neurologischer Einschränkungen und Möglichkeiten, der Gruppengröße, der Dauer und Häufigkeit der (Trainings-)Einheiten u.v.m.

In den nachfolgenden Kapiteln werden daher verschiedene Konzepte für unterschiedliche Gesundheitsbereiche aufgezeigt, die ein Grundgerüst und eine Orientierung geben sollen, um für die ‚eigene' Gesundheitssportgruppe ein passendes Trainingskonzept zu entwickeln. Zunächst werden dazu verschiedene Studien zusammengefasst, die die vielfältigen positiven Effekte eines gesundheitsorientierten Tischtennistrainings belegen (Abschn. 9.1). Im Anschluss werden konkrete Inhalte verschiedener Gesundheitsprogramme des Deutschen Tischtennis-Bundes aufgezeigt, die sich für eine breite Masse an Personen im Rehabilitations- und Präventionsbereich und verschiedene Altersgruppen eignen (Abschn. 9.3). Anhand zweier exemplarischer neurodegenerativer Erkrankungsbilder (Morbus Parkinson und Demenz) werden Wirkweisen und ‚Best Practice Beispiele' für eine Vernetzung von Tischtennisspieler:innen dargestellt (Abschn. 9.3.2).

9.1 Positive Effekte des Tischtennisspielens auf die Gesundheit

Dass Sport – in der richtigen Dosis – positive Auswirkungen auf die Gesundheit hat, ist unbestritten. Sport stärkt primär die physischen, psychischen und sozialen Ressourcen eines Individuums (Woll, 1996), indem Personen, die regelmäßig Sport treiben widerstandsfähiger auf Belastungen, Anforderungen und Spannungszustände reagieren. Sportliche Aktivität wirkt dem Bewegungsmangel entgegen und führt neben der Stärkung von Gesundheitsressourcen indirekt zu einer Verminderung von aktuellen gesellschaftlichen Risikofaktoren (z. B. Übergewicht, Bluthochdruck, muskuläre Dysbalancen). „Sportlich Aktive verfügen [somit] über eine Art präventive Schutzfunktion" (Hollmann et al., 1983). Zudem erleichtert Sport die Bewältigung von Beschwerden und Missbefinden, beispielsweise durch die Förderung konditioneller (Abschn. 3.1) und koordinativer Fähigkeiten (Abschn. 3.2), aber auch psychischer Aspekte (Abschn. 3.3) wie die Entspannungsfähigkeit (Wydra, 1996). Studien deuten zudem darauf hin, dass sich sportliche Aktivität und habituelle Gesundheit gegenseitig beeinflussen, d. h., dass ein gesunder Lebenswandel auch dazu führt bzw. motiviert, (mehr) Sport zu treiben (Jekauc et al., 2014).

Tischtennis eignet sich als eher untypische Ausdauersportart bei dem Einsatz spezieller Übungsformen sehr gut für ein gesundheitsorientiertes Ausdauertraining. In einer Untersuchung von Pfeifer et al. (2003) konnte gezeigt werden, dass bereits ein zweimal wöchentliches Tischtennistraining (à 90 min) mit tischtennisspezifischen Spiel- und Übungsformen zu einer Verbesserung der Ausdauerleistungsfähigkeit führt. Dabei ließ sich entgegen der Erwartungen die Belastungsintensitäten der Teilnehmer:innen über die Aufgabenstellung (z. B.

Laufwege, Spielregeln etc.) so präzise steuern, dass diese mit einer individuell angemessenen Herzfrequenz trainierten. Darauf aufbauend verglichen Heinz et al. (2004) die Wirksamkeit eines gesundheitsorientierten Tischtenniskonzepts mit einem reinen Ausdauerprogramm (hier: Nordic Walking). Über einen Zeitraum von 10 Wochen trainierten beide Gruppen einmal wöchentlich für 90 min, wobei die Walking-Gruppe über eine variable Belastung (Belastungsphasen wechselten mit Erholungsphasen, z. B. 2 min Walking – 2 min ruhiges Gehen) an eine Dauerbelastung von 30 min am Stück herangeführt wurde. Die Tischtennisgruppe erhielt – wie in der Studie von Pfeifer et al. (2003) – ein tischtennisspezifisches Training aus einer Kombination von Übungen und Spielformen mit unterschiedlichen Laufwegen. Alle Bewegungselemente wurden hier mit Schläger und Ball durchgeführt, bis auf den abschließenden Kräftigungs- und Entspannungsteil. Es zeigte sich in beiden Gruppen eine statistisch bedeutsame (signifikante) Verbesserung der aeroben Ausdauerleistungsfähigkeit (z. B. längere Gehzeiten, höhere Gehgeschwindigkeiten, Verbesserung der relativen Sauerstoffaufnahme [VO_2Max], höherer Fitnessindex; Bös, 1996). Beide Trainingsmaßnahmen (Tischtennis- vs. Walking-Gruppe, Prä- und Posttest) waren demnach gleichermaßen wirksam. Durch permanente Messungen der physiologischen Parameter (z. B. Herzfrequenz) und psychologischer Parameter (z. B. empfundenes Wohlbefinden) konnte gezeigt werden, dass die spezifischen Übungs- und Spielformen im Tischtennis eine individuelle Steuerung der Belastung zulassen. Die zusätzliche Förderung von Koordination, Kraft, Beweglichkeit und Entspannung erhöht den gesundheitlichen Wert des Tischtennisprogramms (Pfeifer et al., 2003).

Beispiel

„**Nonnenhockey**" (u. a. Geske, 2017) ist eine exemplarische Spielform, bei der alle Teilnehmer:innen eine moderate motorische Belastung erfahren. Ziel ist es – ähnlich wie beim Rundlauf – als letzte/r Spieler:in noch am Tisch zu stehen. Dazu werden zwei Tische ohne Netz an den Längsseiten zusammengestellt. Die Gruppengröße sollte zwischen 4 und 8 Spieler:innen liegen. Vor dem Spiel werden alle Teilnehmer:innen von 1 bis „x" durchnummeriert. Diese Nummern bestimmen die Schlagreihenfolge, d. h., Nr. 2 nimmt den Ball von Nr. 1 an, Nr. 3 den von Nr. 2 usw. Der/Die letzte Spieler:in spielt den Ball auf die Nr. 1. Beim Aufschlag lässt Spieler:in Nr. 1 den Ball auf den Boden aufprellen und spielt ihn dann auf den Tisch, sodass er mindestens zweimal dort aufspringt, bevor er wieder auf den Hallenboden springt. Spieler:in Nr. 2 muss den Ball nach dem Tischkontakt auf dem Boden auftippen lassen und ihn dann irgendwo auf den Tisch spielen, sodass er dort zweimal oder mehr auftippt. Als Aufschlagfehler gilt, wenn der/die Aufschläger:in den Ball direkt aus der Hand oder ihn mehr als einmal auf dem Boden aufspringen lässt oder wenn der Ball nur einmal oder überhaupt nicht die Tischfläche berührt. Als Rückschlagfehler gelten alle Bälle, die mehr als einmal auf dem Boden auftippen, die nur einmal auf der großen Tischfläche auftippen und dann bereits

9.1 Positive Effekte des Tischtennisspielens auf die Gesundheit

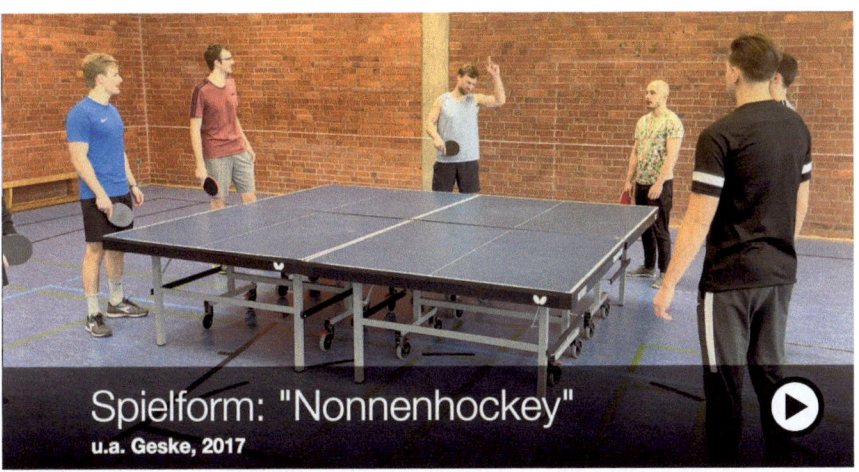

Abb. 9.1 Spielform „Nonnenhockey" (Geske, 2017, u. a.). Ziel des Spiels ist es als letzte/r der Spieler:innen am Tisch zu stehen. Der Ball muss immer einmal auf dem Boden und dann mindestens 2-mal auf der Tischfläche auftippen. Der Ball darf überall hin gespielt werden. Dadurch wird sich rund um den Tisch bewegt. (▶ https://doi.org/10.1007/000-b8v)

auf den Boden tippen, oder wenn jemand seinen/ihren Einsatz verpasst. Scheidet ein/e Spieler:in aus, rutschen alle anderen Spieler:innen in der Schlagreihenfolge eine Position nach vorne auf. Gewonnen hat der/die Spieler:in, der/die als letzte am Tisch steht (Abb. 9.1).

Aufschlag hat immer der-/diejenige, der/die den letzten Fehler gemacht hat. Vorteile dieser Spielform sind die niedrige Einstiegshürde, da auch Anfänger:innen die große Tischfläche leicht treffen können, der hohe Bewegungsanteil (auch wenn die Intensität in größeren Gruppen moderat ist), die kognitive Herausforderung, sich schon frühzeitig auf den nächsten Ball vorzubereiten. Die Spieler:innen machen schnell die Erfahrung, dass es günstig ist, sich auf der gegenüberliegenden Seite jenes Spielers bzw. jener Spielerin zu positionieren, der/die vor ihnen an der Reihe ist. Da jedoch alle Schlagrichtungen und Rotationsarten/Schlagtechniken erlaubt sind, ändern sich die Positionen der einzelnen Spieler:innen ständig. Sie lernen somit ganz nebenbei, den jeweiligen „Streuwinkel" (Abschn. 6.1.1) zu beachten (Geske, 2017). Ebenso gut eignen sich andere Rundlaufvarianten, welche unter Gesundheitsaspekten nur dann funktionieren, wenn das frühe Ausscheiden verhindert wird. Viele Teilnehmer:innen mögen diese Spielform aufgrund des geselligen Charakters, welcher beim Thema Gesundheit nicht vernachlässigt werden sollte. In diesem Sinne spricht man eher von der psychosozialen Gesundheit. ◀

In einer japanischen Studie mit 217 älteren Proband:innen zwischen 50 und 85 Jahren wurde die Fähigkeit der Aufmerksamkeitskontrolle und -steuerung getestet. Ein Vergleich von Tischtennisspieler:innen, die mindestens vier Stunden pro Woche reguläres Tischtennistraining absolvieren, und anderen sporttreibenden Personen ergab, dass über alle Altersklassen hinweg die Tischtennisspieler:innen bei kognitiven Tests besser abschnitten (z. B. schnellere und bessere mentale Handlungen; Kawano Masaschichi et al., 1992). Zu ähnlichen Ergebnissen kamen Naderi et al. (2018), die 20 regelmäßige Freizeit-Tischtennisspieler mit 20 Teilnehmern verglichen, die seit mindestens 2 Jahren an anderen regelmäßigen Trainingsprogrammen teilgenommen hatten. Hier zeigte sich sogar, dass die regelmäßige Teilnahme an den Tischtenniseinheiten (2- bis 5-mal pro Woche, 90–180 min) eine größere gesundheitsfördernde Wirkung auf die älteren erwachsenen Männer hatte als das konventionelle Sportprogramm.

Weitere empirisch belegte Vorteile des Tischtennisspiels sind Verbesserungen der Hand-Augen-Koordination (Biernat et al., 2018), der Wahrnehmung und der Aufmerksamkeit (Yin et al., 2021; siehe auch Abschn. 3.3.1) sowie der Reflexe und des Gleichgewichtssinns (Chang et al., 2016; Picabea et al., 2021). Einige Studien zeigen, dass Tischtennis neben seiner gesundheitsfördernden Wirkung ebenso dazu beitragen kann, Symptome schwerwiegender Krankheiten zu lindern. Beispielsweise berichten Shimomura und Kollegen (2004), dass regelmäßiges Tischtennisspielen von großem therapeutischen Nutzen für Personen mit einer chronischen ischämischer Herzerkrankung, einer Erkrankung der Herzkranzgefäße als Folge von Kalkablagerungen durch Arteriosklerose, sein kann. Zudem scheint Tischtennis einen positiven Einfluss auf Depressionssymptome (z. B. gedrückte Stimmung, Antriebslosigkeit, negative Gedanken etc.) zu haben. In einer Studie an 160 Frauen im Alter von 60 Jahren und älter, die an einem Bewegungs- und Schulungsprogramm zum Thema Gesundheit teilnahmen, wurden Parameter zur Beurteilung der Gebrechlichkeit und der kognitiven Funktionen und Depressionsindikatoren erfasst (Jeoung, 2014). Die Teilnehmerinnen wurden gebeten, die Art, Dauer und Häufigkeit jeglicher sportlicher Betätigung in der vorangegangenen Woche aufzuschreiben. Zudem wurde der Umfang der sportlichen Betätigung durch die Berechnung der Art, Dauer und Häufigkeit der sportlichen Betätigung berechnet, die die Teilnehmerinnen seit mindestens drei Monaten regelmäßig ausgeübt hatten. Es zeigte sich, dass die Depressionsskalen bei den älteren Frauen, die Tischtennis spielten, am niedrigsten lagen, gefolgt von denen, die tanzten. Gymnastik wies die höchsten Werte für Gebrechlichkeit und Depression auf. Neben diesen kognitiven und körperlichen positiven Effekten des Tischtennisspielens belegten Studien, dass Tischtennis auch als eine Art ein „soziales Ventil" gesehen werden kann, welches „sowohl der geistigen als auch der körperlichen Gesundheit zugutekommen kann" (Biernat et al., 2018). Tischtennisspieler:innen zeichneten sich durch eine deutlich höhere Lebenszufriedenheit und ein besseres körperliches Selbstkonzept aus als Nicht-Tischtennisspieler:innen. Dadurch, dass Tischtennis mit einem Partner bzw. einer Partnerin gespielt werden muss, führt es im Gegensatz zu vielen anderen Sportaktivitäten wie Joggen, Schwimmen oder Golfen stets zu sozialen Kontakten, welche positive psychosoziale Auswirkungen (z. B. Emotion, Motivation und Kognition) mit sich bringen.

Ältere Personen wünschen sich laut Baumann (2017), beim Sporttreiben ein hohes Maß an Eigenständigkeit zu verspüren. Dies falle ihnen im Tischtennis leichter als in anderen Sportprogrammen, da durch die flexible Wahl der Partner:innen, Übungen und Spielformen (z. B. Einzel oder Doppel) die Spieler:innen ihr Training frei gestalten könnten. Zudem fördere das Tischtennisspielen die individuelle körperliche Leistungsfähigkeit und die erfolgreiche Bewältigung von Alltagshandlungen.

Spielformen mit Veränderung des Spielgedankens (Kucht, 1983) können diese positiven Effekt noch gezielt verstärken. Beispielhafte Veränderungen könnten sein:

- Spiel mit langen Ballwechseln: Die zwei Spieler:innen, die den längsten Ballwechsel erreichen, haben gewonnen oder erhalten einen Bonuspunkt.
- Spiel mit vielen Ballkontakten: Der/Die Übungsleiter:in gibt eine bestimmte Zeit vor, in der die Spieler:innen möglichst viele Ballwechsel (Netzüberquerungen) realisieren sollen. Entweder gewinnt die Paarung, die die meisten Ballwechsel geschafft hat, oder es werden Teams aus mehreren Paarungen gebildet, deren Gesamtanzahl verglichen wird.
- Spiel mit gemeinsamem Einstieg: Ein/e Spieler:in darf erst nach einer Mindestzahl an vorher festgelegten Ballwechseln versuchen, zu einem Punktgewinn zu kommen. So wird vermieden, dass die Ballwechsel frühzeitig enden. Auch der Aufschlag verliert hier an Bedeutung.
- Spiel mit doppelter Punktzahl: Der/Die Spieler:in, der/die aktuell in Rückstand ist, erhält für jeden erzielten Punkt die doppelte (oder dreifache) Punktzahl. Diese Regeländerung gilt so lange, bis die Führung wechselt.
- Spiel nach (alten) Volleyballregeln: Punkte kann nur der/die Aufschläger:in erzielen. Gelingt ihm/ihr dies nicht, wechselt das Aufschlagrecht und der/die Partner:in kann versuchen, Punkte zu machen.
- Spiel mit Rückwärtszählen: Ein Spiel startet beispielsweise bei 11:11 (oder 21:21 usw.). Die Spieler:innen müssen versuchen, ihre Punkte herunter zu spielen, bis ein/e Spieler:in bei null angelangt ist. Der Fokus liegt hier vor allem auf dem kognitiven Umdenken.

Tischtennis eignet sich ebenfalls als therapeutisches Mittel für Kinder mit Aufmerksamkeitsdefizit-Hyperaktivitätsstörung (ADHS) (Pan et al., 2015). Dies zeigte ein 12-wöchiges Tischtennistraining im klinischen Kontext, welches neben Verbesserungen der motorischen Fähigkeiten positive Fortschritte im Sozialverhaltens und bei den exekutiven Funktionen (siehe auch Abschn. 3.3.3) von Kindern mit ADHS bewirkte. Laut Horsch (2005) bietet Tischtennis viele übergeordnete salutogenetische Elemente, die eine „mehrdimensionale Gesundheitswirksamkeit" (ebd., S. 74) aufweisen. Beispielsweise verlangt das Tischtennisspiel eine hohe Konzentrationsfähigkeit, was Transfereffekte dieser Fähigkeit in andere Lebensbereiche (z. B. Konzentration im Straßenverkehr) hat. Durch die Schulung der koordinativen Fähigkeiten (Abschn. 3.2) werden Bewegungsprogramme (auch die des Alltagslebens) im zentralen Nervensystem verfeinert. Über eine daraus resultierende ökonomischere Bewegungsausführung wird das Herz-Kreislauf-System geschont, weil weniger ‚Arbeit' aufgebracht werden muss. Zudem sind „Sportschäden und Sportverletzungen beim Tischtennis nahezu ausgeschlossen, da relativ geringe Bewegungsamplituden genutzt werden und, weil Tischtennis keine Sportart mit langandauernder hochintensiver Beanspruchung der Ausdauerbelastung darstellt, eine zeitweilige Schwächung des Immunsystems nicht auftritt" (Horsch, 2005, S. 67).

9.2 Tischtennis im Reha- und Präventionssport

Der Deutsche Tischtennis-Bund erkannte früh, dass die Sportart „Tischtennis nicht nur ein Wettkampf mit dem Ziel ist, immer das Beste und meiste aus sich herauszuholen; Tischtennis kann ebenso dabei helfen, gesund zu bleiben und sich von Krankheiten oder Behinderungen zu erholen bzw. diesen entgegenzuwirken" (www.tischtennis.de). Im Gesundheitssport wird deswegen zwischen Prävention und Rehabilitation unterschieden. Die Zielgruppe beim Präventionssport sind weitestgehend gesunde Menschen. Rehabilitationssport ist eine für behinderte und von der Behinderung bedrohte Menschen entwickelte Therapie, mit dem Ziel, die eigene Gesundheit zu stärken und zunächst unter Anleitung, später eigenständig, regelmäßige Sportübungen im Tischtennis zu absolvieren. Er wird primär von den Krankenkassen über einen begrenzten Zeitraum bewilligt. Die Zielgruppe sind Menschen mit Behinderungen im Bereich der Orthopädie, d. h. beispielsweise mit Amputationen, Gelenkschäden, Gelenkersatz, Osteoporose oder Wirbelsäulenschäden. Der Vorteil der im Folgenden vorgestellten gesundheitsorientierten Konzepte im Tischtennis ist, dass die körperliche Anstrengung durch den hohen Spaßfaktor, das gemeinschaftliche Miteinander und die spielerischen Elemente nur indirekt wahrgenommen wird. Der Deutsche Tischtennis-Bund bietet in beiden Bereichen verschiedene Ausbildungen an.

9.2.1 Kursprogramm „FiTTer in Herz- und Hirn"

Beim Kursprogramm „FiTTer in Herz- und Hirn" (ehemals Gesundheitssport Tischtennis) handelt es sich um ein Präventionsangebot primär zur Stärkung des Herz-Kreislauf-Systems. Der Begriff „Herz" weist auf den ersten Schwerpunkt des Programms, das spielorientierte Ausdauertraining, hin. „Hirn" ist der Hinweis auf den zweiten Schwerpunkt, jenen der Koordinationsschulung durch das Tischtennisspielen. Körperwahrnehmung-Kräftigung-Entspannung runden als allgemeinsportliche Inhalte das Programm ab. Bezüglich des Programms „FiTTer in Herz und Hirn" wurde eine positive Auswirkung auf die Ausdauerfähigkeit wissenschaftlich nachgewiesen (Pfeifer et al., 2003; Heinz et al., 2004). Der Kurs hat eine Laufzeit von 10 bis 12 Kurseinheiten und wird in der Regel ein- bis zweimal pro Jahr angeboten. Das Siegel Sport pro Gesundheit ist an das Kurssystem gebunden. Es ist ein ganzheitliches Angebot, welches allgemeinsportliche inhalt-

9.2 Tischtennis im Reha- und Präventionssport

liche Aspekte enthält, wie Koordination, Kräftigung und Körperwahrnehmung, und durch tischtennisspezifische Inhalte eine spaßige, motivierende, spielerische Abwechslung zu herkömmlichen Gesundheitssportkursen bei hoher Wirksamkeit bietet. Die Zielgruppe des Kursprogrammes sind Erwachsene, die ihren Gesundheitszustand in spielerischer Form und unter kompetenter Anleitung halten oder verbessern wollen, und auch Teilnehmer:innen, die dem traditionellen, wettkampforientierten Vereinssport ferngeblieben sind.

Der Aufbau des Kursprogrammes beinhaltet:

- Nach einem kurzen Ausblick auf die Kurseinheit soll ein Bewegungsritual den Schritt vom Alltag in die Kursstunde erleichtern.
- Bestandteil jeder Kurseinheit ist die Vermittlung von Wissensinhalten zum Thema Sport und Gesundheit. In kurzen Theoriephasen werden den Teilnehmer:innen relevante Themen für das Verständnis von Sport und Gesundheit erläutert und entsprechende Informationen an die Hand gegeben.
- Das Aufwärmprogramm wird grundsätzlich mit koordinativen Übungen verbunden. Je nach Vorerfahrung in der Sportart Tischtennis werden dabei allgemeine oder sportartspezifische Übungen eingesetzt. Hierdurch werden neben der Erwärmung des Herz-Kreislauf-Systems wichtige Grundlagen für die Verbesserung der Bewegungsökonomie geschaffen.
- In Spielformen mit Ball und Schläger an einem oder mehreren Tischtennistischen bewegen sich die Teilnehmer:innen spielend am oder um den Tisch. Dabei wird besonders Wert auf die individuelle Dosierbarkeit der Bewegungsgeschwindigkeit gelegt. Dies ist eine wichtige Vorraussetzung, um optimale Trainingseffekte im Bereich der Grundlagenausdauer zu erreichen. Eine typische Spielform ist der sogenannte **Vario-Rundlauf** (Abb. 9.2). Bei dieser Spielform wählen die Teilnehmer:innen selbstständig den Radius ihres Laufweges. Im Rundlaufprinzip wird nachdem ein Ball geschlagen wurde gegen den Uhrzeigersinn zu der anderen Tischseite gelaufen. Pylonen, Hütchen, Markierungen (z. B. 1 m, 2 m, 3 m neben dem Tisch) bieten verschiedene Laufwege an, sodass jede:r Übende die Laufintensität individuell steuern kann.

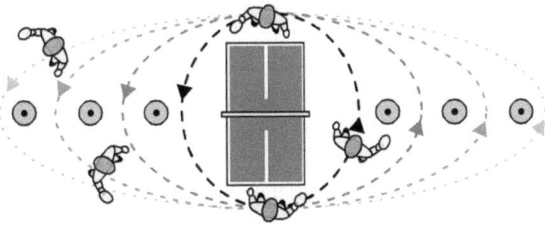

Abb. 9.2 Bei der Spielform Vario-Rundlauf können die Teilnehmer:innen selbstständig den Radius ihres Laufweges wählen. Im Rundlaufprinzip wird, nachdem ein Ball geschlagen wurde, gegen den Uhrzeigersinn zu der anderen Tischseite gelaufen. Pylonen, Hütchen, Markierungen (z. B. 1 m, 2 m, 3 m neben dem Tisch) bieten verschiedene Laufwege an, sodass jede:r Übende die Laufintensität individuell steuern kann (https://www.tischtennis.de/mein-sport/aktionen/gesundheitssport.htm)

- Während des Kursprogrammes werden Unterschiede in den technischen Fähigkeiten der Teilnehmer:innen durch alternative Rahmenbedingungen und Zählweisen (für Beispiele siehe Abschn. 5.2.3) ausgeglichen, womit der Spaß am Spiel für jeden Einzelnen in den Mittelpunkt rückt.
- Ergänzende Übungen zur Körperwahrnehmung schaffen eine wichtige Voraussetzung, um Folgeübungen zur Muskelkräftigung mit der richtigen Körperhaltung effektiv durchzuführen. Die Kräftigung schwacher Muskelgruppen soll dabei muskuläre Dysbalancen in den Gelenksystemen ausgleichen.
- Leicht zugängliche Entspannungsverfahren (siehe auch Abschn. 3.3) setzen den Aktivierungsgrad der Teilnehmer:innen herab und leiten die Erholung von der Kurseinheit ein. Daneben werden Techniken zur Selbstregulation und zum Stressabbau erlernt. Neben den körperlichen wird somit auch ein psychisches Wohlbefinden der Teilnehmer:innen provoziert.

Einen Einblick in die praktische Umsetzung bietet ein kurzes Video des Deutschen Tischtennis-Bundes: https://www.youtube.com/watch?v=d0M6OjD4bMI. Das Kursprogramm wird allen Interessenten bei der P-Trainer-Ausbildung vermittelt. FiTTer in Herz und Hirn setzt Trainer:innen mit der 2. Lizenzstufe „B Trainer Prävention" (Abschn. 7.4) voraus.

9.2.2 Konzept „Dauerangebot FiTTer 50+"

Bei einem Dauerangebot handelt es sich um ein wöchentliches Training ohne Laufzeitende. Neuestes Beispiel hierfür ist das Fortbildungsprogramm „FiTTer 50+", welches sich an gesundheitsorientierte Hobbyspieler:innen richtet. Die Inhalte sind sehr vielseitig und im Vergleich zum Kursprogramm stärker auf das Erlernen der Sportart Tischtennis und den spezifischen Bedürfnissen von Menschen in der zweiten Lebenshälfte ausgelegt. In diesem Konzept werden sowohl Tischtennisgrundtechniken (Abschn. 4.2) erlernt und spielerische Wettkampfformen genutzt, die meist einen bewegungsfreudigen, motivierenden und teils sozialen Charakter aufweisen. Typische Spielformen, die in diesem Kontext durchgeführt werden, sind der Rundlauf **an 2 Tischen, das 5-gegen-5 an 2 Tischen oder Trippel** (Abb. 9.3).

Der Deutsche Tischtennis-Bund bietet auf seiner Internetseite eine interaktive (Deutschland-)Karte an, auf der die Angebote des Gesundheitssport FiTTer 50+ aufgeführt werden. Somit sollen zum einen gesundheitsorientierte Angebote transparent sichtbar gemacht werden und zum anderen Austauschmöglichkeiten zwischen Teilnehmer:innen, aber auch Übungsleiter:innen entstehen.

9.2.3 Konzept „FiTTer Kids"

Heutzutage leiden zu viele Kinder in Deutschland unter Bewegungsmangel (z. B. Dordel, 2000; Thiele, 1999) bzw. geht die sportliche Leistungsfähigkeit der Kinder

Abb. 9.3 Die drei Spielformen „Rundlauf an zwei Tischen" (oben), „5:5 an zwei Tischen" (Mitte) und „Trippel" (unten) haben gemeinsam, dass sie im Rundlaufprinzip gespielt werden und variable Laufwege ermöglichen. Beim Rundlauf an zwei Tischen kann die Distanz zwischen den Tischen größer oder kleiner gestaltet werden. Die Belastung beim 5:5 an zwei Tischen wird durch mehr Spieler:innen (z. B. 6:6, 7:7) geringer. Beim Trippel lassen sich ebenfalls die Anzahl der Spieler:innen sowie der Abstand der Pylone, die umlaufen werden müssen, an die Zielgruppe bzw. Intensität anpassen. (https://www.tischtennis.de/mein-sport/spielen/spiele-turniere.html)

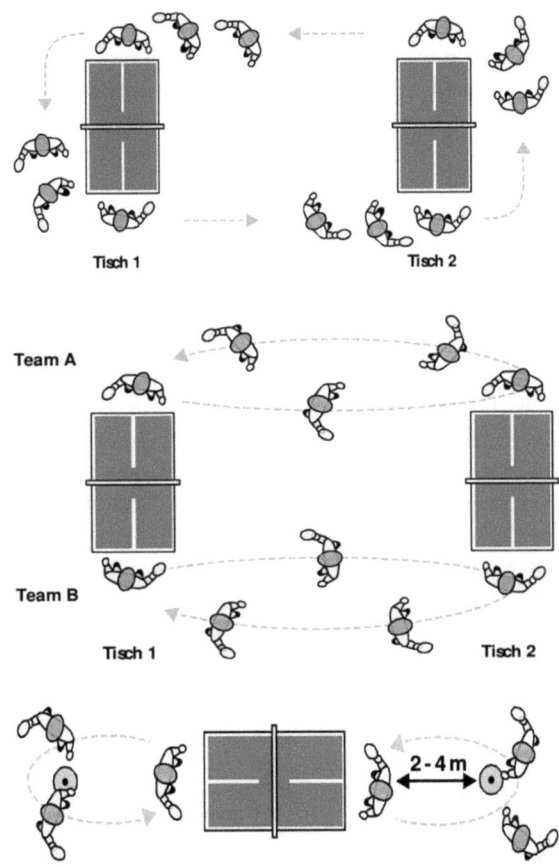

schrittweise zurück (Kretschmer, 2000; Schmidt et al., 2003). Das Konzept des Kursprogrammes „FiTTer Kids" des Deutschen Tischtennis-Bundes versucht primär, diesem Problem entgegenzuwirken. Das Gesundheitskonzept richtet sich vor allem an Kinder, die bislang wenig bis gar keinen Kontakt zum Sport im Allgemeinen und Tischtennis im Besonderen hatten. Es beinhaltet sowohl tischtennisspezifische als auch konditionelle Inhalte, um kindgerecht Schüler:innen Freude an der Bewegung zu vermitteln. Unter Einsatz von spielerischen Elementen, vorwiegend mit Tischtennisschläger und -ball, soll Kindern ab dem 3. Schuljahr ohne oder mit wenigen Tischtennisvorkenntnissen die Freude an der Bewegung zur Förderung von Gesundheit und Wohlbefinden vermittelt werden (www.tischtennis.de). Eine exemplarische Kurseinheit für die Kinder sieht folgende Module vor:

a) Baustein Wissen (z. B. gesunde Ernährung)
b) Baustein Praxis I: Aufwärmen, Ballgewöhnung & Koordination
c) Baustein Praxis II: kindgerechte Tischtennis-Übungen/-Varianten

d) Baustein Praxis III: Bewegungsspiele zur Ausdauer (z. B. **Rundlaufformen**)
e) Baustein Praxis IV: Kräftigungsübungen für den ganzen Körper
d) Baustein Entspannung: Entspannungsverfahren & Cool-Down

Die Kinder sollen durch dieses Programm an die Sportart Tischtennis herangeführt und im Optimalfall dazu motiviert werden, sich einen (Tischtennis-)Sportverein in ihrer Nähe zu suchen.

9.2.4 Rehabilitationssport

Rehabilitationssport ist eine für behinderte und von der Behinderung bedrohte Menschen entwickelte Therapie mit dem Ziel, die eigene Gesundheit zu stärken und zunächst unter Anleitung, später eigenständig, regelmäßige Sportübungen zu absolvieren. Er wird primär von den Krankenkassen über einen begrenzten Zeitraum bewilligt. Die Zielgruppe sind Menschen mit Behinderungen im Bereich der Orthopädie, d. h. beispielsweise mit Amputationen, Gelenkschäden, Gelenkersatz, Osteoporose oder Wirbelsäulenschäden. Der Deutsche Tischtennis-Bund richtet regelmäßig Aktionstage mit dem Titel „Rehabilitationstag Tischtennis" aus. Der Tag bietet die Möglichkeit, unverbindlich in den Reha-Bereich hineinzuschnuppern. Neben einer umfangreichen Theorievermittlung gibt es die Möglichkeit einer praktischen Erprobung inklusive einer Modellstunde. Die Teilnahme an diesen Präventionstagen wird als Fortbildung mit 6 LE für den Übungsleiter B „Sport in der Prävention" (Abschn. 7.4.3.2) angerechnet. Für die Teilnehmer:innen soll dieser Tag ebenfalls als Austauschmöglichkeit untereinander und mit den Bildungsverantwortlichen des DTTB im Bereich Gesundheitssport gesehen werden. Auch im Bereich der Rehabilitation sind die Kernziele die Stärkung der physischen Ressourcen sowie psychosozialen Ressourcen durch spielnahes Training. Tischtennis wird dabei im Kursprogramm als Mittel zum Zweck gesehen, um mit Spaß gesundheitliche Ziele erreichen zu können. Das standardisierte Kursangebot soll den Einstieg in die körperliche Aktivität und später in einen Verein erleichtern.

9.3 Tischtennis bei neurodegenerativen Erkrankungen

Kuhn (2005, S. 3) beschreibt die Anforderungen in der – bezogen auf die Zeit zwischen zwei Ballkontakten – schnellsten Rückschlagsportart wie folgt:

> „Schon die detaillierte Analyse der erforderlichen konditionellen Fähigkeiten ist enorm vielschichtig und steht wiederum im komplexen Zusammenhang mit den Spieltechniken und anderen Faktoren, z.B. der Psyche und dem Material. Tischtennis erfordert ein einzigartiges Zusammenwirken fast aller Körpersegmente von kleinsten feinmotorischen Nuancen bis hin zu großräumigen Bewegungen, wohldosiert und meist unter Zeitdruck, explosiv und oft mit Finten. Der Spieler muss auf solche Anforderungen gut vorbereitet sein, um seine maximalen Möglichkeiten auszuschöpfen."

9.3.1 Tischtennis und Morbus Parkinson

Die Parkinson-Krankheit ist die am häufigsten auftretende neurologische Erkrankung des Zentralen Nervensystems (Balestrino & Schapira, 2020). Sie wird in die Gruppe der degenerativen Systemerkrankungen eingeordnet, deren Symptome durch schleichende, progrediente Veränderungen in den morphologischen Strukturen des Nervensystems entstehen (Fischer, 1988). Verschiedene Formen des Morbus Parkinson erschweren die Diagnose und die Behandlung der Symptome. Die häufigste Form ist das sogenannte idiopathische Parkinson-Syndrom mit weiteren Differenzierungen (z. B. akinetisch-rigider Typ, Tremordominanztyp, Äquivalenztyp usw.). Weit weniger verbreitet sind genetische Formen des Parkinson-Syndroms (z. B. monogenetischer Gendefekt), atypische Parkinson-Syndrome (auch Parkinson-Plus-Syndrom; entstehen begleitend bei anderen neurodegenerativen Erkrankungen) oder sekundäre Parkinson-Syndrome (auch symptomatische Parkinson-Syndrome; durch z. B. Medikamente, Vergiftung, Schädel-Hirn-Trauma, Hirntumore, Entzündungen etc.) (für einen Überblick siehe Balestrino & Schapira, 2020).

Die häufigsten motorischen Symptome des Morbus Parkinson sind Tremor, Rigidität, Bradykinesie/Akinesie und Haltungsinstabilität (Kraus et al., 1988). Wenn die Krankheitssymptome stärker ausgeprägt sind, haben die Patient:innen Schwierigkeiten mit einzelnen Handfunktionen sowie dem Gehen und neigen zu Stürzen. Eine motorische und kognitive Beeinträchtigung zu Beginn der Erkrankung ist ein wahrscheinlicher Prädiktor für einen schnelleren motorischen Verfall und eine Behinderung (Opara et al., 2005). Das klinische Bild umfasst demnach auch nichtmotorische Symptome (Balestrino & Schapira, 2020). So werden bei Betroffenen in psychosozialer Hinsicht häufig gesellschaftliche und kommunikative Störungen wie Antriebslosigkeit, Verlangsamung, veränderte Ausdrucks- und Willkürmotorik festgestellt, die in nicht wenigen Fällen zu Rückzug oder Isolation der Betroffenen führen (Hefner et al., 1989).

Bislang gibt es keine Therapie, die das Fortschreiten der Erkrankung aufhält oder sogar zum Stillstand bringt (Danielczyk & Fischer, 1990; Fischer, 1988; Fischer et al., 1988). Die Deutsche Gesellschaft für Neurologie (DGN) benennt in ihren Leitlinien für die Therapie des idiopathischen Parkinson-Syndroms (IPS) eine Behandlung der motorischen und/oder autonomen Störungen, der Verhaltens- und psychischen Symptome, den Versuch der Erhaltung der Selbstständigkeit in den Aktivitäten des täglichen Lebens, eine Verhinderung/Verminderung von Pflegebedürftigkeit, die Erhaltung der Selbstständigkeit in Familie und Gesellschaft (soziale Kompetenz) und die Vermeidung von sekundären orthopädischen und internistischen Begleiterkrankungen. Für die medikamentöse Behandlung des IPS stehen zahlreiche Medikamente zur Verfügung. Zu den bekanntesten gehören Levodopa (in Kombination mit einem Decarboxylasehemmer), Dopaminagonisten, MAO-B-Hemmer (Selegilin, Rasagilin), COMT-Inhibitoren (Entacapon, Tolcapon), NMDA-Antagonisten (Amantadin, Budipin) und Anticholinergika (vgl. DGN, 2016, Leitlinien des IPS, www.dgn.org). Patient:innen reagieren dabei der sehr unterschiedlich auf die verschiedenen Medikamente und die Wirksamkeit nimmt in der Regel im Krankheitsverlauf ab. Dies macht die Behandlung durch Medikamente sehr schwierig. Bislang gibt es keine prospektiven Studien zur Wirksamkeit oder zum langfristigen Nutzen einer Kombination dieser verschiedenen Medikationen bei der Parkinson-Krankheit, und retrospektive Analysen sind spärlich (Csoti et al., 2019). Die komplexen biochemischen Veränderungen im Gehirn der Betroffenen lassen sich zwar über einen gewissen Zeitraum durch den Einsatz von Medikamenten (positiv) beeinflussen, langfristig spielen jedoch die nichtmedikamentösen Therapien (z. B. Sport) eine bedeutende Rolle (Götz, 2006).

Die positiven Auswirkungen von Bewegung und/oder motorischem Training bei Menschen mit Morbus Parkinson wurden bereits mehrfach in experimentellen Studien mit großen Fallzahlen nachgewiesen (für einen Überblick siehe Allen et al., 2012; Reuter & Knapp, 2015, oder Ahlskog, 2011). Insgesamt belegen diese Studien, dass Bewegung und motorisches Training zur Verbesserung des Gehens, des Gleichgewichts, der Muskelkraft und der Ausführung funktioneller Aufgaben bei Menschen mit leichter bis mittelschwerer Parkinson-Krankheit führen kann (Ebersbach et al., 2010). Es gibt auch zunehmend Hinweise darauf, dass der durch kognitiven Abbau und pharmako-refraktäre, d. h. durch Pharmakologie nicht beeinflussbare, motorische Defizite bestimmte Langzeitverlauf der Parkinson-Erkrankung durch intensives körperliches Training verbessert werden kann (Reuter & Ebersbach, 2012). Auch Verbesserungen der kognitiven Leistungsfähigkeit durch körperliche Aktivität wurden in klinischen Studien nachgewiesen. Diese positiven Auswirkungen körperlichen Trainings sprechen dafür, aktivierende Therapien bei der Parkinson-Erkrankung früh im Krankheitsverlauf und nicht erst beim Auftreten funktionell relevanter Behinderungen einzusetzen.

Die besondere Wirksamkeit des Tischtennissports bei Parkinson-Patient:innen wurde bislang nur in wenigen wissenschaftlichen Studien erforscht. Eine Studie zur generellen Durchführbarkeit und Wirkung von Tischtennistraining bei Personen mit leichter bis mittelschwerer Morbus-Parkinson-Erkrankung ergab, dass ein angeleitetes Tischtennis-Gruppentraining vollkommen sicher und machbar ist (Olsson et al., 2020). Die Teilnahmequote in diesem Programm war hoch und die Abbrecherquote niedrig. Die wichtigste Erkenntnis der 10-wöchigen Interventionsstudie von Olsson und Kolleg:innen war, dass bei den Patient:innen, die zweimal pro Woche mindestens 120 min Tischtennis spielten, keine unerwünschten Ereignisse oder Verletzungen während der Trainingseinheiten auftraten. Die Teilnehmer:innen berichteten hingegen von einer freudigen Erfahrung mit positiven Auswirkungen auf das psychische Wohlbefinden und die Lebensqualität. Motorische Effekte (z. B. der Muskelkraft, Dehnbarkeit und Stabilität) konnten ebenfalls über etablierte Testverfahren nachgewiesen werden. Eine weitere Studie, in der Parkinson-Patient:innen über einen Zeitraum von sechs Monaten einmal pro Woche an einem sechsstündigen Tischtennistraining teilnahmen, zeigte auf, dass bereits nach drei Monaten Verbesserungen in den motorischen Aspekten des täglichen Lebens und in motorischen Tests (MDS-UPDRS, Part II & III; Fahn & Elton, 1987) auftraten. Diese Effekte waren noch größer nach sechs Monaten des Tischtennistrainings. Die nichtmotorischen Aspekte (gemessen über den MDS-UPDRS, Part I) und die motorischen Komplikationen (MDS-UPDRS, Part III; z. B. Störungen eines Bewegungsablaufs, Störung einer motorischen Funktion) blieben allerdings auch nach sechs Monaten unverändert (Inoue et al., 2020). Zudem kontrollierten die Autor:innen in dieser Studie den Effekt von Tischtennis im Vergleich zu einem konventionellen motorischen Trainingsprogramm ohne Tischtennis. Es konnte gezeigt werden, dass die Tischtennis-Intervention einen stärkeren positiven Effekt auf die Motorik der Teilnehmer:innen hatte als das allgemeine Sportprogramm. Begründet wird dies von den Autor:innen damit, dass bspw. die rhythmischen Geräusche des auf den Tisch auftreffenden Balles ein auditiver Anreiz für die Teilnehmer:innen sein könnte, welcher sie dazu anregt, sich zu bewegen[1]. Zudem beobachten Teilnehmer:innen an dem Trainingsprogramm, dass sich nach einer Tischtennis-Einheit die nachfolgend erforderliche Medikamentendosis reduziert (Inoue et al., 2020). Dieses liegt mutmaßlich daran, dass L-Dopa als Medikament beim Sport das Gehirn schneller erreicht. Vor dem Hintergrund, dass mit fortschreitender Erkrankung die Wirkungsdauer der heute bekannten Parkinson-Medikamente nachlässt, kann Tischtennis also das Potenzial haben, die Dauer der Medikamentenwirksamkeit zu verlängern. Andere Autor:innen vermuteten, dass der Tischtennisball einen besonderen visuellen Anreiz darstellt, sich zu bewegen (Akamatsu et al., 2008). Dies ließ sich durch Studien erklären, die aufzeigen, dass objektbasierte Aufmerksamkeitsprozesse bei Morbus Parkinson intakt sind, während die räumliche (Orts-)Verarbeitung möglicherweise gestört ist (u. a. Possin et al., 2006). Der Objektbezug (hier: durch den Tischtennisball) hätte somit eine positive Auswirkung auf die Aufmerksamkeitsfunktionen (z. B. Inhibition, Arbeitsgedächtnis, kognitive Flexibilität etc.; Abschn. 3.3.3) im Tischtennis.

> **Beispiel**
>
> Weltweit hat sich ein Netzwerk an Tischtennisspieler:innen mit einer Parkinson-Diagnose in der PingPongParkinson-Vereinigung (www.pingpongparkinson.org/) aufgebaut, die ihre Ableger in vielen Ländern der Welt hat, auch in Deutschland. Der PingPongParkinson e. V. in Deutschland verfolgt das Ziel, Personen mit Parkinson langfristig an den Tischtennissport zu binden sowie die Bildung einer eigenen Gesundheitskompetenz zu fördern, die sich im Idealfall im lebenslangen Sporttreiben äußert. Dies „gilt im besonderen Maße für Menschen, die nie oder lange nicht mehr Sport getrieben haben. Gerade diese Personen mit Parkinson, denen regelmäßig auch die Durchführung eines eigenen Trainingsprogrammes schwerfällt, sollen vom Nicht-Sportler zum ‚Therapie-Sportler' geleitet werden" (www.pingpongparkinson.de). Die Mitgliederzahlen des PPP e. V. nehmen ständig zu. Jährlich tragen sie in Eigenregie die German

---

[1] Dass ein rhythmisches Bewegungsgeräusch bei Parkinson unterstützend wirken kann, bestätigen auch Ghai, Ghai, Schmitz und Effenberg (2018) in einer systematischen Untersuchung verschiedener Studien zur Akustik und Parkinson.

Open im Tischtennis für Parkinson-Betroffene aus. Allerdings steht hier nicht nur der Wettkampf im Fokus, sondern auch der gemeinsame Austausch und das freudvolle Miteinander. ◄

Tischtennis verbindet zum einen die sportlichen und gesundheitlichen Aspekte mit dem Spaß am Spiel. Zum anderen kann man es nicht alleine spielen; also kommt man unter Leute jeden Alters oder Geschlechts. Man kann sich also unterhalten, muss es aber nicht. Wie in diesem Lehrbuch häufig angesprochen, bietet das Tischtennisspielen den Teilnehmer:innen bzw. Patient:innen durch den kurzen Tisch die Möglichkeit, während und zwischen den Ballwechseln mit dem Gegenüber zu kommunizieren. Dadurch lässt es sich auf einer ganz anderen sozialen Ebene ansiedeln als beispielsweise im Tennis oder Badminton, wo die Distanz zwischen den Spieler:innen eine normale Unterhaltung in angemessener Lautstärke nicht zulässt. Dies ist insofern interessant, da im Zuge des Parkinson-Syndroms in aller Regel Stimm- und Sprechstörungen sowie etwaige Schluckprobleme auftreten. Regelmäßiges Sprechen während des Tischtennisspielens könnte diesen Symptomen entgegenwirken.

Auch aus psychologischer Sicht gesehen ist Tischtennis die perfekte Therapieform für Parkinson-Patient:innen, da die Wissenschaftler Mori und Sato (2004) einen Grund für die Verbesserung der (Parkinson-)Symptome durch ein Tischtennistraining darin sehen, dass die Patienten sich an der Tischtennis-Therapie erfreut hätten, was bei anderen, eher funktionalen Therapien nicht der Fall sei. Sie seien durch das spielerische Wettkämpfen und Trainieren motiviert gewesen, aktiv teilzunehmen (vgl. Mori & Sato, 2004, S. 6).

9.3.2 Tischtennis und Demenz

Derzeit leiden weltweit etwa 55 Mio. Menschen an Demenz und diese Zahl wird voraussichtlich bis 2030 auf 78 Mio. und bis 2050 auf 139 Mio. ansteigen (WHO, 2021). Als Demenz werden verschiedene Formen von Alterserkrankungen bezeichnet, die mit dem Abbau oder Verlust kognitiver Fähigkeiten (z. B. Aufmerksamkeit, Orientierung, Urteilsvermögen, planendes Handeln) zusammenhängen. Die Erkrankungen gehen in der Regel auch mit dem Abbau exekutiver Funktionen (Abschn. 3.3.3), wie Sprache, Motorik, und sozialen Fähigkeiten (z. B. soziale Teilhabe, reduzierte Kontakte) einher.

Die Alzheimer-Krankheit ist die häufigste Ursache von Demenz und macht schätzungsweise 60–80 % aller klinischen Fälle aus (Alzheimer's Association, 2022). Sie führt zu einem Abbau der Nervenzellen im Gehirn und dadurch auch zu zunehmenden Einschränkungen der Fähigkeiten der Erkrankten. Neben Morbus Alzheimer sind die vaskuläre Demenz, die Lewy-Körper-Demenz und die frontotemporale Demenz häufige Erscheinungsformen dieser neurodegenerativen Erkrankung (Stevens et al., 2002). Grundsätzlich kann eine Demenz in jedem Alter auftreten, allerdings steigt das Risiko mit höherem Alter stark an. In der Regel treten Symptome (z. B. gehemmte Kommunikation und Sprache, Probleme bei Alltagsaufgaben, veränderte Persönlichkeit, reduzierte körperliche Leistungsfähigkeit) nicht vor dem 65. Lebensjahr auf. Frauen sind häufiger betroffen als Männer.

Am 1. Oktober 2020 startete der DOSB in Zusammenarbeit mit der Deutschen Alzheimer Gesellschaft das Projekt „Sport bewegt Menschen mit Demenz", welches vom Bundesministerium für Familie, Senioren, Frauen und Jugend gefördert wird. Der DTTB übernimmt dabei eines von vier Teilprojekten. Dabei werden neue Angebote für Menschen mit Demenz und ihren Angehörigen in Sportvereinen erprobt. Dies soll dazu führen, dass immer mehr der 90.000 Sportvereine innerhalb des DOSB bedarfsgerechte Sport- und Bewegungsangebote anbieten (www.tischtennis.de/mein-sport/aktionen/gesundheitssport/sport-bewegt-menschen-mit-demenz.html). Tischtennis ist dabei die einzige Spielsportart, die an diesem Projekt teilnimmt. Tischtennis kann bis ins hohe Alter gespielt werden. Zudem kann die Sportart, z. B. mit langsameren Bällen, an die Zielgruppen im Gesundheitssport angepasst werden. Das Projekt ist seit dem 30.06.2022 erfolgreich abgeschlossen.

Inzwischen weiß man durch Studien, dass es förderlich für den Krankheitsverlauf ist, möglichst lange aktiv zu bleiben, sowohl körperlich als auch geistig und sozial. Daher ist es wichtig, gewohnte Aktivitäten, z. B. in einem Sportverein, möglichst lange aufrechtzuerhalten oder auch nach der Diagnose mit neuen Aktivitäten zu beginnen. Das gemeinsame Projekt mit dem DOSB setzt genau bei diesem präventiven Gedanken an. Von einer Demenzerkrankung betroffene Menschen sollen mit der nötigen Unterstützung in den Sportvereinen bleiben bzw. Sportvereine sollen ermutigt werden, ihre Aktivitäten auch dort anzubieten, wo eingeschränkte Menschen leben. Eine exemplarische 90-minütige Modellstunde einer typischen Tischtenniseinheit im Demenzprojekt ist in Tab. 9.1 emplarisch zusammengefasst.

Eine sehr gut geeignete Spielform ist der sogenannte **Kreuzrundlauf**. Bei dieser Rundlaufvariante werden vier Tischhälften in Form eines Kreuzes aufgestellt, sodass zwischen den gegenüberliegenden Tischhälften ein Graben entsteht (Abb. 9.4). Die Spieler:innen laufen die vier Stirnseiten der Tischhälften nacheinander an, um den Tischtennisball über den Graben auf die gegenüberliegende Tischhälfte zu spielen. Sobald an einem der Tische ein Fehler gemacht wird, soll so schnell wie möglich ein neuer Ball ins Spiel gebracht werden. Auf dem Weg zur nächsten Tischhälfte umlaufen die Spieler:innen Markierungen (z. B. Pylone, Hütchen o. Ä.), um den Laufweg gegebenenfalls zu verlängern. Dabei entscheiden sie selbstständig, welche Markierung sie in Abhängigkeit von ihrer möglichen Laufgeschwindigkeit und davon, wie viele Mitspieler:innen an der nächsten Tischhälfte bereits warten, umlaufen. Dieses Spiel Tischtennis erfordert sowohl grob- als auch feinmotorische Kontrolle.

Feinmotorische Kontrolle und sensorische Integration führt laut Studien zur Aktivierung und Verbesserung der Funktionen mehrerer neuronaler Regionen und Netzwerke im Gehirn (Balardin et al., 2017; Carius et al., 2021). Mittels funktionaler Nahinfrarotspektroskopien konnte eine großflächige Aktivierung motorischer Bereiche im Gehirn wie des primären motorischen Kortex, des prämotorischen

Tab. 9.1 Exemplarische Modellstunde einer typischen Trainingseinheit im Demenzprojekt (90 min)

#	Stundensegment	Planung	Stundeninhalt
1	Begrüßung	10 Min	Abfrage des Wohlbefindens, Ausblick auf die Stunde
2	Wurfspielrunde (Koordination)	10 Min	Es werden verschiedene Bälle (Handball, Volleyball, Basketball, Softball …) benötigt. Aufstellung der TN im Kreis. 1. Runde: Bälle werden immer zum nächsten TN gepasst. 2. Runde: Hälfte der Bälle (z. B. alle Handbälle) werden über den Boden gepasst, restliche Bälle direkt. 3. Runde: Zusätzlich werden kleine Bälle mit einer Hand geworfen/gefangen, große Bälle mit beiden Händen 4. Runde: Je nach Ballfarbe werden z. B. grüne Bälle mit links und rote Bälle mit rechts gefangen (je nachdem was für Farben verfügbar sind und Sinn machen). Zum Abschluss: Vorgaben für die Bälle (beidhändig/einhändig, Bodenpass/Direktpass) bleiben erhalten. Die Gruppe läuft allerdings durch die Halle, Zuwurf bei zufälliger Begegnung mit anderen TN
3	Koordination und Dual-Tasking-Aufgaben	15 Min	Luftballons zuspielen, hilfreich ist, wenn der/die Übungsleiter:in in der Mitte steht und die passiven Teilnehmer:innen aktiviert, indem ihnen direkt ein Luftballon zugespielt wird. Variationen sind den Luftballon unterschiedlich stark aufpusten, Luftballon mit der Hand bzw. mit dem TT-Schläger spielen, kreuz und quer zuspielen oder im Kreis zuspielen, kleiner Ball (z. B. TT-Ball, Tennisball) oder ein Jongliertuch gleichzeitig im Kreis geben, kleiner Ball vor der Weitergabe erst mit allen Fingern einer Hand bewusst antippen, großen Ball (z. B. Gymnastikball, Wasserball) per Fuß parallel zum Luftballon zuspielen usw.
4	Verbesserung des Gleichgewichts, Sturzprävention	10 Min	Eine Turn- oder Weichbodenmatte wird an der Hallenwand auf den Boden gelegt. Ein/e TN stellt sich auf die Matte. Es werden nacheinander Bälle zugeworfen, die gefangen werden sollen. Zuwürfe sollten variiert werden, sodass die TN leicht/vorsichtig aus dem Gleichgewicht gebracht werden. TN sollten recht nah mit dem Rücken zur Wand stehen, sodass ein Umfallen nach hinten nicht möglich ist. Vor allem am Anfang sollte zur Sicherheit eine weitere Person auf der Matte stehen, um einen Sturz bei Gleichgewichtsverlust zu vermeiden. Hinweise zum stabilen Stand geben! Leicht gebeugte Knie, Gewicht leicht nach vorne, etwas breiteren Stand

(Fortsetzung)

9.3 Tischtennis bei neuro-degenerativen Erkrankungen

Tab. 9.1 (Fortsetzung)

#	Stundensegment	Planung	Stundeninhalt
5	Leichtes Herz-Kreislauf-Training	15 Min	**Rundlaufvarianten** (z. B.) oder **Lauf-Treffspiele** (Abschn. 5.3) mit festen Zuspielenden, ggf. mit Dual-Tasking-Elementen
6	Stärkung der Muskulatur	15 Min	Diverse Einzel- und Partnerübungen (Teilnehmende+Angehörige), z. B. Luftballon wird mit beiden Händen gehalten, TN strecken die Arme nach vorne, Luftballon mehrfach zusammendrücken, beim Druck eine Vibration (kurze Impulse) erzeugen und so den Luftballon zusammendrücken, TN halten den Luftballon mit beiden Hände und strecken die Arme über dem Kopf aus, Luftballon mehrfach zusammendrücken, TN halten den Luftballon mit einer Hand fest, mit dem anderen Knie wird versucht den Luftballon zu berühren, dann wird die Seite gewechselt
7	Abschlussritual	15 Min	Körperwahrnehmung+Entspannung (z. B. Sinneswahrnehmung), Verabschiedung, Ausblick auf die kommende Woche

Kortex und des inferioren parietalen Kortex bei erfahrenen Tischtennisspieler:innen im Vergleich zu Anfänger:innen während des Spielens gezeigt werden. Auch in EEG-Studien konnte nachgewiesen werden, dass bei Erwachsenen eine größere spektrale Leistung der Neuraloszillationen im Theta-Band (4–7,5 Hz) in frontalen Hirnregionen während des Tischtennisspiels im Vergleich zu Radfahren und zu kognitiven Aufgaben gemessen wurden, was darauf hindeutet, dass Tischtennis die Hirnregionen, die mit der motorischen Kontrolle, der Aufmerksamkeitsverarbeitung, der Entscheidungsfindung und der Exekutivfunktion zusammenhängen, effektiver anspricht (Visser et al., 2022).

Kawano et al. (1992) testeten 217 Tischtennisspieler:innen über 50 Jahre mithilfe des Kana-pick-out-Tests, der sich zur Beurteilung der Funktion der Frontallappen und damit zum Screening auf leichte Demenz eignet. Sie konnten zeigen, dass Tischtennisspieler:innen im Mittel bessere Kennzahlen in diesem Testverfahren aufwiesen als Nicht-Tischtennisspieler:innen. Je länger die Spieler:innen in ihrem Leben Tischtennis praktizierten, desto besser vielen die Testergebnisse sowohl für Frauen als auch Männer aus. Die Autoren legen nahe, dass regelmäßiges Training dazu beitragen kann, die geistige Leistungsfähigkeit zu erhalten und Altersdemenz zu verhindern oder zu verzögern.

All diese Indikatoren deuten darauf hin, dass Tischtennis durch seine hohen Anforderungen an die Konzentration, Strategie und Koordination das Konzentrations- und Reaktionsvermögen sowie das Gedächtnis trainieren und somit – zumindest in kleinen Teilen – den Symptomen neurogenerativer Erkrankungen entgegenwirken kann. Tischtennis als Gesundheits- und Präventionssportart

Abb. 9.4 Graphische Darstellung der Spielformen „Kreuzrundlauf". Die vier Stirnseiten der Tischhälften werden nacheinander mit flexiblen Laufwegen angelaufen, um den Ball über den Graben auf die gegenüberliegende Tischhälfte zu spielen. (www.tischtennis.de)

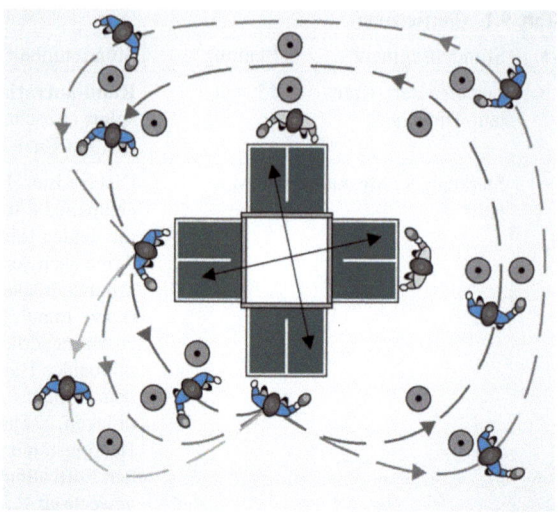

anzubieten bietet Teilnehmer:innen die Möglichkeit, auf eine spielerische Art und Weise ihr Herz-Kreislauf-System zu trainieren und dabei noch soziale Kontakte zu pflegen respektive aufzubauen.

> **Fragen zu Kapitel 9**

1. Warum lässt sich sagen, dass sich die Sportart Tischtennis für den Gesundheitssport eignet?
2. Worin liegen die Unterschiede zwischen Tischtennis als Präventionssport im Gegensatz zum Tischtennis als Rehabilitationssport?
3. Welche Spiel- bzw. Wettkampfformen bieten sich besonders an, wenn man Tischtennis unter einer gesundheitsorientierten Perspektive betrachten möchte?
4. Welche Indikatoren gibt es dafür, dass sich Tischtennis als Sportart bei neurodegenerativen Erkrankungen (z. B. Parkinson, Demenz) eignet?
5. Wie könnte eine exemplarische Tischtenniseinheit aussehen, die sich vor allem an ältere demenzkranke Teilnehmer:innen richtet?

Literatur

Ahlskog, J. E. (2011). Does vigorous exercise have a neuroprotective effect in Parkinson disease? *Neurology, 77*, 288–294.

Akamatsu, T., Fukuyama, H., & Kawamata, T. (2008). The effects of visual, auditory, and mixed cues on choice reaction in Parkinson's disease. *Journal of Neurolical Science, 269*(2), 118–125.

Allen, N. E., Sherrington, C., Suriyarachchi, G. D., Paul, S., Song, J., & Canning, C. G. (2012). Exercise and motor training in people with Parkinson's disease: A systematic review of participant characteristics, intervention delivery, retention rates, adherence, and adverse events in clinical trials. *Parkinsons Disease, 2012*, 854328. https://doi.org/10.1155/2012/854328

Alzheimer's Association. (2022). Alzheimer's disease facts and figures. *Alzheimers & Dementia, 18*, 700–789.

Balardin, J. B., Zimeo Morais, G. A., Furucho, R. A., Trambaiolli, L., Vanzella, P., Biazoli, C., & Sato, J. R. (2017). Imaging brain function with functional near-infrared spectroscopy in unconstrained environments. *Front Human Neuroscience, 11*, 258.

Balestrino, R., & Schapira, A. (2020). Parkinson disease. *European Journal of Neurology, 27*, 27–42.

Baumann, S. (2017). Tischtennis für und mit Senioren. Gehirn und Körper – Im Tischtennisspiel vereint. *Tischtennis, 4*, 25–29.

Biernat, E., Buchholtz, S., & Krzepota, J. (2018). Eye on the ball: Table tennis as a pro-health form of leisure-time physical activity. *International Journal of Environmental Research Public Health, 15*, 738.

Bös, K. (1996). *Fitness testen und trainieren*. Copress.

Carius, D., Kenville, R., Maudrich, D., Riechel, J., Lenz, H., & Patrick, R. (2021). Cortical processing druing table tennis-an fNIRS study in experts and novices. *European Journal of Sports Science, 17*, 1315–1325.

Chang, Y. C., Hsu, C. T., Ho, W. H., & Kuo, Y. T. (2016). The effect of static balance enhance by table tennis training intervening on deaf children. *International Journal of Medical Health Biomed. Bioeng. Pharm. Eng., 10*, 352–355.

Csoti, I., Herbst, H., Urban, P., Wüllner, U., & Woitalla, D. (2019). Polypharmacy in Parkinson's disease: Risks and benefi tswith little evidence. *Journal of neural transmission, 26*(7), 871–878.

Danielczyk, W., & Fischer, P. (1990). Neuroleptische Therapie bei Morbus Parkinson. In Müller-Oerlinghausen, B., Möller, HJ., Rüther, E. (Hrsg.), *Thioxanthene*. Springer Verlag.

Deutsche Gesellschaft für Neurologie e.V. [DGN]. *Leitlinien der DGN*. unter https://dgn.org/leitlinie/130. Zugegriffen: 7. Jan. 2023.

Deutsche Gesellschaft für Sportmedizin und Prävention (Deutscher Sportärztebund) e.V. [DGSP]. *Gründe für ein lebenslanges Sporttreiben*. unter https://www.dgsp.de. Zugegriffen: 19. Aug. 2022.

Deutscher Olympischer Sportbund [DOSB]. *Prävention in Deutschland – Gesundheitsförderung durch Bewegung und Sport/Informationen für Ärztinnen und Ärzte*. In DOSB (Hrsg.), *Ressort Präventionspolitik und Gesundheitsmanagement in Zusammenarbeit mit der BÄK und der DGSP*. BOS-Druck GmbH.

Deutscher Olympischer Sportbund [DOSB]. *Gesundheit und Sport*. unter https://www.dosb.de/sportundgesundheit; https://service-sportprogesundheit.de/148/sportprogesundheit; www.sportprogesundheit.de. Zugegriffen: Dez. 2022

Deutscher Tischtennis-Bund [DTTB]. *Mein Sport – Gesundheitssport Tischtennis*. https://www.tischtennis.de/mein-sport/aktionen/gesundheitssport/sport-pro-gesundheit.html; https://www.tischtennis.de/mein-sport/aktionen/gesundheitssport.html; https://www.tischtennis.de/mein-sport/aktionen/gesundheitssport/sport-bewegt-menschen-mit-demenz.html.

Dordel, S. (2000). Kindheit heute: Veränderte Lebensbedingungen = reduzierte motorische Leistungsfähigkeit? *Sportunterricht, 49*(11), 341–349.

Ebersbach, G., Ebersbach, A., Edler, D., Kaufhold, O., Kusch, M., Kupsch, A., & Wissel, J. (2010). Comparing exercise in Parkinson's disease–the Berlin LSVT®BIG study. *Movement disorders: Official journal of the Movement Disorder Society, 25*(12), 1902–1908.

Fahn, S., & Elton, R. L. (1987). UPDRS program members. Unified Parkinson's disease rating scale. In Fahn, S., Marsden, C. D., Goldstein, M., & Calne, D. B. (Hrsg.), *Recent developments in Parkinson's disease*, Vol. 2 (S. 153–163; 293–304). Macmillan Healthcare Information.

Fischer, P.-A. (1988). Aktuelle Parkinson-Therapie: Heutiges Konzept für die Anwendung von L-Dopa. *Aktuelle Neurologie, 15*(2), 38–41.

Fischer, P.-A., Danielczyk, W., Simanyi, M., & Streifler, M. B. (1988). Dopaminergic psychosis in advanced Parkinson's disease. *9th International Symposium on Parkinson's Disease, Jerusalem, June 1988*. Raven.

Geske, K. (2017). Trainingstipp: So macht Beinarbeit Spaß. *Tischtennis, 3*, 56–57.

Ghai, S., Ghai, I., Schmitz, G., & Effenberg, A. O. (2018). Effect of rhythmic auditory cueing on parkinsonian gait: A systematic review and meta-analysis. *Scientific Reports, 8*(1), 506.

Götz, W. (2006). Geschichte der Therapie des Morbus Parkinson: Fast 200 Jahre keine kausale Therapie. *Pharmazie in unserer Zeit, 35*(3), 190–196.

Hefner, R., Baas, H., Fischer, PA., & Neumann, C. (1989). SPECT-Untersuchungsbefunde bei Parkinson-Patienten. In Fischer, P. A., Baas, H., & Enzensberger, W. (Hrsg.), *Verhandlungen der Deutschen Gesellschaft für Neurologie*. Springer.

Heinz, B., Pfeifer, K., & Söhngen, M. (2004). Effekte eines gesundheitsorientierten Ausdauertrainings mit Tischtennis. *Bewegungstherapie und Gesundheitssport, 20*, 170–177.

Hollmann, W., Rost, R., Dufaux, B., & Liesen, H. (1983). *Prävention und Rehabilitation von Herz-Kreislaufkrankheiten durch körperliches Training* (2. Aufl.). Hippokrates Verlag.

Horsch, R. (2005). *Salutogenetische Ressourcen durch Öffnung des Sportunterrichts*. Dissertation. Univ.

Inoue, K., Fujioka, S., Nagaki, K., Suenaga, M., Kimura, K., Yonekura, Y., Yamaguchi, Y., Kitano, K., Imamura, R., Uehara, Y., Kikuchi, H., Matsunaga, Y., & Tsuboi, Y. (2020). Table tennis for patients with Parkinson's disease: A single-center, prospective pilot study. *Clinical Parkinson Relatated Disorders, 30*, 4.

Jekauc, D., Reiner, M., & Woll, A. (2014). Zum Zusammenhang zwischen sportlicher Aktivität und habitueller Gesundheit und ihrer Wirkungsrichtung. In Becker, S. (Hrsg.), *Aktiv und Gesund?* Springer Verlag.

Jeoung, B. J. (2014). Relationships of exercise with frailty, depression, and cognitive function in older women. *Journal of Exercise Rehabilitation, 10*(5), 291–294.

Kawano Masaschichi, M., Mimura, K., & Kaneko, M. (1992). The effect of table tennis on mental ability evaluated by kana-pick-out test. *International Journal of Table Tennis Sciences, 1*, 57–62.

Kraus, P. H., Klotz, P., Fischer, A., Przuntek, & H. (1988). Erfassung der Symptome des Morbus Parkinson mit apparativen Methoden. In Riederer, P., & Przuntek, H. (Hrsg.), *Morbus Parkinson Selegilin. Journal of Neural Transmission, 25*, Springer.

Kretschmer, J. (2000). Was wissen wir wirklich über die Folgen der veränderten Bewegungswelt? *Körpererziehung, 50*(4), 224–230.

Kucht, H. (1983). *Tischtennis – ein Sport für alle. Praxisbeispiele für Freizeit, Schule und Verein*. Verlag A. Bernecker.

Kuhn, J. (2005). In: Friedrich, W., Deutscher Tischtennis-Bund (Hrsg.), *Konditionstraining im Tischtennis – Fit für das schnellste Rückschlagspiel der Welt* (Vorwort). Schimmel Satz & Graphik GmbH & Co. KG.

Mayr, C., & Förster, M. (2012). *Spielend Tischtennis lernen: In Schule und Verein*. Limpert.

Mori, T., & Sato, T. (2004). Clinical brain sports medicine. *Biomechanisms, 17*, 1–8.

Naderi, A., Degens, H., Rezvani, M. H., & Shaabani, F. (2018). A retrospective comparison of physical health in regular recreational table tennis participants and sedentary elderly men. *J. Musculoskelet. Neuronal Interaction, 18*, 200–207.

Olsson, K., Johansson, A., & Franzén, E. (2020). A pilot study of the feasibility and effects of table tennis training in Parkinson's Disease. *Archives of Rehabilitation Research and Clinical Translation, 2*(3), 100064.

Opara, J., Błaszczyk, J., & Dyszkiewicz, A. (2005). Prevention of falls in Parkinson disease. *Medical Rehabilitation, 9*(1), 31–34.

Pan, C. Y., Tsai, C. L., Chu, C. H., Sung, M. C., Huang, C. Y., & Ma, W. Y. (2015). Effects of physical exercise intervention on motor skills and executive functions in children with ADHD: A pilot study. *Journal of Attentional Disorders, 23*(4), 384–397.

Pfeifer, K., Heinz, B., & Söhngen, M. (2003). Gesundheitsorientiertes Ausdauertraining mit Tischtennis. *Deutsche Zeitschrift für Sportmedizin, 54*(8), 75–78.

Picabea, J. M., Cámara, J., & Yanci, J. (2021). Physical fitness profiling of national category table tennis players: Implication for health and performance. *International Journal of Environmental Research Public Health, 18,* 9362.

PingPongParkinson e.V. [PPP] (2022). Tischtennis gegen Parkinson. https://www.pingpongparkinson.org/; https://www.pingpongparkinson.de. Zugegriffen: 4 .Apr. 2023

Possin, K. L., Cagigas, X. E., Strayer, D. L., & Filoteo, J. V. (2006). Lack of impairment in patients with Parkinson's Disease on an object-based negative priming task. *Perception & Motor Skills, 102,* 219–230.

Reuter, I., & Ebersbach, G. (2012). Effektivität von Sport bei M. Parkinson. *Aktuelle Neurologie, 39*(5), 236–247.

Reuter, I., & Knapp, G. (2015). Parkinson-Syndrom. In Reimers C.D., Reuter, C.D., Tettenborn, B., Broocks, A., Thürauf, N., & Knapp, G. (Hrsg.) *Therapie und Prävention Durch Sport,* (S. 77–102, Bd. 2) (Zweite Ausgabe), Urban & Fischer.

Schmidt, W., Hartmann-Tews, I., Brettschneider, & W. D. (2003). *Erster Deutscher Kinder- und Jugendbericht.* Hofmann.

Shimomura, M., Hamazaki, H., Nohara, R., & Fujiwara, H. (2004). Effective use of table tennis for patients with chronic ischemic heart disease. *Japanese Journal of Adaptation in Sport Science, 2,* 38–44.

Stevens, T. I. M., Livingston, G., Kitchen, G., Manela, M., Walker, Z., & Katona, C. (2002). Islington study of dementia subtypes in the community. *The British Journal of Psychiatry, 180,* 270–276.

Thiele, J. (1999). „Un-Bewegte Kindheit?" Anmerkungen zur Defizithypothese in aktuellen Körperdiskursen. *Sportunterricht, 48*(4), 141–149.

Visser, A., Büchel, D., Lehmann, T., & Baumeister, J. (2022). Continuous table tennis is associated with processing in frontal brain areas: An EEG approach. *Experimental Brain Research, 240,* 1899–1909.

Woll, A. (1996). *Gesundheitsförderung in der Gemeinde – eine empirische Untersuchung zum Zusammenhang von sportlicher Aktivität, Fitness und Gesundheit bei Personen im mittleren und späteren Erwachsenenalter.* LinguaMed Verlags-Gesellschaft.

World Health Organization [WHO] (2021). Global status report on the public health response to dementia. https://www.who.int/publications-detail-redirect/9789240033245.

Wydra, G. (1996). *Gesundheitsförderung durch sportliches Handeln.* Hofmann.

Yamasaki, T. (2022). Benefits of table tennis for brain health maintenance and prevention of dementia. *Encyclopedia, 2,* 1577–1589.

Yin, D., Wang, X., Zhang, X., Qiurong, Y., Wei, Y., Cai, Q., Fan, M., & Li, L. (2021). Dissociable plasticity of visual-motor system in functional specialization and flexibility in expert table tennis players. *Brain Structural Function, 226,* 1973–1990.

Schlussworte

Dieses Lehrbuch für das Sportstudium, den Freizeit- und Vereinssport soll Ihnen ein breit gefächertes Bild der Sportart Tischtennis vermitteln. Wir hoffen, dass Sie nach der Lektüre dieses Buches Tischtennis in seinen Grundzügen besser verstehen und sich bereit fühlen, die Sportart in verschiedenen Kontexten und in verschiedenen Zielgruppen einsetzen und thematisieren zu können. Die Interdisziplinarität vieler taktischer, methodischer und organisatorischer Ansätze sollte es Ihnen zudem ermöglichen, Spiel- und Übungsformen in strukturähnliche Sportarten zu übertragen. Dieses transferfähige Wissen können Sie mit ein wenig Erfahrung im Tischtennis gegebenenfalls anpassen oder weiterentwickeln.

Uns war es wichtig, die wechselseitigen Zusammenhänge der einzelnen Komponenten des Tischtennisspielens und -lernens aufzuzeigen. Dabei war es eine Herausforderung, einerseits die Themenbereiche voneinander abzugrenzen und andererseits mit den Teildisziplinen der Sportwissenschaft, bspw. historische, soziale, psychologische, bewegungs- oder trainingswissenschaftliche Zusammenhänge, in Einklang zu bringen. In diesem Lehrbuch können Sie am Beispiel der Sportart Tischtennis erfahren und abschließend diskutieren, wie abhängig das Wissen der einzelnen Disziplinen voneinander ist. Als Sportstudent:in, aber auch als Trainer:in respektive Übungsleiter:in im Breiten- und Freizeitsport oder auch als Sportlehrkraft an Schulen können Sie dieses erarbeitete Wissen in ihren (Trainings-)Alltag integrieren.

Abschließend geht ein großer Dank an den Deutschen Tischtennis-Bund, der es durch seine enge Kooperation und die Bereitstellung der zahlreichen Inhalte (u. a. der Videos zu den Technikleitbildern) erst möglich gemacht hat, dieses interaktive Lehrbuch in dieser Form umzusetzen. Speziell bedanken wir uns bei Claudia Herweg für das Vorwort zu diesem Buch, bei Daniel Ringleb, Doris Simon und Gabriel Eckhardt für die inhaltliche Prüfung der Inhalte seitens des DTTB (v. a. zum Gesundheitssport Tischtennis, zur Technik im Tischtennis), bei Hermann Mühlbach für die Erstellung der beiden Aufschlagvideos, bei Patrick Franziska und Ricardo Walther dafür, dass sie als Modellathleten die verschiedenen

Schlagtechniken demonstriert haben, bei Fabiola Haas und Lara Goblet für die Erstellung der Graphiken und Abbildungen.

Trotz des Umfanges mit knapp 350 Seiten kann dieses Lehrbuch die Komplexität der Sportart Tischtennis nur andeuten. Spieler:innen, Trainer:innen und Funktionäre entwickeln die Sportart permanent weiter, initiieren immer weitere technische Neuerungen sowie Trainings- oder Analysemethoden. Selbst die Spieltaktiken und Schlagtechniken verändern sich im Laufe der Zeit, da sie sich an die ständigen Entwicklungen der Sportart (z. B. hinsichtlich des Materials, der Athletik, der Zielsetzung) anpassen. Wir hoffen, dass dieses Lehrbuch trotz allem möglichst lange seine Aktualität behält.

Timo Klein-Soetebier & Axel Binnenbruck
Köln & Münster
2024

Stichwortverzeichnis

2-gegen-1, 188
4er-Tisch, 187, 206
5-gegen-5 an 2 Tischen, 326
7-Punkte-Ablöse-Spiel, 23, 145, 187

A
Absprungverhalten des Balles, 14, 18, 26, 62, 69, 93, 117, 141, 227
Allgemeine Wettkampfroutinen, 87
Analogien, 125, 130, 168–170
Antizipation, 59, 68, 73, 90, 146, 192, 193
Atemrhythmus, 84
Aufschlagregeln, 16, 21, 206
Aufschlagtraining, 136, 299
Aufwärmen, 49, 256, 263, 327
Ausdauersportart, 319
Ausdauerübungen, 55

B
Ballkistenzuspiel/Balleimertraining, 112, 165, 172, 177, 199, 272
Ballmaschine/Ballroboter, 177, 298
Ballwechseldauer, 34
Ballwechselzahl, 198, 205
Bankräuber und Bankdirektor, 191
Beinarbeitstechnik, 47, 106, 146, 164
Belagkombination, 34, 236
Beobachten, 125, 162, 176, 210, 265, 287, 291
Bewegungskorrektur, 173, 274, 292
Bewegungslerntagebuch, 210
Bewegungsmerkmale, 47, 76, 227
Bewegungsvorstellung, 169, 176, 296, 299
Bewertung und Analyse, 246, 305
Biomechanik, 65, 119, 279, 299, 301
Block-Konter-Schuss-System, 233

C
Challenges, 190, 264
China-Turnier, 308
Classroom Management, 262

D
Dehnen, 49, 275
Demenz, 332
Deutsche Gesellschaft für Neurologie, 329
Differenzielles Lernen, 182
Doppel bzw. Mixed, 19, 145, 187
DOSB-Nachwuchskonzeption, 288
Drei-Phasen-Methode, 309
Drucksituation, 57, 62, 70, 169, 188, 235
Dynamisches Gleichgewicht, 66

E
Efferenz versus Afferenz, 57
Eisenarm, 82
Ellenbogen/Wechselpunkt, 102, 131, 135, 221, 237, 242
Entscheidungsprozesse, 45, 74, 91, 145, 168, 238, 294
Entspannungstraining, 84
Erfolgskontrollen, 260
Exekutivfunktionen, 90, 323, 332

F
Feinmotorische Kontrolle, 70, 192, 265, 328, 333
Flughöhe, 141, 150, 178, 228, 299
Förderstufen, 287
Frequenz, 46, 112, 174, 202, 298

G
Gesundheitskompetenz, 276, 318, 331
Gewichtsverlagerung, 79, 116, 123, 150, 170, 295
Goldenes Dreieck, 117, 119, 138, 148
Griffform, 27
Grundstellung, 46, 104, 138, 285, 300
Grundtechniken, 114, 167, 197, 326

H
Halblange Aufschläge, 94, 131, 135, 142, 221, 235, 244
Hand-Augen-Koordination, 322
Handlungsrelevante Informationen, 75, 85
Hilfsaufschlag, 22, 196, 201
HIT-Training, 54
Hopp-oder-Topp, 94, 145
Hütchenschießen, 190

I
Idealtechnik, 100, 299
induktives vs. deduktives Lernen, 208
Inhibitionsprozesse, 92, 331
Instruktionen, 76, 87, 168, 219, 299
Integratives Methodikmodell, 165
ITTF, 5, 11, 13, 18, 24, 34, 101, 307

J
Japanische Griffhaltung, 102
Jokerspiel, 268

K
Kaisertisch/Königsspiel, 81, 112, 145, 187
Kana-pick-out-Tests, 335
Kindeswohl, 274
Kinematische Kette, 65, 127, 130, 150, 154, 194, 287, 295, 301, 302
Klassifizierungsausweis, 20
Knotenpunkte, 76, 79, 293
Kognitive Flexibilität, 93, 331
Konzentration, 23, 62, 89, 93, 146, 168, 188, 259
Koordinationsschulung, 63, 324
Körperschwerpunkt, 46, 60, 105, 154
Körpersprache / nonverbales Verhalten, 70, 239, 263, 265, 275
Körperteilbewegungen, 45, 51
Kraftbilder, 82
Kräftigungsübungen, 23, 53
Kreuzrundlauf, 333, 335

Kurz-kurz-Spiel, 120, 134, 139, 235, 257, 259

L
Lauf-Treffspiele, 55, 206, 335
Laufübungen, 64, 111
L-Dopa, 331
Lehr-Lernformen, 208
Leistungssport, 51, 166, 173, 236, 253, 274, 284, 310
Lernsteuerung, 267
Lerntypen, 202
Linkshänder:innen, 73, 175, 243, 245

M
Magnuseffekt, 148, 152, 228, 229
Maßeinheiten im Tischtennis, 6, 21, 63
Mehrfachreaktionen, 73
Mentale Repräsentationen, 75, 77, 296
Mentale Stärke, 56, 70
Metakognition, 210
Metaphern, 130, 168–170
Modelllernen, 209, 296
Motion-Capturing-Systeme, 304
Motivation, 22, 69, 81, 161, 179, 193, 252, 277, 291
Multisensorische Wahrnehmung, 59

N
Nachspielen, 242
Netzroller, 16, 22
Neuronale Adaptationen, 53
Neutralposition, 27, 101, 128, 139, 140, 285
Nonnenhockey, 187, 260, 320
Noppeninnenbelag, 29, 35, 232, 236
Notationssysteme, 308

O
Oberfläche, 24
Olympische Spiele, 8, 13, 26, 89, 238, 288

P
Paralympische Spiele, 9, 15, 20
Parkinson-Syndrome, 329, 331
Penholder-Griffhaltung, 27, 42, 67, 101, 236, 265
Periodisierung versus Zyklisierung, 253, 290
Pfostenlaufen, 46
Ping-Pong, 5, 34, 205, 331
Platzierung, 220

Präzisionsanforderungen, 46, 59, 62, 168, 198
Prellspielreihe, 112
Psychologische Leistungskomponenten, 71, 179, 291, 322
Psychosoziale Gesundheit, 321
PTRF-Effekte, 47, 75, 87, 138, 219, 310

Q

Qualität der Bewegung, 297
Quer- und Längsschnittstudien, 285

R

Rahmentrainingskonzeption des Deutschen Tischtennis-Bundes, 42, 218, 232, 256, 273
Raketenspiel, 181
Reihenfolge, 9, 160, 167, 250
Rein-Raus-System, 239
Risikofaktoren, 277, 319
Ritual, 85
Rollen-Wechsel, 180
Rollstuhl, 9
Rotation, 25, 30, 114, 135, 143, 166, 203, 225, 226
Rotationsstärke, 132, 148
Routinen versus Rituale, 85, 244, 267, 277, 325
Rückhand-Flip, 142, 153, 167
Rückhand-Konterschlag, 110, 117, 148, 163, 170
Rückhand-Schupftechnik, 123, 160, 166, 170, 200
Rückhand-Topspin, 66, 80, 109, 129, 167, 171, 179, 235, 292
Rundlauf, 66, 67, 260, 325, 326, 335

S

S.M.A.R.T.-Prinzip, 80
Saisonvorbereitung, 250
Satzlänge, 15, 23, 191
Schattenbewegungen, 111, 121, 176, 298
Schlägerblatt, 6, 27, 60, 102, 200, 226
Schlagphasen, 74, 195, 295
Schlüsselinformationen, 59, 73, 74, 79
Schnelligkeit, 44, 111, 231, 252, 257
Schnittabwehr, 30, 73, 106, 149, 163, 171, 236, 295
Schupfmodell, 160
Schwierigkeitsgrad, 79, 92, 191, 202, 260
Sehschärfe, 227

Selbstständiges Lernen, 209
Selbstwahrnehmung, 190
Shakehandhaltung, 100, 170, 221, 232
Sicherheitsspiel, 7, 14, 34, 120
Speichermethode, 181
Spezifische Leistungsroutinen, 87
Spinball/-rad, 165, 256
SpinSight, 310
Sport pro Gesundheit, 318, 324
Stellschrauben, 193, 207, 249, 266, 293
Stell-Topspin, 164, 194
Störeffekt, 30
Störungen, 11, 182, 239, 266, 329, 332
Streuwinkel, 143, 184, 222, 230, 321
Struktur einer Trainingseinheit, 255
Synergieeffekte, 65, 276

T

Talent, 70, 283, 284, 289
Tappings, 84, 111, 257
Täuschungshandlungen, 138
Teamball-Eimer, 177
Technikelemente, 260, 285
Technikkanal, 285, 300
Therapieform, 332
Time-out, 219, 306, 308
Tischtennis-Garten, 69, 182
Tischtennis-Scrabble, 191, 257
Trainingsplanung und -organisation, 250
Trainingszyklen, 254
Trippel, 326
TTR- und QTTR-Wert, 71, 77

U

Überzahl, 188

V

Variation der Schlägerblattstellung, 226, 269, 293, 300
Veränderung des Spielgedankens, 323
Verdoppelung, 190
Verletzungen, 10, 49, 56, 69, 173, 252, 324
Videoaufzeichnungen, 291
Vielseitigkeit, 126, 188
Vorhand-Kontertechnik, 115, 144, 166, 196, 302
Vorhand-Schupf, 107, 120, 167
Vorhand-Topspin, 78, 109, 126, 161, 165, 170, 194, 301

W

Wandspiel, 46, 47
Wechsel nach Zielerreichung, 179
Weltrekord, 37, 62
Wettkampfbedingungen, 85, 260, 287, 290
Widerstandsfähigkeit, 43, 51, 54, 251, 319
Wohlbefinden, 236, 320, 330
Wurfspielrunde, 334

Z

Zeitdruck, 33, 59, 92, 105, 147, 177, 193, 224, 302
Zeitspiel, 18, 34, 205
Zuspielrhythmus, 175, 276

MIX
Papier aus verantwortungsvollen Quellen
Paper from responsible sources
FSC® C105338

If you have any concerns about our products,
you can contact us on
ProductSafety@springernature.com

In case Publisher is established outside the EU,
the EU authorized representative is:
**Springer Nature Customer Service Center GmbH
Europaplatz 3, 69115 Heidelberg, Germany**

Printed by Libri Plureos GmbH
in Hamburg, Germany